法 学 阶 梯
INSTITUTIONES | 普通高等教育法学规划教材

普通高等教育“十一五”国家级规划教材

中国司法制度

Judicial System of China

| 第五版 |

主 编 | 谭世贵

撰稿人 | 谭世贵 李荣珍
以撰写章节先后为序 | 卞建林 徐 昕

法律出版社
——北 京——
始创于 1954 年

图书在版编目(CIP)数据

中国司法制度 / 谭世贵主编. -- 5版. -- 北京 : 法律出版社, 2023(2025.7重印)
ISBN 978-7-5197-7341-0

Ⅰ. ①中… Ⅱ. ①谭… Ⅲ. ①司法制度-中国-教材 Ⅳ. ①D926

中国版本图书馆CIP数据核字(2022)第224021号

中国司法制度(第五版)
ZHONGGUO SIFA ZHIDU(DI-WU BAN)

谭世贵 主编

责任编辑 陆帅文
装帧设计 鲍龙卉

出版发行 法律出版社
编辑统筹 法律教育出版分社
责任校对 王 丰 郭艳萍
责任印制 刘晓伟
经　　销 新华书店

开本 787毫米×1092毫米 1/16
印张 27.75 **字数** 637千
版本 2023年2月第5版
印次 2025年7月第3次印刷
印刷 固安华明印业有限公司

地址:北京市丰台区莲花池西里7号(100073)
网址:www.lawpress.com.cn
投稿邮箱:info@lawpress.com.cn
举报盗版邮箱:jbwq@lawpress.com.cn
销售电话:010-83938349
客服电话:010-83938350
咨询电话:010-63939796

书号:ISBN 978-7-5197-7341-0 **定价**:59.00元
凡购买本社图书,如有印装错误,我社负责退换。电话:010-83938349

出版说明

法律出版社在其奋进发展的六十年光辉历程中，秉精诚之心，集全社之力，服务于我国法学教育事业，致力于法学教材出版。尤其在改革开放三十余年间，本社以“传播法律信息，推进法制进程，积累法律文化，弘扬法治精神”为宗旨，协同司法部法学教材编辑部，规划并组织出版了国家“八五”“九五”期间的法学规划教材，为我国改革开放之初的法学教育和法治建设做出了开创性贡献；进入21世纪之后，法律出版社又根据教育部的部署和指导，相继规划并组织出版了“十五”、“十一五”和“十二五”法学规划教材，为我国法学教育事业的发展与改革付出了艰辛努力。

承蒙法学教育领域专家作者的信任，以及广大法律院校师生的支持，法律出版社经过三十年的发展与积累，相继出版各类法学教材达四百余种。在学科范围方面，完成以法学核心课程为重心，涉及法学诸学科的“全品种”横向结构；在培养层次方面，健全以本科教育为根本，兼顾职业教育和研究生教育的“多层次”纵向结构，进而打造“法律版”法学教科书体系，以期更好地为法学教育服务，为法治建设贡献绵薄之力。

近年来，法律出版社因应法学教育的发展变化，在教材编写体例及系列安排方面做出相应调整。在教材编写体例方面，结合当前教学实际与培养方案，将系统、全面的理论知识讲授与灵活、丰富的法律实践和能力训练相结合，倡导教材内容差异化，增加教材可读性，以期更好地培养法科学生的思维能力和法学素养。在教材系列安排方面，全力推进新品教材编写与注重既有教材修订相结合，根据教材风格与特色进行适当的套系整合，集中现有的国家级规划教材和在编的规划教材，形成以“普通高等教育法学规划教材”为名的全新教材系列。

本系列教材多为出版多年并广受好评的经典教科书。此次全新推出，既是向长期以来关心支持法学教育出版事业的专家作者的崇高致敬，也是法律出版社为中国当代法学教育事业发展拳拳努力之情的真诚表达。法律出版社将以高度的精品意识和质量标准，不断丰富、完善本系列教材的结构和内容；除教材文本之外，还将配有多层次、多形式的教辅材料，更好地为广大师生服务。

“好书，同好老师和好学生分享”，法律出版社愿与法律共同体诸同仁分享好书，分享智识，分享法治进程中的点点滴滴！

法律出版社　谨识

2014年10月

出版说明

作 者 简 介

谭世贵 法学博士，华南师范大学法学院教授，博士生导师，中国刑事诉讼法学研究会前副会长，“第四届全国十大杰出青年法学家”。代表性著作有《中国司法原理》《中国司法改革研究》《中国司法体制改革研究》《依法独立行使审判权检察权保障机制研究》《法院管理模式研究》《刑事诉讼原理与改革》《刑事诉讼法学》《律师法学》等。

卞建林 法学博士，深圳大学特聘教授，中国政法大学诉讼法学研究院名誉院长，教授，博士生导师，中国刑事诉讼法学研究会名誉会长。代表性著作有《刑事起诉制度的理论与实践》《刑事证明理论》《刑事诉讼的现代化》《刑事诉讼法学》《外国刑事诉讼法》《证据法学》《现代司法理念研究》等。

李荣珍 法学硕士，海南大学法学院教授，硕士生导师。代表性著作有《行政诉讼原理与改革》《中国司法改革理论与制度创新》《依法治国视野下的中国司法改革研究》《司法信息公开的理论探讨与制度构建》《中国仲裁制度研究》等。

徐　昕 法学博士，北京理工大学法学院教授，司法研究所主任，博士生导师。代表性著作有《无罪辩护》《庭前会议指引》《诗性正义》《迈向社会和谐的纠纷解决》《论私力救济》《英国民事诉讼与民事司法改革》等。

编写说明

本书是普通高等教育“十一五”国家级规划教材之一，于2007年12月由教育部批准立项。

中华人民共和国成立后，党和国家在废除旧中国司法制度的同时，逐步建立起具有中国特色的人民司法制度。自1997年9月党的十五大提出“推进司法改革”以来，我国对各项司法制度进行了积极的改革与创新，取得了一系列的改革成果。因此，迫切需要编写一本既能全面阐述我国司法制度的产生发展、概念特征、体系结构和具体内容，又能系统反映我国司法改革成果，并继续探讨我国司法制度改革与完善问题的中国司法制度教材，以适应培养高素质法律人才的客观需要。

本书系第五次修订，吸收了司法理论与司法制度研究的成果，总结了司法实践的成功经验和司法改革的最新成果，对我国司法制度的历史发展、功能特征、改革进程、基本范畴以及各项司法制度的具体内容进行了全面解读和系统论述，并对我国港澳台地区的司法制度作了概括性介绍，具有系统性、理论性、前沿性等突出特点，既可作为法学本科专业的教材，也适合法学研究人员、司法实务人员和法律爱好者阅读。

本书由主编谭世贵教授组织编写并审改定稿。撰稿及修订分工如下（以撰写及修订章节先后为序）：

谭世贵：第一章、第二章、第八章、第九章、第十一章

李荣珍：第三章、第六章、第十章

卞建林：第四章、第五章、第十二章

徐　昕：第七章、第十三章、第十四章

尽管我们做了很大的努力，但由于水平有限，书中疏漏甚至错误之处在所难免，敬请广大读者批评指正。

谭世贵

2022年8月26日

本书常用法律法规等缩略语

1.《宪法》	《中华人民共和国宪法》
2.《人民法院组织法》	《中华人民共和国人民法院组织法》
3.《人民检察院组织法》	《中华人民共和国人民检察院组织法》
4.《法官法》	《中华人民共和国法官法》
5.《法官职业道德基本准则》	《中华人民共和国法官职业道德基本准则》
6.《检察官法》	《中华人民共和国检察官法》
7.《检察官职业道德基本准则》	《中华人民共和国检察官职业道德基本准则》
8.《刑事诉讼法》	《中华人民共和国刑事诉讼法》
9. 最高法院《刑诉法解释》	最高人民法院《关于适用〈中华人民共和国刑事诉讼法〉的解释》
10. 最高检察院《规则》	最高人民检察院《人民检察院刑事诉讼规则》
11. 公安部《规定》	公安部《公安机关办理刑事案件程序规定》
12.《民事诉讼法》	《中华人民共和国民事诉讼法》
13. 最高法院《民诉法解释》	最高人民法院《关于适用〈中华人民共和国民事诉讼法〉若干问题的解释》
14.《行政诉讼法》	《中华人民共和国行政诉讼法》
15. 最高法院《行诉法解释》	最高人民法院《关于适用〈中华人民共和国行政诉讼法〉的解释》
16.《人民陪审员法》	《中华人民共和国人民陪审员法》
17.《仲裁法》	《中华人民共和国仲裁法》
18. 最高法院《仲裁法解释》	最高人民法院《关于适用〈中华人民共和国仲裁法〉若干问题的解释》
19.《人民调解法》	《中华人民共和国人民调解法》
20.《监狱法》	《中华人民共和国监狱法》
21.《律师法》	《中华人民共和国律师法》
22.《法律援助法》	《中华人民共和国法律援助法》
23.《公证法》	《中华人民共和国公证法》

目　录

第一章　中国司法制度概述

第一节　司法与司法制度

一、司法的概念和特征

司法是一个人们非常熟悉并广泛使用的概念,但在理解上有很大的分歧,因而又是一个内涵和外延都很不确定的概念。

中国各代并无"司法"这一概念,司法一词是清朝末年从西方引进的。资产阶级启蒙思想家孟德斯鸠第一次论述了"司法"问题。他认为:每个国家都有三种权力,即立法权力、关于国际事项的行政权力、有关民事法规事项的行政权力。"我们将后者称为司法权力,而第二种权力则简称为国家的行政权力。"[1]在孟德斯鸠看来,司法权就是惩罚犯罪和裁决私人讼争的权力,而行政权则是执行立法机关的意志、维护公共安全、派遣和接受外交使节、防御外国侵略的权力。他进而认为:"如果司法权不同行政权和立法权分立,自由也就不存在了。如果司法权和立法权合二为一,则将对公民的生命和自由施行专断的权力,因为法官就是立法者,如果司法权和行政权合而为一,法官便将拥有压迫者的力量。""如果同一个人或是由重要人物、贵族或平民组成的同一个机构行使这三种权力,即制定法律权、执行公共决策权和裁判私人犯罪或争讼权,则一切便都完了。"而且,"从事物的性质来说,要防止滥用权力,就必须以权力约束权力。"[2]资产阶级在革命取得胜利后,按照孟德斯鸠的"三权分立"学说建立起资本主义的政治体制,设立议会、总统(内阁)、法院分别行使立法权、行政权和司法权,并使之互相制约,以达到国家权力的平衡。因此,在实行三权分立的国家,司法是与立法、行政相对应的一项国家活动,即国家适用法律解决纠纷的活动。在这些国家,所谓司法就是审判,相应地,司法权就是审判权,司法机关也就仅指法院。至于检察权,则是作为行政权的一部分,因而检察机关隶属于政府行政系统。例如:在美国,检察机关和司法行政机关合二为一,联邦总检察长即为司法部长;在法国和德国,其检察机关虽然附设于法院,但受政府司法行政机关的领导和指挥;在日本,其检察机关虽独立设置,但仍受法务大臣的一般领导。

我国清朝末年引进西方的司法制度,在法律中明确规定司法权由法院行使。因此,那时的司法权就是指审判权;而各级检察厅虽附设于大理院或同级审判厅,但受专门负责司法行政的法部领导。辛亥革命取得胜利后,孙中山借鉴西方的"三权分立"并结合中国的历史传统,实行"五权分立",即立法、行政、司法、考试、监察五权分立,但司法权仍由法院行使;检察机关则

---

〔1〕［法］孟德斯鸠:《论法的精神》(上册),张雁深译,商务印书馆1982年版,第154页。

〔2〕［法］孟德斯鸠:《论法的精神》(上册),张雁深译,商务印书馆1982年版,第156页。

属于行政系统,由政府的司法行政机关领导,与法国、德国等欧洲国家相似。国民党时期基本上照搬了"五权分立"的政治体制。

在苏联、东欧等社会主义国家,司法不仅包括审判,而且包括检察,司法机关由审判机关和检察机关共同构成。苏联、东欧各国的检察机关是国家法律监督机关,其检察权不仅包括对案件的侦查权、起诉权,而且包括广泛的法律监督权,即检察机关对所有国家机关、公务人员、企事业单位、社会团体和公民个人是否执行和遵守法律实行监督,且实行集中统一的垂直领导,不受地方国家机关的干涉。苏联解体以后,俄罗斯等独联体国家开始学习西方,在政治体制上实行"三权分立":由国家杜马行使立法权;总统、总理行使行政权;至于司法权,虽然在法律上仍然由审判权和检察权共同构成,但是审判权与检察权的内容发生了很大的变化。审判权的范围比过去扩大,成立了专门负责监督宪法实施的宪法法院,并且对审判活动的监督权集中在最高法院和上级法院;检察权的范围比过去缩小,不再包括广泛的法律监督。

中华人民共和国成立后,我国在政治体制上实行人民代表大会制度。在我国,人民代表大会是国家权力机关,各级行政机关、审判机关和检察机关都由同级人民代表大会产生,对它负责,受它监督。根据《宪法》《人民法院组织法》《人民检察院组织法》的规定,人民法院是国家审判机关,行使审判权;人民检察院是国家法律监督机关,行使检察权,它们共同构成我国的司法机关。但是,在中华人民共和国成立后的很长一段时间里,法学界一直都认为,司法"是代表国家对危害统治秩序的行为进行追究,以强制力将国家意志付诸实施的活动"。"司法权作为不可分割的国家权力的一部分,必须统一掌握在国家权力机关中。当然,这并不是说国家机关不要分工,恰恰相反,为了有效地维护统治秩序,国家机关之间必须进行细致的、合理的分工,司法活动作为国家的一项重要活动,也要由诸多国家机关分头进行,有的机关负责侦查,有的机关负责检察,有的机关负责审判,有的机关负责执行,但是无论分工如何,它们都有一个共同的本质特征,即代表国家对危害统治秩序的行为作出否定评价,以强制力维持无产阶级的政治统治,而这正是司法活动的根本内容,因此,不管是侦查机关、检察机关,还是审判机关和司法行政机关,都属于司法机关的范畴。"[3]实际也是这样,在中华人民共和国成立以后相当长一段时间里,无论是党和国家的各级领导干部以及司法干部,还是法学教育和研究人员,都比较一致地认为我国的司法机关包括人民法院、人民检察院、公安机关(后又分出国家安全机关)和司法行政机关。1990年以后,在一些刑事诉讼法学教科书和法学研究文章中,陆续出现了"公安司法机关"的提法。这表明:人们已开始认识到公安机关、国家安全机关、司法行政机关是各级人民政府的职能部门,依法行使相应的行政职权,属于行政系统,不具有司法的性质和地位;我国的司法机关仅指人民法院和人民检察院。1997年10月,时任中共中央总书记的江泽民同志在党的十五大报告中明确提出"推进司法改革,从制度上保证司法机关依法独立公正地行使审判权和检察权",由此我国各界终于就司法机关是指人民法院和人民检察院达成了普遍共识。

根据上述我国司法机关范围的确定,我国的司法就是指人民法院和人民检察院依照法定的职权与程序适用法律处理诉讼案件的专门活动,具体包括人民法院对刑事案件、民事案件、行政案件的审判执行活动以及人民检察院在刑事案件、民事案件和行政案件中的检察活动。

---

〔3〕 吴磊主编:《中国司法制度》,中国人民大学出版社1988年版,第43页。

决机制最为有力的原则保障。司法之所以具有权威性，主要来自人类两方面的共识：一是司法是最具权威性的解决纠纷的手段或机制。众所周知，司法权产生于人类对和平的愿望与追求之中。当人类不断地认识到同态复仇、强力争斗并不能有效解决私人纠纷，反而会给人类带来更大的伤害时，人类便开始追求以和平的方式来解决相互之间的各种纠纷，于是司法权力和司法机关应运而生。随着人类社会的发展，司法机制越来越被公认为是解决纠纷、保障社会公平正义的最后一道屏障，成为防止战争和社会动荡、实现国家长治久安的最佳途径之一。由此也就确立了其在解决纠纷中的权威性。二是司法裁判本身应当具有既判力。司法的终局性决定了所有纠纷经过司法程序后都应当予以解决或平息，这就要求司法裁判具有既判效力，即司法机关一旦作出生效裁判，当事人便不得对同一案件进行重复诉讼，司法机关也不得对同一案件进行重复而矛盾的审判。由此，司法裁判便在当事人和社会公众中获得普遍认同，进而具有权威性。必须指出的是，司法权威的核心前提是司法公正，没有司法公正为基础的司法权威，是没有生命力的。对于一项生效裁判，我们应当尊重其既判效力即承认其权威性，是因为这项裁判是公正的，而对那些缺乏公正的生效裁判，如果一味强求服从其所谓的既判效力，则只能适得其反，最终只会损害司法权威。由此可见，司法只有公正，才能取信于民，赢得权威。

法学界对司法特征的看法还不一致，如有的学者认为，司法除具有人民性、终局性、公正性、效率性、独立性和权威性以外，还应当具有职业性、统一性、中立性、公开性、审慎性、成本性等特征。这些都是可以继续进行研究的。

二、司法制度的概念和范围

司法制度，有狭义和广义之分。狭义的司法制度，在实行“三权分立”的国家是指审判制度，在我国则是指审判制度和检察制度。一国仅有审判制度或检察制度，显然不足以保证司法机关充分、及时、有效地行使审判权或检察权，亦不能保证司法职能的切实实现。为此，各国在建立审判制度和检察制度的同时，又建立了一系列司法辅助制度，以对司法权的行使起到辅助、促进或保障的作用。故而对司法制度一般应从广义上来理解，而不是限于狭义的范围。

根据上述分析和理解，我们认为，所谓司法制度，是指有关司法机关和其他司法机构或组织的性质、任务、组织体系、权利义务、活动原则以及工作制度等方面规范的总称。其中，司法机关应是指审判机关和检察机关，而其他司法机构或组织，则应包括侦查机构、监狱机构、仲裁机构、法律援助机构以及人民调解组织、司法鉴定组织、律师组织、公证组织等。相应地，司法制度除审判制度和检察制度外，还应包括侦查制度、仲裁制度、人民调解制度、执行制度、监狱制度、司法鉴定制度、律师制度、法律援助制度和公证制度。

第二节 司法制度的产生和发展

一、司法制度产生与发展概况

在原始社会，没有阶级，没有国家，从而也没有司法机关和司法制度。正如恩格斯所指出的，那时“没有军队、宪兵和警察，没有贵族、国王、总督、地方官和法官，没有监狱，没有诉讼，而一切都是有条有理的。一切争端和纠纷,都由当事人的全体即氏族或部落来解决,或者由多个氏族相互解决;血亲的复仇仅仅当作一种极端的、很少应用的手段……一切问题,都由当事人自己解决,在大多数情况下,历来的习俗把一切都调整好了"〔6〕。

到了原始社会末期,社会生产力的发展引起了社会大分工,即畜牧业和农业的分工、农业和手工业的分工,从而有了剩余劳动和剩余产品,产生了剥削,出现了私有制,社会逐步分裂为对抗性的奴隶主和奴隶两大阶级。奴隶主为了镇压奴隶们的反抗,维护自己的经济利益和政治统治,便建立起奴隶制国家,并把有利于自己的习惯转化为奴隶制法律,用国家强制力保证执行。然而,奴隶制法律需要有司法机关和司法官员执行。于是,奴隶制国家的司法机关和司法制度便应运而生。

当然,在奴隶制社会初期,国家的立法权、行政权、军事权与司法权是不分的,后来由于犯罪和纠纷的日益增多,为强化国家机器,有效地打击犯罪,维护统治秩序,奴隶主阶级才设立了专门的司法机关,使司法权逐步从行政权中分离出来,但最高统治者仍集一切大权于一身。据史籍记载,在古希腊和古罗马时期,司法机关即开始与行政机关分离。这两个国家在地中海沿岸,地理位置优越,因而其商品经济产生最早,发展最快,人们交往频繁,为适应经济贸易的需要,不仅出现了法庭,还出现了律师、公证、仲裁的雏形,不过这时的司法制度主要是审判制度。我国奴隶制时期司法机关何时开始从行政机关中分离出来,到现在仍无结论,但可以肯定,这种分离开始时仅限于中央机关。一般认为,我国从奴隶社会开始在中央就是司法从属于行政,而在地方则是司法与行政合一,这种情况到了封建社会仍然没有改变。

世界各国进入封建社会后,经济基础和国家机构都有了长足的发展,但极不平衡。在司法制度方面,各封建制国家在设立了专门的审判机关之后,某些行政机关和行政长官仍兼理审判工作,即专职的司法机关与兼职的司法机关并存。在西方,由于封建割据、宗教盛行、司法专横,因而除国家审判外,还盛行宗教审判,尤其是在黑暗的中世纪时期,其律师、公证等制度遭受了严重的摧残。在我国漫长的封建社会里,在中央虽设置了专门的司法机关(如大理寺、刑部等),但始终从属于行政,封建皇帝一直集立法、行政和司法大权于一身,而地方则是行政与司法合一,司法工作由地方行政长官兼理,而且由于封建司法的专横武断,因而根本不存在律师、公证等职业活动。

为反对封建专制,资产阶级启蒙思想家提出了天赋人权、法律面前人人平等和"三权分立"等思想。资产阶级夺取政权后,便按照"三权分立"思想建立其国家机构,即将国家权力划分为立法权、行政权和司法权,分别由议会、总统(或内阁)、法院独立行使,并互相制衡。"三权分立"体制的建立,使司法制度出现了一次大的飞跃,司法权真正从行政权中分离出来,成为独立的国家权力。而且,资产阶级为避免法官的专横武断,又将检察权从司法权中分离出来,形成了审判制度和检察制度。虽然资本主义国家的检察机关从属于司法行政机关,但它又具有相对的独立性。同时,审判机关即法院的设置也日益专门化,如有刑事法院、民事法院、上诉法院、行政法院等,可谓形形色色、种类繁多。另外,适应市场经济发展和保障人权等客观需要,其律师组织、仲裁机构、公证组织等其他司法机构和组织也得到了很大的发展。

---

〔6〕[德]恩格斯:《家庭、私有制和国家的起源》,载《马克思恩格斯选集》(第4卷),人民出版社1995年版,第92-93页。

社会主义国家的诞生,开创了司法制度的新篇章。根据列宁的学说,社会主义各国从苏联开始,普遍建立起崭新的检察机关即国家法律监督机关,它不仅代表国家行使公诉权并负责监督国家法律的实施,而且它脱离行政系统成为独立的国家机关。此外,社会主义国家和资本主义国家虽然都有审判机关、侦查机构、监狱机构、仲裁机构以及司法鉴定组织、律师组织、公证组织,但由于政治制度、历史文化传统和经济发展水平不同,在司法机关和其他司法机构和组织的设置、任务、职权、隶属关系、活动范围等方面又各具特色。

二、中国近代司法制度的引进和延续

从19世纪中叶起,在西方列强入侵我国的同时,西方先进的自然科学技术和社会科学成果也不断传入了我国。一些先进人士为了改变国家落后挨打的状况,提出了学习西方、变法图强的种种主张。经过反复曲折的斗争和长期不断的呐喊,清末统治者终于在1901年1月下诏宣布实行"新政",并在1902年2月相继发布了变法修律的诏书,命沈家本、伍廷芳为修律大臣,主持修律工作。此后的近10年时间里,清朝统治者先后制定颁布了《钦定宪法大纲》、《宪法重大信条十九条》、《钦定行政纲目》、《各省官制通则》、《大清现行刑律》、《大清新刑律》、《大清民律草案》(未及颁行)、《大清商律草案》(未及颁行)等一系列宪法、法律,成为中国传统法制走向现代化的开端。由此,沿袭了数千年的中华法系发生了根本的变化,彻底改变了中国封建社会一直没有单独的诉讼法典,历代封建王朝都把程序法和实体法混同一体,程序和实体不分的状况。随着清末变法的实行,程序法开始与实体法分开,成为独立的法律部门。1906年,沈家本主持完成了《大清刑事民事诉讼法草案》的起草工作。这部法律草案沿袭了资产阶级的立法原则,采用了资产阶级的审判公开制度、陪审制度和律师制度,是中国历史上第一部独立的诉讼法典,但遭到各省督抚的反对而未能颁行。因仿行立宪的需要,沈家本遂将诉讼法分为刑事、民事两部分,分别编纂《大清刑事诉讼律草案》和《大清民事诉讼律草案》。该两律草案于1910年同时完成,由于清廷很快被推翻而未及审议颁行。同时,清廷为配合预备立宪和官制改革,先后于1907年和1910年颁行了《各级审判厅试办章程》《法院编制法》等司法组织法,对其司法制度进行重大改革,即采用资本主义国家司法与行政分立的体制,把司法机关从行政机关中独立出来,并实行了一系列资产阶级的司法原则和司法程序。主要体现在:

第一,在司法机关方面。在中央,清廷从1906年开始,把原来掌管审判的刑部改为专门负责司法行政的法部;把原来掌管案件复核的大理寺改为大理院,使它成为全国最高审判机关,同时承担解释法律、监督各级审判厅等职责。在地方,清廷从1907年开始,在京师和各省设立高等审判厅,在府(直隶州)设地方审判厅,在州县设初级审判厅。同时,把省按察使改为提法使司,由其负责地方上的司法行政事宜。此外,清廷还在各级审判厅内设置检察厅,由其负责对刑事案件"提起公诉,实行公诉,并监视判决之执行"。

第二,在司法原则方面。清廷在司法审判上采用资产阶级国家的司法原则和司法制度。例如:采用资产阶级所标榜的司法独立原则,强调各级审判厅"独立执行"司法权,行政主官及检察官"不准违法干涉";采用资产阶级诉讼法规定的回避原则、辩护原则、辩论原则、审判公开原则、一事不再理原则,并将资产阶级国家的对抗式诉讼制度引入诉讼领域,由此建立起律师制度;等等。

第三,在司法程序方面。根据《各级审判厅试办章程》的规定,在司法管辖上分为刑事诉讼和民事诉讼两项,在中国法制史上第一次正式区分了刑事诉讼和民事诉讼。同时,按照《法院编制法》的规定,在司法审级上实行四级三审制,即向初级审判厅起诉的案件,当事人不服,可上诉到地方审判厅直至高等审判厅;向地方审判厅起诉的案件,当事人不服,可上诉到高等审判厅直至大理院。另外,清末的诉讼立法还规定了起诉、预审、公判、上诉、判决之执行等程序。

清末统治者通过实施司法改革,使其司法制度比封建专制的司法制度向前迈进了一大步,是一个了不起的进步,虽然其立法中所确立的原则和制度实际上并没有真正实行,但却对日后民国时期的立法和司法活动具有重要的参考意义。

1911 年 10 月 10 日,辛亥革命爆发,推翻了在中国历史上延续了 2000 多年的封建专制制度。1912 年 1 月 1 日,孙中山先生在南京宣誓就职,庄严宣告中华民国成立,并组成首届临时政府,史称“中华民国南京临时政府”。同年 2 月和 3 月,南京临时政府先后颁布《中华民国临时政府组织大纲》和《中华民国临时约法》,原则上确立了一些资产阶级的司法原则和制度,如公开审判原则、法官独立审判原则、法官任职终身制、律师制度等。但由于袁世凯的窃国活动,年轻的资产阶级共和国为北洋政府所取代,上述资产阶级司法原则和制度也未得到真正施行。

1912 年 4 月北洋政府宣告成立,这是一个地主买办阶级的政权。为了适应其统治的需要,它承袭了清末的法律制度,对清末的《法院编制法》予以重新修订,正式公布。依据该法,全国的普通法院从中央到地方分为四级,即在中央设大理院,作为全国最高审判机关,在地方分别设置高等审判厅、地方审判厅和初级审判厅;在各级审判机关内设推事若干人负责刑事、民事案件的审判工作。1914 年,北洋政府成立平政院,负责审理行政诉讼案件。同年,袁世凯出于复辟旧制的需要,又将占全国 2/3 的地方审判厅和地方检察厅以及全部初级审判厅和初级检察厅裁撤,改由州县知事(州县长)兼理司法业务,下设承审员辅助之,因而出现了地方行政长官兼理审判的情况。但两年后,因人民强烈反对复辟帝制,又恢复了地方审判厅和初级审判厅。此外,北洋政府时期的司法还有两个显著特点:一是司法审判有普通审判与军事审判之别,其中军事审判始终占主导地位,普通审判处于从属地位。按其法律规定,普通法院实行四级三审制,即以初级审判厅或地方审判厅为一审的刑事、民事案件,如当事人不服判决,可以两次提出上诉,高等审判厅或大理院作出的第三审判决是终审判决。军事法院实行一审终审制。而且,按照北洋政府颁行的《陆军审判条例》和《海军审判条例》,无论军人还是非军人犯罪,也无论刑事案件还是民事案件,军事法院均可受理,审判采取秘密方式,不准旁听,不准聘请辩护人,也不准上诉,实行的完全是法西斯式的审判制度。二是司法审判的依据既可以是成文法,也可以是判例和解释例。其中,判例仅以最高审判机关大理院制作的判决为限,解释例则是由大理院对法律精神和各级法院提出的疑难问题所作的解释。判例和解释例,均具有法律效力,是成文法的补充,也是法院处理案件的依据。

1925 年,孙中山去世,国民党左派和共产党人继续孙中山的未竟事业于同年 7 月在广州建立国民政府,1926 年 7 月国民政府大举北进,讨伐北洋军阀。随着北伐的胜利,1926 年年底,国民政府迁往武汉,故史称“广州武汉国民政府”。广州武汉国民政府建立初期,其司法制度基本上沿用北洋政府的四级三审制与审检合署分工制,但与北洋政府时期不同的是,无论审判机关还是检察机关,都必须接受国民党中央执行委员会的指导和监督。1927 年年初,广州武汉国民政府召开司法会议,决定进行司法改革,并颁布了《新司法制度》。其主要内容是:(1)废除大理院与审判厅的名称,一律改称“法院”,并将审判机关分为中央法院与地方法院两级。其中,中央法院又分为最高法院与控诉法院;地方法院则分为县市法院与人民法院。最高法院设在武汉,控诉法院设在省城,冠以省名,县市法院设在县或市,冠以县名或市名,小县可二、三个县设一个法院,人民法院设在镇或乡村,为最基层的审判机关。(2)实行两级两审制。人民法院与县市法院均为一审法院,对不服一审判决而上诉的第二审刑事、民事案件,控诉法院和最高法院均为第二审法院。同时,对各一审法院和各二审法院的管辖权限作了具体划分。(3)废除原有的检察机构和某些制度规定。例如:废除原在各级法院内设置的检察厅,而只在各级法院内设检察官行使检察权;废除原关于司法官不得参加任何政治党派以标榜其"公正"的规定,改为具有3年以上法律经验的国民党党员均可以担任司法官;废除法院内设立的行政长官制,转而设立"行政委员会"处理院务。(4)实行参审制与陪审制。人民法院除设审判官外,设参审员参与法律及事实之审判;县、市法院和中央法院除设庭长及审判官外,设陪审员参与事实之审判。参审员或陪审员依案件当事人的身份进行遴选,如关于工人、农民、妇女的诉讼,分别由工会、农民协会、国民党妇女部选出参审员或陪审员参与审判。这无疑有利于依法维护不同当事人的合法权益,同时也是发动人民群众参与和监督国家审判的初步尝试。(5)减少诉讼及状纸之费用。其中,诉讼费比原来减少50%,状纸费比原来减少60%。这对于经济困难的贫苦民众当然是有利的,因而获得了民众的广泛支持。由此可见,广州武汉国民政府的司法改革总的来讲是民主的、进步的,不少改革措施成为近代中国司法制度史上的创举。

1927年4月18日,蒋介石叛变革命在南京建立起新的政府,亦定名为中华民国政府,史称"南京国民政府",也称"国民党政府"。国民党政府成立初期,在普通司法机构上沿用北洋政府时期的四级三审制。1932年10月28日国民党政府颁布《法院组织法》,将原来实行的四级三审制改为三级三审制,即在县、省辖市设地方法院,区域狭小者可合若干县市设一个地方法院,区域辽阔者可设地方法院分院;在省、首都、特别区、院(指行政院)辖市设高等法院;在国民党政府所在地(南京市)设最高法院,隶属于国民政府司法院。最高法院不设分院,以统一全国法律之解释。国民党政府于1928年7月28日、1930年12月26日分别颁布《刑事诉讼法》和《民事诉讼法》。同时国民党政府还制定并颁布了一系列单行的司法和诉讼法律、法规,如《特种刑事法庭组织条例》《特种刑事法庭审判条例》《军事法庭条例》《特种刑事案件诉讼条例》《反革命案件陪审暂行法》等。这众多司法和诉讼法律、法规在一定程度上采纳了资产阶级的司法原则和制度,如司法独立原则、公开审判原则、律师制度、合议审判制度等。但总体上说,国民党政府时期的司法具有明显的反革命、反人民性质。具体表现在:第一,采用严密而反动的侦查制度。按照《刑事诉讼法》的规定,检察官不仅可以直接指挥司法警察官和司法警察进行侦查,而且在他认为情况紧急时,还可命令在场或附近的人为相当之辅助,在必要时,"并得请附近军事长官派遣军队辅助",只要他认为是"急迫情形时",也可以对于不属于他管辖的"犯罪嫌疑人"作出必要的处分。第二,实行法西斯秘密审判制度和国民党专制制度。国民党反动政府为了加强对共产党人和革命人民的镇压,一方面,实行法西斯的秘密审判制度。按照《法院组织法》的规定,对于所谓"妨害公共秩序"的案件即政治案件实行秘密审判;对于违反战乱时期危害国家紧急治罪条例的刑事案件,按特种刑事法庭审判条例的规定进行秘密审判,且裁判后不得上诉或抗告。另一方面,实行国民党专制制度。按照《反革命案件陪审暂行法》的规定,国民党地方高级党部对于法院对"反革命案件"作出的第一审判决不服的,得于上诉期限内,要求检察官上诉于最高法院。当该案件发回或交发重审时,则由国民党地方高级党部派出的国民党党员组成的陪审团陪审评议。在评议中,由“陪审团”提出有罪或犯罪嫌疑人不能证明的答复,而法院则要根据这个答复作出判决。第三,特务组织参与司法审判活动。为了维护其统治地位和各种集团的利益,国民党政府还建立了庞大的特务组织,推行法外制裁。国民党的特务组织,最大的有两个:一个是国民党中央调查统计局,简称中统;另一个是国民政府军事委员会调查统计局,简称军统。它们从中央到地方,从城市到乡村,遍布于政治、经济、文化和军事等各个部门,往往撇开检察机关和审判机关,不要任何法定手续,不讲任何法定程序,随意监视、搜查、殴打、扣押、绑架、逮捕和暗杀共产党人和民主进步人士;它们设立自己的法庭,进行秘密而野蛮的审判;它们不仅插手“反省院”和“感化所”,还设置秘密监狱或集中营,对共产党人和民主进步人士进行秘密关押、残酷迫害,充分暴露了国民党政府实行法西斯统治的丑恶面目。

三、中国现代司法制度的确立和发展

1949 年,中华人民共和国宣告成立,标志着中国进入了一个新的历史时期,即社会主义建设时期。1949 年 4 月 21 日制定的《中国人民政治协商会议共同纲领》第 17 条规定:“废除国民党反动政府一切压迫人民的法律、法令和司法制度,制定保护人民的法律、法令,建立人民司法制度。”同时制定的《中央人民政府组织法》规定,在中央设立最高人民法院、最高人民检察署、公安部和司法部,分别行使国家的审判、检察、侦查和司法行政的职权。1949 年 10 月 1 日,中央人民政府任命沈钧儒为最高人民法院院长,成立最高人民法院;任命罗荣桓为最高人民检察署检察长,成立最高人民检察署。从此,我国人民司法制度在全国范围内相继建立起来。

1950 年 7 月 14 日政务院公布施行的《人民法庭组织通则》规定,人民法庭有权逮捕、拘禁并判决被告人死刑、徒刑、没收财产、劳役、当众悔改或宣告无罪,但是判处死刑、没收财产及 5 年以上徒刑的案件,批准权属于省人民政府(或者由它指定的专员公署);不足 5 年的徒刑以及宣告无罪的判决,则由县人民政府批准。可见此时实行的是审判从属于行政的体制。1951 年 9 月 4 日中央人民政府制定公布的《人民法院暂行组织条例》明确规定,人民法院分为最高人民法院及其分院、省级人民法院及其分院(分庭),县级人民法院三级,且实行三级二审终审制,特殊情况下可以实行三审或一审终审。同时规定:地方各级人民法院实行“双重领导”的原则,除受上级人民法院的领导和监督外,还受同级人民政府委员会的领导和监督;各级人民法院均设审判委员会,主要是处理重大或疑难的案件,并在政策上和审判原则上进行指导。1953 年,根据第二届全国司法会议的精神,全国共建立了 11 个铁路、水上运输法院。同时,全国各地开始建立人民调解委员会。

1949 年 12 月中央人民政府制定公布的《最高人民检察署试行组织条例》规定,最高人民检察署直接行使并领导下级人民检察署行使检察全国各级政府机关及公务人员和全国国民是否严格遵守人民政协共同纲领及人民政府的方针与法律、法令,对各级司法机关之违法判决提出抗议,对刑事案件实行侦查和提起公诉等职权。同时规定:最高人民检察署受中央人民政府之直辖;全国各级检察署均独立行使职权,不受地方机关干涉,只服从最高人民检察署之指挥;最高人民检察署设检察委员会议,由检察长、副检察长、秘书长与委员组成,以检察长为主席,如检察委员会议不一致时,取决于检察长。这表明,检察机关实行垂直领导的体制并在内部实行检察长负责制。1951 年 9 月 4 日,中央人民政府委员会根据该组织条例的试行情况,正式通过并颁布《最高人民检察署暂行组织条例》和《各级地方人民检察署组织通则》。按其规定,人民检察署的设置与人民法院基本一致:人民检察署分为最高人民检察署及其分署、省级人民检察署及其分署、县级人民检察署;人民检察署是国家的法律监督机关,对政府机关、公务人员和全国国民是否严格遵守法律、法令负检察责任;各级人民检察署设检察署委员会议,议决有关检察工作的方针政策及其他重要事项,委员会议意见不一致时,由检察长决定;将原来的“垂直领导”体制改为“双重领导”体制,即各级地方人民检察署既受上级人民检察署的领导,又是同级人民政府的组成部分,受同级人民政府委员会的领导。

1954 年 9 月 20 日,第一届全国人民代表大会第一次会议审议通过了我国第一部社会主义宪法,还制定了《人民法院组织法》《人民检察院组织法》。宪法和两部组织法的颁布实施,标志着我国人民司法制度建设进入了新的发展时期。随着新的国家体制的确立,原设立的各大行政区及大行政区一级的司法机关被撤销。《宪法》《人民法院组织法》规定:人民法院的组织体系由原来的三级改为四级,即设基层人民法院、中级人民法院、高级人民法院和最高人民法院,并设军事法院和铁路运输、水上运输等专门人民法院;下级人民法院的审判工作受上级人民法院监督,地方各级人民法院和专门人民法院的审判工作受最高人民法院监督;各级人民法院的司法行政工作由司法行政机关管理。同时规定:人民法院独立审判,只服从法律;人民法院审判案件,实行两审终审制;各级人民法院设审判委员会等。

《宪法》《人民检察院组织法》规定:检察机关由人民检察署改称人民检察院,设最高人民检察院、省级人民检察院、县级人民检察院,同时为与人民法院的设置相对应,省级人民检察院设分院,与中级人民法院平级,并设相应的专门人民检察院;地方各级人民检察院独立行使职权,不受地方国家机关的干涉;地方各级人民检察院和专门人民检察院在上级人民检察院的领导下,并且一律在最高人民检察院的统一领导下进行工作;各级人民检察院设检察委员会,检察委员会在检察长领导下处理有关检察工作的重大问题。

1954 年的《宪法》《人民法院组织法》《人民检察院组织法》确立了各级人民法院、人民检察院和同级人民政府的地位平等并统一对本级国家权力机关负责的国家体制;确立了检察机关独立行使检察权和人民法院独立审判只服从法律的原则;确立了国家审判权、检察权只能由人民法院、人民检察院分别依法行使,其他任何机关、团体和个人都无权行使的原则,建立起人民陪审制度、公开审判制度、回避制度、辩护制度、两审终审制度、死刑复核制度和审判监督制度。

从 1957 年下半年开始,“左”倾思想和法律虚无主义的影响导致错误地批判了《宪法》《人民法院组织法》《人民检察院组织法》中规定的某些司法原则和制度,如“公民在适用法律上一律平等”“人民法院独立进行审判只服从法律”的原则和辩护制度、律师制度等。由此产生的后果是,在刑事诉讼和民事诉讼中,不依法办事的现象增多。1962 年后中央对极“左”错误作了一些纠正,审判和检察等工作逐步恢复到正常状态。但自 1966 年 5 月起尤其是 1969 年正式撤销了各级检察机关,我国人民司法制度受到严重破坏。

1978 年 12 月党的十一届三中全会公报明确指出:“为了保障人民民主,必须加强社会主义法制,使民主制度化、法律化,使这种制度和法律具有稳定性、连续性和极大的权威,做到有法可依,有法必依,执法必严,违法必究。”从此,国家采取一系列重要措施,拨乱反正,大力加强社会主义法制,使人民司法制度得到迅速恢复和全面发展。主要表现在以下几个方面:第一,制定和颁布了一大批法律、法规,包括《宪法》《人民法院组织法》《人民检察院组织法》《刑法》《民法通则》《刑事诉讼法》《民事诉讼法》等,从而使我国的司法工作有法可依,司法制度逐步完善。第二,建立和健全了司法机关。例如:1978 年 3 月第五届全国人大第一次会议决定重建检察机关,并将其正式确定为国家法律监督机关;1984 年 11 月第六届全国人大常委会第八次会议决定在沿海港口城市设立海事法院。第三,不断深化改革,促使我国司法制度日益完善。例如:人民法院进行审判方式改革,提高了审判效率和审判质量;许多法院设置了房地产审判庭、知识产权审判庭、立案庭、审判监督庭,使审判工作不断走向专业化,特别是颁布了《行政诉讼法》,建立和实施了行政审判制度。人民检察院建立了经济罪案举报中心和反贪污贿赂工作局。由此可见,在改革开放过程中,我国的司法制度也进行了诸多的改革,从而获得了较快的发展。

第三节 中国司法制度的改革

一、司法改革的提出和推进

1997 年 9 月,党的十五大报告提出:“我国经济体制改革的深入和社会主义现代化建设跨越世纪的发展,要求我们在坚持四项基本原则的前提下,继续推进政治体制改革,进一步扩大社会主义民主,健全社会主义法制,依法治国,建设社会主义法治国家。”并进一步阐明:“依法治国,是党领导人民治理国家的基本方略,是发展社会主义市场经济的客观需要,是社会文明进步的重要标志,是国家长治久安的重要保障。”同时要求:“推进司法改革,从制度上保证司法机关依法独立公正地行使审判权和检察权,建立冤案、错案责任追究制度。”这是我国历史上第一次明确提出要把“依法治国”作为基本治国方略并“推进司法改革”。

为了贯彻落实党的十五大提出的“推进司法改革”的要求,1999 年 10 月最高人民法院公布的《人民法院五年改革纲要》第一次以纲要的形式,全面、系统地规划了全国法院今后 5 年的改革宏图。该纲要认为“人民法院改革是从司法观念、工作方法、管理机制到司法制度的全面改革”。因此,法院改革的总体目标被定位于:紧密围绕社会主义市场经济的发展和建立社会主义法治国家的需要,依据宪法和法律规定的基本原则,健全人民法院的组织体系;进一步完善独立、公正、公开、高效、廉洁,运行良好的审判工作机制;在科学的法官管理制度下,造就一支高素质的法官队伍;建立保障人民法院充分履行审判职能的经费管理体制;真正建立起具有中国特色的社会主义司法制度。法院改革的基本内容包括:进一步深化审判方式改革;建立符合审判工作规律的审判组织形式;科学设置法院内设机构;深化法院人事管理制度改革;加强法院办公现代化建设,进一步提高司法效率和法院管理水平;加强制度建设,健全监督机制,保障司法公正廉洁;积极探索人民法院深层次的改革。

2000 年 1 月,最高人民检察院出台了《检察改革三年实施意见》,这是第一个涉及检察改革总体部署的文件。该意见要求各级检察机关在 3 年内实现六项改革目标:改革检察业务工作机制,强化法律监督的职能和作用;改革检察机关的机构等组织体系,加强上级检察机关对下级检察机关的领导;改革检察官办案机制,全面建立主诉、主办检察官办案责任制;改革检察机关干部人事制度,调整人员结构,提高人员素质,实行检察官、书记员、司法警察、司法行政人员的分类管理，建立充满生机与活力的用人机制；改革检察机关内、外部监督制约机制，保证公正、廉洁和高效；改革检察机关经费管理机制，实行科技强检，为检察机关依法履行检察职能提供物质保障。同时，具体规定了改革的内容和措施。

二、司法体制改革的提出和实施

2002 年 11 月 8 日，党的十六大报告提出："社会主义司法制度必须保障在全社会实现公平和正义。按照公正司法和严格执法的要求，完善司法机关的机构设置、职权划分和管理制度，进一步健全权责明确、相互配合、相互制约、高效运行的司法体制。从制度上保证审判机关和检察机关依法独立公正地行使审判权和检察权。完善诉讼程序，保障公民和法人的合法权益。切实解决执行难问题。改革司法机关的工作机制和人财物管理体制，逐步实现司法审判和检察同司法行政事务相分离。加强对司法工作的监督，惩治司法领域中的腐败。建设一支政治坚定、业务精通、作风优良、执法公正的司法队伍。"这为新世纪我国的司法体制改革指明了方向。

2003 年 4 月，中央政法委向中共中央提出了《关于进一步推进司法体制改革的建议的请示》。同年 5 月，中共中央听取了上述建议，对司法体制改革的指导思想、原则、目标、重点及工作方法作了重要指示，并决定在中央直接领导下，成立由中央政法委、全国人大内务司法委员会（现为全国人大监察和司法委员会）、中央政法各部门、国务院法制办（已撤销）及中央编制办的负责人组成的中央司法体制改革领导小组，全面领导司法体制改革工作。中央司法体制改革领导小组办公室设在中央政法委员会，负责司法体制改革的具体组织与协调工作。经过深入调研、充分论证和广泛听取各方意见，中央司法体制改革领导小组于 2004 年年底形成了《关于司法体制和工作机制改革的初步意见》，提出了改革和完善诉讼制度，改革和完善诉讼收费制度，改革和完善检察监督体制，改革劳动教养制度，改革和完善监狱和刑罚执行制度，改革司法鉴定体制，改革和完善律师制度，改革和完善司法干部管理体制，改革有关部门、企业管理"公、检、法"体制等十个方面 35 项改革任务。[7] 该文件经中央批准下发后，最高人民法院、最高人民检察院、公安部、司法部相继成立了本部门的司法改革领导小组，并分别出台了《人民法院第二个五年改革纲要（2004—2008）》、《关于进一步深化检察改革的三年实施意见》、《公安部关于落实〈中央司法体制改革领导小组关于司法体制和工作机制改革的初步意见〉的分工方案》，对落实中央司法改革任务的具体措施和步骤作出安排部署。

2005 年 10 月 26 日，最高人民法院发布《人民法院第二个五年改革纲要（2004—2008）》，明确指出：2004 年至 2008 年人民法院司法改革的基本任务和目标是：改革和完善诉讼程序制度，实现司法公正，提高司法效率，维护司法权威；改革和完善执行体制和工作机制，健全执行机构，完善执行程序，优化执行环境，进一步解决"执行难"；改革和完善审判组织和审判机构，实现审与判的有机统一；改革和完善司法审判管理和司法政务管理制度，为人民法院履行审判职责提供充分支持和服务；改革和完善司法人事管理制度，加强法官职业保障，推进法官职业化建设进程；改革和加强人民法院内部监督和接受外部监督的各项制度，完善对审判权、执行权、管理权运行的监督机制，保持司法廉洁；不断推进人民法院体制和工作机制改革，建立符合

〔7〕 参见中央司法体制改革领导小组办公室：《坚持和完善中国特色社会主义司法制度的伟大实践——党的十六大以来司法体制机制改革取得明显成效》，载《人民日报》2007 年 9 月 23 日，第 1 版。

社会主义法治国家要求的现代司法制度。该纲要同时提出了八个方面共50项具体改革计划,对人民法院2004年至2008年的司法改革工作进行了全面部署。

2005年9月12日,最高人民检察院发布《关于进一步深化检察改革的三年实施意见》,明确指出今后3年检察改革的总体目标是,通过不断深化改革,重点解决当前制约检察工作发展的体制性、机制性问题,努力做到检察体制更加合理,检察工作机制更加完善,检察工作保障更加有力,检察人员素质进一步提高,全面增强检察机关法律监督能力,发展完善中国特色社会主义检察制度。该意见确定了今后3年检察改革的主要任务:一是改革和完善对诉讼活动的法律监督制度,切实维护司法公正,保障人权;二是完善检察机关接受监督和内部制约的制度,保障检察权的正确行使;三是创新检察工作机制,规范执法行为;四是完善检察机关组织体系,改革有关部门、企业管理检察院的体制;五是改革和完善检察干部管理体制,建设高素质、专业化检察队伍;六是改革和完善检察机关经费保障体制,切实解决基层人民检察院经费困难问题。同时,该意见还提出了完成检察改革任务所应采取的主要措施。

三、司法体制改革的深化

2007年10月15日,党的十七大报告提出:"深化司法体制改革,优化司法职权配置,规范司法行为,建设公正高效权威的社会主义司法制度,保证审判机关、检察机关依法独立公正地行使审判权、检察权。加强政法队伍建设,做到严格、公正、文明执法。"按照这一总体要求,在中央领导下,中央司法体制改革领导小组组织中央和国家机关有关部门进行了深入调研和论证,广泛听取党内外意见,提出了《中央政法委员会关于深化司法体制和工作机制改革若干问题的意见》。2008年12月,中共中央转发了该意见。该文件围绕优化司法职权配置、落实宽严相济刑事政策、加强政法队伍建设、加强政法经费保障四个方面,提出了60项改革任务,其中包括:加强对刑事、民事和行政诉讼的法律监督,进一步明确监督的范围、程序和措施;改革现行民事行政案件执行体制,切实解决判决、裁定"执行难"的问题;改革和完善看守所管理和监督机制,切实防止发生刑讯逼供和超期羁押现象;优化侦查权的配置,切实加强对侦查活动的制约监督;规范司法机关上下级之间的关系,切实防止和克服司法行政化倾向;从立法上完善对司法权的保障制度,切实维护社会主义法制的严肃性;改革劳动教养制度,切实解决对办理这类治安违法案件监督制约不够的问题;完善快速办理轻微刑事案件的工作机制、适应未成年人案件实际特点的办案机制,建立刑事和解、暂缓起诉、前科消灭等符合宽严相济刑事政策要求的制度;建立刑事被害人救助制度,明确救助的原则、对象、申请条件、发放主体、救助标准和具体工作制度;完善刑罚执行制度,逐步扩大减刑假释的覆盖面;积极推行社区矫正试点,进一步明确范围,严格职责,建立完善相关制度,确保社区矫正与刑罚执行、安置帮教等工作有机衔接;改革和完善法律院校招生分配制度,培养造就政治业务素质高、实战能力强的复合型法律应用人才,从根本上规范政法机关的进人体制;建立符合政法干警职业特点的在职培训制度;建立区别于一般公务员的政法机关职务序列和职数比例,完善司法人员职业保障制度;改革和完善律师管理制度,真正把律师作为社会主义法律工作者来管理;进一步落实"收支两条线"规定,实现政法经费由财政全额负担,建立分项目、分区域、分部门的分类保障政策,规范基础设施建设的经费保障,改革和完善政法经费管理制度;等等。

值得指出的是,为了巩固司法改革的成果,2001年,全国人大常委会修订《法官法》、《检察官法》和《律师法》,提高了法官、检察官的任职条件和取得律师资格的条件,并建立起统一的国家司法考试制度;2004 年、2005 年,全国人大常委会分别通过《关于完善人民陪审员制度的决定》《关于司法鉴定管理问题的决定》,对我国人民陪审员制度、司法鉴定制度进行了重大改革,进一步完善了该两项制度;2005 年,全国人大常委会通过《公证法》,极大地完善了我国的公证制度;2007 年,全国人大常委会通过了修订后的《律师法》,比较全面地改革和完善了律师制度;2010 年,全国人大常委会通过《人民调解法》,以法律的形式对人民调解制度作了具体明确的规定;2012 年,十一届全国人大五次会议通过《关于修改〈中华人民共和国刑事诉讼法〉的决定》,同年十一届全国人大常委会先后通过《关于修改〈中华人民共和国民事诉讼法〉的决定》和《关于修改〈中华人民共和国律师法〉的决定》,对我国刑事诉讼法、民事诉讼法、律师法进行了重大修改,有力地完善了我国的侦查制度、审判制度、检察制度、执行制度和律师制度等多项司法制度。

四、司法改革的全面推进

2012 年 11 月,党的十八大报告提出:"进一步深化司法体制改革,确保审判机关、检察机关依法独立公正行使审判权、检察权。"2013 年 11 月,十八届三中全会通过的《中共中央关于全面深化改革若干重大问题的决定》从确保依法独立公正行使审判权检察权、健全司法权力运行机制、完善人权司法保障制度等多个方面对新一轮司法改革进行了部署。2014 年 10 月,十八届四中全会通过的《中共中央关于全面推进依法治国若干重大问题的决定》以"保证公正司法,提高司法公信力"为题,从完善确保依法独立公正行使审判权和检察权的制度、优化司法职权配置、推进严格司法、保障人民群众参与司法、加强人权司法保障、加强对司法活动的监督六个方面作了全面部署,明确提出了一系列的改革措施,包括:建立领导干部干预司法活动、插手具体案件处理的记录、通报和责任追究制度;建立健全司法人员履行法定职责保护机制;完善司法体制,推动实行审判权和执行权相分离的体制改革试点;完善刑罚执行制度,统一刑罚执行体制;改革司法机关人财物管理体制,探索实行法院、检察院司法行政事务管理权和审判权、检察权相分离;最高人民法院设立巡回法庭,审理跨行政区域重大行政和民商事案件;探索设立跨行政区划的人民法院和人民检察院,办理跨地区案件;完善行政诉讼体制机制,合理调整行政诉讼案件管辖制度,切实解决行政诉讼立案难、审理难、执行难等突出问题;改革法院案件受理制度,变立案审查制为立案登记制;完善对涉及公民人身、财产权益的行政强制措施实行司法监督制度;探索建立检察机关提起公益诉讼制度;建立司法机关内部人员过问案件的记录制度和责任追究制度;完善主审法官、合议庭、主任检察官、主办侦查员办案责任制,落实谁办案谁负责;推进以审判为中心的诉讼制度改革;建立生效法律文书统一上网和公开查询制度;等等。

2014 年,中共中央决定就完善司法人员分类管理、完善司法责任制、健全司法人员职业保障、推动省以下地方法院检察院人财物统一管理等四项改革,在东、中、西部选择上海、广东、吉林、湖北、海南、青海 6 个省市先行试点,为全面推进司法改革积累经验。中央全面深化改革领导小组第三次会议审议通过的《关于司法体制改革试点若干问题的框架意见》主要针对下列问题提出了政策导向:一是对法官、检察官实行有别于普通公务员的管理制度;二是建立法官、检察官员额制,把高素质人才充实到办案一线;三是完善法官、检察官选任条件和程序,坚持党管干部原则,尊重司法规律,确保队伍政治素质和专业能力;四是完善办案责任制,加大司法公开力度,强化监督制约机制;五是健全与法官、检察官司法责任相适应的职业保障制度;六是推动省以下地方法院、检察院人财物统一管理;七是完善人民警察分类管理制度。

2015 年 2 月 4 日,最高人民法院发布《关于全面深化人民法院改革的意见——人民法院第四个五年改革纲要(2014—2018)》,对人民法院的新一轮改革进行了规划。纲要首先明确了改革的总体思路,即紧紧围绕让人民群众在每一个司法案件中感受到公平正义的目标,始终坚持司法为民、公正司法工作主线,着力解决影响司法公正、制约司法能力的深层次问题,确保人民法院依法独立公正行使审判权,不断提高司法公信力,促进国家治理体系和治理能力现代化,到 2018 年初步建成具有中国特色的社会主义审判权力运行体系,使之成为中国特色社会主义法治体系的重要组成部分,为实现"两个一百年"奋斗目标、实现中华民族伟大复兴的中国梦提供强有力的司法保障。在此基础上,该纲要确定了七个方面的改革任务:一是探索建立与行政区划适当分离的司法管辖制度;二是推进以审判为中心的诉讼制度;三是优化人民法院内部职权配置;四是健全审判权力运行机制;五是构建开放、动态、透明、便民的阳光司法机制;六是推进法院人员的正规化、专业化、职业化建设;七是确保人民法院依法独立公正行使审判权。

2015 年 2 月 15 日,最高人民检察院发布《关于深化检察改革的意见(2013—2017 年工作规划)》(2015 年修订版),将深化检察改革的总体目标确定为:保障依法独立公正行使检察权的体制机制更加健全,党对检察工作的领导得到加强和改进,检察机关宪法地位进一步落实;检察机关与其他政法机关既相互配合又依法制约的体制机制更加健全,法律监督的范围、程序和措施更加完善,在权力运行制约和监督体系中的作用得到充分发挥;检察权运行机制和自身监督制约机制更加健全,法律监督的针对性、规范性和公正性、权威性进一步增强,司法公信力进一步提高;对人权的司法保障机制和执法为民的工作机制更加健全,人民群众的合法权益得到切实维护,检察工作的亲和力和人民群众对检察工作的满意度进一步提升;符合检察职业特点的检察人员管理制度更加健全,检察人员政治业务素质和公正执法水平明显提高,基层基础工作显著加强。在此基础上,该意见提出了六个方面的重点任务:一是完善保障依法独立公正行使检察权的体制机制;二是建立符合职业特点的检察人员管理制度;三是健全检察权运行机制;四是健全反腐败法律监督机制,提高查办和预防职务犯罪的法治化水平;五是强化法律监督职能,完善检察机关行使监督权的法律制度,加强对刑事诉讼、民事诉讼、行政诉讼的法律监督;六是强化对检察权运行的监督制约。

总之,党的十八大以来,在以习近平同志为核心的党中央的正确领导下,我国的司法改革全面推进,取得了令人瞩目的成绩。具体可以概括为以下几个方面。

一是改革司法管理体制,包括:改革司法机关的工作机制和人财物管理体制,逐步实现司法审判和检察同司法行政事务相分离;改革司法管理体制,推动省以下地方法院、检察院人财物统一管理,探索建立与行政区划适当分离的司法管辖制度;在深圳、沈阳、南京、郑州、重庆、西安设立最高人民法院巡回法庭,在北京、上海、广州设立知识产权法院,在北京、上海、重庆设立金融法院,在杭州、北京、广州设立互联网法院;等等。

二是建立健全司法人员管理制度,包括建立司法人员分类管理制度,实行法官、检察官员额制度,健全法官、检察官遴选和惩戒制度以及法官、检察官、人民警察职业保障制度,改革审判委员会制度,完善司法责任制,等等。

三是改革与完善刑事、民事、行政诉讼制度和程序,包括推进以审判为中心的刑事诉讼制度改革,推行认罪认罚从宽制度,建立刑事速裁程序、缺席审判程序、小额诉讼程序,完善简易程序,等等。

四是改革和完善仲裁制度、人民调解制度、执行制度、监狱制度、律师制度、法律援助制度和公证制度。

通过上述各项改革,一个公正高效权威的社会主义司法制度已在我国全面建立起来,并在建设社会主义法治国家、保障人民民主、促进社会经济发展、维护社会公平正义中发挥着日益重要的作用。

第四节　中国司法制度的特征

一、司法工作必须坚持党的领导

中国共产党是我国的执政党。历史证明,没有共产党就没有新中国,也就没有社会主义。中国共产党在中国的领导地位,是在长期的革命和建设中建立起来的,是中国人民作出的历史选择,是任何力量都不能动摇的。因此,我们进行改革开放和社会主义现代化建设必须坚持党的领导,当然也要不断地改善党的领导。

我国司法机关是人民民主专政的有力工具,是打击敌人、惩罚犯罪、保护人民的有力武器,也是执行国家法律的主要力量;各种司法组织是依法设立的预防、调解或裁决纠纷,或者协助司法机关查明事实适用法律的组织,同样是执行国家法律的重要力量。我国的法律由国家权力机关制定,体现人民的意志,维护国家和人民的利益,是人民自己的法律。法律制定出来后,除人们自觉遵守外,还必须由国家强制力保证其执行,如果没有强制人们遵守法律的国家机器,法律便等于零。司法机关和司法组织既负有通过宣传教育和说服工作促使人们自觉遵守法律的责任,也负有强制人们遵守法律和有效执行法律的重要责任,其工作好坏,将直接关系到社会秩序的维护以及人民民主和自由权利的保护,关系到社会主义现代化建设的顺利进行。特别是在依法治国的条件下,司法工作就更具有特殊而重要的地位。因此,司法工作必须坚持党的领导,自觉接受和服从党的领导。

《中国共产党章程》规定:“党必须在宪法和法律的范围内活动。”根据有关法律规定和长期以来行之有效的做法,党对司法工作的领导主要体现在以下几个方面:一是通过立法程序把自己的意志上升为国家意志,把自己的路线、方针、政策变成具体的法律条文,使司法机关和司法组织有法可依。例如,中共中央向全国人大提出宪法修正案,全国人大经过立法程序对宪法作出修改决定等。二是制定司法工作的方针、政策,保证司法工作的正确方向。例如:制定宽严相济的刑事政策;提出推进司法改革,推进以审判为中心的刑事诉讼制度改革,完善认罪认罚从宽制度等。三是考察推荐司法干部人选,由国家权力机关选举或任命。四是对司法机关中的党员干部进行监督,发现有违法违纪的予以纪律处分或建议国家权力机关予以罢免。由此可见,党对司法工作的领导主要是政治领导而不是业务领导,具体司法工作或司法业务应当由司法机关依法独立进行。应当指出,司法机关依法独立办案和党的领导不仅是不矛盾的,而且是一致的。国家法律由党领导人民制定,司法机关严格执行法律就体现了党的意志,坚持了党的领导。因此,各级党的组织对司法机关独立行使职权、严格依法办案应当给予支持,必要时还应当帮助司法机关排除障碍和干扰,保证其正确执行法律。

要保证党对司法工作的正确领导,应当坚持我们党长期以来的正确做法。1979 年 9 月 9 日中共中央发布的《关于坚决保证刑法、刑事诉讼法切实实施的指示》明确指出:"今后,加强党对司法工作的领导,最重要的一条,就是切实保证法律的实施,充分发挥司法机关的作用,切实保证人民检察院独立行使检察权,人民法院独立行使审判权,使之不受其他行政机关、团体和个人的干涉。国家法律是党领导制定的,司法机关是党领导建立的,任何人不尊重法律和司法机关的职权,这首先就是损害党的领导和党的威信。党委与司法机关各有专责,不能互相代替,不应互相混淆。……各级党委要坚决改变过去那种以党代政、以言代法,不按法律规定办事,包揽司法行政事务的习惯和做法。"2019 年 1 月,习近平总书记在中央政法工作会议上指出:"各级党组织和领导干部要支持政法单位开展工作,支持司法机关依法独立公正行使职权。各级党委政法委要把工作着力点放在把握政治方向、协调各方职能、统筹政法工作、建设政法队伍、督促依法履职、创造公正司法环境上,健全完善政治督察、综治督导、执法监督、纪律作风督查巡查等制度机制。"由此可见,党对司法工作的领导重在保证和支持司法机关依法独立行使职权,而不意味着党对司法机关的工作可以随意干涉。在"依法治国,建设社会主义法治国家"载入国家根本大法——《宪法》之后,党对司法工作的领导更应当依法进行,符合宪法和法律的规定。

二、司法机关和司法组织按照我国的实际情况设立

我国是一个统一的多民族国家,地域辽阔,人口众多,各地的政治、经济、文化发展极其不平衡,差别很大,我国又是一个有着 2000 多年封建历史的国家,缺乏民主传统。这就决定了我国的司法机关和司法组织不能照搬外国的模式,而必须根据我国的实际情况设立。

《宪法》规定,国家维护社会主义法制的统一和尊严。一切法律、行政法规和地方性法规都不得同宪法相抵触。为了维护国家法制的统一,我国设立统一的审判机关即最高人民法院、地方各级人民法院和军事法院等专门人民法院,设立统一的检察机关即最高人民检察院、地方各级人民检察院和军事检察院等专门人民检察院;在各级人民政府统一设立公安机关、国家安全机关和司法行政机关。根据法律规定,人民法院统一行使审判权,人民检察院统一行使检察权(含直接受理案件的侦查权),公安机关和国家安全机关依法行使侦查权,司法行政机关依法管理仲裁、监狱、人民调解、司法鉴定、律师和公证等机构或组织。审判权、检察权、侦查权除分别由人民法院、人民检察院和公安机关、国家安全机关依法行使外,其他任何机关、团体和个人都无权行使这些权力。由此可见,我国司法机关的设置和资本主义国家司法机关的设置有着明显的不同。例如:美国等一些国家有联邦和州两套法院系统并分别适用联邦和州的法律;法国等一些国家设置普通法院系统和行政法院系统,而英美等一些国家则分设刑事法院、民事法院、上诉法院、验尸法院等审判机构。

《宪法》规定,人民检察院是国家的法律监督机关。据此,我国的检察机关具有两个显著特点:一是各级人民检察院通过刑事检察、民事行政检察、监所检察、公益诉讼等方式行使其法律监督职能;二是实行双重领导体制,即地方各级人民检察院既要接受所在地党委的领导和人大的监督,也要接受上级人民检察院和最高人民检察院的领导。

此外,我国司法组织的设立也有自己的特色。例如,我国的律师事务所不仅有合伙律师事务所和个人律师事务所,而且有国资律师事务所;所有律师事务所均须接受司法行政机关与律师协会的双重管理;我国的仲裁委员会可以在直辖市和省、自治区人民政府所在地的市设立,也可以根据需要在其他设区的市设立,而不按行政区划层层设立;等等。

三、司法活动遵循特有的原则

我国的司法工作经过长期的实践和探索,已形成自己特有的、对司法活动具有普遍指导意义的一系列原则。由于宪法和有关法律对此作了肯定和规定,因此,这些原则成为司法活动必须遵守的基本原则。

(一)人民法院、人民检察院依法独立行使职权的原则

《宪法》第131条规定:"人民法院依照法律规定独立行使审判权,不受行政机关、社会团体和个人的干涉。"第136条规定:"人民检察院依照法律规定独立行使检察权,不受行政机关、社会团体和个人的干涉。"为了有效地贯彻执行这一宪法性原则,《人民法院组织法》、《人民检察院组织法》和三大诉讼法均作了相同的规定。据此,人民法院、人民检察院独立行使审判权、检察权,行政机关、社会团体和个人均不得干涉,否则人民法院、人民检察院有权进行抵制,甚至采取措施予以排除。但同时,人民法院、人民检察院独立行使审判权、检察权,又必须严格遵守宪法和法律的各项规定,切实做到依法办案。需要指出的是,按照宪法和法律规定,我国的审判权、检察权由人民法院、人民检察院独立行使,而不像资本主义国家那样由法官、检察官个人独立行使。

(二)依靠群众的原则

《刑事诉讼法》第6条规定:"人民法院、人民检察院和公安机关进行刑事诉讼,必须依靠群众……"依靠群众是我国司法工作的优良传统,也是我国司法活动特别是刑事诉讼活动的一个重要特点。我国是人民民主专政的社会主义国家,司法机关只有加强同人民群众的联系,深入人民群众调查研究,取得人民群众的支持和帮助,才能同各种违法犯罪行为作有效的斗争。同时,依靠群众,发动群众,将司法工作置于人民群众的监督之下,可以增强司法人员的工作责任心,使司法人员不犯或少犯错误,预防和减少司法腐败的发生。因此,我国司法机关和司法人员在司法工作中必须坚持依靠群众的原则,发扬依靠群众的优良传统,以使我国的司法工作更具民主性。

(三)以事实为根据,以法律为准绳的原则

《刑事诉讼法》第6条规定,人民法院、人民检察院和公安机关进行刑事诉讼,必须以事实为根据,以法律为准绳。《民事诉讼法》第7条规定,人民法院审理民事案件,必须以事实为根据,以法律为准绳。《行政诉讼法》第5条规定,人民法院审理行政案件,以事实为根据,以法律为准绳。《律师法》第3条第2款规定,律师执业必须以事实为根据,以法律为准绳。这些规定确立了我国司法工作"以事实为根据,以法律为准绳"的原则。

所谓以事实为根据,是指司法机关(或组织)及其工作人员对案件的实体问题和程序问题作出处理时,只能以被查证属实的证据认定的事实和依法推定的事实作为适用法律的依据。其中,前一种事实属于客观事实的范围,由具有客观性、关联性、合法性的证据予以证明;后一种事实是在案件事实真相无法查明的情况下,依照法律规定或有关事实推定的事实。尽管推定的事实可能与客观事实有所不同,但在法律上能够引起同样的效果。以事实为根据,意味着司法机关(或组织)及其工作人员在处理案件时只能以上述客观事实或推定的事实为依据,而

不能以主观想象、怀疑、猜测和看法或与案件无关的事实作为根据。要做到以事实为根据,就必须重证据,重调查研究,不轻信犯罪嫌疑人、被告人的口供或当事人的陈述。无论是何种证据,都必须经过仔细查证,不能有任何马虎大意。《刑事诉讼法》第55条第1款规定:"对一切案件的判处都要重证据,重调查研究,不轻信口供。只有被告人供述,没有其他证据的,不能认定被告人有罪和处以刑罚;没有被告人供述,证据确实、充分的,可以认定被告人有罪和处以刑罚。"这说明,只有事实才是办案的唯一根据,才是正确适用法律的基础。

所谓以法律为准绳,是指司法机关(或组织)及其工作人员在司法活动中,必须严格按照法律规定办事,将实体法和程序法的规定作为处理案件实体问题和程序问题的唯一标准与尺度。在办理案件的全部过程中,司法机关(或组织)及其工作人员都要按照法定权限和程序,在查明事实的基础上,依据法律的有关规定,确定案件性质,区分合法与违法、违法与犯罪,以及情节的轻重和损害的大小等,作出公平合理的判决、裁定或决定。以法律为准绳,意味着司法机关(或组织)及其工作人员在整个司法活动中只能以实体法和程序法作为唯一的尺度,而不能以红头文件、领导讲话或指示作为处理案件的标准。

以事实为根据、以法律为准绳,两者相互依存,不可分割。如果不以事实为根据,不查明案件的真实情况,就根本不可能正确适用法律,以法律为准绳就会失去意义。反之,如果不遵守法定程序,就不能保证准确查明案件事实;即使查明了案件事实,如果不以法律为标准,也不能准确地定罪量刑或公正地解决争议,因而以事实为根据也就没有存在的必要。所以,以事实为根据、以法律为准绳,两者是一个有机的整体,必须在司法活动中全面贯彻执行。

(四)公检法三机关分工负责、互相配合、互相制约的原则

《宪法》第140条规定:"人民法院、人民检察院和公安机关办理刑事案件,应当分工负责,互相配合,互相制约,以保证准确有效地执行法律。"为贯彻执行这一宪法性原则,《刑事诉讼法》第7条作了相同的规定。这一原则是指导和处理公检法三机关在刑事诉讼中相互关系的一项基本原则,也是我国刑事诉讼实践的重要经验。按照《刑事诉讼法》的规定,公安机关、人民检察院、人民法院在刑事诉讼中分别行使侦查权、起诉权和审判权,它们之间的关系,就像工厂的三个车间和生产产品的三道工序,每道工序必须严格遵守一定的操作规程。这三道工序分工明确,各负其责,配合得好而又互相监督把关,产品的质量和生产的效率就高;如果有一道工序发生故障,就会影响生产的全过程,从而影响产品的数量和质量。同样的道理,公检法三机关在刑事诉讼中分工负责,互相配合,互相制约,就有利于提高办案的质量和效率,保证准确及时地查明犯罪事实和惩罚犯罪分子,并能及时发现和纠正诉讼中出现的错误,从而保证法律的正确实施和刑事诉讼任务的顺利完成。

(五)调解原则

《民事诉讼法》第9条规定:"人民法院审理民事案件,应当根据自愿和合法的原则进行调解;调解不成的,应当及时判决。"第145条规定:"法庭辩论终结,应当依法作出判决。判决前能够调解的,还可以进行调解,调解不成的,应当及时判决。"《仲裁法》第51条第1款规定:"仲裁庭在作出裁决前,可以先行调解。当事人自愿调解的,仲裁庭应当调解。调解不成的,应当及时作出裁决。"《人民调解法》第17条规定:"当事人可以向人民调解委员会申请调解;人民调解委员会也可以主动调解。当事人一方明确拒绝调解的,不得调解。"由此可见,调解是人民法院、仲裁机构和人民调解委员会解决民事纠纷应当遵守的一项重要原则,也是我国解

决民事纠纷的一条成功经验。根据《民事诉讼法》的上述规定，调解是人民法院审判民事案件的必经程序，即人民法院审判民事案件必须进行调解，只有调解不成的，才能判决结案。《仲裁法》规定，仲裁庭在作出裁决前，可以进行调解，也可以不进行调解，但当事人双方自愿要求调解的，则仲裁庭必须进行调解。《人民调解法》第 22 条规定："人民调解员根据纠纷的不同情况，可以采取多种方式调解民间纠纷，充分听取当事人的陈述，讲解有关法律、法规和国家政策，耐心疏导，在当事人平等协商、互谅互让的基础上提出纠纷解决方案，帮助当事人自愿达成调解协议。"此外，根据我国有关法律规定，刑事公诉案件和行政诉讼案件不适用调解原则，但刑事自诉案件、刑事附带民事诉讼案件、行政附带民事诉讼案件和行政赔偿案件可以进行调解。可见，调解原则作为我国司法工作的一项重要原则，有着广泛的适用范围。

（六）保障诉讼参与人的诉讼权利的原则

《刑事诉讼法》第 14 条第 1 款规定："人民法院、人民检察院和公安机关应当保障犯罪嫌疑人、被告人和其他诉讼参与人依法享有的辩护权和其他诉讼权利。"《民事诉讼法》第 8 条规定："……人民法院审理民事案件，应当保障和便利当事人行使诉讼权利……"所谓保障诉讼参与人的诉讼权利的原则，就是公检法三机关进行诉讼活动，对诉讼参与人依法享有的诉讼权利，必须予以切实保障，不得加以限制或剥夺。在诉讼中，当事人和其他诉讼参与人只有充分行使诉讼权利，才能依法维护和实现自己的合法权益；公检法三机关只有充分保障当事人和其他诉讼参与人行使他们依法享有的诉讼权利，才能及时地收集证据，查明案情，并保障诉讼活动的顺利进行，也才能体现诉讼的民主和保障诉讼的公正。因此，公检法三机关在诉讼活动中必须采取有力措施保障诉讼参与人依法享有的诉讼权利，为诉讼参与人行使诉讼权利提供便利和条件。

四、司法机关内部实行集体负责制

《人民法院组织法》第 36、38 条规定：各级人民法院设立审判委员会；审判委员会会议由院长或者院长委托的副院长主持；审判委员会实行民主集中制。关于审判委员会讨论案件的程序和效力，《刑事诉讼法》第 185 条作了比较明确的规定，即"……对于疑难、复杂、重大的案件，合议庭认为难以作出决定的，由合议庭提请院长决定提交审判委员会讨论决定。审判委员会的决定，合议庭应当执行"。《人民检察院组织法》第 30、32 条规定：各级人民检察院设检察委员会；检察委员会会议由检察长或者检察长委托的副检察长主持；检察委员会实行民主集中制。由此可见，人民法院和人民检察院在审判或检察工作中实行集体负责制。其优点是有利于发扬民主，讨论决定案件或重大问题做到集思广益，防止个人主观擅断；缺点是容易导致议而不决，行动迟缓，效率不高，而且一旦发生错案难以进行责任追究。

五、司法制度实行"一国两制"

"一国两制"是我们党和国家坚持实事求是的思想路线，为解决历史遗留下来的香港、澳门问题，实现祖国和平统一而确定的一项基本国策，其核心是在一个统一的中华人民共和国的范围内，内地实行社会主义制度，香港、澳门实行其原有的资本主义制度。香港已于 1997 年 7 月 1 日回归祖国，澳门也于 1999 年 12 月 20 日回归祖国。在"一国两制"下，中国司法制度和其法律制度一样，已经发生重大变化。这种变化具体表现在：第一，特别行政区享有独立的司法权和终审权。根据《香港特别行政区基本法》的规定，香港特别行政区享有独立的司法权和终审权，即在"一国两制"下，特别行政区的司法权独立于中央的司法权，不受中央最高司法机关管辖,不隶属于中华人民共和国最高人民法院;案件的终审,不需要到中华人民共和国最高人民法院而由特别行政区终审法院解决。第二,特别行政区设立自己的法院体系。香港特别行政区的法院体系与内地完全不同,它设立终审法院、高等法院、区法院、裁判署法庭和其他专门法庭,其中高等法院设上诉法庭和原讼法庭。第三,内地法院的法官由国家权力机关任命,而香港特别行政区法院的法官,根据当地法官和法律界及其他方面知名人士组成的独立委员会的推荐,由特别行政区行政长官任命。澳门特别行政区的司法制度与香港特别行政区的司法制度基本相同。由此可见,中国的司法制度于 1997 年 7 月开始实行"一国两制",即在中华人民共和国的范围内,内地和香港特别行政区、澳门特别行政区实行不同的司法制度,这无疑是中国司法制度的一个显著特点,是其他国家的司法制度所不具有的。

第五节　中国司法制度的功能

一、惩罚功能

我国是人民民主专政的社会主义国家,司法机关是人民民主专政的工具,因此打击敌人、惩罚犯罪是我国司法机关的重要功能。在我国现阶段,虽然阶级斗争已不再是国内的主要矛盾,但"仍然有反革命分子,有敌特分子,有各种破坏社会主义秩序的刑事犯罪分子和其他坏分子,有贪污盗窃、投机倒把的新剥削分子,并且这种现象在长时期内不可能完全消失"[8]。因此,司法机关必须运用法律武器,对各种刑事犯罪分子予以有效的惩罚,以有力地保卫人民民主专政,维护社会秩序,保护人民的生命财产安全,保障社会主义现代化建设的顺利进行。

在我国,对各种刑事犯罪的揭露、证实和惩罚是由司法机关按照刑事诉讼程序进行的。其中,对刑事案件(职务犯罪案件除外)的侦查、拘留、执行逮捕、预审,由公安机关负责;检察、批准逮捕、检察机关直接受理的案件的侦查、提起公诉,由人民检察院负责;审判由人民法院负责。人民法院经过依法审理,认为案件事实已经查清,证据确实、充分,依照刑法规定被告人的行为已经构成犯罪的,应当判决被告人有罪,并判处相应的刑罚,从而给犯罪分子以应得的惩罚。人民法院的判决生效以后,主要由司法行政机关管理的监狱和社区矫正机构执行,对犯罪分子进行教育改造。

由此可见,公安机关、人民检察院、人民法院、司法行政机关通过执行《刑法》《刑事诉讼法》的规定,可以有效地实现司法制度的惩罚功能,有力地打击敌人、惩罚犯罪、保卫人民民主专政。

二、保障功能

首先,司法制度的保障功能体现在保障社会公平和正义的实现上。2002 年 11 月,党的十六大报告明确指出:"社会主义司法制度必须保障在全社会实现公平和正义。"2012 年 11 月,党的十八大报告进一步指出:"必须坚持维护社会公平正义。公平正义是中国特色社会主义的内在要求。要在全体人民共同奋斗、经济社会发展的基础上,加紧建设对保障社会公平正义

---

[8]　《邓小平文选》(第 2 卷),人民出版社 1983 年版,第 169 页。

具有重大作用的制度，逐步建立以权利公平、机会公平、规则公平为主要内容的社会公平保障体系，努力营造公平的社会环境，保证人民平等参与、平等发展权利。”习近平总书记强调指出，要努力让人民群众在每一个司法案件中都感受到公平正义。毫无疑问，公平正义是人类社会的崇高理想，社会物质财富的增加并不是人类幸福的主要标志，更不是唯一标志，只有社会的公平正义才是人类社会的终极追求。因此，保障社会公平正义的实现应当成为司法制度的基本功能和重要任务，而要保障社会公平正义的实现，就必须建设公正、高效、权威的社会主义司法制度。

其次，司法制度的保障功能体现在对人权的尊重与保障上。2004 年 3 月，第十届全国人大第二次会议高票通过宪法修正案，历史性地将“国家尊重和保障人权”载入国家根本大法，使之上升为具有最高法律效力的宪法原则。2012 年 3 月，第十一届全国人大第五次会议通过《关于修改〈中华人民共和国刑事诉讼法〉的决定》，将“尊重与保障人权”载入法律，使之成为刑事诉讼法的基本任务。惩罚犯罪与保障人权是我国刑事司法的两项基本职能，两者相辅相成，辩证统一，不可偏废。一方面，只有有效地惩罚犯罪，即准确、及时地查明犯罪事实，正确适用刑法规定，将真正的犯罪分子绳之以法，才能保障无罪的人不受刑事追究，也才能使被害人的合法权益得到切实保障；另一方面，只有切实保障人权，即公安司法机关尊重当事人的人格，严格依照法律规定的程序和要求进行刑事诉讼活动，杜绝刑讯逼供、非法取证、超期羁押等违法行为，保障诉讼参与人的诉讼权利，才能既准确又及时地查明犯罪事实，进而正确认定犯罪，并对犯罪分子作出公正的处罚。为此，应当进一步完善人权司法保障制度，包括健全错案防止、纠正、责任追究机制，严禁刑讯逼供、体罚虐待，严格实行非法证据排除规则，等等。

三、调整功能

所谓调整功能，是指司法制度对社会关系的重新调配或调节作用。我国司法制度的调整功能主要是通过人民法院的审判活动和仲裁机构的仲裁活动来实现的。

人民法院审判的民事案件主要有以下几类：一是有关人格权纠纷案件；二是有关婚姻家庭、继承纠纷的案件；三是有关物权纠纷的案件；四是有关合同、准合同纠纷案件；五是知识产权与竞争纠纷案件；六是劳动争议、人事争议案件；七是海事海商纠纷案件；八是与公司、证券、保险、票据等有关的民事纠纷案件；九是侵权纠纷案件；十是非诉程序案件；十一是特殊诉讼程序案件。人民法院审判民事案件，主要依据《民事诉讼法》《民法典》《海商法》等法律、法规，查明案件事实，分清责任，明确当事人之间的民事权利和义务，制裁违法行为，从而调整人身、财产等社会关系，保护当事人的合法权益，维护社会的经济秩序。

仲裁机构（包括国内仲裁机构和涉外仲裁机构）通过仲裁平等主体的公民、法人和其他组织之间发生的合同纠纷和其他财产权益纠纷，可以调整财产关系，保护当事人的财产权益，维护社会的经济秩序。

总之，人民法院通过审判民事案件，仲裁机构通过仲裁合同纠纷和其他财产权益纠纷，可以有效地发挥其调整人身、财产等社会关系的作用，从而维护社会的稳定，促进经济的发展，推动社会的进步。

四、服务功能

所谓服务功能，是指司法机关和司法组织对活动对象所具有的服务作用。司法制度的服务功能是通过司法机关和司法组织实现其宗旨和目的的活动而体现出来的。具体表现在两个

方面:

一方面,司法机关和司法人员应当努力为人民服务。《宪法》第27条第2款规定:“一切国家机关和国家工作人员必须依靠人民的支持,经常保持同人民的密切联系,倾听人民的意见和建议,接受人民的监督,努力为人民服务。”据此,司法机关和司法人员进行司法工作必须依靠群众,方便群众,为诉讼参与人参加诉讼以及群众旁听审判和新闻记者采访报道审判活动提供便利条件,从而真正实现人民司法为人民的宗旨。当然,除司法机关和司法人员外,司法组织及其从业人员如律师、公证员、人民调解员等,也必须依法执业或进行调解活动,为社会和人民群众提供优质高效的法律服务。

另一方面,司法机关和司法组织应当努力为社会主义现代化建设服务。当前,我国已进入全面建设社会主义现代化国家的新征程,党和国家正在大力推进经济建设、政治建设、文化建设、社会建设和生态文明建设。为此,司法机关和司法组织应当切实遵守和执行国家法律、法规,严格依法办事,以有效地打击犯罪,惩治违法,保护人民,维护社会主义市场经济秩序,保护公共财产和公民个人的合法财产,保障社会主义现代化建设的顺利进行。

五、教育功能

所谓教育功能,是指司法机关的活动对公民所具有的教育、感化作用。这是社会主义司法制度所独有的一项功能。

我国《刑事诉讼法》第2条规定:“中华人民共和国刑事诉讼法的任务……教育公民自觉遵守法律,积极同犯罪行为作斗争……”《民事诉讼法》第2条规定:“中华人民共和国民事诉讼法的任务……教育公民自觉遵守法律……”由此可见,教育公民自觉遵守宪法和法律,是我国司法机关所担负的一项重要职能,是其应当完成的法定任务。

我国是人民民主专政的社会主义国家,为了保卫国家政权,保护国家、集体利益和公民的合法权益,不仅必须依法惩处各种违法犯罪行为,还必须预防、减少违法犯罪,防患于未然;同时,为了更有效地同违法犯罪作斗争,必须依靠群众,发动群众,加强人民群众对司法工作的监督。只有人民群众了解了国家的法律,懂得法律保护什么,禁止什么,以及违法犯罪对国家和人民的危害性,才能自觉遵守法律,并积极协助司法机关与违法犯罪作斗争;只有人民群众了解了司法活动的原则、制度、程序和方法等,才能监督司法机关严格依法办事。因此必须加强对公民的法治宣传教育。教育公民自觉遵守宪法和法律,积极同违法犯罪行为作斗争,就要求司法机关和司法组织通过侦查、起诉、审判、辩护、代理、调解、执行等各项诉讼和非诉讼活动以及张贴布告、印发典型案例、电视直播法庭审判、举办罪证展览等有关活动,使人民群众懂得什么是违法犯罪、什么不是违法犯罪,以及应当怎么做,不应当怎么做,从而激发他们的主人翁责任感,增强社会主义法治意识,积极同违法犯罪行为作斗争,同时也使那些企图以身试法的人或者不稳定分子受到威慑,悬崖勒马,不致走上违法犯罪道路,进而实现预防和减少违法犯罪、维护社会秩序、保护国家和人民利益的目的。

第二章　中国司法制度的基本范畴

第一节　司　法　公　正

一、司法公正的概念和构成要素

司法公正是司法制度的首要基本范畴,是司法的生命和灵魂,是实施依法治国基本方略的关键和保障,同时追求司法公正是司法工作的永恒主题。那么,什么是司法公正呢?公正,即公平和正义,历来被视为人类社会的美德,是人类孜孜以求的崇高理想。虽然"关于永恒公平的观念不仅因时因地而变,甚至也因人而异,它是如米尔柏格正确说过的那样,'一个人有一个理解'"[1],"正义具有一张普洛透斯似的脸,变幻无常,随时可呈不同形状,并具有极不同的面貌"[2],但随着人类社会的发展,人们已通常将正义视为法律制度应当具备的优良品质,法律只能在正义中发现其适当的和具体的内容,而理想的法律往往又成为正义的化身。[3] 正义的外延则普遍认为应当包括实体正义和程序正义,因此司法公正无疑也包括实体公正和程序公正两个方面。所谓实体公正,主要是指案件事实真相的发现和对实体法的正确适用。发现案件事实真相是正确适用实体法的前提,这就要求首先必须正确地认定案件事实,因为如果案件事实认定发生偏差,必然导致法律适用的错误;而正确适用法律则是实体公正的根本要求,因为只有适用法律正确,人们依赖法律而具有的权利和义务才能最终得到实现。所谓程序公正,主要是指司法程序具有正当性和合理性,当事人在司法过程中受到公平的对待。现代各国法律普遍确立的举证、回避、辩护、无罪推定、自由心证、公开审判等原则和制度就是程序公正的必然要求和主要体现。

司法公正是抽象的,同时又是实实在在的和可以看得见的。根据司法的理论与实践,司法公正主要由以下要素构成:

1. 司法活动的公开性。所谓司法公开,是指除法律有特殊规定的以外,司法机关的活动应当向社会公开,不仅通知当事人和其他诉讼参与人到场或到庭,而且允许公民旁听,允许新闻媒体采访和报道。司法公开的主要内容是指审判公开,这是世界各国法律普遍确立的原则。例如:《德国法院组织法》第 169 条规定:"在法庭上进行的程序,包括宣布判决和裁定,都应当公开。"《德国刑事诉讼法》第 306 条规定:"审理应予公开,但对社会秩序或道德风尚有危害的除外。对案情的判决都应当在公开的法庭上予以宣布。"《奥地利刑事诉讼法》第 228 条甚至

---

〔1〕《马克思恩格斯选集》(第 2 卷),人民出版社 1995 年版,第 539 页。

〔2〕[美]E. 博登海默:《法理学:法律哲学与法律方法》,邓正来译,中国政法大学出版社 1999 年版,第 238 页。

〔3〕参见肖建国:《程序公正的理念及其实现》,载《法学研究》1999 年第 3 期。

规定：“审理公开进行，否则无效。允许成年人和非武装人员作为旁听者出席审理。”审判公开甚至写进了联合国的有关文件。联合国大会于1966年12月16日通过的《公民权利和政治权利国际公约》第14条第1款规定：“所有的人在法庭和裁判所前一律平等。在判定对任何人提出的任何刑事指控或确定他在一件诉讼案中的权利和义务时，人人有资格由一个依法设立的合格的、独立的和无偏倚的法庭进行公正的和公开的审讯……”我国《宪法》以及《刑事诉讼法》《民事诉讼法》《行政诉讼法》对审判公开均作了具体明确的规定。俗话说，阳光是最好的防腐剂，因此司法公开既是司法公正的重要标志，又是司法公正的重要保障。只有司法公开，才能使诉讼主体的活动暴露得一览无余而不留下任何能够暗箱操作的机会；只有司法公开，才能使法官得到更充分的质证、听证，从而作出正确的判决；只有司法公开，才能使当事人和社会公众消除对司法不公的任何质疑而方便判决的执行，从而优化和树立司法的公正形象。

2. 裁判人员的中立性。诉讼纠纷的起因在于双方当事人之间对利益的不同认识，这种不同认识难以相互妥协的结果是双方共同期待由某一无关争执利益的第三者凭公裁断。人类这种遇事诉求他人的心理可能在感受“类居”的幸福时就存在了。所谓公正，意为“二极端之中道”〔4〕，即判决在诉讼两造之间不偏不倚。这种不偏不倚的状态只能由以下两种情况促成：（1）裁判人员与案件利益无相关性。如前所述，人是有利己本性的，因此事关自己直接或间接利益的司法官，即使能从严律己，这种克制仍是让人质疑的。（2）司法官的情感自控性。人是有感情的，而且人往往基于自信而同情弱者，但在诉讼中，谁是真正的弱者，谁是真正的应受法律制裁的人，在没有亲历审判之前是不可知的，因为即使再强悍的违法者也存有令人怜悯的弱位受护的可能性，所以司法官应具有大智大仁的能够给予他人终极关怀的品德和性格，避免任何先入为主的判断。当局者迷，旁观者清，法官是导演而不是演员，如果旁观者加入了当事者的纷争，那么理智终将被情感所压倒，而这与公正所要求的法官的品格是相背离的。

3. 当事人地位的平等性。当事人地位的平等性是指原被告双方在诉讼中的法律地位完全平等，不存在一方地位高于另一方的情形。形象化地说，就是法官居顶、原被告双方居下的等腰三角形结构，并且法庭保证给予原被告双方的诉讼权利相等或对应。平等性是“衡量一种程序是否公正的基本标准”〔5〕。这是因为：首先，平等是最基本的人的权利之一。从自然法的角度讲，“天不生人上之人，也不生人下之人”。人类作为万物之灵，依凭身心的活动，取得天地间一切物资，除了劳动的差异外，不是生来就有贵贱尊卑之分的。从社会法的角度讲，平等是自由的衍生物，正因为人人都拥有自由，所以就须尊重他人同等的自由，这就是平等。“法律始终是增进自由的一种重要力量，与此同时也是限制自由范围的一种重要工具。同样，法律对于平等也起着一种相同的双重作用。”〔6〕从心理学上讲，平等是人格受到尊重的充分体现，因此可以说，为正义而斗争，在许多情形下都是为了消除一种法律上的或为习惯所赞同的不平等安排而展开的，因为这种不平等安排既没有事实上的基础也缺乏理性。〔7〕因此司法公正作为法律正义的闸口，积极地适应社会正义的这种平等性的要求是其应有之义。其次，平等是通过司法以恢复社会正义的技术性要求。司法活动中平等对待是促使司法活动开始前地位不平

〔4〕［古希腊］亚里士多德：《尼各马可伦理学》，廖申白译注，商务印书馆2003年版，第10页。

〔5〕孙笑侠：《法律程序剖析》，载《法律科学（西北政法学院学报）》1993年第6期。

〔6〕［美］E. 博登海默：《法理学：法律哲学与法律方法》，邓正来译，中国政法大学出版社1999年版，第285页。

〔7〕参见［美］E. 博登海默：《法理学：法律哲学与法律方法》，邓正来译，中国政法大学出版社1999年版，第291页。

等的双方当事人及其行为发生逆向转变,从而恢复社会有序状态的必要措施。如在刑事诉讼活动之前,必有相关一方遭受重大侵害而存在不平等的社会事实,由此被告身心往往遭受来自被侵害人和追诉机关的双重压迫。如果在这种强制状态下不竭力提供给被告人以对等的地位和权利,那么法庭就自然不能得出事实真相,造成社会事实不平等的犯罪行为人依然不明,也就不能在诉讼最后的判决中予以正确地定罪量刑。这样不仅原有社会不平等的事实依然存在,而且法庭还创造了更具社会震撼力的不平等的事实,由此法院的审判也就显得毫无意义,社会正义的天平仍旧或者更加倾斜。

4. 司法过程的参与性。如果说当事人的平等性与裁判人员的中立性是从静态上对司法公正进行的保护性地位设置,那么保障司法过程中当事人双方充分的参与性,则是从动态上的行为出发,通过双方及其他诉讼参与人的频繁互动,借以达到水落石出的审判目的,从而实现司法公正。按照辩证法的观点,矛盾中斗争性是绝对的,统一性是相对的,统一性体现在斗争活动中,斗争性实现在统一的可以人为观察的状态。诉讼是一场关乎生命、自由、财产等基本人权的对抗,因而这种对抗如果不在程序设置中确保对抗手段和策略的充分展开,则对权利的最根本保障就无法通过当事人所进行的有理有节的雄辩性行动而实现。俗语说,事不辩不明,因此,一方面,只有在法官的主持下,通过当事人的积极参与和互相攻防,矛盾的本质才能在充满火药味的论辩中像洋葱皮似的一层层地被剥开而暴露无遗。另一方面,诉讼充分参与的条件设置可以像催化剂一样,激发当事人的自卫意识,增强他们的攻防策略和战术,从而自然带动并加快诉讼争辩的进程,大大减轻法官调查的责任,避开有意或无意介入或偏袒的嫌疑。因为在诉讼双方对质和相持最为激烈的时候,外人的介入往往毫无空隙之地,而这也促成了平等性和中立性动态和静态上的完整统一,从而真正实现司法公正的价值。为保障司法过程参与的充分性,法官至少应承担以下三项义务:一是必须认真倾听当事人的主张;二是必须以认真回答当事人主张的方式,对自己作出决定的根据进行充分地说明;三是作出的决定必须建立在当事人双方提出的证据和辩论的基础上,并与此相适应。

5. 司法活动的合法性。凡"是"必有度。在法治社会中,一切行为自由都是在法律许可范围内的自由,超越了法律的雷池,行为就难以得到保障而不再自由,甚至要因这种越轨行为而承受法律制裁。在没有法律的社会,人类如何行恶,都不为不义,因为他人也有同样的自由。人类正是为了避免这种毫无保障的朝不保夕的自由而将私力救济的权利让渡给国家,从此法律的规定造就了正义的行为尺度。法律既然是公意制定的,也自然应由公意去遵守。以刑事司法为例,其作为国家救济的重要形式之一,如要达到恢复社会正义的目的,则首先要使自己的活动限定在法律许可的范围之内,否则不正己者难以正人。刑事司法活动的合法性主要体现在:(1)主体合法。首先,作为公权性质的侦查、起诉和审判权力的行使人,在刑事诉讼活动中应体现专业化、职业化的角色定位;其次,当事人、辩护人、鉴定人、证人等诉讼参与人必须经过谨慎、严格的身份排查和认定,方能进入诉讼程序,其中应尤为注重保护犯罪嫌疑人的身份利益,在凸显人权保障功能的同时,确保诉讼的不枉不纵。(2)程序及内容合法。无论是司法人员依照国家分权而充分行使侦查、起诉或审判职能时,还是当事人充分利用各种手段实行自我防御和攻击时,都必须严格遵守国家关于刑事诉讼的法律及其相关规则,在这种自觉进行的诉讼进程中,不仅实体正义能够得以伸张,而且各诉讼参与人也经历了身心的自由、平等却并不放纵的程序正义的洗礼。

6. 案件处理的正确性。案件处理的正确性是确定法律正义含金量的标尺。案件处理是指一个案件从起诉、审理到判决一系列的诉讼活动,在司法人员组织和指挥下有序进行并最终予以裁判定夺的过程。这种活动的流水作业的形式,决定了每一环节的有意无意的疏忽或故意所导致的错误,都将产生不良甚至恶劣的连锁反应。案件处理的正确性要求司法人员通过法定程序,在核实证据和认定事实的基础上,正确适用实体法,对案件作出恰当的处理。诉讼程序的发动,一方面意味着国家司法机关对社会行为正当与否的法律评断,另一方面也意味着国家司法能量的启动。因此,如果案件得不到正确的处理,不仅会造成司法资源的极大浪费,而且社会不义状态将继续存在,并很可能恢复至原始的同态复仇状态或埋下这种隐患。同时,这种复仇很可能由于对司法救济不力的蔑视和仇恨而激化为对整个社会的报复。由此可见,只有确保案件的正确处理,国家司法机关的公正与权威形象才能牢固树立,裁判的执行活动才能有序进行,这不仅反映了司法人员素质的高低,而且也攸关社会正义能否最终得以实现。

二、实体公正与程序公正的关系

司法公正又分为实体公正与程序公正。所谓实体公正,是指司法机关认定的事实是符合客观事实的,适用的法律是准确而适当的,对诉讼参与人的实体权利和义务关系作出的处理与裁判是公正的;所谓程序公正,是相对于实体公正而言的,是指司法活动进行过程以及所依据的程序对诉讼参与人来说是公正的,即诉讼参与人在诉讼过程中所受到的对待是公平的,所得到的权利主张机会是平等的。

通常来说,实体公正与程序公正同等重要,有人将之形象地比作“车之两轮,鸟之两翼”。但是在司法实践中,许多情况下二者是有冲突的,在冲突的具体情境下再讲二者同等重要是说不通的。中国几千年来的做法是重实体、轻程序,夸大司法官的作用,推崇“青天断案”,其结果是“青天断案”与“葫芦僧判断葫芦案”的现象同在。鉴于这样的司法历史,以及对二者进行的利弊考量,我们主张,在实体公正与程序公正发生冲突之时,保证程序公正,以程序优先。

首先,二者是个案公正与普遍公正的关系。对案件事实的认定与法律的适用是关系到实体公正的直接因素,而每个案件的事实是不一样的,都需要司法官去具体认定。比案的实体公正与彼案的实体公正并无关联,如果一个案件的事实认定有错或适用法律有错,那只是一个案件没有实现公正。程序是普遍适用的,案件一旦进入司法程序,就会沿着法律事先设定的程序走下去。如果整个程序在设计的时候是公正的、科学的,那么在每个案件的处理上,程序都将是公正的。如果在程序设计上允许刑讯逼供、非法取证、非法搜查、秘密审判、超期羁押等违反程序公正的做法存在,那绝对不只是在一个案件中会出现这些问题,而是在大部分案件或所有案件中都会出现这些问题,即程序不公正将导致普遍不公正。

其次,二者是相对公正与绝对公正的关系。一个案件的审判必定要建立在对案件事实的判断上,由于时过境迁,案件事实的再现完全依靠证据,本身就要受到诸多因素的制约。而且案件事实千差万别,针对不同的事实,法官的自由裁量是法律允许的。这种自由的限度只要把握在法律的尺度内,通常就被认为是实现了公正。很难说一个案子在法律规定的范围内判 5 年就一定对,判 6 年就一定错。在此意义上,实体公正是相对的公正,而程序公正则是一种绝对公正。由于程序可以被准确地把握,即便在设计程序时可以反复讨论、仔细斟酌,但是一旦通过法律确定下来,它将会成为司法活动的确然程式。如果司法人员进行非法取证、非法搜查、刑讯逼供,那肯定是违法的、不公正的,因此程序公正体现为绝对公正,即毫无疑义的公正。

再次,二者是隐性公正与显性公正的关系。这种关系亦可称为看不见的公正与看得见的公正。对老百姓而言,实体公正是看不见的,是难以理解的公正。很多案件在事实认定与法律适用上,对于专家而言都是存在争议的,更何况老百姓。所以应当定什么罪、判多少刑,老百姓往往弄不清楚。程序公正是看得见的,是能够非常清晰地理解的。在一个案件中,如果司法人员非法取证、刑讯逼供、超期羁押,那就是错误的;法院应当公开审判而没有公开审判,法官应当回避而没有回避,被告人有权获得辩护但被剥夺了辩护权,当事人有权提出上诉而被剥夺了上诉权,这些程序问题都比较容易理解,当事人也能看得清清楚楚,公正与否一目了然。

最后,程序公正为实体公正服务又具有独立价值。归根结底,程序公正是为实体公正服务的。实体的利益对于当事人而言才是有实际意义的,司法活动的公正最终还是要体现在实体公正上。我们千方百计地保证程序公正,正是为了通过一个科学有效的程序设计,最终实现实体公正。因为实体公正是个案的公正,是相对的公正,是隐性的公正,是不易衡量也难以把握的公正。严格按照公正程序进行诉讼的案件,也许实体上最终不一定完全公正,但不按照公正程序进行的诉讼活动,得出的结果肯定是不公正的。由此,也应当首先保证程序公正。

同时,程序公正还具有独立的价值。这一价值主要体现在保护人权方面。这是因为许多程序上不公正的做法往往直接侵犯了公民的基本权利,尤其是在刑事诉讼领域,如刑讯逼供、非法取证、超期羁押等。众所周知,我国在 1998 年 10 月已签署了《公民权利和政治权利国际公约》。依照该公约的要求,这些侵犯人权的做法是绝对不被允许的,因此坚持程序公正不仅是为了保证实体公正,同时也体现了保障人权的独立价值。

第二节 司法效率

一、司法效率的概念和构成要素

司法效率是司法制度的又一基本范畴。古汉语中并没有“效率”一词,它是近代或现代才出现的,并很有可能是一个外来词。在英语中,“效率”所对应的词是“efficiency”,意思是“做得又快又省又好”。[8] 然而问题是,在将“efficiency”译成汉语时,有人作“效率”解,有人作“效益”解。“效率”与“效益”在汉语中的意思是有区别的,效率所要表达的是“做事的快慢程度”,效益强调的则是“结果的好”。[9] 这样一来便导致了“efficiency”“效率”“效益”在用法上的混乱。

如果坚持词与词之间一定有一一对应关系的话,我们认为,英语中的“efficiency”恰是汉语中“高效率”与“有效益”两组词义的综合,而非其中的任何一个,即“efficiency”不但意味着“过程的快”,而且意味着“结果的好”。但是,语言分析哲学的研究表明:词与物、词与词并非一种一一对应的“镜像”(self - image in the mirror)关系,在语言互译之间会不可避免地存在

---

〔8〕 有关“efficiency”的英文解释,例如:“working well, quickly and without waste”,参见[美]阿利·格雷等主编:《英汉双解朗文美语词典》,郑荣成等译,外语教学与研究出版社 1992 年版,第 384 页。

〔9〕 有关“效率”与“效益”的解释,例如:“效率——单位时间内完成的工作量,效益——效果与利益”,参见罗竹风主编:《汉语大词典》,汉语大词典出版社 1994 年版,第 441 页。

有意或无意的误解;任何语词都不可能拥有一个固定不变的含义,其意义是由“用法”决定的,而“用法”则取决于“社会生活形式”。[10] 事实上,在经济学中,有“经济效率”(economy efficiency)之说,指的是投入与产出或者成本与收益之间的关系。这里的产出或者收益不是任意的物品,而是能够满足人们需求的有用物,因此,经济效率含有“多快好省”的意思——多产出、快生产、好质量、省资源。此外,在经济学中还有一个“帕累托效率”(Pareto efficiency),其强调的是“对资源的充分利用”。[11] 因此,我们认为,对“efficiency”究竟是“效率”还是“效益”进行过多的争论是无益的,在讨论有关“效率”的问题时,我们应该对现实生活中人们怎样使用这个词给予更多的关注。其实,只要多关注一下语言在实际生活中的用法,我们就能够体会到效率通常强调的是“过程的快”,如我们常说某人或某机构办事“有效率”“无效率”“高效率”“低效率”;而效益则偏重“结果的好”,但时而也具有“快”的意思,如我们也说要“提高企业效益”“实现经济效益和社会效益双丰收”。

由此,我们认为,在类似于“公正与效率:司法永恒的主题”“追求司法公正与司法效率”这样的提法中,对效率首先应当作一般意义上的“快、迅速”来理解,其次要吸纳经济效率中的“省、多”和帕累托效率中的“充分利用”这几层含义。这是因为在司法活动中将“公正”与“效率”并提,本身就含有“又快又好”这种价值取向。既然公正偏重“好”,那么效率就理所当然地要偏重“快”;而将“省、多”与“充分利用”纳入司法效率中来考虑,会更有助于我们全面理解效率的内涵。须申明的是,我们反对将“效益”与“公正”“效率”并提。因为从字面理解,效益有“好”的含义,而在实际用法中效益又时常被赋予“快”的意思,如果将其与“公正”或“效率”并提,就会造成语义上的含混和纠缠不清,费人思量。

至此,我们可以得出这样一个初步的结论:“司法效率”所要描述的应当是司法活动的快慢程度,解决纠纷数量的多少,以及在司法过程中人们对各种资源的利用程度和节省程度;作为一个理论分析工具,其强调的是要尽可能地快速解决、多解决纠纷,尽可能地节省和充分利用各种司法资源。这样界定司法效率,不但体现了效率的可比性——“多”“快”“省”“充分利用”,而且避免了诸如“效率即正义、正义即效率”之类概念在语义上的交错和含混不清。

与司法公正相比,司法效率更具有实在性和可见性。根据司法的理论与实践,司法效率主要由以下要素构成:

1. 司法机构的精简性。这是指司法机构在职务设置和人员配置方面符合其日常所要解决的法律事务的客观要求。在一个组织机构中,只有因事设人,各部门之间分工合作、相互配合,才能保证其高效率地运转;而如果是因人设事,人浮于事,则会增加相互之间无谓的牵制,造成极大的内耗,导致整个机构低效率甚至无效率地运转。衡量某个机构是否具有精简性,关键是看在法定的工作日内,根据现有的资源,其各部门的工作人员完成“通常工作量”的情况:如果各部门的工作人员在兢兢业业、尽职尽责的情况下仍然无法完全履行本部门职能,那么这样的机构是超负荷但也是低效率的——机构的运转跟不上社会的需求,工作成果不够“多”;如果各部门人浮于事,人多而法定工作总量少或者人多还无法完成法定的工作量,那么这样的机构设置就是低效率甚至是无效率的——不“省”不“快”也不“多”,更没有“充分利用”;如果各部

〔10〕 参见[奥]维特根斯坦:《哲学研究》,李步楼译,商务印书馆1996年版,“第一部分”。

〔11〕 参见樊纲:《市场机制与经济效率》,上海三联书店、上海人民出版社1995年版,第69－70页。

门人员总得用完全部的法定工作时间来完成“通常工作量”,且不会出现“剩余工作量”,这样的机构就处于“效率最优”的状态——“多”“快”“省”“充分利用”。

2. 司法人员的专业性。司法人员在知识储备上必须具有专业性,即司法人员必须具备解决其日常所面对的各种法律事务的专门性法律知识。知识储备的专业性是与社会的分工和专业化联系在一起的,分工与专业化促进和提高了知识储备的专业性,知识储备的专业性反过来又强化了分工和专业化。经济学家的研究表明,分工和专业化具有很强的经济性,能带来高效率的生产。[12] 在某种意义上我们可以说,人类社会的发展史其实就是一部分工和专业化不断深化的历史。在一个厉行法治的社会中,法官需要专业知识。法官知识的专业性是其正确区分法律事实与非法律事实,快速、正确适用法律的一个前提性条件;而一个没有专业法律知识或者专业法律知识储备不够的法官是很难做到这一点的。亚里士多德就曾把知识分为四类,即逻辑学、理论科学、实践科学和制作科学。法律倾向于是一种实践科学,法律“不仅仅是一种可以言说的知识,一套自恰、不矛盾的命题,一套可以演绎成篇的逻辑,而且是一种话语的实践,一种对参与者的训练”[13]。因此,法律具有较强的技术性,这必然要求司法者经过特殊的专业训练。

3. 权责的科学性和明确性。这指的是要对司法权进行科学、明确地界定。自从“科斯定理”(Coase Theorem)[14]问世后,产权问题受到了世人前所未有的关注。经济学家得出的基本结论是,确定和保护产权有利于对有限资源的充分利用,从而能够促进经济效率的提高。受此启发,法律经济学者也主张,对权利的清晰界定是法律制度产生效率的前提。[15] 我们认为,在法律领域内,要实现司法制度的效率,不仅对私权利的清晰界定十分必要,而且对公权力尤其是司法权的科学界定和分配也是非常重要的。首先,对司法权的科学分配有助于保证法官权力的确定性和消极性,从而有利于其集中精力解决纯专业性的问题。从分工的角度来看,司法活动的专门化是提高司法效率的一个重要保证;而司法活动的专门化又有赖于法官权力的确定性和消极性。因此,要保证法官行使职权的效率性,就意味着法官要与社会保持一定的距离,做到“不告不理”,而不能“主动出击”“送法上门”。其次,对司法权的科学分配有助于法官与诉讼当事人在诉讼分工上的合理化,并有利于司法效率的实现。例如,将调查收集证据和证明的责任全部转移给当事人,就有利于充分调动当事人的积极性,同时也避免法官产生先入为主的偏见。

4. 程序的简明性和终结性。程序的简明性,是指法官在审理具体案件时所适用的程序,要在与案件的难易程度以及各方当事人对程序的期望程度相适应的基础上,尽可能地做到程序的简便和明了;程序的终结性,则是指法官审理案件时,诉讼在经严格的程序一步一步走下去之后就不能再更改诉讼过程中每一个已被确认的结果,诉讼的程序也不能再逆转。程序的简

---

〔12〕 See Smith A., *An Inquiry Into the Nature and Causes of the Wealth of Nations*, Clarendon Press, 1880, p. 6 – 8. 参见盛洪:《分工与交易:一个一般理论及其对中国非专业化问题的应用分析》,上海三联书店、上海人民出版社 1994 年版,第 39 – 45 页。

〔13〕 [法]米歇尔·福柯:《规训与惩罚:监狱的诞生》,刘北成、杨远婴译,三联书店 1999 年版,第 181 页。

〔14〕 参见[美]科斯:《社会成本问题》,载科斯等:《财产权利与制度变迁——产权学派与新制度学派译文集》,刘守英等译,三联书店上海分店、上海人民出版社 1994 年版。

〔15〕 有关这点的分析,参见[美]理查德·A. 波斯纳:《法律的经济分析》,蒋兆康译,中国大百科全书出版社 1996 年版;[美]罗伯特·考特、[美]托马斯·尤伦:《法和经济学》,张军等译,上海三联书店、上海人民出版社 1994 年版。

明性要求诉讼活动减少繁文缛节,适当地采用简易程序审理相应的案件,从而使案件得到迅速地处理;而程序的终结性则要求司法机关保证诉讼的不反复,落实"一事不再理",防止重复追究,制止不合理的重审和再审,避免"缠讼""滥讼"的发生。这些都有助于各方诉讼成本的节省和司法效率的提高。

5. 期间的适度性和严格性。这是指法律对审级不同以及难易程度不同的案件的诉讼期间应当有一个明确、合理的限定;期间的严格性,则是指在诉讼过程中,各参与方(包括审判人员、检察人员、侦查人员、各类诉讼中的原被告双方以及其他诉讼参加人)必须严格遵循相关的期间规定,否则就要负延误诉讼的相应责任。期间的适度性要求在时间分配上应当"量体裁衣",区别对待,而不能简易程序多给时间或者复杂程序少给时间;期间的严格性则要求严明诉讼行为超期的责任和后果,以此敦促各方积极行事,而不能对此持不闻不问的放纵态度或者是"只许州官放火,不许百姓点灯"的官僚态度。毫无疑问,期间的非适度性和非严格性都会使诉讼资源得不到合理的分配或者延误诉讼进程,从而降低司法效率。

6. 诉讼费用分担的合理性。这是指在诉讼过程中所消耗的费用要由司法机关与有关当事人进行合理的分担。因为对不同的案件采用不同的诉讼费用分担机制,能够影响各方的行为方式,实现诉讼费用的"配置效率",从而在总体上节省司法成本。具体来说,在民事诉讼和行政诉讼中,应当实行"败诉方承担为主,受益方承担为辅"的收费原则。这既体现了诉讼费用在诉讼当事人之间的合理分配,同时也能够促使当事人更加慎重地考虑是否应当提起诉讼,防止一些不必要通过法院解决的纠纷任意进入法院而给其增加无谓的负担;在刑事诉讼中,则要改变一直以来由国家全部承担诉讼费用的做法,考虑对一些特定的犯罪人征收诉讼费,以起到节省"正义成本"的作用。

二、司法效率与司法公正的关系

司法效率与司法公正都是当前人们讨论的热门话题。在司法效率与司法公正关系的问题上,就逻辑而言,我们无法弄清孰先孰后,这是一个类似于"鸡生蛋还是蛋生鸡"的问题;但在实践领域内,我们则可以根据现实的社会条件,在权衡利弊的基础上进行价值选择并由此作出相应的制度安排。我们认为:效率与公正都是理想型司法所追求的目标,同时也是理想型司法所必备的两个基本要素,因而有其相辅相成的一面;但由于效率具有绝对性而公正具有相对性,所以司法效率与司法公正又存在内在的紧张关系;在司法价值取向问题上,当前我国应当选择"公正优先,兼顾效率"的价值目标。

首先,效率与公正都是司法所追求的理想目标,因而在许多情况下,两者是相辅相成的。这一方面体现在司法效率的基本构成当中,许多要素既是在追求效率时不可或缺的,又是在追求公正时必不能少的,如司法的独立性、司法人员的专业性等;另一方面则体现为司法效率与司法公正常常互为手段与目的,如"迟来的正义非正义""绝对的正义就是绝对的不正义""对不公正的最好解释就是浪费资源"所强调的就是效率对公正实现的重要性,因为拖延案件不但会导致证据模糊不清甚至灭失,而且使得当事人的利益长期处于不稳定状态,大量耗费司法资源;而"正义不仅要实现,而且要以看得见的方式实现"所强调的就是公正(尤其是程序公正)对有效率地解决诉讼纠纷的重要性,因为程序的公正性能够消除当事人的逆反心理,调动其积极性,能够使其心甘情愿地接受由此产生的判决。

其次,由于效率属于工具理性,具有明确的可比性,而公正属于价值理性,具有模糊的相对性，所以这两个因素又存在着内在的紧张关系。在司法实践中，司法效率的高低是可以通过对具体的投入与产出进行计算、对比得出结论的，因而在制度操作层面比较容易落实；但司法公正则是一张“普洛透斯似的脸”，“一千个人就有一千个理解”，因而很难在本体论上确定一个公正的标准。有时候人们认为是公正的，但却是低效率的；而有时候是高效率的，但人们却认为是不公正的。具体到司法活动中，当我们过于强调司法程序公正的时候，面面俱到的司法程序势必会增加许多繁文缛节；当我们强调司法实体公正的时候，对实质正义和客观真实的追求又必定会导致司法程序的反反复复，这些都制约着司法效率的提高；而当我们注意了程序的简明性、证据的法律真实性时，则会导致在提高司法效率的同时又让那些苛求程序公正和实体公正的人们感到失望。由此可见，在司法活动中，效率与公正对人们来说常常是“鱼与熊掌”的关系。

最后，我国的司法现状决定了我们应当作出“公正优先，兼顾效率”的价值选择。当前，我国正处于急剧的社会转型时期，在旧秩序已被打破而新秩序又尚未建立之时，许多人都产生了极大的心理落差，因为既得利益没有了而现实利益又得不到保障，加上我们在经济领域提倡“效率优先，兼顾公平”产生了许多非常严重的社会问题，这些社会现状都使得人们越来越关注司法的公正问题。在这种情况下，由于效率与公正在现实上存在内在的紧张关系，因而如果我们在司法领域仍像在经济领域那样倡导“效率优先”，就必定会进一步刺激人们的功利心理，加剧社会发展的不平衡，从而不利于中国社会形态的有序转换，同时也会阻碍中国的现代化进程。因此，我们应在被称作“公正的最后一道防线”的司法领域倡导和贯彻“公正优先，兼顾效率”的价值理念。

第三节　司法权威

一、司法权威的概念与构成要素

所谓权威，简言之，就是特定主体所具有的令社会成员、团体普遍信服与遵从的威慑力量。凡是存在人类组织的地方，必然有权威的居所。这是因为权威是社会成员彼此牵连、附和、互动、和谐的黏合剂和维生素，其性质和内涵伴随着社会发展而不断演进，并且始终扮演着积极的能动角色，成为特定时期社会进步和发展的重要影响因子。每当社会权威（特别是政治权威）发生严重危机，甚至暴力更迭的时候，权威拥有者（或承继者）将不可避免地受到重大打击。同时，社会秩序也会遭到严重破坏，导致社会生产力水平停滞乃至倒退，原有的社会制度体系进而分崩离析。可见，权威问题不仅涉及权威者以及广大受众，而且维系着人类社会的进化历程。从一定意义上讲，人类社会发展史就是权威现象的演进史，而司法权威这一人类社会特有的政治现象，无疑是历史发展和权威进化的必然产物。

权威概念是法律和政治哲学领域最具争议的概念之一。“它在社会组织和政治行为合法性（Legitimate）讨论中的重要地位使其当然成为长期备受关注的问题。”〔16〕根据恩格斯的理

〔16〕［英］约瑟夫·拉兹：《法律的权威——法律与道德论文集》，朱峰译，法律出版社2005年版，第3页。

论,权威就其表现形式而言,是在某种范围内被公认为最有影响力或具有使人信服的力量与威望的人与物。但实质上任何形式的权威,都是基于某种机制构造出一种从属或主从关系,而这意味着主体和受体之间存在着一种自愿服从的目的和关系。需要注意的是,并非所有的权力都是权威,只有蕴含着合法性的权力才可能成为权威,才意味着这种服从的可能性。也就是说,成为权威的权力必然是合法性的权力,权威包含着合法性,真正的权威源于合法性。〔17〕德国著名社会学家和哲学家马克斯·韦伯认为,在理论上可以将社会权威分为三类:一是基于历史传统与习惯法则的传统型(traditional)权威,包括老人统治、族长制统治与世袭制统治;二是所谓"卡理斯玛"(charismatic)式权威,也可称为崇拜型权威,它基于对超凡圣灵、超人特质以及超自然信仰的内心敬畏与崇拜,是"对非凡的投降",该权威来自"相信领袖人物的超凡魅力,即把某人当作救世主、先知或英雄";三是法理(rational - legal)型权威,"这种权威是建立在相信统治者的章程所规定的制度和指令权利的合法性之上,即合理性基础上的权威"〔18〕。其核心就是对法律权威的信仰与遵从。显然,崇拜型权威与法理型权威,"前者是个人化的(Personal),后者是非个人化的(Impersonal),即制度化的;前者服从的基础是对个人的忠诚,后者服从的基础是对正式制度的忠诚。在韦伯的理论体系中,现代化的过程就是理性化的过程,表现在权威形态上,就是官僚化的过程,即由对个人的忠诚转变为对制度的忠诚"〔19〕。

然而,从历史角度考察,上述权威并非囿于某一特定社会形态,而是往往并存于同一个社会形态或社会阶层。例如,当代西方法治国家至今还不同程度地保留着传统型权威和卡理斯玛型权威(如宗教信仰),而奴隶制或封建制社会也在一定程度上宣扬着法理型权威。即便如此,特定社会形态中居于主导地位、在社会事务中发挥核心作用的权威类型,决定了该社会形态的基本性质和发展方向。在前法治社会,法理型权威并不具有独立地位,通常成为传统型权威和卡理斯玛型权威的附庸。汉穆拉比曾以众神的名义宣告他的法典:"根据天上和地上的法官萨马斯(Shamash)的命令,国家应该弘扬正义。"〔20〕相对应地,司法权处于弱势地位,遭受神权、行政权的肆意干涉,乃至公然篡夺。司法活动中充斥着神裁、恣意、非理性。例如,神明裁判现象在古代社会相当盛行。"也就是说,(人们)认为在法的争端里,通过神明的直接行动就可能会真相大白,这种想法是很普遍的。在中世纪欧洲的法里,与此相联系的是法庭允许进行决斗的思想:被告有权提出同原告进行决斗;如果他胜利,就是上帝决定支持他,他的无罪就真相大白了。"〔21〕因此,在神裁法、专制法理念支配下,"法律判决方式不能'被理智控制',该法律程序就是'形式上非理性的'。传神谕者说话,又不给理由;是无法预测和无法控制的。十诫是以形式上非理性的方式制定的:摩西声称上帝直接显灵,拿出碑文并宣布'这是法律'。战斗断讼或神裁法是非理性的解决争端方式,无法从其结果中得出一般规则或用道理预测今后的结果"〔22〕。在这种情形下,"法官和法律官员是国王的臣属。他们被认为(并自认为)是

---

〔17〕 参见[德]马克斯·韦伯:《经济与社会》,林荣远译,商务印书馆1998年版,第238-239页。

〔18〕 [德]马克斯·韦伯:《经济与社会》,林荣远译,商务印书馆1998年版,第241页。

〔19〕 李强:《韦伯、希尔斯与卡理斯玛式权威——读书札记》,载《北大法律评论》(第6卷第1辑),法律出版社2005年版,第268页。

〔20〕 [德]H. 科殷:《法哲学》,林荣远译,华夏出版社2003年版,第132页。

〔21〕 [德]H. 科殷:《法哲学》,林荣远译,华夏出版社2003年版,第132页。

〔22〕 [美]劳伦斯·M. 弗里德曼:《法律制度——从社会科学角度观察》,李琼英、林欣译,中国政法大学出版社2004年版,第330页。

当权政府的依顺的工具。法律机构服务于国家;它们并非国家内部的一个根本的部分”〔23〕。于是,司法权威不可避免地成为行政权威的卑微附庸。

人类社会在从野蛮走向文明、从专制走向民主的演进过程中,法治理念成为人们强有力的精神武器和信念支持。与“圣贤明君”治理的“人治(专制)”国家不同,法治国家以法律权威至高无上为基本特征。作为一种政治实践模式,法治理念及其上层建筑已逐渐融入崇尚民主和自由的国家政治架构中。在资产阶级启蒙思想家的积极推动下,伴随着新兴资本主义国家的法治化建设,近现代意义上的司法权威得以逐步确立。美国学者约翰·亨利·梅利曼坦率地承认:“我们不喜欢诸如‘司法至上’之类的戏剧性语言,但是,当需要这样的口号时,我们也承认它是对普通法系的一种正确描绘,特别是对美国。”1803 年美国联邦最高法院在“马伯里诉麦迪逊”一案中宣布联邦国会立法违宪的裁决,由此司法权威通过违宪审查权得以空前张扬。无论过去还是现在,美国联邦最高法院在确立美国法律原则的过程中一直处于至高无上的地位。法国历史学家、社会学家托克维尔在其《论美国的民主》中甚至认为:“美国产生的政治问题鲜有不是最终成为司法问题的,或迟或早,它们都要成为司法问题。”〔24〕西方国家的法治实践表明,司法权威成为现代法治的核心要素之一,昭示着法理型司法权威在社会政治生活中的全面树立。

在我国,伴随依法治国基本方略的确立和深入实施,司法权威亦被正式提出并被不断加强。我们认为,尽管司法权威的概念是抽象的,不容易为人们所理解,但它的构成要素和表现形式又是实实在在和可以看得见的。根据司法的理论与实践,司法权威主要由以下要素构成:

1. 司法人员的廉洁性。古语云:“公生明,廉生威。”这是对司法权威最深刻、也是最直观的揭示。在人民群众的心目中,法官是公平与正义的化身,他们清正廉洁、秉公办案,就能够赢得人民群众和当事人的信赖与信服,从而树立起司法权威,进而促进全社会法律信仰的形成。司法腐败则是对司法权威最严重的践踏与破坏。如果法官在审判过程中吃拿卡要、贪赃枉法、索贿受贿,则人民群众和当事人就会失去对他们的信任,继而失去对司法机关的信赖和对司法裁判的信服,司法权威也就无从谈起。

2. 司法活动的合法性。司法机关和司法人员在办理案件过程中,只有严格依照诉讼法规定的程序核实证据、查明事实,并在此基础上正确适用实体法的规定对案件作出公正的处理,才能确保其裁判具有法律效力。对于发生法律效力的判决、裁定,如果当事人在规定的期限内不履行,则司法机关依法可以强制其履行。这表明,合法性是司法权威生成的主要因素。如果司法机关和司法人员不是依法办案,而是违法管辖、应当回避而不回避、刑讯逼供、非法取证、超期羁押、应当公开审判而不公开审判、剥夺当事人的辩护权或辩论权、不依法组成合议庭,甚至颠倒黑白、是非不分,错误地适用法律规定,则必将极大地损害司法机关和司法人员的形象与威望,从而破坏法律的权威与尊严。

3. 司法裁判的稳定性。司法机关的判决、裁定一旦发生法律效力,就应当具有稳定性并得到切实的遵行,非由法定机关、非依法定程序不得更改。这既是维护司法权威的客观需要,也

〔23〕［美］诺内特、［美］塞尔兹尼克:《转变中的法律与社会:迈向回应型法》,张志铭译,中国政法大学出版社 1994 年版,第 37 页。

〔24〕［英］H. L. A. 哈特:《法理学与哲学论文集》,支振锋译,法律出版社 2005 年版,第 131 页。

是保持法律稳定性的必然要求。如果司法机关的判决、裁定可以朝令夕改,如同儿戏,便无任何权威性可言。当然,司法权威的根本前提是司法公正,没有司法公正为基础的司法权威,是没有生命力的。因此,对于那些缺乏公正的生效裁判,我国法律允许司法机关通过审判监督程序予以纠正。这不仅不会损害司法权威,反而有利于树立司法权威。

4. 司法裁判的高执行率。当事人将纠纷诉诸法院的根本目的,是希望自己被侵害的合法权益得到恢复,即不仅能够获得胜诉判决,而且该判决能够得到执行。如果司法裁判能够得到有效的执行(包括负有履行义务的一方当事人主动履行和人民法院在负有履行义务的一方当事人不履行裁判义务时予以强制履行),则表明司法机关和司法人员具有令当事人信任或服从的权力和威望,即具有司法权威。如果司法裁判不能得到有效的执行,则当事人通过诉讼活动所得到的判决书、裁定书就将变成一纸空文,不仅其恢复自己被侵害的合法权益的希望会化为泡影,而且将对司法机关和司法人员产生失望乃至绝望情绪,进而对司法活动失去信心,对国家法律失去信念。因此,大幅度提高司法裁判的执行率无疑是塑造司法权威的重要因素。

5. 社会公众和当事人对司法裁判的普遍认同。判决、裁定发生法律效力后,当事人在规定的时间内不主动履行,人民法院固然可以通过强制执行而产生司法权威,但人民法院的判决、裁定能够得到社会公众和当事人的普遍认同而产生的司法权威则更具有积极的意义。由于司法的公正、高效、廉洁以及司法裁判的有效执行,社会公众和当事人对司法活动予以普遍认同,因而司法机关将具有极大的威望,司法人员亦将赢得广泛的尊重,在此情况下作出的判决和裁定更容易为社会公众和当事人所理解、认可或接受。反之,由于司法不公、司法腐败以及“执行难”等问题的存在,以致报纸、电视、网络等媒体对司法机关和司法人员批评指责不断,老百姓议论纷纷甚至怨声载道,则司法权威将难以确立。

二、司法权威与司法公正、司法效率的关系

(一)司法权威与司法公正的关系

理性的权威以合法性为基础,必须符合人类的基本理念和价值追求,否则就会沦为专制暴政之淫威。而“正义是社会制度的首要价值,正如同真理是思想体系的首要价值一样”[25]。因此,“法律之下同等公正”(Equal Justice Under Law)应当成为司法的信条。“正当程序和公平是法院自信和信用的主要渊源。”[26]司法公正为司法权威铺设了正当性轨道,提供了法律和道德基础与前提,是司法权威的生长基和培养皿,必然成为司法权威的基本价值取向。人们信赖司法,服从司法裁判,是基于对司法公正的合理预期。“司法权是终极性权力,它对争执的判断和处理是最后的和最具权威的,这在结果上必然要求它代表着社会公正。一旦司法公正受到怀疑,社会公正便荡然无存了。”[27]丧失公正的司法实质上就是伪司法,犹如行尸走肉,权威就无从谈起。

同时,司法权威对于司法公正具有能动性,有助于保障和促进司法公正,帮助司法有效抵御各种社会势力的非法干涉,防止不同形式的偏狭、私欲、腐化、寻租、权势侵入神圣的司法殿堂。“法官能使世人和自己相信,他的裁判并未受到各种有损于原则的社会联系的腐蚀,他的

---

〔25〕［美］罗尔斯:《正义论》,何怀宏等译,中国社会科学出版社1988年版,第1页。

〔26〕［美］诺内特、［美］塞尔兹尼克:《转变中的法律与社会:迈向回应型法》,张志铭译,中国政法大学出版社1994年版,第74页。

〔27〕徐显明:《论“法治”构成要件——兼及法治的某些原则及观念》,载《法学研究》1996年第3期。

权威来源于某种独有的权能。”[28]司法权威对提升司法裁判的执行力发挥着举足轻重的作用。基于对司法的信赖,人们将平和、理智地看待司法活动和裁判结果,有关当事人能够自觉地履行司法裁判所确定的义务。目前,我国学者基本认同司法公正包括实体公正与程序公正,而且两者同等重要。我们认为,在我国“执行难”问题仍未得到根本解决的情况下,尤其应当关注执行公正。这是因为即使程序公正与实体公正都获得实现,对于无法兑现正义的当事人来说也只不过是一场劳民伤财的“司法游戏”而已。执行公正已经成为我国实现“后司法公正”必须直面的问题,关系到我国司法存在的实际意义和社会价值。显然,如果司法权威得以确立,当事人在将彼此争执提交司法机关进行裁判的时候,就已经做好随时接受“神圣裁判”的内心准备。即使最终裁判结果与自己的预期有所差异,基于对司法的信仰或者潜在的国家强制力,当事人也将尽可能地履行自己的义务。只有这样,才能够尽快地恢复失衡的社会秩序,从而使社会正义得以实现。

(二)司法权威与司法效率的关系

“效率”原本为经济学范畴,就是以最少的资源消耗取得同样多的效果,或以同样多的资源消耗取得最大的效果,成本最小化、收益最大化是效率的两个必要的组成部分。“司法”与“效率”联姻主要基于两个因素:一是客观因素,即司法资源的稀缺性,相对于立法、行政系统而言,司法机关获得社会资源的能力通常是最弱的;二是主观因素,即人们希冀司法公正、社会正义尽快实现,所谓“迟来的正义非正义”就是这种心态的真实写照。此外,新兴的法律经济学为“效率”这一颇具经济性的话语纳入司法领域奠定了重要理论基础。例如:波斯纳在其《法律的经济分析》一书中借用科斯的成本理论作为分析工具讨论了诉讼程序的效率问题;而考特、尤伦则在其合著的《法和经济学》一书中运用博弈论分析了普通法诉讼程序的效率。时至今日,司法效率与司法公正已经被公认为司法活动的两大价值目标,成为世界各国司法制度建设与改革的基本价值取向。正如卡佩莱蒂所言:“在现代社会的动力下,诉讼延迟尤其不可接受,特别是对于经济实力不足以承受延迟负担的当事人而言更是无法容忍。因此,长久的裁判是恶的裁判,诉讼延迟等同于拒绝裁判。”[29]

效率与权威之间具有很强的相关性。一方面,权威有助于加强组织体系的凝聚力,进而提高工作效率,以谋求更大的利益;另一方面,效率又对权威具有反作用,持续的低效率将会不同程度地贬损权威,并可能产生恶性循环,导致经济活动紊乱或者组织瓦解。无疑,建立在经济基础之上的司法组织遵循着相似的规律。司法效率价值不仅涉及物质性因素,也涉及精神性因素,其实质是人们对社会正义和秩序等价值目标的追求和满意程度。司法效率就是通过司法过程的经济合理性寻找最佳的方式,以最少的人力、物力和财力,在最短的时间内最大限度地满足人们对正义、自由和秩序的需求,实现司法的目的。司法权威意味着司法在国家政治架构中具有独立地位,司法主体(特别是法院、法官)获得公众普遍尊崇,能够排除各种非法干扰,根据案件事实和法律,依法独立作出裁判,于是司法裁判活动及其结果符合程序公正和实体公正,被当事人、其他诉讼参与人和普通民众广泛认同,而司法错误成本和伦理成本得以降

---

〔28〕[美]诺内特、[美]塞尔兹尼克:《转变中的法律与社会:迈向回应型法》,张志铭译,中国政法大学出版社 1994 年版,第 63 页。

〔29〕[意]莫诺·卡佩莱蒂等:《当事人基本程序保障权与未来的民事诉讼》,徐昕译,法律出版社 2000 年版,第 17 页。

低。同时,司法权威能够协调国家利益和个人利益的关系,而司法效率的极大化或最佳化是在满足国家(专门机关)的利益愿望和满足公民个人(当事人和其他诉讼参与人)的利益愿望之间实现的。反之,如果高昂的司法成本并没有促使司法公正与社会正义如期实现,法官为了规避对于疑难复杂案件的审判责任,"合法"转让审判权,以致显性或隐性的诉讼拖延成为司法常态,当事人花费大量钱财与精力却始终处于"遥遥无期"的审理阶段,或者虽如愿以偿,却发现是一张执行力有缺陷的"法律白条",那么民众对于司法的信赖和法律的信仰将化为乌有,接踵而来的将会是不尽的上访和申诉,司法权威必然遭受严重损害,整个司法体制也会受到巨大影响。因此,高度的司法权威是提高司法效率进而实现司法公正的必要条件。

第四节 司 法 职 业

一、司法职业的概念和特征

司法是一项专业性很强的工作,特别是随着社会的快速发展,法律关系越来越复杂,纠纷数量越来越多,对司法这一解决纠纷活动的要求也越来越高。于是,司法便逐步成为一项具有很强专业性的职业。

司法职业是以法官、检察官为代表的,受过专门的法律专业训练,具有精良的法律知识、娴熟的法律技能与严格的法律伦理的司法工作者所构成的自治性共同体。从狭义上说,司法职业主要包括法官、检察官两种职业。从广义上说,司法职业泛指一切受过法律职业训练、从事法律工作的人员,包括侦查员、检察员、审判员、执行员、仲裁员、公证员、律师以及司法辅助人员等。

国外有学者把职业的特征概括为:(1)职业人员的技能以系统的理论知识为基础,而不仅仅根据特殊技术的训练;(2)职业人员对他们的工作有相当大的自主性;(3)职业人员形成联合体调整职业内部事务,对外代表职业人员的利益;(4)加入一个职业,受到现成员的认真审查,要成为一个职业成员往往要参加职业考试,获得许可证,得到头衔,这个过程受到有关组织的调整;(5)职业拥有道德法典,要求其所有成员遵守它,违反者将可能被开除出该职业。〔30〕

司法职业技能来源于法学教育,没有发达的法学教育就不可能有司法职业的形成。司法职业一旦形成,加入该职业者必将受到认真考查,获得许可证,得到头衔,如取得法官资格、检察官资格、律师资格等。司法职业与医师职业一样是一个具有限制性、垄断性特征的职业,未经专门训练,未掌握精良的法律知识、娴熟的法律技能与严格的法律伦理的人便不能进入这个职业的殿堂,所以需要设定职业准入制度(如法律职业资格考试制度),以检测申请者的素质。

二、外国司法职业的基本情况

正是由于司法职业的高度专业性,因此世界各国对法官、检察官的素质提出了很高的要求。

在英美法系国家,法官都是从具有丰富从业经验的优秀律师或下级法院的优秀法官中选

〔30〕 参见[美]E. 格林伍德:《职业德特征》,转引自朱景文:《现代西方社会学》,法律出版社 1994 年版,第 103 页。

拔的。例如:在英国,除治安法官以外的所有法官都只能从参加全国 4 个法学会的律师中任命,其中担任领薪治安法官必须具有 7 年以上的初级律师经历,记录法官必须具有 10 年以上初级律师或高级律师经历,巡回法官必须具有 10 年以上高级律师经历或 5 年以上记录法官经历,高等法院法官必须具有 10 年以上的高级律师经历并且年龄在 50 岁以上,而上诉法官必须具有 15 年以上的高级律师经历或担任高等法院法官职务。由此,英国法官最初任职时的平均年龄为 47 岁,高等法院法官的年龄一般都在 60 岁以上。[31] 在美国,只有在大学法学院毕业并获得 JD 学位(法律职业博士),经过严格的律师资格考试合格,并有若干年从事律师工作经验的律师或法学教授才具有担任联邦法院法官的资格。全美 2.8 万名法官几乎都是从律师(特别是出庭律师)中选拔出来的。在澳大利亚,县级以上各级法院的法官,不仅要求必须是法律职业的合格成员,而且法律明文规定必须具有从事该职业的最低年限的经历。在大多数情况下,他们是从律师队伍中吸收过来的。[32] 在巴西,担任初审法官必须有非常丰富的法律知识和长期的司法实践经验,其中联邦最高法院大法官从律师、检察官中选任的,必须从事律师和检察官职务 10 年以上。[33]

在新加坡,法官必须是大学法律专业毕业生,并当选 7 年律师后才有资格当法官,最高法院法官必须有 10 年至 20 年的律师或法官经历。[34] 在印度,担任司法职务至少满 20 年或在高等法院或在两个以上此类法院连续担任律师至少满 10 年才能担任高等法院法官;在任一高等法院或者两个以上高等法院连续担任法官至少 5 年者或连续担任律师至少 10 年者,或总统认为卓越的法学家且通常要 50 岁以后才能担任最高法院大法官。[35]

在大陆法系国家,虽然法官、检察官不一定从律师当中选拔,但要成为法官、检察官,必须经过多年的法律学习和实践锻炼,并且通过严格的司法考试。例如:在德国,初次任命的法官一般在州初级法院和中级法院任职,有 30% 左右的法官一直在最初任命的职务上工作;在初级和中级法院工作 10 年左右,一部分法官有可能到高级法院任法官或者在中级法院任庭长。[36] 在法国,其法律规定,上一级法官一般应从下一级法官中选拔,当然特殊情况也有越级选拔的。[37] 在日本,出任高等法院法官必须担任过 10 年以上助理法官、简易法院法官、检察官、律师、法学教授等职务;最高法院的法官应由具有良好的法律素养的 40 岁以上的人担任,只有担任高等法院法官、检察官、律师、大学教授累计达 10 年至 20 年以上,才能出任最高法院的法官。[38] 在韩国,担任高等法院法官必须有 10 年以上的法官经历;担任宪法法院大法官年龄必须在 40 岁以上,曾任法官、检察官、律师或者法学教授 15 年以上。[39]

由上可见,在多数国家,担任法官、检察官都必须具备大学法律本科毕业这一基本条件,这是因为法官、检察官作为一个特殊的职业群体,作为法律的守护人,必须具备专门的法律知识

---

〔31〕 参见肖扬主编:《当代司法体制》,中国政法大学出版社 1998 年版,第 28-31 页。
〔32〕 参见肖扬主编:《当代司法体制》,中国政法大学出版社 1998 年版,第 86 页。
〔33〕 参见肖扬主编:《当代司法体制》,中国政法大学出版社 1998 年版,第 63-64 页。
〔34〕 参见肖扬主编:《当代司法体制》,中国政法大学出版社 1998 年版,第 51 页。
〔35〕 参见肖扬主编:《当代司法体制》,中国政法大学出版社 1998 年版,第 31 页。
〔36〕 参见周道鸾主编:《外国法院组织法与法官制度》,人民法院出版社 2000 年版,第 77 页。
〔37〕 参见周道鸾主编:《外国法院组织法与法官制度》,人民法院出版社 2000 年版,第 304 页。
〔38〕 参见肖扬主编:《当代司法体制》,中国政法大学出版社 1998 年版,第 2 页。
〔39〕 参见周道鸾主编:《外国法院组织法与法官制度》,人民法院出版社 2000 年版,第 293 页。

和独特的思考论证方法,而这只有通过专门的培养和训练才能获得。

三、我国司法职业的形成与发展

我国对法官、检察官的素质要求,经历了一个逐步认识、不断提高的过程。中华人民共和国成立初期至1983年《人民法院组织法》修订前,按照有关领导的观点,充当法官、检察官者应为工农出身,政治面貌清白,具备高小文化者即可。[40] 而且由于高等法学教育落后,法学本、专科毕业生非常有限,因而高中毕业生、复转军人、社会招干进入法院、检察院者占了大多数。1983年修订的《人民法院组织法》增加了"人民法院的审判人员必须具有法律专业知识"的规定。但由于这一规定比较笼统,加之具备法律专业知识可以通过短期培训获得,而且同时修订的《人民检察院组织法》没有作出相应的规定,因此自1983年起至1995年《法官法》《检察官法》颁布时,我国仍然沿袭过去的做法,把公安司法机关作为安置复转军人的主要场所,以至于在大部分的法院、检察院,复转军人出身的法官、检察官占了法官、检察官人数的一半以上。从总体上讲,法官、检察官的任职条件和素质并没有太大的提高。[41]

1995年2月,第八届全国人大常委会第十二次会议通过的第一部《法官法》和《检察官法》对法官、检察官的任职条件作了明确规定:(1)具有中华人民共和国国籍。(2)年满23岁。(3)拥护中华人民共和国宪法。(4)有良好的政治、业务素质和良好的品行。(5)身体健康。(6)高等院校法律专业毕业或者高等院校非法律专业毕业具有法律专业知识,工作满2年的,或者获得法律专业学士学位,工作满1年的;获得法律专业硕士学位、法律专业博士学位的,可以不受上述工作年限的限制。可见,从1995年开始,我国法官、检察官任职的学历条件必须达到专科毕业及以上。

2001年6月,第九届全国人大常委会第二十二次会议对《法官法》《检察官法》进行修订,提高了法官、检察官任职条件中的学历条件,即高等院校法律专业本科毕业或者高等院校非法律专业本科毕业具有法律专业知识,从事法律工作满2年,其中担任高级人民法院、最高人民法院法官或者省、自治区、直辖市人民检察院、最高人民检察院检察官,应当从事法律工作满3年;获得法律专业硕士学位、博士学位或者非法律专业硕士学位、博士学位具有法律专业知识,从事法律工作满1年,其中担任高级人民法院、最高人民法院法官或者省、自治区、直辖市人民检察院、最高人民检察院检察官,应当从事法律工作满2年。由此可见,从2001年开始,我国法官、检察官任职的学历条件必须达到本科毕业及以上。同时,修订后的《法官法》《检察官法》《律师法》规定建立统一的国家司法考试制度,任何人要获得初任法官、检察官的任职资格和律师资格必须参加国家司法考试并且成绩合格,获得法律职业资格证书。

2014年10月,党的十八届四中全会通过的《中共中央关于全面推进依法治国若干重大问题的决定》在第六部分"加强法治工作队伍建设"中明确要求:推进法治专门队伍正规化、专业化、职业化,提高职业素养和专业水平;完善法律职业准入制度,健全国家统一法律职业资格考试制度,建立法律职业人员统一职前培训制度;建立从符合条件的律师、法学专家中招录立法工作者、法官、检察官制度,畅通具备条件的军队转业干部进入法治专门队伍的通道,健全从政

〔40〕 参见《董必武政治法律文集》,法律出版社1986年版,第23页。

〔41〕 据报道,到1997年,全国法院系统25万名干部中,本科层次的占5.6%,研究生占0.25%;检察系统18万名干部中,本科层次的占4.0%,研究生只占0.15%。参见张卫理:《中国需要大批法律人才》,载《法制日报》1997年10月3日,第1版。

法专业毕业生中招录人才的规范便捷机制；加快建立符合职业特点的法治工作人员管理制度，完善职业保障体系，建立法官、检察官、人民警察专业职务序列及工资制度；建立法官、检察官逐级遴选制度；初任法官、检察官由高级人民法院、省级人民检察院统一招录，一律在基层法院、检察院任职；上级人民法院、人民检察院的法官、检察官一般从下一级人民法院、人民检察院的优秀法官、检察官中遴选。根据该决定的要求，第十三届全国人大常委会分别于2017年、2019年对《法官法》《检察官法》《律师法》进行了修订，进一步提高了法官、检察官和律师的任职条件，并将司法考试制度更改为法律职业资格考试制度，从而有力促进了我国司法职业的建设和发展。

第五节　法律职业资格考试

一、国外司法考试的概况

基于培养法律职业人才、建立法律共同体、进而建设法治国家的需要，许多国家先后建立起司法考试制度。虽然由于各国的历史传统、文化背景和经济条件的不同，各国的司法考试制度存在一些差异，但把通过司法考试作为取得法官、检察官或律师资格的条件方面却是相同的。

德国和日本均实行统一的国家司法考试制度。根据《德国法官法》的规定，进入司法机关的法律系学生必须通过两次国家司法考试。此外，任何人要想成为检察官、律师，甚至是公证员，都必须具备与进入司法机关的人员相同的资格；而且，接受过大学正规的法学教育是加入法律职业群体的前提条件。在德国，法律系的学生在大学经过7个学期的法律专业学习后便可以参加第一次司法考试。学生通过第一次考试后，便进入历时两年半的培训阶段，其身份为临时文职人员，可以领取国家津贴。

日本实行法曹一元化制度，法官、检察官和律师都通过统一的司法考试来选拔。日本的司法考试亦分为第一次考试和第二次考试。第一次考试以判定考生是否具备参加第二次考试的学识修养和能力为目的，第二次考试以判定考生是否具备担任法官、检察官和律师的必要学识和应用能力为目的。日本对参加考试人员的资格没有特别限制，无论学历高低，也无论是否具备日本国籍，都可以参加考试。考生通过第一次司法考试之后，便有资格成为司法研修所的学员。司法研修生享受国家准公务员的待遇，所有研修费用由国家支出。司法研修的时间为1年半。司法研修生只有通过最后的结业考试，才能从事法律职业。

英国和美国是判例法国家，均实行法律职业一元化模式，绝大多数法官、检察官都从优秀的律师中选拔产生，因此，它们的司法考试实际上就是律师资格考试。英国的律师分为事务律师和出庭律师两类，其获得律师资格的程序不完全相同。在英国，任何一个公民不管是要获得事务律师资格还是出庭律师资格，都必须首先具备以下三个条件之一：(1)已获得本科法律学位；(2)已获得本科非法律学位后，又获得法律研究生毕业证书；(3)已获得本科非法律学位，在完成1年脱产或2年不脱产法律课程的学习后，通过共同职业考试。具备上述三个条件之一的人要获得事务律师资格，必然参加由律师学院负责的法律实习课程的学习，脱产的需要1

年,不脱产的需要2年;而要获得出庭律师资格,则必须加入伦敦四大律师学馆当中的任何一个学馆,学习为期1年的律师职业课程。在这一阶段的职业培训结束之前,所有学员都必须参加考试(获得事务律师和出庭律师的考试科目及内容不同)。想要获得事务律师资格的人在通过考试后,就要到事务律师事务所或者其他被允许的机构(如政府机构、皇家检察服务部门、治安法院服务部门、工商业机构)进行实习(全职实习为2年,兼职实习为4年),实习期满后,保持着良好记录的人就能够获得事务律师资格。要想获得出庭律师资格的人在通过考试后即可获得律师学馆颁发的律师学位(相当于律师资格证书)。然后还必须在出庭律师事务所进行为期1年的见习。见习结束时,经导师(专门负责传授实务技能的出庭律师)考评合格,见习律师即可正式获得出庭律师资格。

美国没有全国统一的司法考试,其各州都有自己的律师考试制度,而且在报考条件上,各州的要求也各不相同。例如,纽约等大多数州只允许得到美国律师协会认可的法学院的毕业生参加律师资格考试(这样的法学院全美大约只有180个),而加利福尼亚等少数州则允许众多杂牌的本州法学院的学生报考。各州的律师资格考试均由律师协会负责组织,每年举行二次,时间分别为2月底和7月底,各州的考试时间为2~3天不等。各州的律师资格考试均由各州单独测试和全国联考两部分组成。通过各州单独测试的学生,还必须通过全国职业责任联考,才能被授予执业资格。职业责任联考是单独进行的全国性考试,考试内容为职业伦理和职业责任,一年多次,每次考试都同时在各州举行,虽然各州所划定的分数不同,但成绩在全国范围内有效。

二、我国司法考试制度的产生与实施

我国古代并无司法考试制度,只有各官职通用的科举考试制度。我国的司法考试制度是近代才确立的。1927年武汉国民政府颁布《法官考试条例》,开了我国司法考试的先河。随后的南京国民政府在1930年、1932年、1933年和1935年分别颁布了《法官初试暂行条例》、《司法官任用标准》、《考试法》和《法院组织法》,从此使司法官考试成为一项全国性制度。[42] 当时的司法考试分为初试和再试。初试合格者在司法院法官训练所接受一年培训之后才可以参加再试。[43]

中华人民共和国成立之后,原有的司法考试制度连同所有的法律制度都被当作“旧法”废除了。按照当时的理解,司法机关是专政的工具,司法人员最重要的是要具备“一颗忠于党忠于革命忠于人民的红心”,政治素质高于一切,至于是否具备专门的法律知识是无关紧要的。因此,司法考试也就没有了存在的必要。

改革开放以来,经济的快速发展以及对外交往的日益频繁使得社会对法律规则的需求越来越大,与此同时,社会对法律职业者专业化的要求也越来越高。于是,对法律从业人员进行考试以提高其水平的办法也就应运而生。我国的司法考试经历了从律师资格考试独存到律师资格考试、初任法官资格考试和初任检察官资格考试并存,再到统一司法考试三个阶段。

1986年第一次律师资格考试的报名范围仅限于正在申请律师资格的专职或兼职律师工作人员,以及法学教学、研究人员中符合做律师工作的人员;1988年举行第二次律师资格考试

---

〔42〕 参见张晋藩:《中国法制史》,群众出版社1984年版,第419页。

〔43〕 参见汤能松等:《探索的轨迹——中国法学教育发展史略》,法律出版社1995年版,第272-285页。

时，司法部决定扩大报考人员的范围，规定具有选举权和被选举权并具有大专以上学历的中华人民共和国公民均可报名参加考试；1994年，司法部允许经过中华人民共和国法律培训的港、澳、台居民和外国公民参加律师资格考试，从而使中国律师资格考试报名范围进一步扩大。1996年制定的《律师法》第6条第1款规定："国家实行律师资格全国统一考试制度。具有高等院校法学专科以上学历或者同等专业水平，以及高等院校其他专业本科以上学历的人员，经律师资格考试合格的，由国务院司法行政部门授予律师资格。"同年，司法部颁布《律师资格全国统一考试办法》（已失效），规定律师资格考试的报名条件是：已取得法学大专以上或者同等专业水平（指取得法律专业证书，或者通过业余学习取得法律本科或专科文凭），以及非法学专业本科以上的学历；或取得中华全国律师函授中心大专班14门法律课程合格证书；或在政法和其他部门及社会团体从事法律工作并取得由司法部审批验印或1996年年底以前由司法部或司法厅（局）审批验印的成人高等教育法学类专业证书人员。

我国的律师资格考试全部以笔试的形式进行，但考卷的题型和内容则经历了许多变化。1986年、1988年和1990年的三次律师资格考试，由于还处于摸索阶段，因而在形式和内容上都没有一个统一的标准，题型共有选择题、名词解释、判断正误、简答题、案例分析和文书写作等，内容则集中于宪法、民法、刑法和诉讼法。从1992年开始，考试确定为四张卷子，在两天内完成，每张卷子的答题时间为3个小时。从1996年起，考试内容被划分为5个单元，包括法学综合知识、律师制度与律师实务、律师执业道德和执业纪律；以刑法、民法为主体的实体法知识；以经济法为主体的实体法知识；以刑事诉讼法、民事诉讼法、行政诉讼法和仲裁制度为主体的程序法知识；外语（英语、俄语或日语），并且开始部分采用标准化试题（分为单项选择题和多项选择题），非标准化试题分为判断正误题、简答题、案例分析和法律文书写作等。1997年取消了简答题，1998年又取消了判断正误题。因此，从1998年起，律师资格考试的题型就固定为单项选择题、多项选择题、案例分析、法律文书写作四类，考试的科目包括法理学、宪法、行政法与行政诉讼法、外语（英语、俄语或日语）、国际法、国际私法、国际经济法、律师法和律师制度、民法、民事诉讼法、刑法、刑事诉讼法、商法、经济法、合同法。

为了保证律师资格考试的顺利进行，司法部设立中国律师资格考试中心，具体负责考试的组织和管理工作，统一组织命题、印刷考卷，统一组织评卷，并根据律师业发展的客观情况和考试的实际情况，统一确定录取比例和录取分数线。各省、自治区、直辖市的司法厅（局）负责考试的报名登记、考场设置、监考、阅卷、政审、录取等具体工作的实施。

1995年前，我国没有建立通过考试途径选任法官、检察官的制度，法官、检察官由法院院长、检察院检察长提名报同级人大常委会任命。1995年《法官法》《检察官法》对初任法官、初任检察官的资格作了限定。其中，《法官法》第12条第1款规定："初任审判员、助理审判员采用公开考试、严格考核的办法，按照德才兼备的标准，从具备法官条件的人员中择优提出人选。"《检察官法》第13条第1款规定："初任检察员、助理检察员采用公开考试、严格考核的办法，按照德才兼备的标准，从具备检察官条件的人员中择优提出人选。"根据该两部法律的规定，法院和检察院系统开始分别实行初任法官、初任检察官资格考试制度，即只有通过考试者方能被提请相应级别的人大常委会任命为法官、检察官。法院系统于1995年、1997年和1999年进行了三次初任法官资格考试，检察院系统也举行了三次初任检察官资格考试，共计有7万余人通过考试取得了相应的司法职务任职资格。

由于初任法官、初任检察官资格考试仅面向法院或检察院系统还没有获得法官、检察官资格的人员,封闭性强,随意性大,因而并不能很好地起到科学选拔高素质法官和检察官的作用。

2001年6月30日,第九届全国人大常委会第二十二次会议通过《关于修改〈中华人民共和国法官法〉的决定》和《关于修改〈中华人民共和国检察官法〉的决定》,规定国家对初任法官、检察官和取得律师资格实行统一的司法考试制度。2001年7月12日,司法部作出了《关于废止〈律师资格考试办法〉的决定》;7月15日,司法部、最高人民法院和最高人民检察院联合发布《关于国家统一司法考试若干问题的公告》,10月31日又联合发布《国家司法考试实施办法(试行)》(以下简称《实施办法(试行)》)。2001年12月29日,第九届全国人大常委会第二十五次会议通过《关于修改〈中华人民共和国律师法〉的决定》,规定取得律师资格应当经过国家统一的司法考试。至此,有关国家统一司法考试制度的法律框架基本形成。

国家统一司法考试制度的建立,在法律界乃至全国引起极大反响,如同平地一声惊雷,震撼人心。所有关注中国司法改革进程的人无不喜形于色,大家相互传递着同一个信息:中国司法改革取得了历史性的突破,中国司法改革的前景更加光明。正如联合公告所说的,国家统一司法考试制度是保证和提高法律职业人员素质,加强法律职业人员管理,保障依法独立行使审判权、检察权,保障法律职业人员依法履行职责,保障司法公正的一项基础制度。这一制度的确立,是我国司法制度的重大进步。

从2002年开始,国家司法考试每年举行一次。国家司法考试实行全国统一命题,命题范围以司法部制定并公布的《国家司法考试大纲》为准。根据《实施办法(试行)》的规定,国家司法考试的内容包括理论法学、应用法学、现行法律规定、法律实务和法律职业道德。据此,并参照教育部法学专业主干课程的设置,从2006年起,国家司法考试的科目为法理学、法制史、宪法、行政法与行政诉讼法、刑法、刑事诉讼法、民法、民事诉讼法、商法、经济法、国际法、国际私法、国际经济法、司法制度与法律职业道德,共14个科目。国家司法考试采用闭卷笔试的方式,分两天进行。国家司法考试实行全国统一评卷,成绩由司法部公布。国家司法考试每年度的通过数额及合格分数线由司法部商最高人民法院、最高人民检察院后公布。通过国家司法考试的人员,由司法部颁发法律职业资格证书。

《实施办法(试行)》规定:"国家司法考试由司法部负责实施""司法部设立专门机构具体承办国家司法考试工作。"据此,司法部经报请批准,正式设立了国家司法考试司(对外称国家司法考试办公室),其主要职责是:研究制定国家司法考试的工作规划和规范;制定国家司法考试工作规章制度;负责国家司法考试大纲的编审;管理指导国家司法考试考务工作,对考试工作进行监督;指导开展国家司法考试的理论研究和国际交流;审查、授予法律职业资格证书,对取得资格证书者进行管理;指导、规范有关培训工作;开展国家司法考试工作的信息化建设,指导地方司法行政机关组织国家司法考试工作。同时,司法部经报请批准,设立了司法部国家司法考试中心。该中心作为一个独立的事业单位,承担国家司法考试过程中的具体考务工作和司法部交办的其他工作。

2002年11月,司法部会同最高人民法院和最高人民检察院成立了国家司法考试协调委员会。该委员会的职责是就确定国家司法考试的有关政策、原则进行协商、协调,就国家司法考试制度的健全、完善提供咨询。该委员会成员广泛,除最高人民法院、最高人民检察院和司法部有关领导成员外,还包括立法机关、有关部门、政法院校、科研机构的专家和学者。

此外,司法部还设立了国家司法考试命题委员会。这是司法部国家司法考试办公室和国家司法考试中心根据国家司法考试题库建设和命题工作的需要,聘请专家学者参加,以研究和承担国家司法考试命题为主要任务而建立的非常设机构。命题委员会的组成人员由政法院校、科研机构、法律实务部门等单位推荐,经审核确定。

据统计,自2002年开始至2017年止,司法部共组织实施了16次国家统一司法考试。全国共有619万余人次报名,513万余人参加考试,其中96万余人通过司法考试取得法律职业资格。在取得法律职业资格的人员中,有近一半的人员从事法官、检察官、律师和公证员等法律职业,还有大量人员从事立法、行政执法、公司企业法务等法律工作。由此可见,我国连续15年的统一司法考试选拔储备了大量合格法律职业人才,为社会主义法治国家建设提供了有力的人才保障。但同时也要看到,统一司法考试制度还存在一些与新形势新任务要求不适应不符合的问题,要让这项制度在全面依法治国中发挥更加充分的作用,需要通过改革的方式来加以解决。

三、我国法律职业资格考试的确立

党的十八大以来,以习近平同志为核心的党中央高度重视我国的法治工作队伍建设。2014年1月,习近平总书记在中央政法工作会议上强调,要把能力建设作为一项重要任务,坚持从源头抓起,改革和完善司法考试制度。党的十八届四中全会通过的《中共中央关于推进全面依法治国若干重大问题的决定》着眼于推进法治工作队伍正规化、专业化、职业化,提出"完善法律职业准入制度,健全国家统一法律职业资格考试制度,建立法律职业人员统一职前培训制度"。2015年6月,习近平总书记主持召开中央全面深化改革领导小组第十三次会议,审议通过了《关于完善国家统一法律职业资格制度的意见》,确定将现行司法考试制度调整为国家统一法律职业资格考试制度。2017年9月,第十二届全国人大常委会第二十九次会议审议通过《关于修改〈中华人民共和国法官法〉等八部法律的决定》,明确了法律职业人员资格考试的范围,规定了取得法律职业资格的条件,增加了禁止从事法律职业的情形,并确定于2018年开始实施国家统一法律职业资格考试制度,从而为组织实施法律职业资格考试提供了法律依据。

2018年4月28日,司法部公布《国家统一法律职业资格考试实施办法》(以下简称《实施办法》)。《实施办法》共7章28条,具体为:第一章"总则",共5条,明确了法律职业资格考试制度的法律依据、应当通过国家统一法律职业资格考试人员范围、考试要求及实施主体;第二章"考试组织",共3条,明确了各级司法行政机关在考试组织实施管理中的职责;第三章"报名条件",共2条,规定了考试报名的积极条件和禁止条件,对报考专业学历条件、不得报考的情形作了规定;第四章"考试内容和方式",共5条,规定了考试组织形式、方式、内容及合格标准等;第五章"违纪处理",共2条,对应试人员和考试工作人员的违纪行为作了原则性规定;第六章"资格授予和管理",共4条,规定了资格授予及后续管理,明确建立取得资格人员档案信息管理和信息发布制度;第七章"附则",共7条,对新老制度衔接、放宽政策、港澳台居民和现役军人报名参加国家统一法律职业资格考试等作了原则性规定。

与《实施办法(试行)》相比,《实施办法》主要在以下五个方面作了新的规定:

1. 扩大了需要参加法律职业资格考试的人员范围。《实施办法》明确了应当参加国家统一法律职业资格考试取得法律职业资格的人员范围,即在司法考试制度确定的法官、检察官、律师、公证员四类法律职业人员的基础上,将初次担任法律类仲裁员以及行政机关中初次从事行政处罚决定审核、行政复议、行政裁决、法律顾问的公务员纳入了需要参加法律职业资格考试的人员范围。

2. 对考试报名的专业学历条件作了严格限定。《实施办法》第 9 条对报名参加法律职业资格考试的专业学历条件作了一般性规定,即"具备全日制普通高等学校法学类本科学历并获得学士及以上学位;全日制普通高等学校非法学类本科及以上学历,并获得法律硕士、法学硕士及以上学位;全日制普通高等学校非法学类本科及以上学历并获得相应学位且从事法律工作满三年"。由此,提高了法律职业资格考试报名的专业学历门槛,有利于从源头上保证法律职业人员的专业素养和专业能力。

3. 规定了不得报名的禁止性条件。为从源头上把好法律职业的入口关,根据党的十八届四中全会通过的《中共中央关于推进全面依法治国若干问题的决定》关于建立终身禁止从事法律职业制度和完善违法失信行为惩戒机制以及修改后的《律师法》《公证法》等的规定,《实施办法》增加规定,被吊销法律职业资格证书、因严重失信行为被国家有关单位确定为失信联合惩戒对象并纳入国家信用信息共享平台和因其他情形被给予终身禁止从事法律职业的人员,不得报名参加法律职业资格考试。

4. 规定了考试内容和考试方式。一是明确考试内容和命题范围以司法部当年公布的《国家统一法律职业资格考试大纲》为准;二是将原来每年司法考试的一次性考试分为客观题考试和主观题考试两阶段,只有通过客观题考试的考生才可以参加当年第二阶段的主观题考试,客观题的合格成绩在本年度和下一个考试年度内有效;三是确定法律职业资格考试实行纸笔考试或者计算机化考试的方式。

5. 规定对取得法律职业资格人员的管理。《实施办法》第 20、21 条明确规定,取得法律职业资格人员有违反宪法法律、妨害司法公正、违背职业伦理等行为的,由司法行政机关视其情节后果给予相应处理,并将相关信息在司法部网站上公布,从而加强了对取得法律职业资格人员的日常和动态管理。

第三章　中国审判制度

第一节　中国审判制度概述

一、审判制度的概念

审判制度，即法院制度，是指国家有关法院组织和活动的法律制度。它是一国法律制度中的重要组成部分，在司法制度中占有特殊的地位。世界上许多国家的诉讼活动实行审判中心主义，刑事案件的侦查、起诉活动都是为审判作准备的，因而侦查、起诉程序被统称为“审判前程序”；而不管是在刑事诉讼还是在民事诉讼和行政诉讼中，法院作出的生效判决和裁定都是执行的依据，因而没有法院的审判活动，也就无所谓执行活动，即没有审判制度，执行制度也就没有存在的必要。

法院是各国依照法律规定设置的专门行使审判权的国家机关，它是国家机器的重要组成部分。法院随着国家的产生而产生，并随着社会的发展、国家机器的强化而逐步专业化。审判制度就是在法院产生和发展过程中形成的一项独立的法律制度。任何国家都有自己的一整套审判制度，而不同的国家，因政治制度的差异，其审判制度往往有着很大的区别，即使在政治制度相同的国家，由于历史发展、经济状况和文化传统的差异，其审判制度也会呈现不同的特点。例如，资本主义国家由于实行三权分立的政治制度，因而其法院与政府、议会互不隶属但又互相牵制；社会主义国家则实行“议行合一”的政治制度，法院与政府一样都由立法机关（苏维埃或人民代表大会）产生，向它负责，受它监督。又如，同样是资本主义国家，法国、德国、日本等许多国家建立全国统一的法院机构，而美国等一些国家则建立联邦和州两套法院机构。再如，许多国家除了建立普通法院外，还建立了宪法法院和各种专门法院，如军事法院、劳动法院、财政税收法院等。至于各国法院的职能、审判组织的产生以及审判程序等，更是各不相同，差异很大。

我国的审判制度，是指国家确立的有关人民法院组织与活动的法律制度，具体包括人民法院的性质、任务、设置、审判组织、审判原则、审判程序等方面的法律制度。我国《宪法》、《人民法院组织法》、《法官法》以及《刑事诉讼法》、《民事诉讼法》和《行政诉讼法》等法律对审判制度的有关内容分别作了具体规定，从而保证了我国审判制度的合法性、规范性和科学性。

二、中国审判制度的沿革

据古籍记载，我国大约在公元前21世纪，舜、禹两个部落联盟领袖执政时期，即中国从原始社会向奴隶社会转变的时期，国家开始形成，并开始出现审理案件的司法官吏。中国古代的法官，虞舜时称士，夏时称大理，周时称司寇。进入封建社会后，法官的称谓和法院的设置亦不断变动。秦称廷尉，汉初仍称廷尉，后改称大理。汉朝称为理官。自北齐设大理寺，直到清末

“变法修律”,改大理寺为大理院,在地方设审判庭。在此以前,地方政权均未专设审判机关,而是由行政机关兼理审判工作。隋朝设置了主管司法行政兼审判的刑部,历代沿用此制。明、清时最高审判机关为刑部,大理寺专掌复核。秦设御史大夫,负责监察百官,兼理司法审判。西汉设御史台,历代沿用,明清改称都察院。大理寺、刑部、御史台从唐代开始成为中央审判机构或准审判机构。大理寺是中央最高审判机关,负责审理中央百官犯罪及京师民间徒刑以上案件。刑部主管司法行政,并负责审核大理寺判决的流、徒刑和全国各州、县徒刑以上案件。御史台是中央监察机关,监督大理寺和刑部的司法审判活动,并参与重大疑难案件的审判。特别重大的案件由大理寺卿会同刑部尚书、御史中丞共同审理,称为“三司推事”,但判决的执行须由皇帝最后批准。死刑案件须奏报皇帝批准。[1]

由于中国古代的立法采取“民刑不分,诸法合体”的结构,因而审判也没有严格的刑、民之分,采取民事、刑事审判混同的形式。在审判方式上,奴隶制社会采用弹劾式的审理方式,只有当受害人告发,原被告双方齐备的情况下,法官才审理案件。法官审问重口供,以原被告双方的供词作为判决的主要依据,同时主张用察言观色的方法,来帮助确定口供的真实性,即所谓“以五声听狱讼,求民情,一曰辞听,二曰色听,三曰气听,四曰耳听,五曰目听”[2]。封建社会采用纠问式的审理方式,即司法官吏依其职权,对被告人进行审讯,取得口供,并据此定罪判刑。法官坐堂问案时,大堂上都摆有刑具,被告人不供认罪行的,都要进行刑讯、逼取口供。没有口供一般不能定案。

进入近代以后,我国的审判制度发生了重大的变化。这一时期中国沦为半殖民地、半封建社会,此时的审判制度亦呈现出殖民地性质。如帝国主义国家通过多个不平等条约在中国攫取了领事裁判权,出现了“外国人不受中国之刑章,而华人反受外国之裁判”的怪现象。在这一时期,南京临时政府设中央审判所,北洋军阀政府改设大理院,在地方设审判庭。广州国民政府亦沿用此制。武汉国民政府废止审判庭的名称,一律改称法院。南京国民政府则继续沿用法院这一名称,设地方法院、高等法院和最高法院三级,并设有特别刑事法庭、军法处等专门法院,同时还实行法官依法独立审判、公开审判、辩护、回避等审判原则和制度,此外还对法官的考核、奖惩、晋升等也规定了一套制度。

中华人民共和国的审判制度发端于根据地时期的审判制度。第一次国内革命战争时期设立的审判机构,如广州省港罢工委员会设立的会审处、特别法庭、军法处,湖南省审判土豪劣绅特别法庭等,可以说是人民民主政权审判机构的萌芽。第二次国内革命战争时期,中华苏维埃共和国临时中央政府成立后,在中央设临时最高法庭(后改为最高法院),地方设省、县、区三级裁判部,实行四级两审制。抗日战争时期,陕甘宁边区政府的县设司法处,延安市设地方法院,边区设高等法院,实行二级两审制。解放战争时期,则逐步建立了大行政区、省(行署)、县各级审判机构,1948 年正式统称为人民法院。根据地时期的审判工作坚持了“法律面前人人平等”“严禁刑讯逼供,实行重证据重调查研究”等原则,并在审判实践中逐步建立了一系列依靠人民、便利人民的审判制度,如公审制度、就地审判制度、陪审制度、巡回审判制度、调解制度等。

---

〔1〕 参见何兰阶、鲁明健主编:《当代中国的审判工作》,当代中国出版社 1993 年版,第 2 页。

〔2〕 《周礼·秋官·大司寇》。

1949年中华人民共和国成立后,我国的审判制度虽几经曲折,但经过几代人的奋斗与努力,我国相继颁布了《宪法》《人民法院组织法》《刑事诉讼法》《民事诉讼法》《行政诉讼法》《法官法》等规范法院组织与审判活动的一系列法律,确立了许多具有现代特征的审判原则和审判程序,使我国的社会主义审判制度逐步建立起来。

三、中国审判制度的改革

随着我国社会主义市场经济体制的建立和依法治国基本方略的确立,审判制度中与之不相适应的地方逐步显现出来,司法不公、司法腐败和司法效率不高等问题的存在严重影响了审判制度应有作用的发挥。为此,自1997年开始推进司法改革以来,我国对审判制度进行了比较全面和系统的改革。

(一)法院机构改革

2000年7月,最高人民法院根据明确职责、分工合理、相互制约、运转高效的原则,制定了《最高人民法院机关机构改革方案》,经中共中央批准后,于同年8月开始实施。根据该方案,最高人民法院调整了审判工作格局,撤销了技术局、计划财务装备局、机关事务管理局,设立司法行政装备管理局,统一负责司法行政管理工作。在强化审判机构的同时,大幅度精简了行政部门;最高人民法院增加了两个审判机构,减少了两个行政部门;在全院编制压缩了10%的情况下,审判人员的比例增加了近11%,从而进一步充实了审判职能,实现了后勤服务等从机关分离的目标。同时,进一步优化了干部队伍的文化和专业结构。机构改革后,最高人民法院大学专科以上学历的人员比例达87.5%,比机构改革前增加了7.5%,大学本科以上学历的达59.4%,比机构改革前增加了8.8%,其中,局级领导干部本科以上学历的达88%,比机构改革前增加了9%。在人员结构方面,机构改革前,相当一部分审判庭书记员严重缺乏,法官和书记员的比例严重失调。机构改革后,通过定岗为待进的书记员预留编制,这一问题基本得到解决。司法行政部门严格按照具体岗位的条件选用人员,集中了财务、装备、司法鉴定、通讯、计算机、基建管理等各类专业人才,使其专业结构更加合理。[3]

最高人民法院还进行制度创新,设立了立案庭和审判监督庭,建立了以"大立案"流程管理为核心的审判管理机制。立案庭负责立案登记和按顺序派案,同时负责对各类案件进行审限流程管理,分离了立案程序和庭审程序,既避免和减少法官与当事人的庭外接触,又加强了对案件审理期限的管理;审判监督庭专门负责审理再审案件,从而分离了案件一审、二审程序和再审程序,可有效解决审判人员先入为主和主观上有错故意不纠的问题,实现了立审、审执、审监的"三个分立",改变了一些审判庭自己立案、自己审理、自己监督的状况,有利于司法机关内部形成双重制约机制,强化对办案工作的监督,提高自我纠错能力,从而保证审判工作的公正、廉洁、高效,当事人的合法权益得以切实保护。

这次机构改革有一个重大举措,即根据社会主义市场经济体制发展的需要和我国加入世界贸易组织后改革开放的新形势,按照国际通常做法,对原来的民庭、经济庭、知识产权庭、交通庭等审判机构的设置和职能进行了调整,统一纳入大民事审判的范畴,从而完善了我国刑事、民事、行政三大审判体系,建立了大民事审判格局。"这不是一般的名称改变,而是民事审

---

〔3〕 参见高新:《完善审判制度　确保司法公正——姜兴长谈最高人民法院机构改革》,载《人民法院报》2000年12月8日。

判工作的重大调整,标志着向现代民事审判制度又迈出了一大步。"[4] 在审判庭设置上,设立了四个民事审判庭,即专门审理婚姻家庭、人身权利和房产合同纠纷的民事审判庭,审理法人之间、法人与其他经济组织之间的各类合同及侵权纠纷的民事审判第二庭,审理著作权、商标权、专利权、技术合同等知识产权案件的民事审判第三庭,专门审理海事海商案件的民事审判第四庭。同时,为了加强刑事审判,设两个刑事审判庭,分管经济犯罪和其他刑事犯罪案件的审判工作。

2005 年 1 月和 2 月、2016 年 12 月,最高人民法院第一、第二、第三、第四、第五、第六巡回法庭先后在深圳市、沈阳市、南京市、郑州市、重庆市、西安市挂牌成立,负责审理跨行政区域重大行政和民商事案件,以实现最高人民法院工作重心下移,就地解决纠纷,方便群众诉讼,同时便于最高人民法院本部集中精力制定司法政策、审理具有重大指导意义的案件。

2014 年 8 月,第十二届全国人大常委会第十次会议作出决定,确定在北京、上海、广州设立知识产权法院,由其审理知识产权民事和行政案件,以落实国家知识产权战略,发挥司法保护知识产权的重要作用。

2014 年 12 月,上海市第三中级人民法院、上海知识产权法院和北京市第四中级人民法院、北京知识产权法院正式成立。这是在全国首次探索设立跨行政区划的人民法院。上海市第三中级人民法院和北京市第四中级人民法院分别依托上海铁路运输中级法院和北京铁路运输中级法院设立,具有跨行政区划法院的性质特点。同时组建上海知识产权法院和北京知识产权法院,分别与上海市第三中级人民法院和北京市第四中级人民法院合署办公,实行"三块牌子一个机构"。

2017 年 6 月,中央全面深化改革领导小组第三十六次会议审议通过《关于设立杭州互联网法院的方案》,之后我国相继设立杭州互联网法院、北京互联网法院和广州互联网法院,集中管辖该市辖区内基层人民法院有管辖权的涉互联网一审案件,具体包括:互联网购物、服务、小额金融借款等合同纠纷;互联网著作权权属、侵权纠纷;利用互联网侵害他人人格权纠纷;互联网购物产品责任侵权纠纷;互联网域名纠纷;因互联网行政管理引发的行政纠纷;上级人民法院指定互联网法院管辖的其他涉互联网民事、行政案件。

2018 年 4 月,中央全面深化改革委员会第一次会议审议通过《关于设立上海金融法院的方案》,之后我国相继设立上海金融法院、北京金融法院和成渝金融法院,专门负责管辖该市(地区)范围内的金融民商事案件和涉金融行政案件。

(二)法官制度改革

2001 年 6 月 30 日,第九届全国人大常委会第二十二次会议修订《法官法》,将法官的任职资格规定为:高等院校法律专业本科毕业或者高等院校非法律专业本科毕业具有法律专业知识,从事法律工作满 2 年,其中担任高级人民法院、最高人民法院法官,应当从事法律工作满 3 年;获得法律专业硕士学位、博士学位或者非法律专业硕士学位、博士学位具有法律专业知识,从事法律工作满 1 年,其中担任高级人民法院、最高人民法院法官,应当从事法律工作满 2 年。同时还规定:初任法官采用严格考核的办法,按照德才兼备的标准,从通过国家统一司法考试

---

[4] 郑发:《推进司法改革确保司法公正——最高人民法院副院长姜兴长谈最高人民法院机构改革》,载《法制日报》2000 年 12 月 8 日。

取得资格,并且具备法官条件的人员中择优选任。

2019 年 4 月 23 日,第十三届全国人大常委会第十次会议修订《法官法》,将法官的任职资格修改为:具备普通高等学校法学类本科学历并获得学士及以上学位;或者普通高等学校非法学类本科及以上学历并获得法律硕士、法学硕士及以上学位;或者普通高等学校非法学类本科及以上学历,获得其他相应学位,并具有法律专业知识;同时规定需要从事法律工作满 5 年,其中获得法律硕士、法学硕士学位,或者获得法学博士学位的,从事法律工作的年限可以分别放宽至 4 年、3 年。

最高人民法院 1999 年首次在北京地区面向社会公开招考高级法官人选,2000 年又面向全国(不包括西部 10 省、自治区、直辖市)公开招考高级法官人选。面向社会公开招考高级法官人选,能够拓宽法官选任渠道,引进法院系统外的高素质人才充实高级法官队伍,是我国法院人事制度改革一项重要举措。

为了充分发挥合议庭的职能作用,确保司法公正,提高审判效率,最高人民法院于 2000 年 7 月 11 日发布了《人民法院审判长选任办法(试行)》。各地高级人民法院还结合本地区的实际情况,制定了该办法的实施细则,全面推行审判长选任制度。到 2001 年年底,全国高、中级人民法院和 50% 的基层人民法院基本完成了这项改革。各地法院依据该办法,选拔具有较高素质的法官担任审判长、独任审判员,由合议庭和独任审判员依照审判职责对案件直接进行裁判,并对案件的处理结果负责。同时,逐步改变庭长、主管院长审批案件的做法,要求庭长、院长参加合议庭担任审判长直接审理案件,既加强了对合议庭审理案件的监督,又进一步强化合议庭的裁判权,促进了审判公正与效率。

2000 年北京市房山区人民法院在审判机制改革探索中,首创了法官助理制度。法官助理是指辅助法官完成审判任务但不享有审判权的人员,其主要职责是从事协助法官行使审判权的一些必不可少的事务性工作。该院实施法官助理制度后,当事人为进行诉讼来法院的次数比改革前下降了 53%;法院工作人员外出办案的次数下降了 86%;法官平均办案进度提高了 28%;当事人上诉率平均下降了 45%,信访率下降了 53%;上诉案件的二审发回重审和改判的数量也大大下降。法官助理制度作为法院管理体制改革的重要内容,具有"精选审判人员、强化审判职责、优化资源配置、强调职能分离、加强内部监督"等显著特点。2001 年下半年,北京市崇文区人民法院在民事审判机制改革中,也借鉴了法官助理模式,使法官从繁杂琐碎的事务性工作中解脱出来,专心于案件的审理,民事审判庭在案件质量和审判效率方面都取得了明显成效:结案数比改革前上升 23.2%,个案平均审理时间缩短 7 天,月人均结案增多 15 件,法官外调次数减少 76.3%,案件改判率下降 9%。[5] 最高人民法院对该项改革给予高度评价,经过调研后决定在全国范围内予以推广。

为造就一支政治坚定、业务精通、纪律严明、作风优良、品德高尚的职业法官队伍,全面实现公正与效率的司法工作目标,最高人民法院于 2002 年 7 月 18 日发布《关于加强法官队伍职业化建设的若干意见》,对法官选任工作进行规范,强调各级人民法院在选任法官时应当做到:在现有编制内,合理确定法官员额;地方各级法院补充法官人选,必须经过高级人民法院组织的统一测试、考核,从通过国家统一司法考试取得任职资格的人员中择优遴选;逐步推行法

〔5〕 参见王炽、邬焕庆:《为了公正与效率——2001 年全国法院司法改革综述》,载新华网 2002 年 3 月 13 日。

官逐级选任制度;试行法官助理制度;实行书记员单独序列;现职法官在规定期限内未达到任职条件的,要依照法定程序免除其法官职务,调整工作岗位。该意见总结了我国法院在法官选任方面的经验和教训,指明了今后法官选任制度改革的方向,成为我国司法改革的阶段性成果之一。

为了进一步规范合议庭的工作程序,充分发挥合议庭的职能作用,最高人民法院于 2002 年 8 月 12 日发布了《关于人民法院合议庭工作的若干规定》。该规定规范了合议庭评议案件的程序,即先由承办法官对认定案件事实、证据是否确实、充分以及适用法律等发表意见,审判长最后发表意见;审判长作为承办法官的,由审判长最后发表意见;对案件的裁判结果进行评议时,由审判长最后发表意见;审判长应当根据评议情况总结合议庭评议的结论性意见。并规定:除四类案件[6]需要提请院长决定提交审判委员会讨论决定外,合议庭应当依照规定的权限,及时对评议意见一致或者形成多数意见的案件直接作出判决或者裁定。该规定明确要求合议庭成员在进行评议的时候,应当认真负责,充分陈述意见,独立行使表决权,不得拒绝陈述意见或者仅作同意与否的简单表态。该规定作为我国合议庭制度改革的成果,对推动法官独立行使职权具有积极作用。

2014 年,我国开始进行法官员额制试点改革。所谓法官员额制,是指在法院现有编制内,根据审判工作量、法院辖区面积、人口、经济发展等因素,确定法官员额的一项制度。改革的目的就是要通过严格考核,选拔最优秀的法官进入员额,并为他们配备法官助理、书记员等审判辅助人员,确保法院 85% 的人力资源配置到办案一线。截至 2017 年 4 月,经过严格考试考核,全国法院从原有 21 万余名法官中,遴选出 12 万余名员额法官,员额法官总数控制在政法编制数的 33% 左右。改革后,各地法院 85% 以上的人力资源充实到办案一线,主要业务部门法官实有人数较改革前普遍增加 10% 以上,员额法官人均结案数量普遍提升 20% ~40%,法官的司法能力和审判效率显著提升。

为贯彻中央关于深化司法体制改革的总体部署,优化审判资源配置,明确审判组织权限,完善人民法院的司法责任制,建立健全符合司法规律的审判权力运行机制,增强法官审理案件的亲历性,确保法官依法独立公正履行审判职责,最高人民法院于 2015 年 9 月 21 日发布《关于完善人民法院司法责任制的若干意见》,对审判权力运行机制、司法人员职责和权限、审判责任的认定和追究等作了具体的规定。该意见对于独任庭、合议庭、承办法官、审判长、院长、庭长、法官助理、书记员职责权限和法官审判责任认定和追究的规定,对于进一步完善法官制度,保障法官依法独立公正行使审判权,具有重要的促进作用。

(三)审判(司法)公开的强化

公开审判既是一项重要的宪法原则,也是我国三大诉讼法所确立的一项基本诉讼制度,成为在审判领域实现司法公正的突破口。1999 年 3 月 8 日,最高人民法院发布《关于严格执行公开审判制度的若干规定》,规定对依法应当公开审理的案件,一律实行公开审判,公民可以凭有效证件旁听;开庭审理的案件实行当庭举证、质证、辩论、认证。同年,最高人民法院和中

---

[6] 这四类案件为:拟判处死刑的;疑难、复杂、重大或者新类型的案件,合议庭认为有必要提交审判委员会讨论决定的;合议庭在适用法律方面有重大意见分歧的;合议庭认为需要提请审判委员会讨论决定的其他案件,或者本院审判委员会确定的应当由审判委员会讨论决定的案件。

央电视台共同组织了綦江虹桥垮塌案庭审现场电视直播，在社会上产生了广泛的影响。

2000年6月15日，最高人民法院发布《裁判文书公布管理办法》。根据该办法，最高人民法院主要通过《人民日报》、《法制日报》、《最高人民法院公报》、《人民法院报》以及最高人民法院网站、人民法院报网站，将其作出的判决书和裁定书随时或不定期向社会公布。同时，地方各级人民法院也纷纷承诺，将其裁判文书逐步向社会全文公布。例如，北京市第一中级人民法院向社会公开承诺：凡年满18周岁的中国公民，持合法有效证件，就可以查阅该院已经审结案件的所有裁判文书。值得一提的是，该院向社会公开承诺的公告和旁听证已由中国历史博物馆收藏，成为反映我国司法改革成果的见证。

最高人民法院还相继制定了一系列促进司法公开的规范性文件。2007年颁布的《关于全面加强人民法院信息化工作的决定》明确了人民法院信息化工作的指导思想、基本原则、工作目标和保障措施等。2009年12月制定了《关于司法公开的六项规定》[7]和《关于人民法院接受新闻媒体舆论监督的若干规定》，2010年11月制定了《关于人民法院在互联网公布裁判文书的规定》（2013年、2016年修订）和《关于人民法院直播录播庭审活动的规定》，2010年10月印发了《关于确定司法公开示范法院的决定》，将100个法院选为“司法公开示范法院”，并制定《司法公开示范法院标准》，明确量化考核标准。[8] 2013年11月21日，最高人民法院发布《关于推进司法公开三大平台建设的若干意见》，要求各级法院进一步深化司法公开，依托现代信息技术，打造阳光司法工程，全面推进审判流程公开、裁判文书公开、执行信息公开三大平台建设，增进公众对司法的了解、信赖和监督。同时一并发布《关于人民法院在互联网公布裁判文书的规定》（已失效），规定最高人民法院在互联网设立中国裁判文书网，统一公布各级人民法院的生效裁判文书，并对公布裁判文书的范围和要求作了具体规定。

据统计，自2013年7月1日开通“中国裁判文书网”至今，最高人民法院已先后开通“中国审判流程信息公开网”、“中国庭审直播公开网”、“中国执行信息公开网”（与“全国法院失信被执行人名单信息公布与查询平台”两网合一）、“最高人民法院诉讼服务网”、“知识产权裁判文书网”、“人民法院知识产权审判网”、“人民法院诉讼资产网”、“中国海事审判网”等十多个信息公开平台，从而有效地促进了我国的司法公开特别是司法信息公开。

（四）证据制度的改革

证据是诉讼的灵魂，“无证据即无诉讼”。然而，证据制度一直是我国诉讼制度改革的瓶颈，严重制约着我国其他诉讼制度的改革进程。在1998年7月发布的《关于民事经济审判方式改革问题的若干规定》中，最高人民法院针对当事人举证以及法院调查收集证据和对证据的审核与认定作出了一些规定，但内容过于粗略，实践效果也不理想。

根据《人民法院五年改革纲要》提出的完善我国的民事诉讼证据制度的要求，经过广泛调研和论证，最高人民法院于2001年12月公布了《关于民事诉讼证据的若干规定》（2019年修订）。该规定在民事诉讼法的框架内，一方面通过对原《民事诉讼法》第75条关于人民法院指定期间的进一步解释，明确了指定期间的法律后果，另一方面通过对原《民事诉讼法》第125

---

[7] 该规定将司法公开划分为立案公开、庭审公开、执行公开、听证公开、文书公开、审务公开六个方面。

[8] 量化考核标准包括七项：立案公开（15分）、庭审公开（20分）、执行公开（15分）、听证公开（10分）、文书公开（10分）、审务公开（10分）、工作机制（20分）。

条和第179条所涉及的“新的证据”的解释,明确了“新的证据”的含义,在一定程度上实现了庭前固定争点、固定证据的目的。同时,该规定进一步强化了当事人的举证责任,明确了诉讼当事人不能举证证明自己主张的法律后果,确定了审判人员调查取证的范围,从而改变了过去法官大包大揽调查取证工作、严重浪费司法资源的现象。此外,该规定第一次确立了民事诉讼举证时限制度,并对此作出了比较具体、明确的规定。2002年7月,最高人民法院发布了《关于行政诉讼证据若干问题的规定》,对行政诉讼中的举证责任分配和举证期限等问题作出了具体、明确的规定。上述两个规定的颁布与实施,对完善我国证据制度,促进司法公正,发挥了重要的作用。

2010年6月,最高人民法院、最高人民检察院、公安部、国家安全部、司法部联合发布《关于办理死刑案件审查判断证据若干问题的规定》,对办理死刑案件证据审查判断的原则、证据确实充分的标准、证据的分类审查与认定、证据的综合审查和运用等问题作了具体、明确的规定。同时发布的《关于办理刑事案件排除非法证据若干问题的规定》,在我国第一次建立起非法证据排除规则。2012年3月修改的《刑事诉讼法》在此基础上,明确规定了证据确实、充分的条件和非法证据排除制度。主要内容包括:(1)规定证据确实、充分,应当符合以下三个条件,即定罪量刑的事实都有证据证明;据以定案的证据均经法定程序查证属实;综合全案证据,对所认定事实已排除合理怀疑。(2)明确了非法证据排除的范围,即采用刑讯逼供等非法方法收集的犯罪嫌疑人、被告人供述和采用暴力、威胁等非法方法收集的证人证言、被害人陈述,应当予以排除。收集物证、书证不符合法定程序,可能严重影响司法公正的,应当予以补正或者作出合理解释;不能补正或者作出合理解释的,对该证据应当予以排除。(3)规定了非法证据排除的责任和效力,即在侦查、审查起诉、审判时发现有应当排除的证据的,均应当依法予以排除,不得作为起诉意见、起诉决定和判决的依据。

(五)再审程序的改革

再审程序是人民法院对生效裁判因出现法定事由而进行重新审判的一种特殊程序。再审程序改革是提高司法效率的关键所在,也是诉讼制度改革的难点。长期以来,我国实行无限再审,造成司法资源的巨大浪费,终审裁判的稳定性和司法权威亦受到严重影响。2001年,最高人民法院对审判监督工作提出明确目标,要求变无限再审为有限再审,发布了《关于刑事再审案件开庭审理程序的具体规定(试行)》《关于办理不服本院生效裁判案件的若干规定》等司法解释。至此,审判监督改革全面铺开。最高人民法院于2002年7月31日发布了《关于人民法院对民事案件发回重审和指令再审有关问题的规定》(已失效),规定再审以一次为原则,从而在一定程度上限制了上级法院发回重审和指令再审的次数。[9] 为了进一步加强审判监督,规范再审立案工作,最高人民法院于2002年9月10日发布了《关于规范人民法院再审立案的若干意见(试行)》,针对终审刑事裁判、终审民事裁判、终审民事调解和终审行政裁判的再审申请,分别规定了应当受理的九种具体情形。该意见还规定:除非具有三种情形之一,[10] 人民法

〔9〕 一次原则的例外情况是上级人民法院认为下级人民法院作出的发生法律效力的再审判决、裁定需要再次进行再审的,上级人民法院应当依法提审。上级人民法院因下级人民法院违反法定程序而指令再审的,不受前述规定的限制。

〔10〕 三种例外情形是:(1)可能对原审被告人宣告无罪;(2)原审被告人在本条规定的期限内向人民法院提出申诉,人民法院未受理;(3)属于疑难、复杂、重大案件。

院对于刑事案件申诉人在刑罚执行完毕两年后提出的申诉不予受理；对于民事、行政案件再审申请人或申诉人超过裁判生效后两年提出的再审申请或申诉，人民法院不予受理。

2007 年 10 月 28 日，第十届全国人大常委会第三十次会议通过《关于修改〈中华人民共和国民事诉讼法〉的决定》，针对申诉难和执行难问题对民事诉讼法作了较大的修改。其中，修改后的《民事诉讼法》主要从三个方面解决申诉难问题：一是进一步将再审事由具体化。明确规定了 13 项再审事由，从而使再审事由更加具体化，更加有利于当事人提出申诉。二是规定当事人申请再审应当向上一级人民法院提出。这样既可以避免当事人多头申诉、重复申诉的情况发生，又可以保障人民法院能够公正地审理案件。同时还规定了申诉的审查期限，即人民法院应当自收到再审申请书之日起 3 个月内审查，这样可以避免申诉石沉大海，导致当事人反复申诉的情况。三是完善了检察机关的法律监督。规定人民检察院可以提出抗诉的 13 项事由，同时还规定人民法院应当自收到抗诉书之日起 30 日内裁定再审，从而有利于检察机关对审判机关进行更加有效的监督。

2012 年 8 月 31 日，第十一届全国人大常委会第二十八次会议通过《关于修改〈中华人民共和国民事诉讼法〉的决定》，对《民事诉讼法》进行了重大修改。其中，对民事再审程序的修改主要有以下几项内容：第一，为了解决一律向上一级人民法院申请再审而产生的上级人民法院负担过重和给当事人造成严重不便的问题，规定当事人对已经发生法律效力的判决、裁定，认为有错误的，可以向上一级人民法院申请再审；当事人一方人数众多或者当事人双方为公民的案件，也可以向原审人民法院申请再审。第二，为了进一步树立司法权威，缩短了当事人申请再审的时间，规定当事人申请再审，应当在判决、裁定发生法律效力后 6 个月内提出；有该法第 200 条第 1 项、第 3 项、第 12 项、第 13 项规定情形的，自知道或者应当知道之日起 6 个月内提出。第三，为了防止司法腐败的发生和保障当事人申请再审的权利，规定检察机关对符合法定情形的生效判决、裁定、调解书或者审判人员的违法行为，可以向同级人民法院提出检察建议或者提请上级人民检察院向同级人民法院提出抗诉，并规定对于人民法院驳回再审申请、逾期未对再审申请作出裁定或者再审判决、裁定有明显错误的，当事人可以向人民检察院申请检察建议或者抗诉。

2015 年 2 月 16 日，最高人民法院发布《关于民事审判监督程序严格依法适用指令再审和发回重审若干问题的规定》，对民事案件指令再审和发回重审作了具体规定，进一步完善了民事审判监督制度。

四、中国审判制度的特征

我国的审判制度是社会主义司法制度的重要组成部分，是人民民主专政的重要工具之一，它不仅与旧中国的审判制度和资本主义国家的审判制度有着根本的区别，而且也不同于其他社会主义国家的审判制度。其主要特征是：

1. 人民法院由国家权力机关产生并受其监督

人民代表大会制度是我国的根本政治制度。人民代表大会代表人民行使国家权力，在此基础上实行国家机关的职能分工。我国《宪法》规定，国家行政机关、监察机关、审判机关、检察机关都由人民代表大会产生，对它负责，受它监督；国家行政权、监察权、审判权、检察权分别由人民政府、监察委员会、人民法院和人民检察院行使。行政机关、监察机关、审判机关和检察机关要在国家权力机关的统一监督下进行各自的职能活动。这和资本主义国家“三权分立”

的政治体制是完全不同的。

国家权力机关对审判机关的监督十分广泛,如有权审议审判机关的工作报告,有权检查它的工作,有权向它提出质询,有权罢免它选举或决定任命的法院院长、副院长、庭长、副庭长、审判委员会委员和审判员等。我国的审判组织体制,既体现了国家权力的统一,又保证了人民法院依法独立行使审判权,使审判工作能够有序、高效进行。这充分体现了我国审判制度的人民性特征。

2. 人民法院统一设立并独立行使审判权

与许多国家设立联邦和州两套法院系统或在普通法院之外单独设立行政法院不同,我国在全国范围内统一设立人民法院,即我国只有一套法院系统。并且,我国不设独立的行政法院,而是在各级人民法院设立行政审判庭,负责审判行政案件。我国虽然与其他许多国家一样,也设立了军事法院、海事法院、知识产权法院、金融法院等专门人民法院,但它们不是独立设置的法院系统,其终审法院均为最高人民法院或高级人民法院。而且,我国的审判权由人民法院专门行使,其他任何机关、团体和个人都无权行使审判权。

我国《宪法》、《人民法院组织法》和三大诉讼法均明确规定,人民法院依照法律规定独立行使审判权,不受行政机关、社会团体和个人的干涉。由此可见,我国宪法和法律规定的是人民法院独立行使审判权,而不是合议庭独立审判,更不是法官独立审判。人民法院独立审判,是指人民法院作为一个整体在行使审判权的时候是独立的,不受行政机关、社会团体和个人的干预;合议庭集体审判案件和审判员独任审判案件,由审判人员制作和签发裁判文书,以人民法院名义发出,其中的重大、疑难案件须提交审判委员会讨论决定。这就保证了人民法院能够正确地适用法律,公正地作出判决或裁定。

3. 审判活动实行某些特有的原则和制度

在长期的司法实践中,我国逐步确立了一些自己特有的审判原则和制度。具体包括以事实为根据、以法律为准绳的原则,专门机关与群众路线相结合的原则以及人民陪审员制度、法院调解制度、死刑复核制度和审判监督制度等。这些审判原则和制度都具有明显的中国特色,是其他国家所没有规定和确立的。

第二节　中国的审判机关

一、人民法院的性质和任务

人民法院的性质可以从以下两方面来理解:一是从阶级本质方面来看,我国的人民法院是在彻底摧毁国民党反动法院,并在解放区人民司法机关的基础上建立起来的人民自己的法院,它与一切剥削阶级国家的法院有着本质的区别。我国是工人阶级领导的、以工农联盟为基础的人民民主专政的社会主义国家,作为国家机器重要组成部分的人民法院,本质上只能是人民民主专政的工具。二是从人民法院的职能来看,《宪法》规定:“中华人民共和国人民法院是国家的审判机关。”这表明,在我国,审判权由人民法院来行使,人民法院是国家的审判机关。由此可见,人民法院是人民民主专政的工具,是国家的审判机关。

人民法院的性质决定了人民法院在国家机构体系中的地位。首先,由人民法院作为国家的审判机关这一独特性质决定了人民法院的独立地位。这就是人民法院和人民政府、人民检察院并列,具有同等的法律地位,即人民法院不隶属于行政机关。正如《宪法》第 131 条所规定的,人民法院依照法律规定独立行使审判权,不受行政机关、社会团体和个人的干涉。其次,人民法院必须接受中国共产党的领导,人民法院在行使审判权的时候,在严格执行国家法律的同时,必须认真执行党的路线、方针和政策。最后,人民法院必须自觉接受人民代表大会及其常务委员会的监督。《宪法》第 133 条规定:"最高人民法院对全国人民代表大会和全国人民代表大会常务委员会负责。地方各级人民法院对产生它的国家权力机关负责。"《人民法院组织法》第 9 条第 1 款也规定:"最高人民法院对全国人民代表大会及其常务委员会负责并报告工作。地方各级人民法院对本级人民代表大会及其常务委员会负责并报告工作。"由此可见,对人民法院的工作进行监督是《宪法》赋予人民代表大会及其常务委员会的权力,人民法院必须定期向同级人民代表大会及其常务委员会报告工作并接受其监督。

《人民法院组织法》第 2 条第 2 款规定:"人民法院通过审判刑事案件、民事案件、行政案件以及法律规定的其他案件,惩罚犯罪,保障无罪的人不受刑事追究,解决民事、行政纠纷,保护个人和组织的合法权益,监督行政机关依法行使职权,维护国家安全和社会秩序,维护社会公平正义,维护国家法制统一、尊严和权威,保障中国特色社会主义建设的顺利进行。"据此,人民法院是通过审判各类案件来完成其任务的。具体来说,人民法院的基本任务有以下三项:

一是通过审理刑事案件,惩罚犯罪,保障无罪的人不受刑事追究。人民法院通过审理各类公诉和自诉案件,对有罪的人判处刑罚,对无罪的人宣告无罪,可以有效地惩罚犯罪,保障无罪的人不受刑事追究,从而保护国家和集体利益,保护人民群众的人身和财产安全,维护社会秩序,促进社会的和谐与稳定。此外,人民法院还要通过刑事审判活动,特别是通过减刑、假释以及对青少年犯罪案件的审理,积极参与社会治安的综合治理,并结合审判实践做好司法建议工作,堵塞漏洞,消除隐患,预防和减少犯罪的发生。

二是通过审理民事案件,解决民事纠纷,制裁民事违法行为,保护个人和组织的合法权益。民事案件在人民法院受理的案件中占的比例一直最高,而且民事纠纷与人们的生产经营、日常生活密切相关,因而人民法院正确、及时地调处各类民事纠纷,可以防止因矛盾激化而演变为刑事案件,增进人民内部团结,维护家庭和睦,进而促进社会的全面与和谐发展。

三是通过审理行政案件,保护公民、法人和其他组织的合法权益,监督行政机关依法行使职权,促进法治政府建设。自 1982 年开始受理、审判行政案件时起,人民法院便切实履行自己的职责,依法审理了大量的"民告官"案件,有效地保护了公民、法人和其他社会组织的合法权益,有力地监督了行政机关依法行使职权,促进了法治政府的建设。

人民法院的根本任务是通过审判刑事案件、民事案件、行政案件以及法律规定的其他案件(包括国家赔偿案件以及引渡、司法协助等案件),最终维护国家安全和社会秩序,维护社会公平正义,维护国家法制统一、尊严和权威,保障中国特色社会主义建设的顺利进行。

二、人民法院的设置与职权

《人民法院组织法》规定,人民法院分为最高人民法院、地方各级人民法院和专门人民法院。其中,地方各级人民法院分为高级人民法院、中级人民法院和基层人民法院;专门人民法院包括军事法院和海事法院、知识产权法院、金融法院等。

(一)最高人民法院

我国最高人民法院设在首都北京。《人民法院组织法》第10条第1款规定:"最高人民法院是最高审判机关。"最高人民法院由院长1人,副院长、庭长、副庭长和审判员若干人组成;最高人民法院设立案庭(一庭、二庭)、刑事审判庭(一庭、二庭、三庭、四庭、五庭)、民事审判庭(一庭、二庭、三庭、四庭)、行政审判庭、赔偿委员会办公室、审判监督庭、执行局等业务机构以及审判管理办公室。根据《宪法》、《人民法院组织法》和三大诉讼法的规定,最高人民法院的职权是:

1. 审判案件。最高人民法院审判下列案件:(1)法律规定由其管辖的和其认为应当由自己管辖的第一审案件。《刑事诉讼法》规定,最高人民法院管辖的第一审刑事案件是全国性的重大刑事案件;《民事诉讼法》规定,最高人民法院管辖的第一审民事案件是在全国有重大影响的案件和最高人民法院认为应当由其审理的案件;《行政诉讼法》规定,最高人民法院管辖的第一审行政案件是全国范围内重大、复杂的案件。(2)对高级人民法院判决和裁定的上诉、抗诉案件。(3)按照全国人民代表大会常务委员会的规定提起的上诉、抗诉案件。(4)按照审判监督程序提起的再审案件。(5)高级人民法院报请核准的死刑案件。

2. 监督地方各级人民法院和专门人民法院的工作。对地方各级人民法院和专门人民法院的工作,最高人民法院有权通过总结经验、检查指导、案件评查、依法提审或指令再审等方式进行监督。

3. 对在审判过程中如何具体应用法律的问题进行解释。

4. 领导和管理全国各级人民法院的司法行政工作事宜。

此外,我国还在深圳、沈阳、南京、郑州、重庆、西安分别设立了最高人民法院第一、二、三、四、五、六巡回法庭,作为最高人民法院派出的常设审判机构。巡回法庭庭长、副庭长由全国人大常委会任命;巡回法庭按照让审理者裁判、由裁判者负责原则,实行主审法官、合议庭办案责任制。巡回法庭主审法官由最高人民法院从办案能力突出、审判经验丰富的审判人员中选派。巡回法庭的合议庭由主审法官组成。巡回法庭庭长、副庭长应当参加合议庭审理案件。合议庭审理案件时,由承办案件的主审法官担任审判长。庭长或者副庭长参加合议庭审理案件时,自己担任审判长。巡回法庭作出的判决、裁定,经合议庭成员签署后,由审判长签发。

根据最高人民法院发布的《关于巡回法庭审理案件若干问题的规定》,最高人民法院设立巡回法庭,受理巡回区内相关案件。其中,第一巡回法庭设在广东省深圳市,巡回区为广东、广西、海南、湖南四省区;第二巡回法庭设在辽宁省沈阳市,巡回区为辽宁、吉林、黑龙江三省;第三巡回法庭设在江苏省南京市,巡回区为江苏、上海、浙江、福建、江西五省市;第四巡回法庭设在河南省郑州市,巡回区为河南、山西、湖北、安徽四省;第五巡回法庭设在重庆市,巡回区为重庆、四川、贵州、云南、西藏五省区市;第六巡回法庭设在陕西省西安市,巡回区为陕西、甘肃、青海、宁夏、新疆五省区。北京、天津、河北、山东、内蒙古五省区市有关案件由最高人民法院本部直接受理。

巡回法庭审理或者办理巡回区内应当由最高人民法院受理的以下案件:(1)全国范围内重大、复杂的第一审行政案件;(2)在全国有重大影响的第一审民商事案件;(3)不服高级人民法院作出的第一审行政或者民商事判决、裁定提起上诉的案件;(4)对高级人民法院作出的已经发生法律效力的行政或者民商事判决、裁定、调解书申请再审的案件;(5)刑事申诉案件;

(6)依法定职权提起再审的案件;(7)不服高级人民法院作出的罚款、拘留决定申请复议的案件;(8)高级人民法院因管辖权问题报请最高人民法院裁定或者决定的案件;(9)高级人民法院报请批准延长审限的案件;(10)涉港澳台民商事案件和司法协助案件;(11)最高人民法院认为应当由巡回法庭审理或者办理的其他案件。巡回法庭依法办理巡回区内向最高人民法院提出的来信来访事项。但知识产权、涉外商事、海事海商、死刑复核、国家赔偿、执行案件和最高人民检察院抗诉的案件暂由最高人民法院本部审理或者办理。

(二)高级人民法院

高级人民法院包括省高级人民法院、自治区高级人民法院、直辖市高级人民法院。高级人民法院由院长1人,副院长、庭长、副庭长和审判员若干人组成。高级人民法院根据审判工作需要,可以设必要的专业审判庭,通常设有立案庭(一庭、二庭)、刑事审判庭(一庭、二庭、三庭、四庭)、民事审判庭(一庭、二庭、三庭、四庭)、行政审判庭、审判监督庭(一庭、二庭)、环境资源审判庭、执行裁判庭、执行局(内设执行综合处、执行实施处、执行监督处或执行一处、执行二处)。高级人民法院根据审判工作需要,可以设综合业务机构(如审判管理办公室、赔偿委员会办公室、司法鉴定处)。

根据《人民法院组织法》和三大诉讼法的规定,高级人民法院的职权是:

1. 审判案件。高级人民法院审判下列案件:(1)法律规定由其管辖的第一审案件。《刑事诉讼法》规定,高级人民法院管辖全省(自治区、直辖市)性的重大刑事案件;《民事诉讼法》规定,高级人民法院管辖在本辖区内有重大影响的第一审民事案件;《行政诉讼法》规定,高级人民法院管辖本辖区内重大、复杂的第一审行政案件。(2)下级人民法院报请审理的第一审案件。(3)最高人民法院指定管辖的第一审案件。(4)对中级人民法院判决和裁定的上诉、抗诉案件。(5)按照审判监督程序提起的再审案件。(6)中级人民法院报请复核的死刑案件。

2. 监督下级人民法院和专门人民法院的工作。对辖区内下级人民法院和专门人民法院的工作,高级人民法院有权通过总结经验、检查指导、案件评查、依法提审或指令再审等方式进行监督。

3. 领导和管理辖区内下级人民法院和专门人民法院的司法行政工作事宜。

(三)中级人民法院

中级人民法院包括省、自治区辖市的中级人民法院,在直辖市内设立的中级人民法院,自治州中级人民法院,在省、自治区内按地区设立的中级人民法院。中级人民法院由院长1人,副院长、庭长、副庭长和审判员若干人组成。中级人民法院根据审判工作需要,可以设必要的专业审判庭,通常设有立案庭(一庭、二庭)、刑事审判庭(一庭、二庭、三庭)、民事审判庭(一庭、二庭、三庭、四庭)、行政审判庭、审判监督庭、执行庭和执行局。法官员额较少的中级人民法院可以设综合审判庭或者不设审判庭。同时,中级人民法院根据审判工作需要,可以设综合业务机构(如审判管理办公室、赔偿委员会办公室、司法鉴定处);法官员额较少的中级人民法院,可以不设综合业务机构。

根据《人民法院组织法》和三大诉讼法的规定,中级人民法院的职权是:

1. 审判案件。中级人民法院审判下列案件:(1)法律规定由其管辖的第一审案件。根据《刑事诉讼法》的规定,中级人民法院管辖的第一审刑事案件是:危害国家安全、恐怖活动案件;可能判处无期徒刑、死刑的案件。根据《民事诉讼法》的规定,中级人民法院管辖的第一审民事案件是:重大涉外案件;在本辖区有重大影响的案件;最高人民法院确定由中级人民法院管辖的案件。根据《行政诉讼法》的规定,中级人民法院管辖的第一审行政案件是:对国务院部门或者县级以上地方人民政府所作的行政行为提起诉讼的案件;海关处理的案件;本辖区内重大、复杂的案件;其他法律规定由中级人民法院管辖的案件。(2)基层人民法院报请审理的第一审案件。(3)上级人民法院指定管辖的第一审案件。(4)对基层人民法院判决和裁定的上诉、抗诉案件。(5)按照审判监督程序提起的再审案件。

2. 监督下级人民法院的工作。对辖区内下级人民法院的工作,中级人民法院有权通过总结经验、检查指导、案件评查、依法提审或指令再审等方式进行监督。

(四)基层人民法院

基层人民法院包括县、自治县人民法院,不设区的市人民法院,市辖区人民法院。基层人民法院由院长1人,副院长、庭长、副庭长和审判员若干人组成。基层人民法院根据审判工作需要,可以设必要的专业审判庭,通常设有立案庭、刑事审判庭(一庭、二庭)、民事审判庭(一庭、二庭、三庭)、行政审判庭、审判监督庭、执行庭(执行局)等;法官员额较少的基层人民法院,可以设综合审判庭或者不设审判庭。同时,基层人民法院根据审判工作需要,可以设综合业务机构(如审判管理办公室);法官员额较少的基层人民法院,可以不设综合业务机构。

基层人民法院根据地区、人口和案件情况,可以设立若干人民法庭。人民法庭是基层人民法院的组成部分。人民法庭的判决和裁定即基层人民法院的判决和裁定。

根据《人民法院组织法》和三大诉讼法的规定,基层人民法院的职权是:

1. 审判第一审刑事、民事和行政案件,但法律另有规定的除外。基层人民法院对于所受理的案件,认为案情重大应当由上级人民法院审判的时候,可以请求移送上级人民法院审判。

2. 对人民调解委员会的调解工作进行业务指导。

(五)军事法院

中华人民共和国的军事法院,在设置上有过多次变动。1954年1月,中央军委批准成立中国人民解放军军事法庭和各级军法处。同年11月,根据《宪法》和《人民法院组织法》的规定,将各级军事审判机关改为军事法院,纳入国家审判体系,军队的最高审判机关称中国人民解放军军事法院。1956年12月,中国人民解放军军事法院改称中华人民共和国最高人民法院军事审判庭。1961年1月至次年9月,军队保卫部门、检察院和法院合署办公。1965年4月,中共中央批准恢复中国人民解放军军事法院。1969年12月取消军事法院建制。1979年1月,中央军委决定恢复中国人民解放军军事法院和军区、海军、空军、解放军总直属队军事法院。同年11月,中央军委又批准恢复海军舰队、军区空军和陆军军级单位的军事法院。目前形成了以中国人民解放军军事法院为首的三级军事法院体系。军事法院的最高审级是中华人民共和国最高人民法院。军内的三级军事法院设置与职权如下:

1. 中国人民解放军军事法院。中国人民解放军军事法院是军事法院的最高层级,其职权是:(1)审判正师职以上人员犯罪的第一审案件;(2)审判涉外刑事案件;(3)审判最高人民法院授权或指定审判的案件以及它认为应当由自己审判的其他第一审刑事案件;(4)负责上诉抗诉案件、死刑案件的复核与再审案件的审判。

2. 大军区、军兵种军事法院。大军区、军兵种军事法院包括各大军区军事法院,海军、空军、火箭军军事法院，解放军总直属队军事法院等，是中级层次的军事法院，其职权是：(1)审判副师职和团职人员犯罪的第一审案件；(2)审判可能判处无期徒刑、死刑的案件以及上级军事法院授权或指定审判的案件；(3)负责上诉、抗诉案件的审判。

3. 军级军事法院。军级军事法院包括陆军军级单位军事法院、各省军区军事法院、海军舰队军事法院、空军军一级军事法院、火箭军军一级军事法院、在京直属部队军事法院等，是军队中的基层法院，其职权是：(1)审判正营职以下人员犯罪和可能判处无期徒刑以下刑罚(不含无期徒刑)的第一审案件；(2)审判上级军事法院授权或指定审判的第一审案件。

军事法院最初不受理民事案件。20 世纪 80 年代中后期，军内经济纠纷案件持续增多。1992 年 10 月 4 日，最高人民法院作出《关于军事法院审理军内经济纠纷案件的复函》(已失效)，指定军事法院可以试办双方当事人都是军队内部单位的经济纠纷案件。随着军人婚姻家庭、宣告军人失踪或死亡、武器装备订货、军队财产转让、军人间借贷、国防专利等军内民事案件大幅度增长，2001 年 6 月 26 日，最高人民法院作出《关于军事法院试行审理军内民事案件问题的复函》(已失效)，将军事法院民事案件的管辖范围扩大到双方当事人都是现役军人、部队管理的离退休干部、军队在编职工或者军内法人的民事案件等。对于申请宣告军人失踪、申请宣告军人死亡的案件，申请人向军事法院提出的，军事法院也可以受理。军事法院开展民事审判工作 20 多年以来，在及时化解涉军民事纠纷、维护部队官兵合法权益、促进部队全面建设方面发挥了积极作用。

2012 年 8 月 28 日，最高人民法院发布《关于军事法院管辖民事案件若干问题的规定》(2020 年 12 月 29 日修订)，规定下列民事案件，由军事法院管辖：(1)双方当事人均为军人或者军队单位的案件，但法律另有规定的除外；(2)涉及机密级以上军事秘密的案件；(3)军队设立选举委员会的选民资格案件；(4)认定营区内无主财产案件。下列民事案件，地方当事人向军事法院提起诉讼或者提出申请的，军事法院应当受理：(1)军人或者军队单位执行职务过程中造成他人损害的侵权责任纠纷案件；(2)当事人一方为军人或者军队单位，侵权行为发生在营区内的侵权责任纠纷案件；(3)当事人一方为军人的婚姻家庭纠纷案件；(4)《民事诉讼法》第 34 条规定的不动产所在地、港口所在地、被继承人死亡时住所地或者主要遗产所在地在营区内，且当事人一方为军人或者军队单位的案件；(5)申请宣告军人失踪或者死亡的案件；(6)申请认定军人无民事行为能力或者限制民事行为能力的案件。此外，当事人一方是军人或者军队单位，且合同履行地或者标的物所在地在营区内的合同纠纷，当事人书面约定由军事法院管辖，不违反法律关于级别管辖、专属管辖和专门管辖规定的，可以由军事法院管辖。军事法院受理第一审民事案件，应当参照《民事诉讼法》关于地域管辖、级别管辖的规定确定。

(六)铁路运输法院

铁路运输法院是设在铁路沿线的专门人民法院。从 1953 年到 1954 年，我国先后在全国铁路管理局所在地设立了 16 个铁路运输法院，并在铁路管理分局所在地设立了 39 个派出法庭，受理与铁路运输有关的刑事案件。1957 年下半年，铁路运输法院全部撤销，有关案件归案发地的基层或中级人民法院受理。1980 年 3 月到 1982 年 5 月，我国重建铁路运输法院：在铁路管理分局所在地设立铁路运输基层法院，在铁路管理局所在地设立铁路运输中级法院，在北京设立铁路运输高级法院，在最高人民法院设交通运输审判庭。1987 年 3 月撤销北京铁路运输高级法院,保留其中级和基层法院,并由所在省、自治区、直辖市高级人民法院受理对铁路运输中级法院判决和裁定的上诉、抗诉案件。2012 年 6 月,根据中央关于铁路运输法院管理体制改革的要求,全国 17 个铁路运输中级法院、58 个铁路运输基层法院改制工作顺利完成,全部移交地方管理,顺利实现了整体纳入国家司法体系。这不仅有利于充分发挥保障铁路运输大动脉安全畅通的审判职能,同时也有利于合理配置司法资源,方便当事人参与诉讼,提升铁路运输法院的司法公信力。改制后,全国各铁路运输法院隶属关系按驻在地行政区划改为地方管理,有关经费改由地方政府根据财政预算保障,所属人员均按《公务员法》规定纳入地方行政编制管理,法律职务的任免也分别由地方人大常委会根据有关法律规定办理。

铁路运输法院行使下列职权:

1. 审判有关刑事案件。最高人民法院于 2012 年 7 月 17 日发布的《关于铁路运输法院案件管辖范围的若干规定》规定,下列刑事公诉案件,由犯罪地的铁路运输法院管辖:(1)车站、货场、运输指挥机构等铁路工作区域发生的犯罪;(2)针对铁路线路、机车车辆、通讯、电力等铁路设备、设施的犯罪;(3)铁路运输企业职工在执行职务中发生的犯罪。在列车上的犯罪,由犯罪发生后该列车最初停靠的车站所在地或者目的地的铁路运输法院管辖;但在国际列车上的犯罪,按照我国与相关国家签订的有关管辖协定确定管辖,没有协定的,由犯罪发生后该列车最初停靠的中国车站所在地或者目的地的铁路运输法院管辖。在铁路运输领域以及列车上发生的刑事自诉案件,自诉人向铁路运输法院提起自诉的,铁路运输法院应当受理。

2. 审判有关民事案件。最高人民法院《关于铁路运输法院案件管辖范围的若干规定》规定,下列涉及铁路运输、铁路安全、铁路财产的民事诉讼,由铁路运输法院管辖:(1)铁路旅客和行李、包裹运输合同纠纷;(2)铁路货物运输合同和铁路货物运输保险合同纠纷;(3)国际铁路联运合同和铁路运输企业作为经营人的多式联运合同纠纷;(4)代办托运、包装整理、仓储保管、接取送达等铁路运输延伸服务合同纠纷;(5)铁路运输企业在装卸作业、线路维修等方面发生的委外劳务、承包等合同纠纷;(6)与铁路及其附属设施的建设施工有关的合同纠纷;(7)铁路设备、设施的采购、安装、加工承揽、维护、服务等合同纠纷;(8)铁路行车事故及其他铁路运营事故造成的人身、财产损害赔偿纠纷;(9)违反铁路安全保护法律、法规,造成铁路线路、机车车辆、安全保障设施及其他财产损害的侵权纠纷;(10)因铁路建设及铁路运输引起的环境污染侵权纠纷;(11)对铁路运输企业财产权属发生争议的纠纷。此外,经最高人民法院批准、北京市高级人民法院指定,自 2013 年 12 月 21 日起,北京铁路运输法院同时受理北京市东城区、西城区、朝阳区、海淀区内发生的运输合同纠纷一审案件和保险纠纷一审案件。

(七)海事法院

海事法院是国家为行使海事司法管辖权而设立的专门审理一审海事、海商案件的人民法院。

中华人民共和国成立初期,人民法院的民事审判庭负责受理海事、海商案件。1954 年起我国设天津、上海、武汉等水上运输法院,至 1957 年撤销。1984 年 11 月 14 日,第六届全国人大常委会第八次会议作出《关于在沿海港口城市设立海事法院的决定》,并规定海事法院专门受理海事、海商一审案件,而不受理刑事案件和其他民事案件。据此,同年 11 月 28 日,最高人民法院决定在广州、上海、武汉、青岛、天津和大连等港口城市设立海事法院，其建制相当于中级人民法院。1990 年，最高人民法院作出决定，增设海口海事法院和厦门海事法院。1999 年，又决定增设北海海事法院。

最高人民法院于 2001 年 9 月 11 日制定、2016 年 2 月 24 日修订的《关于海事法院受理案件范围的若干规定》，规定海事法院受理的海事、海商案件，包括 6 大类 108 种：海事侵权纠纷案件 10 种、海商合同纠纷案件 42 种、海洋及通海可航水域开发利用与环境保护相关纠纷案件 15 种、其他海事海商纠纷案件 11 种、海事行政案件 7 种、海事特别程序案件 23 种。此外，当事人提起的民商事诉讼、行政诉讼包含本规定所涉海事纠纷的，以及当事人就本规定中有关合同所涉事由引起的纠纷，以侵权等非合同诉由提起诉讼的，也由海事法院受理。

（八）知识产权法院

为推动实施国家创新驱动发展战略，进一步加强知识产权司法保护，切实依法保护权利人合法权益，维护社会公共利益，2014 年 8 月 31 日第十二届全国人大常委会第十次会议通过《关于在北京、上海、广州设立知识产权法院的决定》，确定在北京、上海、广州设立知识产权法院，并规定：知识产权法院审判庭的设置，由最高人民法院根据知识产权案件的类型和数量确定；知识产权法院审判工作受最高人民法院和所在地的高级人民法院监督；知识产权法院依法接受人民检察院法律监督；知识产权法院院长由所在地的市人大常委会主任会议提请本级人大常委会任免，副院长、庭长、审判员和审判委员会委员由院长提请所在地的市人大常委会任免；知识产权法院对所在地的市人大常委会负责并报告工作。

知识产权法院是负责知识产权案件审判工作的专门人民法院，既负责审判有关知识产权的民事案件，也负责审判有关知识产权的行政案件。2014 年 10 月 27 日，最高人民法院发布《关于北京、上海、广州知识产权法院案件管辖的规定》（2020 年修正），对知识产权法院的管辖范围作了明确规定。

1. 知识产权法院管辖所在市辖区内的下列第一审案件：（1）专利、植物新品种、集成电路布图设计、技术秘密、计算机软件民事和行政案件；（2）对国务院部门或者县级以上地方人民政府所作的涉及著作权、商标、不正当竞争等行政行为提起诉讼的行政案件；（3）涉及驰名商标认定的民事案件。

2. 广州知识产权法院管辖广东省内的专利、植物新品种、集成电路布图设计、技术秘密、计算机软件民事和行政案件，以及涉及驰名商标认定的民事案件。

3. 北京市、上海市各中级人民法院和广州市中级人民法院不再受理知识产权民事和行政案件。广东省其他中级人民法院和北京市、上海市、广东省各基层人民法院不再受理专利、植物新品种、集成电路布图设计、技术秘密、计算机软件民事和行政案件，以及涉及驰名商标认定的民事案件。

4. 下列第一审行政案件由北京知识产权法院管辖：（1）不服国务院部门作出的有关专利、商标、植物新品种、集成电路布图设计等知识产权的授权确权裁定或者决定的；（2）不服国务院部门作出的有关专利、植物新品种、集成电路布图设计的强制许可决定以及强制许可使用费或者报酬的裁决的；（3）不服国务院部门作出的涉及知识产权授权确权的其他行政行为的。

5. 当事人对知识产权法院所在市的基层人民法院作出的第一审著作权、商标、技术合同、不正当竞争等知识产权民事和行政判决、裁定提起的上诉案件,由知识产权法院审理。

6. 当事人对知识产权法院作出的第一审判决、裁定提起的上诉案件和依法申请上一级法院复议的案件,由知识产权法院所在地的高级人民法院知识产权审判庭审理,但依法应由最高人民法院审理的除外。

(九)金融法院

为推进国家金融战略实施,健全完善金融审判体系,营造良好金融法治环境,促进经济和金融健康发展,2018 年 3 月,中央全面深化改革委员会第一次会议审议通过《关于设立上海金融法院的方案》。2018 年 4 月、2021 年 1 月、2022 年 2 月,全国人大常委会先后作出关于设立上海金融法院、北京金融法院和成渝金融法院的决定,并明确规定:金融法院审判庭的设置,由最高人民法院根据金融案件的类型和数量决定;金融法院专门管辖所在市(地区)原由中级人民法院管辖的金融民商事案件和涉金融行政案件;金融法院第一审判决和裁定的上诉案件,由所在地的高级人民法院审理;金融法院对所在地的市人大常委会负责并报告工作;金融法院的审判工作受最高人民法院和所在地的高级人民法院监督,并依法接受人民检察院法律监督;金融法院院长由所在地的市人大常委会主任会议提请本级人大常委会任免,副院长、审判委员会委员、庭长、副庭长、审判员由金融法院院长提请所在地的市人大常委会任免。

2018 年 8 月 7 日,最高人民法院发布《关于上海金融法院案件管辖的规定》(2021 年 3 月 1 日修正),对上海金融法院的管辖范围作了具体规定。该规定第 1 条规定,上海金融法院管辖上海市辖区内应由中级人民法院受理的下列第一审金融民商事案件:(1)证券、期货交易、营业信托、保险、票据、信用证、独立保函、保理、金融借款合同、银行卡、融资租赁合同、委托理财合同、储蓄存款合同、典当、银行结算合同等金融民商事纠纷;(2)资产管理业务、资产支持证券业务、私募基金业务、外汇业务、金融产品销售和适当性管理、征信业务、支付业务及经有权机关批准的其他金融业务引发的金融民商事纠纷;(3)涉金融机构的与公司有关的纠纷;(4)以金融机构为债务人的破产纠纷;(5)金融民商事纠纷的仲裁司法审查案件;(6)申请认可和执行香港特别行政区、澳门特别行政区、台湾地区法院金融民商事纠纷的判决、裁定案件,以及申请承认和执行外国法院金融民商事纠纷的判决、裁定案件。

该规定第 2 条规定,下列金融纠纷案件,由上海金融法院管辖:(1)境内投资者以发生在中华人民共和国境外的证券发行、交易活动或者期货交易活动损害其合法权益为由向上海金融法院提起的诉讼;(2)境内个人或者机构以中华人民共和国境外金融机构销售的金融产品或者提供的金融服务损害其合法权益为由向上海金融法院提起的诉讼。

该规定第 3 条至第 9 条规定,下列案件亦由上海金融法院管辖:(1)在上海证券交易所科创板上市公司的证券发行纠纷、证券承销合同纠纷、证券上市保荐合同纠纷、证券上市合同纠纷和证券欺诈责任纠纷等第一审民商事案件;(2)以上海证券交易所为被告或者第三人的与证券交易所监管职能相关的第一审金融民商事和涉金融行政案件;(3)以住所地在上海市并依法设立的金融基础设施机构为被告或者第三人的与其履行职责相关的第一审金融民商事案件;(4)上海市辖区内应由中级人民法院受理的对金融监管机构以及法律、法规、规章授权的组织因履行金融监管职责作出的行政行为不服提起诉讼的第一审涉金融行政案件;(5)当事人对上海市基层人民法院作出的涉及本规定第 1 条第 1~3 项的第一审金融民商事案件和涉金融行政案件判决、裁定提起的上诉案件和申请再审案件;(6)上海市辖区内应由中级人民法院受理的金融民商事案件、涉金融行政案件的再审案件;(7)上海金融法院执行过程中发生的执行异议案件、执行异议之诉案件,以及上海市基层人民法院涉金融案件执行过程中发生的执行复议案件、执行异议之诉上诉案件。此外,该规定第9条第1款规定,上海金融法院作出的第一审民商事案件和涉金融行政案件生效裁判,以及上海市辖区内应由中级人民法院执行的涉金融民商事纠纷的仲裁裁决,由上海金融法院执行。

2021年3月16日,最高人民法院发布《关于北京金融法院案件管辖的规定》,对北京金融法院的管辖范围作了具体规定,北京金融法院管辖的范围与上海金融法院管辖的范围大致相同。但由于北京是首都,因此根据该规定第3、4、6条的规定,北京金融法院还管辖下列涉"全国"的第一审案件:(1)在全国中小企业股份转让系统向不特定合格投资者公开发行股票并在精选层挂牌的公司的证券发行纠纷、证券承销合同纠纷、证券交易合同纠纷、证券欺诈责任纠纷以及证券推荐保荐和持续督导合同、证券挂牌合同引起的纠纷等第一审民商事案件;(2)以全国中小企业股份转让系统有限责任公司为被告或者第三人的与证券交易场所监管职能相关的第一审金融民商事和涉金融行政案件,由北京金融法院管辖;(3)北京市辖区内应由中级人民法院受理的对中国人民银行、中国银行保险监督管理委员会、中国证券监督管理委员会、国家外汇管理局等国家金融管理部门以及其他国务院组成部门和法律、法规、规章授权的组织因履行金融监管职责作出的行政行为不服提起诉讼的第一审涉金融行政案件,由北京金融法院管辖。此外,该规定第10条规定,中国人民银行、中国银行保险监督管理委员会、中国证券监督管理委员会、国家外汇管理局等国家金融管理部门,以及其他国务院组成部门因履行金融监管职责作为申请人的非诉行政执行案件,由北京金融法院审查和执行。

2022年2月28日,第十三届全国人大常委员会第三十三次会议通过《关于设立成渝金融法院的决定》,除决定设立成渝金融法院外,还明确规定成渝金融法院专门管辖以下六类案件:(1)重庆市以及四川省属于成渝地区双城经济圈范围内的应由中级人民法院管辖的第一审金融民商事案件;(2)重庆市以及四川省属于成渝地区双城经济圈范围内的应由中级人民法院管辖的以金融监管机构为被告的第一审涉金融行政案件;(3)以住所地在重庆市以及四川省属于成渝地区双城经济圈范围内的金融基础设施机构为被告或者第三人,与其履行职责相关的第一审金融民商事案件和涉金融行政案件;(4)重庆市以及四川省属于成渝地区双城经济圈范围内的基层人民法院第一审金融民商事案件和涉金融行政案件判决、裁定的上诉、抗诉案件以及再审案件;(5)依照法律规定应由其执行的案件;(6)最高人民法院确定由其管辖的其他金融案件。

三、人民法院的审判组织

人民法院审判案件是通过一定的组织形式进行的,这种代表人民法院对案件进行审理和裁判的组织形式,称为审判组织。根据《人民法院组织法》和三大诉讼法的规定,人民法院的审判组织有以下四种,即独任庭、合议庭、赔偿委员会、审判委员会。

(一)独任庭

独任庭是由审判员一人审判案件的组织形式。根据《人民法院组织法》和三大诉讼法的规定,独任庭审判以下第一审案件:(1)适用简易程序、速裁程序审理的刑事案件;(2)事实清楚、权利义务关系明确、争议不大的简单的民事案件;(3)适用特别程序审理的民事案件,除选民资格案件或者重大、疑难案件由审判员组成合议庭审理外的其他案件;(4)适用简易程序审理的行政案件。

根据最高人民法院《关于完善人民法院司法责任制的若干意见》(以下简称《若干意见》)第15条的规定,法官独任审理案件时,应当履行以下审判职责:(1)主持或者指导法官助理做好庭前会议、庭前调解、证据交换等庭前准备工作及其他审判辅助工作;(2)主持案件开庭、调解,依法作出裁判,制作裁判文书或者指导法官助理起草裁判文书,并直接签发裁判文书;(3)依法决定案件审理中的程序性事项;(4)依法行使其他审判权力。根据《人民法院组织法》第32、33条的规定,法官独任审理案件形成的裁判文书,经独任法官签署,由人民法院发布;法官独任审理案件,独任法官对案件的事实认定和法律适用负责。

独任庭审判的案件,均按照简易程序、刑事速裁程序、小额诉讼程序或民事特别程序进行,以便于当事人参加诉讼,节省人力物力,提高诉讼效率。但独任庭审理案件不是一切从简,更不能草率从事,而是仍然要依照法定的程序和制度进行。在审理过程中,仍然要执行审判公开、回避、辩护、两审终审或一审终审等各项原则和制度,切实保障当事人和其他诉讼参与人的诉讼权利,确保办案质量。

(二)合议庭

合议庭是由法官或者法官和人民陪审员3人以上集体审判案件的组织形式。根据《人民法院组织法》和三大诉讼法的规定,人民法院审判第一审案件除简单的民事案件、适用简易程序审理的行政案件以及适用速裁程序、简易程序审理的刑事案件和法律另有规定的案件由法官1人独任进行外,其余的都由法官组成合议庭或者由法官和人民陪审员组成合议庭进行。其中,人民法院审判上诉、抗诉的案件和再审案件以及复核死刑案件,均由法官组成合议庭进行。由此可见,合议庭是人民法院的主要审判组织。

合议庭是审判活动所特有的组织形式,其成员对案件负共同的审判责任。人民法院审判案件主要由合议庭进行,有利于发扬民主,发挥集体智慧,防止个别审判人员主观片面、独断专行和徇私舞弊,从而保证案件的客观和公正处理。

根据《人民法院组织法》第30~33条的规定:合议庭由法官组成,或者由法官和人民陪审员组成,成员为3人以上单数;合议庭由1名法官担任审判长,院长或庭长参加审理案件时,由自己担任审判长;审判长主持庭审、组织评议案件,评议案件时与合议庭其他成员权利平等;合议庭评议案件应当按照多数人的意见作出决定,少数人的意见应当记入笔录;评议案件笔录由合议庭全体组成人员签名;合议庭审理案件形成的裁判文书,经合议庭组成人员签署,由人民法院发布;合议庭审理案件,法官对案件的事实认定和法律适用负责。

根据《若干意见》第16条的规定,合议庭审理案件时,承办法官应当履行以下审判职责:(1)主持或者指导法官助理做好庭前会议、庭前调解、证据交换等庭前准备工作及其他审判辅助工作;(2)就当事人提出的管辖权异议及保全、司法鉴定、非法证据排除申请等提请合议庭评议;(3)对当事人提交的证据进行全面审核,提出审查意见;(4)拟定庭审提纲,制作阅卷笔录;(5)自己担任审判长时,主持、指挥庭审活动;不担任审判长时,协助审判长开展庭审活动;(6)参与案件评议,并先行提出处理意见;(7)根据合议庭评议意见制作裁判文书或者指导法官助理起草裁判文书;(8)依法行使其他审判权力。

根据《若干意见》第18条的规定,合议庭审理案件时,审判长除承担由合议庭成员共同承担的审判职责外,还应当履行以下审判职责:(1)确定案件审理方案、庭审提纲、协调合议庭成员庭审分工以及指导做好其他必要的庭审准备工作；(2)主持、指挥庭审活动；(3)主持合议庭评议；(4)依照有关规定和程序将合议庭处理意见分歧较大的案件提交专业法官会议讨论，或者按程序建议将案件提交审判委员会讨论决定；(5)依法行使其他审判权力。审判长自己承办案件时，应当同时履行承办法官的职责。

根据《若干意见》第6、17条的规定：合议庭审理案件时，合议庭其他法官应当认真履行审判职责，共同参与阅卷、庭审、评议等审判活动，独立发表意见，复核并在裁判文书上签名；合议庭审理案件形成的裁判文书，由承办法官、合议庭其他成员、审判长依次签署；审判长作为承办法官的，由审判长最后签署。审判组织的法官依次签署完毕后，裁判文书即可印发。

合议庭开庭审理并且评议后，应当作出判决，对于疑难、复杂、重大的案件，合议庭认为难以作出决定的，由合议庭提请院长决定提交审判委员会讨论决定。审判委员会的决定，合议庭应当执行。

在司法改革过程中，许多法院还分别建立了由民事、刑事、行政等审判领域法官组成的专业法官会议，为合议庭正确理解和适用法律提供咨询意见。合议庭认为所审理的案件因重大、疑难、复杂而存在法律适用标准不统一的，可以将法律适用问题提交专业法官会议研究讨论。专业法官会议的讨论意见供合议庭复议时参考，采纳与否由合议庭决定，讨论记录应当入卷备查。

(三)赔偿委员会

赔偿委员会是人民法院审理司法赔偿案件的审判组织，负责处理有关刑事赔偿以及因法院审理民事、行政案件而引起的赔偿案件，但不负责处理行政赔偿案件，因而又称“司法赔偿委员会”。

我国的司法赔偿包括刑事司法赔偿、民事司法赔偿、行政司法赔偿三种。其中刑事司法赔偿，是指行使侦查、检察、审判、监狱管理职权的机关及其工作人员在行使职权时，侵犯公民、法人和其他组织合法权益并造成损害，国家为此承担责任而加以赔偿的行为；民事、行政司法赔偿，是指人民法院在审理民事、行政案件的过程中违法采取强制措施、保全措施或者对判决、裁定及其他生效法律文书执行错误给当事人造成损害，国家为此承担责任而加以赔偿的行为。

我国《国家赔偿法》第6条规定：“受害的公民、法人和其他组织有权要求赔偿。受害的公民死亡，其继承人和其他有扶养关系的亲属有权要求赔偿。受害的法人或者其他组织终止的，其权利承受人有权要求赔偿。”对于赔偿请求人提出的司法赔偿请求，其受理及处理机关分为两类：一是赔偿义务机关；二是人民法院赔偿委员会。

根据《国家赔偿法》的规定，赔偿义务机关分为以下几种：(1)行使侦查、检察、审判职权的机关以及看守所、监狱管理机关及其工作人员在行使职权时侵犯公民、法人和其他组织的合法权益造成损害的，该机关为赔偿义务机关；(2)对公民采取拘留措施，依照本法的规定应当给予国家赔偿的，作出拘留决定的机关为赔偿义务机关；(3)对公民采取逮捕措施后决定撤销案件、不起诉或者判决宣告无罪的，作出逮捕决定的机关为赔偿义务机关；(4)再审改判无罪的，作出原生效判决的人民法院为赔偿义务机关；(5)二审改判无罪，以及二审发回重审后作无罪处理的，作出一审有罪判决的人民法院为赔偿义务机关。

根据《人民法院组织法》《国家赔偿法》的规定，我国仅在中级以上人民法院设赔偿委员会，由3名以上审判员组成，成员的人数应当为单数；赔偿委员会作赔偿决定，实行少数服从多数的原则;赔偿委员会作出的赔偿决定,是发生法律效力的决定,必须执行。

赔偿义务机关应当自收到申请之日起2个月内,作出是否赔偿的决定。赔偿义务机关作出赔偿决定,应当充分听取赔偿请求人的意见,并可以与赔偿请求人就赔偿方式、赔偿项目和赔偿数额依照《国家赔偿法》第四章的规定进行协商。赔偿义务机关决定赔偿的,应当制作赔偿决定书,并自作出决定之日起10日内送达赔偿请求人;决定不予赔偿的,应当自作出决定之日起10日内书面通知赔偿请求人,并说明不予赔偿的理由。

赔偿义务机关在规定期限内未作出是否赔偿的决定,赔偿请求人可以自期限届满之日起30日内向赔偿义务机关的上一级机关申请复议。赔偿请求人对赔偿的方式、项目、数额有异议的,或者赔偿义务机关作出不予赔偿决定的,赔偿请求人可以自赔偿义务机关作出赔偿或者不予赔偿决定之日起30日内,向赔偿义务机关的上一级机关申请复议。赔偿义务机关是人民法院的,赔偿请求人可以向其上一级人民法院赔偿委员会申请作出赔偿决定。

复议机关应当自收到申请之日起2个月内作出决定。赔偿请求人不服复议决定的,可以在收到复议决定之日起30日内向复议机关所在地的同级人民法院赔偿委员会申请作出赔偿决定;复议机关逾期不作决定的,赔偿请求人可以自期限届满之日起30日内向复议机关所在地的同级人民法院赔偿委员会申请作出赔偿决定。

人民法院赔偿委员会处理赔偿请求,采取书面审查的办法,必要时,可以向有关单位和人员调查情况、收集证据。赔偿请求人与赔偿义务机关对损害事实及因果关系有争议的,赔偿委员会可以听取赔偿请求人和赔偿义务机关的陈述和申辩,并可以进行质证。赔偿委员会应当自收到赔偿申请之日起3个月内作出决定;属于疑难、复杂、重大案件的,经本院院长批准,可以延长3个月。

赔偿请求人或者赔偿义务机关对赔偿委员会作出的决定,认为确有错误的,可以向上一级人民法院赔偿委员会提出申诉。赔偿委员会作出的赔偿决定生效后,如发现赔偿决定违反《国家赔偿法》有关规定的,经本院院长决定或者上级人民法院指令,赔偿委员会应当在2个月内重新审查并依法作出决定,上一级人民法院赔偿委员会也可以直接审查并作出决定。

最高人民检察院对各级人民法院赔偿委员会作出的决定,上级人民检察院对下级人民法院赔偿委员会作出的决定,发现违反《国家赔偿法》的有关规定的,应当向同级人民法院赔偿委员会提出意见,同级人民法院赔偿委员会应当在2个月内重新审查并依法作出决定。

(四)审判委员会

《人民法院组织法》第36、42、43条规定:各级人民法院设审判委员会,审判委员会由院长、副院长和若干资深法官组成,成员应当为单数;最高人民法院审判委员会委员由院长提请全国人民代表大会常务委员会任免,地方各级人民法院审判委员会委员由院长提请本级人民代表大会常务委员会任免。审判委员会会议分为全体会议和专业委员会会议;中级以上人民法院根据审判工作需要,可以按照审判委员会委员专业和工作分工,召开刑事审判、民事行政审判等专业委员会会议。

审判委员会是人民法院内部对审判工作实行集体领导的组织形式,是人民法院的最高审判组织。根据《人民法院组织法》第37条的规定,审判委员会履行下列职能:

1. 总结审判工作经验。包括对某一时期审判工作经验的总结,对某些案件审判经验的总结,对某个重大、典型案件审判经验的总结,对审判方式方法或审判工作作风的经验总结等。

2. 讨论决定重大、疑难、复杂案件的法律适用。这类案件具体包括案情重大、复杂且影响较大的案件，需要判处死刑和宣告无罪的案件，在法律适用上有疑难的案件以及涉外案件等。《若干意见》第 9 条规定“审判委员会只讨论涉及国家外交、安全和社会稳定的重大复杂案件，以及重大、疑难、复杂案件的法律适用问题”。

3. 讨论决定本院已经发生法律效力的判决、裁定、调解书是否应当再审。我国三大诉讼法均规定，本院院长发现本院已经发生法律效力的判决、裁定确有错误认为需要再审的，应当提交审判委员会讨论决定。

4. 讨论决定其他有关审判工作的重大问题。包括审判工作的各项重要制度和规则，决定对诉讼当事人及其代理人申请本院院长担任合议庭审判长回避的事项，决定任命法官助理的事项等。

审判委员会召开全体会议和专业委员会会议，应当有其组成人员的过半数出席。审判委员会会议由院长或者院长委托的副院长主持。审判委员会实行民主集中制。审判委员会举行会议时，同级人民检察院检察长或者检察长委托的副检察长可以列席。

合议庭认为案件需要提交审判委员会讨论决定的，由审判长提出申请，院长批准。审判委员会讨论案件，合议庭对其汇报的事实负责，审判委员会委员对本人发表的意见和表决负责。审判委员会委员在讨论案件时应当充分发表意见，按照法官等级由低到高确定表决顺序，主持人最后表决。审判委员会讨论案件时，同级人民检察院检察长可以列席并发表意见，但不参加表决。审判委员会评议实行全程留痕，录音、录像，作出会议记录。所有参加讨论和表决的委员应当在审判委员会会议记录上签名。审判委员会的决定，合议庭应当执行。审判委员会讨论案件的决定及其理由应当在裁判文书中公开，法律规定不公开的除外。

第三节　中国的法官

一、法官的条件、遴选和任免

法官是指依法行使国家审判权的审判人员，包括最高人民法院、地方各级人民法院和军事法院等专门人民法院的院长、副院长、审判委员会委员、庭长、副庭长和审判员。法官的根本职责是参加合议庭审判案件或者独任审判案件。要实现司法审判的公正和效率，法官起着决定性作用。而在某种程度上讲，只有高素质的法官队伍才能确保审判的公正和效率。为此，我国《法官法》从正反两个方面对担任法官的条件作了明确规定。

根据《法官法》第 12 条第 1 款的规定，担任法官必须具备下列条件：

(1)具有中华人民共和国国籍。外国人和无国籍人不得在我国担任法官职务。

(2)拥护中华人民共和国宪法，拥护中国共产党领导和社会主义制度。宪法规定了中国共产党领导、国家的根本制度、政治制度、经济制度和文化制度以及公民的基本权利和义务等重大问题。因此，作为依法行使国家审判权的法官，应当坚决拥护中华人民共和国宪法，拥护中国共产党领导和国家的根本制度——社会主义制度，自觉地维护宪法的权威和尊严，这是担任法官的基本要求，也是法官政治素质的集中表现。

(3)具有良好的政治、业务素质和道德品行。作为一个法官,不仅要精通法律,具有很高的业务水平,而且应当具有良好的政治素质和道德品质,包括热爱祖国,热爱人民,作风正派,遵纪守法,廉洁奉公,等等。只有这样,法官才能做到依法办案,公正司法。

(4)具有正常履行职责的身体条件。健康的身体不仅是法官能够胜任审判工作,正常履行职责的必备条件,而且有利于法官树立良好的社会形象。因此,身患严重疾病或身体严重残废的人,不能担任法官职务。

(5)具备普通高等学校法学类本科学历并获得学士及以上学位;或者普通高等学校非法学类本科及以上学历并获得法律硕士、法学硕士及以上学位;或者普通高等学校非法学类本科及以上学历,获得其他相应学位,并具有法律专业知识。适用前述学历条件确有困难的地方,经最高人民法院审核确定,在一定期限内,可以将担任法官的学历条件放宽为高等学校本科毕业。

(6)从事法律工作满 5 年。其中获得法律硕士、法学硕士学位,或者获得法学博士学位的,从事法律工作的年限可以分别放宽至 4 年、3 年。

(7)初任法官应当通过国家统一法律职业资格考试取得法律职业资格。

除明确规定法官应当具备上述条件外,《法官法》第 13 条还规定了不得担任法官的情形,具体包括:(1)因犯罪受过刑事处罚的;(2)被开除公职的;(3)被吊销律师、公证员执业证书或者被仲裁委员会除名的;(4)有法律规定的其他情形的。这是因为法官作为审判人员,其自身必须是遵纪守法的楷模,具有上述情形的人员,其政治素质低下、思想道德水平很差,因而不能担任法官。

法官的遴选,主要是指特定机构按照有关程序在其权限范围内挑选或选拔法官人选。《法官法》第 14 条第 1 款规定:"初任法官采用考试、考核的办法,按照德才兼备的标准,从具备法官条件的人员中择优提出人选。"第 15 条规定:"人民法院可以根据审判工作需要,从律师或者法学教学、研究人员等从事法律职业的人员中公开选拔法官。除应当具备法官任职条件外,参加公开选拔的律师应当实际执业不少于五年,执业经验丰富,从业声誉良好,参加公开选拔的法学教学、研究人员应当具有中级以上职称,从事教学、研究工作五年以上,有突出研究能力和相应研究成果。"第 17 条规定:"初任法官一般到基层人民法院任职。上级人民法院法官一般逐级遴选;最高人民法院和高级人民法院法官可以从下两级人民法院遴选。参加上级人民法院遴选的法官应当在下级人民法院担任法官一定年限,并具有遴选职位相关工作经历。"根据上述规定,法官的遴选方式主要有三种:一是从具备法官条件的人员中遴选;[11] 二是从符合条件的律师、法学专家中遴选;三是上级人民法院的法官一般从下一级人民法院的优秀法官中遴选。

省、自治区、直辖市设立法官遴选委员会,负责初任法官人选专业能力的审核。省级法官遴选委员会的组成人员应当包括地方各级人民法院法官代表、其他从事法律职业的人员和有关方面代表,其中法官代表不少于 1/3。省级法官遴选委员会的日常工作由高级人民法院的内设职能部门承担。最高人民法院法官遴选委员会负责最高人民法院法官人选专业能力的

---

〔11〕 如《人民法院组织法》第 48 条第 2 款规定:"符合法官任职条件的法官助理,经遴选后可以按照法官任免程序任命为法官。"

审核。

法官职务的任免,依照宪法和法律规定的任免权限和程序办理。根据《法官法》第 18 条的规定:最高人民法院院长由全国人民代表大会选举和罢免,副院长、审判委员会委员、庭长、副庭长和审判员,由院长提请全国人民代表大会常务委员会任免;最高人民法院巡回法庭庭长、副庭长,由院长提请全国人民代表大会常务委员会任免;地方各级人民法院院长由本级人民代表大会选举和罢免,副院长、审判委员会委员、庭长、副庭长和审判员,由院长提请本级人民代表大会常务委员会任免;在省、自治区内按地区设立的和在直辖市内设立的中级人民法院的院长,由省、自治区、直辖市人民代表大会常务委员会根据主任会议的提名决定任免,副院长、审判委员会委员、庭长、副庭长和审判员,由高级人民法院院长提请省、自治区、直辖市人民代表大会常务委员会任免;新疆生产建设兵团各级人民法院、专门人民法院的院长、副院长、审判委员会委员、庭长、副庭长和审判员,依照全国人民代表大会常务委员会的有关规定任免。

为保证法官队伍的纯洁性,维护司法公正,提高司法效率,《法官法》第 20 条规定,法官有下列情形之一的,应当依法提请免除其法官职务:(1)丧失中华人民共和国国籍的;(2)调出所任职人民法院的;(3)职务变动不需要保留法官职务的,或者本人申请免除法官职务经批准的;(4)经考核不能胜任法官职务的;(5)因健康原因长期不能履行职务的;(6)退休的;(7)辞职或者依法应当予以辞退的;(8)因违纪违法不宜继续任职的。

为确保法官的中立和公正,《法官法》还建立了以下两项制度:

一是法官任职禁止制度。《法官法》第 23 条规定,法官之间有夫妻关系、直系血亲关系、三代以内旁系血亲以及近姻亲关系的,不得同时担任下列职务:(1)同一人民法院的院长、副院长、审判委员会委员、庭长、副庭长;(2)同一人民法院的院长、副院长和审判员;(3)同一审判庭的庭长、副庭长、审判员;(4)上下相邻两级人民法院的院长、副院长。

二是法官任职回避制度。《法官法》第 24 条规定,法官的配偶、父母、子女有下列情形之一的,法官应当实行任职回避:(1)担任该法官所任职人民法院辖区内律师事务所的合伙人或者设立人的;(2)在该法官所任职人民法院辖区内以律师身份担任诉讼代理人、辩护人,或者为诉讼案件当事人提供其他有偿法律服务的。

二、法官的职责、义务和权利

(一)法官的职责

根据《法官法》第 8 条的规定,法官的职责有以下三项:

1. 依法参加合议庭审判或者独任审判案件。法官作为行使国家审判权的司法人员,其根本职责是依法参加合议庭审判或者独任审判刑事、民事、行政诉讼以及国家赔偿等案件,包括第一审案件、第二审案件、死刑复核案件、再审案件、减刑假释案件。

2. 依法办理引渡、司法协助等案件。其中,引渡是指一国把当时在其境内而被他国指控犯有罪行或判处刑罚的人,根据他国的请求,移交给该国审判或执行;司法协助是指我国司法机关与外国司法机关相互请求进行调查取证、送达文书、移交证据、通报诉讼结果、承认与执行判决裁定、移管被判刑人、犯罪情报信息的交流与合作等。

3. 法律规定的其他职责。如将生效的裁判交付或移送执行,执行民事、行政裁判和部分刑事裁判,以及以案释法、宣传社会主义法治,提出司法建议,指导人民调解委员会的工作,领导法官助理、书记员的工作等。

人民法院实行司法责任制,法官在职权范围内对所办理的案件负责。

(二)法官的义务

为了保证法官正确履行法定职责,客观公正地审判案件,《法官法》第10条规定,法官应当履行下列义务:(1)严格遵守宪法和法律;(2)秉公办案,不得徇私枉法;(3)依法保障当事人和其他诉讼参与人的诉讼权利;(4)维护国家利益、社会公共利益,维护个人和组织的合法权益;(5)保守国家秘密和审判工作秘密,对履行职责中知悉的商业秘密和个人隐私予以保密;(6)依法接受法律监督和人民群众监督;(7)通过依法办理案件以案释法,增强全民法治观念,推进法治社会建设;(8)法律规定的其他义务。需要指出,法官履行这些义务,不限于司法审判工作期间,法官在工作之外的业余时间也不应当违反这些义务。

(三)法官的权利

在规定法官义务的同时,《法官法》第11条规定,法官享有下列权利:(1)履行法官职责应当具有的职权和工作条件;(2)非因法定事由、非经法定程序,不被调离、免职、降职、辞退或者处分;(3)履行法官职责应当享有的职业保障和福利待遇;(4)人身、财产和住所安全受法律保护;(5)提出申诉或者控告;(6)法律规定的其他权利。应当说,这一规定完全符合"权利与义务相一致"原则的要求,有利于法官依法维护自己的合法权益,从而更加有效地承担自己所应负的职责。对于国家机关及其工作人员侵犯法官权利的行为,法官有权提出控告。

三、法官的管理

(一)法官的员额制管理

2014年,我国开始进行法官员额制试点改革,至2017年7月改革全面完成。《法官法》第25条第1、2款规定:法官实行员额制管理。法官员额根据案件数量、经济社会发展情况、人口数量和人民法院审级等因素确定,在省、自治区、直辖市内实行总量控制、动态管理,优先考虑基层人民法院和案件数量多的人民法院办案需要。法官员额出现空缺的,应当按照程序及时补充。根据中央要求,员额法官总数控制在政法编制数的33%左右,但各省、自治区、直辖市一般都会将员额法官的数量向基层人民法院和案件数量多的人民法院适当倾斜。

(二)法官的等级及其升降

法官等级是表明法官级别、身份的称号,是国家对法官专业水平的确认。法官的等级与法官的职务不同:法官的职务(包括院长、副院长、审判委员会委员、庭长、副庭长、审判员)是法官等级设置的基础,法官等级与法官职务有一定的对应关系。一般来说,职务高的等级也高;职务相同的,资历长、业务水平高的等级就高。法官职务与法官等级互相联系、互相补充,从不同方面体现法官的德才、权力、职责、水平、资历、身份和地位。

根据《法官法》第26、27条的规定,法官等级分为十二级,依次为首席大法官、一级大法官、二级大法官、一级高级法官、二级高级法官、三级高级法官、四级高级法官、一级法官、二级法官、三级法官、四级法官、五级法官;最高人民法院院长为首席大法官。

法官等级的确定,以法官德才表现、业务水平、审判工作实绩和工作年限为依据。我国法官等级的评定工作于1998年开始,1999年首次评定了法官等级。

法官等级晋升采取按期晋升和择优选升相结合的方式,特别优秀或者工作特殊需要的一线办案岗位法官可以特别选升。根据中共中央组织部、最高人民法院于2021年7月6日印发的《法官等级和级别升降暂行办法》的规定,法官等级的晋升按下列原则、条件和程序进行。

1. 法官等级晋升的原则

晋升法官等级应当坚持以下原则:(1)晋升法官等级,按照法官职务序列,在规定职数内进行;(2)晋升法官等级,应当具备拟任等级所要求的思想政治素质、审判业务能力和任职经历等方面的条件和资格;(3)晋升法官等级,在规定任职资格年限内的年度考核结果应当均为称职以上等次;(4)法官等级一般应当逐级晋升。特别优秀的法官或者工作特殊需要的,可以破格或者越级晋升等级。破格和越级晋升等级的条件和程序另行规定。

2. 法官等级晋升的条件

晋升一级高级法官及以下等级的法官,应当具备下列任职年限条件:(1)晋升一级高级法官,应当任二级高级法官 4 年以上;(2)晋升二级高级法官,应当任三级高级法官 4 年以上;(3)晋升三级高级法官,应当任四级高级法官 3 年以上;(4)晋升四级高级法官,应当任一级法官 3 年以上;(5)晋升一级法官,应当任二级法官 2 年以上;(6)晋升二级法官,应当任三级法官 2 年以上;(7)晋升三级法官,应当任四级法官 2 年以上;(8)晋升四级法官,应当任五级法官 1 年以上。

3. 法官等级晋升的程序

晋升法官等级,按照下列程序办理:(1)民主推荐,确定考察对象,并通过适当方式在一定范围内发布考察预告;(2)组织考察,研究提出晋升等级建议方案,并根据需要在一定范围内进行酝酿;(3)按照干部管理权限集体讨论决定;(4)对拟晋升等级人选进行公示;(5)按照规定办理任职手续。

降低法官等级,根据《法官等级和级别升降暂行办法》的规定,按以下规则进行:(1)四级法官以上等级的法官,在定期考核中被确定为不称职的,应予降低法官等级。(2)降低法官等级,一般降低一个等级。(3)降低法官等级,按照下列程序进行:首先,提出降低法官等级建议;其次,对降低法官等级事由进行审核并听取拟降低等级法官的意见;再次,按照干部管理权限集体讨论决定;最后,按照规定办理降低法官等级手续。(4)法官被降低等级的,其级别超过新任法官等级对应的最高级别的,应当同时降至新任法官等级对应的最高级别。(5)降低等级的法官,在新的职位工作 1 年以上,德才表现和工作实绩突出,经考察符合晋升法官等级条件的,可晋升法官等级。

(三)法官的培训

法官培训是提高法官素质的重要途径,包括政治、理论和业务培训,具体又可以分为学历教育培训、学位教育培训、职前培训、在职培训、专门业务培训和更新知识培训等。根据《法官法》的规定,初任法官实行统一职前培训制度。法官培训任务由国家法官学院或其他法官培训机构(如省、自治区、直辖市法官培训学院或培训中心)承担。这些机构在进行培训工作时,应当贯彻理论联系实际、按需施教、讲求实效的原则,注重培训的实际效果。在法官培训结束时,培训机构应当进行成绩评定和出具鉴定意见。法官培训情况,作为法官任职、等级晋升的依据之一。

(四)法官的辞职和辞退

按照《法官法》的规定,法官申请辞职,应当由本人书面提出,经批准后,依照法律规定的程序免除其职务。

按照《法官法》的规定,法院有权辞退法官。实践中,法官有下列情形之一的,予以辞退:

(1)在年度考核中,连续2年确定为不称职的;(2)不胜任现职工作,又不接受另行安排的;(3)因审判机构调整或者缩减编制员额需要调整工作,本人拒绝合理安排的;(4)旷工或者无正当理由逾期不归连续超过15天,或者1年内累计超过30天的;(5)不履行法官义务,经教育仍不改正的。辞退法官应当依照法律规定的程序免除其职务。

人民法院辞退法官应当按照管理权限决定。辞退决定应当以书面形式通知被辞退的法官,并列明作出决定的理由和依据。法官对人民法院关于本人的辞退处理不服的,可以向原处理机关申请复议,并有权向原处理机关的上级机关申诉。受理申诉的机关必须按照规定作出处理。复议和申诉期间,不停止对法官辞退处理决定的执行。

(五)法官的兼职禁止及离任后的从业禁止

为了保证法官的公正与廉洁,维护法官的良好形象,《法官法》第22条规定,法官不得兼任人民代表大会常务委员会的组成人员,不得兼任行政机关、监察机关、检察机关的职务,不得兼任企业或者其他营利性组织、事业单位的职务,不得兼任律师、仲裁员和公证员。但为有利于法律人才的培养和法学研究的繁荣,以及促进法律职业的良性互动,《法官法》第37条作了例外规定,即法官因工作需要,经单位选派或者批准,可以在高等学校、科研院所协助开展实践性教学、研究工作,并遵守国家有关规定。

为了保证法院审判工作的独立和公正,防止法官离任后利用其原来的人脉资源干涉法院的审判工作,《法官法》第36条建立了法官离任后的从业禁止制度,内容包括:(1)法官从人民法院离任后2年内,不得以律师身份担任诉讼代理人或者辩护人;(2)法官从人民法院离任后,不得担任原任职法院办理案件的诉讼代理人或者辩护人,但是作为当事人的监护人或者近亲属代理诉讼或者进行辩护的除外;(3)法官被开除后,不得担任诉讼代理人或者辩护人,但是作为当事人的监护人或者近亲属代理诉讼或者进行辩护的除外。由此可见,法官从人民法院离任后2年内,不得以律师身份在全国范围内的任何法院担任诉讼代理人或者辩护人,但离任2年后,除不得担任原任职法院办理案件的诉讼代理人或者辩护人外,可以在其他法院以律师身份担任诉讼代理人或者辩护人;离任法官作为当事人的监护人或者近亲属代理诉讼或者进行辩护的,不受上述规定的限制。另外,法官离任后可以到企业工作,但如果作为企业的诉讼代理人或涉嫌犯罪企业的辩护人,则要受到上述规定的限制。

四、法官的考核、奖励和惩戒

(一)法官的考核

法官考核是法官制度的重要内容。根据《法官法》的规定,人民法院设立法官考评委员会,负责对本院法官的考核工作;法官考评委员会由5人至9人组成,主任由本院院长担任。法官考评委员会的职责是指导对法官的培训、考核、评议工作。

对法官的考核,由法官所在的人民法院组织实施。对法官的考核,应当全面、客观、公正,实行平时考核和年度考核相结合。考核的内容包括以下五个方面:

1. 审判工作实绩。这是法官考核的重点。这方面主要是考核法官履行职责的工作成绩,包括审判案件的质量、数量,审判工作的效率,以及对法院审判工作和其他工作所作的贡献。

2. 职业道德。这方面主要是考核法官是否遵守法官职业道德,包括忠诚司法事业、保证司法公正、确保司法廉洁、坚持司法为民、维护司法形象等。

3. 专业水平。这方面主要是考核法官的法律专业水平,包括对法律的熟悉程度、理解深度,以及对法学基础知识、法学基本理论的掌握程度。

4. 工作能力。这方面主要是考核法官的审判工作能力,包括驾驭庭审的能力、调解的能力(或化解冲突与纠纷的能力)、口头表达的能力、制作裁判文书的能力、执行的能力,以及调研的能力等。

5 审判作风。这方面主要是考核法官是否爱岗敬业、刻苦钻研业务,对工作是否精益求精、任劳任怨,是否具有不断进取、开拓创新的精神,在履行审判职责的过程中是否谨言慎行等。

根据《法官法》的规定,法官的年度考核结果分为优秀、称职、基本称职和不称职四个等次。考核结果应以书面形式通知法官本人。法官对考核结果如果有异议,可以申请复核。考核结果作为调整法官等级、工资以及法官奖惩、免职、降职、辞退的依据。

(二)法官的奖励

为了鼓励法官忠于职守,努力工作,对于法官在审判工作中有显著成绩和贡献的,或者有其他突出事迹的,应当给予奖励。根据《法官法》第45条第1款的规定,法官有下列表现之一的,应当给予奖励:(1)公正司法,成绩显著的;(2)总结审判实践经验成果突出,对审判工作有指导作用的;(3)在办理重大案件、处理突发事件和承担专项重要工作中,做出显著成绩和贡献的;(4)对审判工作提出改革建议被采纳,效果显著的;(5)提出司法建议被采纳或者开展法治宣传、指导调解组织调解各类纠纷,效果显著的;(6)有其他功绩的。

对法官的奖励,实行精神鼓励和物质鼓励相结合的原则。具体奖励分为嘉奖,记三等功、二等功、一等功,授予荣誉称号等。其中,嘉奖由最高人民法院或高级人民法院审批;记三等功由中级人民法院审批,但给高级人民法院和最高人民法院的法官记三等功的,分别由本级人民法院审批;记二等功由高级人民法院审批,但给最高人民法院的法官记二等功的,由最高人民法院审批;记一等功或授予荣誉称号(如"模范法官""人民满意法官"称号),由最高人民法院审批。上述奖励,凡报中级、高级或最高人民法院审批的,需分别经基层、中级和高级人民法院审核。对法官的奖励,应当在适当的会议上宣布或者在有关媒体上公布,并记入本人档案。

(三)法官的惩戒

为教育本人,鞭策落后,预防法官违法违纪或腐败行为的发生,对违法违纪或有腐败行为的法官,应当予以惩戒。根据《法官法》第46条第1款的规定,法官有下列行为之一的,应当给予处分;构成犯罪的,依法追究刑事责任:(1)贪污受贿、徇私舞弊、枉法裁判的;(2)隐瞒、伪造、变造、故意损毁证据、案件材料的;(3)泄露国家秘密、审判工作秘密、商业秘密或者个人隐私的;(4)故意违反法律法规办理案件的;(5)因重大过失导致裁判结果错误并造成严重后果的;(6)拖延办案,贻误工作的;(7)利用职权为自己或者他人谋取私利的;(8)接受当事人及其代理人利益输送,或者违反有关规定会见当事人及其代理人的;(9)违反有关规定从事或者参与营利性活动,在企业或者其他营利性组织中兼任职务的;(10)有其他违纪违法行为的。

对法官的处分分为警告、记过、记大过、降级、撤职、开除。受撤职处分的,同时降低工资和等级。根据最高人民法院颁布的《人民法院工作人员处分条例》第7~9条的规定,受处分的期间为:(1)警告,6个月;(2)记过,12个月;(3)记大过,18个月;(4)降级、撤职,24个月。受处分期间不得晋升职务、级别,其中,受记过、记大过、降级、撤职处分的,不得晋升工资档次。受开除处分的,自处分决定生效之日起,解除与人民法院的人事关系,不得再担任公务员职务。

此外,法官涉嫌违纪违法,已经被立案调查、侦查,不宜继续履行职责的,按照管理权限和规定的程序暂时停止其履行职务。

为保证法官惩戒的公正性,最高人民法院和省、自治区、直辖市设立法官惩戒委员会,负责从专业角度审查认定法官是否存在《法官法》第46条第4、5项规定的违反审判职责的行为,提出构成故意违反职责、存在重大过失、存在一般过失或者没有违反职责等审查意见。法官惩戒委员会提出审查意见后,人民法院依照有关规定作出是否予以惩戒的决定,并给予相应处理。

法官惩戒委员会由法官代表、其他从事法律职业的人员和有关方面代表组成,其中法官代表不少于半数。最高人民法院法官惩戒委员会、省级法官惩戒委员会的日常工作,由相关人民法院的内设职能部门承担。

法官惩戒委员会审议惩戒事项时,当事法官有权申请有关人员回避,有权进行陈述、举证、辩解。法官惩戒委员会作出的审查意见应当送达当事法官。当事法官对审查意见有异议的,可以向惩戒委员会提出,惩戒委员会应当对异议及其理由进行审查,作出决定。

除《法官法》第46条第4、5项规定之外的法官涉嫌违纪违法的情形,由派驻人民法院的纪检监察机构进行调查和提出处理意见,人民法院依照有关规定作出是否予以惩戒的决定,并给予相应处理,其中对于法院院长、副院长和审判委员会专职委员涉嫌违纪违法的,则由上级或同级纪检监察机关进行调查和处理。

五、法官的职业保障

法官的职业保障是法官制度的重要内容之一。根据《法官法》的有关规定,对法官的职业保障主要有:

1. 审判岗位保障。《法官法》第53条规定,除下列情形外,不得将法官调离审判岗位:(1)按规定需要任职回避的;(2)按规定实行任职交流的;(3)因机构调整、撤销、合并或者缩减编制员额需要调整工作的;(4)因违纪违法不适合在审判岗位工作的;(5)法律规定的其他情形。应当指出,第5项中的"法律"是指全国人大及其常委会制定的法律,而不包括其他任何法规、规章或其他规范性文件。由此,才能有效保障法官拥有稳定的审判岗位而不被随意调离。

2. 履行法定职责保障。《法官法》第54条规定:任何单位或者个人不得要求法官从事超出法定职责范围的事务。对任何干涉法官办理案件的行为,法官有权拒绝并予以全面如实记录和报告;有违纪违法情形的,由有关机关根据情节轻重追究有关责任人员、行为人的责任。该条从赋予法官拒绝任何单位或者个人干涉其办案的权力和对干涉法官办案的违纪违法行为进行责任追究两个方面,切实保障法官依法履行职责。

3. 职业尊严和人身安全保障。《法官法》第55～57条规定:法官的职业尊严和人身安全受法律保护。任何单位和个人不得对法官及其近亲属打击报复。对法官及其近亲属实施报复陷害、侮辱诽谤、暴力侵害、威胁恐吓、滋事骚扰等违法犯罪行为的,应当依法从严惩治。法官因依法履行职责遭受不实举报、诬告陷害、侮辱诽谤,致使名誉受到损害的,人民法院应当会同有关部门及时澄清事实,消除不良影响,并依法追究相关单位或者个人的责任。法官因依法履行职责,本人及其近亲属人身安全面临危险的,人民法院、公安机关应当对法官及其近亲属采取人身保护、禁止特定人员接触等必要保护措施。由此可见,我国法律不仅严格保护法官本人的职业尊严和人身安全保障,而且采取相关措施严格保护法官近亲属的人事安全,这具有极其重要的现实意义。

4. 工资及有关待遇等保障。《法官法》第 58 ~ 61 条规定:法官实行与其职责相适应的工资制度,按照法官等级享有国家规定的工资待遇,并建立与公务员工资同步调整机制。法官的工资制度,根据审判工作特点,由国家另行规定(据了解,法官比公务员的工资一般高出 50%)。法官实行定期增资制度,经年度考核确定为优秀、称职的,可以按照规定晋升工资档次。法官享受国家规定的津贴、补贴、奖金、保险和福利待遇。法官因公致残的,享受国家规定的伤残待遇;法官因公牺牲、因公死亡或者病故的,其亲属享受国家规定的抚恤和优待。由此可见,国家为法官提供了较高的工资保障和较为全面的待遇保障。

5. 退休制度保障。《法官法》第 62、63 条规定:法官的退休制度,根据审判工作特点,由国家另行规定;法官退休后,享受国家规定的养老金和其他待遇。较为优厚的退休待遇,可以解除法官的后顾之忧,防止司法腐败的发生。

6. 权利救济保障。《法官法》第 64、65 条规定:对于国家机关及其工作人员侵犯本法第 11 条规定的法官权利的行为,法官有权提出控告。对法官处分或者人事处理错误的,应当及时予以纠正;造成名誉损害的,应当恢复名誉、消除影响、赔礼道歉;造成经济损失的,应当赔偿。对打击报复的直接责任人员,应当依法追究其责任。

六、法官的职业道德

法官的职业道德,是指从事审判职业的专业人员所应当遵循的行为规范的总称,它是社会道德在司法审判领域中的具体体现。提高法官职业道德素质,对于树立法官和法院的良好形象,确保司法公正,维护国家法治尊严,具有极其重要的意义。

根据最高人民法院 2001 年 10 月 18 日发布、2010 年 12 月 6 日修订后重新发布的《法官职业道德基本准则》的规定,法官职业道德的核心是公正、廉洁、为民,基本要求是忠诚司法事业、保证司法公正、确保司法廉洁、坚持司法为民、维护司法形象。

(一)忠诚司法事业

忠诚,广义上指对所发誓效忠的对象(国家、人民、事业、上级或朋友等)真心诚意、尽心尽力,没有二心,它代表着诚实、守信和服从。由此,忠诚司法事业,无疑是法官最基本的职业道德,应当成为法官的基本品格。其具体内容是:(1)牢固树立社会主义法治理念,忠于党、忠于国家、忠于人民、忠于法律,做中国特色社会主义事业建设者和捍卫者。(2)坚持和维护中国特色社会主义司法制度,认真贯彻落实依法治国基本方略,尊崇和信仰法律,模范遵守法律,严格执行法律,自觉维护法律的权威和尊严。(3)热爱司法事业,珍惜法官荣誉,坚持职业操守,恪守法官良知,牢固树立司法核心价值观,以维护社会公平正义为己任,认真履行法官职责。(4)维护国家利益,遵守政治纪律,保守国家秘密和审判工作秘密,不从事或参与有损国家利益和司法权威的活动,不发表有损国家利益和司法权威的言论。

(二)保证司法公正

公正是司法的生命和灵魂,是司法的最高价值和最高境界,也是司法活动的永恒主题。对法官来讲,保证司法公正包括保证实体公正和程序公正两个方面。其具体要求是:(1)坚持和维护人民法院依法独立行使审判权的原则,客观公正审理案件,在审判活动中独立思考、自主判断,敢于坚持原则,不受任何行政机关、社会团体和个人的干涉,不受权势、人情等因素的影响。(2)坚持以事实为根据,以法律为准绳,努力查明案件事实,准确把握法律精神,正确适用法律,合理行使裁量权,避免主观臆断、超越职权、滥用职权,确保案件裁判结果公平公正。(3)牢固树立程序意识,坚持实体公正与程序公正并重,严格按照法定程序执法办案,充分保障当事人和其他诉讼参与人的诉讼权利,避免执法办案中的随意行为。(4)严格遵守法定办案时限,提高审判执行效率,及时化解纠纷,注重节约司法资源,杜绝玩忽职守、拖延办案等行为。(5)认真贯彻司法公开原则,尊重人民群众的知情权,自觉接受法律监督和社会监督,同时避免司法审判受到外界的不当影响。(6)自觉遵守司法回避制度,审理案件保持中立公正的立场,平等对待当事人和其他诉讼参与人,不偏袒或歧视任何一方当事人,不私自单独会见当事人及其代理人、辩护人。(7)尊重其他法官对审判职权的依法行使,除履行工作职责或者通过正当程序外,不过问、不干预、不评论其他法官正在审理的案件。

(三)确保司法廉洁

清正廉洁是法官公正司法的重要表现,也是法官公正司法的有力保障。为此,法官应当做到:(1)树立正确的权力观、地位观、利益观,坚持自重、自省、自警、自励,坚守廉洁底线,依法正确行使审判权、执行权,杜绝以权谋私、贪赃枉法行为。(2)严格遵守廉洁司法规定,不接受案件当事人及相关人员的请客送礼,不利用职务便利或者法官身份谋取不正当利益,不违反规定与当事人或者其他诉讼参与人进行不正当交往,不在执法办案中徇私舞弊。(3)不从事或者参与营利性的经营活动,不在企业及其他营利性组织中兼任法律顾问等职务,不就未决案件或者再审案件给当事人及其他诉讼参与人提供咨询意见。(4)妥善处理个人和家庭事务,不利用法官身份寻求特殊利益。按规定如实报告个人有关事项,教育督促家庭成员不利用法官的职权、地位谋取不正当利益。

(四)坚持司法为民

司法为民是共产党执政为民思想在司法审判工作中的要求,也是党和人民对人民法院的要求和希望,是人民法院工作的基本出发点和归宿。司法工作应坚持司法为民的宗旨,坚持人民利益高于一切,通过全部司法活动,实现好、维护好、发展好最广大人民的根本利益。为此,法官应当做到:(1)牢固树立以人为本、司法为民的理念,强化群众观念,重视群众诉求,关注群众感受,自觉维护人民群众的合法权益。(2)注重发挥司法的能动作用,积极寻求有利于案结事了的纠纷解决办法,努力实现法律效果与社会效果的统一。(3)认真执行司法便民规定,努力为当事人和其他诉讼参与人提供必要的诉讼便利,尽可能降低其诉讼成本。(4)尊重当事人和其他诉讼参与人的人格尊严,避免盛气凌人、“冷硬横推”等不良作风;尊重律师,依法保障律师参与诉讼活动的权利。

(五)维护司法形象

司法形象直接影响着法律的尊严和法院的权威。为此,法官在司法活动中应当切实维护司法形象,努力做到:(1)坚持学习,精研业务,忠于职守,秉公办案,惩恶扬善,弘扬正义,保持昂扬的精神状态和良好的职业操守。(2)坚持文明司法,遵守司法礼仪,在履行职责过程中行为规范、着装得体、语言文明、态度平和,保持良好的职业修养和司法作风。(3)加强自身修养,培育高尚道德操守和健康生活情趣,杜绝与法官职业形象不相称、与法官职业道德相违背的不良嗜好和行为,遵守社会公德和家庭美德,维护良好的个人声誉。(4)法官退休后应当遵守国家相关规定,不利用自己的原有身份和便利条件过问、干预执法办案,避免因个人不当言行对法官职业形象造成不良影响。

法官应当自觉遵守法官职业道德，在本职工作和业外活动中严格要求自己，维护人民法院形象和司法公信力。

第四节　中国审判的基本原则

我国审判的基本原则是指人民法院在审判活动中必须遵循的基本行为准则，它贯穿于审判活动的全过程，并对审判活动具有普遍的指导意义。根据《宪法》和三大诉讼法的规定，我国人民法院进行审判活动除了必须遵循司法活动的基本原则外，还必须遵循审判活动的特有原则。这些原则包括不告不理原则、审判权独立行使原则、审判公开原则、审判民主原则、审判及时原则等。

一、不告不理原则

不告不理，是指没有原告的起诉，法院就不能进行审判。具体包括两层含义：一是没有原告的起诉，法院不得启动审判程序，即原告的起诉是法院启动审判程序的先决条件；二是法院审判的范围应与原告起诉的范围相一致，法院不得对原告未提出诉讼请求的事项进行审判。实行不告不理原则，是审判中立的根本要求，对于维护司法公正具有十分重要的意义。

不告不理原则是现代各国诉讼法所普遍确立或实际执行的一项重要审判原则。例如：《日本刑事诉讼法》第 249 条规定："公诉的效力不及于检察官所指定的被告人以外的人。"《德国刑事诉讼法》第 155 条规定："法院的调查与裁判，只能延伸到起诉书中写明的行为和以诉讼指控的人员；在此界限范围内，法院有权和有义务自主行动，尤其是在刑法的适用上，法院不受提出的申请之约束。"《奥地利刑事诉讼法》第 2 条规定："对犯罪行为予以法律追究仅根据控告者的申请进行。"英国虽无系统的成文法，但在习惯法中亦采用了不告不理的原则，即如果没有个人、团体和政权机关对直接罪名的肯定附有誓言的控诉书，法院不能进行审理。《美国地方法院刑事诉讼规则》第 39 条规定："如果起诉状或告发状没有指控某项罪行……法院应当对此停止审判。"

我国《刑事诉讼法》虽然没有明确规定不告不理的审判原则，但从其有关规定可以看出，如果没有人民检察院提起的公诉和自诉人提起的自诉，人民法院不得进行审判；对公诉和自诉没有指控的罪行和人员，人民法院也不得进行审判。同样，我国《民事诉讼法》《行政诉讼法》也没有明确规定不告不理的审判原则，但从其具体规定可以看出，如果没有原告的起诉，人民法院便不能立案受理，更不能进行审判；对不属于原告诉讼请求的事项，人民法院也不得进行审理和判决。《民事诉讼法》第 175 条规定，第二审人民法院应当对上诉请求的有关事实和适用法律进行审查。换言之，对上诉请求之外的有关事实和适用法律，第二审人民法院不应当进行审查处理，即实行"不告不理"的原则。

二、审判独立原则

我国《宪法》、《人民法院组织法》和三大诉讼法均规定，人民法院依照法律规定独立行使审判权，不受行政机关、社会团体和个人的干涉。长期以来，法学界和司法实务界依据宪法和法律的规定，一般都认为我国审判独立是指法院独立审判，而不包括法官独立审判。原因在于:有的人认为法官独立审判是西方国家的做法,不符合我国的国情;有的人认为我国法官队伍整体素质还不够高,无法实行法官独立审判;也有的人认为法官独立审判,不符合民主集中制的原则;等等。实际上,随着司法改革的不断深化,我们现在既实行法院独立审判,又逐步实行法官独立审判。我国有关法官独立审判的规定,最早见于1995年《法官法》。该法第8条规定,法官享有"依法审判案件不受行政机关、社会团体和个人的干涉"的权利。1999年10月最高人民法院制定的《人民法院五年改革纲要》明确指出"强化合议庭和法官职责,推行审判长和独任审判员选任制度"。随后,最高人民法院和地方各级人民法院相继实行了审判长和独任审判员选任制度,并且赋予审判长和独任审判员更大的权力。根据2002年8月最高人民法院发布的《关于人民法院合议庭工作的若干规定》第6条的规定,审判长履行下列职责:(1)指导和安排审判辅助人员做好庭前调解、庭前准备及其他审判业务辅助性工作;(2)确定案件审理方案、庭审提纲、协调合议庭成员的庭审分工以及做好其他必要的庭审准备工作;(3)主持庭审活动;(4)主持合议庭对案件进行评议;(5)依照有关规定,提请院长决定将案件提交审判委员会讨论决定;(6)制作裁判文书,审核合议庭其他成员制作的裁判文书;(7)依照规定权限签发法律文书;(8)根据院长或者庭长的建议主持合议庭对案件复议;(9)对合议庭遵守案件审理期限制度的情况负责;(10)办理有关审判的其他事项。

当然,无论是法院独立还是法官独立,人民法院在审判活动中都应当处理好以下几个关系:

第一,人民法院依法独立审判与党的领导的关系。人民法院是社会主义国家的国家机器,是为经济基础服务的,这就决定了人民法院的社会主义性质。我国是共产党领导下的社会主义国家,国家的各个部门在发挥职能作用时,都要认真贯彻执行党的路线、方针和政策。所以,人民法院不能以"审判独立"为名排斥党在政治上和思想上的领导。在任何时候,人民法院都必须坚持党的领导,服从党的领导。

第二,人民法院依法独立审判与国家权力机关的监督的关系。《宪法》第3条第3款规定:"国家行政机关、监察机关、审判机关、检察机关都由人民代表大会产生,对它负责,受它监督。"《人民法院组织法》第9条也规定:"最高人民法院对全国人民代表大会及其常务委员会负责并报告工作。地方各级人民法院对本级人民代表大会及其常务委员会负责并报告工作。各级人民代表大会及其常务委员会对本级人民法院的工作实施监督。"由此可见,对人民法院的工作进行监督是各级人民代表大会及其常务委员会的法定权力,因此人民法院必须主动向人大及其常委会报告工作,认真听取人民代表大会及其常务委员会对法院工作的意见和建议,主动接受人大代表对法院工作的质询和评议。

第三,人民法院依法独立审判与上级人民法院对其审判工作的监督和指导的关系。《宪法》第132条第2款规定,最高人民法院监督地方各级人民法院和专门人民法院的审判工作,上级人民法院监督下级人民法院的审判工作。据此,下级人民法院不得以"审判独立"为由对抗上级人民法院的监督。上级人民法院对下级人民法院审判工作的监督,主要通过第二审程序和审判监督程序对下级人民法院确有错误的判决、裁定予以纠正,对上级人民法院依照二审程序或审判监督程序作出的判决和裁定,下级人民法院必须服从和执行。但对于正在审理的案件,上下级人民法院之间要保持相互之间的独立性,上级人民法院不应干预,以使两审终审制度落到实处。

三、审判公开原则

《宪法》和三大诉讼法均规定，人民法院审理案件，除法律规定的特别情况外，一律公开进行。由此可见，审判公开不仅是一项普遍的诉讼原则，而且是一项重要的宪法原则。所谓审判公开，是指人民法院的审判活动向社会公开的制度，具体是指人民法院对案件的审理和判决，除有特别规定的以外，都应当在法庭上公开进行，允许群众旁听，允许新闻记者采访和报道。

审判公开是提高审判公信度的必然要求，也是程序公正的重要标志。实行审判公开原则，可以将人民法院的审判活动置于当事人和社会公众的监督之下，增强司法活动的透明度，防止"暗箱操作"，防范司法腐败的发生；可以最大限度地满足广大人民群众的知情权，有效地调动诉讼参与人的积极性，增强审判人员的责任感，进而提升司法公信度和促进司法公正的实现。

根据《刑事诉讼法》《民事诉讼法》《行政诉讼法》的规定，下列四种案件不公开审理：

一是涉及国家秘密的案件。根据《保守国家秘密法》的规定，国家秘密分为绝密、机密和秘密三级。为了保守国家秘密，保护国家利益，凡是涉及国家秘密的案件，人民法院一律不公开审理。

二是涉及个人隐私的案件。隐私是指当事人不愿意公开的个人秘密。为了保护当事人的名誉，尤其是刑事案件被害人的名誉，凡是涉及个人隐私的案件，人民法院一律不公开审理。

三是涉及未成年人犯罪的案件。《刑事诉讼法》第285条规定，审判的时候被告人不满18周岁的案件，不公开审理。但是，经未成年被告人及其法定代理人同意，未成年被告人所在学校和未成年人保护组织可以派代表到场。这样做可以防止未成年犯罪人遭受创伤和在社会上产生不良影响，有利于教育、挽救失足青少年。

四是经当事人依法申请，人民法院决定不公开审理的某些民事案件。《民事诉讼法》规定，离婚案件，涉及商业秘密的案件，[12]当事人申请不公开审理的，可以不公开审理。据此，为了保护离婚案件当事人的名誉、企业的商业秘密以及当事人不愿意公开的个人情况，人民法院可以对这些案件进行不公开审理。

对于不公开审理的案件，审判长或独任法官应当当庭宣布不公开审理的理由。

最高人民法院于1999年3月发布的《关于严格执行公开审判制度的若干规定》，对各级人民法院如何落实审判公开制度等作了具体规定。其主要内容为：

1. 严格规范了公开审判案件的范围。人民法院对于第一审案件，除三大诉讼法规定的下列案件外都应当依法一律公开审理：(1)涉及国家秘密的案件；(2)涉及个人隐私的案件；(3)14岁以上不满16岁未成年人犯罪的案件；人民法院决定不公开审理的16岁以上不满18岁未成年人犯罪的案件；(4)经当事人申请，人民法院决定不公开审理的涉及商业秘密的案件；(5)经当事人申请，人民法院决定不公开审理的离婚案件；(6)法律另有规定的其他不公开审理的案件。对于不公开审理的案件，应当当庭宣布不公开审理的理由。同时，还明确规定，下列第二审案件应当公开审理：(1)当事人对不服公开审理的第一审案件的判决、裁定提起上诉的，但因违反法定程序发回重审的和事实清楚依法径行判决、裁定的除外。(2)人民检察院对公开审理的案件的判决、裁定提起抗诉的，但需发回重审的除外。

---

〔12〕 商业秘密，主要是指技术秘密、商业情报及信息等，如生产工艺、配方、贸易联系、购销渠道等当事人不愿意公开的工商业秘密。

2. 对公开审判提出了具体明确的要求。人民法院依法公开审理案件应当在开庭3日以前公告,公告应当包括案由、当事人姓名或者名称、开庭时间和地点;依法公开审理案件,案件事实未经法庭公开调查不能认定;证明案件事实的证据未在法庭公开举证、质证,不能进行认证,但无需举证的事实除外,缺席审理的案件,法庭可以结合其他事实和证据进行认证;法庭能够当庭认证的,应当当庭认证;人民法院审理的所有案件应当一律公开宣告判决;宣告判决,应当对案件事实和证据进行认定,并在此基础上正确适用法律。

3. 对违反公开审判制度的行为规定了法律后果和责任。凡应当依法公开审理的案件没有公开审理的,应当按下列规定处理:(1)当事人提起上诉或者人民检察院对刑事案件的判决、裁定提起抗诉的,第二审人民法院应当裁定撤销原判决,发回重审。(2)当事人申请再审的,人民法院可以决定再审;人民检察院按照审判监督程序提起抗诉的,人民法院应当决定再审。上述发回重审或者决定再审的案件,应当依法公开审理。

4. 对公民旁听审判和新闻记者采访报道审判作了规定。人民法院依法公开审理案件,公民可以旁听,但精神病人、醉酒的人和未经人民法院批准的未成年人除外;根据法庭场所和参加旁听人数等情况,旁听人需要持旁听证进入法庭的,旁听证由人民法院制发;外国人和无国籍人持有效证件要求旁听的,参照中国公民旁听的规定办理;旁听人员必须遵守法庭规则,并应当接受安全检查;依法公开审理的案件,经人民法院许可,新闻记者可以记录、录音、录像、摄影、转播庭审实况;外国记者的旁听按照我国有关外事管理规定办理。

为进一步落实宪法规定的公开审判原则,深入贯彻党的十六届六中全会提出的健全公开审判制度的要求,充分发挥人民法院在构建社会主义和谐社会中的职能作用,2007年6月4日,最高人民法院发布《关于加强人民法院审判公开工作的若干意见》,从充分认识加强人民法院审判公开工作的重大意义、准确把握人民法院审判公开工作的基本原则、切实加强人民法院审判公开工作的基本要求以及规范审判公开工作维护法律权威和司法形象四个方面对如何加强人民法院审判公开工作做了具体要求。

四、审判民主原则

审判民主,是指公民参与审判或审判活动所体现的民主性。审判民主是政治民主不断完善与发展的必然产物,体现了时代精神。实行审判民主原则,可以调动人民群众参与审判的积极性,促进司法公正;可以做到集思广益,发挥集体的智慧,有效地避免司法的专横武断或片面性。

我国的审判民主原则主要体现在以下几个方面:

1. 人民陪审员制度。根据《人民陪审员法》第2条的规定,公民有依法担任人民陪审员的权利和义务;人民陪审员依照本法产生,依法参加人民法院的审判活动,除法律另有规定外,同法官有同等权利。人民陪审员来自群众,来自基层,他们与审判员共同审理和评议案件,充分体现了人民群众对审判活动的参与性,并可以在参与中发挥监督作用。

2. 合议制度。人民法院审判案件,除依法可以由审判员一人独任审判的案件外,其余案件均需要组成合议庭进行。根据三大诉讼法的有关规定,合议庭在进行评议的时候,如果意见分歧,应当按照多数人的意见作出决定,但是少数人的意见应当写入笔录。这种少数服从多数的决策机制即是民主原则的重要表现,同时记录少数人的意见,实际上也是一种民主而非专制的做法。

3. 审判委员会制度。《人民法院组织法》规定:各级人民法院设审判委员会;审判委员会实行民主集中制。审判委员会是人民法院内部对审判工作实行集体领导的组织形式,是法院的最高审判组织。审判委员会会议由院长或院长委托的副院长主持,在表决时院长和其他委员权利平等,也只有一票;审判委员会讨论重大、复杂、疑难案件和其他与审判工作有关的问题时,按照多数人的意见作出决定,但不同意见允许保留并记录在案。这也体现了审判委员会决策的民主性。

由此可见,我国的审判民主体现在审判活动的诸多方面,具有比较广泛的普遍性。当然,为了适应发展民主政治的要求,对审判民主我们还应进一步扩大和完善。此外,在实行审判民主原则时,也要注意与审判独立原则相协调。例如,按照诉讼法的有关规定,审判委员会的决定,合议庭必须执行。但应当注意,审判委员会讨论决定的案件只能是合议庭认为难以作出决定的疑难、复杂或重大的案件,且必须由合议庭提出并由院长提交审判委员会讨论决定。审判委员会不应讨论一般的案件,也不应在合议庭未提交讨论的情况下进行讨论并作出决定。

五、审判及时原则

审判及时,是指人民法院审判案件要在法律规定的期限内进行,不仅不应超审限结案,而且应尽量做到快速结案。审判及时是现代审判活动的重要特征,体现了国家、当事人和社会公众对审判过程和审判结果在时间上的期望与要求,关系着审判的公正。审判公正是审判的首要价值,但是公正的实现必须是迅速、及时的。西方的谚语云:“迟来的正义非正义。”也就是说,迟来的公正对胜诉方而言是一定程度的不公正。这是因为姗姗来迟的公正可能使胜诉者备受诉累,也可能对胜诉方已经失去补救的意义。因此,审判要实现真正的公正,就必须快速进行,在审限内及时结案。

在诉讼案件大量增加而司法资源有限的情况下,为了确保司法的公正与效率,各国都采取了包括建立简易程序、小额诉讼程序或速裁程序在内的诸多措施。我国早在1991年制定的《民事诉讼法》中就规定,基层人民法院和它派出的法庭审理事实清楚、权利义务关系明确、争议不大的简单民事案件,适用简易程序,包括:原告可以口头起诉;双方当事人可以同时到法院请求解决纠纷,法院可以当即审理;法院可以用简便方式随时传唤当事人、证人;可以由审判员一人独任审理。2012年修改的《民事诉讼法》进一步规定,基层人民法院和它派出的法庭审理的除简单民事案件以外的其他民事案件,当事人双方也可以约定适用简易程序;基层人民法院和它派出的法庭审理简单的民事案件,可以用简便方式传唤当事人和证人、送达诉讼文书、审理案件,但应当保障当事人陈述意见的权利;并增设了小额诉讼程序,即基层人民法院和它派出的法庭审理的简单民事案件,标的额为各省、自治区、直辖市上年度就业人员年平均工资30%以下的,实行一审终审。2021年修改的《民事诉讼法》第165条规定:基层人民法院和它派出的法庭审理事实清楚、权利义务关系明确、争议不大的简单金钱给付民事案件,标的额为各省、自治区、直辖市上年度就业人员年平均工资50%以下的,适用小额诉讼的程序审理,实行一审终审;基层人民法院和它派出的法庭审理前款规定的民事案件,标的额超过各省、自治区、直辖市上年度就业人员年平均工资50%但在2倍以下的,当事人双方也可以约定适用小额诉讼的程序。该规定由原法中的“上年度就业人员年平均工资百分之三十以下”修改为“百分之五十以下”,同时增加了约定适用小额诉讼程序的情形,从而进一步扩大了小额诉讼程序的适用范围。同时规定:人民法院适用小额诉讼的程序审理案件,可以一次开庭审结并且当庭宣判。

1996 年修改的《刑事诉讼法》增设了简易程序,2012 年修改的《刑事诉讼法》进一步完善了简易程序。按照该法的规定,基层人民法院管辖的案件,对于案件事实清楚、证据充分,被告人承认自己所犯罪行,对指控的犯罪事实没有异议,且被告人对适用简易程序没有异议的可以适用简易程序审判;适用简易程序审理案件,对可能判处 3 年有期徒刑以下刑罚的,可以组成合议庭进行审判,也可以由审判员 1 人独任审判,对可能判处的有期徒刑超过 3 年的,应当组成合议庭进行审判;适用简易程序审理公诉案件,人民检察院应当派员出席法庭。2018 年修改的《刑事诉讼法》增设了速裁程序,规定:基层人民法院管辖的可能判处 3 年有期徒刑以下刑罚的案件,案件事实清楚,证据确实、充分,被告人认罪认罚并同意适用速裁程序的,可以适用速裁程序,由审判员一人独任审判。

2017 年修改的《行政诉讼法》亦增设了简易程序,规定:人民法院审理被诉行政行为是依法当场作出、案件涉及款额 2000 元以下、属于政府信息公开的第一审行政案件,认为事实清楚、权利义务关系明确、争议不大的,可以适用简易程序;除上述规定以外的第一审行政案件,当事人各方同意适用简易程序的,可以适用简易程序。适用简易程序审理的行政案件,由审判员一人独任审理。

实践证明,简易程序、小额诉讼程序和速裁程序的建立和适用,对于解决案件积压,促进人民法院及时审判起到了极其重要的作用。

为了保证人民法院及时审结案件,防止久拖不决的现象发生,我国三大诉讼法对人民法院审判案件的期限均作了具体明确的规定。《刑事诉讼法》规定,人民法院审理第一审公诉案件,应当在受理后 2 个月以内宣判,至迟不得超过 3 个月。对于可能判处死刑的案件或者附带民事诉讼的案件,以及有该法第 158 条规定情形之一的,经上一级人民法院批准,可以延长 3 个月;因特殊情况还需要延长的,报请最高人民法院批准。适用简易程序审理案件,人民法院应当在受理后 20 日以内审结;对可能判处的有期徒刑超过 3 年的,可以延长至一个半月。适用速裁程序审理案件,人民法院应当在受理后 10 日以内审结;对可能判处的有期徒刑超过 1 年的,可以延长至 15 日。第二审人民法院受理上诉、抗诉案件,应当在 2 个月以内审结。人民法院按照审判监督程序重新审判的案件,应当在作出提审、再审决定之日起 3 个月内审结,需要延长的,不得超过 6 个月。《民事诉讼法》规定,人民法院适用普通程序审理的案件,应当在立案之日起 6 个月内审结。有特殊情况需要延长的,由本院院长批准,可以延长 6 个月;还需要延长的,报请上级人民法院批准。适用简易程序审理案件,应当在立案之日起 3 个月内审结。适用小额诉讼的程序审理案件,应当在立案之日起 2 个月内审结;有特殊情况需要延长的,经本院院长批准,可以延长 1 个月。审理对判决的上诉案件,应当在第二审立案之日起 3 个月内审结,有特殊情况需要延长的,由本院院长批准;审理对裁定的上诉案件,应当在第二审立案之日起 30 日内作出终审裁定。适用特别程序审理的案件,应当在立案之日起 30 日内或者公告期满后 30 日内审结。有特殊情况需要延长的,由本院院长批准。但审理选民资格的案件除外。《行政诉讼法》规定,人民法院应当在立案之日起 6 个月内作出第一审判决,适用简易程序审理的行政案件应当在立案之日起 45 日内审结;审理上诉案件,应当在收到上诉状之日起 3 个月内作出终审判决。

虽然三大诉讼法对人民法院的审理期限作出了明确的规定,但审判实践中超审限办案、久拖不决的情况仍比较严重。为了解决这一问题，最高人民法院于 2000 年 9 月发布、2008 年调整的《关于严格执行案件审理期限制度的若干规定》。该规定对各类案件的审理、执行期限，立案、结案时间及审理期限的计算，案件延长审理期限的报批，上诉、抗诉二审案件的移送期限，以及对案件审理期限的监督、检查等作了更加具体的规定，这有利于进一步保障审判公正，提高审判效率。

第五节　中国审判的主体制度

审判制度是由国家确定的人民法院进行审判活动所必须遵循的基本规则和程序。建立和实施审判制度的目的在于实现审判活动的科学化和规范化，以保证审判公正，提高审判效率。根据刑事诉讼法、民事诉讼法和行政诉讼法的规定，我国的审判制度主要有两审终审制度、人民陪审员制度、回避制度、辩护与辩论制度等。

一、两审终审制度

两审终审制度，是指一个案件经过两级法院审判即宣告终结的制度。我国《刑事诉讼法》第 10 条、《民事诉讼法》第 10 条、《行政诉讼法》第 7 条均规定：人民法院审理案件，实行两审终审制度。同时还规定：当事人（刑事被害人除外）不服地方各级人民法院第一审判决、裁定的，有权在法律规定的期限内向上一级人民法院提起上诉；地方各级人民检察院认为本级人民法院第一审的刑事判决、裁定确有错误的时候，应当向上一级人民法院提出抗诉。第二审人民法院的判决、裁定和最高人民法院的判决、裁定，是终审的判决、裁定。

我国人民法院审判案件实行两审终审制，但亦存在"一审终审"和"三审终审"的例外情况。首先，最高人民法院管辖的案件实行"一审终审"。由最高人民法院审判的所有一审刑事、民事和行政案件均实行一审终审，即它的一审判决、裁定，同时也是终审判决、裁定，不存在对它的裁判提出上诉或抗诉而引起二审程序的问题，这是由最高人民法院是我国最高审判机关的特殊地位决定的。其次，基层人民法院按照小额诉讼程序审理的简单金钱给付民事案件和按照特别程序审理的选民资格案件、宣告失踪案件、宣告死亡案件、认定公民无民事行为能力案件、认定公民限制民事行为能力案件以及认定财产无主案件亦实行"一审终审"。这些案件的标的数额较小，或者一般无双方当事人发生争执，只需对事实作出认定，而且有的时间性较强，需及时作出判决，故实行一审终审。最后，判处死刑的案件实行"三审终审"。判处死刑的案件，即使经过了一审、二审程序，其判决、裁定仍未发生法律效力，必须经过"第三审程序"即死刑复核程序的审判，其判决、裁定才能交付执行。因此，判处死刑的案件实际上实行三审终审。

资本主义国家对诉讼案件大都实行三审终审制，旧中国国民党政府的刑事诉讼法也规定采用三审终审制。为什么我国实行两审终审制呢？这是由我国的实际情况和处理案件的需要决定的。我国地域辽阔，交通欠发达，因此大多数案件由基层人民法院进行第一审，由中级人民法院进行第二审，这既便于诉讼参与人进行诉讼活动，也便于人民法院行使审判权，有利于及时惩罚犯罪，解决民事纠纷和行政争议，并教育广大人民群众，增强人民群众的法治观念。

如果审级太多,不仅会造成人力、财力和物力的浪费,而且会拖延诉讼,不利于发挥审判活动惩罚犯罪、定分止争的作用,也不利于保护当事人的合法权益。而且,根据我国的审判制度,经过两审终审后,即使极少数案件的判决、裁定可能出现错误,仍然可以通过审判监督程序或死刑复核程序得到纠正。此外,没有过多的审级,还能够使上级人民法院集中精力搞好审判业务的指导工作,特别是能够使最高人民法院摆脱审判具体案件的负担,集中精力加强对地方各级人民法院的业务指导和工作监督,做好司法解释和全国性重大案件的审判工作。

二、人民陪审员制度

人民陪审员制度是我国法律规定的由审判员和人民陪审员组成合议庭对案件共同进行审判的一项制度。人民陪审员参与案件的审理,是人民群众参与国家管理的一种重要形式和途径。早在第二次国内革命战争时期,革命根据地就开始确立了法院审判案件吸收群众代表参加陪审的制度,以后有了进一步的发展。中华人民共和国成立后,1951 年 9 月中央人民政府委员会第十二次会议通过的《人民法院暂行组织条例》规定,为便于人民参与审判,人民法院应视案件性质,实行人民陪审制。1954 年颁布的我国第一部《宪法》将人民陪审员作为一种制度予以确定。后来这一制度虽几经起落,但最终仍以法律的形式规定下来。1979 年 7 月 1 日第五届全国人大常委会第二次会议通过的《人民法院组织法》第 9 条规定:“人民法院审判第一审案件实行人民陪审员陪审的制度,但是简单的民事案件、轻微的刑事案件和法律另有规定的案件除外。”2018 年修订的《人民法院组织法》第 34 条规定:“人民陪审员依照法律规定参加合议庭审理案件。”我国现行诉讼法也作了相应的规定。其中,《刑事诉讼法》第 183 条第 1、2 款规定:“基层人民法院、中级人民法院审判第一审案件,应当由审判员三人或者由审判员和人民陪审员共三人或者七人组成合议庭进行,但是基层人民法院适用简易程序、速裁程序的案件可以由审判员一人独任审判。高级人民法院审判第一审案件,应当由审判员三人至七人或者由审判员和人民陪审员共三人或者七人组成合议庭进行。”《民事诉讼法》第 40 条规定:“人民法院审理第一审民事案件,由审判员、陪审员共同组成合议庭或者由审判员组成合议庭……陪审员在执行陪审职务时,与审判员有同等的权利义务。”《行政诉讼法》第 68 条也规定:“人民法院审理行政案件,由审判员组成合议庭,或者由审判员、陪审员组成合议庭。合议庭的成员,应当是三人以上的单数。”由此可见,人民陪审员制度是各级人民法院审理第一审刑事、民事、行政案件所实行的一项审判制度。

为了完善人民陪审员制度,保障公民依法参加审判活动,进一步发挥人民陪审员制度的作用,促进司法公正,2004 年 8 月 28 日,第十届全国人大常委会第十一次会议通过了《关于完善人民陪审员制度的决定》(已失效),该决定在原有法律的基础上,对人民陪审员制度作了比较系统的规定。2015 年 4 月,第十二届全国人大常委会第十四次会议作出《关于授权在部分地区开展人民陪审员制度改革试点工作的决定》,授权在北京、河北等 10 个省、自治区、直辖市进行人民陪审员制度的改革试点工作。同年 4 月和 5 月,最高人民法院、司法部先后印发《人民陪审员制度改革试点方案》《人民陪审员制度改革试点工作实施办法》,对人民陪审员制度改革试点工作予以规范。在试点取得成功经验的基础上,2018 年 4 月 27 日,第十三届全国人大常委会第二次会议通过《人民陪审员法》,对我国人民陪审员制度作了全面而具体的规定。主要内容如下:

1. 人民陪审员的条件。该法第 5 条规定,公民担任人民陪审员,应当具备下列条件:

(1)拥护中华人民共和国宪法;(2)年满 28 周岁;(3)遵纪守法、品行良好、公道正派;(4)具有正常履行职责的身体条件。同时,担任人民陪审员,一般应当具有高中以上文化程度。根据该法第 6、7 条的规定:人民代表大会常务委员会的组成人员,监察委员会、人民法院、人民检察院、公安机关、国家安全机关、司法行政机关的工作人员,律师、公证员、仲裁员、基层法律服务工作者,以及其他因职务原因不适宜担任人民陪审员的人员,不能担任人民陪审员。下列人员不得担任人民陪审员:受过刑事处罚的;被开除公职的;被吊销律师、公证员执业证书的;被纳入失信被执行人名单的;因受惩戒被免除人民陪审员职务的;其他有严重违法违纪行为,可能影响司法公信的。

2. 人民陪审员的名额、产生和任期。根据该法第 8 ~ 13 条的规定,人民陪审员的名额,由基层人民法院根据审判案件的需要,提请同级人民代表大会常务委员会确定;人民陪审员的名额数不低于本院法官数的 3 倍。司法行政机关会同基层人民法院、公安机关,从辖区内的常住居民名单中随机抽选拟任命人民陪审员数五倍以上的人员作为人民陪审员候选人,对人民陪审员候选人进行资格审查,征求候选人意见。司法行政机关会同基层人民法院,从通过资格审查的人民陪审员候选人名单中随机抽选确定人民陪审员人选,由基层人民法院院长提请同级人民代表大会常务委员会任命。因审判活动需要,可以通过个人申请和所在单位、户籍所在地或者经常居住地的基层群众性自治组织、人民团体推荐的方式产生人民陪审员候选人,经司法行政机关会同基层人民法院、公安机关进行资格审查,确定人民陪审员人选,由基层人民法院院长提请同级人民代表大会常务委员会任命。人民陪审员经人大常委会任命后,应当公开进行就职宣誓。宣誓仪式由基层人民法院会同司法行政机关组织。人民陪审员的任期为 5 年,一般不得连任。

3. 合议庭的组成和人民陪审员参加审判案件的范围。该法第 14 条规定,人民陪审员和法官组成合议庭审判案件,由法官担任审判长,可以组成 3 人合议庭,也可以由法官 3 人与人民陪审员 4 人组成 7 人合议庭。

该法第 15 条规定,人民法院审判第一审刑事、民事、行政案件,有下列情形之一的,由人民陪审员和法官组成合议庭进行:(1)涉及群体利益、公共利益的;(2)人民群众广泛关注或者其他社会影响较大的;(3)案情复杂或者有其他情形,需要由人民陪审员参加审判的。但人民法院审判上述案件,法律规定由法官独任审理或者由法官组成合议庭审理的,从其规定。

该法第 16 条规定,人民法院审判下列第一审案件,由人民陪审员和法官组成 7 人合议庭进行:(1)可能判处 10 年以上有期徒刑、无期徒刑、死刑,社会影响重大的刑事案件;(2)根据民事诉讼法、行政诉讼法提起的公益诉讼案件;(3)涉及征地拆迁、生态环境保护、食品药品安全,社会影响重大的案件;(4)其他社会影响重大的案件。

该法第 17 条规定,第一审刑事案件被告人、民事案件原告或者被告、行政案件原告申请由人民陪审员参加合议庭审判的,人民法院可以决定由人民陪审员和法官组成合议庭审判。

4. 人民陪审员参加合议庭审判的名单确定。该法第 19 条规定:基层人民法院审判案件需要由人民陪审员参加合议庭审判的,应当在人民陪审员名单中随机抽取确定;中级人民法院、高级人民法院审判案件需要由人民陪审员参加合议庭审判的,在其辖区内的基层人民法院的人民陪审员名单中随机抽取确定。

5. 人民陪审员的权利和义务。人民陪审员享有以下权利:(1)参加人民法院的审判活动,除法律另有规定外,同法官有同等权利。(2)依法享有参加审判活动、独立发表意见、获得履职保障等权利。(3)依法参加审判活动,受法律保护,特别是人身和住所安全受法律保护。(4)参加三人合议庭审判案件,对事实认定、法律适用,独立独立发表意见,行使表决权。参加七人合议庭审判案件,对事实认定,独立发表意见,并与法官共同表决;对法律适用,可以发表意见,但不参加表决。合议庭组成人员意见有重大分歧的,人民陪审员可以要求合议庭将案件提请院长决定是否提交审判委员会讨论决定。(5)有权获得补助。人民陪审员因参加审判活动而支出的交通、就餐等费用,由人民法院依照有关规定给予补助。同时,人民陪审员也应履行相应的义务,包括无正当理由,不得拒绝参加审判活动;不得徇私舞弊、枉法裁判;应当忠实履行审判职责,保守审判工作秘密,注重司法礼仪,维护司法形象;应当按照要求参加培训;等等。

6. 人民陪审员的履职保障。人民法院应当依法保障人民陪审员履行审判职责,人民陪审员所在单位、户籍所在地或者经常居住地的基层群众性自治组织应当依法保障人民陪审员参加审判活动。合议庭评议案件,实行少数服从多数的原则。人民陪审员同合议庭其他组成人员意见分歧的,应当将其意见写入笔录。人民陪审员参加审判活动期间,所在单位不得克扣或者变相克扣其工资、奖金及其他福利待遇,否则,基层人民法院应当及时向人民陪审员所在单位或者所在单位的主管部门、上级部门提出纠正意见。任何单位和个人不得对人民陪审员及其近亲属打击报复;对报复陷害、侮辱诽谤、暴力侵害人民陪审员及其近亲属的,依法追究法律责任。人民陪审员因参加审判活动应当享受的补助,人民法院和司法行政机关为实施人民陪审员制度所必需的开支,列入人民法院和司法行政机关业务经费,由相应政府财政予以保障。

7. 人民陪审员的奖惩。根据该法第 26、27 条的规定,对于在审判工作中有显著成绩或者有其他突出事迹的人民陪审员,依照有关规定给予表彰和奖励。人民陪审员有下列情形之一,经所在基层人民法院会同司法行政机关查证属实的,由院长提请同级人民代表大会常务委员会免除其人民陪审员职务:(1)本人因正当理由申请辞去人民陪审员职务的;(2)具有本法第 6、7 条所列情形之一的;(3)无正当理由,拒绝参加审判活动,影响审判工作正常进行的;(4)违反与审判工作有关的法律及相关规定,徇私舞弊,造成错误裁判或者其他严重后果的。人民陪审员有前款第 3、4 项所列行为的,可以采取通知其所在单位、户籍所在地或者经常居住地的基层群众性自治组织、人民团体,在辖区范围内公开通报等措施进行惩戒;构成犯罪的,依法追究刑事责任。

三、回避制度

回避制度是我国司法活动中的一项重要制度,它适用于侦查人员、检察人员和审判人员。但这里所讲的回避仅指审判人员的回避。

所谓回避制度,是指审判人员由于与其承办的案件或案件当事人有某种特殊关系,可能影响案件的公正处理,因而不得参与该案件审判活动的制度。我国刑事诉讼法、民事诉讼法和行政诉讼法均规定了回避制度。其内容主要包括以下几个方面:

(一)回避的理由

《刑事诉讼法》第 29 条规定,审判人员有下列情形之一的,应当自行回避,当事人及其诉讼代理人也有权要求他们回避:(1)是本案的当事人或者是当事人的近亲属的;(2)本人或者他的近亲属和本案有利害关系的;(3)担任过本案的证人、鉴定人、辩护人、诉讼代理人的;

(4)与本案当事人有其他关系,可能影响公正处理案件的。第30条规定,审判人员不得接受当事人及其委托的人的请客送礼,不得违反规定会见当事人及其委托的人;审判人员违反前款规定的,除应当依法追究法律责任外,当事人及其法定代理人有权要求他们回避。

《民事诉讼法》第47条第1、2款规定,审判人员有下列情形之一的,应当自行回避,当事人有权用口头或者书面方式申请他们回避:(1)是本案当事人或者当事人、诉讼代理人近亲属的;(2)与本案有利害关系的;(3)与本案当事人、诉讼代理人有其他关系,可能影响对案件公正审理的。审判人员接受当事人、诉讼代理人请客送礼,或者违反规定会见当事人、诉讼代理人的,当事人有权要求他们回避。

《行政诉讼法》第55条第1、2款规定,当事人认为审判人员与本案有利害关系或者有其他关系可能影响公正审判,有权申请审判人员回避。审判人员认为自己与本案有利害关系或者有其他关系,应当申请回避。

(二)回避的适用范围

根据三大诉讼法的规定,回避规定适用于直接负责案件审理的审判员和人民陪审员,也适用于参与案件讨论并作出决定的审判委员会委员,以及法官助理、书记员、翻译人员和鉴定人。这是因为对于疑难、复杂、重大案件,合议庭难于作出决定的,由合议庭提请院长决定提交审判委员会讨论决定,对审判委员会的决定,合议庭必须执行。如果审判委员会委员有法定回避理由而不回避,势必影响案件的公正处理,因此他们也是回避适用的人员。法官助理在法官指导下负责审查案件材料、草拟法律文书等审判辅助事务,书记员是负责法庭审理记录等审判辅助事务的人员,翻译人员是在案件中承担语言、文字或手势翻译工作的人员,鉴定人是根据公安司法机关的委托或指派,对案件中的专门性问题进行鉴定并作出结论性意见的人员。他们如果与案件或案件当事人有利害关系的,亦可能影响案件的公正处理,因此也应当纳入回避的适用范围。

(三)回避的种类

根据我国三大诉讼法的有关规定及审判实践,回避分为以下三种:

1. 自行回避。自行回避又称积极回避,是指具有法定回避情形的审判员、人民陪审员、审判委员会委员、法官助理、书记员等应主动要求回避。

2. 申请回避。申请回避,是指审判员、人民陪审员、审判委员会委员、法官助理、书记员等具有应当回避的情形而没有自行回避时,当事人及其诉讼代理人有权向人民法院提出申请,要求他们回避。申请回避权是法律赋予当事人及其诉讼代理人的重要诉讼权利之一,审判人员在开庭之前要按照法律规定把该案的审判组织情况告知诉讼当事人及其诉讼代理人,并在开庭时告知他们享有申请回避的权利,询问他们是否申请回避。同时,审判人员不能以任何借口限制、阻碍或剥夺当事人及其诉讼代理人对该权利的行使。

3. 指令回避。指令回避,是指审判员、人民陪审员、审判委员会委员、法官助理、书记员等遇有法定回避情形而没有自行回避,当事人及其诉讼代理人也没有申请回避的,人民法院发现后,有关负责人或组织有权作出决定责令其退出诉讼活动。指令回避是回避制度的重要组成部分,是对自行回避和申请回避的必要补充。

(四)回避的程序

1. 回避的提出。当事人及其诉讼代理人提出回避申请应当说明理由,并在案件开始审理时提出;回避事由在案件开始审理后知道的,也可以在法庭辩论终结前提出。

2. 回避的审查和决定。对当事人提出的回避申请,人民法院应当进行审查并作出是否回避的决定。人民法院院长担任审判长的,是否回避由本院审判委员会决定;审判人员的回避,由院长决定;其他人员的回避,由院长或审判长决定。被申请回避的人员在人民法院作出是否回避的决定前,应当暂停参与本案的工作,但案件需要采取紧急措施的除外。

根据《民事诉讼法》第50条规定,人民法院对当事人提出的回避申请,应当在申请提出的3日内,以口头或者书面形式作出决定。申请人对决定不服的,可以在接到决定时申请复议一次;复议期间,被申请回避的人员,不停止参与本案的工作;人民法院对复议申请,应当在3日内作出复议决定,并通知复议申请人。《刑事诉讼法》《行政诉讼法》对驳回申请回避的决定,只笼统规定"当事人及其法定代理人可以申请复议一次"。我们认为,对在刑事、行政审判中遇到的类似情况,宜参照《民事诉讼法》作出规定。

四、辩护和辩论制度

我国法律规定的诉讼当事人为了维护自己的合法权益可以就事实认定和法律适用与对方进行辩驳的制度,在刑事诉讼中称为辩护制度,在民事、行政诉讼中则称为辩论制度。

(一)辩护制度

辩护制度,是指犯罪嫌疑人、被告人及其辩护人根据事实和法律,提出犯罪嫌疑人、被告人无罪、罪轻或者减轻、免除其刑事责任的材料和意见,以维护犯罪嫌疑人、被告人的诉讼权利和其他合法权益的一项制度。《宪法》第130条规定"被告人有权获得辩护"。《刑事诉讼法》第11条规定:"被告人有权获得辩护,人民法院有义务保证被告人获得辩护。"第14条规定:"……人民法院、人民检察院和公安机关应当保障犯罪嫌疑人、被告人和其他诉讼参与人依法享有的辩护权和其他诉讼权利。"第34条第1款规定:"犯罪嫌疑人自被侦查机关第一次讯问或者采取强制措施之日起,有权委托辩护人;在侦查期间,只能委托律师作为辩护人。被告人有权随时委托辩护人。"由此可见,辩护制度是刑事诉讼中的一项重要制度。

在刑事诉讼中实行辩护制度具有重大意义,主要表现在以下三个方面:

首先,有助于公安司法人员全面了解案情。通过犯罪嫌疑人、被告人及其辩护人就指控事实的反驳,可以使公安司法人员全面掌握案件情况,客观地认定案件事实,准确地适用法律。

其次,可以维护犯罪嫌疑人、被告人的诉讼权利和其他合法权益。辩护权是犯罪嫌疑人、被告人最基本的诉讼权利,犯罪嫌疑人、被告人及其辩护人通过依法行使辩护权,阐明犯罪嫌疑人、被告人无罪或者罪轻的理由和根据,反驳不实的指控,可以促使公安司法机关对刑事案件作出公正的处理,从而有效地维护犯罪嫌疑人、被告人的诉讼权利和其他合法权益。

最后,有利于犯罪嫌疑人、被告人认罪服法,接受教育改造。犯罪嫌疑人、被告人通过依法行使辩护权,能够认识到公安司法机关认定事实是客观的,适用法律也是正确的,这有利于犯罪嫌疑人、被告人认罪服法,为其今后的教育改造奠定基础;否则,犯罪嫌疑人、被告人有抵触情绪,不仅不利于今后的教育改造,而且还会无理上诉或不断申诉。

根据《刑事诉讼法》的有关规定,刑事诉讼中的辩护主要有以下三种形式:

一是自行辩护,即犯罪嫌疑人、被告人在刑事诉讼的任何阶段都有权为自己进行辩护。

二是委托辩护。在刑事诉讼中,犯罪嫌疑人、被告人不仅可以自行辩护,而且可以委托辩护人为自己辩护。根据《刑事诉讼法》第33条第1款的规定,犯罪嫌疑人、被告人可以委托下列人员中的1人至2人作为辩护人:(1)律师;(2)人民团体或者犯罪嫌疑人、被告人所在单位推荐的人;(3)犯罪嫌疑人、被告人的监护人、亲友。但需要指出的是,根据《监察法》的规定,在监察委员会对职务犯罪案件的调查阶段,被调查人无权委托辩护人为自己辩护;只有调查终结,监察委员会将案件移送人民检察院审查起诉之日起,犯罪嫌疑人(原被调查人)才能委托辩护人为自己辩护。

三是指派律师辩护。根据《刑事诉讼法》第35、36、278条的规定,指派律师辩护具体包括以下四种:(1)犯罪嫌疑人、被告人因经济困难或者其他原因没有委托辩护人的,本人及其近亲属可以向法律援助机构提出申请。对符合法律援助条件的,法律援助机构应当指派律师为他提供辩护。(2)犯罪嫌疑人、被告人是盲、聋、哑人或未成年人,或者是尚未完全丧失辨认或者控制自己行为能力的精神病人,没有委托辩护人的,人民法院、人民检察院和公安机关应当通知法律援助机构指派律师为其提供辩护。(3)犯罪嫌疑人、被告人可能被判处无期徒刑、死刑,没有委托辩护人的,人民法院、人民检察院和公安机关应当通知法律援助机构指派律师为其提供辩护。(4)犯罪嫌疑人、被告人没有委托辩护人,法律援助机构没有指派律师为他提供辩护的,由法律援助机构在人民法院、看守所等场所派驻的值班律师为犯罪嫌疑人、被告人提供法律咨询、程序选择建议、申请变更强制措施、对案件处理提出意见等法律帮助。人民法院、人民检察院、看守所应当告知犯罪嫌疑人、被告人有权约见值班律师,并为犯罪嫌疑人、被告人约见值班律师提供便利。

《刑事诉讼法》第37条规定,辩护人的责任是根据事实和法律,提出犯罪嫌疑人、被告人无罪、罪轻或者减轻、免除其刑事责任的材料和意见,维护犯罪嫌疑人、被告人的诉讼权利和其他合法权益。辩护人为履行这一职责,按照《刑事诉讼法》和《律师法》的规定,享有以下权利:

1. 查阅案卷材料权。辩护律师自人民检察院对案件审查起诉之日起,可以查阅、摘抄、复制本案的案卷材料;其他辩护人经人民法院、人民检察院许可,也可以查阅、摘抄、复制上述材料。

2. 同在押的犯罪嫌疑人、被告人会见和通信权。辩护律师持律师执业证书、律师事务所证明和委托书或者法律援助公函,可以会见在押的犯罪嫌疑人、被告人并了解有关案件情况,提供法律咨询等。自案件移送审查起诉之日起,可以向犯罪嫌疑人、被告人核实有关证据。辩护律师会见犯罪嫌疑人、被告人时不被监听。辩护律师有权同在押的犯罪嫌疑人、被告人通信。其他辩护人经人民法院、人民检察院许可,也可以同在押的犯罪嫌疑人、被告人会见和通讯。

3. 调查取证权。辩护律师经证人或者其他有关单位和个人同意,可以向他们收集与本案有关的材料,也可以申请人民检察院、人民法院收集、调取证据,或者申请人民法院通知证人出庭作证。辩护律师经人民检察院或者人民法院许可,并且经被害人或者其近亲属、被害人提供的证人同意,可以向他们收集与本案有关的材料。

4. 提供法律帮助权。辩护律师在侦查期间可以为犯罪嫌疑人提供法律帮助;代理申诉、控告;申请变更强制措施;向侦查机关了解犯罪嫌疑人涉嫌的罪名和案件有关情况,提出意见。

5. 申诉、控告权。辩护人认为公安机关、人民检察院、人民法院及其工作人员阻碍其依法行使诉讼权利的,有权向同级或者上一级人民检察院申诉或者控告。人民检察院对申诉或者控告应当及时进行审查,情况属实的,通知有关机关予以纠正。

6. 辩护豁免权。辩护律师在法庭上发表的辩护意见不受法律追究。但是,发表危害国家安全、恶意诽谤他人、严重扰乱法庭秩序的言论除外。

辩护人在享有上述权利的同时,还应承担相应的义务,包括:不得帮助犯罪嫌疑人、被告人隐匿、毁灭、伪造证据或者串供;不得威胁、引诱证人作伪证以及进行其他干扰司法机关诉讼活动的行为;应当保守在辩护活动中知悉的国家秘密、商业秘密,不得泄露当事人的隐私;等等。

(二)辩论制度

《民事诉讼法》第12条规定:"人民法院审理民事案件时,当事人有权进行辩论。"《行政诉讼法》第10条规定:"当事人在行政诉讼中有权进行辩论。"据此,人民法院审理民事案件和行政案件,实行辩论制度。

辩论制度,是指在人民法院主持下,当事人有权就案件事实和争议问题,各自陈述自己的主张和根据,互相进行反驳和答辩,以维护自己合法权益的一项制度。按照该项制度的要求,原告提出诉讼请求,应当陈述事实,用证据证实自己的诉讼请求;被告有权对原告的诉讼请求进行反驳和答辩,提出证据证明自己的反驳和答辩是有事实根据的。双方当事人之间的辩论,有利于人民法院准确查明案件事实,正确适用法律,确定当事人之间真实的权利义务关系,从而作出公正的裁判。

辩论制度是社会主义民主在诉讼中的体现。一方面,它是人民法院审理案件应当遵循的准则,表现了人民法院审判活动的民主性;另一方面,它又是当事人在诉讼中享有的一项重要的诉讼权利。

辩论制度贯穿于民事诉讼和行政诉讼的全部过程中,在第一审程序审理前的准备阶段以及开庭审理阶段,当事人都可以充分地进行辩论,在第二审程序以及审判监督程序中,也允许双方当事人进行辩论。

双方当事人进行辩论,主要以言词方式进行,也可以通过书面形式进行。在审理前的准备阶段,原告提出起诉状,被告提出答辩状,就是用书面形式进行辩论。

双方当事人的辩论,主要应围绕案件的实质性问题即民事争议或行政争议的本身进行,包括原告的诉讼请求和被告的答辩能否成立、有无事实根据和法律根据。辩论的内容除案件的实质性问题外,还包括程序方面的问题。例如:当事人是否符合条件,当事人的诉讼代理人是否经过合法的委托和授权,受理本案的人民法院有无管辖权等。

在当事人辩论的过程中,法庭应当依照职权对当事人进行引导,使其按法定的程序进行辩论;制止与本案问题无关的辩论;认真听取当事人的辩论,及时向当事人提出问题,要求他们回答;对于违反诉讼秩序的行为,法庭不仅有权制止,还有权依照法律规定,采取必要的制裁措施。

五、司法建议制度

为充分发挥人民法院审判职能作用,促进能动司法,为经济社会全面协调可持续发展与社会和谐稳定提供更加有力的司法保障,最高人民法院于2012年3月15日印发《关于加强司法建议工作的意见》,对司法建议工作予以规范。根据该意见,人民法院司法建议制度的内容主要包括以下几个方面。

1. 司法建议的性质和作用。司法建议是法律赋予人民法院的重要职责,是人民法院工作的重要组成部分,是充分发挥审判职能作用的重要方式。同时,司法建议也是人民法院坚持能动司法,依法延伸审判职能的重要途径。人民法院依法履行司法建议职责,有利于促进有关单位科学决策、完善管理、消除隐患、改进工作、规范行为，不断提高科学管理水平，预防和减少社会矛盾纠纷。

2. 司法建议的基本要求。(1)司法建议工作应当纳入人民法院的整体工作部署，要创新建议形式，规范建议程序，确保建议质量，增强建议效果，推动司法建议工作依法有序开展，努力实现司法建议工作的法律效果和社会效果的有机统一。(2)正确处理司法建议工作与审判执行工作的关系，坚持以做好审判执行工作为出发点，同时充分发挥司法建议延伸审判职能的作用。审判执行工作中发现有关单位普遍存在的工作疏漏、制度缺失和隐患风险等问题，人民法院应当及时提出司法建议。(3)提出司法建议要坚持必要性、针对性、规范性和实效性原则，做到把握问题准确，分析问题透彻，依据充足，说理充分，建议客观合理，方案切实可行，行文严谨规范，确保建议质量，符合保密规定。

3. 司法建议的范围。人民法院对于审判执行工作中发现的下列问题，可以向相关党政机关、企事业单位、社会团体及其他社会组织提出司法建议，必要时可以抄送该单位的上级机关或者主管部门：(1)涉及经济社会发展重大问题需要相关方面积极加以应对的；(2)相关行业或者部门工作中存在的普遍性问题，需要有关单位采取措施的；(3)相关单位的规章制度、工作管理中存在严重漏洞或者重大风险的；(4)国家利益、社会公共利益受到损害或者威胁，需要有关单位采取措施的；(5)涉及劳动者权益、消费者权益保护等民生问题，需要有关单位采取措施的；(6)法律规定的有义务协助调查、执行的单位拒绝或者妨碍人民法院调查、执行，需要有关单位对其依法进行处理的；(7)拒不履行人民法院生效的判决、裁定，需要有关单位对其依法进行处理的；(8)发现违法犯罪行为，需要有关单位对其依法进行处理的；(9)诉讼程序结束后，当事人之间的纠纷尚未彻底解决，或者有其他问题需要有关部门继续关注的；(10)其他确有必要提出司法建议的情形。

此外，院长、庭长在履行审判监督指导职责、审判监督部门和审判管理部门在开展案件质量评查等活动、上级人民法院对下级人民法院的案件进行监督评查时，发现需要向有关部门提出司法建议的，应当建议提出司法建议。

4. 司法建议书的类型、制作和发送。人民法院提出司法建议，应当制作司法建议书。司法建议书包括以下三种类型：(1)针对个案中反映的具体问题制作的个案司法建议书；(2)针对某一类案件中反映的普遍性问题制作的类案司法建议书；(3)针对一定时期经济社会发展中存在的普遍性、系统性问题制作的综合司法建议书。根据实际需要，综合司法建议书可以附相关调研报告、审判工作报告(白皮书)等材料。

司法建议书应当按照统一的格式制作，一般包括首部、主文和尾部三部分。其中，首部包括法院名称、司法建议书、司法建议书编号、主送单位(被建议单位)名称。主文包括在审理和执行案件中或者相关调研中发现的需要重视和解决的问题，对问题产生原因的分析，依据法律法规及政策提出的具体建议，以及其他需要说明的事项。尾部包括院印和日期。如需抄送被建议单位的上级机关、主管部门或其他有关部门的，应当列明抄送单位全称。

个案、类案司法建议书由所涉案件审判业务部门负责起草，综合司法建议书可以由有关综合性部门或者审判业务部门负责起草。司法建议书起草完成后，交司法建议工作日常管理机构审核，报分管院领导签发。向党政机关发送的重要司法建议书或者审判委员会决定发送的司法建议书，由院长签发。

司法建议书应当以人民法院的名义发送,不得以法院内设机构或者个人名义发送。拟向上级党委、人大、政府及其部门提出的司法建议书,必要时可以提请上级人民法院发送。司法建议书应当及时送达被建议单位。必要时,人民法院可以将相关材料一并送达被建议单位。被建议单位应当向人民法院反馈整改意见。

第六节　中国审判的监督与保障制度

一、审判管理制度

2010年12月9日和2011年1月6日,最高人民法院先后印发《关于加强基层人民法院审判质量管理工作的指导意见》和《关于加强人民法院审判管理工作的若干意见》,对各级人民法院的审判管理工作予以规范。由此,我国法院系统初步建立起基本适应审判工作需要的审判管理制度。

1. 审判管理目的。开展审判管理的目的,是运用组织、领导、指导、评价、监督、制约等方法,对审判工作进行合理安排,对审判过程进行严格规范,对审判质效进行科学考评,对司法资源进行有效整合,确保司法公正、廉洁、高效。

2. 审判管理机构。高级、中级人民法院和有条件的基层人民法院,设立审判管理办公室,基层人民法院也可以由审判监督庭承担审判管理的职能。审判管理办公室是审判委员会、院长的参谋助手,是承上启下、连接各方的枢纽,是人民法院专事审判管理的综合审判业务部门,主要承担审判委员会日常事务、审判流程管理、案件质量评查、审判运行态势分析、审判经验总结等审判管理职责。上级人民法院审判管理办公室应加强对下级人民法院审判管理工作的指导。

3. 审判管理的要求。审判管理的基本要求,是要以科学发展观为指导,做到统筹兼顾:一是要坚持全员管理,院长、庭长、审判长以及审判人员都是审判管理的主体,各个管理主体都要明确权利义务和岗位职责;二是要坚持全程管理,从立案到分案、排期、开庭、裁判、执行等各个审判环节都应当进行管理和监督,确保审判过程严谨规范、公开透明,审判结果公正高效;三是要坚持全面管理,既要加强审判质量和效率的管理,又要加强审判效果的管理,努力做到案结事了,实现办案的法律效果与社会效果的有机统一。

4. 审判管理的主要内容。审判管理的内容主要包括以下六项:(1)审判质量管理,即建立健全符合审判工作实际的案件质量评查长效机制,完善评查标准,加强案件质量评查工作,通过案件质量评查,整体提高审判工作的质量和效率。要注重案件质量评查结果的实际应用,做到评查案件与总结审判经验的有机统一,制约机制与激励机制的有机统一,评查结果与绩效考核的有机统一。要结合一定时期内审判工作中的突出问题,在每年开展案件质量常规评查的同时,加强案件质量的专项评查和重点评查工作,尤其要加大对涉诉信访案件、社会公众关注案件等重点案件的评查力度,促进社会矛盾的化解。(2)审判效率管理,即根据审判工作整体运行态势,合理分配审判资源,明确简易案件与疑难复杂案件的分类标准,实现案件繁简分流,提高审判效率。要完善审限动态监控机制,实行审限提示与预警,规范延长、扣除案件的审限审批手续,强化对案件审限的管理,促进法定审限内结案。要建立健全案件催办、督办制度,强化均衡结案意识,形成符合审判工作规律的收结案动态平衡机制,实现均衡结案。(3)审判流程管理。审判流程管理是审判质量管理和审判效率管理的基础。要依托计算机信息技术,尽快完善案件管理信息平台,条件尚不具备的人民法院也要充分利用已有的设备和条件,因地制宜,完善制度,使审判流程管理更加科学化、规范化、精细化。要完善审判流程管理制度,强化对案件审理的程序监控和节点管理,实现对立案、分案、开庭、裁判、执行、归档等流程节点的管理,切实做到节点不遗漏,全程有监控。要狠抓审判流程管理制度的落实,明确各个节点的监控职责,将节点管理落实到具体部门和人员,确保案件审理依法、公正、高效进行。(4)审判运行态势分析。建立健全审判运行态势监控机制,通过案件质量评查、审判流程管理、司法统计等渠道广泛收集的相关数据和资料,分析、研判审判工作运行态势,及时发现、解决影响案件质量和效率的问题,保障审判工作健康有序开展。(5)审判绩效管理。依托审判质效评估指标体系,建立既符合审判工作实际又简便易行的审判绩效考核机制。建立审判管理与考核奖惩的对接机制,将审判绩效考核结果作为法官评先评优、晋职晋级的主要依据,充分发挥以管人促管案、管案与管人相结合的综合效应。(6)审判经验的总结。对于审判管理中发现的具有普遍性或者全局性的问题,要认真分析和研究;要善于发现审判工作中的典型,推广经验,总结教训,增强典型的导向和警示作用。

5. 审判管理的方式、方法。审判管理根据内容的不同,应当采取不同的方式、方法。例如,进行审判质量管理,应当重点加强案件质量评查工作,具体包括:(1)常规评查,即对本院审结、执结的案件逐案检查或者随机抽查,保证每个办案人员都能被抽查相应案件。(2)专项评查,即对特定类型案件和特定办案环节进行检查。(3)重点评查,即对被上级法院改判或者发回重审等可能存在严重质量问题的案件逐案检查,分析存在的问题,规范审判执行行为。进行审判流程管理,则应重点加强审限监控,确保案件流程依法运行,杜绝不当超审限现象的发生;加强庭审观摩,对庭审礼仪、庭审程序、庭审驾驭能力等方面进行监督。同时,进行审判管理,还应当完善机制,注重效果:一是建立健全瑕疵补救机制,对发现的审判质量瑕疵及时进行补救;二是建立健全奖惩激励机制,对办案优质高效者给予表彰和奖励,对存在质量问题的案件进行责任分析,对应追责者移送有关部门处理;三是建立健全分析讲评和整改机制,对普遍性问题进行讲评并提出整改建议;四是建立健全审判经验总结和司法尺度统一机制,对审判质量整体情况进行总体分析,发现本院司法尺度不统一的,及时提交审判委员会讨论决定。

二、司法信息公开制度

参照2007年4月国务院颁布并于2019年修订的《政府信息公开条例》的界定,[13]我们认为,所谓法院司法信息,应当是指人民法院在履行审判、执行职能过程中制作或者获取的,以一定形式记录、保存的信息。

2009年12月8日,最高人民法院发布《关于司法公开的六项规定》,首次涉及司法信息公开问题。根据该规定,司法公开(包括司法信息公开)的范围具体包括:(1)立案公开,即各类案件的立案条件、立案流程、法律文书样式、诉讼费用标准、缓减免交诉讼费程序、当事人重要

---

〔13〕《政府信息公开条例》第2条将政府信息定义为"行政机关在履行行政管理职能过程中制作或者获取的,以一定形式记录、保存的信息"。

权利义务、诉讼和执行风险提示以及可选择的诉讼外纠纷解决方式等内容,应当通过适当的形式向社会和当事人公开;(2)庭审公开,即案件的审理情况和宣告判决应当向社会公开,不公开审理的除外;(3)执行公开,即执行的依据、标准、规范、程序以及执行全过程应当向社会和当事人公开,但涉及国家秘密、商业秘密、个人隐私等法律禁止公开的信息除外;(4)听证公开,即听证公开的范围、方式、程序等参照庭审公开的有关规定执行;(5)文书公开,即人民法院的裁判文书可以在互联网或法院公报上公开发布,但涉及国家秘密、未成年人犯罪、个人隐私以及其他不适宜公开的案件和调解结案的案件外;(6)审务公开,即人民法院的审判管理工作以及与审判工作有关的其他管理活动应当向社会公开。显然,从该规定中,我们可以看出它规范的"司法公开"已经悄然发生转变,不再局限于传统意义上司法公开的基本内涵,其中关于庭审视频公开、[14]执行信息查询、裁判文书上网以及逐步建立和完善信息公开平台的规定属于事后的信息公开,而非行为、过程的同步公开,应当属于司法信息公开的范畴。

为了进一步推进司法信息公开,最高人民法院于2010年11月8日制定《关于人民法院在互联网公布裁判文书的规定》(已失效),由此"在互联网公布裁判文书"成为最受国人关注的司法信息公开活动。然而,该规定第2条规定:"人民法院的生效裁判文书可以在互联网公布……"不难看出,这一阶段裁判文书并非"应当"公布。2013年11月21日,最高人民法院印发经过重新制定的《关于人民法院在互联网公布裁判文书的规定》(已失效),其第4条规定:"人民法院的生效裁判文书应当在互联网公布,但有下列情形之一的除外:(一)涉及国家秘密、个人隐私的;(二)涉及未成年人违法犯罪的;(三)以调解方式结案的;(四)其他不宜在互联网公布的。"[15]同时印发的《关于推进司法公开三大平台建设的若干意见》,对推进审判流程公开、裁判文书公开、执行信息公开三大平台建设作了全面的部署,至此人民法院司法信息公开的范围进一步扩大,较好地体现了"以公开为常态、以不公开为例外"的司法信息公开原则。

根据《关于推进司法公开三大平台建设的若干意见》第5、6条的要求,人民法院应当通过审判流程公开平台,向公众公开以下信息:(1)法院地址、交通图示、联系方式、管辖范围、下辖法院、内设部门及其职能、投诉渠道等机构信息;(2)审判委员会组成人员、审判人员的姓名、职务、法官等级等人员信息;(3)审判流程、裁判文书和执行信息的公开范围和查询方法等司法公开指南信息;(4)立案条件、申请再审、申诉条件及要求、诉讼流程、诉讼文书样式、诉讼费用标准、缓减免交诉讼费用的程序和条件、诉讼风险提示、可供选择的非诉讼纠纷解决方式等诉讼指南信息;(5)审判业务文件、指导性案例、参考性案例等审判指导文件信息;(6)开庭公告、听证公告等庭审信息;(7)人民陪审员名册、特邀调解组织和特邀调解员名册、评估、拍卖及其他社会中介入选机构名册等名册信息。同时,人民法院应当整合各类审判流程信息,方便当事人自案件受理之日起,凭密码从审判流程公开平台获取以下信息:(1)案件名称、案号、案由、立案日期等立案信息;(2)合议庭组成人员的姓名、承办法官与书记员的姓名、办公电话;

〔14〕　关于庭审视频,若是直播,即属于信息化的司法公开途径(同步公开);若是录播,则属于司法信息公开的方式(事后公开)。

〔15〕　2016年8月29日修订后重新发布的《关于人民法院在互联网公布裁判文书的规定》第4条规定:"人民法院作出的裁判文书有下列情形之一的,不在互联网公布:(一)涉及国家秘密的;(二)未成年人犯罪的;(三)以调解方式结案或者确认人民调解协议效力的,但为保护国家利益、社会公共利益、他人合法权益确有必要公开的除外;(四)离婚诉讼或者涉及未成年子女抚养、监护的;(五)人民法院认为不宜在互联网公布的其他情形。"

(3)送达、管辖权处理、财产保全和先予执行情况;(4)庭审时间、审理期限、审限变更、诉讼程序变更等审判流程节点信息。

根据《关于推进司法公开三大平台建设的若干意见》第16~18条的要求,人民法院应当整合各类执行信息,方便当事人凭密码从执行信息公开平台获取以下信息:(1)执行立案信息;(2)执行人员信息;(3)执行程序变更信息;(4)执行措施信息;(5)执行财产处置信息;(6)执行裁决信息;(7)执行结案信息;(8)执行款项分配信息;(9)暂缓执行、中止执行、终结执行信息等。人民法院应当通过执行信息公开平台,向公众公开以下信息:(1)执行案件的立案标准、启动程序、执行收费标准和根据、执行费缓减免的条件和程序;(2)执行风险提示;(3)悬赏公告、拍卖公告等。人民法院应当充分发挥执行信息公开平台对失信被执行人的信用惩戒功能,向公众公开以下信息,并方便公众根据被执行人的姓名或名称、身份证号或组织机构代码进行查询:(1)未结执行实施案件的被执行人信息;(2)失信被执行人名单信息;(3)限制出境被执行人名单信息;(4)限制招投标被执行人名单信息;(5)限制高消费被执行人名单信息等。

值得一提的是,在司法改革过程中,各级人民法院还不断采取多种方式、渠道主动公开司法信息,从而极大地增强了司法工作的透明度。这些方式、渠道主要包括:(1)通过报刊、广播电视、《司法文件选编》等渠道公开规范性文件、人民法院工作报告等司法信息。(2)建立官方网站,发布相关司法信息。例如:最高人民法院网站设置“权威发布”栏目,公开司法解释、司法文件、司法数据、裁判文书、任免招录、法院公告、工作报告、公报等信息;地方各级法院也先后建立网站,发布立案标准、当事人权利义务、诉讼流程、开庭公告、裁判文书、法院年度工作报告、案件审结和执结情况等信息。(3)建立“中国裁判文书网”,公布生效的裁判文书。2013年6月,最高人民法院专门建立了“中国裁判文书网”,并决定将本院和地方各级法院生效的裁判文书全部在该网站予以公布。当年7月2日,最高人民法院的裁判文书即在该网站首次集中公布。(4)出版最高人民法院公报,公开司法文件和指导性案例等。公报按月出版,其主要内容包括法律选登、司法解释、司法文件、裁判文书、案例、任免事项和文献等。(5)编制并公开发布《人民法院工作年度报告》。为了主动接受监督,进一步落实司法公开原则,最高人民法院决定从2010年开始发布《人民法院工作年度报告》。其中,2010年6月发布的《人民法院工作年度报告(2009年)》就分为“抓好执法办案第一要务”“确立科学发展工作方针”“加强法院基层基础建设”“建设高素质的法院队伍”“加大反腐倡廉工作力度”“推进司法体制机制改革”六个部分,共3.2万余字,对2010年度发生、获取的司法信息作了分门别类的整理和公开。(6)建立新闻发布会、案情通报会和新闻发言人制度,主动、及时向新闻媒体和社会公众通报重大案件的进展情况和处理结果,审判工作的其他重要情况以及司法人员违法违纪及犯罪的查处情况等。(7)通过微博、微信、手机客户端发布案件审理实况。如济南市中级人民法院于2013年8月22~26日审理薄熙来贪污、受贿和滥用职权案件,就通过微博、微信对审理情况进行了直播并在网上形成了相关的信息。

毫无疑问,司法信息公开制度的建立和实施,既有利于广大人民群众知情权、参与权、表达权和监督权的切实行使,也有利于诉讼参与人诉讼权利的充分行使,从而有助于加强对人民法院和司法人员的监督,进而预防司法腐败的发生,促进司法公正的实现和司法权威的塑造。

三、审判责任的认定与追究制度

根据最高人民法院《关于完善人民法院司法责任制的若干意见》的规定,法官审判责任的认定和追究制度,具体包括以下几方面的内容。

(一)审判责任的范围

1. 一般规定。法官应当对履行审判职责的行为承担责任,在职责范围内对办案质量终身负责。法官在审判工作中,故意违反法律法规的,或者因重大过失导致裁判错误并造成严重后果的,依法应当承担违法审判责任。法官有违反职业道德准则和纪律规定,接受案件当事人及相关人员的请客送礼、与律师进行不正当交往等违纪违法行为,依照法律及有关纪律规定另行处理。

2. 应当追究违法审判责任的情形。有下列七种情形之一的,应当依纪依法追究相关人员的违法审判责任:(1)审理案件时有贪污受贿、徇私舞弊、枉法裁判行为的;(2)违反规定私自办案或者制造虚假案件的;(3)涂改、隐匿、伪造、偷换和故意损毁证据材料的,或者因重大过失丢失、损毁证据材料并造成严重后果的;(4)向合议庭、审判委员会汇报案情时隐瞒主要证据、重要情节和故意提供虚假材料的,或者因重大过失遗漏主要证据、重要情节导致裁判错误并造成严重后果的;(5)制作诉讼文书时,故意违背合议庭评议结果、审判委员会决定的,或者因重大过失导致裁判文书主文错误并造成严重后果的;(6)违反法律规定,对不符合减刑、假释条件的罪犯裁定减刑、假释的,或者因重大过失对不符合减刑、假释条件的罪犯裁定减刑、假释并造成严重后果的;(7)其他故意违背法定程序、证据规则和法律明确规定违法审判的,或者因重大过失导致裁判结果错误并造成严重后果的。

负有监督管理职责的人员(包括院长、副院长、审委会专职委员、庭长、副庭长等)等因故意或者重大过失,怠于行使或者不当行使审判监督权和审判管理权导致裁判错误并造成严重后果的,依照有关规定应当承担监督管理责任。追究其监督管理责任的,依照干部管理有关规定和程序办理。

3. 不予追究审判责任的情形。因下列情形之一,导致案件按照审判监督程序提起再审后被改判的,不得作为错案进行责任追究:(1)对法律、法规、规章、司法解释具体条文的理解和认识不一致,在专业认知范围内能够予以合理说明的;(2)对案件基本事实的判断存在争议或者疑问,根据证据规则能够予以合理说明的;(3)当事人放弃或者部分放弃权利主张的;(4)因当事人过错或者客观原因致使案件事实认定发生变化的;(5)因出现新证据而改变裁判的;(6)法律修订或者政策调整的;(7)裁判所依据的其他法律文书被撤销或者变更的;(8)其他依法履行审判职责不应当承担责任的情形。

(二)审判责任的承担

审判责任的承担,按照以下规定进行:

1. 独任制审理的案件,由独任法官对案件的事实认定和法律适用承担全部责任。

2. 合议庭审理的案件,合议庭成员对案件的事实认定和法律适用共同承担责任。但在进行违法审判责任追究时,应当根据合议庭成员是否存在违法审判行为、情节、合议庭成员发表意见的情况和过错程度合理确定各自责任。

3. 审判委员会讨论案件时,合议庭对其汇报的事实负责,审判委员会委员对其本人发表的意见及最终表决负责。案件经审判委员会讨论的,构成违法审判责任追究情形时,根据审判委员会委员是否故意曲解法律发表意见的情况，合理确定委员责任。审判委员会改变合议庭意见导致裁判错误的，由持多数意见的委员共同承担责任，合议庭不承担责任。审判委员会维持合议庭意见导致裁判错误的，由合议庭和持多数意见的委员共同承担责任。合议庭汇报案件时，故意隐瞒主要证据或者重要情节，或者故意提供虚假情况，导致审判委员会作出错误决定的，由合议庭成员承担责任，审判委员会委员根据具体情况承担部分责任或者不承担责任。审判委员会讨论案件违反民主集中制原则，导致审判委员会决定错误的，主持人应当承担主要责任。

4. 审判辅助人员根据职责权限和分工承担与其职责相对应的责任。法官负有审核把关职责的，法官也应当承担相应责任。

5. 法官受领导干部干预导致裁判错误的，且法官不记录或者不如实记录，应当排除干预而没有排除的，承担违法审判责任。

（三）违法审判责任追究程序

1. 违法审判责任追究程序的启动。需要追究违法审判责任的，一般由院长、审判监督部门或者审判管理部门提出初步意见，由院长委托审判监督部门审查或者提请审判委员会进行讨论，经审查初步认定有关人员具有违法审判责任追究情形的，人民法院纪检监察部门应当启动违法审判责任追究程序。各级人民法院应当依法自觉接受人大、政协、媒体和社会监督，依法受理对法官违法审判行为的举报、投诉，并认真进行调查核实。

2. 对违法审判行为的调查核实。人民法院纪检监察部门应当对法官是否存在违法审判行为进行调查，并采取必要、合理的保护措施。在调查过程中，当事法官享有知情、辩解和举证的权利，监察部门应当对当事法官的意见、辩解和举证如实记录，并在调查报告中对是否采纳作出说明。

3. 法官惩戒委员会的审议和惩戒建议。监察部门经调查后，认为应当追究法官违法审判责任的，应当报请院长决定，并报送省（区、市）法官惩戒委员会审议。高级人民法院监察部门应当派员向法官惩戒委员会通报当事法官的违法审判事实及拟处理建议、依据，并就其违法审判行为和主观过错进行举证。当事法官有权进行陈述、举证、辩解、申请复议和申诉。法官惩戒委员会根据查明的事实和法律规定作出无责、免责或者给予惩戒处分的建议。

4. 法官承担审判责任的处理程序。对应当追究违法审判责任的相关责任人，根据其应负责任依照《法官法》等有关规定处理：（1）应当给予停职、延期晋升、退出法官员额或者免职、责令辞职、辞退等处理的，由组织人事部门按照干部管理权限和程序依法办理；（2）应当给予纪律处分的，由纪检监察部门依照有关规定和程序依法办理；（3）涉嫌犯罪的，由纪检监察部门将违法线索移送有关司法机关依法处理。免除法官职务，必须按法定程序由人民代表大会罢免或者提请人大常委会作出决定。

第四章　中国检察制度

第一节　中国检察制度概述

一、检察制度的概念

检察制度是指国家设立专门机关代表国家检控违法犯罪以督促法律实施的制度，是对一个国家检察机关的性质、任务、职权、组织体系、活动原则以及各项工作制度的总称，是国家政治制度的重要组成部分。检察制度是国家实施法律的一项制度，但与国家实施法律的其他制度如审判制度、监狱制度相比，检察制度并没有伴随着国家的产生而产生，而是人类社会发展到一定阶段的产物。

在人类历史上，对违法犯罪的追究主要有两种形式：一种是纠问式，另一种是控诉式。其中控诉式又可以分为个人控诉、团体控诉和国家控诉。在奴隶社会和封建社会早期，犯罪被认为仅危害个人利益，因此普遍采用"不告不理"原则。侵害个人的犯罪一般由被害人自己进行控诉；而侵害公共团体的犯罪则由团体代表或者国家官吏负责控诉。随着人们对犯罪观念的转变，犯罪被认为是对国家统治秩序的一种破坏，而不再仅是对私人利益的侵害。与此同时，封建制国家为了维护自身的专制统治，加强了对犯罪的追究。最早的检察制度出现在法国。早在12世纪，法国就出现了代表国王参加诉讼的代理人。到16世纪，英国也形成了自己的检察制度。封建社会的检察制度具有两个特点：一是检察官是封建国王的代理人、法律顾问或律师；二是没有单独设立的检察机关，而是在各级法院附设检察机关。由于检察官身份不独立，形成了控审不分的纠问式诉讼模式。在这种诉讼模式下，国家司法机关对犯罪的追究不再以私人控诉为必备条件，而是依职权直接纠举和审判。作为唯一的司法检控主体，审判机关集侦查和控诉职能于一身，可以任意对当事人或被告人进行秘密审讯和刑讯逼供，从而导致枉法擅断、任意出入罪之风盛行。与封建专制体制根本不同，近代资本主义国家普遍确立了"三权分立"的民主宪政体制。封建专制时代检控与审判一体的旧制度被废除，代之以检控与审判完全分离的新制度，"不告不理"的原则得到了重新确认。由于审判机关不再承担侦控任务，因而以独立身份代表国家追究犯罪的现代检察机关以及与之相适应的一整套检察制度也随之产生。现代检察制度适应了人类社会司法制度进步的趋势，不仅能够从根本上克服纠问式诉讼的陋习，而且避免了个人和团体追究犯罪能力过弱的弊端，因而得到现代国家的普遍承认。目前，资本主义国家的检察制度主要包括两类，即大陆法系国家的检察制度和英美法系国家的检察制度。其共同特点也有两个：一是检察机关多隶属于行政机关的司法行政部门；二是检察机关的任务主要是刑事诉讼,一般不承担其他法律监督职责。[1] 此外,各国在加强检察机关的权力和保障、明确检察机关维护公益和伸张正义的价值取向、促进检察权的民主化等方面都表现出了共同的发展趋势。[2]

我国的检察制度是宪法、法律所规定的检察机关的性质、地位、任务、职权、组织体系、活动原则以及各项工作制度的总称,它以苏联的模式为基础,并结合我国的国情而创立,充分体现了我国人民民主专政的性质,因此又被称为人民检察制度。

二、中国检察制度的沿革

在我国,现代意义上的检察制度出现于清朝末年。在漫长的封建社会,只出现过担当部分检察职能的国家机关——御史台或都察院。中国封建社会的监察制度,又称御史制度,最早起源于殷商和西周,并于秦汉时期得以正式建立。虽然此后历朝、历代的监察机构在名称上不尽相同,其职能也有所区别,但御史制度一直是中国封建社会特有的一项司法制度。无论是早期的御史台还是后来的都察院,法律监督和刑事追诉都是其所承担职责中的重要内容。从这一点上来看,它已经具备了部分检察职能。不过,御史往往还同时掌握着审判、审计、行政监察、人事等方面的职权,是封建社会立法、行政、司法权力不分,司法权中审判与起诉权力不分的产物。这就决定了中国古代的监察制度不可能发展成为现代的检察制度。

中国近现代检察制度的建立是从清末变法后开始的。1906 年清政府制定的《大理院审判编制法》规定:“凡大理院以下审判厅、局,均须设有检察官。……检察官于刑事有起诉之责。”这是我国建立近代检察制度最早的组织法规范,也是我国诉讼制度史上审判权和检察权的首次分离。根据该法,检察官的职权包括对刑事案件的调查、公诉的提起、请求正当适用法律,以及监视判决的执行。[3] 此后,清政府又先后颁布了《各级审判厅试办章程》《法院编制法》《检察厅调度司法警察章程》,从而为我国现代检察制度的建立奠定了基础。

中华民国建立之后,完全沿袭了清末的司法制度,实行四级三审制,并在各级审判机构内设置检察机关。从 1927 年开始,国民党政府先后颁布了《裁撤各级检察厅并改定检察长名称令》《各省高等法院检察官办事权限暂行条例》《地方法院检察官办事权限暂行条例》《最高法院组织法》《最高法院检察署处务规程》《中华民国法院组织法》等一系列法律、法规,逐步确立了“最高法院设检察署,置检察官若干人,以一人为检察长,其他法院及分院各置检察官若干人,以一人为首席检察官”的检察体制,并一直延续到国民党政府覆灭。

中华人民共和国建立检察制度的最初法律依据是《中国人民政治协商会议共同纲领》和《中央人民政府组织法》。《中国人民政治协商会议共同纲领》规定要建立人民司法制度。《中央人民政府组织法》则规定:“中央人民政府委员会组织……最高人民法院及最高人民检察署,以为国家的最高审判机关及检察机关。”同时规定:“最高人民检察署对政府机关、公务人员和全国国民之严格遵守法律,负最高的检察责任。”1949 年 12 月 20 日颁布的《中央人民政府最高人民检察署试行组织条例》是中华人民共和国首部单行的检察院组织法,它确定了我国检察制度的基本内容,为全面、系统地建立检察制度奠定了法律基础。1954 年 9 月 21 日,第

---

〔1〕 参见周其华:《中国检察学》,中国法制出版社 1998 年版,第 71、75 页。
〔2〕 参见张培田:《检察制度本源刍探》,载《中国刑事法杂志》2000 年第 5 期。
〔3〕 参见张培田:《检察制度在中国的形成》,载《中国刑事法杂志》2001 年第 3 期。

一届全国人民代表大会通过了我国历史上第一部检察院组织法典——《人民检察院组织法》,规定国家设置最高人民检察院、地方各级人民检察院和专门人民检察院,并对人民检察院的职权、组织、活动原则和行使职权的程序作了明确规定。据此,全国各级人民检察院逐步建立和健全起来。此后,由于"文化大革命"的影响,检察机关于1968年年底被撤销,我国检察制度出现了巨大的倒退。"文革"结束后,第五届全国人民代表大会于1979年7月通过了第二部《人民检察院组织法》,同时颁布了《刑事诉讼法》等法律,我国的检察制度得以重新建立和发展。此后,全国人大常委会先后于1983年、1986年、2018年对《人民检察院组织法》的部分条文进行了修改,对检察机关的法律监督职权及行使职权的原则、程序等作了进一步的修改和补充,从而使我国检察制度更加完善。1995年2月第八届全国人大常委会审议通过的《检察官法》对人民检察院组织法的有关内容进行了重要修改和补充,标志着我国检察官制度的正式建立,堪称我国检察制度建设的里程碑。

三、中国检察制度的改革

(一)检察机构的改革

检察机构改革是检察制度改革的重要内容。2000年,最高人民检察院进行机构改革:将审查批捕厅、审查起诉厅、法纪检察厅分别变更为侦查监督厅、公诉厅和渎职侵权检察厅;撤销机关事务管理局,将其职能划入办公厅和机关服务中心;设立职务犯罪预防厅,主要负责分析研究职务犯罪的原因、规律和特点,做好犯罪预防,以铲除滋生职务犯罪的土壤和条件。职务犯罪预防厅与反贪污贿赂总局、渎职侵权检察厅共同形成了惩治职务犯罪标本兼治的新格局。2000年7月中旬,为改变案件积压、久拖不决的状况,解决老百姓"告状难"问题,最高人民检察院把控告申诉检察厅分设为控告检察厅和刑事申诉检察厅,两个厅分别担负接受群众举报和复查申诉案件的职责。到2001年年底,27个省级检察院完成了机构改革,组建了七个内设部门。[4]

2018年12月4日,中共中央办公厅印发《最高人民检察院职能配置、内设机构和人员编制规定》,由此最高人民检察院内设机构改革正式拉开帷幕。这次内设机构改革被认为是最高人检察院恢复重建以来规模最大、调整最多、影响检察全部职能发挥的一次改革。改革后的最高人民检察院内设机构如下:

1. 办公厅(新闻办公室)。负责机关文电、会务、机要、档案、保密等工作。协助院领导处理检察政务,组织协调院重要工作部署、重大决策的贯彻实施。起草审核相关文件文稿,管理秘书事务,处理检察信息,编发内部刊物等。

2. 第一检察厅。负责对法律规定由最高人民检察院办理的除第二、三、四检察厅承办案件以外的刑事案件的审查逮捕、审查起诉、出庭支持公诉、抗诉,开展相关立案监督、侦查监督、审判监督以及相关案件的补充侦查。办理最高人民检察院管辖的相关刑事申诉案件。

3. 第二检察厅。负责对法律规定由最高人民检察院办理的危害国家安全、公共安全犯罪,故意杀人、抢劫、毒品等犯罪案件的审查逮捕、审查起诉、出庭支持公诉、抗诉,开展相关立案监督、侦查监督、审判监督以及相关案件的补充侦查。办理最高人民检察院管辖的相关刑事申诉

---

[4] 七个内设部门分别是:(1)反贪污贿赂部门、渎职侵权检察部门;(2)公诉部门;(3)侦查监督部门;(4)监所检察部门;(5)控告(举报)检察部门、刑事申诉检察部门;(6)民事行政检察部门;(7)职务犯罪预防部门。

案件。负责死刑复核法律监督工作。

4. 第三检察厅。负责对法律规定由最高人民检察院办理的国家监察委员会移送职务犯罪案件的审查逮捕、审查起诉、出庭支持公诉、抗诉,开展相关审判监督以及相关案件的补充侦查。办理最高人民检察院管辖的相关刑事申诉案件。

5. 第四检察厅。负责对法律规定由最高人民检察院办理的破坏社会主义市场经济秩序犯罪案件的审查逮捕、审查起诉、出庭支持公诉、抗诉,开展相关立案监督、侦查监督、审判监督以及相关案件的补充侦查。办理最高人民检察院管辖的相关刑事申诉案件。

6. 第五检察厅。负责对监狱、看守所和社区矫正机构等执法活动的监督,对刑事判决、裁定执行、强制医疗执行、羁押和办案期限的监督,羁押必要性审查。办理罪犯又犯罪案件。负责对法律规定由最高人民检察院办理的司法工作人员利用职权实施的非法拘禁、刑讯逼供、非法搜查等侵犯公民权利、损害司法公正犯罪,以及按照刑事诉讼法规定需要由人民检察院直接受理的其他重大犯罪案件的侦查。

7. 第六检察厅。负责办理向最高人民检察院申请监督和提请抗诉的民事案件的审查、抗诉。承办对最高人民法院民事诉讼活动的法律监督,对审判监督程序以外的其他民事审判程序中审判人员的违法行为提出检察建议,对民事执行活动实行法律监督。开展民事支持起诉工作。办理最高人民检察院管辖的民事申诉案件。

8. 第七检察厅。负责办理向最高人民检察院申请监督和提请抗诉的行政案件的审查、抗诉。承办对最高人民法院行政诉讼活动的法律监督,对审判监督程序以外的其他行政审判程序中审判人员的违法行为提出检察建议,对行政执行活动实行法律监督。办理最高人民检察院管辖的行政申诉案件。

9. 第八检察厅。负责办理法律规定由最高人民检察院办理的破坏生态环境和资源保护、食品药品安全领域侵害众多消费者合法权益等损害社会公共利益的民事公益诉讼案件,生态环境和资源保护、食品药品安全、国有财产保护、国有土地使用权出让等领域的行政公益诉讼案件,侵害英雄烈士姓名、肖像、名誉、荣誉的公益诉讼案件。负责对最高人民法院开庭审理的公益诉讼案件,派员出席法庭,依照有关规定提出检察建议。办理最高人民检察院管辖的公益诉讼申诉案件。

10. 第九检察厅。负责对法律规定由最高人民检察院办理的未成年人犯罪和侵害未成年人犯罪案件的审查逮捕、审查起诉、出庭支持公诉、抗诉,开展相关立案监督、侦查监督、审判监督以及相关案件的补充侦查。开展未成年人司法保护和预防未成年人犯罪工作。

11. 第十检察厅。负责受理向最高人民检察院的控告和申诉。承办最高人民检察院管辖的国家赔偿案件和国家司法救助案件。

此外,最高人民检察院还设置了政治部、法律政策研究室、案件管理办公室、国际合作局、检务督察局(巡视工作领导小组办公室)、计划财务装备局、政治部等内设机构。

地方各级人民检察院内设机构的设置也进行了相应的改革。总之,检察机关的本轮内设机构改革实现了检察权运行模式、检察官角色和检察职能的重塑,有助于落实司法责任制、节省司法资源、加强监督制约和强化保障人权,对于检察机关更好地发挥法律监督职能起到了积极推动作用。

(二)检察官制度的改革

1999年,最高人民检察院制定了《检察队伍建设三年规划》,出台了人事管理制度方面的一系列改革措施,重点推行了内设机构领导职位竞争上岗和一般干部双向选择制度。1999年,全国有2322个检察院实行了中层领导职位竞争上岗,2086个检察院实行了一般干部双向选择,许多检察院还实行了任前公示制、试用期制、辞退制等制度。这些改革措施,推动了检察官队伍的依法管理,调动了广大干警的工作积极性,为优秀人才脱颖而出创造了良好的环境和条件。[5] 2000年,最高人民检察院机关继续加大人事制度改革力度,对该院25个厅级和112个处级领导岗位实行竞争上岗,一般检察人员实行双向选择,机关工作效率和作风发生了积极变化。地方检察院也加快了人事制度改革步伐,全国2/3以上的检察院落实了中层领导、主诉检察官竞争上岗和一般干部双向选择的改革措施。[6]

"以设立主诉检察官制度为突破口,实现我国检察官的'司法官化',是检察制度改革的一项重要和必要的举措。"[7]这也是近年来检察改革的重要成果之一。主诉检察官制度对沿袭多年的个人承办、集体讨论、检察长或检察委员会决定这一办案制度作了重大改革:(1)审查起诉和出庭公诉工作中有关事项的决定权(其中最主要的是对案件提起公诉的决定权),由检察长赋予主诉检察官独立行使;(2)集体讨论不再是作出决定的前置程序;(3)审查和决定一体化,明确主诉检察官作为办案责任人的身份;(4)主诉检察官独立行使办案职权,享有主诉检察官岗位津贴,同时承担办案责任,包括错案赔偿的责任,贯彻了责、权、利相统一的原则。[8] 1999年,最高人民检察院决定首先在审查起诉部门进行主诉检察官办案责任制试点,探索建立在检察长领导下,由主诉检察官独立承办案件,对事实、证据的认定和所作决定负责的办案工作新机制,力求彻底改变长期以来办案工作环节多、权责不明晰、错案追究制难以落实的状况。2000年,最高人民检察院在10个大城市和2个省进行改革试点,省级检察院也在168个地、市检察院和一些基层检察院进行了试点。通过竞争上岗,择优选任,选拔了3689名主诉检察官。实行主诉检察官办案责任制,是办案机制改革的重要突破,符合现代诉讼规律,增强了检察官的办案责任心,提高了办案质量和效率。[9] 如河南省人民检察院建立了基层院主诉检察官办理大要案工作机制,基层主诉检察官承担了90%的大案要案,所办案件定性准确率、证据采信率和开庭胜诉率均达100%。[10]

为更好地保障人民检察院依法独立公正行使检察权,提高司法公信力,最高人民检察院于2015年9月25日发布《关于完善人民检察院司法责任制的若干意见》,对健全检察办案组织及运行机制、健全检察委员会运行机制、明确检察人员职责权限、健全检察管理与监督机制、严格司法责任认定和追究等作了具体明确的规定,虽然该若干意见仅适用于中央确定的司法体制改革综合试点地区确定的试点检察院,其他检察院可以参照执行,但对于全国检察系统司法

---

[5] 参见韩杼滨:《最高人民检察院工作报告》(2000年3月10日)。

[6] 参见韩杼滨:《最高人民检察院工作报告》(2001年3月10日)。

[7] 龙宗智:《试论检察官的定位——兼评主诉检察官制度》,载《人民检察》1999年第7期。

[8] 参见吴汝信:《主诉检察官制度前瞻》,载《检察日报》1999年11月17日。

[9] 参见韩杼滨:《最高人民检察院工作报告》(2000年3月10日)。

[10] 参见张惠君、李宏民:《河南主诉检察官去年严打以来胜诉率百分之百》,载中国新闻网,http://www.chinanews.com.cn/2002-02-19/26/162780.html。

责任制的完善仍具有积极作用，特别是其中有关独任检察官、检察官办案组、主任检察官、检察长（分管副检察长）职责权限和检察官司法责任认定和追究的规定，对于进一步完善检察官制度，保障检察官依法独立公正行使检察权，更是具有重要的促进作用。

2014 年，我国开始进行检察官员额制试点改革。所谓检察官员额制，是指在检察院现有编制内，根据检察工作量、检察院辖区面积人口、经济发展等因素，确定检察官员额的一项制度。推行员额制改革的目的，就是要择优遴选检察官承担办案任务，促使检察官回归办案本位。建立员额动态调整机制，上海等地检察机关探索“跨院遴选”，引导检察官向办案任务重的检察院有序流动，同时建立员额退出机制，不办案、不胜任办案工作或离开办案岗位的，及时退出员额。通过这项改革，基层检察院 85% 以上的人力资源配置到办案一线，办案力量增加 20% 以上。

（三）推行“捕诉一体”改革

自 2019 年年初开始，刑事案件“捕诉一体”办案机制改革在我国检察机关全面推开。所谓捕诉一体，是指一个刑事案件的批捕、起诉、诉讼监督以及补充侦查、刑事申诉等，全部由一名检察官或一个办案组负责。捕诉一体的关键在于审查。因为审查是对案件的全面了解和把握，是检察官内心确信的形成过程，为捕与不捕、诉与不诉的检察裁量权奠定了基础，也为证明和指控犯罪做好了准备。审查不是一个案子的事、不是一个人的事，它是检察权乃至司法权运行的制度安排，是检察产品和法治产品的品质控制体系。捕诉一体就是让一名检察官或办案组从捕到诉持续跟进一个案件，从而提高对一件案件的认知水平。也就是整合捕诉两个审查的优势，形成了持续审查的动力，使两个审查之间建立有机的联系。最高人民检察院于 2019 年 12 月修订的《人民检察院刑事诉讼规则》，进一步将“捕诉一体”办案机制规范化制度化，完善了案件审查方式和办理机制，强化了捕诉工作衔接。

（四）实行检务公开制度

1998 年 10 月 25 日，最高人民检察院作出了《关于在全国检察机关实行“检务公开”的决定》，要求在全国各级人民检察院推行“检务十公开”，即向人民群众和社会各界公开人民检察院的职权和职能部门的主要职责，人民检察院直接立案侦查案件的范围，贪污贿赂、渎职犯罪案件立案标准，侦查、审查起诉阶段办案期限，检察人员办案纪律，在侦查、审查起诉阶段犯罪嫌疑人的权利和义务，在侦查、审查起诉阶段被害人的权利和义务，证人的权利、义务，举报须知，申诉须知共 10 项内容。1999 年，各级人民检察院在认真落实“检务十公开”的基础上，普遍建立了检察工作情况通报制度，定期向社会通报检察工作的重大情况、查办的重大案件；规范了权利义务告知制度，在讯问犯罪嫌疑人，询问证人、被害人，接受举报人当面举报时，一律先告知他们法定的权利和义务。随着检务公开形式的进一步拓展，各地检察机关还普遍设置了检务公开宣传栏；有的在声讯台上设立语音信箱，在互联网上建立网站，公布检务公开的内容；有的设置流动车，巡回宣传检务公开，向群众提供法律服务。2001 年全国检察机关继续深化检务公开，全面推行不起诉案件、刑事申诉案件和民事行政抗诉案件公开审查制度，以公开促公正。检务公开的实行，极大地增强了检察工作的透明度，有力地促进了检察机关办案质量和执法水平的提高，加强了廉政建设。

2014 年 10 月，最高人民检察院发布《人民检察院案件信息公开工作规定（试行）》（已失效），对人民检察院公开案件信息的原则、方式、范围、程序、监督与保障等作了具体、明确的规定,并创办人民检察院案件信息公开网,从而对于保障人民群众对检察工作的知情权、参与权和监督权,进一步深化检务公开,增强检察机关执法办案的透明度,规范司法办案行为,促进公正执法发挥了重要作用。

2021 年 9 月 28 日,最高人民检察院发布《人民检察院案件信息公开工作规定》,在总结试行经验的基础上,对案件信息公开的原则和方式、案件信息查询、案件信息发布、业务数据发布、法律文书公开、公开工作的监督和保障等作了具体明确的规定,进一步完善了案件信息公开制度。

四、中国检察制度的特征

我国检察制度是具有中国特色的社会主义检察制度,经过长达半个多世纪的发展变化,具有充分的理论基础和丰厚的实践基础。[11]

第一,我国检察制度是以马克思列宁主义关于国家和法的理论为指导建立和发展起来的。列宁从建立共产党领导的无产阶级专政国家的本质和需要出发,提出了一系列有关法律监督的思想观点,这是国家权力运作和制约理论在社会主义国家的重要发展。我国几代领导人也都从中国社会主义政权建设的高度,强调党和政府的权力要接受监督。从中华人民共和国成立以来历次修改《宪法》《人民检察院组织法》的过程来看,我国现行检察制度的建立,充分体现了马克思列宁主义关于国家和法的理论,并以法律监督思想为理论基础。

第二,我国检察制度是适应我国政权性质与政治体制建立和发展起来的。我国是社会主义国家,实行中国共产党领导下的人民代表大会制度,人民代表大会是国家权力机关,其他国家机关都由其产生,对其负责,受其监督。在这样的政治体制下,在人民代表大会之下除设立行政机关、监察机关、审判机关外,有必要设立专门监督法律实施、维护法制统一的国家检察机关。这是我国政治体制和司法体制的重要特色,也是社会主义制度与资本主义制度、人民代表大会制度与三权分立制度的重要区别。

第三,我国检察制度是适应维护国家法制统一的需要建立和发展起来的。"文化大革命"期间,检察制度在宪法上被取消,社会主义法制建设遭到严重破坏。党的十一届三中全会以后,党和国家实现了拨乱反正,重新恢复设置了检察机关。1982 年《宪法》以国家根本大法的形式确立了检察机关的法律监督性质和独立地位。40 多年来,检察机关认真履行宪法和法律赋予的职责,为维护法制统一、促进依法治国作出了重要贡献。实践表明,检察机关的法律监督是社会主义法治必不可少的重要环节和组成部分。

第四,我国检察制度是适应保障司法公正、维护社会公平正义的需要建立和发展起来的。公正是司法活动的内在品质和价值追求,是人民群众对法治的期望和信心所在。人民群众对司法公正的评价与感受,来源于活生生的司法实践,积累自具体个案的诉讼现实。根据法律规定,我国检察机关的法律监督主要是针对具体案件诉讼活动和诉讼结果的监督,即个案监督,这种监督对于依据事实和法律正确处理案件,保障司法公正,维护程序正义,具有重要意义。

与其他国家的检察制度相比,我国的检察制度具有鲜明的中国特色,主要体现在以下几个方面:(1)检察机关是人民代表大会制度下与行政机关、监察机关、审判机关并列的国家机构,

---

〔11〕 参见邱学强:《论检察体制改革》,载《中国法学》2003 年第 5 期。

由人民代表大会产生，对其负责，受其监督。(2)宪法和法律明确规定，检察机关是国家的法律监督机关，通过履行法律所赋予的法律监督职能，维护社会主义法制的统一，维护社会的公平和正义。(3)检察机关依照法律规定独立行使检察权，不受行政机关、社会团体和个人的干涉。(4)审判机关、检察机关和公安机关办理刑事案件，实行分工负责、互相配合、互相制约原则。(5)在领导体制上，实行上级检察机关领导下级检察机关，在检察机关内部实行民主集中制和检察长负责制相结合。

第二节　中国的检察机关

一、人民检察院的性质

检察机关的性质是一国检察制度的核心问题，只有明确了检察机关的性质之后，才能根据其性质建立相应的制度。自现代检察制度建立之日起，有关检察机关性质的争论就从未停止过。其中，代表性的观点主要有三个，即行政机关说、司法机关说和双重属性说。支持行政机关说的理由主要是各国的检察机关在组织结构上都实行检察一体制，检察机关内部的层阶性非常明显。上级检察机关可以领导和指挥下级检察机关，甚至可以亲自处理应由下级检察机关处理的案件，而下级检察机关对此必须服从，这种上令下行的权力运作模式与行政机关非常类似。此外，检察机关的行为具有主动性、程序性的特点，从而区别于法院审判活动的被动性、终局性特点。支持司法机关说的理由是检察官与法官在职位保障和任务性质上具有相似性。在西方国家，无论各国检察机关是否隶属于司法行政部门，检察官的任职条件都几乎与法官一样，其身份保障制度也类似于法官。在司法实务当中，检察官的活动已经很少受制于上级的命令，其独立性远高于一般行政官员。从价值追求上来看，检察官与法官的共同目标都是保证法律的正确实施和社会正义的最后实现。在法国等大陆法系国家，检察官更被定义为承担严格客观义务的"法律守护人"。

目前，双重属性说得到普遍认可，并且成为主导西方各国检察制度立法和司法实践的主要学说。我们可以从以下两个方面来审视西方国家检察机关的双重属性。首先，从机构设置上看，几乎所有西方国家的检察机关都隶属于司法部。司法部是司法行政部门，既有司法性，又有行政性，与典型的行政部门并不相同。近年来，部分西方学者甚至主张将检察机关从行政部门中脱离出来，并直接向议会负责，以此来保障检察权行使的独立性。受此学说的影响，英国和俄罗斯已经进行了相应的改革。其次，从检察机关的组织体系上看，在检察机关隶属于司法部或法务部的情况下，司法部部长或法务部部长有权向检察官发出指令，而在检察机关内部也实行检察一体原则，从而体现了行政性的一面。但司法部部长对检察官的指令以及上级检察机关对下级检察机关的指令都必须受到客观主义和法定主义的限制，检察官的相对独立性也越来越强，这又体现了其司法性。[12]

我国《宪法》第134条规定："中华人民共和国人民检察院是国家的法律监督机关。"《人民

---

〔12〕 参见陈永生：《论检察机关的性质》，载《国家检察官学院学报》2001年第2期。

检察院组织法》第2条第1款也作了相同的规定。因此,我国检察机关的根本性质应当是法律监督机关。不过,从我国检察制度的整体设计上看,我国的检察机关仍然具有行政机关和司法机关的双重属性。一方面,检察一体化的领导体制和对特定案件的主动侦查权明显带有行政机关的性质;另一方面,人民检察院独立行使检察权、其追求整个社会公平和正义的目标以及具有终结诉讼效力的不起诉权等又体现了司法机关的性质。至于我国的检察机关到底应当偏重哪种角色,在学者中还存在着不同的争论。为了解决人民检察院的法律监督权与人民法院审判权之间的矛盾,以及提高检警合作追究犯罪的效率,部分学者主张强调人民检察院作为行政机关的属性,其职责应当侧重于指挥侦查和支持公诉。这一主张的理由是:第一,符合当事人主义的诉讼原则;第二,有利于整合我国有限的司法资源,提高诉讼效率;第三,有助于保障犯罪嫌疑人、被告人的合法权益免受侵犯。[13] 不过,我国的人民检察院不仅一直是人民代表大会制度下与审判机关并行的国家机构,与人民法院同称为我国的司法机关,而且《宪法》第136条和《刑事诉讼法》第5条也明确规定了人民检察院与人民法院一样依法独立行使职权,不受行政机关、社会团体和个人的干涉,可见我国不论从立法上还是司法实践上都是将人民检察院作为司法机关来看待的。而且,从世界范围来看,强调检察机关的司法属性并由此强化其独立性也是普遍的趋势。

二、人民检察院的法律地位

人民检察院的法律地位是指法律所规定的检察机关在国家机构中的地位,它主要由宪法所确定的国家政治制度所决定,因此被认为是一个宪法性的问题。与西方国家普遍实行的三权分立的政治制度不同,我国实行的是议行合一的人民代表大会制度。根据我国《宪法》的规定,各级人民检察院由同级的国家权力机关产生,并对其负责,受其监督。同时,最高人民检察院领导地方各级人民检察院和专门人民检察院的工作,上级人民检察院领导下级人民检察院的工作。

对于人民检察院在国家机构中的地位,通常可以从以下几个方面来理解:第一,我国检察机关是一个完整独立的机构体系,体系内部实行的是上级领导下级的体制;第二,人民检察院的权力来源于宪法的规定和国家权力机关的依法授权,对于下级检察机关来说,其上级检察机关也是权力的来源;[14] 第三,人民检察院与监察委员会、人民法院和各级人民政府同为国家机构中的一个独立系统,它依法独立行使检察权,不受行政机关、社会团体和个人的干涉。总之,人民检察院作为法律监督机关的性质决定了它在国家机构中的重要地位,在依法独立行使法律监督职能的同时,它也应当接受其他国家机关的制约,尤其应当自觉地接受国家权力机关和人民群众的监督。

三、人民检察院的任务

人民检察院的任务,是指人民检察院依法行使检察权所要实现的目标。《人民检察院组织法》第2条第2款明确规定:“人民检察院通过行使检察权,追诉犯罪,维护国家安全和社会秩序,维护个人和组织的合法权益,维护国家利益和社会公共利益,保障法律正确实施,维护社会公平正义,维护国家法制统一、尊严和权威,保障中国特色社会主义建设的顺利进行。”由此

---

〔13〕 参见彭勃:《检察权的性质与“检警一体化”理论试析》,载《当代法学》2002年第8期。

〔14〕 参见周士敏:《论我国检察制度的法律定位》,载《人民检察》1999年第1期。

可见，我国人民检察院的任务主要包括以下几个方面：第一，通过依法追诉危害国家安全和妨碍社会秩序的犯罪分子，维护国家安全和社会秩序的稳定。第二，通过依法追诉侵犯人身权利、民主权利、财产权利的犯罪分子，维护个人和组织的合法权益。第三，通过民事、行政检察和依法提起公益诉讼，保证司法公正，以及维护国家利益和社会公共利益。第四，通过依法行使法律监督权力对诉讼活动、生效裁判文书的执行活动、监狱和看守所的执法活动进行监督，保障法律正确实施。

四、人民检察院的设置与职权

检察机关的机构设置，又称检察机关的组织体系，是指一国检察系统内检察机关的数量、级别及相互关系。检察机关的机构设置是否科学、合理将直接影响其检察职能的发挥程度，因此各国在确定检察机关的组织体系时都遵循以下四个原则：第一，依法设置原则。由于检察机关是国家机构中的重要组成部分，因此各国通常通过宪法、检察院组织法或司法组织法等法律对其组织体系加以明确规定。第二，与审判机构对应设置原则。各国的检察机关都承担着代表国家进行公诉的职能，由于不同性质的犯罪应当由不同级别的法院审理，并直接影响着被告人上诉权的行使，因此应当保证检察院的组织体系与一国的审级制度相对应，以便保证对不同性质的犯罪能够由不同级别的检察院向同级法院提起和支持公诉。第三，按行政区域或司法管辖区域设置的原则。通常各级检察机关的区域管辖范围与行政区域或司法区域保持一致，既有利于向法院提起公诉，也方便各级检察机关领导人的产生。第四，适应实际需要设置的原则。通常各国的检察院都可以分为普通检察院和专门检察院。前者与行政机关或审判机关的设置相对应，后者则为了方便对特定领域内或特殊类型犯罪的追究。[15]

我国人民检察院的组织体系经历了一个逐步建立、发展和完善的过程，目前的机构设置同样符合以上四项原则。根据宪法和法律的规定，我国的检察系统实行四级设置：(1)最高人民检察院；(2)省级人民检察院，包括省、自治区、直辖市人民检察院；(3)设区的市级人民检察院，包括省、自治区、直辖市人民检察院，自治州人民检察院，省、自治区、直辖市人民检察院分院；(4)基层人民检察院，包括县、自治县、不设区的市、市辖区人民检察院。其中，省级人民检察院和设区的市级人民检察院根据检察工作需要，经最高人民检察院和省级有关部门同意，并提请本级人民代表大会常务委员会批准，可以在辖区内特定区域设立人民检察院，作为派出机构。人民检察院根据工作需要，可以在监狱、看守所等场所设立检察室，行使派出它的人民检察院的部分职权，也可以对上述场所进行巡回检察。省级人民检察院设立检察室，应当经最高人民检察院和省级有关部门同意。设区的市级人民检察院、基层人民检察院设立检察室，应当经省级人民检察院和省级有关部门同意。此外，我国还设置有军事检察院等专门检察院。专门检察院中，铁路运输检察院已经与铁路系统剥离，全部划归地方检察院。

十八届四中全会通过的《中共中央关于全面推进依法治国若干重大问题的决定》提出，探索设立跨行政区划的人民检察院，办理跨地区案件。2014 年 12 月，上海市人民检察院第三分院和北京市人民检察院第四分院正式成立。这是全国首次探索设立跨行政区划的人民检察院。上海市人民检察院第三分院和北京市人民检察院第四分院分别依托上海铁路运输检察分院和北京铁路运输检察分院而设立，具有跨行政区划检察院的性质特点。

---

〔15〕 参见陈健民主编：《检察院组织法比较研究》，中国检察出版社 1999 年版，第 158－164 页。

根据《人民检察院组织法》第20条的规定,人民检察院行使下列职权:第一,依照法律规定对有关刑事案件行使侦查权;第二,对刑事案件进行审查,批准或者决定是否逮捕犯罪嫌疑人;第三,对刑事案件进行审查,决定是否提起公诉,对决定提起公诉的案件支持公诉;第四,依照法律规定提起公益诉讼;第五,对诉讼活动实行法律监督;第六,对判决、裁定等生效法律文书的执行工作实行法律监督;第七,对监狱、看守所的执法活动实行法律监督;第八,法律规定的其他职权。

作为我国最高检察机关的最高人民检察院除具有以上各项职权以外,根据有关法律规定还拥有检察解释权、向全国人大及其常委会提出议案权、法律案提出权、法律解释要求权、法律审查要求权、引渡请求审查权、限制追诉的承诺权、死刑复核监督权、核准追诉决定权、指导案例发布权等特定的职权。

五、人民检察院的内部机构和办案组织

(一)人民检察院的内部机构

人民检察院的内部机构,是指人民检察院对内部各部门职责权限的科学划分,既包括内部各机构的设置和名称,也包括各部门权限的配置。不同国家检察机关的内部机构设置差异较大,以代表国家进行公诉为主要任务的西方国家检察机关的内部机构设置通常较为简单,一般设有内部领导、决策、咨议机构,检察职能机构和检察管理机构三大类。我国检察机关作为专门的法律监督机关,拥有的职权较为广泛,因此在内部机构设置上较为复杂。根据《人民检察院组织法》第18、19条的规定,人民检察院根据检察工作需要,设必要的业务机构;检察官员额较少的设区的市级人民检察院和基层人民检察院,可以设综合业务机构。同时,并可以根据工作需要设必要的检察辅助机构和行政管理机构。地方各级检察机关也根据业务需要设立若干检察业务部门、检察辅助部门和行政管理部门,相互分工、互相配合,完成侦查、审查逮捕、起诉、控告申诉等检察业务。

(二)人民检察院的办案组织

根据《人民检察院组织法》和最高人民检察院《关于完善人民检察院司法责任制的若干意见》的规定,人民检察院的办案组织形式有以下六种:

1. 独任检察官,是指仅有一名检察官的办案组织形式。检察官依照法律规定和检察长委托履行职责。检察官在办案中应当承担以下事项:(1)询问关键证人和对诉讼活动具有重要影响的其他诉讼参与人;(2)对重大案件组织现场勘验、检查,组织实施搜查,组织实施查封、扣押物证、书证,决定进行鉴定;(3)组织收集、调取、审核证据;(4)主持公开审查、宣布处理决定;(5)代表检察机关当面提出监督意见;(6)出席法庭;(7)其他应当由检察官承担的事项。

独任检察官负责办理以下三类案件:(1)审查逮捕、审查起诉案件中的重大、疑难、复杂案件;(2)人民检察院直接受理立案侦查的案情简单的案件;(3)诉讼监督等其他法律监督案件。

独任检察官在办案中对检察长(分管副检察长)负责,在职权范围内对办案事项作出决定。其中,决定初查、立案、侦查终结等事项,由独任检察官提出意见,经职务犯罪侦查部门负责人审核后报检察长(分管副检察长)决定;以人民检察院名义提出纠正违法意见、检察建议、终结审查、不支持监督申请或提出(提请)抗诉的,由检察长(分管副检察长)或检察委员会决定。检察长(分管副检察长)独任承办案件的,可以在职权范围内对办案事项作出决定。独任检察官承办案件,应当配备必要的检察辅助人员。

2. 检察官办案组,是指由两名以上检察官组成的办案组织形式。检察官办案组可以相对固定,也可以根据司法办案需要临时组成,负责人为主任检察官。主任检察官除履行检察官职责外,还应当履行以下两项职责:一是负责检察官办案组承办案件的组织、指挥、协调以及对成员的管理工作;二是在职权范围内对办案事项作出处理决定或提出处理意见。

检察官办案组负责办理以下三类案件:(1)审查逮捕、审查起诉中的重大、疑难、复杂案件;(2)人民检察院直接受理立案侦查的案件;(3)诉讼监督等其他法律监督案件。

主任检察官在办案中对检察长(分管副检察长)负责,在职权范围内对办案事项作出决定。其中,决定初查、立案、侦查终结等事项,由主任检察官提出意见,经职务犯罪侦查部门负责人审核后报检察长(分管副检察长)决定;诉讼监督等其他法律监督案件需要以人民检察院名义提出纠正违法意见、检察建议、终结审查、不支持监督申请或提出(提请)抗诉的,由检察长(分管副检察长)或检察委员会决定。检察长(分管副检察长)参加检察官办案组的,可以在职权范围内对办案事项作出决定。检察官办案组承办案件,应当配备必要的检察辅助人员。

3. 检察长(分管副检察长),是由国家权力机关依照法定程序选举或任命的检察机关负责人。检察长统一领导人民检察院的工作,依照法律和有关规定履行以下职责:(1)决定是否逮捕或是否批准逮捕犯罪嫌疑人;(2)决定是否起诉;(3)决定是否提出抗诉、检察建议、纠正违法意见或提请抗诉,决定终结审查、不支持监督申请;(4)对人民检察院直接受理立案侦查的案件,决定立案、不立案、撤销案件以及复议、复核、复查;(5)对人民检察院直接受理立案侦查的案件,决定采取强制措施,决定采取查封、扣押、冻结财产等重要侦查措施;(6)决定将案件提请检察委员会讨论,主持检察委员会会议;(7)决定检察人员的回避;(8)主持检察官考评委员会对检察官进行考评;(9)组织研究检察工作中的重大问题;(10)法律规定应当由检察长履行的其他职责。副检察长、检察委员会专职委员受检察长委托,可以履行前款规定的相关职责。另外,人民检察院检察长或者检察长委托的副检察长,可以列席同级人民法院审判委员会会议。

在检察机关司法办案中,检察长(分管副检察长)有权对独任检察官、检察官办案组承办的案件进行审核。检察长(分管副检察长)不同意检察官处理意见,可以要求检察官复核或提请检察委员会讨论决定,也可以直接作出决定。要求复核的意见、决定应当以书面形式作出,归入案件卷宗。以人民检察院名义制发的法律文书,由检察长(分管副检察长)签发。

4. 检察委员会是人民检察院办理案件的最高办案组织形式。检察委员会由检察长、副检察长、专职委员和若干资深检察员组成,履行以下三项职能:(1)总结检察工作经验;(2)讨论决定重大、疑难、复杂案件;(3)讨论决定其他有关检察工作的重大问题。其中,重大案件主要是指涉及国家安全、外交、社会稳定的案件,以及下一级人民检察院提请复议的案件。最高人民检察院对属于检察工作中具体应用法律的问题进行解释、发布指导性案例,应当由检察委员会讨论通过。

检察委员会召开会议,应当有其组成人员的过半数出席。检察委员会会议由检察长或者检察长委托的副检察长主持。检察委员会实行民主集中制。地方各级人民检察院的检察长不同意本院检察委员会多数人的意见,属于办理案件的,可以报请上一级人民检察院决定;属于重大事项的,可以报请上一级人民检察院或者本级人民代表大会常务委员会决定。检察官可以就重大案件和其他重大问题,提请检察长决定。检察长可以根据案件情况,提交检察委员会讨论决定。

检察委员会讨论案件,检察官对其汇报的事实负责,检察委员会委员对本人发表的意见和表决负责。检察委员会对案件进行表决前,应当进行充分讨论。表决实行主持人末位表态制。检察委员会会议由专门人员如实记录,并按照规定存档备查。检察委员会的决定,检察官应当执行。此外,在司法改革过程中,各级人民检察院普遍建立专家咨询委员会、专业研究小组等检察委员会决策辅助机构。检察委员会讨论案件,可以邀请有关专家到场发表咨询意见。

六、人民检察院的领导体制

检察机关的领导体制是国家机构领导体制的重要组成部分,具体是指检察机关与其他国家机关之间,以及检察机关内部上下级之间的领导关系。通常一国检察机关的领导体制是由这个国家的政治制度、检察机关的性质、任务、职权、地位等各种因素综合决定的。目前,世界各国检察机关的领导体制大致可以分为垂直领导体制、双重领导体制和双轨式领导体制三种。

中华人民共和国成立以来,我国人民检察院的领导体制经历了多次重大变化,曾分别实行过垂直领导体制、双重领导体制和"一重领导、一重监督"的领导体制。我国目前人民检察院的双重领导体制是由1982年《宪法》所确立的。《宪法》第137条规定:"最高人民检察院是最高检察机关。最高人民检察院领导地方各级人民检察院和专门人民检察院的工作,上级人民检察院领导下级人民检察院的工作。"第138条规定:"最高人民检察院对全国人民代表大会和全国人民代表大会常务委员会负责。地方各级人民检察院对产生它的国家权力机关和上级人民检察院负责。"我国人民检察院的领导体制虽然从整体上适应了我国当前的政治制度,但是在实践中却引发了一系列的问题,尤其是在干部管理、经费保障、案件处理等方面,现行的检察领导体制使得省级以下的地方检察机关受到了很大的制约。虽然我国法律规定了上下级检察机关的领导关系,但地方检察机关的人事权实际上掌握在地方党的领导机关手中,而且其财政经费也由地方政府划拨,这就使得地方检察机关难免受地方保护主义或部门保护主义的影响,从而其拥有的法律监督权也无法切实依法独立行使。

为了切实解决检察权行使的地方化问题,十八届三中全会通过的《中共中央关于全面深化改革若干重大问题的决定》明确指出:"改革司法管理体制,推动省以下地方法院、检察院人财物统一管理,探索建立与行政区划适当分离的司法管辖制度,保证国家法律统一正确实施。"可以预见,随着司法改革的不断深化,一个对省以下地方各级检察院的人财物实行省级统一管理的体制将最终建立起来,从而为地方市、县两级人民检察院摆脱地方保护主义的影响,切实依法独立行使检察权提供有力保障。

检察机关的领导体制还包括同一检察机关内部各机构间的相互关系。各国检察机关的内部领导体制大致可以分为"检察长负责制"和"集体领导制"两种。我国《人民检察院组织法》第36条规定:"人民检察院检察长领导本院检察工作,管理本院行政事务。人民检察院副检察长协助检察长工作。"第30条规定:"各级人民检察院设检察委员会。检察委员会由检察长、副检察长和若干资深检察官组成,成员应当为单数。"第32条规定:"检察委员会召开会议,应当有其组成人员的过半数出席。检察委员会会议由检察长或者检察长委托的副检察长主持。检察委员会实行民主集中制。地方各级人民检察院的检察长不同意本院检察委员会多数人的意见,属于办理案件的,可以报请上一级人民检察院决定;属于重大事项的,可以报请上一级人民检察院或者本级人民代表大会常务委员会决定。"据此,我国人民检察院内部实行的是检察长负责制与检察委员会集体领导相结合的领导体制。

第三节　中国的检察官

一、检察官的条件、遴选和任免

检察官是依法行使国家检察权的检察人员，包括最高人民检察院、地方各级人民检察院和军事检察院等专门人民检察院的检察长、副检察长、检察委员会委员、检察员。检察官的职责是依法进行法律监督工作，代表国家进行公诉和对法律规定由人民检察院直接受理的犯罪案件进行侦查。这对检察官的素质提出了很高的要求。

为了保证检察官具有较高的素质，各国往往通过专门法律的形式规定检察官的任职条件或资格。我国在这方面的立法起步较晚，直到 1995 年颁布的《检察官法》才有了相关的明确规定。作为通例，世界各国基本上将检察官的任职条件与行政官的任职条件区别开来，而与法官的任职条件相似。为了保证检察官的司法官性质，各国对检察官的任职资格一般都有三个方面的特殊要求，即具有较高的法律专业知识水平(通常表现为必要的法律专业教育程度)、一定的司法实践经验以及良好的司法职业道德。2019 年修订的《检察官法》第 12 条规定："担任检察官必须具备下列条件：(一)具有中华人民共和国国籍；(二)拥护中华人民共和国宪法，拥护中国共产党领导和社会主义制度；(三)具有良好的政治、业务素质和道德品行；(四)具有正常履行职责的身体条件；(五)具备普通高等学校法学类本科学历并获得学士及以上学位；或者普通高等学校非法学类本科及以上学历并获得法律硕士、法学硕士及以上学位；或者普通高等学校非法学类本科及以上学历，获得其他相应学位，并具有法律专业知识；(六)从事法律工作满五年。其中获得法律硕士、法学硕士学位，或者获得法学博士学位的，从事法律工作的年限可以分别放宽至四年、三年；(七)初任检察官应当通过国家统一法律职业资格考试取得法律职业资格。适用前款第五项规定的学历条件确有困难的地方，经最高人民检察院审核确定，在一定期限内，可以将担任检察官的学历条件放宽为高等学校本科毕业。"其中，该条第 1～4 项的规定属于我国检察官应具备的一般性的任职条件，而该条第 5～7 项的规定则属于对检察官专业知识水平和工作经验的特殊要求。同时，根据《检察官法》第 15 条的规定，人民检察院可以根据检察工作需要，从律师或者法学教学、研究人员等从事法律职业的人员中公开选拔检察官，并符合下列条件：除应当具备检察官任职条件外，参加公开选拔的律师应当实际执业不少于 5 年，执业经验丰富，从业声誉良好；参加公开选拔的法学教学、研究人员应当具有中级以上职称，从事教学、研究工作 5 年以上，有突出研究能力和相应研究成果。此外，《检察官法》第 13 条还规定了不得担任检察官的情形：(1)因犯罪受过刑事处罚的；(2)被开除公职的；(3)被吊销律师、公证员执业证书或者被仲裁委员会除名的；(4)有法律规定的其他情形的。

检察官的遴选，主要是指特定机构按照有关程序在其权限范围内挑选或选拔检察官人选。检察官遴选工作由检察官遴选委员会负责。根据《检察官法》第 16 条的规定，遴选最高人民检察院检察官应当设立最高人民检察院检察官遴选委员会，负责检察官人选专业能力的审核；省、自治区、直辖市设立检察官遴选委员会，负责初任检察官人选专业能力的审核。《检察官法》第 14 条规定了遴选检察官的方式和要求，即"初任检察官采用考试、考核的办法，按照德才兼备的标准,从具备检察官条件的人员中择优提出人选。人民检察院的检察长应当具有法学专业知识和法律职业经历。副检察长、检察委员会委员应当从检察官、法官或者其他具备检察官条件的人员中产生”。根据《检察官法》第17条的规定,上级人民检察院检察官一般逐级遴选;最高人民检察院和省级人民检察院检察官可以从下两级人民检察院遴选。参加上级人民检察院遴选的检察官应当在下级人民检察院担任检察官一定年限,并具有遴选职位相关工作经历。

检察官的任免,主要是指有权机关按照法律规定的程序在其权限范围内任命或免除检察官的职务。由于对检察官的任免会直接影响到检察权行使的独立性,因此各国都通过法律对检察官的任免予以严格规定。以检察官的选任方式和程序为标准,可以将检察官的选任分为任命制和选举制;以检察官的任期为标准,可以将检察官的选任分为终身制和定期制。为了与宪法规定和政治制度相适应,我国《检察官法》对检察官的任免按职务和级别的不同采取了选举和任命相结合的方式,即各级人民检察院的检察长采取选举制,其属下则采取任命制:最高人民检察院检察长由全国人民代表大会选举和罢免,最高人民检察院副检察长、检察委员会委员和检察员由最高人民检察院检察长提请全国人大常委会任免;地方各级人民检察院检察长由地方各级人民代表大会选举和罢免,副检察长、检察委员会委员和检察员由本院检察长提请本级人民代表大会常务委员会任免;地方各级人民检察院检察长的任免须报上一级人民检察院检察长提请该级人民代表大会常务委员会批准;在省、自治区内按地区设立的和在直辖市内设立的人民检察院分院检察长、副检察长、检察委员会委员和检察员由省、自治区、直辖市人民检察院检察长提请本级人民代表大会常务委员会任免;省级人民检察院和设区的市级人民检察院依法设立作为派出机构的人民检察院的检察长、副检察长、检察委员会委员和检察员,由派出的人民检察院检察长提请本级人民代表大会常务委员会任免;新疆生产建设兵团各级人民检察院、专门人民检察院的检察长、副检察长、检察委员会委员和检察员,依照全国人民代表大会常务委员会的有关规定任免。至于检察官的任期,由选举产生的各级人民检察院检察长的任期为5年,最高人民检察院检察长连续任期不能超过两届;以任命方式产生的检察官,则没有明确规定其任期。

《检察官法》第23条规定,检察官不得兼任人民代表大会常务委员会的组成人员,不得兼任行政机关、监察机关、审判机关的职务,不得兼任企业或者其他营利性组织、事业单位的职务,不得兼任律师、仲裁员和公证员。这有利于保证检察官的公正与廉洁,维护检察官的良好形象。

为保证司法队伍的纯洁性,维护司法公正,提高司法效率,《检察官法》第20条规定,检察官有下列情形之一的,应当依法提请免除其检察官职务:(1)丧失中华人民共和国国籍的;(2)调出所任职人民检察院的;(3)职务变动不需要保留检察官职务的,或者本人申请免除检察官职务经批准的;(4)经考核不能胜任检察官职务的;(5)因健康原因长期不能履行职务的;(6)退休的;(7)辞职或者依法应当予以辞退的;(8)因违纪违法不宜继续任职的。

此外,为确保检察官的公正与廉洁,《检察官法》第24条还规定了检察官任职回避制度。即检察官之间有夫妻关系、直系血亲关系、三代以内旁系血亲以及近姻亲关系的,不得同时担任下列职务:(1)同一人民检察院的检察长、副检察长、检察委员会委员;(2)同一人民检察院的检察长、副检察长和检察员;(3)同一业务部门的检察员;(4)上下相邻两级人民检察院的检察长、副检察长。检察官的遴选和任命均应遵守该条规定。

二、检察官的义务和权利

根据《检察官法》第10条的规定，检察官应当履行下列义务：(1)严格遵守宪法和法律；(2)秉公办案，不得徇私枉法；(3)依法保障当事人和其他诉讼参与人的诉讼权利；(4)维护国家利益、社会公共利益，维护个人和组织的合法权益；(5)保守国家秘密和检察工作秘密，对履行职责中知悉的商业秘密和个人隐私予以保密；(6)依法接受法律监督和人民群众监督；(7)通过依法办理案件以案释法，增强全民法治观念，推进法治社会建设；(8)法律规定的其他义务。

根据《检察官法》第11条的规定，检察官享有下列权利：(1)履行检察官职责应当具有的职权和工作条件；(2)非因法定事由、非经法定程序，不被调离、免职、降职、辞退或者处分；(3)履行检察官职责应当享有的职业保障和福利待遇；(4)人身、财产和住所安全受法律保护；(5)提出申诉或者控告；(6)法律规定的其他权利。

三、检察官的考核和培训

检察官的考核，是指检察机关按照法定权限，依据法律规定的原则、标准、内容和程序，对所属检察官进行的定期或不定期的考察、评价。科学、规范的检察官考核制度既有利于督促检察官主动提高自身的业务素质，自觉维护检察官的形象，也有利于发现和淘汰不合格的检察官，保证检察官队伍的整体素质。《检察官法》第39条至第44条对检察官考核制度作了明确规定，2021年10月14日最高人民检察院颁布《检察人员考核工作指引》，对检察官考核制度作出细化规定。

关于考核的内容，《检察官法》第42条规定为以下几个方面：(1)检察工作实绩。主要考察检察工作指标的完成情况、工作效率的高低、工作效益的好坏、工作方法是否得当等具体内容。(2)职业道德。主要考察检察官的职业道德水平以及品德修养等方面。(3)专业水平。主要考察检察官的专业素质和业务能力，这直接影响到检察权行使的效果。(4)工作能力。主要考察检察官处理检察事务、完成工作任务的能力，能否有效解决实际工作中出现的问题。(5)工作作风。主要考察检察官是否爱岗敬业，能否勤恳主动地完成各项检察工作。

关于考核的指标，《检察人员考核工作指引》第5条规定："检察人员考核采取量化评分的方式，得分由业绩指标得分、共性指标得分和综合评价得分三部分组成。检察人员考核评分实行分值总量控制，其中业绩指标分值不低于满分分值的60%。"根据《检察人员考核工作指引》第3条的规定，不同职责岗位的检察人员实行分级分类考核：(1)检察官考核应当落实司法责任制要求，突出对办案工作质量、效率、效果的考核；(2)检察辅助人员、司法行政人员应当结合岗位特点，参照检察官考核理念，按照简便易行的标准设计考核指标和规则；(3)领导干部实行有别于其他检察人员的考核机制。检察院领导成员由党委组织部门按照干部管理权限考核，上级人民检察院根据干部协管职责和司法责任制要求开展相关考核工作。

关于考核的方法，根据《检察人员考核工作指引》第9条的规定，检察人员考核应当与日常检察队伍管理相融合，建立以月、季度、半年、年度为时间节点的实时动态考核管理机制：(1)一月一分析。每月召开部门负责人办公会，汇总本部门检察人员考核情况，对指标计分、综合评分是否客观公正，重点工作质效评价和加减分是否准确等进行审核把关，对计分结果与实际表现有无明显偏差进行分析评判，统筹调整考核得分。考核结果应当向检察人员公示，并结合部门例会、专题工作会等开展总结点评，指导改进工作，鼓励先进，帮促后进。(2)一季一报告。每季度检察人员考核工作落实情况、考核结果情况应向检察院党组进行专题报告。院党组结合检察队伍管理、干部能力素质、业务数据分析情况,研究提出调整干部、优化分工、改进业务等工作举措。(3)半年一评估。检察院组织评估各部门检察人员考核开展情况。各部门评估本部门考核指标、计分规则及结果运用情况,进行合理化调整。(4)年度总考核。结合年度考核有关工作安排,及时组织检察人员年度考核,根据得分排名开展等次评定、绩效奖金分配、交流任职、员额退出等工作。

关于考核的结果,根据《检察官法》第43条的规定,年度考核结果分为优秀、称职、基本称职和不称职四个等次。考核结果作为调整检察官等级、工资以及检察官奖惩、免职、降职、辞退的依据。根据《检察官法》第44条的规定,考核结果以书面形式通知检察官本人。检察官对考核结果如果有异议,可以申请复核。

检察官的培训,是指检察机关对检察官应当有计划地进行政治、理论和业务培训,提高其政治素养和履职能力。《检察官法》第31条至第35条对检察官培训制度作出了明确规定,最高人民检察院《检察官培训条例》对检察官培训制度作出了细化规定。《检察官培训条例》第6条规定:"检察官培训分为任职资格培训、领导素能培训、专项业务培训和岗位技能培训。其中,任职资格培训包括初任检察官培训、晋升高级检察官培训。"按照培训对象和培训内容不同,可以划分为:(1)初任检察官培训。对象为已通过国家司法考试拟任检察官的人员,内容包括检察官职业道德和职业规范、检察制度、检察实务和办案技能等。重点是使其具备检察官基本履职能力。(2)晋升高级检察官培训。对象为拟晋升高级检察官的人员,内容包括法学前沿理论、检察管理、司法改革理论与实践、高级检察官实务和重大疑难案件分析处理技能等。重点是使其具备高级检察官履职能力。(3)领导素能培训。对象为地方各级人民检察院正副检察长及其他领导班子成员、检察委员会专职委员和业务部门负责人,内容包括政治理论与形势任务、法学前沿理论、检察改革理论与实践、检察领导与检察管理等。重点是提高组织领导和决策指挥能力。(4)专项业务培训。对象为检察业务部门的检察官,内容包括最新法律和政策、检察业务专题与实务技能等。重点是提高检察官履行本职工作的能力和水平。(5)岗位技能培训。对象为检察业务部门的检察官,内容包括计算机应用技术、电子检务、工作方法与技巧、公文写作与文书处理、外语等。重点是增强检察官岗位通用技能和岗位专门技能。

关于培训的管理,《检察官培训条例》第15条规定:"检察官培训实行两级为主的管理体制。最高人民检察院统一领导全国检察官培训工作,省级人民检察院领导本辖区检察官培训工作。最高人民检察院、省级人民检察院设立教育培训主管部门。地市级和县级人民检察院应确定专人负责检察官培训工作,有条件的地市级人民检察院可设立专门的教育培训管理机构。"检察官培训职能由国家检察官学院、省级检察官学院等培训机构具体承担。最高人民检察院、省级人民检察院根据检察业务工作的需要,可设立业务技能实训基地。下级人民检察院检察官培训机构在接受本级人民检察院领导的同时,接受上级人民检察院教育培训主管部门的业务指导,国家检察官学院指导分院的教学业务工作。

关于培训的任务,根据《检察官培训条例》第20条的规定,国家检察官学院承担下列任务:(1)初任检察官培训;(2)晋升高级检察官培训;(3)省级人民检察院正副检察长及其他领导班子成员、检察委员会专职委员和业务部门负责人,地市级和县级人民检察院检察长的领导素能培训;(4)各类专家型人才的培训;(5)检察教育培训机构的师资培训;(6)最高人民检察院检察官的培训;(7)最高人民检察院指定的西部少数民族地区干部专门培训等其他培训。

根据《检察官培训条例》第21条的规定,省级人民检察院检察官培训机构承担下列任务:(1)地市级和县级人民检察院副检察长及其他领导班子成员、检察委员会专职委员和业务部门负责人的领导素能培训;(2)本辖区检察官的专项业务培训和岗位技能培训;(3)最高人民检察院教育培训主管部门和省级人民检察院指定的其他培训。作为国家检察官学院分院的省级检察官学院经最高人民检察院教育培训主管部门规划,可承担初任检察官培训、晋升高级检察官培训等任务。地市级人民检察院检察官培训机构根据省级人民检察院的安排,可承担县级人民检察院检察官的专项业务培训和岗位技能培训等任务。

四、检察官的奖励和惩戒

检察官的奖励和惩戒是对检察官进行管理的必要手段,其目的是运用激励与约束机制来保证检察官队伍的公正廉洁。《检察官法》第45条至第52条对检察官的奖励和惩戒进行了规定。对检察官的奖励条件,《检察官法》第46条第1款规定为:(1)公正司法,成绩显著的;(2)总结检察实践经验成果突出,对检察工作有指导作用的;(3)在办理重大案件、处理突发事件和承担专项重要工作中,做出显著成绩和贡献的;(4)对检察工作提出改革建议被采纳,效果显著的;(5)提出检察建议被采纳或者开展法治宣传、解决各类纠纷,效果显著的;(6)有其他功绩的。奖励的种类,包括嘉奖,记三等功、二等功、一等功,授予荣誉称号。《检察官法》虽然规定了我国检察官的奖励制度,但在整体上显得过于简单和粗疏。对于每项奖励条件都附加了"成绩显著""事迹突出"等过于抽象和模糊的特别要求,这就使得在实际适用这些条件时无法保证精确、统一的标准,容易造成依长官意志进行奖励的不公平现象。此外,《检察官法》对于奖励的权限和程序也只是作了原则性的规定,缺乏明确、具体的操作规程,整个检察官奖励制度的实际效果难以充分发挥。

相对于检察官奖励制度,我国对检察官的惩戒制度显得较为重视,除《检察官法》的相关规定以外,最高人民检察院还颁布了《检察官惩戒工作程序规定(试行)》,对《检察官法》所规定的应受处分的情形进行了细化。根据《检察官法》第47条第1款的规定,检察官的下列行为应当受到处分:(1)贪污受贿、徇私枉法、刑讯逼供的;(2)隐瞒、伪造、变造、故意损毁证据、案件材料的;(3)泄露国家秘密、检察工作秘密、商业秘密或者个人隐私的;(4)故意违反法律法规办理案件的;(5)因重大过失导致案件错误并造成严重后果的;(6)拖延办案,贻误工作的;(7)利用职权为自己或者他人谋取私利的;(8)接受当事人及其代理人利益输送,或者违反有关规定会见当事人及其代理人的;(9)违反有关规定从事或者参与营利性活动,在企业或者其他营利性组织中兼任职务的;(10)有其他违纪违法行为的。对于检察官的以上行为,未构成犯罪的,应当根据其情节轻重分别给予警告、记过、记大过、降级、撤职、开除的处分。其中给予撤职处分的,同时降低工资和等级;构成犯罪的,则应当根据《刑法》的规定追究其刑事责任。

《检察官惩戒工作程序规定(试行)》对检察官处分的权限和程序进行了明确、具体的规定,主要有以下内容:(1)最高人民检察院和省、自治区、直辖市设立检察官惩戒委员会。最高人民检察院检察官惩戒委员会负责审议最高人民检察院检察官的惩戒事项,省、自治区、直辖市检察官惩戒委员会负责审议辖区内检察官的惩戒事项。(2)检察官惩戒工作由人民检察院与检察官惩戒委员会分工负责。检察官惩戒委员会负责从专业角度审查认定检察官是否存在《检察官法》规定的违反检察职责的行为,提出构成故意违反职责、存在重大过失、存在一般过失或者没有违反职责等审查意见。人民检察院依照《人民检察院司法责任追究条例》的规定,按照干部管理权限对检察官涉嫌违反检察职责的行为进行调查核实,并根据检察官惩戒委员会的审查意见,依照有关规定作出是否予以惩戒的决定,并给予相应处理。(3)检察官惩戒委员会委员、惩戒案件审查调查人员存在本人是当事检察官或检察官的近亲属、本人或者其近亲属与办理的惩戒事项有利害关系或者担任过调查事项的证人,以及当事检察官办理案件的辩护人、诉讼代理人等情形的,应当自行回避或经申请回避。(4)人民检察院承担检务督察工作的部门经调查终结,认为当事检察官存在违反检察职责的行为,相关事实已经查清,应当追究司法责任予以惩戒的,制作提请惩戒审议意见书,报检察长批准后,提请检察官惩戒委员会审议。(5)检察官惩戒委员会受理提请审议事项后,应当在五日内将提请审议意见书送达当事检察官。当事检察官有权申请回避。对人民检察院调查认定的事实和证据存在异议的,检察官惩戒委员会应当组织当事检察官、调查人员及其他相关人员进行听证,当事检察官有权进行陈述、举证和辩解。(6)检察官惩戒委员会经过审议,应当根据查明的事实、情节和相关规定,经全体委员2/3以上的多数表决通过,认定检察官是否存在违反检察职责的行为,提出构成故意违反职责、存在重大过失、存在一般过失或者没有违反职责等审查意见。(7)当事检察官对审查意见有异议的,应当在收到审查意见10日内以书面形式向检察官惩戒委员会提出。检察官惩戒委员会审查异议期间,相关人民检察院应当暂缓对当事检察官作出惩戒决定。(8)人民检察院作出惩戒决定和相应处理,应当制作惩戒决定书,列明惩戒决定和处理意见的相关依据并阐释理由,在10日内送达当事检察官,并将惩戒决定及执行情况通报检察官惩戒委员会。(9)当事检察官对惩戒决定及处理不服的,可以提出复核和申诉,按照《人民检察院司法责任追究条例》规定程序办理。

五、检察官的保障与退休

检察官是检察权的直接承担者,能否对检察官给予充分的法律保障将直接影响检察权行使的独立性,进而影响检察监督的效果。为了确保检察官依法公正、有效地行使职权,各国通常以法律形式给予检察官专门的法律保障。按照通行的国际准则,对检察官的法律保障至少包括:(1)确保检察官在没有任何恐吓、障碍、侵扰、不正当干预或不合理地承担民事、刑事或其他责任的情况下履行其专业职责;(2)在检察官及其家属的安全因检察官履行其检察职能而受到威胁时,有关机关应向他们提供人身安全保护;(3)检察官的服务条件、充足的报酬以及其任期、退休金、退休年龄均应由法律或者法规加以规定;(4)检察官的晋升应以各种客观因素特别是专业资历、能力、品行和经验为根据,并按照公平和公正的程序加以决定。[16]

我国《检察官法》第七章对检察官的法律保障进行了专门规定。概括起来,我国对检察官的法律保障包括三个方面:第一,职业保障,即对检察官正常履行职责的有关保障。《检察官法》规定,检察官依法履行检察职责不受行政机关、社会团体和个人的干涉,并且非因法定事由、非经法定程序,不被免职、降职、辞退或者处分。对检察官的处分有错误的,应当及时予以纠正。第二,人身和财产保障,即检察官的人身、财产和住所安全受法律保护。第三,工资待遇保障。对检察官实行定期增资制度;经考核确定为优秀、称职的,可以按照规定晋升工资;有特殊贡献的,可以按照规定提前晋升工资。此外,检察官享受国家规定的检察津贴、地区津贴、其

〔16〕 参见谢鹏程:《论检察官独立与检察一体》,载《法学杂志》2003年第3期。

他津贴以及保险和福利待遇。

我国的检察官保障制度还不够完善,尤其在检察官的职业保障和工资待遇保障方面还有很大的欠缺。虽然《人民检察院组织法》第38条的规定在程序和制度上制约了外部对检察长的任意免职,但是对检察长以外的检察官却没有任期和免职方面的程序性保障。实践中,检察官的任免往往由党政部门决定,人大及其常委会只是履行例行手续,这就使得检察官在履行法律监督职能时往往要承担不应有的风险。在工资待遇方面,检察官一直与行政机关的工作人员适用相同的工资标准,根本无法与其承担的法律监督职责相适应。为此,我国正在探索建立有别于公务员的独立的法官、检察官工资制度,以加强检察官的职业保障,维护检察官队伍的公正与廉洁。

我国《检察官法》第63条规定:"检察官的退休制度,根据检察工作特点,由国家另行规定。"但这一制度至今还未建立起来。根据《检察官法》第64条的规定,检察官退休后,享受国家规定的养老保险金和其他待遇。这一规定过于原则,也有待进一步细化和完善。

第四节　中国检察制度的基本原则

一、检察权统一行使原则

检察权是国家的重要权力,必须由检察机关统一行使,而不能由其他机关代行。检察权统一行使原则,或称检察权一体化原则,是指各级检察机关、检察官依法构成统一的整体,在履行职权、职务的过程中实行"上命下从",即根据上级检察机关、检察官的指示和命令进行工作。在检察权统一行使原则的指导下,各级检察机关构成不可分割的统一整体,每个检察机关和检察官的活动均需依照法律赋予的权力进行,每个检察机关和检察官的活动也是整个检察机关全部活动的有机组成部分;各级检察机关在检察工作中应当注重相互之间的配合与协作,加强协调统一;各级检察机关内部形成纵向的上级命令下级,下级服从上级的领导关系;[17]对于各级检察官而言,下级检察官在履行职务时应当遵从上级检察官的命令,上级检察官负有监督指挥下级检察官的职责。

检察权统一行使原则不仅是我国法治建设所必须遵循的重要原则,也是国外通行的检察机关的组织与活动原则。例如:在法国,"检察院有不可分割的性质。检察机关的司法官——至少是属于同一检察院的司法官,在法律上都被看作是组成同一个人"[18]。在英国,按照1985年《犯罪起诉法》,检察机构新体制由总检察长为首长的中央法律事务部、刑事检察署以及区检察署构成,实行全国一体化且分层管理的原则,上下级之间有明确的监管和被监管的关系。在日本,检察官履行职务亦实行检察官一体化原则。如《日本国检察厅法》规定:"检事总

〔17〕 最高人民检察院《关于完善人民检察院司法责任制的若干意见》第22条规定:上级人民检察院可以指令下级人民检察院纠正错误决定,或依法撤销、变更下级人民检察院对案件的决定;可以对下级人民检察院管辖的案件指定异地管辖;可以在辖区内人民检察院之间调配检察官异地履行职务。上级人民检察院对下级人民检察院司法办案工作的指令,应当由检察长决定或由检察委员会讨论决定,以人民检察院的名义作出。

〔18〕 [法]卡斯东·斯特法尼等:《法国刑事诉讼法精义》,罗结珍译,中国政法大学出版社1999年版,第128页。

长是最高检察厅的长官,掌握厅务并指挥监督所有检察厅的职员。""检事长是高等检察厅的长官,掌握厅务并指挥监督本厅以及与本厅相对应的法院管辖区域内的地方检察厅和区检察厅的职员。"日本学者认为,"检察官在对自己负责的案件进行处理时,如果感到没有把握,可以随时与上级检察官商量,并接受指示。因此,可以说公诉的提起实质上是检察厅这一组织整体的判断。在这里起作用的是检察官一体化原则。"〔19〕

检察权统一行使原则是由检察权系国家权力的这一性质所决定的,它显示了控诉机关与审判机关在体制上的明显差异。检察权统一行使原则既符合检察机关独立性的客观需要,又与检察机关职权活动的特性相适应,同时还与诉讼规律相一致。总之,以检察权统一行使作为检察机关的重要活动原则,强化检察机关的领导体制,使各级检察机关和检察官在检察活动中凝为一体,可以保证检察活动的高效和公正。

二、检察权独立行使原则

依法独立行使检察权原则是保证检察机关准确、高效地履行法律监督职能的一项基本的原则。我国《宪法》第 136 条规定:"人民检察院依照法律规定独立行使检察权,不受行政机关、社会团体和个人的干涉。"《人民检察院组织法》和《刑事诉讼法》也作了相同的规定。作为一项宪法原则,人民检察院依法独立行使检察权,对于保障司法公正、维护国家法律的正确统一实施,具有十分重要的意义。

所谓检察权独立行使原则,是指检察机关依照法律规定独立行使检察权,不受其他机关、社会团体和个人的干涉。这一原则包括两个方面的含义:(1)检察权只能由人民检察院代表国家行使,其他任何机关、社会团体和个人都无权行使;(2)人民检察院在代表国家行使检察权时,必须依法行事,不受行政机关、社会团体和个人的干涉。不同国家对检察机关性质的认识并不相同,因此各国检察机关行使检察权的独立性有很大的差别,大致可以分为两种类型:一种类型是检察机关行使检察权完全独立,即检察机关既独立于法院,又独立于政府,是完全独立的国家机构。属于这种类型的国家有俄罗斯、葡萄牙、意大利和英国等。另一种类型是检察机关在政府监督下有限独立。这些国家的检察系统属于政府机构,接受内阁司法部部长以某种方式实施的监督或领导,但在行使权力时仍然享有一定的独立性。属于这种类型的国家有日本、法国、德国、荷兰、美国等。当然,无论何种类型都体现了各国保障检察权的充分行使,使检察机关排除外界干扰的初衷。根据《宪法》的规定,我国各级人民检察院与人民法院、人民政府均由同级人民代表大会产生并对其负责,彼此互不隶属,相互独立,因此我国属于检察机关完全独立行使检察权的类型。

为什么要确立检察权独立行使的原则?原因主要有以下几点:

首先,检察权独立行使是确保检察权行使的公正性和有效性的前提。在我国,检察机关的主要职责是进行法律监督。法律监督,就其广义而言,包括检察机关行使检察权的一切活动,如对其他国家机关及其工作人员、各社会单位和公民个人执行与遵守法律的情况进行监督。如果检察权的行使不具有独立性,则检察机关很可能会受到被监督单位或其他因素的干扰,从而丧失监督的有效性与公正性。就其狭义而言,法律监督主要是一种以侦查、审判及执行等行

---

〔19〕 [日]松尾浩也:《关于裁量起诉主义》,载西原春夫主编:《日本刑事法的形成与特色》,李海东等译,法律出版社、成文堂 1997 年版,第 159 页。

为为对象的司法监督,只有与被监督对象具有平等性和独立性,其监督活动才能正常有效地进行。因此,作为国家法律监督机关的检察机关,其监督行为必须以法律为依据,必须保持其职权行使的独立性;否则,法律监督将失去其存在的意义。

其次,检察权独立行使是检察机关行使侦查权的保障。检察机关直接侦查的案件主要是国家工作人员滥用职权、以权谋私的犯罪案件,一般具有较大的社会影响,甚至在某种程度上还具有重要的政治影响,关系到党风和廉政建设以及人民群众对国家机关和公职人员的信任。因此,检察机关行使侦查权往往会引起一系列社会反应,某些组织和个人甚至干预或者阻碍检察机关侦查活动的顺利进行。在这种情况下,保障侦查权依法行使、防止不当干预的主要措施是维护检察机关的独立性。

再次,检察机关行使公诉权应当具有独立性。检察机关的一项重要职责是代表国家提起公诉。在对侦查终结的案件进行审查后,检察机关代表国家提起公诉或作出不起诉的决定。为保证公诉权行使的公正与适当,检察机关必须排除各种外界干扰。

最后,检察权与审判权存在密切的联系,审判权的独立行使也有赖于检察权的独立性。检察权是审判权发动的根据,法院必须保证审判与起诉的同一,不得审判未经起诉的被告人与未经起诉的犯罪,即审判权行使的范围和审判的内容受到检察权行使的制约。而且,审判的程序与审判的结果还将受到检察机关的监督。没有独立公正的检察活动,也就难以保障审判活动的独立和公正。因此,检察权行使的独立性对于审判权的独立行使也具有重要的意义。检察机关依法独立行使检察权,则意味着检察机关能够排除非法干预,做到以事实为根据,以法律为准绳,从而切实地贯彻社会主义法治原则。

坚持检察权独立行使原则,要求检察人员做到秉公执法,恪尽职守,严格按照法律的规定办事。同时应当明确坚持检察权独立行使的原则,并不是背离党的领导。党的正确领导是检察权独立行使的最有力、最可靠的保证。检察机关只有在党的领导下才能排除各种干扰,真正独立行使检察权。坚持检察权独立行使原则,还需要接受人民群众的监督。检察机关独立行使检察权并不是可以我行我素,不听取其他机关、社会团体和人民群众的意见。检察机关在办理具体案件的过程中应当注意听取人民群众的意见和建议,以防止主观片面性,保证案件处理的客观性和公正性。

三、对诉讼活动实行法律监督原则

人民检察院是国家的法律监督机关,检察机关对诉讼活动实行法律监督是其履行法律监督职能的重要方面,也是其行使检察权的重要形式。《刑事诉讼法》第 8 条规定:“人民检察院依法对刑事诉讼实行法律监督。”《民事诉讼法》第 14 条规定:“人民检察院有权对民事诉讼实行法律监督。”《行政诉讼法》第 11 条规定:“人民检察院有权对行政诉讼实行法律监督。”《监狱法》第 6 条规定:“人民检察院对监狱执行刑罚的活动是否合法,依法实行监督。”这些规定确立了人民检察院对有关的诉讼活动实行法律监督的原则。由于诉讼监督直接针对的是各类案件的处理过程和结果,因此是发现和纠正司法活动中的错误情况、实现司法公正的重要保障。要实现司法公正的目标,就必须坚持检察机关对诉讼活动实行法律监督的原则。

检察机关对诉讼活动实行法律监督原则,是指检察机关依法对国家专门机关和诉讼参与人的各种诉讼活动是否合法进行监督,其重点是对诉讼活动中的国家机关及其工作人员的违法行为和违法事项进行监督。根据诉讼活动的性质,可以将检察机关的诉讼监督分为刑事诉讼监督、民事诉讼监督和行政诉讼监督。目前,对刑事诉讼的监督在检察机关诉讼监督的工作中居于重要地位。检察机关的刑事诉讼监督包含立案监督、侦查监督、审判监督和执行监督等重要内容。在立案监督中,检察机关的主要任务是监督和纠正侦查机关有案不立、有罪不纠、以罚代刑等执法不严的问题。在侦查监督中,检察机关的主要任务是监督侦查机关的侦查行为是否正确、合法,同时保障犯罪嫌疑人的合法权利。对于侦查人员以非法方法收集证据的情形提出纠正意见;构成犯罪的,依法追究刑事责任。在刑事审判监督中,检察机关不但要监督人民法院的实体判决是否正确,避免出现冤假错案,而且还要监督人民法院的审判活动是否公正合法,保证实现程序正义。在刑事执行监督中,人民检察院有权对人民法院、公安机关、监狱的各种执行活动进行监督,如果认为人民法院的减刑、假释裁定或监狱管理机关的监外执行决定不当的,应当提出书面纠正意见,有关机关应当重新审查处理;如果发现执行机关执行刑罚的活动有违法的情况,应当通知执行机关纠正。不过,检察机关在对刑事诉讼活动进行法律监督时应当注意与履行其他检察职权的区别。《刑事诉讼法》第 7 条规定:"人民法院、人民检察院和公安机关进行刑事诉讼,应当分工负责,互相配合,互相制约,以保证准确有效地执行法律。"据此,人民检察院在履行审查批捕、提起公诉等其他职责时也应当依法承担相应的义务,接受其他专门机关的制约,不能因为自己有权对刑事诉讼活动进行监督就凌驾于其他机关之上,妨碍刑事诉讼的顺利进行。

检察机关的诉讼监督还包括民事诉讼监督和行政诉讼监督,但目前还仅限于通过审判监督程序以抗诉的方式实施,因此在监督范围、参与程度、监督效果等方面还非常有限。为了加强对民事审判和行政诉讼的监督,督促纠正裁判不公问题,针对影响民事审判和行政诉讼监督实效的相关问题,最高人民检察院制定了《人民检察院民事行政抗诉案件办案规则》(已失效),从而使人民检察院对民事审判活动和行政诉讼活动进行法律监督更具操作性。根据该规则的规定,人民检察院进行民事、行政检察监督的价值定位是"维护国家利益和社会公共利益,维护司法公正和司法权威,保障国家法律的统一正确实施",其办案原则是"公开、公正、合法"。该规则从人民检察院受理的民事、行政案件的来源开始,对申诉案件的立案、审查、提请抗诉、抗诉、出庭等一系列环节进行了详细的规定,清晰、系统地展示了民事、行政检察监督的办案流程。此外,该规则在细化抗诉条件,以方便司法实践操作的同时还在第八章规定了检察建议的监督途径,从而进一步拓展了民事、行政检察监督的方式和空间。2012 年 8 月第十一届全国人大常委会第 28 次会议通过《关于修改〈中华人民共和国民事诉讼法〉的决定》,将原《民事诉讼法》第 14 条"人民检察院有权对民事审判实行法律监督"修改为"人民检察院有权对民事诉讼实行法律监督",从而进一步强化了检察机关对民事诉讼(包括审判、执行)的法律监督。

第五节　中国检察的主体制度

一、职务犯罪侦查制度

所谓职务犯罪侦查制度,是指人民检察院根据《刑事诉讼法》及相关司法解释的有关规定对由其直接受理的职务犯罪案件进行侦查的制度。检察机关是国家法律监督机关，依法对诉讼活动实行法律监督是检察机关的重要职责。“由检察机关继续行使对诉讼活动实行法律监督中发现的司法工作人员利用职权实施的侵犯公民权利、损害司法公正的犯罪的侦查权，是检察机关维护司法公正和保障诉讼活动顺利进行的必要手段。”[20] 为了切实履行我国《宪法》赋予的法律监督职能，加强对国家公职人员遵守法律与恪守职责的监督，加强对公民权利的保障，检察机关除了进行侦查监督、审判监督和执行监督以外，还需要对以下两类职务犯罪案件履行侦查职责：一是对司法工作人员利用职权实施的侵犯公民权利、损害司法公正的犯罪案件可以进行立案侦查；二是经省级以上人民检察院批准，可以对公安机关管辖的国家机关工作人员利用职权实施的重大犯罪案件进行立案侦查。一方面，这类犯罪的主体主要是国家公职人员，在犯罪客观方面一般具有非暴力性的特征，因此侦查这类犯罪对技术要求相对不高，而对办案人员的法律素养则要求较高，比较适合由检察机关进行侦查。[21] 另一方面，如果由公安机关对行政机关工作人员利用职权实施的重大犯罪案件进行侦查，既容易受到其他方面的不当干扰，可能导致案件追查不力或处理不公，也违背了程序正义的基本要求。

根据最高人民检察院《关于人民检察院立案侦查司法工作人员相关职务犯罪案件若干问题的规定》的规定，人民检察院在对诉讼活动实行法律监督中，发现司法工作人员涉嫌利用职权实施的以下 14 种侵犯公民权利、损害司法公正的犯罪案件可以立案侦查：(1)非法拘禁罪(《刑法》第 238 条)(非司法工作人员除外)；(2)非法搜查罪(《刑法》第 245 条)(非司法工作人员除外)；(3)刑讯逼供罪(《刑法》第 247 条)；(4)暴力取证罪(《刑法》第 247 条)；(5)虐待被监管人罪(《刑法》第 248 条)；(6)滥用职权罪(《刑法》第 397 条)(非司法工作人员滥用职权侵犯公民权利、损害司法公正的情形除外)；(7)玩忽职守罪(《刑法》第 397 条)(非司法工作人员玩忽职守侵犯公民权利、损害司法公正的情形除外)；(8)徇私枉法罪(《刑法》第 399 条第 1 款)；(9)民事、行政枉法裁判罪(《刑法》第 399 条第 2 款)；(10)执行判决、裁定失职罪(《刑法》第 399 条第 3 款)；(11)执行判决、裁定滥用职权罪(《刑法》第 399 条第 3 款)；(12)私放在押人员罪(《刑法》第 400 条第 1 款)；(13)失职致使在押人员脱逃罪(《刑法》第 400 条第 2 款)；(14)徇私舞弊减刑、假释、暂予监外执行罪(《刑法》第 401 条)。此外，对于公安机关管辖的国家机关工作人员利用职权实施的其他重大犯罪案件，需要由人民检察院直接受理的时候，经省级以上人民检察院决定，也可以由人民检察院立案侦查。

根据《刑事诉讼法》第 164 条的规定，对于自侦案件，人民检察院有权进行刑事诉讼法所规定的讯问犯罪嫌疑人、询问证人或被害人、勘验、检查、侦查实验、搜查、查封、扣押物证、书证、查询和冻结存款汇款等财产、鉴定、辨认等各种侦查行为。此外，考虑到自侦案件的特点和检察机关的性质，《刑事诉讼法》第 165 条至第 167 条对于人民检察院的自行侦查活动还作了专门规定。包括：人民检察院在其直接受理的案件中，如果发现犯罪嫌疑人有犯罪后企图自杀、逃跑或者在逃，或者有毁灭、伪造证据或者串供情形，有权决定拘留犯罪嫌疑人。对直接受理的案件中被拘留的人，人民检察院应当在拘留后的 24 小时以内进行讯问。在发现不应当拘留的时候，必须立即释放，发给释放证明。对需要逮捕而证据还不充足的，可以依法取保候审

---

〔20〕 王爱立主编：《〈中华人民共和国刑事诉讼法〉的修改与适用》，中国民主法制出版社 2018 年版，第 10 页。

〔21〕 参见汪海燕、范培根：《检察机关自侦权探析》，载《浙江社会科学》2002 年第 1 期。

或者监视居住。认为需要逮捕的,应当在14日以内作出决定;在特殊情况下,决定逮捕的时间可以延长1日至3日。对不需要逮捕的,应当立即释放;对于需要继续侦查,并且符合取保候审、监视居住条件的,依法取保候审或者监视居住。

《刑事诉讼法》第168条规定:"人民检察院侦查终结的案件,应当作出提起公诉、不起诉或者撤销案件的决定。"最高检察院《规则》第237条规定:"人民检察院经过侦查,认为犯罪事实清楚,证据确实、充分,依法应当追究刑事责任的,应当写出侦查终结报告,并且制作起诉意见书。犯罪嫌疑人自愿认罪的,应当记录在案,随案移送,并在起诉意见书中写明有关情况。对于犯罪情节轻微,依照刑法规定不需要判处刑罚或者免除刑罚的案件,应当写出侦查终结报告,并且制作不起诉意见书。侦查终结报告和起诉意见书或者不起诉意见书应当报请检察长批准。"第238条规定:"负责侦查的部门应当将起诉意见书或者不起诉意见书,查封、扣押、冻结的犯罪嫌疑人的财物及其孳息、文件清单以及对查封、扣押、冻结的涉案财物的处理意见和其他案卷材料,一并移送本院负责捕诉的部门审查。国家或者集体财产遭受损失的,在提出提起公诉意见的同时,可以提出提起附带民事诉讼的意见。"第242条规定:"人民检察院在侦查过程中或者侦查终结后,发现具有下列情形之一的,负责侦查的部门应当制作拟撤销案件意见书,报请检察长决定:(一)具有刑事诉讼法第十六条规定情形之一的;(二)没有犯罪事实的,或者依照刑法规定不负刑事责任或者不是犯罪的;(三)虽有犯罪事实,但不是犯罪嫌疑人所为的。对于共同犯罪的案件,如有符合本条规定情形的犯罪嫌疑人,应当撤销对该犯罪嫌疑人的立案。"

二、公诉制度

公诉制度是现代刑事诉讼的一项重要制度。提起公诉、支持公诉是法律赋予检察机关的重要权力。在我国,公诉是指人民检察院针对犯罪嫌疑人的犯罪行为向人民法院提出控告,要求法院通过审判确定被告人刑事责任并给予相应刑事制裁的诉讼活动。根据《刑事诉讼法》的规定,除少数自诉案件外,大多数刑事案件都由人民检察院提起公诉。公诉属于控诉职能的范畴,提起公诉是一个独立的诉讼阶段,是公诉案件的必经程序。公诉制度既体现了国家对犯罪的追诉,又体现了审判与控诉的分立。

审查起诉是提起公诉的准备阶段,是对侦查(调查)机关移送提起公诉的案件进行全面审查并作出决定的诉讼活动。《刑事诉讼法》第169条规定:"凡需要提起公诉的案件,一律由人民检察院审查决定。"检察机关审查案件,必须查明以下内容:(1)犯罪事实、情节是否清楚,证据是否确实、充分,犯罪性质和罪名的认定是否正确。这是审查案件的主要任务和基本要求。(2)有无遗漏罪行和其他应当追究刑事责任的人。检察机关在审查案件时发现有漏罪的,应当退回补充侦查或自行侦查;发现有遗漏的犯罪嫌疑人时,应当及时建议侦查机关补充移送起诉或直接提起公诉。(3)是否属于不应追究刑事责任的。(4)有无附带民事诉讼。(5)侦查活动是否合法。

检察机关对监察机关移送起诉的案件,经审查认为犯罪事实已经查清,证据确实、充分,依法应当追究刑事责任的,应当作出起诉决定;经审查认为需要补充核实的,应当退回监察机关补充调查,必要时可以自行补充侦查。对于补充调查的案件,应当在1个月内补充调查完毕,补充调查以二次为限。对于监察机关移送起诉的已采取留置措施的案件,人民检察院应当对犯罪嫌疑人先行拘留,留置措施自动解除。人民检察院应当在拘留后的10日以内作出是否逮捕、取保候审或者监视居住的决定。在特殊情况下,决定的时间可以延长1日至4日。人民检察院决定采取强制措施的期间不计入审查起诉期限。人民检察院对于有《刑事诉讼法》规定的不起诉的情形的,经上一级人民检察院批准,依法作出不起诉的决定。监察机关认为不起诉的决定有错误的,可以向上一级人民检察院提请复议。

检察机关对公安机关移送起诉的案件,经审查认为犯罪事实已经查清,证据确实、充分,依法应当追究刑事责任的,应当作出起诉决定;经审查认为需要补充侦查的,可以退回公安机关补充侦查,也可以自行侦查。对于补充侦查的案件,应当在1个月以内补充侦查完毕,补充侦查以二次为限。人民检察院审查案件,可以要求公安机关提供法庭审判所必需的证据材料;认为可能存在《刑事诉讼法》第56条规定的以非法方法收集证据情形的,可以要求公安机关对证据收集的合法性作出说明。人民检察院对于补充侦查完毕移送人民检察院后的案件,人民检察院重新计算审查起诉期限。对于二次补充侦查的案件,人民检察院仍然认为证据不足,不符合起诉条件的,应当作出不起诉的决定。

检察机关审查起诉应当遵守法定期限。《刑事诉讼法》第172条规定:"人民检察院对于监察机关、公安机关移送起诉的案件,应当在一个月以内作出决定,重大、复杂的案件,可以延长十五日;犯罪嫌疑人认罪认罚,符合速裁程序适用条件的,应当在十日以内作出决定,对可能判处的有期徒刑超过一年的,可以延长至十五日。人民检察院审查起诉的案件,改变管辖的,从改变后的人民检察院收到案件之日起计算审查起诉期限。"

检察机关审查起诉应当讯问犯罪嫌疑人,听取其他诉讼参与人的意见。《刑事诉讼法》第173条规定:"人民检察院审查案件,应当讯问犯罪嫌疑人,听取辩护人或者值班律师、被害人及其诉讼代理人的意见,并记录在案。辩护人或者值班律师、被害人及其诉讼代理人提出书面意见的,应当附卷。犯罪嫌疑人认罪认罚的,人民检察院应当告知其享有的诉讼权利和认罪认罚的法律规定,听取犯罪嫌疑人、辩护人或者值班律师、被害人及其诉讼代理人对下列事项的意见,并记录在案:(一)涉嫌的犯罪事实、罪名及适用的法律规定;(二)从轻、减轻或者免除处罚等从宽处罚的建议;(三)认罪认罚后案件审理适用的程序;(四)其他需要听取意见的事项。人民检察院依照前两款规定听取值班律师意见的,应当提前为值班律师了解案件有关情况提供必要的便利。"

犯罪嫌疑人认罪认罚的,检察机关应当主持认罪认罚具结书的签署。《刑事诉讼法》第174条规定:"犯罪嫌疑人自愿认罪,同意量刑建议和程序适用的,应当在辩护人或者值班律师在场的情况下签署认罪认罚具结书。犯罪嫌疑人认罪认罚,有下列情形之一的,不需要签署认罪认罚具结书:(一)犯罪嫌疑人是盲、聋、哑人,或者是尚未完全丧失辨认或者控制自己行为能力的精神病人的;(二)未成年犯罪嫌疑人的法定代理人、辩护人对未成年人认罪认罚有异议的;(三)其他不需要签署认罪认罚具结书的情形。"

人民检察院认为犯罪嫌疑人的犯罪事实已经查清,证据确实、充分,依法应当追究刑事责任的,应当作出起诉决定,按照审判管辖的规定,向人民法院提起公诉,并将案卷材料、证据移送人民法院。犯罪嫌疑人认罪认罚的,人民检察院应当就主刑、附加刑、是否适用缓刑等提出量刑建议,并随案移送认罪认罚具结书等材料。人民检察院决定不起诉的案件,应当同时对侦查中查封、扣押、冻结的财物解除查封、扣押、冻结。对被不起诉人需要给予行政处罚、处分或者需要没收其违法所得的,人民检察院应当提出检察意见,移送有关主管机关处理。有关主管机关应当将处理结果及时通知人民检察院。《刑事诉讼法》第 182 条还规定了特殊案件的撤销、不起诉制度:"犯罪嫌疑人自愿如实供述涉嫌犯罪的事实,有重大立功或者案件涉及国家重大利益的,经最高人民检察院核准,公安机关可以撤销案件,人民检察院可以作出不起诉决定,也可以对涉嫌数罪中的一项或者多项不起诉。根据前款规定不起诉或者撤销案件的,人民检察院、公安机关应当及时对查封、扣押、冻结的财物及其孳息作出处理。"

对于提起公诉的案件,检察机关应当派员出庭支持公诉。在公诉制度中,出庭支持公诉是检察机关一项重要的诉讼活动。公诉人通过出席法庭审理,履行证明责任,进一步揭露犯罪,证实犯罪,并就适用法律认定被告人罪行和科处刑罚发表意见。出庭支持公诉的人员应当作好充分的庭前准备,了解案情,制作好公诉词,拟好法庭辩论的提纲,按时出庭参与庭审、支持公诉,并对庭审活动是否合法实行监督。

三、诉讼监督制度

人民检察院是国家法律监督机关,对诉讼活动实行法律监督,是履行法律监督职能的重要内容。根据《刑事诉讼法》《民事诉讼法》《行政诉讼法》的规定,人民检察院对诉讼活动的监督具体包括以下几个方面。

(一)刑事立案监督

刑事立案监督,是指检察机关依法对公安机关的立案活动是否合法进行的监督。立案是刑事诉讼的第一个阶段。立案活动是否依法进行,立案决定是否正确,直接关系到刑事诉讼能否顺利进行,关系到能否有效地追究犯罪,以及能否切实保护国家的利益和公民的合法权益。对公安机关立案活动的监督是检察机关对刑事诉讼实行法律监督的重要内容,也是 1996 年修改《刑事诉讼法》时针对立案实践中存在的问题而采取的重要措施。

《刑事诉讼法》第 113 条规定:"人民检察院认为公安机关对应当立案侦查的案件而不立案侦查的,或者被害人认为公安机关对应当立案侦查的案件而不立案侦查,向人民检察院提出的,人民检察院应当要求公安机关说明不立案的理由。人民检察院认为公安机关不立案理由不能成立的,应当通知公安机关立案,公安机关接到通知后应当立案。"这是检察机关进行立案监督的法律依据。

在司法实践中,人民检察院对公安机关立案活动的监督一般采取研究—调查—决定的方法进行,即人民检察院对报案、控告、举报的单位和个人不服不立案决定的复议申请以及知情人员等反映的意见进行认真的审查研究,了解案件情况,掌握立案与否的依据,在必要的情况下展开调查工作,最后作出决定。而立案监督的一般程序是:立案监督案件受理和审查—要求公安机关说明不立案理由—通知公安机关立案侦查或报省级人民检察院决定直接立案侦查。

需要指出的是,《刑事诉讼法》第 113 条规定的立案监督仅指人民检察院对公安机关应当立案侦查的案件而不立案侦查的监督,而最高检察院《规则》第十三章第二节突破了这一规定,将公安机关不应当立案侦查而立案侦查的案件的监督也包括在立案监督中,这一方面说明最高人民检察院的规定有其合理性(完整的立案监督应当包括这两种情况),但另一方面这种突破法律规定的司法解释也有越权之嫌,不符合法治的要求。

(二)刑事侦查监督

刑事侦查监督,是指人民检察院对于侦查机关的侦查活动是否合法实行的监督。人民检察院是国家的法律监督机关,对刑事诉讼依法实行法律监督。侦查监督是人民检察院刑事诉讼法律监督的重要组成部分。根据《刑事诉讼法》的规定,公安机关、国家安全机关、海关缉私局、监狱、军队保卫部门和人民检察院的侦查部门均享有侦查权。因此,人民检察院对上述机关和部门的侦查活动是否合法,都可以依法进行监督。通过实施侦查监督,人民检察院可以及时发现侦查机关和人员在侦查活动中违反法定程序的行为和刑讯逼供、贪赃枉法等违法犯罪行为,从而采取纠正和预防措施,以保证侦查活动的顺利进行,保障诉讼参与人特别是犯罪嫌疑人的合法权益,保证刑事案件的正确处理。

人民检察院如果发现侦查机关的侦查活动有违法情况,根据《刑事诉讼法》和最高检察院《规则》的有关规定,可以分别作出以下几种处理:(1)口头通知纠正。对于情节较轻的违法行为,检察人员可以口头方式向侦查人员或者侦查机关负责人提出纠正意见。(2)书面通知纠正。对于情节较重的违法情形,检察人员应当报请检察长批准后,向侦查机关发出纠正违法通知书。人民检察院发出纠正违法通知书的,应当根据侦查机关的回复,监督落实情况,没有回复的,应当督促侦查机关回复。(3)人民检察院发现侦查机关收集的证据属于非法证据的,应当依法予以排除,不作为起诉决定的依据。(4)立案侦查或移送有关部门依法追究刑事责任。人民检察院侦查监督部门、公诉部门发现侦查人员在侦查活动中的违法行为情节严重,构成犯罪的,应当移送本院侦查部门审查,并报告检察长。侦查部门审查后应当提出是否立案侦查的意见,报请检察长决定。对于不属于本院管辖的,应当移送有管辖权的人民检察院或者其他机关处理。

(三)刑事审判监督

刑事审判监督是检察机关对法院的刑事审判工作实行的监督,包括对法院所进行的审判活动是否合法的监督,以及对其所作判决、裁定是否正确的监督。换言之,刑事审判监督包含程序和实体两方面的内容。

程序方面的监督,主要是对法院的刑事审判活动是否合法进行监督。人民检察院可以通过调查、审阅案卷、受理申诉、控告等活动,监督审判活动是否合法,包括人民法院对刑事案件的受理是否违反管辖规定,有无违反法定审理和送达期限,法庭组成人员是否符合法律规定,有无违反规定应当回避而不回避的情形,法庭审理案件有无违反法定程序的情形,等等。人民检察院发现人民法院审理案件违反法律规定的诉讼程序,有权向人民法院提出纠正意见。出席法庭的检察人员发现法庭审判违反法律规定的诉讼程序,应当在休庭后及时向检察长报告。人民检察院对违反程序的庭审活动提出纠正意见,应当在庭审后提出。

实体方面的监督,主要指对法院所作的错误判决、裁定提出抗诉和对法院不当的减刑、假释提出纠正意见。其中,抗诉分为上诉程序的抗诉和审判监督程序的抗诉两种。上诉程序的抗诉,是指地方各级人民检察院认为本级人民法院的一审判决、裁定确有错误时,在法定期限内按照上诉程序提出的抗诉。它针对的是未发生法律效力的一审判决或裁定。地方各级人民检察院对同级人民法院第一审判决、裁定的抗诉,应当通过原审人民法院提出抗诉书,并且将抗诉书抄送上一级人民检察院。上级人民检察院如果认为抗诉不当,可以向同级人民法院撤回抗诉,并且通知下级人民检察院。对于人民检察院抗诉的案件,第二审人民法院应当开庭审理,同级人民检察院应当派员出庭。与上诉程序的抗诉不同,审判监督程序的抗诉是针对法院已发生法律效力的判决、裁定。根据《刑事诉讼法》的规定,最高人民检察院对各级人民法院、上级人民检察院对下级人民法院已发生法律效力的判决、裁定均有权按照审判监督程序提出抗诉。接受抗诉的人民法院应当组成合议庭重新审理,对原判事实不清或证据不足的,可以指定下级人民法院再审。对法院不当的减刑、假释提出纠正意见,是指人民检察院认为人民法院减刑、假释的裁定不当的,应当在收到裁定书副本后20日以内,向人民法院提出书面纠正意见。人民法院应当在收到纠正意见后1个月以内重新组成合议庭进行审理,作出最终裁定。

(四)刑罚执行和监所监督

我国《刑事诉讼法》第276条规定:"人民检察院对执行机关执行刑罚的活动是否合法实行监督。如果发现有违法的情况,应当通知执行机关纠正。"对刑罚执行和对监狱和其他执行机关的监督是检察机关履行其法律监督职责的内容之一,是检察制度的一个重要组成部分。

刑罚执行监督和监所监督,是指检察机关依照法律规定对人民法院已经生效的判决、裁定的执行和对监狱和其他执行机关执行刑罚的活动是否合法,实行监督。其内容主要包括以下几个方面。

1. 对执行死刑判决的监督。死刑是剥夺犯罪分子生命的最严厉的刑罚。为防止错判错杀,法律对死刑立即执行的程序作了严格规定,并规定检察机关应当派员临场监督。

2. 对监狱和其他执行机关执行刑罚的监督。其中包括对是否依法交付执行的情况进行监督,对执行变更的监督,对执行中追诉新罪、漏罪的监督以及对执行中发现错判和对罪犯申诉的处理的监督。

3. 对在社会上执行刑罚的活动的监督。检察机关对在社会上执行刑罚活动的监督是社会治安综合治理的一项重要内容。公安机关、司法行政机关(社区矫正机构)等有关部门执行人民法院已经发生法律效力的有关管制、剥夺政治权利、缓刑、假释的判决、裁定以及社区矫正活动,属于社会上执行刑罚活动的范畴,检察机关也应对其执行情况是否合法进行监督。

(五)民事、行政诉讼监督

民事、行政诉讼监督,是检察机关行使检察权的重要组成部分,是国家基于检察机关的法律监督职能,为保证民事诉讼和行政诉讼依法公正进行而确立的基本原则。我国《民事诉讼法》第14条规定:"人民检察院有权对民事诉讼实行法律监督。"《行政诉讼法》第11条规定:"人民检察院有权对行政诉讼实行法律监督。"《民事诉讼法》第215条和《行政诉讼法》第93条又分别规定,人民检察院对人民法院已经发生法律效力的民事、行政判决、裁定,发现有本法有关条文规定的情形之一的,应当按照审判监督程序提出抗诉,或者提出检察建议;各级人民检察院对审判监督程序以外的其他审判程序中审判人员的违法行为,有权向同级人民法院提出检察建议。毫无疑问,人民检察院对民事诉讼和行政诉讼实行法律监督,有利于促使人民法院作出正确的裁判,维护司法公正,遏制司法腐败,保障法律的正确和统一实施。

根据《民事诉讼法》和《行政诉讼法》的规定,人民法院进行民事、行政检察的主要方式是向人民法院提出抗诉或者提出检察建议。提出抗诉的具体程序如下(提出检察建议的程序将在下一部分论述):

1. 民事、行政案件抗诉的条件。根据《民事诉讼法》第215条的规定,人民检察院对人民法院已经发生法律效力的判决、裁定，发现有本法第207条规定情形之一的，[22]或者发现调解书损害国家利益、社会公共利益的，应当按照审判监督程序提出抗诉。

根据《行政诉讼法》第93条的规定，人民检察院对人民法院已经发生法律效力的判决、裁定，发现有本法第91条规定情形之一的，[23]应当按照审判监督程序提出抗诉。

2. 民事、行政抗诉案件的受理和立案审查。民事、行政抗诉案件的来源主要有以下几种：一是当事人因不服裁判而提出申诉；二是公民、法人和其他组织检举；三是国家权力机关、上级人民检察院交办；四是其他机关、组织转办；五是检察机关自行发现。

检察机关受理民事、行政抗诉案件，应当符合以下三个条件：(1)人民法院的民事、行政判决、裁定或调解书已经发生法律效力；(2)有明确的申诉理由或检举事实，并书面提交抗诉申请或申诉书；(3)属于人民检察院管辖范围内。检察机关受理民事、行政抗诉案件后，经初步审查，认为可能符合法定抗诉条件的，应当作出立案决定，使案件进入立案审查即实质性审查阶段。

立案审查应当围绕民事、行政案件的抗诉条件进行，其基本方式有以下三种：一是调阅民事、行政审判卷宗，并制作阅卷笔录；二是向当事人或者案外人调查核实有关情况；三是勘验、鉴定。在实践中，检察机关的立案审查主要以书面审查即阅卷为主，辅之以必要的调查与鉴定。

立案审查终结后，检察机关应当根据案件的具体情况作出相应的处理：(1)对符合抗诉条件的，应作出抗诉决定或提请上级检察机关抗诉：(2)原裁判或调解书合法、正确的，应终止审查；(3)原裁判或调解书存在某些问题，但不宜采用抗诉后再审的方式纠正错误的，可以向原审人民法院或调解机构提出检察建议；(4)对于案件不属于人民检察院管辖范围的，应转交有关部门处理。

3. 参加民事、行政抗诉案件的再审活动。根据《民事诉讼法》第218条的规定，人民检察院提出抗诉的案件，接受抗诉的人民法院作出再审裁定，启动再审程序。《民事诉讼法》第220条规定："人民检察院提出抗诉的案件，人民法院再审时，应当通知人民检察院派员出席法庭。"经人民检察院指派出席再审法庭的检察人员，是国家法律监督机关的代表，其称谓是检察长或检察员。根据最高人民检察院颁布的《关于民事审判监督程序抗诉工作暂行规定》(已

---

〔22〕《民事诉讼法》第207条规定："当事人的申请符合下列情形之一的，人民法院应当再审：(一)有新的证据，足以推翻原判决、裁定的；(二)原判决、裁定认定的基本事实缺乏证据证明的；(三)原判决、裁定认定事实的主要证据是伪造的；(四)原判决、裁定认定事实的主要证据未经质证的；(五)对审理案件需要的主要证据，当事人因客观原因不能自行收集，书面申请人民法院调查收集，人民法院未调查收集的；(六)原判决、裁定适用法律确有错误的；(七)审判组织的组成不合法或者依法应当回避的审判人员没有回避的；(八)无诉讼行为能力人未经法定代理人代为诉讼或者应当参加诉讼的当事人，因不能归责于本人或者其诉讼代理人的事由，未参加诉讼的；(九)违反法律规定，剥夺当事人辩论权利的；(十)未经传票传唤，缺席判决的；(十一)原判决、裁定遗漏或者超出诉讼请求的；(十二)据以作出原判决、裁定的法律文书被撤销或者变更的；(十三)审判人员审理该案件时有贪污受贿，徇私舞弊，枉法裁判行为的。"

〔23〕《行政诉讼法》第91条规定："当事人的申请符合下列情形之一的，人民法院应当再审：(一)不予立案或者驳回起诉确有错误的；(二)有新的证据，足以推翻原判决、裁定的；(三)原判决、裁定认定事实的主要证据不足、未经质证或者系伪造的；(四)原判决、裁定适用法律、法规确有错误的；(五)违反法律规定的诉讼程序，可能影响公正审判的；(六)原判决、裁定遗漏诉讼请求的；(七)据以作出原判决、裁定的法律文书被撤销或者变更的；(八)审判人员在审理该案件时有贪污受贿，徇私舞弊、枉法裁判行为的。"

失效)第11条的规定,检察长、检察员出席法庭的任务主要有四项,即宣读抗诉书、参加法庭调查、说明抗诉的根据和理由、对法庭审判活动是否合法实行监督。

四、检察建议制度

检察建议,是指人民检察院在办理案件的过程中,针对相关行业、系统或单位在机制、制度、管理等方面存在的问题,以检察机关的名义提出堵塞漏洞,消除隐患,改进管理或追究有关当事人的党纪、政纪责任的建议或对策。目前,检察建议制度已成为检察机关开展预防犯罪工作的一项重要制度,是检察机关履行法律监督职能的方式之一。由于检察建议有的放矢、针对性强,因而容易被相关行业、系统或单位采纳,从而收到明显的社会效果。实践证明,检察建议在预防犯罪,进行社会治安综合治理以及反腐倡廉等方面起到了积极的作用。

在办案过程中,检察人员认为需要向被建议单位提出检察建议的,应当按照格式要求制作检察建议书,由部门负责人或主诉、主办检察官审核后,报分管副检察长或检察长审批签发。检察建议书除送达被建议单位外,应同时将副本抄报上级人民检察院,必要时还可以报送被建议单位的上级主管部门。

由于建议的性质决定了检察建议不具有法律约束力,因此为了保证检察建议的成效,检察人员在发出检察建议的前后,应主动与被建议单位的领导交换意见和看法,达成共识,共同研究整改措施;同时还应加强与其主管部门的协调与配合,发挥主管部门的监督作用,以将检察建议的内容落到实处。此外,发出检察建议以后,检察人员还应及时了解被建议单位的整改情况。对于整改工作取得明显成效的单位,如其经验具有普遍性的,应积极通过适当方式向其所属行业或系统进行推广。

值得注意的是,2012年修改的《民事诉讼法》将检察建议引入民事诉讼领域,使检察建议成为检察机关进行民事审判监督的重要手段。《民事诉讼法》第215条第2、3款规定,地方各级人民检察院对同级人民法院已经发生法律效力的判决、裁定,发现有本法第207条规定情形之一的,或者发现调解书损害国家利益、社会公共利益的,可以向同级人民法院提出检察建议,并报上级人民检察院备案;各级人民检察院对审判监督程序以外的其他审判程序中审判人员的违法行为,有权向同级人民法院提出检察建议。为保障当事人申请再审的权利不受侵犯,《民事诉讼法》第216条进一步赋予当事人向人民检察院申请检察建议的权利,即对于人民法院驳回再审申请的,人民法院逾期未对再审申请作出裁定的,或者再审判决、裁定有明显错误的,当事人均可以向人民检察院申请检察建议;人民检察院对当事人的申请应当在3个月内进行审查,作出提出或者不予提出检察建议的决定。此外,人民检察院因履行法律监督职责提出检察建议的需要,可以向当事人或者案外人调查核实有关情况。

第六节　中国检察的监督与保障制度

一、人民监督员制度

2003年10月,最高人民检察院经过充分研究论证,决定在福建、四川、黑龙江、辽宁、天津、内蒙古、河北、山东、浙江、湖北10个省、自治区、直辖市部分检察机关实行人民监督员制度的试点工作。2010 年 10 月，人民监督员制度在全国检察机关全面推行。[24]

实行人民监督员制度是检察机关根据党的十六大关于推进司法体制改革的精神，在不涉及修改现行法律的前提下，为解决检察机关查办职务犯罪案件缺乏有效外部监督问题而进行的一项重要探索。

按照《刑事诉讼法》的规定，人民检察院在对诉讼活动实行法律监督中发现的司法工作人员利用职权实施的非法拘禁、刑讯逼供、非法搜查等侵犯公民权利、损害司法公正的犯罪，可以由人民检察院立案侦查，并由人民检察院决定是否提起公诉。

最高人民检察院、司法部于 2015 年 3 月 7 日公布《深化人民监督员制度改革方案》，并于 2021 年 12 月 29 日公布《人民监督员选任管理办法》。根据上述文件，人民监督员制度主要包括以下几项内容：

（一）人民监督员的选任机制

1. 人民监督员的选任机关。人民监督员由司法行政机关负责选任，省级和设区的市级司法行政机关分别选任同级人民检察院人民监督员。

2. 人民监督员的设置。省级人民检察院和设区的市级人民检察院设置人民监督员。省级人民检察院人民监督员监督省级人民检察院办理的案件。设区的市级人民检察院人民监督员监督设区的市级人民检察院和县级人民检察院办理的案件。直辖市人民检察院人民监督员监督直辖市各级人民检察院办理的案件。

3. 人民监督员的选任条件。人民监督员应当是年满 23 周岁，拥护中华人民共和国宪法，遵守法律，品行良好，身体健康，具有高中以上文化程度的中国公民，具备较高的政治素质、广泛的代表性和扎实的群众基础。下列人员不参加人民监督员选任：(1) 人民代表大会常务委员会组成人员，监察机关、人民法院、人民检察院、公安机关、国家安全机关、司法行政机关的在职工作人员；(2) 人民陪审员；(3) 其他因工作原因不适宜参加人民监督员选任的人员。有下列情形之一的，不得担任人民监督员：(1) 受过刑事处罚的；(2) 被开除公职的；(3) 被吊销律师、公证员执业证书，或被仲裁委员会除名的；(4) 被纳入失信被执行人名单的；(5) 因受惩戒被免除人民陪审员职务的；(6) 存在其他严重违法违纪行为，可能影响司法公正的；(7) 因在选任、履职过程中违法违规以及年度考核不合格等被免除人民监督员资格的。

人民监督员每届任期 5 年，连续任职不得超过两届。省级人民检察院人民监督员和设区的市级人民检察院人民监督员不得互相兼任。人民监督员不得同时担任两个以上人民检察院人民监督员。

4. 人民监督员的选任程序。省级和设区的市级司法行政机关与同级人民检察院协商，根据本辖区案件数量、人口、地域、民族等因素合理确定人民监督员的名额及分布，每个县（市、区）人民监督员名额不少于 3 名。司法行政机关应当发布人民监督员选任公告，明确选任名额、条件、程序、申请和推荐期限及方式等事项，公告期不少于 20 个工作日。省级和设区的市级司法行政机关协调有关机关、团体、企事业单位和基层组织推荐人民监督员人选，并接受公民自荐报名，对推荐和自荐人选进行审查，提出拟任人民监督员人选并向社会公示。拟任人选

---

〔24〕 从 2003 年 10 月至 2011 年年底，各地人民监督员共监督案件 35,514 件，提出不同意人民检察院原拟定意见的有 1653 件，其中 908 件的人民监督员表决意见被人民检察院采纳，占 54.93%。

中,机关、团体、事业单位工作人员一般不超过选任总数的50%。对拟任人选经公示无异议或者经审查异议不成立的,作出选任决定、颁发证书并向社会公布。

(二)人民监督员的管理方式

1. 司法行政机关负责对人民监督员进行初任培训,同级人民检察院予以协助。司法行政机关可以会同同级人民检察院对人民监督员进行专项业务培训。

2. 司法行政机关建立人民监督员信息库,并与人民检察院信息共享。

3. 司法行政机关建立人民监督员考核制度,及时掌握人民监督员的履职情况。人民检察院应向同级司法行政机关通报人民监督员履职情况。对不认真履职的人民监督员,司法行政机关应当进行劝诫。

4. 人民监督员履行监督职责期间,应当作出保密承诺,遵守国家法律、法规和有关纪律规定,不得泄露案件涉及的国家秘密、商业秘密、个人隐私和未成年人犯罪的信息。

5. 人民监督员具有下列情形之一的,作出选任决定的司法行政机关应当免除其人民监督员资格:(1)本人申请辞去担任的人民监督员的;(2)丧失中华人民共和国国籍的;(3)丧失行为能力的;(4)在选任中弄虚作假,提供不实材料的;(5)年度考核不合格的;(6)妨碍办案活动正常进行,或者泄露办案活动涉及的国家秘密、商业秘密、个人隐私和未成年人信息,或者披露其他依照法律法规和有关规定不应当公开的办案活动信息;(7)出现不得担任人民监督员情形的。人民监督员因工作变动不能担任人民监督员,或者因身体健康原因不能正常履职,或者出现其他影响正常履职情况的,应当及时向作出选任决定的司法行政机关辞去担任的人民监督员。司法行政机关应当及时将免除资格决定书面通知人民监督员本人及其工作单位、推荐单位或组织,通报人民检察院,并及时向社会公布。

(三)人民监督员监督的范围

人民监督员对人民检察院办理直接受理立案侦查案件的下列情形实施监督:(1)应当立案而不立案或者不应当立案而立案的;(2)超期羁押或者检察机关延长羁押期限决定不正确的;(3)违法搜查、扣押、冻结或者违法处理扣押、冻结款物的;(4)拟撤销案件的;(5)拟不起诉的;(6)应当给予刑事赔偿而不依法予以赔偿的;(7)检察人员在办案中有徇私舞弊、贪赃枉法、刑讯逼供、暴力取证等违法违纪情况的;(8)犯罪嫌疑人不服逮捕决定的;(9)采取指定居所监视居住强制措施违法的;(10)阻碍律师或其他诉讼参与人依法行使诉讼权利的;(11)应当退还取保候审保证金而不退还的。

(四)人民监督员监督的程序

1. 司法行政机关从人民监督员信息库中随机抽选、联络确定参加监督活动的人民监督员,并通报人民检察院。根据办案活动需要,可以在具有特定专业背景的人民监督员中随机抽选。被抽选出的人员是本案当事人近亲属、与本案有利害关系或者担任过本案诉讼参与人的,以及有其他可能影响司法公正情形的,应当回避。抽选结果确定后,司法行政机关应当及时告知被抽选出的人民监督员,说明相关事项,并为其开展监督工作提供相应便利。

2. 案件监督前,应向人民监督员提供充分的有关案件事实、证据和法律适用等材料;案件监督中,应全面客观地介绍案件事实、证据认定、法律适用以及对案件处理的不同观点和意见。必要时,人民监督员可以通过收听收看讯问犯罪嫌疑人相关录音录像了解当事人的意见。

3. 人民监督员对所监督案件独立进行评议和表决,制作人民监督员表决意见书,说明表决情况、结果和理由。承办案件的人民检察院应当对人民监督员的表决意见进行审查。检察长不同意人民监督员表决意见的,应当提交检察委员会讨论决定。检察委员会应当根据案件事实和法律规定,全面审查、认真研究人民监督员的评议和表决意见,依法作出决定。检察长或者检察委员会的处理决定应及时告知参加监督的人民监督员。检察委员会的最终处理决定与人民监督员表决意见不一致的,应当向参加监督的人民监督员作出必要的说明。

4. 人民检察院处理决定未采纳多数人民监督员评议表决意见,经反馈说明后,多数人民监督员仍有异议的,可以提请人民检察院复议一次。

(五)人民监督员知情权的保障机制

1. 建立职务犯罪案件台账制度。为便于人民监督员掌握案件办理情况,发现监督线索,检察机关应对职务犯罪立案情况,对犯罪嫌疑人采取强制措施情况,扣押财物的保管、处理、移送、退还情况,以及刑事赔偿案件办理情况建立相应台账,供人民监督员查阅。人民检察院应当将人民监督员监督意见的采纳情况及时告知人民监督员。

2. 建立人民监督员监督事项告知制度。检察机关接待职务犯罪案件举报人、申诉人时,应告知其在案件处理完毕后,对处理结果有不同意见的,可以向人民监督员反映。检察机关在查办职务犯罪案件的侦查、审查逮捕、审查起诉等诉讼环节第一次讯问犯罪嫌疑人时,执行搜查、扣押时以及执行冻结后,应向举报人、申诉人、犯罪嫌疑人及其近亲属告知有关人民监督员监督事项的内容。

3. 建立人民监督员参与案件跟踪回访、执法检查等机制。检察机关开展职务犯罪案件跟踪回访、执法检查、执法评查等工作,可以邀请、组织人民监督员参加。在查封、扣押职务犯罪案件犯罪嫌疑人财物和文件时,可以邀请人民监督员现场监督。

二、案件集中管理制度

检察机关案件集中管理,是指为了促进检察机关和检察人员规范执法,提高办案质量和效率,强化内部监督制约,在坚持和完善业务部门自我管理的基础上,依托信息化平台,由案件管理部门履行统一受案、全程管理、动态监督、案后评查、综合考评职责,实现对执法办案的统一、归口、全程、动态管理。案件集中管理制度是检察机关司法管理体制改革的重要内容,是强化检察机关内部监督、规范司法行为、促进司法公开公正的重要举措。

2011 年 9 月,最高人民检察院印发的《"十二五"时期检察工作发展规划纲要》指出:"加强案件管理。更新检察管理理念,创新案件管理模式,构建统一受案、全程管理、动态监督、案后评查、综合考评的执法办案管理新机制。"2011 年 10 月 28 日,经中央编委批准,最高人民检察院正式成立案件管理办公室,对最高人民检察院机关案件流程、案件质量和案件统计信息等进行集中管理。这标志着案件管理工作已经成为检察系统一项重要的综合业务工作。

2012 年 2 月 29 日,最高人民检察院通过《案件管理暂行办法》,搭建了案件管理制度的基本框架。2013 年 2 月 1 日,最高人民检察院通过的《检察机关执法工作基本规范》设专编(第十一编"案件管理")共用六章 46 个条文,对案件管理作了较为系统的规定,成为检察机关进行案件管理工作的基本依据。2015 年 9 月最高人民检察院颁布的《关于完善人民检察院司法责任制的若干意见》明确指出,人民检察院案件管理部门对司法办案工作实行统一集中管理,全面记录办案流程信息,全程、同步、动态监督办案活动,对办结后的案件质量进行评查。

人民检察院案件集中管理制度的内容主要有以下几个方面:(1)建立案件管理机构。如设立案件管理中心或案件管理办公室,由其专门负责案件管理工作,在案件管理中承担管理、监督、服务和参谋四项职能。(2)明确案件管理的范围。案件管理主要包括案件流程管理、案件质量管理、案件统计管理等。(3)确定管理模式。一般实行“四个统一”的管理模式:一是统一收案,即案件管理机构按照部门分工设置公诉案件、批捕案件、职务犯罪案件、民行及控申案件四个收案岗位,统一接收各类案件。二是统一分配案件。实行随机分案为主、指定分案为辅的案件承办确定机制。因此,案件管理机构收案后,原则上应当按照各业务机构预先报送的办案人员名单,由案件管理系统软件随机分案;重大、疑难、复杂案件可以由检察长指定检察官办案组或独任检察官承办。三是统一流程监控,即案件管理机构对办案环节及案件流转情况进行动态监控,对办案中出现的问题及时发出预警提示或进行纠正;对流程监控中发现有质量问题的案件及时开展剖析评查工作,以防止不规范办案。四是统一案件信息查询。在案件管理机构收案大厅设置案件信息查询窗口,为符合查询条件的人员提供查询服务。(4)将案件管理情况(包括案后评查、综合考评等)与办案人员的考核挂钩,促进检察权的依法独立公正行使。

三、检务公开与案件信息公开制度

检务公开,是指检察机关主动向社会和诉讼参与人公开与检察权行使有关的事项的活动。

为推行检务公开,最高人民检察院于1998年10月下发了《关于在全国检察机关实行“检务公开”的决定》,决定在全国检察机关普遍实行“检务公开”,以自觉接受人民群众和社会各界的监督,保证检察机关公正执法、文明办案。“检务公开”的内容包括:人民检察院的性质、任务和职权,内部机构设置情况及工作职能;人民检察院司法活动的法律依据;人民检察院的活动原则、工作制度、规程和要求;人民检察院直接受理立案侦查案件的范围、立案标准等;诉讼参与人的权利、义务;人民检察院受理举报、控告、申诉和复查案件的工作规程;人民检察院及其工作人员办案纪律规范;人民检察院及其工作人员违法违纪行为的举报、控告途径、方法。“检务公开”的形式主要有:通过报刊、电台、电视等新闻媒介,公布和宣传“检务公开”的具体内容;采用设置专栏、制作牌匾和印发小册子等形式公布“检务公开”的内容;检察人员执行公务活动要通报姓名、身份和执行检察活动的事由,告知执法对象有关法定权利和义务等必须知道的具体内容,告知对检察公务活动如有异议,可以投诉及其投诉办法。

1999年1月,最高人民检察院下发《关于“检务公开”具体实施办法》,规定检察人员应履行告知义务,告知犯罪嫌疑人、证人、被害人在侦查、审查起诉阶段的权利和义务,这标志着诉讼参与人权利义务告知制度的全面建立。同年4月,最高人民检察院又下发《关于建立检察工作情况通报制度的通知》,决定在全国检察机关建立检察工作情况通报制度,定期或不定期向新闻界通报检察工作开展情况,各省级检察院还要建立新闻发言人制度。检察工作情况通报的内容包括:检察机关履行法律监督职责取得的阶段性工作成果;最高人民检察院以及地方各级检察机关的有关工作部署;有关检察工作的司法解释及其他规范性文件;检察机关接待人民群众来信来访的处理情况;检察队伍建设情况;各级检察机关的其他重大活动。各级检察机关对具有较大社会影响,公众关注的普通重大刑事案件、职务犯罪案件的查办情况,在逮捕或提起公诉后,可适时予以通报。对于新闻报道所涉及的检察机关和检察人员违法违纪问题,在认真查处的基础上,也要及时向有关新闻单位通报结果。

2006年6月,最高人民检察院印发《关于进一步深化人民检察院“检务公开”的意见》,对

"检务公开"进行充实、完善,增加了13项内容,包括:检察官的任职资格和管理;检察人员任职回避和公务回避;人民检察院保障律师在刑事诉讼中依法执业的规定;在刑事诉讼活动中开展法律援助工作的规定;不起诉案件公开审查规则;普通程序简化审理"被告人认罪案件"程序;适用简易程序审理公诉案件的程序;人民检察院刑事申诉案件公开审查程序规定;国家刑事赔偿的规定;民事行政抗诉案件办案规则;检察机关人民监督员制度试点工作的规定;检察工作纪律和检察官职业道德规范;其他依法应当予以公开的内容。同时,该意见要求各级检察机关重视和充分利用现代化信息手段,鼓励通过建立门户网站,推动电子检务建设,不断拓宽公开渠道;建立健全"检务公开"的相关工作制度,主要包括严格执行诉讼权利义务告知制度,健全主动公开和依申请公开的制度,完善定期通报和新闻发言人制度,充分发挥人民监督员和专家咨询委员的作用,建立责任追究制度,建立监督保障机制,妥善处理公开与保密的关系。

2010年3月,最高人民检察院印发《检察机关新闻发布制度》,明确检察机关实行定期发布和日常性发布相结合的新闻发布制度,注意听取公众意见和建议,及时回应社会关注的问题,及时公布司法解释、通报重大案件办理情况。2014年7月,最高人民检察院出台《新闻发布会实施办法》,以推动新闻发布会工作的规范化、制度化。

为了保障人民群众对检察工作的知情权、参与权和监督权,进一步深化检务公开,增强检察机关执法办案的透明度,规范司法办案行为,促进公正执法,2014年10月17日,最高人民检察院印发《人民检察院案件信息公开工作规定(试行)》(已失效),并于2021年9月28日印发《人民检察院案件信息公开工作规定》。该规定分为总则、案件信息查询、案件信息发布、业务数据发布、法律文书公开、监督和保障、附则等七章共27条。其主要举措包括以下几个方面:

1. 全面推行案件信息网上查询。案件程序性信息是指各类案件办理过程中,与诉讼程序有关的一些主要情况,包括案由、受理时间、办案期限、办案组织、办案进程、处理结果、强制措施,查封、扣押、冻结涉案财物的处置情况,法律文书公开情况等案件程序性信息。及时知晓这些信息对于保障诉讼参与人的合法权益具有重要意义。当事人及其法定代理人、近亲属、辩护人、诉讼代理人等首次申请查询,应当向办理相关案件的人民检察院负责案件管理的部门提交身份证明、委托书等证明材料,人民检察院对符合条件的,应当提供查询服务,并提供网上查询账号。查询申请人可以凭账号登录"12309中国检察网",查询相关案件信息。当事人的辩护律师或者代理律师可以直接通过"12309中国检察网"或者微信平台、手机APP,在线注册后,查询案件信息。为解决查询人和办案检察院不在同一地区时的异地查询不便的问题,《人民检察院案件信息公开工作规定》还规定,对需要查询外地检察机关办理案件的程序性信息的,查询申请人可以到经常居住地的基层检察院申请异地查询,被请求的检察院应当及时与办理案件的检察机关联系,协助做好相关查询工作。

2. 健全重要案件信息发布机制。《人民检察院案件信息公开工作规定》明确了重要案件信息发布的内容范围、方式方法、内部分工、审核把关机制等。所谓重要案件信息,主要包括:一是社会关注度较高、影响较大的刑事案件、民事检察、行政检察、公益诉讼案件信息。二是具有示范引领效果、促进社会治理的相关案件信息。例如:对统一法律适用、普法具有重要意义的指导性案例和典型案例;案件公开听证情况;社会治理类检察建议;重大、专项业务工作的进展和结果信息;其他应予发布的案件信息。《人民检察院案件信息公开工作规定》要求各级检察机关在通过新闻发言人、召开新闻发布会、提供新闻稿等方式对外发布重要案件信息的同时,还应当在“12309 中国检察网”上向社会公众发布该信息。

3. 建立业务数据发布制度。人民检察院可以根据工作实际,向社会发布以下检察业务数据:(1)检察机关主要办案数据;(2)检察机关立足履行法律监督职能、服务经济社会发展的数据信息;(3)促进、推动社会治理的数据信息;(4)对社会具有警示意义的数据信息,包括典型类案新情况新特点新变化新趋势;(5)其他应予发布的业务数据。人民检察院可以通过下列方式,向社会发布检察业务数据:(1)通过人民检察院官方网站、官方媒体等统一发布,并同步组织做好相关数据解读宣传工作;(2)在《中国统计年鉴》《中国检察年鉴》《最高人民检察院公报》等全国性刊物上,发布全国检察机关主要办案数据,在地方确定的官方媒体上发布本地检察机关主要办案数据;(3)公布检察工作报告;(4)召开新闻发布会、发布检察工作白皮书、组织专项工作宣传、接受媒体采访报道等;(5)以院名义发表文章;(6)其他向社会发布的方式。

4. 加大法律文书公开力度。法律文书是检察机关履行法律职责的重要载体。公开法律文书有利于全面展示检察机关执法办案行为,全面加强对检察机关执法办案活动的监督,促进检察人员不断提高执法办案水平。人民检察院办理社会广泛关注的、具有一定社会影响的案件涉及的刑事案件起诉书、抗诉书、不起诉决定书、刑事申诉结果通知书,可以向社会公开。人民检察院办理的具有示范引领效果、促进社会治理的案件涉及的法律文书,可以向社会公开:(1)民事抗诉书、再审检察建议书、不支持监督申请决定书、复查决定书、终结审查决定书等民事检察法律文书;(2)行政抗诉书、再审检察建议书、不支持监督申请决定书、终结审查决定书等行政检察法律文书;(3)民事公益诉讼起诉书、行政公益诉讼起诉书。人民检察院在“12309 中国检察网”上公开法律文书,应当对下列当事人及其他诉讼参与人的姓名视情作隐名处理:(1)刑事案件的被害人及其法定代理人、附带民事诉讼原告人及其法定代理人、证人、鉴定人;(2)不起诉决定书中的被不起诉人;(3)公益诉讼案件中的企业当事人。当事人或者其他诉讼参与人要求公开本人姓名,并提出书面申请的,经承办人核实、案件办理部门负责人审核、分管副检察长批准后,可以不作相应的隐名处理。对于法律文书中涉及国家秘密、商业秘密、个人隐私以及其他需要屏蔽的信息,如自然人的家庭住址、通讯方式、身份证号码、银行账号、健康状况等个人信息,未成年人的相关信息,法人以及其他组织的银行账号等不宜公开的内容,《人民检察院案件信息公开工作规定》明确要求作出屏蔽处理。

四、司法责任的认定和追究制度

根据最高人民检察院颁布的《关于完善人民检察院司法责任制的若干意见》《检察官惩戒工作程序规定(试行)》等规定,检察人员司法责任的认定和追究制度,具体包括以下几方面的内容:

(一)司法责任认定和追究的一般规定

检察人员司法责任认定和追究应当遵循以下一般规定:(1)检察人员应当对其履行检察职责的行为承担司法责任,在职责范围内对办案质量终身负责。(2)司法责任包括故意违反法律法规责任、重大过失责任和监督管理责任。检察人员与司法办案活动无关的其他违纪违法行为,依照法律及《检察人员纪律处分条例(试行)》等有关规定处理。(3)司法办案工作中虽有错案发生,但检察人员履行职责中尽到必要注意义务,没有故意或重大过失的,不承担司法责任。(4)检察人员在事实认定、证据采信、法律适用、办案程序、文书制作以及司法作风等方面不符合法律和有关规定，但不影响案件结论的正确性和效力的，属司法瑕疵，依照相关纪律规定处理。

（二）检察人员司法责任的种类

1. 检察人员故意违反法律法规责任

检察人员在司法办案工作中，故意实施下列违反法律法规行为之一的，应当承担司法责任：（1）包庇、放纵被举报人、犯罪嫌疑人、被告人，或使无罪的人受到刑事追究的；（2）毁灭、伪造、变造或隐匿证据的；（3）刑讯逼供、暴力取证或以其他非法方法获取证据的；（4）违反规定剥夺、限制当事人、证人人身自由的；（5）违反规定限制诉讼参与人行使诉讼权利，造成严重后果或恶劣影响的；（6）超越刑事案件管辖范围初查、立案的；（7）非法搜查或损毁当事人财物的；（8）违法违规查封、扣押、冻结、保管、处理涉案财物的；（9）对已经决定给予刑事赔偿的案件拒不赔偿或拖延赔偿的；（10）违法违规使用武器、警械的；（11）其他违反诉讼程序或司法办案规定，造成严重后果或恶劣影响的。

2. 检察人员重大过失责任

检察人员在司法办案工作中有重大过失，怠于履行或不正确履行职责，造成下列后果之一的，应当承担司法责任：（1）认定事实、适用法律出现重大错误，或案件被错误处理的；（2）遗漏重要犯罪嫌疑人或重大罪行的；（3）错误羁押或超期羁押犯罪嫌疑人、被告人的；（4）涉案人员自杀、自伤、行凶的；（5）犯罪嫌疑人、被告人串供、毁证、逃跑的；（6）举报控告材料或其他案件材料、扣押财物遗失、严重损毁的；（7）举报控告材料内容或其他案件秘密泄露的；（8）其他严重后果或恶劣影响的。

3. 检察人员监督管理责任

负有监督管理职责的检察人员因故意或重大过失怠于行使或不当行使监督管理权，导致司法办案工作出现严重错误的，应当承担相应的司法责任。

（三）检察人员司法责任的承担

检察人员承担司法责任，按照以下规定进行：

1. 独任检察官承办并作出决定的案件，由独任检察官承担责任。

2. 检察官办案组承办的案件，由其负责人和其他检察官共同承担责任。办案组负责人对职权范围内决定的事项承担责任，其他检察官对自己的行为承担责任。

3. 属于检察长（副检察长）或检察委员会决定的事项，检察官对事实和证据负责，检察长（副检察长）或检察委员会对决定事项负责。

4. 检察辅助人员参与司法办案工作的，根据职权和分工承担相应的责任。检察官有审核把关责任的，应当承担相应的责任。

5. 检察长（副检察长）除承担监督管理的司法责任外，对在职权范围内作出的有关办案事项决定承担完全责任。对于检察官在职权范围内作出决定的事项，检察长（副检察长）不因签发法律文书承担司法责任。检察官根据检察长（副检察长）的要求进行复核并改变原处理意见的，由检察长（副检察长）与检察官共同承担责任。检察长（副检察长）改变检察官决定的，对改变部分承担责任。

6. 检察官向检察委员会汇报案件时，故意隐瞒、歪曲事实，遗漏重要事实、证据或情节，导致检察委员会作出错误决定的，由检察官承担责任；检察委员会委员根据错误决定形成的具体原因和主观过错情况承担部分责任或不承担责任。

7. 上级人民检察院不采纳或改变下级人民检察院正确意见的,应当由上级人民检察院有关人员承担相应的责任。下级人民检察院有关人员故意隐瞒、歪曲事实,遗漏重要事实、证据或情节,导致上级人民检察院作出错误命令、决定的,由下级人民检察院有关人员承担责任;上级人民检察院有关人员有过错的,应当承担相应的责任。

(四)检察人员司法责任的追究

1. 检察官惩戒工作由人民检察院与检察官惩戒委员会分工负责。检察官惩戒委员会负责从专业角度审查认定检察官是否存在《检察官法》规定的违反检察职责的行为,提出构成故意违反职责、存在重大过失、存在一般过失或者没有违反职责等审查意见。人民检察院依照《人民检察院司法责任追究条例》的规定,按照干部管理权限对检察官涉嫌违反检察职责的行为进行调查核实,并根据检察官惩戒委员会的审查意见,依照有关规定作出是否予以惩戒的决定,并给予相应处理。

2. 检察官惩戒委员会的审议和惩戒建议。人民检察院承担检务督察工作的部门经调查终结,认为当事检察官存在违反检察职责的行为,相关事实已经查清,应当追究司法责任予以惩戒的,制作提请惩戒审议意见书,报检察长批准后,提请检察官惩戒委员会审议。检察官惩戒委员会受理提请审议事项后,应当在5日内将提请审议意见书送达当事检察官。当事检察官有权申请回避。对人民检察院调查认定的事实和证据存在异议的,检察官惩戒委员会应当组织当事检察官、调查人员及其他相关人员进行听证,当事检察官有权进行陈述、举证和辩解。

3. 检察人员承担司法责任的处理程序。对经调查属实应当承担司法责任的人员,根据《检察官法》《检察官惩戒工作程序规定(试行)》《人民检察院司法责任追究条例》等有关规定,分别按照下列程序作出相应处理:(1)应当给予停职、延期晋升、调离司法办案工作岗位以及免职、责令辞职、辞退等处理的,由组织人事部门按照干部管理权限和程序办理;(2)应当给予纪律处分的,由人民检察院纪检监察机构依照有关规定和程序办理;(3)涉嫌犯罪的,由人民检察院纪检监察机构将犯罪线索移送监察机关或司法机关处理。检察人员不服处理决定的,有权依照《人民检察院司法责任追究条例》等有关规定提出复核和申诉。

第五章　中国侦查制度

第一节　中国侦查制度概述

一、中国侦查制度的概念

在我国，侦查是指特定机关为收集证据、查明案情、证实犯罪和缉拿犯罪嫌疑人而依法采取的专门调查工作和有关的强制性措施。《刑事诉讼法》第108条第1项规定："侦查"是指公安机关、人民检察院对于刑事案件，依照法律进行的收集证据、查明案情的工作和有关的强制性措施。

侦查的内容包括收集证据、查明案情的工作和有关的强制性措施。所谓收集证据、查明案情的工作，是指刑事诉讼法规定的为收集证据、查明案情而进行的讯问犯罪嫌疑人、询问证人及被害人、勘验、检查、搜查、查封、扣押、辨认、鉴定和通缉等活动。从形式上看，法院审理刑事案件过程中可以进行一定的勘验、检查、查封、扣押、鉴定和查询、冻结等，但不能和侦查工作相混淆。两者的法律性质截然不同，前者不属于侦查意义上收集证据、查明案情的工作。所谓有关的强制性措施，主要是指为保证刑事诉讼活动的顺利进行而对犯罪嫌疑人、被告人采取的暂时限制或剥夺其人身自由的强制性手段，包括拘传、取保候审、监视居住、拘留和逮捕，也指在收集证据工作中必要时采取的强制性方法，如强制检查、强制搜查、强制扣押等。

侦查活动必须严格依法进行，禁止用非法的方式进行侦查以获取证据。侦查是国家职能得以发挥的重要形式，是以国家强制力为后盾的。侦查的自身特点使侦查活动呈现出程度不等的隐蔽性和强制性，通常是以限制或干预公民、组织的权利为前提的。也正因如此，侦查阶段才成为刑事程序中一个由法律严格规范的领域。

从世界范围来看，受制于诉讼价值观念和诉讼构造形式等方面的差异，侦查在大陆法系国家与英美法系国家刑事诉讼中的地位和作用有很大的不同。在大陆法系国家，检察机关在提起公诉时，一并向法院随案移送案卷（主要是侦查卷宗）和证据，法官的审判也主要是以侦查卷宗为基础展开的，因此侦查的地位十分重要，侦查对起诉、审判有着重大的、实质性的影响。在英美法系国家，过去通常不把侦查视为严格意义上的刑事诉讼活动，只有起诉以后的活动才算是刑事诉讼活动。现在尽管已经把侦查纳入广义的刑事诉讼范围，但侦查活动只是提起公诉所做的前期准备工作。从这一点来说，不是审判程序受制于侦查程序，而是审判程序最终制约着侦查、起诉程序。

在我国刑事诉讼中，侦查被视为重要的诉讼阶段，它与起诉、审判紧密联结。对公诉案件而言，侦查是提起公诉和审判的基础和前提，侦查任务的完成程度极大地影响着公诉和审判的质量。在司法实践中，侦查结论为审判机关所认同的可能性也很大。

值得强调的是,侦查在我国刑事诉讼中的重要地位还体现在我国将其看作全部刑事诉讼程序中的一个独立诉讼阶段,看作国家专门机关同犯罪作斗争的强有力的手段。因为刑事案件立案以后,侦查机关为查明案情、查获犯罪嫌疑人,必须依法开展侦查活动,收集能够证明犯罪嫌疑人有罪或者无罪、罪重或者罪轻的各种证据材料,从而为检察机关提起公诉和人民法院进行审判做好充分的准备和奠定坚实的基础。

侦查活动具有以下几个特征:

1. 职务性。侦查是国家专门机关依照其法定职权从事的公务活动。为了防止滥用国家强制权力对公民的人身、财产权利造成不必要的损害,侦查须由法律赋予侦查权的特定机关实施,任何未被授予侦查权力的国家机关、社会团体和公民都不得使用侦查手段。

2. 强制性。侦查工作以国家强制力量为后盾,其收集人证、物证、书证的行为可以借助国家强制力。而且,侦查活动中常常直接采取强制性手段(如搜查、扣押、通缉以及拘留、逮捕等)。因此,侦查活动在本质上具有强制性。这是侦查活动和其他调查活动的主要区别。

3. 专门性。侦查工作不是一般的情况调查,而是一种专门性的调查工作,即由侦查机关按照法定的方式和步骤,为揭露、证实犯罪和查获犯罪嫌疑人所进行的调查活动以及依法采取的强制性措施。

4. 兼具司法和行政双重特性。侦查活动为正确判明案件事实、最终实现国家刑罚权的司法活动提供基础、创造条件,因此是一种广义上的诉讼活动,即具有司法性质。同时,侦查活动因具有主动性、纵向管理特征与行政实施方式,因此又具有显著的行政性。

二、中国侦查制度的沿革

侦查权、检察权、审判权都是国家权力的重要组成部分。在中国漫长的封建专制社会里,司法与行政不分、侦查与审判合一。随着社会的发展,侦查与审判逐渐分开。为了研究我国侦查制度的历史沿革,有必要了解一下警察和检察的发展简况。

"警察"和"检察"作为专用名词,是由日本传入我国的,距今不过百年的历史。但是,我国历史上行使"警察"和"检察"职权的官吏早已有之。据《周礼》记载,在奴隶社会就有"禁杀戮""禁暴民""司法"等官职。到了封建社会,从秦朝的"中尉",汉朝的"执金吾",隋唐时代的"巡检司",辽、金、元代的"警巡院",到明朝的"五城兵马指挥司"及东厂、西厂等特务机构,以及清朝的"提督九门步军巡捕统领衙门"等,都是主管护卫京城的卫戍部队和特务机构,实际上都兼管着警察事务。清代光绪二十七年(1901 年),清王朝的慈禧太后在北京设立善后协巡营,后改称"工巡总局",到了 1905 年又改设"巡警部",并出现了"派出所"的警察建制。这就是我国历史上近代警察制度的开始。上述警察机构或类似警察的官职和机构都负有侦查职权。

我国的侦查活动究竟起源于何时,目前尚无从考证。从湖北省云梦县睡虎地秦墓中发现的竹简(简称秦简)中可以看出,我国早在 2000 多年前,就已经积累了侦查办案的许多经验。秦简《封诊式》中的"贼死""经死""穴盗"等篇中,都有关于现场勘验和检查的详细记载;在"治狱""讯狱"等篇中,则有讯问方式、方法和策略的记载,有些经验至今仍然有一定的参考价值。

在封建社会,封建衙门办理刑事案件,有时也采取现场勘验和检查、讯问、私访、缉捕和羁押等侦查手段和措施,但以坐堂问案、刑讯逼供为主要特征。直到清朝末年,从日本引入近代的检察制度和警察制度后，才由检察机关和警察机关行使侦查权，但审判衙门仍然掌握一定的侦查权。1912 年，我国历史上最后一个封建王朝被推翻，建立了中华民国。南京临时政府将原来的“巡警”改为“警察”，并设立了警察局、警察署等机构。

到了北洋军阀和国民党政府统治期间，虽然有警察制度，但完全仿效日本，在警察机关中设有宪兵、保安部队，他们同样有侦查权。另外，还有多种特务组织，专门镇压共产党人和迫害进步人士，手段极其残忍，刑事侦查不过是徒有虚名。

中华人民共和国的刑事侦查工作起源于新民主主义革命时期。1927 年 5 月，中共中央在武汉设立了隶属于军事部的特务工作处，这是最早的中央保卫组织和侦查机构。同年 11 月，中共中央决定成立特别工作委员会，下设中央特科。中央特科设置情报科，主要承担侦查任务，掌握敌人动向，向苏区通报军事情报。1932 年 1 月，中华苏维埃共和国设立国家政治保卫局，负责肃反、政治保卫和刑事案件侦破工作，内设侦察部、执行部和政治保卫大队。1937 年 12 月，中共中央建立中央保卫委员会和中央保卫部，并从边区政府至区一级均设立了公安机关。公安保卫机构设有侦查、情报、预审、看守、治安、保卫、警卫等工作部门，维持社会治安，并开展对汉奸、敌特的侦查、缉捕工作。1938 年延安市公安局建立了人民公安史上第一支正规化人民警察队伍，称“陕甘宁边区人民警察”。1939 年 2 月，中共中央设立社会部，下设主管侦查的第一部和主管情报的第二部，分别负责领导侦查、保卫和情报工作。解放战争时期，解放区基本延续了抗日战争时期的公安体制，各级公安机关由中央社会部统一领导。全国基本解放后，各大行政区和各省、自治区、直辖市相继建立了人民公安机关。1949 年 7 月 6 日，中央决定在华北社会部和华北公安部的基础上组建中央军委公安部，下设侦察、保卫、治安、情报四个处，统辖各地公安机关的工作。

1949 年 10 月 1 日，中华人民共和国诞生。同年 11 月 1 日，中央人民政府公安部正式成立(1954 年改称为中华人民共和国公安部)。同时，东北、华东、中南、西南、西北五大行政区设公安部，各省、自治区设公安厅，直辖市设公安局，专区设公安处，县设公安局，城区设公安分局，区设公安助理员，乡设公安员。县公安局和城区公安分局下设派出所。1954 年，中央决定撤销大区一级行政机构，五大行政区公安部的职能分别划归中央人民政府公安部和省级公安厅、局。与此同时，各级公安机关设置了相应的刑事案件侦查机构。

20 世纪 70 年代末，公安机关的刑事侦查部门从治安管理部门中独立出来，专门负责刑事案件的侦查工作，此外公安机关的国内安保、经侦、刑侦、禁毒、治安管理、交通管理、边防管理、消防管理等部门亦拥有部分刑事案件的侦查权。1997 年 6 月，公安部开始推行“侦审一体化”办案模式，即取消预审机构，由刑侦人员独立完成侦查任务，从而实现了侦查、预审、移送起诉一体化。2003 年公安部成立证券犯罪侦查局，并设置派驻北京、大连、上海、武汉、成都和深圳六地的直属分局。这是首次在各省公安厅、市公安局之外设置公安部业务局的直属机构。证券犯罪侦查局实行垂直领导体制，分局人事、财务及业务均由公安部证券犯罪侦查局管辖。

1983 年 6 月，第六届全国人大第一次会议决定建立国家安全机关。1983 年 9 月，第六届全国人大常委会第二次会议通过的《关于国家安全机关行使公安机关的侦查、拘留、预审和执行逮捕的职权的决定》规定：“国家安全机关，承担原由公安机关主管的间谍、特务案件的侦查工作，是国家公安机关的性质，因而国家安全机关可以行使宪法和法律规定的公安机关的侦查、拘留、预审和执行逮捕的职权。”1993 年颁行的《国家安全法》再次明确规定国家安全机关有权依法行使侦查、拘留、预审和执行逮捕以及法律规定的其他职权。

三、中国侦查制度的特征

概括起来,我国的侦查制度具有以下几个特征:

第一,侦查手段广泛、多样,包括公安机关、人民检察院在办理案件过程中依照法律进行的收集证据、查明案情的工作和采取的各种强制性措施。

第二,侦查手段的适用条件相对宽松,强制性侦查手段的使用很少受到限制。除了逮捕犯罪嫌疑人必须经过检察机关审查批准外,侦查机关有权自行决定其他一切侦查手段和强制措施的适用。

第三,犯罪嫌疑人没有沉默权。根据《刑事诉讼法》第120条的规定,犯罪嫌疑人对侦查人员的提问,应当如实回答,只有与本案无关的问题才可以拒绝回答。

第四,确立了侦查监督制度。在我国,检察机关不仅是公诉机关,而且是法律监督机关,因此侦查监督的职责由检察机关承担。侦查监督在检察机关的整个职能活动中占有重要地位。侦查监督除了通过审查批捕、审查起诉予以实施外,还包括对整个侦查过程的一般性监督。1996年修改的《刑事诉讼法》增加了检察机关对公安机关的立案活动以及执行逮捕决定等行为实施监督的规定。2012年修改的《刑事诉讼法》增加了检察机关对公安机关以非法方法收集证据的行为以及对司法机关及其工作人员在侦查、调查中的违法行为实行法律监督的相关内容。

第五,确立了辩护人介入侦查的制度。1996年修改的《刑事诉讼法》规定,犯罪嫌疑人在被侦查机关第一次讯问后或采取强制措施之日起,可以聘请律师为其提供法律咨询,代理申诉、控告;申请取保候审;受委托的律师有权向侦查机关了解犯罪嫌疑人被指控的罪名,可以会见在押的犯罪嫌疑人,了解有关案情。但是,律师介入涉及国家秘密的案件应由侦查机关批准,同时律师可否会见犯罪嫌疑人也应当由侦查机关批准;律师介入其他案件的,侦查机关也可根据案情需要,在律师会见犯罪嫌疑人时派员在场。[1] 这就打破了长期以来我国侦查制度的封闭性,扩大了律师作用发挥的时空范围,增强了对犯罪嫌疑人合法权利的保护,从而增强了诉讼的民主性和科学性。2012年修改的《刑事诉讼法》对上述规定进行了修改,其第33条规定,犯罪嫌疑人自被侦查机关第一次讯问或者采取强制措施之日起,有权委托辩护人;在侦查期间,只能委托律师作为辩护人。被告人有权随时委托辩护人。侦查机关在第一次讯问犯罪嫌疑人或者对犯罪嫌疑人采取强制措施的时候,应当告知犯罪嫌疑人有权委托辩护人。这一规定明确了侦查阶段律师的辩护人地位,使其能够真正履行辩护人的职责,这对于侦查阶段犯罪嫌疑人权利的保障和促进刑事辩护制度的发展具有重要意义。2018年修改的《刑事诉讼法》第36条建立了值班律师制度,法律援助机构可以在看守所派驻值班律师,犯罪嫌疑人没有委托辩护人,法律援助机构没有指派律师为其提供辩护的,由值班律师为犯罪嫌疑人提供法律咨询、程序选择建议、申请变更强制措施、对案件处理提出意见等法律帮助。看守所应当告知犯罪嫌疑人、被告人有权约见值班律师,并为犯罪嫌疑人、被告人约见值班律师提供便利。法

---

〔1〕 2017年9月修订后的《律师法》第33条规定:“律师担任辩护人的,有权持律师执业证书、律师事务所证明和委托书或者法律援助公函,依照刑事诉讼法的规定会见在押或者被监视居住的犯罪嫌疑人、被告人。辩护律师会见犯罪嫌疑人、被告人时不被监听。”

律援助值班律师制度保证了犯罪嫌疑人在侦查阶段能够获得律师帮助,更好地行使诉讼权利,是我国刑事辩护制度的一大进步,为实现律师辩护在各诉讼阶段的全面覆盖奠定了基础。

第二节 中国的侦查机关

根据《刑事诉讼法》的规定,我国有权进行侦查的机关和部门是:公安机关、人民检察院、国家安全机关、海关缉私局、军队保卫部门、中国海警局和监狱。

一、公安机关

公安机关是国家的治安保卫机关,是各级人民政府的职能部门,是行政执法机关,担负着维护社会治安、保卫公共安全的重任。公安机关在刑事诉讼中负责对大部分案件进行侦查,是主要的侦查机关。为了有效地揭露、证实犯罪,及时惩罚犯罪分子,《刑事诉讼法》赋予公安机关广泛的侦查权力。公安机关有权对其管辖的案件进行立案侦查。在侦查过程中,有权讯问犯罪嫌疑人,询问证人、被害人,进行勘验、检查、搜查、查封、扣押物证、书证、鉴定、技术侦查、辨认、通缉;有权采取拘传、取保候审、监视居住和拘留等强制措施;对应当逮捕的犯罪嫌疑人,有权提请人民检察院批准逮捕并执行逮捕;有权决定和实施通缉。

公安部是国家最高公安机关,负责领导和指挥全国的公安工作,并根据国际条约及协议与国际刑警组织和国外、境外的警察机构进行合作,打击跨国、跨境的犯罪活动。

地方各级公安机关包括:省、自治区、直辖市公安厅(局);地区、省辖市、自治州公安处(局);县、县级市、自治县公安局和市辖区公安分局。按行业系统设立的铁路、民航、林业、农垦等系统的公安部门,是公安机关的组成部分。公安派出所是基层公安机关的派出机构,它们在侦查案件中所收集的证据,可以作为诉讼证据使用。

上级公安机关和下级公安机关之间是领导与被领导的关系,上级公安机关可以领导和指挥下级公安机关的侦查工作,也可以调动下级公安机关的侦查人员参与上级公安机关的侦查工作。不同地区和系统的公安机关之间实行互相配合、协同办案的原则。《刑事诉讼法》第 83 条规定,公安机关在异地执行拘留、逮捕的时候,应当通知被拘留、逮捕人所在地的公安机关,被拘留、逮捕人所在地的公安机关应当予以配合。

二、人民检察院

人民检察院是国家的法律监督机关,它的基本职能是行使国家的检察权,以维护社会主义法制的统一和尊严。为了保证检察机关有效地行使对国家工作人员的监督职能,《刑事诉讼法》和《人民检察院组织法》赋予人民检察院侦查权。因此,人民检察院也是我国的侦查机关之一。

根据《刑事诉讼法》第 19 条第 2 款的规定,人民检察院在对诉讼活动实行法律监督中发现的司法工作人员利用职权实施的非法拘禁、刑讯逼供、非法搜查等侵犯公民权利、损害司法公正的犯罪,可以由人民检察院立案侦查。对于公安机关管辖的国家机关工作人员利用职权实施的重大犯罪案件,需要由人民检察院直接受理的时候,经省级以上人民检察院决定,可以由人民检察院立案侦查。可见,人民检察院侦查的案件,主要是与司法工作人员执行公务有关的犯罪,以及国家机关工作人员利用职务之便实施的重大犯罪。

为保障检察机关有效地开展职务犯罪的侦查工作,《刑事诉讼法》赋予它广泛的侦查权。在侦查过程中,检察机关除可以采取拘传、取保候审、监视居住等强制措施外,根据《刑事诉讼法》第165条的规定,人民检察院在侦查过程中,如果发现案件符合《刑事诉讼法》第81条,第82条第4、5项规定的情形,[2]需要逮捕、拘留犯罪嫌疑人的,人民检察院有权作出决定,由公安机关执行。

三、国家安全机关

国家安全机关是国家的安全保卫机关,担负着与间谍、特务作斗争,保卫国家安全,巩固人民民主专政的重要职能。《刑事诉讼法》第4条规定:"国家安全机关依照法律规定,办理危害国家安全的刑事案件,行使与公安机关相同的职权。"

国家安全机关是各级人民政府的组成部分,受各级人民政府领导。国家安全部是最高国家安全机关,负责领导和管理全国的国家安全工作。各省、自治区、直辖市设立国家安全厅(局),省级以下地方根据需要设立国家安全机关。地方国家安全机关是地方各级人民政府的职能部门,业务上受国家安全部的直接领导。

四、海关缉私局

从1998年开始,各级海关设立走私犯罪侦查机关,专门负责对走私犯罪案件的侦查工作。海关总署设走私犯罪侦查总局,地方海关则设走私犯罪侦查局。走私犯罪侦查机关在侦查走私犯罪案件中,行使公安机关的职权。2002年,海关总署走私犯罪侦查局更名为海关总署缉私局;2003年年初,全国各级海关走私犯罪侦查部门均更名为缉私局,缉私警察在原有的刑事侦查职能基础上增加了行政执法职能。

五、军队保卫部门、中国海警局和监狱

根据我国的军事和监狱体制,中国人民解放军内部设立保卫部门,负责军队内部发生的刑事案件的侦查工作;中国人民武装警察部队海警总队,又称中国海警局,负责我国领海内部发生的刑事案件的侦查工作;监狱内部设立侦查部门,负责监狱内发生的刑事案件的侦查工作。《刑事诉讼法》第308条规定:"军队保卫部门对军队内部发生的刑事案件行使侦查权。中国海警局履行海上维权执法职责,对海上发生的刑事案件行使侦查权。对罪犯在监狱内犯罪的案件由监狱进行侦查。军队保卫部门、中国海警局、监狱办理刑事案件,适用本法的有关规定。"根据这一规定,军队保卫部门、中国海警局和监狱在侦查上述特殊案件中具有与公安机关相同的职权,其诉讼地位等同于公安机关。

---

[2] 《刑事诉讼法》第81条规定:"对有证据证明有犯罪事实,可能判处徒刑以上刑罚的犯罪嫌疑人、被告人,采取取保候审尚不足以防止发生下列社会危险性的,应当予以逮捕:(一)可能实施新的犯罪的;(二)有危害国家安全、公共安全或者社会秩序的现实危险的;(三)可能毁灭、伪造证据,干扰证人作证或者串供的;(四)可能对被害人、举报人、控告人实施打击报复的;(五)企图自杀或者逃跑的。批准或者决定逮捕,应当将犯罪嫌疑人、被告人涉嫌犯罪的性质、情节,认罪认罚等情况,作为是否可能发生社会危险性的考虑因素。对有证据证明有犯罪事实,可能判处十年有期徒刑以上刑罚的,或者有证据证明有犯罪事实,可能判处徒刑以上刑罚,曾经故意犯罪或者身份不明的,应当予以逮捕。被取保候审、监视居住的犯罪嫌疑人、被告人违反取保候审、监视居住规定,情节严重的,可以予以逮捕。"第82条规定:"公安机关对于现行犯或者重大嫌疑分子,如果有下列情形之一的,可以先行拘留:……(四)犯罪后企图自杀、逃跑或者在逃的;(五)有毁灭、伪造证据或者串供可能的……"

第三节　中国侦查的体制与结构

一、侦查体制

侦查体制是指侦查机关与起诉机关之间的关系模式。从世界各国的刑事诉讼制度来看，侦查体制主要有侦诉合一和侦诉分离两种，而我国的侦查体制则具有自己的鲜明特色。

（一）侦诉合一的侦查体制

所谓侦诉合一，又称侦诉一体，是指侦查机关与起诉机关合二为一，或者侦查机关从属于起诉机关，受起诉机关领导与指挥。大陆法系国家一般采用这种侦查体制。例如：在德国，检察官担任了除最严重案件外所有案件的侦查工作，依据《德国刑事诉讼法》的规定，在侦查程序中检察官有指挥权，绝大多数警察都是公诉检察官的"附属官员"，受其指示。在刑事诉讼中，检察官担负着下列任务：（1）受理刑事检举和刑罚请求；（2）领导侦查；（3）采取拘留、搜查、扣押、设置管制站、保全措施、确认身份等其他缉捕措施；（4）决定是否提起诉讼；等等。[3] 在法国，检察官有权指导并监督警察的侦查活动，即使对预审法官侦查的案件，检察官也有权随时查阅侦查材料，并可要求预审法官采取某种行为来查明案件事实。在兼具大陆法系和英美法系特征的日本，检察官有权对刑事案件进行侦查，并有权对司法警察的侦查予以指示和指挥，包括一般指示、一般指挥和具体指挥三种。其中，检察官在其管辖区域内，可以对司法警察进行的侦查作出一般指示，即就侦查对全体司法警察作出指示，其形式是规定一般性准则，以确保准确侦查和实现公诉任务；检察官在具体案件的侦查上，可以对协助侦查的全体司法警察进行一般指挥，与一般指示不同，一般指挥是就具体案件作出的，但它并非对个别司法警察进行，而是对协助侦查的全体司法警察作出的，所以叫作一般指挥；检察官在自行侦查上有必要时，可以就具体案件对个别司法警察进行具体指挥，与一般指示不同，具体指挥是就具体案件对个别司法警察作出的，它仅限于检察官自行侦查犯罪的场合。[4]

（二）侦诉分离的侦查体制

侦诉分离，是指侦查机关与起诉机关互不隶属，它们均具有独立的地位，侦查和起诉分别由警察机关和检察机关进行。英美法系国家一般采用这种侦查体制。例如：在美国，除由警察侦查并负责起诉的某些轻微犯罪以及检察官自行侦查、起诉的不履行抚养义务、企业欺诈等案件外，一般刑事案件由警察履行侦查职能，检察官履行起诉职能。一方面，检察官对警察侦查的控制力较弱（仅限于对证据不足以起诉的案件，可以要求警察继续侦查；在法庭审理阶段，可以要求参与侦查过程的警察作为控方证人出庭作证），而检察官根据警察收集到的证据按照法定的证据标准决定是否起诉或建议大陪审团起诉，不受警察的意见左右。在英国，原来任何人（包括个人、商号、警察等）都有权起诉，警察机关不仅负责对刑事案件的侦查，而且还负责多数刑事案件的起诉工作，只有对于比较复杂和重大的案件，警察机关才能委托检察机关起

---

〔3〕 参见宋英辉、孙长永、刘新魁等：《外国刑事诉讼法》，法律出版社 2006 年版，第 384－385 页。

〔4〕 参见宋英辉、孙长永、刘新魁等：《外国刑事诉讼法》，法律出版社 2006 年版，第 607－608 页。

诉。1985 年颁布的《英国刑事起诉法》对其检察制度进行了重大改革,其中包括实行侦查和起诉分离,即侦查由警察负责,侦查结束后,警察可以决定将案件移送检察机关审查起诉,也可以决定终止案件或作出正式警告。检察机关在进行审查后,则有权不征求警察的意见而作出起诉或不起诉的决定。

(三)我国的侦查体制

在我国,大多数刑事案件由公安机关、国家安全机关进行侦查,检察机关负责审查起诉,各自互不隶属、相互独立。但是,对诉讼活动实行法律监督中发现的司法工作人员利用职权实施的非法拘禁、刑讯逼供、非法搜查等侵犯公民权利、损害司法公正的犯罪案件,以及经省级以上人民检察院决定,由人民检察院立案侦查的国家机关工作人员利用职权实施的重大犯罪案件,则由检察机关兼行侦查和起诉职能。由此可见,在我国的侦查体制中,检察机关扮演着双重角色:一方面,对于司法工作人员的职务犯罪案件,进行立案侦查并决定是否提起公诉;另一方面,对公安机关、国家安全机关的侦查活动是否合法,进行监督。因此,侦诉分离与侦诉合一、侦监合一(检察机关既负责侦查又负责侦查监督)三者并存构成了我国侦查体制的鲜明特色,是我国侦查体制区别于其他国家侦查体制的重要特征。

二、侦查结构

侦查结构又称为侦查模式,主要指侦查机关与犯罪嫌疑人、审判机关之间的关系模式。从世界各国的刑事司法制度来看,主要有职权主义和当事人主义两种侦查结构,而我国的侦查结构则具有自己的某些特色。

(一)职权主义的侦查结构

职权主义的侦查结构,又称审问式的侦查结构,主要为法国、德国等大陆法系国家所采用。它注重发挥警察机关在侦查活动中的职能作用,而不强调犯罪嫌疑人的积极性,审判机关的介入也不多。其主要特征是:第一,警察机关拥有广泛的权力。警察机关对刑事案件进行侦查不仅有权采取众多的一般性诉讼手段(如询问、勘验、检查、鉴定、辨认等),而且可以采取一系列强行侦查手段(如强行检查、强行搜查、扣押等)和特殊侦查手段(如监听、秘密搜查、控制下交付等)。第二,警察机关拥有自行决定的权力。除了强行侦查手段尤其是直接剥夺人身自由的强制措施需要由法官批准(司法审查)外,其他一般性诉讼手段甚至特殊侦查手段的采用,警察机关均有权自行决定。第三,犯罪嫌疑人的人身自由和诉讼权利受到较多的限制。例如,在侦查阶段,大多数犯罪嫌疑人会被羁押,常常会被连续审讯以获取口供,限制律师的介入,等等。

(二)当事人主义的侦查结构

当事人主义的侦查结构,又称对抗式的侦查结构,主要为英美法系国家所采用。它强调警察机关和犯罪嫌疑人在侦查中地位平等,双方进行平等对抗,并由法官以第三者身份对侦查活动进行监督与制约。其主要特征是:第一,犯罪嫌疑人享有广泛的诉讼权利。例如:对于警察的讯问享有沉默权,有权获得律师的帮助,如果没有能力聘请律师的,警察机关应免费为其指派律师;在接受讯问时有权要求律师到场;有权申请并获得保释。第二,实行司法审查制度,由法官对侦查权的行使进行监督与制约。例如:警察机关需要采取逮捕、搜查、扣押措施的,警察机关应向法院提出申请,经法官签发批准令状后才能采取;警察机关在紧急情况下可以进行无证逮捕、搜查或扣押,但允许采用的时间较短,而且事后仍需向法官补办报批手续;警察机关采用监听等特殊侦查手段，事先需向法官提出附理由的申请，由法官审查批准，结束后还须向法官汇报实施的情况。[5]

“二战”结束后，采用职权主义侦查结构的国家逐步借鉴当事人主义侦查结构的做法，加大对犯罪嫌疑人权利的保护力度，如普遍赋予犯罪嫌疑人沉默权，扩大律师介入范围，允许犯罪嫌疑人及其律师一方进行一定的证据调查，越来越多的强制性侦查措施被纳入司法审查的范围等。

（三）我国的侦查结构

我国的侦查采用职权主义结构，公安机关等侦查机关在侦查程序中居于优势地位，起着绝对主导的作用。除采用逮捕这一剥夺公民人身自由的严厉措施需要提请检察机关审查批准外，其他所有强制措施和侦查手段的采用，公安机关等侦查机关均可自行决定和执行，虽然检察机关有权在事后进行监督，但往往已于事无补；检察机关侦查司法工作人员职务犯罪的案件，则有权自行决定采取包括逮捕在内的所有强制措施和侦查手段，不受其他任何机关的制约和监督；犯罪嫌疑人在接受讯问时无权要求律师到场，对于侦查人员的提问应当如实回答而无沉默权；等等。应当指出，实行这一侦查结构，虽然符合我国当前与犯罪作斗争的实际情况，但从保障人权出发仍有进一步完善的必要。1996 年、2012 年、2018 年修改的《刑事诉讼法》，逐步赋予犯罪嫌疑人在侦查阶段越来越多的诉讼权利，如不被强迫证实自己有罪，可以聘请律师为自己进行辩护，有权获得法律援助等，从而显示了借鉴当事人主义侦查结构的发展趋势。

第四节　中国侦查的任务与原则

一、侦查的任务

侦查是一个独立的诉讼阶段，不仅有自己特定的行为方式，而且有特定的任务。其任务主要有以下三项：

1. 收集证据，查明犯罪事实，查获犯罪嫌疑人。这既是侦查工作的主要内容，也是侦查工作的基本任务。收集证据，是指收集能证明犯罪嫌疑人有罪或无罪、罪轻或罪重的各种证据。如果属于犯罪案件则应当查明属于何种性质的犯罪，以及犯罪的时间、地点、目的、动机、手段和犯罪造成的危害后果等基本案情。与此同时，还应当根据实际情况，依法采用适当措施使犯罪嫌疑人归案。

2. 制止和预防犯罪。在侦查过程中，如果发现犯罪分子继续进行犯罪活动，侦查机关必须坚决予以制止。对具有社会危险性，可能继续进行犯罪活动的重大嫌疑人，要依法采取强制措施限制或剥夺其人身自由。同时，还要注意发现并堵塞某些管理制度方面存在的漏洞，开展法制教育，以减少和预防犯罪。

3. 保护国家、集体利益和公民的合法权益不受侵犯，保卫人民民主专政。侦查活动是刑事

---

〔5〕 参见冀祥德主编：《司法制度新论》，社会科学文献出版社 2009 年版，第 40 页。

诉讼的重要组成部分,通过调查取证,查明案情,对犯罪分子进行刑事追究,可以有效地达到保护国家、集体利益和公民的合法权益的目标。同时通过调查取证,查明案情,使无罪的人不受刑事追究,不冤枉一个好人,保护他们的合法权益不受侵犯。

二、侦查的原则

在侦查工作中,侦查人员除应当遵守《刑事诉讼法》规定的基本原则外,还必须根据侦查工作的特点,遵守下列各项原则:

1. 迅速及时原则。迅速及时是指发现刑事案件后应立即组织力量,制定侦查方案,开展侦查活动,绝不能有丝毫的拖延。这是因为犯罪分子犯罪后总是千方百计地制造各种假象,或破坏现场,伪造证据,销赃灭迹,妄图逃脱惩罚,或逃跑后继续犯罪。此外,一些自然原因也会造成证据变化、消失或毁坏;或者时过境迁致使证人记忆遗忘,被害人死亡等。因此一定要力争在犯罪分子未及逃跑、罪证未被破坏、痕迹明显、证人记忆犹新的情况下及时收集证据。

2. 客观全面原则。侦查的任务就是依照法律规定,准确查明客观存在的案件事实,全面收集能够证明案件真实情况的一切证据。因此,侦查人员在侦查工作中,应当一切从实际出发,坚持重事实、重证据、重调查研究的态度,认真分析研究案情,尊重客观事实真相,切忌主观臆断和先入为主。在收集证据时,还要注意做到全面,既要收集能够证明犯罪嫌疑人有罪、罪重的证据,又要收集能够证明犯罪嫌疑人无罪、罪轻的证据;既要认真听取被害一方的意见,也要注意听取犯罪嫌疑人的辩解,从而保证侦查工作的质量。

3. 深入细致原则。在侦查过程中,为了准确查明案件的真实情况,侦查人员还必须坚持深入细致的原则。这就要求侦查人员具有深入细致的工作作风,依靠群众,深入实际,调查研究,不放过任何蛛丝马迹,不忽略任何细枝末节,从而查清犯罪构成基本要件和犯罪的各种具体情节,排除案件所有证据材料中的一切疑点和矛盾。

4. 遵守法治原则。侦查是一项严肃的执法活动,侦查机关和侦查人员进行侦查活动,必须严格遵守法律规定的程序。侦查机关所使用的各种专门侦查手段和采取的强制性措施,稍有不慎就会侵犯公民的人身权利、民主权利和其他合法权利。因此,侦查人员必须增强法治观念,严格依照《刑事诉讼法》的规定收集证据,严禁刑讯逼供或以引诱、威胁、欺骗等非法方法收集证据。侦查机关适用各种强制性措施,也必须遵守法律规定的条件和程序,以防止误伤好人或放纵真正的犯罪分子,从而保证侦查活动的顺利进行,维护社会主义法治,保护公民的合法权益不受侵犯。

5. 保守秘密原则。在侦查过程中,如果侦查人员将案情、侦查线索、侦查方向和意图、侦查措施、证据材料或者当事人、其他诉讼参与人以及举报人、控告人等有关情况向无关人员泄露,势必会干扰、破坏侦查工作的顺利进行,影响案件的及时侦破,影响侦查机关同刑事犯罪作斗争。因此,侦查人员必须严格遵守侦查纪律、保守侦查秘密,对于违反者,应视情节和后果依法追究其法律责任。

第五节　中国侦查的主要制度

一、立案程序制度

(一)对立案材料的接受

根据《刑事诉讼法》第110条的规定,公安机关、人民检察院等侦查机关对于任何单位、个人和被害人的报案、举报和控告以及犯罪人的自首,无论是否属于自己管辖,都应当接受,不得推诿或者拒绝。侦查机关接受后,发现不属于自己管辖的应当移送主管机关处理,并通知报案人、控告人、举报人或自首的犯罪人。对于不属于自己管辖而又必须采取紧急措施的,应当先采取紧急措施,然后再移送主管机关,以防止犯罪嫌疑人逃跑、自杀、行凶、毁灭罪证等妨碍或逃避侦查行为的发生。

为了便于单位、个人以及被害人行使报案、控告、举报的权利,有利于人民群众积极同犯罪行为作斗争,保护国家、集体利益和公民个人的合法权益,《刑事诉讼法》和有关司法解释规定,报案、控告、举报可以书面或者口头提出。接受口头报案、控告、举报的工作人员,应当写成笔录,经宣读无误后,由报案人、控告人、举报人签名或者盖章。对于单位报案、控告、举报的,应当由单位负责人签名或者盖章。

为了保证侦查机关准确、及时地揭露犯罪、打击犯罪,保障无辜的公民不受诬告陷害,保证控告、举报的真实性,《刑事诉讼法》和有关司法解释规定,接受控告、举报的工作人员,应当向控告人、举报人说明诬告应负的法律责任。但是,只要不是捏造事实、伪造证据,即使控告、举报的事实有出入,甚至是错告的,也要和诬告严格加以区别。

为了保护广大人民群众同犯罪作斗争的积极性,《刑事诉讼法》第111条第3款规定:"公安机关、人民检察院或者人民法院应当保障报案人、控告人、举报人及其近亲属的安全。报案人、控告人、举报人如果不愿公开自己的姓名和报案、控告、举报的行为,应当为他保守秘密。"

公安机关、人民检察院等侦查机关的工作人员在接受报案、控告、举报或者犯罪人自首的立案材料后,应当填写受理刑事案件登记表。

(二)对立案材料的审查

根据《刑事诉讼法》第112条的规定,公安机关、人民检察院等侦查机关,对于报案、控告、举报和自首的材料,应当按照管辖范围迅速进行审查。对立案材料的审查,在人民检察院自行侦查的案件中称为初查。侦查机关对于接受的立案材料进行审查核实,是正确及时立案的关键。

在审查过程中,侦查机关如果认为证据不足,不能判明犯罪事实是否发生或对立案材料尚有疑问的,可以要求报案人、控告人、举报人补充材料或者进一步说明情况;也可以自行调查、收集证据,必要时可以采取勘验、检查、查询、鉴定、询问知情人等一般调查方法,但不得限制被查对象人身、财产权利,不得对被查对象采取强制措施,也不得查封、扣押、冻结被查对象的财产。

需要指出,立案前的审查,仅仅是为了查明是否确有犯罪事实发生,并判明是否需要追究刑事责任,而不是要求查明犯罪的目的、动机、手段、过程等全部犯罪事实,也不要求在这一阶段查清谁是犯罪嫌疑人,因为这是立案以后侦查阶段的任务。因此,司法实践中存在的"不破不立""先破后立"等旨在提高刑事案件破案率的做法都是错误的,应予以纠正。

(三)对立案材料的处理

公安机关、人民检察院等侦查机关对报案、控告、举报和自首的材料进行审查后,认为符合立案条件即确有犯罪事实发生,依法需要追究刑事责任时,应当作出立案的决定。决定立案的,承办人员应当写出立案报告书或者填写立案报告表。立案报告书应当写明:立案机关的名称;立案的材料来源和案由;发案的时间、地点、犯罪事实、现有的证据材料;立案的法律根据和初步意见;立案的时间;承办人姓名等。然后,承办人员应将制作好的立案报告书或立案报告表连同有关证据材料报送本机关主管领导或者本部门负责人审批,并据此制作立案决定书。经审查,认为不符合立案条件即没有犯罪事实发生或者不需要追究刑事责任时,应当作出不立案的决定。决定不予立案的,承办人员应当制作不立案决定书,写明案件的材料来源,决定不立案的理由和法律依据,决定不立案的机关等。不立案决定书也必须经过本机关主管领导或者本部门负责人批准。

根据《刑事诉讼法》以及公安部、最高人民检察院的有关规定,对于控告人提出的控告材料,公安机关决定不立案的,应当制作不予立案通知书,送达控告人;控告人对于公安机关不立案决定不服的,在收到不予立案通知书后有权向作出决定的公安机关申请复议,接受复议申请的公安机关应当在收到复议申请后作出决定,并将复议结果书面通知控告人。控告人对于公安机关不立案的决定不服的,还有权向人民检察院提出申诉,请求人民检察院依照立案监督程序要求公安机关立案。控告人对于人民检察院不立案的决定不服的,可以在收到不予立案通知书后的法定期限内申请复议。人民检察院控告申诉部门应当在收到复议申请后作出复议决定。

二、侦查程序制度

公安机关、人民检察院等侦查机关对于已经立案的刑事案件,应当依法进行侦查,全面、客观地收集、调取犯罪嫌疑人有罪或者无罪、罪重或者罪轻的各种证据材料,并予以审查核实。公安机关、人民检察院等侦查机关实施各种侦查行为,必须严格依照法定的条件和程序进行。

(一)讯问犯罪嫌疑人

讯问犯罪嫌疑人,是指侦查人员依照法定程序以言词方式向犯罪嫌疑人查问案件事实和其他与案件有关问题的一种侦查活动。讯问犯罪嫌疑人是每一个刑事案件侦查工作的必经程序,在侦查中具有十分重要的意义:一方面,有利于侦查人员收集、核实证据,查明案件事实,查清犯罪情节,并发现新的犯罪线索和其他应当追究刑事责任的犯罪分子;另一方面,又可以为犯罪嫌疑人如实供述罪行或充分行使辩护权提供机会,使侦查机关通过听取犯罪嫌疑人的陈述和辩解,在保护犯罪嫌疑人合法权益的同时,保障无罪的人和其他依法不应追究刑事责任的人免受刑事追诉。

根据《刑事诉讼法》的规定,讯问犯罪嫌疑人应当严格遵守下列程序:

1. 讯问犯罪嫌疑人,必须由公安机关或者人民检察院的侦查人员进行,法律规定以外的其他任何机关、人员都无权行使这项权力。为了保证讯问质量,提高讯问效率,防止意外事件的发生,加强对犯罪嫌疑人的权利保障,《刑事诉讼法》第 118 条规定:"……讯问的时候,侦查人员不得少于二人。犯罪嫌疑人被送交看守所羁押以后，侦查人员对其进行讯问，应当在看守所内进行。”

2. 对于不需要拘留、逮捕的犯罪嫌疑人，可以传唤到犯罪嫌疑人所在市、县内的指定地点或者到他的住处进行讯问，但是应当出示公安机关或者人民检察院的证明文件。对在现场发现的犯罪嫌疑人，经出示工作证件，可以口头传唤，但应当在讯问笔录中注明。传唤持续的时间最长不得超过12小时；案情特别重大、复杂，需要采取拘留、逮捕措施的，传唤、拘传持续的时间不得超过24小时。不得以连续传唤、拘传的形式变相拘禁犯罪嫌疑人。

3. 侦查人员在讯问犯罪嫌疑人的时候，应当首先讯问犯罪嫌疑人是否有犯罪行为，让他陈述有罪的情节或者进行无罪的辩解，然后向他提出问题。侦查人员在讯问犯罪嫌疑人的时候，应当告知犯罪嫌疑人享有的诉讼权利，如实供述自己罪行可以从宽处理和认罪认罚的法律规定。对于共同犯罪案件的同案犯罪嫌疑人的讯问，应当分别进行，未被讯问的犯罪嫌疑人不得在场，以防止同案犯串供或者相互影响供述。侦查人员讯问犯罪嫌疑人，必须严格遵守法律规定的程序，切实保障犯罪嫌疑人的诉讼权利，严禁刑讯逼供或以威胁、引诱、欺骗以及其他非法方式进行讯问。

4. 侦查人员讯问聋、哑犯罪嫌疑人，应当有通晓聋、哑手势的人参加，并将这种情况在笔录上加以注明；对于不通晓当地通用语言文字的犯罪嫌疑人，讯问时，应当有翻译人员参加；讯问未成年犯罪嫌疑人时，可以通知其法定代理人到场。

5. 讯问犯罪嫌疑人应当制作笔录。讯问笔录应当如实记载提问、回答和其他在场人的情况。讯问笔录应当交给犯罪嫌疑人核对，对于没有阅读能力的，应当向他宣读。如果记载有遗漏或有差错，犯罪嫌疑人可以提出补充或要求改正。犯罪嫌疑人承认笔录没有错误后，应当签名或盖章，侦查人员也应当在笔录上签名。犯罪嫌疑人请求自行书写供述的，应当准许。必要时，侦查人员也可以要求犯罪嫌疑人亲笔书写供词。

6. 侦查人员在讯问犯罪嫌疑人的时候，可以对讯问过程进行录音或者录像；对于可能判处无期徒刑、死刑的案件或者其他重大犯罪案件，应当对讯问过程进行录音或者录像。录音或者录像应当全程进行，保持完整性。

（二）询问证人、被害人

询问证人，是指侦查人员依照法定程序，以言词方式向证人调查了解案件情况的一种侦查行为。询问证人作为广泛采用的一种侦查行为，在侦查程序中起着非常重要的作用。通过询问证人，有助于侦查人员发现、收集证据和核实证据，查明案件事实真相，查获犯罪嫌疑人，从而揭露犯罪、证实犯罪，保障无罪的人不受刑事追究。

根据《刑事诉讼法》的规定，询问证人应当遵守下列程序：

1. 询问证人只能由侦查人员进行。侦查人员询问证人，可以在现场进行，也可以到证人所在单位或者住处或者证人提出的地点进行。在现场询问证人，应当出示工作证件，到证人所在单位、住处或者证人提出的地点询问证人，应当出示人民检察院或者公安机关的证明文件。在必要的时候，可以通知证人到人民检察院或者公安机关提供证言。

2. 侦查人员询问证人，应当分别进行。为了避免证人之间相互影响，保证证言的真实性，同一案件若有几个证人时，应当分别进行、个别询问，即不能采用“座谈会”的方式将多名证人召集在一起进行询问，更不能让多名证人共同出具一份书面证词。

3. 询问证人时,侦查人员应当告知他必须如实提供证据、证言和有意作伪证或者隐匿罪证应负的法律责任。同时,侦查人员也应当告知证人依法享有的各种诉讼权利,保障证人及其近亲属的安全。

4. 询问证人,应当为证人客观充分地作证提供条件。侦查人员在询问证人时,一般应先让证人就他所知道的案件情况作连续的详细叙述,然后对其所陈述的事实,问明来源和根据。侦查人员应当耐心听取证人的陈述,然后根据案件的具体情况进行提问,提出的问题应当明确具体,不得用提示性、暗示性的方式提问,更不得以暴力、胁迫、引诱、欺骗等非法方法逼取证人证言。

5. 询问未成年的证人,应当通知其法定代理人到场。无法通知、法定代理人不能到场或者法定代理人是共犯的,也可以通知未成年证人的其他成年亲属,所在学校、单位、居住地基层组织或者未成年人保护组织的代表到场,并将有关情况记录在案。询问女性未成年证人,应当有女工作人员在场。询问聋、哑证人,应当有通晓聋、哑手势的人作翻译,并将这种情况记入笔录。询问不通晓当地语言文字的人(包括外国人),应当为其聘请翻译人员。

6. 询问证人,应当制作笔录。询问笔录应当如实记载证人的陈述,询问结束后,应当交证人核对或者向他宣读。如果记载有遗漏或差错,证人可以申请补充或者纠正。证人确认笔录无误后,证人和侦查人员都应当在笔录上签名或盖章。如果证人愿意提供书面证言,应当允许。必要时,侦查人员也可以让证人亲笔书写证词。

询问被害人,是指侦查人员依照法定程序,以言词方式向直接遭受犯罪行为侵害的人就其遭受侵害的事实和犯罪嫌疑人的有关情况进行调查、了解的一种侦查行为。根据《刑事诉讼法》第126条的规定,询问被害人适用询问证人的程序。

(三)勘验、检查

勘验、检查,是指侦查人员对与犯罪有关的场所、物品、尸体、人身等进行勘查和检验,以发现、收集和固定犯罪活动所遗留下来的各种痕迹和物品的一种侦查行为。勘验、检查的主体、任务和性质相同,但适用对象不同:勘验的对象是现场、物品和尸体,而检查的对象则是活人的身体。

勘验、检查是侦查中取得第一手证据材料的重要途径。犯罪分子实施犯罪行为,必然会在客观外界留下各种痕迹、物品,即使在犯罪后对现场加以破坏或伪装,也会留下新的痕迹和物品。因此通过勘验和检查,可以及时发现、收集和固定犯罪的痕迹和证物,从而了解案件性质、作案手段和犯罪活动情况,确定侦查方向和范围,为进一步查清案情,揭露、证实犯罪分子提供可靠的依据。

根据《刑事诉讼法》的规定,勘验、检查具体可以分为现场勘验、物证检验、尸体检验、人身检查和侦查实验五种。

1. 现场勘验。所谓现场勘验,是侦查人员对发生犯罪事件或者发现犯罪痕迹的特定地点、场所进行勘查和检验的一种侦查行为。其任务是查明犯罪现场的情况,发现和收集证据,研究分析案情,判断案件性质,确定侦查方向和范围,为侦破案件提供线索和证据。侦查人员进行现场勘验时,必须持有公安机关或人民检察院的证明文件,必要时可以指派或聘请具有专门知识的人在侦查人员的主持下进行勘验。侦查人员进行现场勘验,应当及时向现场周围的群众、被害人、目击者、报案人等进行调查访问,以便了解案发前和案发时的现场状况;应当进行实地勘验,发现和收集同案件有关的各种证据,并及时采取紧急措施和各种技术手段固定和保全各种证据。现场勘验情况应制成笔录,侦查人员、参加勘验的其他人员和见证人都应当在笔录上签名或盖章。勘查现场,还应当按照现场勘查规则的要求拍摄现场照片,制作现场图。对重大案件、特别重大案件的现场,应当录像。计算机犯罪案件的现场勘查,应当立即停止计算机的使用,保护计算机及相关设备,并复制电子数据。

2. 物证检验。所谓物证检验,是指侦查人员对侦查过程中已经收集到的物品和痕迹进行检查和验证,以确定该物证与案件事实之间关系的一种侦查行为。侦查人员进行物证检验,应当及时、认真、细致;如果需要专门技术人员进行检验和鉴定,应当指派或聘请鉴定人进行鉴定。物证检验情况应当制成笔录。参加检验的侦查人员、鉴定人和见证人应在笔录上签名或者盖章。

3. 尸体检验。所谓尸体检验,是指侦查人员指派、聘请法医或医师对非正常死亡的尸体进行尸表检验或尸体解剖的一种侦查行为。其目的在于确定死亡的原因和时间,判明致死的工具、手段和方法,以便分析作案过程,为查明案情和查获犯罪嫌疑人提供线索和证据。根据《刑事诉讼法》和公安部的有关规定,对于死因不明的尸体,为了确定死因,经县级以上公安机关负责人批准,可以解剖尸体或者开棺检验,并且通知死者家属到场,让其在解剖尸体通知书上签名或者盖章。死者家属无正当理由拒不到场或者拒绝签名、盖章的,不影响解剖或开棺检验,但是应当在解剖尸体通知书上注明。对于身份不明的尸体,无法通知死者家属的,应当在笔录中注明。尸体检验的情况应当制成笔录,参加检验的侦查人员、法医或医师应当在笔录上签名或者盖章。

4. 人身检查。所谓人身检查,是指侦查人员为了确定被害人、犯罪嫌疑人的某些特征、伤害情况或者生理状态,依法对其身体进行检查的一种侦查活动。人身检查是对活人身体进行的一种特殊检验,其目的在于确定被害人、犯罪嫌疑人的相貌、肤色、特殊痕迹、伤害部位和程度、智力发育和生理机能等情况,从而有利于查明案件性质,查获犯罪嫌疑人。在进行人身检查时,可以对被检查者提取指纹信息,采集血液、尿液等生物样本。《刑事诉讼法》规定:对被害人、犯罪嫌疑人进行人身检查,必须由侦查人员进行;必要时也可以在侦查人员的主持下,聘请法医或医师严格依法进行。进行人身检查,不得有侮辱被害人、犯罪嫌疑人的人格或者侵犯其合法权益的行为。对犯罪嫌疑人的人身检查,如果有必要,可以强制进行。对于被害人的人身检查,应征得被害人本人同意,不得强制进行。检查妇女的身体,应当由女工作人员或者医师进行。人身检查的情况应当制成笔录,侦查人员和进行检查的法医或医师应当在笔录上签名或盖章。

5. 侦查实验。所谓侦查实验,是指侦查人员为了确定和判明与案件有关的某些事实或行为在某种情况下能否发生或怎样发生,而按照原有条件加以重演或重现的一种侦查行为。其任务是:(1)确定在一定条件下能否听到或者看到;(2)确定在一定时间内能否完成某一行为;(3)确定在什么条件下能够发生某种现象;(4)确定在某种条件下某种行为和某种痕迹是否吻合一致;(5)确定在某种条件下使用某种工具可能或者不可能留下某种痕迹;(6)确定某种痕迹在什么条件下会发生变异;(7)确定某种事件是怎样发生的。根据《刑事诉讼法》的规定,为了查明案情,在必要的时候,经公安机关负责人批准,可以进行侦查实验。进行侦查实验时,禁止一切足以造成危险、侮辱人格或者有伤风化的行为。侦查实验应当由侦查人员进行,并应当邀请见证人在场,必要时也可以聘请具有专门知识的人参加。侦查实验的经过和结果,应当制作笔录,参加侦查实验的人员应当在侦查实验笔录上签名或者盖章。

需要指出的是,为了加强人民检察院对公安机关侦查活动的监督,保证勘验、检查的质量,防止和纠正可能出现或已经出现的差错,《刑事诉讼法》第134条规定:"人民检察院审查案件的时候,对公安机关的勘验、检查,认为需要复验、复查时,可以要求公安机关复验、复查,并且可以派检察人员参加。"复验、复查可以多次进行,但每次都应制作笔录,人民检察院在具备条件的情况下,也可以自行复验、复查。复验、复查的程序和规则与勘验、检查相同。

(四)搜查

搜查,是指侦查人员依法对于犯罪嫌疑人以及可能隐藏罪犯或者罪证的人的身体、物品、住处和其他有关场所进行搜寻、检查的一种侦查行为。搜查的对象和范围,既可以是犯罪嫌疑人,也可以是其他可能隐藏罪犯或者犯罪证据的人;既可以对人身进行搜查,也可以对被搜查人的住处、物品和其他有关场所进行搜查。搜查是侦查机关同犯罪作斗争的一项重要手段,对于及时收集犯罪证据,查获犯罪嫌疑人,防止犯罪嫌疑人逃跑、毁灭、转移证据,揭露、证实犯罪,保证刑事诉讼活动的顺利进行,均具有十分重要的意义。

由于搜查直接关系到宪法所规定的公民的人身自由和住宅不受侵犯的基本权利,因此,《刑事诉讼法》明确规定了搜查应当遵守的法律程序:

1. 搜查只能由侦查人员进行,其他任何机关、团体和个人都无权对公民的人身和住宅进行搜查。否则,情节严重构成犯罪的,依法追究其刑事责任。

2. 侦查人员进行搜查时,必须向被搜查人出示搜查证,否则被搜查人有权拒绝搜查。但是,侦查人员在执行逮捕、拘留的时候,遇有紧急情况,不另用搜查证也可以进行搜查。根据公安部的有关规定,紧急情况是指下列情形之一:(1)可能随身携带凶器的;(2)可能隐藏爆炸、剧毒等危险物品的;(3)可能隐匿、毁弃、转移犯罪证据的;(4)可能隐匿其他犯罪嫌疑人的;(5)其他突然发生的紧急情况。

3. 任何单位和个人都有义务按照公安机关和人民检察院的要求,交出可以证明犯罪嫌疑人有罪或者无罪的物证、书证、视听资料。遇有拒绝者,侦查机关可依法强行提取。

4. 侦查人员进行搜查时,应当有被搜查人或者他的家属、邻居或者其他见证人在场。这主要是为了证实搜查情况,保证监督侦查人员搜查行为的合法性和搜查所取得的证据的真实性。

5. 搜查妇女的身体,应当由女工作人员进行。

6. 搜查的情况应当写成笔录,侦查人员和被搜查人或者他的家属、邻居或者其他见证人应当在笔录上签名或盖章。如果被搜查人在逃或者他的家属拒绝签名、盖章的,应当在笔录上注明。

(五)查封、扣押物证、书证

查封、扣押物证、书证,是指侦查机关依法强行提取、留置和封存与案件有关的财物、文件的一种侦查行为。查封、扣押物证、书证的目的在于取得和保全证据。侦查机关及时实施扣押行为,可以防止能够证明犯罪嫌疑人有罪或无罪、罪重或罪轻的财物和文件发生毁弃、丢失或被隐藏等情况,从而保证侦查人员依法查封、扣押的物证、书证在认定案件事实,揭露、证实犯罪,保障无罪的人不受刑事追究等方面发挥其应有的作用。

查封、扣押物证、书证,通常与勘验、搜查同时进行,在勘验、搜查过程中发现可以用于证明犯罪嫌疑人有罪或无罪、罪重或罪轻的财物和文件，都应当查封、扣押。同时，查封、扣押物证、书证又是一种独立的侦查行为，可以单独进行。

根据《刑事诉讼法》的规定，查封、扣押物证、书证应当遵守下列程序：

1. 查封、扣押物证、书证只能由侦查人员进行。侦查人员如果在侦查活动中发现需要查封、扣押的财物、文件，凭勘查证和搜查证即可予以查封、扣押；如果是单独进行查封、扣押，则应持有侦查机关的证明文件（如侦查人员的工作证件）。

2. 查封、扣押的范围仅限于与案件有关的具有证据意义的财物、文件，对于与案件无关的财物、文件不得随意扣押。如果发现是违禁品，无论是否与本案有关，都应先行扣押，然后交有关部门处理。凡是应当查封、扣押的财物、文件，持有人拒绝交出的，侦查机关可以强行查封、扣押。

3. 对查封、扣押的财物、文件，侦查人员应当会同在场见证人和被查封、扣押财物、文件的持有人查点清楚，当场开列清单，写明财物或者文件的名称、编号、规格、数量、重量、质量、特征及其来源，由侦查人员、见证人和持有人签名或者盖章。持有人及其家属在逃或者拒绝签名时，不影响查封、扣押的进行，但应当在查封、扣押清单上注明。

4. 对于查封、扣押的财物、文件，侦查机关应当妥善保管或者封存，不得使用、调取或者损毁。对于涉及国家秘密的文件、资料，应当严格保密。

5. 侦查人员认为需要扣押犯罪嫌疑人的邮件、电报的时候，经公安机关或者人民检察院批准，即可通知邮电机关将有关的邮件、电报检交扣押。不需要继续扣押的时候，应当立即通知邮电机关。

6. 人民检察院、公安机关根据侦查犯罪的需要，可以依照规定查询、冻结犯罪嫌疑人的存款、汇款、债券、股票、基金份额等财产。有关单位和个人应当配合。在侦查中，侦查机关只要查明存款、汇款是属于犯罪嫌疑人的，不管是以犯罪嫌疑人的名字存入、汇出、汇入的款项，还是以其假名、化名、亲友名字或者以转交方式存入、汇出、汇入的款项，都可以依法予以查询和冻结。对于已经冻结的犯罪嫌疑人的存款、汇款、债券、股票、基金份额等财产，不管是由于何种原因冻结的，侦查机关都不得重复冻结，但可以要求有关银行、邮电机关在对犯罪嫌疑人的存款、汇款解冻前，通知公安机关和人民检察院。

7. 侦查机关对于查封、扣押的财物、文件、邮件、电报或者冻结的存款、汇款、债券、股票、基金份额等财产，经查明确实与案件无关的，应当在3日以内解除查封、扣押、冻结，退还原主或者原邮电机关。

（六）鉴定

鉴定，是指侦查机关指派或聘请具有专门知识的人，就案件中某些专门性问题进行科学鉴别和判断并作出鉴定意见的一种侦查行为。在侦查实践中，鉴定的适用范围极其广泛，凡是与刑事案件有关的能够证明犯罪嫌疑人有罪、无罪的各种物品、文件、痕迹、人身、尸体等都可以进行鉴定。因此，鉴定对于侦查机关及时收集证据，准确揭示物证、书证在诉讼中的证明作用，鉴别案内其他证据的真伪，从而查明案件真实情况，查获犯罪嫌疑人，都具有重要的作用。

在侦查中经常采用的鉴定主要有刑事技术鉴定、人身伤害的医学鉴定、精神病的医学鉴定、扣押物品的价格鉴定、文物鉴定、司法会计鉴定、笔迹鉴定等。

根据《刑事诉讼法》的规定，鉴定应当遵守下列程序：

1. 侦查机关指派或者聘请的鉴定人必须具备鉴定人的资格,即必须是具有解决本案中涉及的专门性问题的专门知识和技能,与本案或本案当事人没有利害关系,能够以客观、公正的态度进行鉴定的人。

2. 侦查机关应当为鉴定人提供必要的条件,及时向鉴定人送交有关检材和对比样本等原始材料,介绍与鉴定有关的情况,并且明确提出需要鉴定人通过鉴定解决的问题,但是不得暗示或者强迫鉴定人作出某种鉴定意见。

3. 鉴定人应当按照鉴定规则,运用科学方法进行鉴定。鉴定人进行鉴定后,应当出具鉴定意见并签名。如果是多名鉴定人对同一专门问题共同进行鉴定,则鉴定人可以互相讨论,提出共同的鉴定意见,但每一位鉴定人都应当签名;如果意见不一致,则可以分别提出鉴定意见并签名。鉴定只能涉及案件中的专门性问题,鉴定人无权对案件中的法律问题作出评判。

4. 侦查机关应当将用作证据的鉴定意见告知犯罪嫌疑人、被害人,如果犯罪嫌疑人、被害人提出申请,可以补充鉴定或者重新鉴定。

(七)技术侦查措施

技术侦查措施,是指侦查机关为了侦查犯罪而采取的特殊侦查措施,包括电子侦听、电话监听、电子监控、秘密拍照或录像、秘密获取某些物证、邮件检查等秘密技术手段。2012 年修改的《刑事诉讼法》专门设置一节规范"技术侦查措施"。

根据《刑事诉讼法》的规定,公安机关、人民检察院采取技术侦查措施应当遵守下列程序:

1. 技术侦查措施适用的案件范围。公安机关在立案后,对于危害国家安全犯罪、恐怖活动犯罪、黑社会性质的组织犯罪、重大毒品犯罪或者其他严重危害社会的犯罪案件可以采取技术侦查措施;人民检察院在立案后,对于利用职权实施的严重侵犯公民人身权利的重大犯罪案件可以采取技术侦查措施;追捕被通缉或者批准、决定逮捕的在逃的犯罪嫌疑人、被告人,经过批准,可以采取追捕所必需的技术侦查措施。

2. 技术侦查措施的适用的条件。无论公安机关还是检察机关适用技术侦查,都必须根据侦查犯罪的实际需要,经过严格的审批手续。人民检察院根据侦查犯罪的需要,经过严格的批准手续,可以采取技术侦查措施,按照规定交有关机关执行。

3. 技术侦查适用的种类、对象和期限。享有技术侦查批准决定权的机关应当根据侦查犯罪的需要,确定采取技术侦查措施的种类和适用对象。批准决定自签发之日起 3 个月以内有效。对于不需要继续采取技术侦查措施的,应当及时解除;对于复杂、疑难案件,期限届满仍有必要继续采取技术侦查措施的,经过批准,有效期可以延长,每次不得超过 3 个月。采取技术侦查措施,必须严格按照批准的措施种类、适用对象和期限执行。

4. 技术侦查所获材料的保密和销毁义务。侦查人员对采取技术侦查措施过程中知悉的国家秘密、商业秘密和个人隐私,应当保密;对采取技术侦查措施获取的与案件无关的材料,必须及时销毁。采取技术侦查措施获取的材料,只能用于对犯罪的侦查、起诉和审判,不得用于其他用途。公安机关依法采取技术侦查措施,有关单位和个人应当配合,并对有关情况予以保密。

5. 秘密侦查措施。为了查明案情,在必要的时候,经公安机关负责人决定,可以由有关人员隐匿其身份实施侦查。但是,不得诱使他人犯罪,不得采用可能危害公共安全或者发生重大人身危险的方法。

6. 控制下交付措施。对涉及给付毒品等违禁品或者财物的犯罪活动，公安机关根据侦查犯罪的需要，可以依照规定实施控制下交付。

7. 技术侦查措施所获证据的效力。依照《刑事诉讼法》的规定，采取技术侦查措施收集的材料在刑事诉讼中可以作为证据使用。如果使用该证据可能危及有关人员的人身安全，或者可能产生其他严重后果的，应当采取不暴露有关人员身份、技术方法等保护措施，必要的时候，可以由审判人员在庭外对证据进行核实。

（八）通缉

通缉，是指公安机关以发布通缉令的方式对应当逮捕而在逃的犯罪嫌疑人予以通报缉拿归案的一种侦查行为。通缉是公安机关通力合作、协同作战，及时制止和打击犯罪的一种重要手段，同时又是公安机关动员和依靠广大人民群众积极同犯罪作斗争的一项有力措施。

根据《刑事诉讼法》以及公安部、最高人民检察院的有关规定，通缉应当遵守下列程序：

1. 只有公安机关有权发布通缉令，其他任何机关、团体、单位、组织和个人都无权发布。人民检察院在办理自侦案件过程中，需要追捕在逃的犯罪嫌疑人时，经检察长批准，作出通缉决定后，应通知公安机关，由公安机关发布通缉令。

2. 各级公安机关在自己管辖的区域内，可以直接发布通缉令，如果超出自己管辖的区域，应当报请有权决定的上级公安机关发布。

3. 被通缉的对象必须是依法应当逮捕而在逃的犯罪嫌疑人，包括依法应当逮捕而在逃和已被逮捕但在羁押期间逃跑的犯罪嫌疑人。

4. 通缉令中应当尽可能写明被通缉人的姓名、别名、曾用名、绰号、性别、年龄、民族、籍贯、出生地、户籍所在地、居住地、职业、身份证号码、衣着和体貌特征、口音、行为习惯，并附被通缉人近期照片，可以附指纹及其他物证的照片。除了必须保密的事项以外，应当写明发案的时间、地点和简要案情。

5. 通缉令发出后，如果发现新的重要情况可以补发通报。通报必须注明原通缉令的编号和日期。

6. 有关公安机关接到通缉令后，应当及时布置查缉。抓获犯罪嫌疑人后，应当迅速通知通缉令发布机关，并报经抓获地县级以上公安机关负责人批准后，凭通缉令羁押。原通缉令发布机关应当立即进行核实，依法处理。对于通缉在案的犯罪嫌疑人，任何公民都有权扭送公安机关、人民检察院或人民法院处理。

7. 被通缉的人已经归案、死亡，或者通缉原因已经消失而无继续通缉必要的，发布通缉令的机关应当立即发出撤销通缉令的通知。

（九）辨认

辨认，是指侦查人员为了查明案情，在必要时让被害人、证人以和犯罪嫌疑人对与犯罪有关的物品、文件、尸体、场所或者犯罪嫌疑人进行辨认识别的一种侦查行为。尽管《刑事诉讼法》对辨认人没有加以规定，但公安部《规定》和最高检察院《规则》都对此作了专门规定，而且它也是侦查过程中经常采用的一种侦查行为。辨认对于辨明案件有关证据以及查获犯罪嫌疑人具有十分重要的意义。

根据公安部《规定》和最高检察院《规则》的规定，辨认应当遵守下列程序：

1. 公安机关、人民检察院在侦查各自管辖的案件的过程中，需要辨认犯罪嫌疑人时，应当分别经办案部门负责人或者检察长批准。

2. 辨认应当在侦查人员主持下进行。在公安机关侦查的案件中,主持辩认的侦查人员不得少于2人。在辨认前,应当向辨认人详细询问被辨认对象的具体特征,避免辨认人见到被辨认对象,并应当告知辨认人有意作虚假辨认应当承担的法律责任。

3. 几名辨认人对同一辨认对象进行辨认时,应当由每名辨认人单独进行。必要时,可以邀请见证人在场。

4. 辨认时,应当将辨认对象混杂在其他人员或物品中,不得给辨认人任何暗示。公安机关在侦查过程中组织辨认犯罪嫌疑人时,被辨认的人数不得少于7人;对犯罪嫌疑人的照片进行辨认的,照片不得少于10张。人民检察院在侦查过程中组织辨认犯罪嫌疑人时,被辨认的人数为5～10人,照片5～10张;辨认物品时,同类物品不得少于5件,照片不得少于5张。

5. 对犯罪嫌疑人的辨认,辨认人不愿意公开进行时,可以在不暴露辨认人的情况下进行,并应当为其保守秘密。

6. 辨认的经过和结果等情况应当制成笔录,主持和参加辨认的侦查人员、辨认人、见证人应当在笔录上签名或盖章。

三、强制措施制度

刑事诉讼中的强制措施,既包括人身强制,如逮捕、拘留,又包括对物的强制,如搜查、扣押。我国刑事诉讼中的强制措施,仅指对人身的强制。在我国的侦查程序中,强制措施是指公安机关、人民检察院为了保证侦查活动的顺利进行,防止发生逃避侦查的意外情况,依法对犯罪嫌疑人采取的暂时限制或剥夺人身自由的强制方法,具体包括拘传、取保候审、监视居住、拘留、逮捕五种。

(一)拘传

在侦查过程中,拘传是侦查机关强制没有拘留、逮捕的犯罪嫌疑人到指定地点接受讯问的方法,这是强制措施中最轻微的一种。侦查活动中的拘传与传唤是两种独立的诉讼行为,有着严格的区别。传唤要求犯罪嫌疑人接到传票或传唤通知后按照指定时间、地点自行到案接受讯问,它本身是通知的性质,不具有强制性,不能使用戒具或者押送犯罪嫌疑人到案,因而不是强制措施。拘传则是强制措施,执行拘传的人员可以强制犯罪嫌疑人到指定的地点接受讯问,如果犯罪嫌疑人抗拒拘传,可以使用戒具等措施强制到案。

拘传可以在两种情况下适用:一是犯罪嫌疑人经合法传唤无正当理由拒不到案时使用拘传;二是对犯罪嫌疑人不经传唤而根据案情需要(如判断犯罪嫌疑人可能不接受传唤)直接使用拘传。拘传通常是在第一种情况下使用,但经合法传唤无正当理由拒不到案并不是拘传的必要条件。从《刑事诉讼法》第66、119条的规定看,侦查机关可以在不经传唤的情况下直接适用拘传措施。

适用拘传,必须经县级以上公安机关或者人民检察院负责人批准,并填写拘传证。拘传证应记明犯罪嫌疑人的姓名、性别、年龄、住所、案由、拘传的法律根据、应押送的处所及签发的日期,并由签发人签名或盖章。执行拘传时,应由执行人员向被拘传人出示拘传证,对抗拒拘传的,可以使用戒具。

拘传的目的只是强制犯罪嫌疑人到案接受讯问,并不具有羁押的性质,因此应当在被拘传人到案后立即讯问,讯问后应让其回到住处。为了防止把拘传作为变相关押的手段,《刑事诉讼法》第119条第2、3款明确规定，传唤、拘传持续的时间不得超过12小时，案情特别重大、复杂，需要采取拘留、逮捕措施的，传唤、拘传持续的时间不得超过24小时。不得以连续传唤拘传的方式实施变相拘禁犯罪嫌疑人。传唤、拘传犯罪嫌疑人，应当保证犯罪嫌疑人的饮食和必要的休息时间。

（二）取保候审

在侦查程序中，取保候审是侦查机关责令犯罪嫌疑人提供担保，保证不逃避侦查并随传随到的一种强制措施。采取取保候审措施后，犯罪嫌疑人的行动自由将受到某种程度的限制，而且犯罪嫌疑人如果违反取保候审的规定，则有可能构成适用逮捕的条件。当然取保候审的强制性远低于拘留、逮捕等暂时剥夺人身自由的措施，因此这种强制措施一般适用于危险性较小的犯罪嫌疑人。

1.取保候审的条件。根据《刑事诉讼法》第67条第1款的规定，对犯罪嫌疑人适用取保候审的条件是：（1）可能判处管制、拘役或者独立适用附加刑的；（2）可能判处有期徒刑以上刑罚，采取取保候审不致发生社会危险性的；（3）患有严重疾病、生活不能自理，怀孕或者正在哺乳自己婴儿的妇女，采取取保候审不致发生社会危险性的；（4）羁押期限届满，案件尚未办结，需要采取取保候审的。

2.取保候审的种类。取保候审分为人保和财产保两种。人保是由犯罪嫌疑人或其亲友提供保证人，担保其遵守取保候审法律规定的一种担保方式，其特点是以保证人的人格、名誉和信誉作担保，这种担保不涉及金钱。被保证人有违反《刑事诉讼法》规定的义务时，保证人未履行保证义务的，对保证人处以罚款，构成犯罪的，依法追究刑事责任。财产保是由犯罪嫌疑人以金钱向侦查机关作担保，保证犯罪嫌疑人遵守取保候审法律规定的一种担保方式。

3.被取保候审人的义务。根据《刑事诉讼法》第71条第1、2款的规定，被取保候审的犯罪嫌疑人应当遵守以下规定：（1）未经执行机关批准不得离开所居住的市、县；（2）住址、工作单位和联系方式发生变动的，在24小时以内向执行机关报告；（3）在传讯的时候及时到案；（4）不得以任何形式干扰证人作证；（5）不得毁灭、伪造证据或者串供。人民检察院和公安机关可以根据案件情况，责令被取保候审的犯罪嫌疑人遵守以下一项或者多项规定：（1）不得进入特定的场所；（2）不得与特定的人员会见或者通信；（3）不得从事特定的活动；（4）将护照等出入境证件、驾驶证件交执行机关保存。

4.取保候审的程序。在侦查过程中，人民检察院、公安机关对于符合法律规定的取保候审条件的犯罪嫌疑人可以直接决定取保候审。根据《刑事诉讼法》第97条的规定，被羁押的犯罪嫌疑人及其法定代理人、近亲属或其辩护人有权申请取保候审，侦查机关对申请进行审查后，认为符合取保候审条件的，也可以决定取保候审。

人民检察院、公安机关决定对犯罪嫌疑人取保候审，应当责令其提出保证人或者缴纳保证金。对其提出的保证人经审查同意后，应当要求保证人出具保证书，保证承担法律规定的义务。对于采取保证金担保方式的，应综合考虑保证诉讼活动正常进行的需要，被取保候审人的社会危险性，案件的性质、情节，可能判处刑罚的轻重，被取保候审人的经济状况等情况，确定保证金的数额。犯罪嫌疑人提供保证人或交纳保证金后，人民检察院或者公安机关应当制作取保候审决定书，并由本机关的负责人签发。

取保候审由公安机关执行。在取保候审期间，被取保候审的犯罪嫌疑人违反刑事诉讼法的规定时，已交纳保证金的，没收部分或者全部保证金，并且区别情形，责令犯罪嫌疑人具结悔过，重新交纳保证金、提出保证人，或者监视居住、予以逮捕。对违反取保候审规定，需要予以逮捕的，可以对犯罪嫌疑人先行拘留。犯罪嫌疑人在取保候审期间没有违反《刑事诉讼法》第73条规定的，取保候审结束的时候，凭解除取保候审的通知或者有关法律文书到银行领取退还的保证金。

取保候审的期限最长不得超过12个月。在取保候审期间，不得中断对案件的侦查。对于发现不应当追究刑事责任或者取保候审期限届满的，决定机关应当及时解除取保候审，并且通知被取保候审人和有关单位。犯罪嫌疑人及其法定代理人、近亲属或者辩护人对于侦查机关采取取保候审超过法定期限的，有权要求解除取保候审。侦查机关对于被取保候审超过法定期限的犯罪嫌疑人，应当作出解除取保候审的决定，并且送达执行机关执行。

（三）监视居住

在侦查程序中，监视居住是指侦查机关责令犯罪嫌疑人在一定期限内未经批准不得离开住处或指定居所，并对其行动予以监视的一种强制措施。

1. 监视居住的条件。1996年修改的《刑事诉讼法》对监视居住和取保候审规定了相同的适用条件。2012年修改的《刑事诉讼法》单独规定了监视居住的适用条件，从而把监视居住与取保候审区别开来，将监视居住定位为减少羁押的替代措施加以规定。监视居住可以适用于两种情形：一种是公安机关、人民检察院对符合逮捕条件，有下列情形之一的犯罪嫌疑人，可以监视居住：（1）患有严重疾病、生活不能自理的；（2）怀孕或者正在哺乳自己婴儿的妇女；（3）系生活不能自理的人的唯一扶养人；（4）因为案件的特殊情况或者办理案件的需要，采取监视居住措施更为适宜的；（5）羁押期限届满，案件尚未办结，需要采取监视居住措施的。另一种是对符合取保候审条件，但犯罪嫌疑人不能提出保证人，也不交纳保证金的，可以监视居住。

2. 被监视居住人的义务。根据《刑事诉讼法》第77条第1款的规定，被监视居住的犯罪嫌疑人应当遵守以下规定：（1）未经执行机关批准不得离开执行监视居住的处所（2）未经执行机关批准不得会见他人或者通信；（3）在传讯的时候及时到案；（4）不得以任何形式干扰证人作证；（5）不得毁灭、伪造证据或者串供；（6）将护照等出入境证件、身份证件、驾驶证件交执行机关保存。

3. 监视居住的程序。监视居住应当在犯罪嫌疑人的住处执行；无固定住处的，可以在指定的居所执行。对于涉嫌危害国家安全犯罪、恐怖活动犯罪，在住处执行可能有碍侦查的，经上一级公安机关批准，也可以在指定的居所执行。但是，不得在羁押场所、专门的办案场所执行。

指定居所监视居住的，除无法通知的以外，应当在执行监视居住后24小时以内，通知被监视居住人的家属。

监视居住最长不得超过6个月。在监视居住期间，不得中断对案件的侦查。对于发现不应当追究刑事责任或者监视居住期限届满的，应当及时解除监视居住，并及时通知被监视居住人和有关单位。犯罪嫌疑人及其法定代理人、近亲属或者辩护人对于侦查机关采取监视居住超过法定期限的，有权要求解除监视居住。指定居所监视居住的期限应当折抵刑期。被判处管制的，监视居住一日折抵刑期一日；被判处拘役、有期徒刑的，监视居住二日折抵刑期一日。

执行机关对被监视居住的犯罪嫌疑人，可以采取电子监控、不定期检查等监视方法对其遵守监视居住规定的情况进行监督；在侦查期间，可以对被监视居住的犯罪嫌疑人的通信进行监控。

被监视居住的犯罪嫌疑人违反监视居住规定，情节严重的，可以予以逮捕；需要予以逮捕的，可以对犯罪嫌疑人先行拘留。

（四）拘留

在侦查程序中，拘留是指公安机关、人民检察院对于现行犯或者重大嫌疑分子，在遇有法定的紧急情况依法采取的临时剥夺其人身自由的一种强制措施。

《刑事诉讼法》第82条规定："公安机关对于现行犯或者重大嫌疑分子，如果有下列情形之一的，可以先行拘留：（一）正在预备犯罪、实行犯罪或者在犯罪后即时被发觉的；（二）被害人或者在场亲眼看见的人指认他犯罪的；（三）在身边或者住处发现有犯罪证据的；（四）犯罪后企图自杀、逃跑或者在逃的；（五）有毁灭、伪造证据或者串供可能的；（六）不讲真实姓名、住址，身份不明的；（七）有流窜作案、多次作案、结伙作案重大嫌疑的。"

公安机关对符合上述情形之一的现行犯或者重大嫌疑分子进行拘留的，应当由承办部门填写呈请拘留报告书，经县级以上公安机关负责审查批准，签发拘留证，然后指派2名以上侦查人员执行。人民检察院直接受理的案件中符合《刑事诉讼法》第82条第4、5项规定的情形，需要拘留犯罪嫌疑人的，应当制作拘留决定书，送达公安机关，由公安机关负责人签发拘留证，然后派员执行拘留。

公安机关拘留人的时候，必须向被拘留人出示拘留证，令其在拘留证上写明宣布拘留的时间并签名或者按手印。被拘留人拒绝签名的，执行人员应当在拘留证上注明。如果被拘留人抗拒拘留的，执行人员可以采取适当的强制方法，如使用戒具，必要时可以使用武器。

拘留后，应当立即将被拘留人送看守所羁押，至迟不得超过24小时。除无法通知或者涉嫌危害国家安全犯罪、恐怖活动犯罪通知可能有碍侦查的情形以外，应当在拘留后24小时以内，通知被拘留人的家属。有碍侦查的情形消失以后，应当立即通知被拘留人的家属。有碍侦查的情形一般是指，犯罪同伙闻讯后有逃跑、毁灭或伪造犯罪证据可能的；犯罪集团的其他成员有待查证，但尚未采取相应的强制措施的；等等。无法通知是指被拘留人没有家属可通知或者无固定住址、职业或者不讲真实姓名和住址而无法通知的。

公安机关或人民检察院对于被拘留的人，应当在拘留后的24小时内进行讯问。在发现不应当拘留的时候，必须立即释放，发给释放证明。公安机关对被拘留的人，认为需要逮捕的，应当在拘留后3日内，提请人民检察院审查批准；在特殊情况下，提请审查批准的时间可以延长1日至4日；对于流窜作案、多次作案、结伙作案的重大嫌疑分子，提请审查批准的时间可以延长至30日。

为了保障人大代表的合法权利，不致因拘留影响人大代表依法执行职务和人民代表大会的正常工作，我国《地方各级人民代表大会和地方各级人民政府组织法》第40条规定："县级以上的地方各级人民代表大会代表……如果因为是现行犯被拘留，执行拘留的公安机关应当立即向该级人民代表大会主席团或者常务委员会报告。"

（五）逮捕

1. 逮捕的概念及权限。在侦查程序中，逮捕是指人民检察院、公安机关为防止犯罪嫌疑人逃避侦查或者妨碍侦查的进行，防止其发生社会危险性，依法采取的暂时剥夺其人身自由、予以羁押的强制措施。在侦查程序中，批准逮捕、决定逮捕的权力由人民检察院行使。其中，批准逮捕,是指公安机关侦查的案件需要逮捕犯罪嫌疑人的,应当提请人民检察院审查批准;决定逮捕,是指人民检察院直接受理侦查的案件需要逮捕犯罪嫌疑人的,由人民检察院自行作出决定。无论是批准逮捕还是决定逮捕,都由公安机关执行。

逮捕是刑事诉讼强制措施中最严厉的一种,它不仅剥夺了犯罪嫌疑人的人身自由,而且逮捕后除发现不应当追究刑事责任和符合变更强制措施的条件以外,对被逮捕人的羁押期间一般要到人民法院判决生效为止。因此,正确、及时地适用逮捕措施,可以有效地防止犯罪嫌疑人串供、毁灭或者伪造证据、自杀、逃跑和继续犯罪,有助于全面收集证据、查明案情、证实犯罪,保证侦查活动的顺利进行。但如果使用不当,就会伤害无辜,严重侵犯公民的人身权利。

2. 逮捕的条件及情形。《刑事诉讼法》第 81 条将逮捕的条件及情形分为三种:

(1)应当予以逮捕的一般性条件:第一,证据条件是需有证据证明有犯罪事实,即在证明对象上,只要查明犯罪确已发生,并且该犯罪事实系犯罪嫌疑人所为即可,不要求与定罪量刑有关的全部事实都已经查明;在证明程度上,只要有相当的证据证明上述两个方面的事实即可,无需达到证据充分的要求。第二,刑罚条件是可能判处徒刑以上刑罚,即根据已经查明的犯罪嫌疑人的犯罪事实,依照刑法的有关规定,必须是可能判处徒刑以上刑罚的才能逮捕,如果罪行较轻,可以判处拘役、管制、宣告缓刑或者独立适用附加刑的,就不应当逮捕。第三,社会危险性,即在具备前两个条件的基础上,采取取保候审尚不足以防止发生下列社会危险性的,应当予以逮捕:可能实施新的犯罪的;有危害国家安全、公共安全或者社会秩序的现实危险的;可能毁灭、伪造证据,干扰证人作证或者串供的;可能对被害人、举报人、控告人实施打击报复的;企图自杀或者逃跑的。

(2)有证据证明有犯罪事实的前提下,应当予以逮捕的两类特殊情形:一是可能判处 10 年有期徒刑以上刑罚的;二是可能判处徒刑以上刑罚,曾经故意犯罪或者身份不明的。

(3)取保候审、监视居住变更为逮捕的条件。被取保候审、监视居住的犯罪嫌疑人违反取保候审、监视居住规定,情节严重的,可以予以逮捕。

根据最高检察院《规则》的规定,对于被取保候审、监视居住的可能判处徒刑以下刑罚的犯罪嫌疑人,违反取保候审、监视居住规定,严重影响诉讼活动正常进行的,可以予以逮捕。犯罪嫌疑人涉嫌的罪行较轻,且没有其他重大犯罪嫌疑,具有下列情形之一的,可以作出不批准逮捕或者不予逮捕的决定:(1)属于预备犯、中止犯,或者防卫过当、避险过当的;(2)主观恶性较小的初犯,共同犯罪中的从犯、胁从犯,犯罪后自首、有立功表现或者积极退赃、赔偿损失、确有悔罪表现的;(3)过失犯罪的犯罪嫌疑人,犯罪后有悔罪表现,有效控制损失或者积极赔偿损失的;(4)犯罪嫌疑人与被害人双方根据刑事诉讼法的有关规定达成和解协议,经审查,认为和解系自愿、合法且已经履行或者提供担保的;(5)犯罪嫌疑人认罪认罚的;(6)犯罪嫌疑人系已满 14 周岁未满 18 周岁的未成年人或者在校学生,本人有悔罪表现,其家庭、学校或者所在社区、居民委员会、村民委员会具备监护、帮教条件的;(7)犯罪嫌疑人系已满 75 周岁的人。

3. 逮捕的程序。在侦查过程中,公安机关要求逮捕犯罪嫌疑人的,应当写出提请批准逮捕书,连同全部案卷材料和证据,一并移送同级人民检察院审查批准。必要的时候,人民检察院可以派人参加公安机关对于重大案件的讨论。

人民检察院审查案件,一般采用个人阅卷、集体讨论、检察长决定,重大案件提交检察委员会讨论决定的方式。审查的中心内容是根据案卷材料和证据,分析是否符合逮捕的条件。在审查过程中，对某些事实和情节不清的，可以要求公安机关予以说明。对已经被采取拘留等其他强制措施的犯罪嫌疑人可以进行讯问。

人民检察院审查批准逮捕，可以讯问犯罪嫌疑人；有下列情形之一的，应当讯问犯罪嫌疑人：(1)对是否符合逮捕条件有疑问的；(2)犯罪嫌疑人要求向检察人员当面陈述的；(3)侦查活动可能有重大违法行为的。人民检察院审查批准逮捕，可以询问证人等诉讼参与人，听取辩护律师的意见；辩护律师提出要求的，应当听取辩护律师的意见。

人民检察院对案件进行审查后，对于符合逮捕条件的，应当作出批准逮捕决定，制作批准逮捕决定书，连同案卷、证据一并移交提请批准逮捕的公安机关执行；对于不符合逮捕条件或者具有《刑事诉讼法》第 16 条规定的情形之一的，应当作出不批准逮捕的决定，制作不批准逮捕决定书，连同案卷材料、证据退回提请批准逮捕的公安机关。不批准逮捕的，人民检察院应当说明理由。其中对于公安机关提请批准逮捕的未拘留的犯罪嫌疑人，经审查，如果认为犯罪事实不清、证据不足、需要补充侦查的，应当制作补充侦查通知书，送达公安机关。

对于犯罪嫌疑人已被拘留的，人民检察院应当自接到公安机关提请批准逮捕书后 7 日以内，作出批准逮捕或者不批准逮捕的决定。人民检察院不批准逮捕的，公安机关应当在接到通知后立即释放被拘留的犯罪嫌疑人，并且将执行情况及时通知人民检察院。对于需要继续侦查，并且符合取保候审、监视居住条件的，公安机关可以依法取保候审或者监视居住。对于犯罪嫌疑人未被拘留的，人民检察院应当在接到公安机关提请批准逮捕书后的 20 日内作出是否批准逮捕的决定，重大复杂的案件，不得超过 1 个月。

公安机关对人民检察院不批准逮捕的决定，认为有错误的时候，可以要求复议，但是必须将被拘留的人立即释放。如果意见不被接受，可以向上一级人民检察院提请复核。上级人民检察院应当立即复核，作出是否变更的决定，通知下级人民检察院和公安机关执行。

人民检察院直接受理侦查的案件，需要逮捕犯罪嫌疑人的，应当由负责案件侦查的业务部门提出逮捕犯罪嫌疑人的意见和理由，连同案卷材料和证据，送交本院负责审查批捕的业务部门进行审查。审查批捕部门指定专人对案件进行审查后，经集体讨论，提出应否逮捕或者退回补充侦查的意见，报请检察长或检察委员会决定。人民检察院决定逮捕犯罪嫌疑人的，应当制作决定逮捕通知书，通知有关公安机关执行逮捕。

人民检察院对直接受理的案件中被拘留的人，认为需要逮捕的，应当在 10 日内作出决定。在特殊情况下，决定逮捕的时间可以延长 1 日至 4 日。对不需要逮捕的，应当立即释放；对需要继续侦查，并且符合取保候审、监视居住条件的，可以依法取保候审或者监视居住。

人民检察院对于监察机关移送起诉的已采取留置措施的案件，人民检察院应当对犯罪嫌疑人先行拘留，留置措施自动解除。人民检察院应当在拘留后的 10 日以内作出是否逮捕、取保候审或者监视居住的决定。在特殊情况下，决定的时间可以延长 1 日至 4 日。人民检察院决定采取强制措施的期间不计入审查起诉期限。除无法通知的以外，人民检察院应当在公安机关执行拘留、逮捕后 24 小时内通知犯罪嫌疑人的家属。人民检察院应当自收到移送起诉的案卷材料之日起 3 日以内告知犯罪嫌疑人有权委托辩护人。对已经采取留置措施的，应当在执行拘留时告知。对于监察机关移送起诉的未采取留置措施的案件，人民检察院受理后，在审查起诉过程中根据案件情况决定是否采取逮捕、取保候审或者监视居住措施。

根据《全国人民代表大会和地方各级人民代表大会代表法》第 32 条的规定，人民检察院无论是批准逮捕还是决定逮捕,如遇有县级以上的各级人民代表大会代表犯罪需要逮捕的,应当经该级人民代表大会主席团或者人民代表大会常务委员会许可。

逮捕犯罪嫌疑人,由公安机关执行。公安机关接到人民检察院的批准逮捕决定书或决定逮捕通知书后,由县级以上公安机关负责人签发逮捕证,立即派员执行,并且将执行情况及时通知批准或者决定逮捕的人民检察院。

公安机关执行逮捕的时候,必须向被逮捕人出示逮捕证宣布逮捕,并责令被逮捕人在逮捕证上签字或者按指印,被逮捕人拒绝签字或者按指印的,应当在逮捕证上加以注明。遇有被逮捕人抗拒逮捕的,可以使用戒具,必要时可以使用武器。逮捕后,应当立即将被逮捕人送看守所羁押。除无法通知的以外,应当在逮捕后24小时以内,通知被逮捕人的家属。

人民检察院对于自行决定逮捕的人,公安机关对于经人民检察院批准逮捕的人,都必须在逮捕后的24小时以内进行讯问。在发现不应当逮捕的时候,必须立即释放,发给释放证明。被逮捕羁押的犯罪嫌疑人及其法定代理人、近亲属或者辩护人有权申请取保候审。批准或者决定逮捕的机关经审查认为采取取保候审不致发生社会危险性的,可以决定取保候审。

犯罪嫌疑人被逮捕后,人民检察院仍应当对羁押的必要性进行审查。对不需要继续羁押的,应当建议予以释放或者变更强制措施。有关机关应当在10日以内将处理情况通知人民检察院。

四、侦查终结制度

(一)侦查终结的概念和条件

侦查终结,是指侦查机关对于立案的案件,经过一系列的侦查活动,认为案件事实已经查清,证据确实、充分,足以认定犯罪嫌疑人是否有罪和应否对其追究刑事责任而决定结束侦查,并对案件依法作出结论和处理的一种诉讼活动。侦查终结是侦查阶段对已经进行的各种侦查活动进行审核和总结的最后一道程序,是侦查任务已经完成的标志。因此,正确及时的侦查终结,可以为人民检察院提起公诉和人民法院进行审判奠定基础,为公安司法机关准确及时地惩罚犯罪,保障无罪的人不受刑事追究,保护公民的合法权益提供可靠的根据和保障。

根据《刑事诉讼法》第162条的规定,公安机关和人民检察院侦查终结的案件,必须同时具备下列三个条件:

1. 案件事实已经查清。案件事实包括犯罪嫌疑人有罪或无罪、罪重或罪轻以及是否应受刑事处罚的全部事实和情节。事实已经查清,是侦查终结的首要条件。因此,侦查机关如果认为犯罪嫌疑人确有犯罪行为,在侦查终结时,对于犯罪嫌疑人犯罪的时间、地点、动机、目的、情节、手段和危害结果等情况应当全部予以查清,并且没有遗漏任何罪行。共同犯罪的案件,还应当查清每个犯罪嫌疑人在共同犯罪中的地位和作用,且没有遗漏其他应当追究刑事责任的同案人。

2. 证据确实、充分。这是侦查终结的重要条件。它要求侦查终结的案件,证明犯罪事实、情节的每一个证据来源都是可靠的,所有证据均已查证属实、核对无误,并且证据与证据之间能够相互印证,形成一个完整的证明体系,足以排除其他可能性,能够确认犯罪嫌疑人有罪或者无罪,罪重或者罪轻。

3. 法律手续完备。这是侦查终结必不可少的条件。它要求侦查机关采取的专门调查工作和有关强制性措施的各种法律文书及其审批、签字、盖章等手续齐全、完整并符合法律规定,这是衡量侦查活动是否严格依法进行的标准。如果发现有遗漏或不符合法律规定之处，应当及时采取有效的措施予以补充或改正。

（二）侦查终结的处理

根据《刑事诉讼法》第162、163条的规定，公安机关侦查终结的案件，应当根据案件的不同情况，分别作出移送审查起诉或者撤销案件的决定。其中，对于犯罪事实清楚，证据确实、充分的，应当写出起诉意见书，连同案卷材料、证据一并移送同级人民检察院审查决定；对于侦查中发现不应对犯罪嫌疑人追究刑事责任的，公安机关应当作出撤销案件的决定，并制作撤销案件决定书。犯罪嫌疑人已被逮捕的，应当立即释放，发给释放证明，并且通知原批准逮捕的人民检察院。

《刑事诉讼法》第168条规定："人民检察院侦查终结的案件，应当作出提起公诉、不起诉或者撤销案件的决定。"据此，人民检察院对侦查终结的案件有三种不同的处理方式，即提起公诉、不起诉和撤销案件。根据最高检察院《规则》的规定，人民检察院侦查终结的案件，对于符合提起公诉或不起诉条件的案件，由侦查部门写出侦查终结报告，并且制作起诉意见书或不起诉意见书，连同其他案卷材料一并移送本院公诉部门审查。对于应当撤销案件的，侦查部门应当制作撤销案件意见书，报经检察长决定或检察委员会讨论决定后撤销案件。人民检察院撤销案件的决定，应当分别送达犯罪嫌疑人和他所在的单位。如果犯罪嫌疑人在押，应当制作决定释放通知书，通知公安机关释放。公安机关应当立即释放，并发给释放证明。

第六章　中国仲裁制度

第一节　中国仲裁制度概述

一、仲裁的概念和特征

"仲裁"一词,从字义上讲,"仲"表示地位居中,"裁"表示评断,二者合在一起的基本含义就是居中裁决。具体地说,仲裁就是指特定的机构根据当事人之间的协议,对其发生争议的事项,以第三人的身份居中作出裁决的活动。

仲裁作为解决争议的一种方式,与当事人自行协商、调解、诉讼等方式一起,构成解决民事经济纠纷的有效机制。仲裁和解决争议的其他方式相比,具有以下显著特征:

第一,民间性。对于双方当事人之间的争议,以第三人的身份居中裁决的不是人民法院,也不是其他国家机关,而是独立的事业单位法人,它处于超然的局外人地位,可以保证仲裁的公正性并得到当事人的信任。因此,仲裁者与当事人之间不是诉讼法律关系,也不是行政法律关系,而是授权与被授权的关系,从而使仲裁成为具有司法公正性的解决争议的民间活动,仲裁机构成为民间机构。

第二,自愿性。仲裁活动以双方当事人的自愿为前提,这是仲裁的基本特点,也是国际上通行的做法。具体表现在:(1)纠纷发生后,申请仲裁必须出于双方当事人的自愿,即双方在纠纷发生前或纠纷发生后达成仲裁协议,没有仲裁协议,仲裁机构不予受理。(2)当事人有权自由选定仲裁机构、仲裁员和仲裁方式。(3)仲裁的继续以当事人的自愿为前提,仲裁申请人在仲裁过程中自愿撤回仲裁申请,仲裁机构经审查认为不违背法律、法规的,应予同意。(4)是否达成和解或调解协议由双方当事人自愿决定。(5)在仲裁过程中,是否申请财产保全和证据保全,以及在仲裁裁决作出后是否申请撤销裁决或执行裁决,亦取决于当事人的自愿。

第三,独立性。各国有关仲裁的法律都规定,仲裁机构独立于行政机关,仲裁机构相互之间也没有隶属关系;仲裁独立进行,不受任何机构、社会团体和个人的干涉。同时,在仲裁机构内部,仲裁庭审理和裁决案件亦独立进行,不受仲裁机构的干涉。仲裁的独立性是仲裁公正性的重要保证,是仲裁存在和发展的前提。

第四,终局性。虽然仲裁机构是民间机构,其对争议案件的仲裁权来自双方当事人的协议授权,但各国法律都明确规定,如果双方当事人协议选择仲裁方式解决其争议,仲裁机构依法作出的裁决即具有法律效力,任何一方当事人不主动履行裁决所确定的义务的,对方当事人便可直接将裁决作为执行依据向法院申请强制执行,而对于不当的仲裁裁决,也只有通过法定程序(如申请法院撤销仲裁裁决)才能予以解决。

由上可见,仲裁比双方当事人自行协商解决争议和第三者调解解决争议具有权威性,比诉讼具有灵活性与自主性,是集调解与诉讼两种方式的优点于一身的解决争议的方式。正因为仲裁有如此明显的优点,世界各国才普遍采用,而且还成立了一些国际性仲裁机构,进行国际仲裁活动。

二、中国仲裁制度的沿革

仲裁,我国传统上称为公断,它作为解决争议的民间方式历史悠久。但在封建社会,由于自然经济长期居于主导地位,抑制了商品经济的发展,所以我国基本上没有形成完整的仲裁制度。到了北洋军阀和国民党统治时期,虽然制定和颁布了一些仲裁法律、法规,但由于极其分散,加上处于战乱时期,因而亦未建立起有效的仲裁制度。

中华人民共和国成立后,逐步建立起全国统一的行业(部门)仲裁制度,不仅设立了相应的仲裁机构,而且制定了相应的法律规范和仲裁规则,从而使得仲裁的范围不断扩展,仲裁的功能不断强化,进而逐渐形成了三种类型的仲裁体系,即劳动仲裁、经济仲裁和涉外仲裁。这三种仲裁制度又各有其建立和发展的过程。

(一)劳动仲裁制度的建立和发展

我国劳动争议仲裁制度建立的时间较早。1931 年,江西瑞金革命根据地就颁布了《中华苏维埃共和国劳动法》,对建立劳动争议仲裁制度作了一些规定。1950 年 6 月中央劳动部发布了《劳动争议仲裁委员会组织及工作规则》,同年 11 月劳动部经政务院批准又发布了《关于劳动争议解决程序的规定》。这是中华人民共和国成立初期劳动争议仲裁的重要依据,随后形成了全国性的劳动争议仲裁制度。其中,仲裁的范围包括国营、私营企业和合作社的劳动争议。到 1956 年,随着我国资本主义工商业的社会主义改造的完成,社会经济形式和劳动关系越来越单一化,加上人们认识的偏差,劳动仲裁委员会被撤销,改由政府的信访部门承担劳动争议的处理工作,劳动争议仲裁制度从此中断。

党的十一届三中全会以后,随着改革开放的深入进行和国家民主与法制建设的不断加强,劳动争议仲裁制度又受到党和国家的重视,国务院先后发布了《中外合资经营企业劳动管理规定》(1980 年 7 月)、《关于认真执行改革劳动制度几个规定的通知》(1986 年 4 月)、《国营企业实行劳动合同制暂行规定》《国营企业辞退违纪职工暂行规定》(1986 年 7 月)、《国营企业劳动争议处理暂行规定》(1987 年 7 月),从而使中断了 20 多年的劳动争议处理制度逐步得到恢复。1993 年 7 月,国务院颁布《企业劳动争议处理条例》(已失效),将劳动争议仲裁的范围扩大到所有企业,包括国营企业、中外合作经营企业、中外合资经营企业、外商投资企业、集体企业、私营企业的劳动争议,从而使我国的劳动争议仲裁制度全面建立起来。

1994 年 7 月 5 日,第八届全国人大常委会第八次会议通过了《劳动法》,对我国的劳动争议仲裁制度作了进一步的规定,如劳动争议一方可以申请仲裁,劳动争议仲裁实行一裁两审制度,劳动争议仲裁委员会由劳动行政部门代表、同级工会代表、用人单位方面的代表组成,仲裁实行地域管辖原则等,从而对保护企业经营者和职工双方的合法权益、稳定企业生产、经营秩序和社会生活秩序都具有重要的保障作用。

2007 年 12 月 29 日,第十届全国人大常委会第三十一次会议通过了《劳动争议调解仲裁法》,对我国的劳动争议仲裁作了全面系统的规定。按照该法的规定,发生劳动争议,劳动者可以与用人单位协商,也可以请工会或者第三方共同与用人单位协商,达成和解协议;当事人不愿协商、协商不成或者达成和解协议后不履行的,可以向调解组织(包括企业劳动争议调解委员会、依法设立的基层人民调解组织和在乡镇、街道设立的具有劳动争议调解职能的组织)申请调解;不愿调解、调解不成或者达成调解协议后不履行的,可以向劳动争议仲裁委员会申请仲裁;对仲裁裁决不服的,除该法另有规定的外,可以向人民法院提起诉讼。由此可见,对于劳动争议,该法规定了包括仲裁在内的多元化的解决机制。

(二)经济仲裁制度的建立和发展

我国经济仲裁制度大致经历了以下发展阶段:

1. 只裁不审阶段。中华人民共和国成立初期,随着经济建设的发展,合同制度普遍推广,对于经济组织之间的合同纠纷一律采用仲裁方式解决。当时,确定专区经济委员会为一级仲裁,省、自治区、直辖市经济委员会为二级仲裁,一般以二级仲裁为终局仲裁,重大项目的合同纠纷,当事人不服省、自治区、直辖市经委仲裁的,可再由国家经济委员会作出裁决。终局仲裁后,当事人无权向人民法院起诉。这种仲裁方式一直持续到1966年。“文化大革命”期间,仲裁活动处于停顿状态,对于所有经济纠纷,一律使用行政手段加以解决。

2. 先裁后审阶段。从1978年到1982年上半年,全国普遍恢复了合同制,国家亦制定了一系列经济合同管理办法,其中确定了“先裁后审”制度,即当事人不服终局仲裁的,在一定时间内可以向有管辖权的人民法院起诉,人民法院审理经济合同纠纷和审理其他案件一样,实行两审终审制。两级仲裁,两审终审,所以又称“两裁两审”阶段。这种做法花费时间长,不能及时解决争议,不利于发展生产和经济建设。

3. 裁审并行阶段。1981年12月13日,第五届全国人大四次会议通过的《经济合同法》规定,经济合同纠纷可以向仲裁机关申请仲裁,也可以向人民法院起诉。1983年8月22日国务院发布的《经济合同仲裁条例》(已失效)统一了仲裁机关和仲裁程序,并把二级仲裁改为一级仲裁,当事人对仲裁不服的,还可以向人民法院起诉。从此,经济合同争议是通过仲裁机关仲裁还是通过人民法院审判加以解决始由当事人自由选择,这无疑将我国仲裁制度向前推进了一步。

4. 或裁或审阶段。1990年9月,第七届全国人大常委会第十五次会议通过的《铁路法》对铁路运输合同争议,首次规定实行协议仲裁、一裁终局与或裁或审的原则。1991年4月9日,第七届全国人大第四次会议通过的《民事诉讼法》规定了仲裁协议的优先性,即对当事人之间有仲裁协议的案件,人民法院不予受理。1993年9月2日,第八届全国人大常委会第三次会议通过了《关于修改〈中华人民共和国经济合同法〉的决定》,规定当事人对于经济合同纠纷,可以依据合同中的仲裁条款或者事后达成的书面仲裁协议,向仲裁机构申请仲裁;当事人没有在经济合同中订立仲裁条款,事后又没有达成仲裁协议的,可以向人民法院起诉。这次修改,标志着我国经济合同仲裁制度进入了一裁终局、裁审分离的新阶段。

除经济合同仲裁外,1994年以前,我国还有技术合同纠纷仲裁、著作权纠纷仲裁、房地产纠纷仲裁、消费纠纷仲裁等20多种经济仲裁制度。

1994年8月31日,第八届全国人大常委会第九次会议通过了《仲裁法》,自1995年9月1日起施行。该法共八章80条。其中,第2条规定:“平等主体的公民、法人和其他组织之间发生的合同纠纷和其他财产权益纠纷,可以仲裁。”由此,我国建立起统一的财产权益纠纷仲裁制度,通称“国内仲裁制度”。

2009年8月27日,第十一届全国人大常委会第十次会议通过的《关于修改部分法律的决定》,对《仲裁法》进行了第一次修正;2017年9月1日,第十二届全国人大常委会第二十九次会议通过的《关于修改〈中华人民共和国法官法〉等八部法律的决定》,对《仲裁法》进行了第二次修正,从而逐步完善了我国的仲裁制度。

2018年12月31日,中共中央办公厅、国务院办公厅印发了《关于完善仲裁制度提高仲裁公信力的若干意见》,明确提出,要从规范仲裁机构设立和换届有关工作、保障仲裁机构依法独立工作、落实当事人意思自治原则、纠正扰乱仲裁发展秩序的行为等方面严格贯彻落实仲裁法律制度;要明确仲裁委员会的公益性、非营利性质,加强仲裁委员会建设,改革完善内部治理结构和管理机制,改进仲裁员选聘和管理,推进仲裁秘书职业化和专业化建设;要加快推进仲裁制度改革创新,支持仲裁融入基层社会治理,积极发展互联网仲裁,推进行业协作和仲裁区域化发展;要服务国家全面开放和发展战略,提升仲裁委员会的国际竞争力,加强对外交流合作,深化与港澳台仲裁机构合作;要加强党的领导,加大政府对仲裁工作的支持与监督力度,健全行业自律,完善司法支持监督机制,发挥社会监督作用。

(三)涉外仲裁制度的建立和发展

我国的涉外仲裁制度是在中华人民共和国成立初期开始建立的。1954年5月6日,中央人民政府作出《关于在中国国际贸易促进委员会内设立对外贸易仲裁委员会的决定》,规定了对外贸易仲裁委员会的组织、任务、受案范围和仲裁原则。1956年3月31日,中国国际贸易促进委员会制定了《对外贸易仲裁委员会仲裁程序暂行规则》,并于同年4月成立了对外贸易仲裁委员会。它的成立,标志着我国涉外仲裁制度正式产生。1958年11月21日,国务院作出《关于在中国国际贸易促进委员会内设立海事仲裁委员会的决定》。1959年1月8日,中国国际贸易促进委员会制定了《海事仲裁委员会仲裁程序暂行规则》,同年11月22日成立了海事仲裁委员会。至此,我国建立起二元结构的涉外仲裁机构。

为了适用我国改革开放和对外贸易的需要,1980年2月26日,国务院决定将对外贸易仲裁委员会改称对外经济贸易仲裁委员会,并相应扩大海事仲裁委员会的组织机构和受案范围。1984年,经国务院批准,对外经济贸易仲裁委员会在深圳设立办事处,在当地受理涉外经济贸易纠纷案件。1988年8月,经国务院批准,对外经济贸易仲裁委员会更名为中国国际经济贸易仲裁委员会,海事仲裁委员会更名为中国海事仲裁委员会,均设在北京。根据业务发展的需要,中国国际经济贸易仲裁委员会于1989年、1990年、2009年和2015年分别在深圳、上海、重庆、武汉和杭州设立了中国国际经济贸易仲裁委员会深圳分会、中国国际经济贸易仲裁委员会上海分会、中国国际经济贸易仲裁委员会西南分会、中国国际经济贸易仲裁委员会湖北分会和中国国际经济贸易仲裁委员会浙江分会。2004年6月18日,深圳分会更名为中国国际经济贸易仲裁委员会华南分会。自2000年10月1日起,中国国际经济贸易仲裁委员会同时启用"中国国际商会仲裁院"名称。

特别需要提到的是,1987年4月,我国成为《纽约公约》的成员国,使我国涉外仲裁的裁决在境外能够被承认和执行,从而消除了涉外纠纷案件当事人在选择我国涉外仲裁机构仲裁时的顾虑,也使参加该公约的其他国家或地区的仲裁裁决在中国得到承认和执行。这使我国涉外仲裁进一步走向国际化。

三、中国仲裁制度的特征

我国《仲裁法》是一部既与国际接轨又具有中国特色的法,由此建立的我国仲裁制度具有

以下显著的特征:

1. 统一性。据不完全统计,在1994年8月31日《仲裁法》颁布以前,我国已有41部法律、82部行政法规和190部地方性法规对有关纠纷的仲裁作了规定,分别建立了经济合同仲裁、消费纠纷仲裁、房地产纠纷仲裁等制度,并设置了相应的仲裁机构。从客观上讲,多种仲裁"各自为政"的体制曾对计划经济的运行起过重要的作用,但已不能适应市场经济发展的需要。《仲裁法》从市场经济的开放性和统一性出发,从根本上改变了过去那种仲裁机构林立、仲裁程序混乱的状况,规定设立统一的仲裁机构(仲裁委员会)和仲裁程序。这无疑有利于仲裁机构统一地执行国家法律,从而有效地保障各种经济主体的公平竞争。

2. 民间性。我国以前的仲裁活动,除国际经济贸易仲裁和海事仲裁属民间组织的行为外,其他仲裁实际上均属于行政性仲裁,仲裁人员亦均为国家行政工作人员,仲裁机构成为行政机关的附属物,仲裁活动具有明显的行政管理属性。按照国际惯例,国际仲裁机构和其他国家的仲裁机构均为民间机构,仲裁活动也均属于民间行为。我国《仲裁法》第14条规定"仲裁委员会独立于行政机关,与行政机关没有隶属关系",从而使仲裁机构从行政机关完全分离出来,成为独立的社会组织。仲裁的这种民间性也使得仲裁与国家审判活动明显有别,为当事人解决纠纷提供了可供选择的灵活方式。

3. 经济性。仲裁的经济性,是指仲裁必须为发展社会主义市场经济服务,并以最少的人财物耗费实现客观公正的仲裁目标。我国的仲裁制度在以下五个方面体现了这一特点:(1)我国仲裁的范围限于平等主体的公民、法人和其他组织之间发生的合同纠纷和其他财产权益纠纷,婚姻、收养、监护、扶养、继承等非经济纠纷和依法应当由行政机关处理的行政争议不能仲裁;(2)我国仲裁机构只在直辖市和省、自治区人民政府所在地的市和其他设区的市设立,这与原来按行政区划层层设立仲裁机构相比,必然极大地减少人财物的耗费;(3)当事人可以自由选择仲裁机构、仲裁地点以及仲裁方式,从而减少不必要的申请、撤销或执行活动和由此产生的经济开支;(4)我国仲裁实行一裁终局制度,与原来的一裁两审制度相比,显然可以大幅度地减少国家的人财物投入和当事人的经济负担;(5)仲裁与解决经济纠纷的其他方式相比,亦具有明显的经济性:仲裁可以不多的投入来保证纠纷解决的合法性和有效性;相对于审判,它又可以较少的耗费来实现纠纷解决的客观性和公正性。

4. 自愿性。仲裁的自愿性,是指申请仲裁、继续仲裁以及达成和解或调解协议都应出于双方或一方当事人的自愿,任何单位和个人均不得予以强迫。仲裁的自愿性具体体现在以下五个方面:(1)申请仲裁须出于双方当事人的自愿。《仲裁法》第4条规定:"当事人采用仲裁方式解决纠纷,应当双方自愿,达成仲裁协议。没有仲裁协议,一方申请仲裁的,仲裁委员会不予受理。"(2)仲裁机构、仲裁人员、仲裁方式由当事人双方或一方自由选定。(3)仲裁的继续以申请人自愿为前提,如果在仲裁庭作出裁决以前,申请人自愿撤回申请,仲裁庭经审查认为撤回申请不违背法律法规和社会公共利益的,则应予同意,仲裁活动到此终止。(4)达成和解或调解协议须出于双方当事人的自愿,任何单位(包括仲裁机构)和个人不得进行强迫或压制。(5)在仲裁过程中是否申请证据保全和财产保全,以及在仲裁结束后是否申请撤销裁决或申请执行裁决,也由当事人自己作出决定。

5. 公正性。我国仲裁虽然实行一裁终局制度,但其公正性是有充分保障的:(1)《仲裁法》第8条规定,仲裁依法独立进行,不受行政机关、社会团体和个人的干涉。(2)《仲裁法》规定,仲裁委员会的主任、副主任和委员由法律、经济贸易专家和有实际工作经验的人员担任,且在资历上作出了严格的要求,为仲裁机构依法仲裁,客观公正地处理纠纷奠定了坚实的基础。(3)《仲裁法》规定设立中国仲裁协会作为自律性组织,根据章程对仲裁委员会及其组成人员、仲裁员的违纪行为进行监督,从而预防和消除影响公正仲裁的各种不良因素。(4)《仲裁法》规定了严格的回避制度。(5)仲裁裁决应当按照多数仲裁员的意见作出,少数仲裁员的不同意见可以记入笔录;仲裁庭不能形成多数意见时,裁决应当按照首席仲裁员的意见作出。(6)当事人提出证据证明仲裁的程序违反法定程序、裁决所根据的证据是伪造的、对方当事人隐瞒了足以影响公正裁决的证据,或仲裁员在仲裁该案时有索贿受贿、徇私舞弊、枉法裁决行为的,可以向仲裁委员会所在地的中级人民法院申请撤销裁决。人民法院经组成合议庭审查核实裁决有上述情形之一或认定裁决违背社会公共利益的,应当裁定撤销。我国仲裁实行一裁终局制度,仲裁机构本身往往难于发现和纠正错误,因此,《仲裁法》赋予人民法院对仲裁活动的审查监督权,有利于保证仲裁的公正性,防止仲裁机构滥用权力,发生腐败现象。

第二节　中国的仲裁机构和仲裁范围

一、仲裁机构和人员

(一)仲裁委员会

仲裁委员会是我国的仲裁机构。《仲裁法》第10条第1款规定,仲裁委员会可以在直辖市和省、自治区人民政府所在地的市设立,也可以根据需要在其他设区的市设立,不按行政区划层层设立。据此,在每个直辖市和省、自治区人民政府所在地的市即省会城市只能设立一个仲裁委员会,而不能按照不同的行业设立专业仲裁委员会或者专业仲裁庭。同时,在设区的市即省辖市根据需要也可以设立一个仲裁委员会。所谓需要,主要是指商贸需要,即大量、频繁的商贸活动产生了对仲裁这一经济、快捷的解决纠纷方式的客观需要。因此,在每个省、自治区,除了省会城市可以设立仲裁委员会以外,其他省辖市根据需要可以设立仲裁委员会。每个仲裁委员会一律在其前面冠以地名,如“上海仲裁委员会”“广州仲裁委员会”“深圳仲裁委员会”。

根据《仲裁法》第11条的规定,设立仲裁委员会必须具备四项条件:(1)有自己的名称、住所和章程。名称如“北京仲裁委员会”“武汉仲裁委员会”等;住所指仲裁委员会的办公地点;章程是指记载仲裁委员会的设立宗旨、人员配置及产生办法、仲裁规则等内容的书面文件。(2)有必要的财产。具体应包括办公用房、办公设备以及与仲裁工作相适应的资金等。(3)有该委员会的组成人员。按照《仲裁法》第12条的规定,仲裁委员会的组成人员包括主任1人、副主任2人至4人和委员7人至11人;上述人员应当是法律、经济贸易专家和有实际工作经验的人员,其中法律、经济贸易专家不得少于2/3。(4)有聘任的仲裁员。仲裁员由仲裁委员会从符合任职资格的人员中聘任,并按不同专业设置仲裁员名册,因此仲裁委员会聘任的仲裁员不会是少量的几人,而应达到一定的数量(如几十人、几百人)。

仲裁委员会由依法可以设立仲裁委员会的市的人民政府组织有关部门和商会统一组建。

对于符合设立仲裁委员会条件的市,应由市人民政府组织有关部门和商会进行研究,制定组建方案和章程,筹措经费,确定住所,聘任首批仲裁员,然后向省、自治区、直辖市的司法行政部门申请登记。经过登记,仲裁委员会即依法设立,并可开展仲裁业务。

根据《仲裁法》的有关规定及仲裁实践,仲裁委员会行使下列职权:(1)依照章程规定制定和修改仲裁规则、仲裁员聘任管理办法,确定薪酬管理、绩效考核方案等;(2)审定仲裁委员会的发展规划计划、年度工作报告和财务预决算报告;(3)提出执行机构负责人人选;(4)决定仲裁员的聘任、解聘和除名;(5)仲裁委员会主任担任仲裁员的,决定他是否回避;(6)根据当事人的请求,对仲裁协议的效力作出决定;(7)审查受理当事人的仲裁申请;(8)接受有关文书和送达,主要是受理案件后向申请人送达仲裁规则和仲裁员名册,向被申请人送达仲裁申请书副本和仲裁规则、仲裁员名册,接受被申请人的答辩书并送达给申请人,接受当事人委托代理人的授权委托书;(9)通知当事人有关事项,主要是仲裁庭组成后将其组成情况书面告知当事人,在仲裁规则规定的期限内将开庭日期通知双方当事人;(10)将当事人证据保全或财产保全的申请提交相应的人民法院;(11)向有关单位发函调取证据材料;(12)在裁决书或调解书上加盖仲裁委员会印章;(13)收取仲裁费用。

根据《仲裁法》的有关规定,仲裁委员会主任行使下列职权:(1)主持仲裁委员会会议;(2)接受当事人一方或双方的委托指定仲裁员,或在当事人未选定仲裁员或未共同选定首席仲裁员的情况下,指定仲裁员或首席仲裁员;(3)决定仲裁员的回避。

仲裁委员会虽然由行政机关组建,但它成立后即独立于行政机关,与行政机关没有隶属关系;同时仲裁委员会之间也没有隶属关系。

(二)仲裁员

《仲裁法》确立了仲裁员资格和仲裁员名册制度。仲裁委员会不设专职仲裁员,仲裁委员会应当从公道正派的人员中聘任仲裁员。《仲裁法》第13条第2款规定,仲裁员应当符合下列条件之一:(1)通过国家统一法律职业资格考试取得法律职业资格,从事仲裁工作满8年的;(2)从事律师工作满8年的;(3)曾任法官满8年的;(4)从事法律研究、教学工作并具有高级职称的;(5)具有法律知识、从事经济贸易等专业工作并具有高级职称或者具有同等专业水平的。由此可见,我国《仲裁法》对仲裁员的条件作了很高的要求。这有利于仲裁机构建立一支高素质的仲裁员队伍,从而保证仲裁案件的质量。此外,仲裁委员会应当按照不同专业设置仲裁员名册,以便当事人选择仲裁员。

根据《仲裁法》的有关规定,仲裁员以及由其组成的仲裁庭在仲裁中享有以下权利:(1)对当事人请求延期开庭的决定权。《仲裁法》第41条规定,仲裁委员会应当在仲裁规则规定的期限内将开庭日期通知双方当事人,当事人有正当理由的,可以在仲裁规则规定的期限内请求延期开庭;是否延期,由仲裁庭决定。(2)调查取证权。仲裁员裁决案件,必须建立在证据确实、充分的基础上,因此,《仲裁法》第43条规定:"当事人应当对自己的主张提供证据。仲裁庭认为有必要收集的证据,可以自行收集。"第44条第1款规定:"仲裁庭对专门性问题认为需要鉴定的,可以交由当事人约定的鉴定部门鉴定,也可以由仲裁庭指定的鉴定部门鉴定。"(3)当事人缺席的审理和裁决权。申请人经书面通知,无正当理由不到庭或未经许可中途退庭,如果被申请人提出反请求,仲裁员有权缺席审理并作出裁决;被申请人经书面通知,无正当理由不到庭或未经许可中途退庭的,仲裁员也可以缺席裁决。(4)对争议案件的调解权。《仲裁法》第 51 条规定,仲裁庭在作出裁决前,可以先行调解。当事人自愿调解的,仲裁庭应当调解。(5)对争议案件的裁决权。根据《仲裁法》的规定,对于争议案件,仲裁庭可以先行调解,也可以直接作出裁决。当事人协议不开庭的,仲裁庭还有权根据仲裁申请书、答辩书以及其他材料作出裁决;调解不成的,仲裁庭应当及时作出裁决。(6)获得报酬权。仲裁员办理仲裁案件,由仲裁委员会依照仲裁规则给付报酬。

为了保证仲裁员的公正廉洁,保障仲裁机构的良好形象,维护法律的正确实施,保护当事人的合法权益,仲裁法建立了仲裁员除名制度。根据《仲裁法》第 38 条的规定,仲裁员私自会见当事人、代理人或者接受当事人、代理人请客送礼,情节严重的,或者在仲裁案件时有索贿受贿、徇私舞弊、枉法裁决行为的,应当依法承担法律责任,仲裁委员会应当将其除名。

(三)仲裁协会

《仲裁法》第 15 条规定,中国仲裁协会是社会团体法人,是仲裁委员会的自律性组织。据此,仲裁委员会是中国仲裁协会的会员,仲裁委员会都必须加入中国仲裁协会,作为团体会员接受中国仲裁协会的管理和指导。中国仲裁协会作为社会团体法人,必须有一定数量的会员,有设立的章程,而且必须经民政部门核准登记,领取社团法人证书,并由民政部门予以公告。从组成上看,中国仲裁协会应为会员制,除吸收各仲裁委员会为其团体会员外,还可以吸收仲裁委员会委员和仲裁员为其个人会员。根据国务院办公厅于 1994 年 11 月印发的《关于做好重新组建仲裁机构和筹建中国仲裁协会筹备工作的通知》的要求,中国仲裁协会的筹建工作由"国务院法制局牵头,国家经贸委、国家体改委、司法部、国家工商局、贸促会、全国工商联参加"。2008 年 3 月,国务院法制办公室印发《关于成立中国仲裁协会筹备领导小组的通知》,并正式成立"中国仲裁协会筹备领导小组"。截至目前,中国仲裁协会还在筹建过程中。

根据《仲裁法》第 15 条的规定,中国仲裁协会的职能主要有两项:一是作为仲裁委员会的自律性组织,根据章程对仲裁委员会及其组成人员、仲裁员的违纪行为进行监督;二是依照《仲裁法》《民事诉讼法》的有关规定制定仲裁规则。此外,作为全国仲裁行业唯一的自律性组织,它还要担负在宏观上指导、协调全国各地仲裁委员会的工作,组织仲裁培训和经验交流,建立和加强仲裁的对外联系及交往等任务。但应明确,中国仲裁协会不得直接从事仲裁业务,也不得干涉仲裁委员会和仲裁员的工作。

二、仲裁的范围

所谓仲裁范围,是指仲裁作为一种解决纠纷的方式,可以解决哪些纠纷,不能解决哪些纠纷。对此,我国《仲裁法》作了具体规定,为当事人申请仲裁和仲裁机构受理仲裁案件以及保证仲裁的合法性提供了法律依据。

(一)可以由仲裁机构仲裁的纠纷

《仲裁法》第 2 条规定:"平等主体的公民、法人和其他组织之间发生的合同纠纷和其他财产权益纠纷,可以仲裁。"据此,可以由仲裁机构仲裁的纠纷包括以下两类:

1. 合同纠纷。根据《民法典》的规定,平等主体的公民、法人和其他组织之间发生的合同纠纷有以下 20 种:(1)买卖合同纠纷;(2)供用电、水、气、热力合同纠纷;(3)赠与合同纠纷;(4)借款合同纠纷;(5)保证合同纠纷;(6)租赁合同纠纷;(7)融资租赁合同纠纷;(8)保理合同纠纷;(9)承揽合同纠纷;(10)建设工程合同纠纷;(11)运输合同纠纷;(12)技术合同纠纷;(13)保管合同纠纷;(14)仓储合同纠纷;(15)委托合同纠纷;(16)物业服务合同纠纷;(17)行纪合同纠纷;(18)中介合同纠纷;(19)合伙合同纠纷;(20)准合同(无因管理、不当得利)纠纷。

2. 其他财产权益纠纷。这类纠纷主要是指侵权纠纷,具体有:(1)海事中的侵权纠纷。包括海上船舶碰撞纠纷、船舶损坏港口建筑物或设备的纠纷、海洋环境污染损害的纠纷等。(2)房地产中的侵权纠纷。包括侵占他人所有的房屋的纠纷、因使用房屋的附属面积或公用设施而发生的纠纷等。(3)产品质量中的侵权纠纷。包括因产品存在缺陷而导致人身或他人财产损害所发生的纠纷等。(4)知识产权中的侵权纠纷。包括未经著作权人许可,擅自发表其作品而产生的纠纷;使用他人作品未按规定支付报酬所产生的纠纷;抄袭他人作品而产生的纠纷;未经专利权人许可,实施其专利所产生的纠纷等。

(二)不能由仲裁机构仲裁的纠纷

根据《仲裁法》第3条的规定,下列纠纷不能由仲裁机构进行仲裁:

1. 婚姻、收养、监护、扶养、继承纠纷。这类纠纷虽然属于平等主体之间的民事纠纷,而且也不同程度地涉及财产权益,但它往往涉及不能由当事人自由处分的身份关系,因此根据仲裁的性质和各国通例,这类纠纷不能仲裁。如婚姻纠纷,当事人能否离婚必须由人民法院作出判决或由婚姻登记机关决定是否许可,双方的财产分割问题是由离婚与否决定的,因此婚姻纠纷虽然涉及财产分割问题,但分割财产的前提是能否离婚,对此作为民间组织的仲裁机构自然无权裁决。

2. 依法应当由行政机关处理的行政争议。行政争议是指国家行政机关与行政管理相对人即公民、法人和其他组织之间,因行政管理而引起的争议。这类纠纷不是平等主体之间发生的纠纷,而且国家行政权力是一种法定权力,不允许任何机关和个人自由处分,因此这类纠纷不能由民间性的仲裁机构处理,而只能由当事人通过行政复议或行政诉讼的方式解决。

第三节 中国仲裁的基本原则和基本制度

一、仲裁基本原则

所谓仲裁的基本原则,是指仲裁法规定的仲裁组织和仲裁参与人进行仲裁活动必须遵守的基本行为准则。根据《仲裁法》的规定,仲裁的基本原则有以下八项:

(一)自愿原则

自愿原则,是指申请仲裁、继续仲裁和达成和解或调解协议都应出于双方或一方当事人的自愿,任何人不得予以强迫。具体来说,它包括以下含义:(1)纠纷发生后申请仲裁须出于双方当事人自愿。《仲裁法》第4条规定,当事人采用仲裁方式解决纠纷,应当双方自愿,达成仲裁协议。仲裁协议是仲裁委员会受理仲裁申请的前提条件,它分为两种情况:一是双方当事人在合同中订立的仲裁条款,即约定日后发生纠纷提交仲裁委员会解决;二是双方当事人以其他书面方式在纠纷发生前或纠纷发生后达成的请求仲裁的协议。不管是哪一种情况,当事人申请仲裁都必须提交双方达成的书面仲裁协议,没有仲裁协议,一方申请仲裁的,仲裁委员会不予受理。(2)仲裁委员会、仲裁员、仲裁方式由双方当事人选定。《仲裁法》第6、31、39、40条规定:当事人有权协议选定仲裁委员会;当事人申请仲裁不受地域范围的限制;任何一方当事人都有权从仲裁员名册中选定或委托仲裁委员会主任指定一名仲裁员;仲裁应当开庭进行,但当事人协议不开庭的,仲裁庭可以根据仲裁申请书、答辩书以及其他材料作出裁决;仲裁不公开进行,如当事人协议公开的,可以公开进行,但涉及国家秘密的除外。(3)仲裁的继续以申请人自愿为前提。如果在仲裁委员会作出裁决以前,申请人自愿撤回申请的,仲裁委员会经审查认为撤回申请不违背法律法规的,则应予以同意,仲裁活动由此终止。(4)当事人双方达成和解或调解协议要自愿。从实质上说,和解或调解协议的内容必须是双方当事人真实的意思表示,任何单位(包括仲裁委员会)和个人不得强迫当事人达成和解或调解协议。(5)在仲裁过程中是否申请证据保全和财产保全,以及在仲裁裁决作出后是否申请撤销裁决或申请执行裁决也实行自愿原则,由当事人自行决定。

实行自愿原则是仲裁制度的基本特点,也是国际上通行的做法。确立这一原则,有利于充分保护当事人的合法权益,尊重当事人的意愿,调动当事人的积极性,公正、及时地解决纠纷;确立这一原则,有利于与国际惯例接轨,加速发展社会主义市场经济。

(二)根据事实、符合法律规定的原则

《仲裁法》第7条规定,仲裁应当根据事实、符合法律规定,公平合理地解决纠纷。据此,根据事实,是指仲裁庭对纠纷作出裁决应当以经过查证属实的案件事实为根据。所谓案件事实,是指案件发生的时间、地点、原因、后果和因果关系等客观情况。只有掌握了案件的客观情况,才能对案情作出正确的判断和认定,这是正确处理纠纷的前提条件。符合法律规定,是指在查明案件事实的基础上,仲裁应当按照国家法律的规定,确定当事人的权利和义务,制裁不法行为,保护合法权益。这里所说的法律,既包括《民法典》及经济法等实体法,也包括仲裁程序法。只有法律才是处理纠纷的依据和标准,其他如学理解释、学派观点、领导讲话等,都不能作为处理纠纷的依据。

根据事实、符合法律规定的原则,充分体现了实事求是的思想路线和社会主义法制统一的要求,它在仲裁的各项基本原则中处于核心地位。如果离开事实和法律规定,当事人地位平等、辩论、处分等原则就不可能真正得到实现。因此,正确地执行这一原则,有利于仲裁机构真正查明案件事实,准确适用法律规定,进而对案件作出公平合理的处理。

(三)依法独立仲裁、不受干涉的原则

根据《仲裁法》第8条的规定,依法独立仲裁、不受干涉的原则,是指仲裁机构仲裁纠纷"依法独立进行,不受行政机关、社会团体和个人的干涉"。这一原则包括以下含义:(1)仲裁机构独立进行仲裁活动,是指由仲裁庭或独任仲裁员独立仲裁纠纷。仲裁机构受理的经济纠纷应由仲裁庭或独任仲裁员独立审理并自主作出裁决;仲裁庭不能形成多数意见时,裁决应当按照首席仲裁员的意见作出。(2)仲裁机构进行仲裁活动,不受行政机关、社会团体和个人的干涉。所谓不受干涉,是指行政机关、社会团体和个人不得利用职权、特殊关系、物质利益以及其他手段干涉仲裁机构正常的仲裁工作,更不得就纠纷的处理直接向仲裁机构发出指示或命令。如遇上述干涉,仲裁机构有权进行抵制。(3)仲裁机构仲裁纠纷,必须严格按照法律规定进行。仲裁机构依法进行仲裁,既包括依据《民法典》、经济法等实体法的规定,也包括依据仲裁程序法的规定。

在我国,确立依法独立仲裁、不受干涉的原则,具有十分重要的意义。一方面,长期以来,各类仲裁机构隶属于行政机关,仲裁工作受行政机关、社会团体和个人非法干涉的情况时有发生,严重影响了社会主义法制在仲裁领域的正确实施,损害了仲裁机构的公正性和权威性。因此,确立这一原则,有利于保障仲裁机构正确处理纠纷,在全社会树立公正形象,充分发挥仲裁的作用;另一方面,确立这一原则也是贯彻执行其他仲裁原则的需要。只有使仲裁机构能够真正独立行使仲裁权,才能在仲裁中排除一切干扰,切实做到以事实为根据、以法律为准绳,对仲裁当事人在适用法律上一律平等,保障法律的正确统一实施,为建立公平竞争的市场经济秩序创造良好的条件。

(四)仲裁当事人地位平等和权利义务对等的原则

仲裁当事人地位平等和权利义务对等,是指在仲裁活动中双方当事人的地位是平等的,无尊卑之分、贵贱之别;双方当事人的权利义务是互相对应的,一方当事人的权利就是他方的义务,反之亦然。这一原则包括以下具体内容:(1)双方当事人的地位平等,即当事人在仲裁活动中平等地行使权利和承担义务。双方不论其政治、社会、经济地位如何,在仲裁中都是平等的,绝不允许一方优越于另一方;仲裁机构亦应平等地对待双方当事人,为双方当事人行使权利提供均等的机会和条件,同时督促双方当事人平等地履行义务。(2)双方当事人的权利对等。由于双方当事人在仲裁中所处的位置不同,他们享有的权利中,在委托代理人、申请回避、收集及提供证据、进行辩论、请求调解等方面是相同的,但在其他一些权利上则是不同的。例如:申请人有申请仲裁的权利,有放弃或者变更仲裁请求的权利;被申请人则有承认或者反驳仲裁请求的权利,有提出反请求的权利。双方当事人尽管享有某些不同的权利,但互相对等,彼此适应,不因享有的权利不同而影响到双方当事人的平等地位。(3)双方当事人的义务对等。权利和义务是相对应的,因此在仲裁活动中,不允许只享有权利而不承担义务,所有当事人都必须遵守法律的规定,履行应尽的义务。但由于双方当事人所处的具体地位不同,在某些情况下,他们所承担的义务不尽相同,不履行义务的后果也有差异。例如:申请人经书面通知,无正当理由不到庭或者未经仲裁庭许可中途退庭的,可以视为撤回仲裁申请;被申请人经书面通知,无正当理由不到庭或者未经仲裁庭许可中途退庭的,可以缺席裁决。

仲裁当事人的地位平等和权利义务对等是进行仲裁活动的前提条件。如果当事人一方享有法外特权,可以不受法律的约束,可以只享有权利而不履行相应的义务,则仲裁活动就会失去公平和公正,无法顺利地进行下去,从而使仲裁制度失去存在的必要。因此,切实贯彻执行这一原则,对于保障仲裁活动顺利进行和纠纷的客观公正处理具有十分重要的意义。

(五)对仲裁当事人在适用法律上一律平等的原则

对仲裁当事人在适用法律上一律平等,是指仲裁机构在仲裁纠纷过程中,对双方当事人不分内资外资、法人个人,也不论其所有制如何、单位大小,都应一视同仁以及平等地适用实体法和程序法,不得偏袒或歧视任何一方,以防止对纠纷处理的不公。

对仲裁当事人在适用法律上一律平等,是《宪法》规定的"中华人民共和国公民在法律面前一律平等"的原则在仲裁活动中的具体体现。执行这一原则,有助于贯彻社会主义法治原则,反对一切特权思想和行为,保证国家法律的正确、统一实施,树立法律的权威。

(六)辩论原则

辩论原则,是指在仲裁庭主持下,当事人可以就案件事实和争议问题,各自陈述自己的主张和根据,互相进行反驳和答辩,以维护自己的合法权益。辩论原则包括以下内容:(1)辩论贯穿于仲裁庭作出裁决或者达成调解协议之前的全部过程，当事人不仅在仲裁庭开庭阶段可以进行辩论，而且在庭前的申请和答辩阶段也可以进行辩论。(2)辩论应围绕着争议的实质性问题和程序性问题来进行。前者主要是指申请人的仲裁请求和被申请人的仲裁答辩能否成立，有无事实根据和法律依据等。后者主要是指当事人是否适格，其委托代理人是否经过合法的委托和授权等。(3)辩论分言词和书面两种。在仲裁庭开庭阶段主要表现为言词辩论，在其他阶段则主要表现为书面辩论，如申请人提出申请书，被申请人针对仲裁申请提出答辩等。

辩论原则是社会主义民主在仲裁活动中的体现，通过当事人的辩论，可以充分显示仲裁活动的民主性。同时，辩论又是当事人在仲裁中享有的一项重要的权利。通过当事人的辩论，便于仲裁庭查明事实、分清责任，从而正确地适用法律，确认当事人之间的权利义务关系，进而使纠纷得到公平合理的解决。

(七)民族语言文字原则

民族语言文字原则，是指在少数民族聚居或者多民族共同居住的地区，仲裁机构应当用当地通用的语言进行仲裁活动，并用当地通用的文字制作仲裁裁决书、调解书和其他文件；当事人和其他仲裁参与人在仲裁活动中有权使用自己民族的语言文字。

我国是一个多民族的国家。宪法规定，各民族一律平等，各民族都有使用和发展自己语言、文字的自由。在仲裁活动中实行民族语言文字原则，体现了各民族一律平等的宪法原则，不仅有利于仲裁当事人和其他仲裁参与人各自权利的实现，也有利于仲裁机构查明案件事实，公正、及时地作出裁决，还能够对当事人和广大群众进行法治宣传教育，预防和减少纠纷的发生。此外，也有利于仲裁机构更好地接受群众监督，不断改进仲裁工作。

(八)法院监督原则

法院监督原则，是指在仲裁过程中或裁决执行阶段，人民法院有权对仲裁当事人的申请或仲裁机构的裁决进行审查，然后作出相应的决定。这一原则包括以下几个方面的内容：(1)在仲裁过程中，当事人申请财产保全或证据保全的，仲裁委员会应将当事人的申请依照《民事诉讼法》的有关规定提交人民法院。接受地人民法院对当事人的申请有权进行审查，然后依法决定是否采取财产保全或证据保全措施。(2)仲裁裁决作出后，当事人自收到裁决书之日起6个月内可以向仲裁委员会所在地的中级人民法院申请撤销裁决。人民法院经审查后，确认裁决具有《仲裁法》第58条规定的情形之一的，应当裁定撤销仲裁裁决。(3)在特定情况下，人民法院有权不予执行仲裁裁决。在仲裁裁决执行过程中，经被申请人申请，人民法院审查确认裁决有《民事诉讼法》第244条第2款规定的情形之一的，应裁定不予执行。另外，在涉外仲裁裁决执行过程中，经被申请人申请，人民法院审查确认裁决有《民事诉讼法》第281条第1款规定的情形之一的，亦应裁定不予执行。

我国《仲裁法》并未明确规定法院监督原则，但事实上法院对仲裁的监督贯穿于仲裁程序和仲裁裁决执行程序中，而加强法院对仲裁的监督，对于保证仲裁活动的顺利进行和仲裁裁决的公正性，具有特别重要的作用。因此，应当在《仲裁法》中将法院监督确立为一项基本原则。

二、仲裁基本制度

仲裁的基本制度，是仲裁组织和仲裁参与人进行仲裁活动的基本规程。它不同于基本原则。根据《仲裁法》的规定，仲裁的基本制度主要有以下四项：

(一)一裁终局制度

《仲裁法》第9条规定,仲裁实行一裁终局的制度。谓一裁终局制度,是指仲裁委员会对当事人申请仲裁的纠纷进行仲裁后作出的裁决立即发生法律效力,当事人不得就同一纠纷再申请仲裁或者向人民法院起诉的制度。

《仲裁法》颁布以前,我国对国内仲裁曾实行一裁两审制,即当事人向仲裁机构申请仲裁,仲裁机构作出裁决后,当事人不服的,在一定期限内可以向人民法院起诉,法院实行两审终审制。这种制度的弊端显而易见:首先,在案件处理上过于繁杂,耗费时间,浪费人力、物力和财力;其次,由于仲裁裁决不具有最终裁决的效力,极大地削弱了仲裁机构的权威,使许多仲裁机构名存实亡,仲裁活动流于形式;最后,国内仲裁实行一裁两审制度,而涉外仲裁实行一裁终局制度,破坏了仲裁制度的统一性。我国《仲裁法》改变了一裁两审制,实行一裁终局制度,无疑有助于树立仲裁机构的权威,实现仲裁制度的统一,保证纠纷的及时处理,减少人财物的耗费,有利于经济发展和社会稳定。

按照《仲裁法》的规定,我国国内仲裁和涉外仲裁均实行一裁终局制度,裁决书自作出之日起即发生法律效力,当事人必须履行。一方当事人不履行的,另一方当事人可以申请人民法院强制执行;裁决作出后,当事人就同一纠纷再申请仲裁或者向人民法院起诉的,仲裁委员会或者人民法院不予受理。

(二)仲裁时效制度

仲裁时效,是指权利人向仲裁机构请求保护其权利的法定期限,即权利人在法定期限内不行使权利,即丧失请求依仲裁程序强制义务人履行义务的权利。根据适用范围的不同,仲裁时效可以分为以下两种:

1. 一般仲裁时效,又称普通仲裁时效,是指对一般民事法律关系普遍适用的仲裁时效。一般仲裁时效的适用范围十分广泛,它适用于除法律另有规定以外的各种民事法律关系的仲裁。《仲裁法》第74条规定:"法律对仲裁时效有规定的,适用该规定。法律对仲裁时效没有规定的,适用诉讼时效的规定。"据此,对合同纠纷和其他财产权益纠纷的仲裁,应适用《民法典》第188条的规定,即申请仲裁的期限为3年。

2. 特殊仲裁时效,是指法律、法规规定的,适用某些特殊民事法律关系的仲裁时效。特殊仲裁时效优于一般仲裁时效,即法律对某些特殊民事法律关系的仲裁时效有特别规定的,就只能适用这种特别规定,而不适用一般仲裁时效的规定。根据《民法典》第198条的规定,法律对仲裁时效有规定的,依照其规定;没有规定的,适用诉讼时效的规定。例如:《产品质量法》第45条第1款规定:"因产品存在缺陷造成损害要求赔偿的诉讼时效期间为二年,自当事人知道或者应当知道其权益受到损害时起计算。"《拍卖法》第61条第3款规定:"因拍卖标的存在瑕疵未声明的,请求赔偿的诉讼时效期间为一年,自当事人知道或者应当知道权利受到损害之日起计算。"《专利法》第74条规定:"侵犯专利权的诉讼时效为三年,自专利权人或者利害关系人知道或者应当知道侵权行为以及侵权人之日起计算。发明专利申请公布后至专利权授予前使用该发明未支付适当使用费的,专利权人要求支付使用费的诉讼时效为三年,自专利权人知道或者应当知道他人使用其发明之日起计算,但是,专利权人于专利权授予之日前即已知道或者应当知道的,自专利权授予之日起计算。"《海商法》第257条第1款规定:"就海上货物运输向承运人要求赔偿的请求权,时效期间为一年,自承运人交付或者应当交付货物之日起计算;在时效期间内或者时效期间届满后,被认定为负有责任的人向第三人提起追偿请求的,时效期间为九十日,自追偿请求人解决原赔偿请求之日起或者收到受理对其本人提起诉讼的法院的起诉状副本之日起计算。"第 260 条规定:"有关海上拖航合同的请求权,时效期间为一年,自知道或者应当知道权利被侵害之日起计算。"第 263 条规定:"有关共同海损分摊的请求权,时效期间为一年,自理算结束之日起计算。"

(三)仲裁代理制度

《仲裁法》第 29 条规定,当事人、法定代理人可以委托律师和其他代理人进行仲裁活动。这是我国仲裁代理制度的法律依据。

所谓代理,是指代理人以被代理人的名义,在代理权限范围内实施的对被代理人发生效力的法律行为。代理是一项不可缺少的法律制度,是公民、法人和其他组织参加民事活动和诉讼活动或仲裁活动的一种重要辅助手段。无论公民、法人还是其他组织,均可以通过代理人代理法律行为或者有法律意义的行为,实现自己的权利和履行自己的义务。

根据《仲裁法》第 29 条的规定,仲裁代理只限于委托代理的情况。当事人、法定代理人委托律师和其他代理人进行仲裁活动的,应由被代理人向仲裁委员会提交授权委托书。该授权委托书应写明委托人的姓名(名称)、委托事项、委托代理人的姓名、代理权限、代理期限等。

应当指出的是,委托代理人在仲裁活动中一般只能代理实施仲裁程序性行为,如果需要代理当事人处分实体权利,如代为承认、放弃或者变更仲裁请求、进行和解、提出反请求等,则必须有被代理人的特别授权。

(四)仲裁回避制度

仲裁回避制度,是指承办案件的仲裁员在与本案有利害关系,可能影响公正裁决时,不参加对该案的仲裁工作而更换新的仲裁员进行仲裁的制度。实行仲裁回避制度,其意义在于:第一,可以防止仲裁员先入为主,徇私舞弊,保证案件的公正处理。仲裁员同案件或者案件当事人有利害关系或者其他特殊关系,就可能自觉或不自觉地偏袒一方,导致对案件处理的不公正,甚至枉法裁决。实行回避制度,可以防止这种情况的发生,保障仲裁权的正确行使,维护当事人的合法权益。第二,可以消除当事人和社会公众不必要的疑虑,有利于维护仲裁机构的威信。仲裁员如果有应当回避的情形而不回避,即使其在客观上能够秉公断案,也难以消除当事人和社会公众对仲裁员的怀疑,从而影响仲裁机构的威信。第三,可以充分体现仲裁的民主性和执法的严肃性。当事人有权要求仲裁员回避,不仅有利于在仲裁活动中充分发扬社会主义民主,而且有助于加强人民群众对仲裁员的监督,保证执法的严肃性。

根据《仲裁法》第 34 条的规定,仲裁员有下列情形之一的,必须回避,当事人也有权提出回避申请:(1)是本案的当事人或者当事人、代理人的近亲属。仲裁员如果是本案的当事人,案件的处理和他有直接的利害关系,他参加本案的仲裁工作,就可能从维护自己的利益出发,对案件作出不公正的处理;仲裁员如果是本案当事人、代理人的近亲属而仍然参加该案的仲裁工作,则有可能发生偏袒该当事人、代理人的情况,所以也应当回避。(2)与本案有利害关系。这里所说的利害关系,是指案件的处理结果会涉及仲裁员自身的利益,如可能使他的利益受损或得到好处,这样也会影响对案件的公正处理,所以也应当回避。(3)与本案当事人、代理人有其他关系,可能影响公正仲裁的。"其他关系"的范围很广,如老同学、老同事、老上级、老朋友或者与当事人有过恩怨关系等。具有这些关系又可能影响公正仲裁的,仲裁员便不宜参加案件的仲裁工作,而应当回避。(4)私自会见当事人、代理人,或者接受当事人、代理人的请客送礼的。如果仲裁员滥用权力,与当事人进行私下交易,以权谋私,则不可能客观公正地裁决案件,所以必须回避。仲裁庭的书记员、鉴定人、勘验人和翻译人员参与案件的仲裁活动,其行为也影响着裁决的公正性,因此,他们具有上述情形之一的,亦应当回避。

回避的方式有以下两种:一是申请回避。当事人申请回避的,应当说明理由,并在首次开庭前提出;回避事由在首次开庭后知道的,可以在最后一次开庭终结前提出。二是自行回避。仲裁员从受理案件后直到裁决作出前,只要发现自己具有应当回避的法定情形的,均可以提出回避要求。根据《仲裁法》第36条的规定,仲裁员是否回避,由仲裁委员会主任决定;仲裁委员会主任担任仲裁员时,由仲裁委员会集体决定。

第四节 中国仲裁的程序

仲裁程序是指仲裁机构对平等主体的公民、法人和其他组织之间的合同纠纷和其他财产权益纠纷进行仲裁所适用的程序。仲裁机构、当事人和其他仲裁参与人在仲裁活动中都必须遵守仲裁程序,以确保仲裁活动顺利进行,并使纠纷得到公平合理的解决。

一、仲裁的申请和受理

申请和受理是仲裁程序的起始阶段,主要包括仲裁的申请、仲裁的受理和受理后的准备工作。

(一)仲裁的申请

仲裁的申请是指当事人因合同或其他财产权益发生纠纷,根据双方自愿达成的仲裁协议,以自己的名义将纠纷提交仲裁委员会并请求进行裁决的活动。

1. 申请仲裁的条件

根据《仲裁法》第21条的规定,当事人申请仲裁应当符合下列条件:(1)有仲裁协议。仲裁协议是当事人之间对双方的纠纷确定由某个仲裁委员会进行仲裁的约定。《仲裁法》第16条规定,仲裁协议包括合同中订立的仲裁条款和以其他书面方式在纠纷发生前或者纠纷发生后达成的请求仲裁的协议。仲裁协议应当包括请求仲裁的意思表示、仲裁事项、选定的仲裁委员会三项内容。最高法院《仲裁法解释》第1条规定:"仲裁法第十六条规定的'其他书面形式'的仲裁协议,包括以合同书、信件和数据电文(包括电报、电传、传真、电子数据交换和电子邮件)等形式达成的请求仲裁的协议。"没有仲裁协议,一方当事人申请仲裁的,仲裁委员会不予受理。(2)有具体的仲裁请求和事实、理由。仲裁请求是指申请人请求仲裁机构解决的问题和保护的权益;事实和理由是申请人申请仲裁的依据,是当事人之间的合同纠纷和其他财产权益纠纷发生、发展的经过及申请人对适用法律的意见。当事人申请仲裁必须提出具体的仲裁请求和事实、理由。(3)属于仲裁委员会的受案范围。当事人申请仲裁的纠纷,只限于平等主体的公民、法人和其他组织之间发生的合同纠纷和其他财产权益纠纷,而婚姻、收养、监护、扶养、继承纠纷以及依法应由行政机关处理的行政争议,则不属于仲裁委员会的受案范围,不能申请仲裁。以上三个条件,必须同时具备,缺一不可。

2. 申请仲裁的方式

根据《仲裁法》第 22 条的规定,当事人申请仲裁,应当向仲裁委员会递交仲裁协议、仲裁申请书及副本。由此可见,当事人申请仲裁必须采用书面形式,不得采用口头形式。仲裁申请之所以必须采用书面形式,一是可以避免当事人就是否有仲裁的意愿发生争议,二是便于仲裁委员会审查,三是便于人民法院对仲裁裁决进行监督。仲裁申请书应当载明下列事项:(1)当事人的姓名、性别、年龄、职业、工作单位和住所,法人或者其他组织的名称、住所和法定代表人或者主要负责人的姓名、职务;(2)仲裁请求和所根据的事实和理由;(3)证据和证据的来源、证人姓名和住所。

(二)仲裁的受理

根据《仲裁法》第 24 条的规定,仲裁委员会收到仲裁申请后,应当进行审查。审查的内容是当事人的仲裁申请是否符合《仲裁法》规定的条件,因此这一审查在性质上属于形式审查。经过审查,有两种处理结果:一为受理,一为不受理。具体地说,就是仲裁委员会自收到仲裁申请书之日起 5 日内,认为符合受理条件的,应当受理,并通知当事人;认为不符合受理条件的,应当书面通知当事人不予受理,并说明理由。对仲裁申请书的内容有欠缺的,仲裁委员会应当责令当事人限期补正,逾期未补正的,视为未申请;按期补正的,根据是否符合申请仲裁的条件决定是否受理。

(三)受理仲裁申请后的准备工作

仲裁委员会受理仲裁申请后至开庭审理前,为保证仲裁开庭审理程序的顺利进行,应做好各项准备工作。根据《仲裁法》的规定和仲裁实践,仲裁委员会应做好以下准备工作:(1)向申请人和被申请人分别送达有关材料,并通知被申请人进行答辩。根据《仲裁法》第 25 条的规定,仲裁委员会受理仲裁申请后,应当在仲裁规则规定的期限内将仲裁规则和仲裁员名册送达申请人,并将仲裁申请书副本和仲裁规则、仲裁员名册送达被申请人;被申请人收到仲裁申请书副本后,应当在仲裁规则规定的期限内向仲裁委员会提交答辩书,仲裁委员会收到答辩书后,应当在仲裁规则规定的期限内将答辩书副本送达申请人,但被申请人未提交答辩书的,不影响仲裁程序的进行。(2)通知仲裁申请人按照有关规定预交仲裁费用。(3)通知双方当事人提交参与仲裁活动的有关证明书;如有委托代理人参加仲裁活动的,还应通知其提交当事人签名或盖章的授权委托书。(4)按照《仲裁法》的规定组成仲裁庭,并将仲裁庭的组成情况书面通知当事人。(5)接受被申请人对申请人提出的反请求,并和申请人的仲裁请求进行合并仲裁。(6)将当事人提出的财产保全和证据保全的申请依照《民事诉讼法》的有关规定提交人民法院裁定。

二、仲裁庭的组成

仲裁庭是仲裁中的审理组织,具体行使仲裁权。根据《仲裁法》的规定,仲裁庭按以下要求组成。

(一)仲裁庭的组成方式

仲裁庭的组成有两种方式:一是由 3 名仲裁员组成仲裁庭,二是由 1 名仲裁员组成仲裁庭。其中,由 3 名仲裁员组成仲裁庭的,设首席仲裁员,负责主持仲裁。

仲裁庭采用何种方式组成,由当事人约定,即双方当事人既可以约定由 3 名仲裁员组成仲裁庭,也可以约定由 1 名仲裁员组成仲裁庭。一般地说,对于复杂、疑难的案件,当事人应约定由 3 名仲裁员组成仲裁庭进行仲裁,以保证纠纷解决的公平与合理;而对于比较简单的案件,当事人可以约定由 1 名仲裁员组成仲裁庭进行仲裁,以迅速及时地解决纠纷。当事人没有在仲裁规则规定的期限内约定仲裁庭的组成方式的,则由仲裁委员会主任指定仲裁庭的组成。此外,在许多仲裁委员会,通常以案件标的的数额来确定仲裁庭的组成方式。例如:南方某仲裁委员会以案件标的是否达到 300 万元为标准,即案件标的在 300 万元以上的,需由 3 名仲裁员组成仲裁庭审理;未达到 300 万元的,则由 1 名仲裁员组成仲裁庭审理。

(二)仲裁员的选定

仲裁员的选定具体有当事人各自选定、委托选定、协议选定和仲裁委员会主任指定四种方式,并分别适用于不同的情形:(1)当事人约定由 3 名仲裁员组成仲裁庭的,应当各自选定或者各自委托仲裁委员会主任指定 1 名仲裁员,第三名仲裁员由当事人共同选定或者共同委托仲裁委员会主任指定。第三名仲裁员为首席仲裁员。(2)当事人约定由 1 名仲裁员成立仲裁庭的,应当由当事人共同选定或者共同委托仲裁委员会主任指定仲裁员。(3)当事人没有在仲裁规则规定的期限内选定仲裁员的,由仲裁委员会主任指定。

(三)仲裁员的更换

仲裁庭组成后,仲裁员如不能履行职责的,应当重新选定或指定仲裁员,即更换仲裁员。按照《仲裁法》第 37 条的规定,仲裁员的更换有两种情况:

1. 仲裁员回避。根据《仲裁法》第 34 条的规定,仲裁员具有该条规定的情形之一的,必须回避,当事人也有权提出回避申请。仲裁员是否回避,由仲裁委员会主任决定;仲裁委员会主任担任仲裁员时,由仲裁委员会集体决定。

2. 仲裁员因其他原因不能履行职责。这种情况是指仲裁员除回避外,因死亡、生病、丧失行为能力等不能从事仲裁工作。

出现上述情况的,当事人或者仲裁委员会主任应当按照《仲裁法》的规定,重新选定或者指定仲裁员替代不能履行职责的仲裁员。仲裁员更换后,随之生产的一个问题是,已经进行的仲裁程序是否需要重新进行。对此,《仲裁法》第 37 条第 2 款规定,因回避而重新选定或者指定仲裁员后,当事人可以请求已进行的仲裁程序重新进行,是否准许,由仲裁庭决定;仲裁庭也可以自行决定已进行的仲裁程序是否重新进行。

三、开庭和裁决

(一)开庭

《仲裁法》第 39 条规定:"仲裁应当开庭进行。当事人协议不开庭的,仲裁庭可以根据仲裁申请书、答辩书以及其他材料作出裁决。"据此,仲裁庭仲裁案件以开庭审理为主,以书面审理为辅。换言之,仲裁原则上应开庭进行,但如果当事人协议不开庭仲裁的,仲裁庭也可以进行书面审理,即仅根据当事人提交的有关文书和证据对案件作出裁决,既不询问当事人,也不调查收集证据。

《仲裁法》第 40 条规定:"仲裁不公开进行。当事人协议公开的,可以公开进行,但涉及国家秘密的除外。"由此可见,仲裁庭开庭又有两种方式:(1)不公开开庭。仲裁庭开庭以不公开开庭为原则,即仲裁庭开庭时,不允许群众旁听,也不允许新闻记者采访和报道。由于当事人双方自愿将纠纷提交仲裁委员会仲裁,而且仲裁庭的组成方式也主要取决于双方当事人的意愿,可以说仲裁庭行使仲裁权完全是基于当事人的信任,因此一般来说没有公开开庭的必要。这和人民法院行使审判权不同,人民法院实行审判公开的原则,因为人民法院代表国家行使审判权,是在行使国家权力,所以应当接受社会的监督,即允许群众旁听和新闻记者采访报道。同时仲裁案件往往涉及商业秘密,因而也不便于公开开庭。(2)公开开庭。仲裁原则上不公开进行,但如果当事人协议公开的,则可以公开进行,允许群众旁听,允许新闻记者采访和报道。虽然当事人协议公开,但仲裁的案件涉及国家秘密的,也不得公开开庭,以保守国家秘密,保护国家利益和安全。

仲裁开庭审理的,仲裁委员会应当在仲裁规则规定的期限内将开庭日期通知当事人。当事人有正当理由的,可以在仲裁规则规定的期限内请求延期开庭。是否延期,由仲裁庭决定。申请人经书面通知,无正当理由不到庭或者未经仲裁庭许可中途退庭的,可以视为撤回仲裁申请。被申请人经书面通知,无正当理由不到庭或者未经仲裁庭许可中途退庭的,可以缺席裁决。

(二)调查和辩论

仲裁庭开庭仲裁案件,首先应进行调查和辩论,以查明事实,核实证据,辨明法律适用,为公平合理解决纠纷打下基础。

调查是仲裁庭依照法定程序,在开庭后全面调查案情和核实各种证据的活动。对调查的程序,《仲裁法》没有作出具体规定。根据仲裁规则,仲裁庭调查应按下列顺序进行:(1)申请人陈述仲裁请求及所依据的事实和理由。通常是由申请人或其委托代理人宣读仲裁申请书,并可对仲裁请求及所依据的事实和理由进行变更。(2)被申请人进行答辩,即由被申请人或其委托代理人对申请人的仲裁请求及所依据的事实和理由进行反驳和提出抗辩。(3)当事人双方进行举证和质证。首先由申请人或其委托代理人出示证据并说明每份证据要证明的内容,被申请人或其委托代理人进行质证即从证据的真实性、合法性、关联性三个方面对证据发表质证意见,然后由被申请人或其委托代理人出示证据并说明每份证据要证明的内容,申请人或其委托代理人进行质证即从证据的真实性、合法性、关联性三个方面对证据发表质证意见。(4)仲裁庭向双方当事人进行询问,对案件的事实进行调查。对于当事人应当提供而未能当庭提供的证据,仲裁庭可以要求当事人在庭后一定期限(如5日或10日)内提供。对于一方当事人庭后提供的证据,可以不再开庭进行举证和质证,而由办案秘书发送另一方当事人发表书面质证意见。

辩论是在仲裁庭的主持下,双方当事人根据仲裁庭查明的事实和证据,就案件事实的认定和法律的适用发表意见并进行反驳和辩解的活动。《仲裁法》第47条规定,当事人在仲裁过程中有权进行辩论,但对辩论的顺序没有作出具体规定。根据仲裁规则,辩论按下列顺序进行:(1)申请人及其代理人发言;(2)被申请人及其代理人发言;(3)第三人及其代理人发言;(4)互相辩论。在辩论中,如果当事人提出与案件有关的新的事实和证据,仲裁庭应当停止辩论,恢复调查,以查明事实和证据。当事人在辩论中必须遵守仲裁庭纪律,服从仲裁员的指挥,不得无理取闹,扰乱仲裁秩序,否则仲裁庭有权加以制止,情节严重的还要追究其法律责任。辩论终结时,首席仲裁员或者独任仲裁员应当征询当事人的最后意见。

(三)和解与调解

《仲裁法》第49条规定:“当事人申请仲裁后,可以自行和解。达成和解协议的,可以请求仲裁庭根据和解协议作出裁决书,也可以撤回仲裁申请。”和解即自行和解,是指一方当事人申请仲裁后,双方当事人经平等协商,自行达成解决纠纷的协议,从而终结仲裁程序的活动。当事人达成和解协议后有两种选择:一是请求仲裁庭根据和解协议作出裁决书,二是撤回仲裁申请。在前一种情况下,和解实际上产生了终局裁决的效力,当事人不得以同一事实和理由再申请仲裁或者提起诉讼。在后一种情况下,当事人的和解行为完全是个人行为,和解协议也仅具有一般合同效力,而不具有强制执行效力。按照《仲裁法》第 50 条的规定,当事人达成和解协议,撤回仲裁申请后反悔的,可以根据仲裁协议申请仲裁。

《仲裁法》第 51 条规定:“仲裁庭在作出裁决前,可以先行调解。当事人自愿调解的,仲裁庭应当调解。调解不成的,应当及时作出裁决。调解达成协议的,仲裁庭应当制作调解书或者根据协议的结果制作裁决书。调解书与裁决书具有同等法律效力。”调解是在仲裁庭的主持下,双方当事人经平等协商、互谅互让,自愿达成调解协议,从而终结仲裁程序的活动。调解在以下两种情况下进行:一是当事人基于调解意愿向仲裁庭申请调解,此时仲裁庭必须进行调解;二是仲裁庭根据案件情况决定是否进行调解。仲裁庭在作出裁决前,可以进行调解,也可以不进行调解。经过调解,当事人达成协议的,仲裁庭应当制作调解书或者根据协议的结果制作裁决书。实践中,当事人无法当庭达成调解协议的,仲裁庭也可以给予当事人在庭后一定期限(如 10 日、15 日或 20 日)内进行协商,以达成调解协议。《仲裁法》第 52 条第 1 款规定:“调解书应当写明仲裁请求和当事人协议的结果。调解书由仲裁员签名,加盖仲裁委员会印章,送达双方当事人。”调解书经双方当事人签收后,即发生法律效力。生效的调解书与生效的裁决书一样,均具有终局法律效力。

(四)裁决

裁决是指仲裁庭通过对当事人之间纠纷的审理,根据已查明的案件事实和法律规定而作出的、确认当事人之间的权利义务关系并对其纠纷作出处理的仲裁决定。裁决是仲裁程序的最后阶段。仲裁庭辩论结束后,调解不成的,或在调解书签收之前当事人反悔的,仲裁庭应及时作出裁决;未进行调解的,仲裁庭应在辩论结束后直接作出裁决。

仲裁庭采用独任制的,裁决由独任仲裁员作出;仲裁庭由 3 名仲裁员组成的,根据《仲裁法》第 53 条的规定,裁决应当按照多数仲裁员的意见作出,少数仲裁员的不同意见可以记入笔录;仲裁庭不能形成多数意见时,裁决应当按照首席仲裁员的意见作出。根据《仲裁法》第 55 条的规定,仲裁庭仲裁纠纷时,其中一部分事实已经清楚,可以就该部分先行裁决。

仲裁庭作出裁决应当制作裁决书。裁决书应当写明仲裁请求、争议事实、裁决理由、裁决结果、仲裁费用的负担和裁决日期。当事人协议不愿写明争议事实和裁决理由的,可以不写。裁决书由仲裁员签名,加盖仲裁委员会印章。对裁决持不同意见的仲裁员,可以签名,也可以不签名。裁决书自作出之日起发生法律效力。对裁决书中的文字、计算错误或者仲裁庭已经裁决但在裁决书中遗漏的事项,仲裁庭应当补正;当事人自收到裁决书之日起 30 日内,可以请求仲裁庭补正。

四、仲裁裁决的撤销

仲裁裁决的撤销,是指当仲裁裁决有法定情形时,由当事人申请并经人民法院审查核实后,依法裁定予以撤销的司法措施。如前所述,仲裁裁决对当事人争议的解决具有终局性,但仲裁裁决难免出现错误。对此如果不加以纠正,则既会危害当事人的合法权益,也会损坏仲裁的尊严和仲裁机构的威信。仲裁裁决的撤销正是对错误仲裁裁决的一种补救措施,它体现了人民法院对仲裁活动的监督。我国《仲裁法》以专章对申请撤销仲裁裁决作出具体规定,因此撤销仲裁裁决必须依法进行。

(一)撤销仲裁裁决的法定情形

根据《仲裁法》第58条第1款的规定,当事人提出证据证明裁决有下列情形之一的,可以向仲裁委员会所在地的中级人民法院申请撤销裁决:(1)没有仲裁协议的;(2)裁决的事项不属于仲裁协议的范围或者仲裁委员会无权仲裁的;(3)仲裁庭的组成或者仲裁的程序违反法定程序的;(4)裁决所根据的证据是伪造的;(5)对方当事人隐瞒了足以影响公正裁决的证据的;(6)仲裁员在仲裁该案件时有索贿受贿、徇私舞弊,枉法裁决行为的。其中,"违反法定程序"是指违反仲裁法规定的仲裁程序和当事人选择的仲裁规则可能影响案件正确裁决的情形。

(二)申请撤销仲裁裁决的条件

根据《仲裁法》的有关规定,当事人申请撤销仲裁裁决必须符合下列条件:

1. 申请的主体必须是当事人,包括申请人、被申请人及其法定代理人和经特别授权的委托代理人,其他人无权提出申请。

2. 当事人必须在法定的期限内提出申请。当事人申请撤销裁决的,应当自收到裁决书之日起6个月内提出。

3. 当事人必须向有管辖权的人民法院提出申请。当事人申请撤销裁决,必须向仲裁委员会所在地的中级人民法院提出,而不能向其他中级人民法院提出,也不能向其他级别的人民法院提出。

4. 当事人必须提出证据证明裁决有可以撤销的法定情形。当然,这些证据是否客观真实,有待于人民法院审查确定。

(三)撤销仲裁裁决的程序

根据《仲裁法》的有关规定,撤销仲裁裁决应遵守下列程序:

1. 对撤销仲裁裁决申请的受理。人民法院收到撤销仲裁裁决的申请后,应当进行审查。经审查,对符合申请撤销仲裁裁决的条件的,人民法院应当予以受理;对不符合申请条件的,人民法院不予受理。

2. 通知仲裁庭重新仲裁。人民法院受理撤销仲裁裁决的申请后,认为可以由仲裁庭重新仲裁的,通知仲裁庭在一定期限内重新仲裁,并裁定中止撤销程序。仲裁庭拒绝重新仲裁的,人民法院应当裁定恢复撤销程序。根据最高法院《仲裁法解释》第21条的规定,当事人申请撤销国内仲裁裁决的案件属于仲裁裁决所根据的证据是伪造的或者对方当事人隐瞒了足以影响公正裁决的证据的情形,人民法院可以通知仲裁庭在一定期限内重新仲裁,但应当在通知中说明要求重新仲裁的具体理由。

3. 组成合议庭对当事人申请撤销的仲裁裁决进行审查处理。人民法院受理撤销裁决的申请后,经组成合议庭审查核实仲裁裁决有《仲裁法》第58条规定的情形之一的,应当裁决撤销;如果认为仲裁裁决不具有应予撤销的法定情形的,则应当作出驳回申请的裁定。人民法院认定该裁决违背社会公共利益的,应当裁定撤销。

根据《仲裁法》第60条的规定,人民法院应当在受理撤销裁决申请之日起2个月内作出撤销裁决或者驳回申请的裁定。如果人民法院曾裁定中止撤销程序的,则中止的时间不计算在2个月内。

(四)撤销仲裁裁决的法律后果

仲裁裁决被人民法院撤销后,当事人双方的争议并未得到解决,当事人之间的权利义务关系仍处于不确定状态。而且,仲裁裁决被撤销后,当事人也不能再根据原先达成的仲裁协议重新申请仲裁委员会仲裁。这是因为仲裁庭作出裁决后,当事人双方的争议即处理完毕,作为申请仲裁依据的仲裁协议也就自然失去了效力。在这种情况下,当事人为了解决仍然存在的纠纷,可以在以下两种方式中选择其中一种:

1. 重新达成仲裁协议,再次通过仲裁方式解决纠纷。当事人重新达成仲裁协议,可以选定由原先的仲裁协议中约定的仲裁机构仲裁,也可以约定由其他仲裁机构仲裁。按新的仲裁协议重新仲裁后,如果当事人认为新的仲裁裁决也具有应当予以撤销的法定情形,仍然可以申请人民法院予以撤销。

2. 通过诉讼方式解决纠纷。仲裁裁决被撤销后,当事人没有达成新的仲裁协议的,可以依据《民事诉讼法》的有关规定向有管辖权的人民法院提起诉讼,通过诉讼方式解决纠纷。

第五节　涉外仲裁

一、涉外仲裁机构

(一)中国国际经济贸易仲裁委员会

中国国际经济贸易仲裁委员会(以下简称"中国贸仲委")是中国处理国际或涉外的契约或非契约性的经济贸易等争议的民间性仲裁机构。自1989年起,"中国贸仲委"先后在深圳、上海、重庆、武汉和杭州分别设立了华南分会、上海分会、西南分会、湖北分会和浙江分会。上述分会是"中国贸仲委"的派出机构,其性质为办事处,在业务上受"中国贸仲委"的直接指导。由"中国贸仲委"还是由"中国贸仲委"分会及由哪个分会仲裁争议由当事人约定。"中国贸仲委"设主任一人、副主任若干人和委员若干人,并设名誉主任一人,顾问若干人。仲裁委员会主任、副主任和委员由中国国际商会聘请有关方面的知名人士担任,每届任期两年。仲裁委员会实行仲裁员名册制度,当事人只能在仲裁员名册中选定仲裁员。仲裁员由仲裁委员会从国际经济贸易、科学技术和法律等方面具有专业知识和实际经验的中外人士中聘任。其中,外籍仲裁员分别来自美国、英国、法国、德国、日本、意大利、韩国、瑞士、澳大利亚、荷兰等20多个国家和地区。

"中国贸仲委"及其分会的受案范围包括:一是根据《中国国际经济贸易仲裁委员会仲裁规则》第3条的规定,根据当事人的约定受理契约或非契约性的经济贸易等争议,包括国际或涉外争议案件,涉及我国香港特别行政区、澳门特别行政区及台湾地区的争议案件,以及国内争议案件。这类争议是"中国贸仲委"受理案件的主要部分。二是根据《中国国际经济贸易仲裁委员会金融争议仲裁规则》第2条的规定,受理当事人之间因金融交易发生的或与此有关的争议,包括但不限于下列交易:贷款,存单,担保,信用证,票据,基金交易和基金托管,债券,托收和外汇汇款,保理,银行间的偿付约定,以及证券和期货。

(二)中国海事仲裁委员会

中国海事仲裁委员会是中国处理产生于海洋、沿海和与海相通的水域的运输、生产和航行过程中的契约或非契约性的海事争议的民间性仲裁机构。中国海事仲裁委员会设主任一人、副主任若干人和委员若干人,并设名誉主任一人、顾问若干人。仲裁委员会委员由中国国际贸易促进委员会/中国国际商会聘请中国立法、司法、航运、保险等有关部门的专家、学者和知名人士担任,每届任期两年。中国海事仲裁委员会设立仲裁员名册,仲裁员由仲裁委员会从航海、海上运输、对外贸易、保险及法律等方面具有专业知识和实际经验的中外人士中聘任。

中国海事仲裁委员会受理产生于海洋、沿海和与海相通的水域的运输、生产和航行过程中的契约和非契约性的海事争议。具体包括以下争议案件:(1)关于船舶救助以及共同海损所产生的争议;(2)关于船舶碰撞或者船舶损坏海上、通海水域、港口建筑和设施以及海底、水下设施所发生的争议;(3)关于海(水)上船舶经营、作业、租用、抵押、代理、拖带、打捞、买卖、修理、建造、拆解业务以及根据运输合同、提单或者其他文件办理的海(水)上运输业务和海(水)上保险所发生的争议;(4)关于海洋资源开发利用及海洋环境污染损害的争议;(5)关于货运代理合同、船舶物料供应合同、涉外船员劳务合同、渔业生产及捕捞合同所引起的争议;(6)双方当事人协议仲裁的其他海事争议。

二、涉外仲裁的程序

(一)普通仲裁程序

普通仲裁程序是涉外仲裁机构审理案件通常适用的程序,包括以下几个阶段:

1. 申请。根据仲裁规则,申请涉外仲裁有以下要求:一是提交仲裁申请书。在仲裁申请书上应写明申请人和被申请人的名称和地址、申请所依据的仲裁协议、案情和争议要点、申请人的请求及所依据的事实和证据等。如果委托代理人办理或参与的应提交书面委托书,并写明委托代理人的具体情况。在提交的仲裁申请书中,还应附具申请人的请求所依据的事实的证明文件。二是预交仲裁费。根据仲裁规则,涉外仲裁机构除按照其制定的仲裁费用表向当事人收取仲裁费外,还可以向当事人收取其他额外的、合理的实际开支。

2. 受理。涉外仲裁机构收到申请人的仲裁申请书及其附件后,应当在一定期限内进行审查。这种审查是形式审查,不涉及案件的实体事项。涉外仲裁机构经审查认为符合仲裁规则的要求、手续齐备的,应予以受理;否则,不予受理。涉外仲裁机构受理仲裁申请后,应立即向被申请人发出仲裁通知,并将申请人的仲裁申请书及其附件,连同仲裁规则、仲裁员名册和仲裁费用表各一份,发送被申请人。被申请人应当在收到仲裁申请书副本之日起45日内,向仲裁委员会提交答辩书及有关证明文件。被申请人也可以放弃答辩。被申请人未提交答辩的,不影响仲裁程序的进行。仲裁庭认为有正当理由的,可以延长此期限。被申请人有权对仲裁申请提出反请求。

3. 仲裁庭的组成和仲裁员的回避。当事人约定由3名仲裁员组成仲裁庭的,由双方当事人各自在收到仲裁通知之日起20日内从仲裁员名册中选定1名仲裁员或委托仲裁委员会主任指定,如果在这一期限内未能选定或者委托仲裁委员会主任指定仲裁员的,由仲裁委员会主任指定。第三名仲裁员由双方共同选定或共同委托仲裁委员会主任指定。双方当事人在被申请人收到仲裁通知之日起20日内未能共同选定或者共同委托仲裁委员会主任指定第三名仲裁员的,则由仲裁委员会主任指定。第三名仲裁员担任首席仲裁员。当事人约定由 1 名仲裁员组成仲裁庭的,由双方当事人在仲裁员名册中共同选定或者共同委托仲裁委员会主任指定 1 名仲裁员作为独任仲裁员单独审理案件。双方当事人在收到仲裁通知之日起 20 日内未能就独任仲裁员的人选达成一致意见的,由仲裁委员会主任指定。

根据仲裁规则的规定,被指定的仲裁员与案件有利害关系的,应当自行向仲裁委员会披露并请求回避。仲裁员披露制度是国际上通行的做法,它有利于仲裁案件审理的公正性,能够增加仲裁的透明度,以及提高仲裁机构的声誉。当事人对被选定或被指定的仲裁员的公正性和独立性产生具有正当理由的怀疑时,可以向仲裁机构提出该仲裁员回避的请求,但应说明提出回避请求所依据的具体事实和理由,并应举证。当事人对仲裁员的回避请求应当在第一次开庭之前提出,但如果回避事由的发生和得知是在第一次开庭之后,则应当在最后一次开庭终结前提出。仲裁员是否回避,由仲裁委员会主任决定。

4. 仲裁审理。仲裁审理主要包括审理方式及证据的收集和审查两个方面。

仲裁庭审理案件以开庭及不公开审理为原则,但经双方当事人申请或者征得双方当事人的同意,仲裁庭也认为不必要开庭审理的,可以不开庭,只根据书面文件进行审理并作出裁决。双方当事人要求公开审理的,由仲裁庭决定。开庭审理由首席仲裁员主持。首席仲裁员先宣布案件的名称和编号、双方当事人名称和其他出庭人员的名单、仲裁庭组成人员名单、适用的仲裁规则,并且要征求双方当事人对上述程序事项有无异议,而后宣布开庭。开庭后按调查、辩论和裁决的顺序进行。在仲裁庭开庭审理案件时,如果一方当事人不出席,仲裁庭可以进行缺席审理或作出缺席裁决。

在涉外仲裁中,证据的收集有两种方式:一是当事人对其申请或答辩有提供证据予以证明的责任;二是如果认为有必要,仲裁庭也可以自己进行调查,收集证据,如可以就案件中的专门问题向专家咨询或指定鉴定人进行鉴定,就争议事实向第三者进行调查或进行现场调查等。证据应当在开庭时出示,并由当事人质证。所有的证据均由仲裁庭进行审查。具体地说,当事人提出的各种证据由仲裁庭审查认定;专家报告和鉴定意见,也由仲裁庭决定是否采纳。

5. 调解。调解以双方当事人自愿为前提。具体地说,如果双方当事人有调解愿望,或一方当事人有调解愿望并经仲裁庭征得另一方当事人同意的,仲裁庭可以在仲裁程序中对其审理的案件进行调解。双方当事人也可以自行和解。仲裁庭可以按照其认为适当的方式进行调解。

经仲裁庭调解达成和解的,双方当事人应签订书面和解协议;除非当事人另有约定,仲裁庭应根据当事人书面和解协议的内容作出裁决书结案。这是与国内仲裁不同的地方。国内仲裁将制作调解书和制作裁决书作为调解结案的两种选择方式。

6. 裁决。仲裁庭应当在组庭后 9 个月内作出仲裁裁决书,但经仲裁庭要求,仲裁委员会认为确有必要和确有正当理由的,可以延长该期限。

仲裁庭应当根据事实,依照法律,参考国际惯例,并遵循公平合理原则,独立公正地作出裁决。由 3 名仲裁员组成仲裁庭审理的案件,仲裁裁决依全体仲裁员或多数仲裁员的意见作出,少数仲裁员的意见可以作成记录附卷;仲裁庭不能形成多数意见时,仲裁裁决依首席仲裁员的意见作出。除了仲裁裁决依首席仲裁员的意见或独任仲裁员的意见作出的以外,仲裁裁决书应由多数仲裁员署名;持有不同意见的仲裁员可以在裁决书上署名,也可以不署名。裁决书应加盖仲裁委员会印章。

(二)简易程序

简易程序是普通程序的简化,是我国涉外仲裁机构审理特定的仲裁案件所适用的简便易行的仲裁程序。

1. 简易程序的适用范围。除当事人另有约定外,简易程序适用以下两类案件:一是争议金额不超过人民币200万元,或争议金额超过人民币200万元,但经一方当事人书面申请并征得另一方当事人书面同意的案件;二是没有争议金额或争议金额不明确的,由仲裁委员会根据案件的复杂程度、涉及利益的大小以及其他有关因素综合考虑决定适用简易程序的案件。

2. 简易程序的具体程序。(1)仲裁申请、答辩和反请求。申请人向仲裁委员会提出仲裁申请,经审查可以受理并适用简易程序的,仲裁委员会秘书局应向双方当事人发出仲裁通知。被申请人应在收到仲裁通知之日起20日内向仲裁委员会提交答辩书及有关证明文件;如有反请求,也应在此期间内提交反请求书及有关证明文件。申请人应在收到反请求书及其附件后20天内对被申请人的反请求提交答辩书。(2)仲裁庭的组成。简易程序一般由1名独任仲裁员组成仲裁庭,双方当事人应在被申请人收到仲裁通知之日起15日内在仲裁员名册中共同选定或共同委托仲裁委员会主任指定1名独任仲裁员。双方当事人逾期未能共同选定或者共同委托仲裁委员会主任指定的,仲裁委员会主任应立即指定1名独任仲裁员成立仲裁庭审理案件。(3)仲裁审理。仲裁庭可以按照其认为适当的方式审理案件;可以决定只依据当事人提交的书面材料和证据进行书面审理,也可以决定开庭审理。仲裁庭决定开庭审理的,一般只开庭一次;确有必要的,仲裁庭可以再次开庭。(4)仲裁裁决。仲裁庭应在组庭后3个月内作出裁决书;经仲裁庭请求,仲裁委员会秘书长认为确有正当理由和必要的,可以延长该期限。

三、涉外仲裁裁决的撤销

涉外仲裁裁决的撤销,是指涉外仲裁裁决有法定情形时,由当事人申请并经人民法院组成合议庭审查核实后,裁定予以撤销的一项补救制度。

与国内仲裁裁决的撤销不同的是,涉外仲裁裁决撤销的情形仅限于程序事项,不涉及实体事项。根据《民事诉讼法》第281条的规定,仲裁裁决撤销的情形包括:(1)当事人在合同中没有订有仲裁条款或者事后没有达成书面仲裁协议的;(2)被申请人没有得到指定仲裁员或者进行仲裁程序的通知,或者由于其他不属于被申请人负责的原因未能陈述意见的;(3)仲裁庭的组成或者仲裁的程序与仲裁规则不符的;(4)裁决的事项不属于仲裁协议的范围或者仲裁机构无权仲裁的。另外,人民法院认定执行该裁决违背社会公共利益的,裁定不予执行。

涉外仲裁机构所在地的中级人民法院收到撤销仲裁裁决的申请后,应当组成合议庭审查该涉外仲裁裁决是否具有当事人提出的撤销情形。如果具有撤销的情形的,应裁定撤销该涉外仲裁裁决;反之,则驳回当事人的申请。

第七章　人民调解制度

第一节　人民调解制度概述

一、人民调解制度的概念

人民调解是指在人民调解委员会主持下，通过说服教育，规劝引导纠纷当事人互谅互让、平等协商，依照法律、政策和社会公德自愿达成协议，从而消除争执的一种群众性自治的纠纷解决方式。对于人民调解的概念，可从以下几个方面理解：第一，人民调解是一种非诉讼纠纷解决方式，其目的主要是消除争执、解决纠纷。第二，人民调解是在人民调解委员会的主持下，当事人协商解决纠纷。中立第三者的不同，是人民调解区别于其他调解方式的主要特征。第三，人民调解的方法主要是说服教育，规劝引导，促使纠纷当事人互谅互让、平等协商，达成协议，而不能采取强制命令的方式。第四，调解协议的达成必须出于当事人自愿，而不能强迫调解。第五，调解协议应符合法律、政策和社会公德，公平合理，在此基础上当事人可以作出让步。

人民调解制度，是由法律、法规和规章所规定的人民调解组织和当事人进行调解活动所必须遵循的法律规范的总称。人民调解制度是我国司法制度的重要组成部分，属于民事程序法的范畴，《宪法》《民事诉讼法》《人民调解法》等法律、法规对其作了明确规定。人民调解制度是根源于我国"和为贵""无讼"的传统法律文化，继承发扬民间调解的传统，总结我国自第一次国内革命战争时期以来人民司法工作的经验，在1954年依照《宪法》正式设立，经历了革命、建设和改革各个历史阶段的长期实践，不断发展和完善起来的一项具有中国特色的社会主义民主和法律制度。这一制度赢得了国内外的广泛赞赏，被誉为"东方经验""东方之花"。

长期以来，人民调解制度在预防及解决民间纠纷方面发挥着重要作用，减轻了法院负担，缓解了社会矛盾，促进了群众自治和基层民主政治建设，成为我国维护社会稳定的"第一道防线"，是人民群众自我管理、自我教育、自我约束、自我服务的一种解纷息争的有效制度，是适应当前我国经济与社会发展需要、符合最广大人民根本利益、具有强大和旺盛生命力的一项重要法律制度。截至2020年年底，全国共有人民调解委员会70.8万个；设立行业性、专业性人民调解组织近4万个；设立派驻有关部门人民调解组织近3万个，形成了遍布广大城乡、注重专业、与人民法院、公安机关等相关国家机构密切协调对接的人民调解组织网络体系。在1980～2004年间，人民调解员数量的变化可分为三个阶段：第一个阶段是1980～1990年，人民调解员的数量变幅不大，基本维持在450万～600万；第二个阶段是1991～1997年，人民调解员的数量较大，而且变幅小，维持在1000万水平左右；第三个阶段是1997～2004年，人民调解员的数量下降趋势明显，大致从1997年1000万的水平，下降到2004年的440万水平。截至

2020年年底,全国共有人民调解员320.9万名,其中专职人民调解员36万人。自1989年国务院颁布《人民调解委员会组织条例》以来,人民调解组织调解了大量的民间纠纷,如2020年就调解了819.6万件。[1] 根据近年来的统计数据,人民调解整体存在以下发展趋势:一是案件数量倾向于下降;二是人民调解组织数量在逐年下降;三是人民调解员数量也在逐年减少;四是行业性、专业性调解组织蓬勃发展;五是在有关国家机构派驻人民调解组织,形成人民调解、司法调解、行政调解"三位一体"的大调解机制。

二、人民调解制度的沿革

(一)人民调解制度的历史渊源

人民调解是在传统调解的基础上演变而来的。调解是最古老的纠纷解决方式之一,可追溯至原始社会。据史料记载,中国历史上曾经出现过官府调解、乡治调解、宗族调解、民间调解等多种形式的调解。

1. 官府调解。当发生民间纠纷时,官府凭借统治权威,依据法律、习惯和道德,对纠纷当事人进行说服教育,劝导当事人互谅互让,息事宁人,解决纠纷。在官府调解中,调解人与被调解人之间的关系是不平等的,因此当事人通常会服从官府提出的调解方案。

2. 乡治(乡里)调解。乡治调解,是指县以下乡级基层政权组织及其小吏对辖区内纠纷的调解。这些基层小吏拥有一定的公权力,如可对当事人进行罚谷、罚酒、甚至笞打。据《周礼·地官》记载,早在周代官制中就有"调人"一职,专门负责调解事务,"司万民之难而谐和之"。秦、汉、晋时的乡"啬夫",南北朝北魏的里长、里正,唐代的里正、乡长、坊正,宋代的保甲长,元代的社长等基层小吏均有调解的职权。明代乡治完备,里(110户为1里)设"里长""里老",里中订有乡约,揭示于"乡约亭"中,并设有"申明亭",由"里长""里老"将违约人姓名公诸"申明亭"示众,改正错误后才予除去。清代的保甲长也有调解的职权。国民政府时期,1934年颁布的《区乡镇坊调解委员会规程》规定了区乡镇坊调解委员会的组织、权限和工作方法。[2]

3. 宗族调解。"中国为宗法社会氏族组织,实历三四千年而未变。"[3] 族长有权裁判族人之间的纠纷,还可施行家法,甚至可裁判族人死刑:"族长实无异于奉行宗族法律(家法)的法官,为族法的执行者……有时族长甚至下令将犯过的族人处死……家族实被认为政治、法律之基本单位,以家长或族长为每一单位之主权,而对国家负责。我们可说家族是最初的司法机构,家族团体之内的纠纷及冲突首先应由族长仲裁,不能调解处理,才由国家司法机构处理。"[4] 宗族调解,就是指为维护宗族利益,由族长或族内德高望重者主持解决本族内发生的纠纷,对争议当事人说服教育、规劝引导,直至压服强制的纠纷解决方式。

4. 民间调解。民间调解与官方调解相对,是一种非司法、非行政的调解。民间调解,简而言之即私人的调解,指民间人士(通常是德高望重者)出面,对纠纷当事人进行规劝引导,促其平等协商,以解决纠纷。民间调解具体包括家族调解、邻里调解、宗教调解以及社会团体、自治组织、行业协会的调解等。人民调解也属于民间调解的一种。

---

〔1〕 有关数据,参见国家统计局编:2021年发布的《中国统计年鉴》,http://www.stats.gov.cn/tjsj/ndsj/2021/indexch.htm;靳昊:《人民调解:用法理情守护千家万户的安宁祥和》,载《光明日报》2021年6月26日,第11版。

〔2〕 参见江伟、杨荣新主编:《人民调解学概论》,法律出版社1994年版,第23页。

〔3〕 钱穆:《现代中国学术论衡》,岳麓书社1986年版,第212页。

〔4〕 (清)瞿同祖:《瞿同祖法学论著集》,中国政法大学出版社1998年版,第25-27页。

(二)新民主主义革命时期的人民调解制度

人民调解制度萌芽于第一次国内革命战争时期。1922年,广东海丰农民成立的赤山约农会下设仲裁部,负责调解婚姻、钱债、业佃等各种纠纷。1926年10月,中共湖南区第六次代表大会通过的《农民政纲》规定:“由乡民大会选举人员组织乡村公断处,评论乡村中之争执。”[5]当时中央苏区的区乡两级政府以及闽西、湖南、川陕苏区政府中,都设有裁判委员会或裁判员,负责调解全部的民间纠纷,甚至刑事案件。在初创时期,人民调解兼具司法调解、行政调解和群众调解的性质。

在抗日战争和解放战争时期,人民调解工作逐步发展,确立了调解工作的原则,强化了组织机构,明确了调解内容,制定了工作程序,初步形成了中国特色的人民调解制度。

1. 人民调解工作逐步制度化。在此期间,各抗日根据地民主政府和解放区政府广泛开展调解工作,并相继颁布了有关调解工作的条例。比如:山东抗日民主政府颁布的《调解委员会暂行组织条例》(1941年);《晋西北村调解暂行办法》(1942年);《晋察冀边区行政村调解工作条例》(1942年);《陕甘宁边区民刑事案件调解条例》(1943年);《苏中区人民纠纷调解暂行办法》(1945年);《冀南区民刑事调解条例》(1946年);华北人民政府《关于调解民间纠纷的决定》(1949年);天津市人民政府《关于调解程序暂行章程》(1949年)。[6] 这些条例或决定的颁布和施行,强化了人民调解工作的法律地位,促进了人民调解工作的发展。

2. 调解形式多样化。上述有关调解条例规定的调解形式主要包括:(1)民间调解。(2)群众团体调解。群众团体调解主要有两种情形:一是设立专门的调解委员会负责调解工作;二是由群众组织直接履行调解职能。(3)政府调解。基层政府调解民间纠纷,多数设专门机构开展调解工作,如调解委员会或民政委员会;也有部分基层政府未设专门的调解机构,而由基层政府直接调解。(4)法院调解。在人民法院创立后,法院也强调调解的重要性,当时这种诉讼内调解也被视为人民调解工作的一部分。

3. 人民调解的基本原则逐步确立。自愿原则、合法原则、调解不是诉讼必经程序原则,在这一时期产生并逐步确立为人民调解的基本原则。(1)自愿原则,是指纠纷当事人自行决定是否接受调解,在调解过程中充分表达自己的意志,调解协议须经当事人一致同意才生效。例如,《晋西北村调解暂行办法》第12条规定:“调委会不得强令当事人同意调解。”[7](2)合法原则,是指调解须以根据地和解放区政府颁布的法律、政策以及善良习俗为依据。调解不得无原则地息事宁人;若违背法律、政策或善良风俗,调解协议无效。例如,《晋察冀边区行政村调解工作条例》第14条规定:“调解成立的内容条件如果违背政府禁令,或有碍善良风化或涉犯罪行为,应即无效。”[8](3)调解不是诉讼必经程序原则,是指民间纠纷可向法院直接提起诉讼,调解并非必经程序。例如,1948年关东地区《行政村(坊)调解暂行条例(草案)》第2条规定:“进行调解以取得两造同意为原则,不得对于双方或一方有强迫调解及阻止起诉各行为。”[9]这一原则是在总结调解工作经验和教训的基础上确立的,是自愿原则的延伸,有利于

---

〔5〕《民事诉讼法参考资料》(第1辑),法律出版社1981年版,第1页。

〔6〕参见江伟、杨荣新主编:《人民调解学概论》,法律出版社1990年版,第27－28页。

〔7〕中国社会科学院法学研究所等合编:《民事诉讼法参考资料》(第1辑),法律出版社1981年版,第284页。

〔8〕中国社会科学院法学研究所等合编:《民事诉讼法参考资料》(第1辑),法律出版社1981年版,第287页。

〔9〕中国社会科学院法学研究所等合编:《民事诉讼法参考资料》(第1辑),法律出版社1981年版,第318页。

保护当事人的诉讼权利。人民调解三项基本原则的确立,标志着人民调解制度的初步形成。

(三)社会主义时期的人民调解制度

1. 人民调解制度基本形成。中华人民共和国成立以后,人民调解工作由民主革命时期向社会主义时期转变,人民调解制度基本形成,成为人民司法制度的重要组成部分。1953 年,第二届全国司法会议决定:在全国城市和乡村中,有领导、有计划地建立和健全人民调解委员会,是人民司法建设中的一项重要工作,也是基层党政组织发动群众和吸收人民群众进一步参加国家政权活动的一个重要方面。1954 年 3 月 22 日政务院颁布了《人民调解委员会暂行组织通则》,对人民调解委员会的性质、任务、组织、职权和方法等事项作了系统规定。

《人民调解委员会暂行组织通则》的颁布和实施,是我国人民调解工作发展史上的里程碑,其意义可概括如下:(1)统一了人民调解制度。先前有关人民调解的法律文件存在较大差距,该通则以法律的形式在全国范围内统一了人民调解制度,明确规定了人民调解工作的性质、宗旨、原则、任务、组织、程序和工作方法,使人民调解成为一项统一的法律制度,为人民调解工作提供了基本的法律依据。(2)明确了人民调解委员会的性质。此前,人民调解委员会是基层人民政府的一个职能部门。该通则规定,人民调解委员会是群众性的调解组织,在基层人民政府与基层人民法院指导下进行工作。(3)规定了人民调解委员会的任务。该通则规定,调解委员会的任务为调解民间一般民事纠纷与轻微刑事案件,并通过调解进行政策法令的宣传教育。

《人民调解委员会暂行组织通则》颁布后至 1957 年上半年,人民调解工作在全国范围内迅速发展,解决了许多民间纠纷,保障了社会治安,促进了社会稳定。

2. 人民调解工作在曲折中发展。1957 年后,人民调解工作遭到了较大挫折。全国许多地方擅自把人民调解委员会改为调处委员会,甚至与基层治保组织合并,成为一个“权力”机构,即所谓的“调处组织”。比如,中共河南省委员会 1958 年 9 月《关于制定爱国公约、建立调处委员会暂行办法(草案)》规定,调处委员会一般采用说服教育的办法工作,但对于经说服教育仍不悔改,继续违反公约的人,除责令检讨、赔礼道歉、赔偿损失外,还可采取强制办法,分别情况予以处理,从具结悔改、组织辩论直至劳动教养。但这种调处组织在实践中没有任何生命力,因此在 1961 年下半年便开始自然解体。随后的几年,许多省级政府大力推广人民调解,使人民调解工作又有了一些发展。但在“文化大革命”时期,人民调解制度被视为“阶级调和”路线的产物而完全取消,人民调解工作者受到严重迫害,人民调解制度被破坏殆尽。

3. 人民调解制度的新发展。改革开放后,人民调解工作重新得到了重视。1979 年国家恢复司法部,人民调解工作即由司法部指导和管理。1980 年 1 月,经全国人大常委会批准重新公布了《人民调解委员会暂行组织通则》。1981 年 8 月司法部召开了第一次全国人民调解工作会议。1982 年 3 月颁布的《民事诉讼法(试行)》将人民调解原则规定为民事诉讼法的基本原则(第 14 条)。1982 年 12 月颁布的《宪法》第 111 条规定:“城市和农村按居民居住地区设立的居民委员会或者村民委员会是基层群众性自治组织……居民委员会、村民委员会设人民调解、治安保卫、公共卫生等委员会,办理本居住地区的公共事务和公益事业,调解民间纠纷,协助维护社会治安,并且向人民政府反映群众的意见、要求和提出建议。”1989 年 6 月 17 日,国务院颁布的《人民调解委员会组织条例》对人民调解制度作了具体规定,进一步推动了人民调解制度的发展。该条例第 2 条第 1 款规定:“人民调解委员会是村民委员会和居民委员会下设的调解民间纠纷的群众性组织，在基层人民政府和基层人民法院指导下进行工作。”1990 年 4 月，司法部发布《民间纠纷处理办法》，详细规定了民间纠纷的处理程序。1991 年 4 月颁布的《民事诉讼法》也明确规定了人民调解制度（第 16 条），同时还规定人民法院负有在业务上指导人民调解委员会的工作的职责。

1999 年年初，在第四次全国人民调解工作会议上，司法部把“调防结合，以防为主”的工作方针调整为“调防结合，以防为主，多种手段，协同作战”，试图与有关部门互相配合，建立起适应化解新形势下人民内部矛盾的“大调解”工作机制。各地在实践中也创造、总结出许多新经验。比如，山东陵县在乡镇一级建立由党委政府领导任主任，司法所长任副主任，公安、民政、工商、经管、地管、计生为成员的司法调解中心，即所谓“陵县经验”；上海市对社区法律服务所、法律援助中心、律师事务所、仲裁机构进行整合，成立社区矛盾调解中心。

2002 年 9 月，中共中央办公厅和国务院办公厅转发了最高人民法院、司法部《关于进一步加强新时期人民调解工作的意见》。2002 年 9 月 16 日，最高人民法院公布《关于审理涉及人民调解协议的民事案件的若干规定》（已失效），9 月 26 日，司法部公布《人民调解工作若干规定》，这两项规定实现了人民调解与诉讼程序的对接，有助于人民调解作用的充分发挥，极大地促进了人民调解工作的发展。2004 年 2 月 13 日，最高人民法院和司法部联合下发《关于进一步加强人民调解工作切实维护社会稳定的意见》，强调并肯定人民调解在化解纠纷，维护社会稳定方面发挥的重要作用，进一步推动了人民调解制度的改革与发展。2009 年 8 月 4 日，最高人民法院正式发布《关于建立健全诉讼与非诉讼相衔接的矛盾纠纷解决机制的若干意见》，明确规定诉前委托调解、司法确认程序，基本做到了人民调解与司法程序的有效衔接。

2010 年 8 月 28 日，第十一届全国人大常委会第十六次会议审议通过《人民调解法》，自 2011 年 1 月 1 日起施行。《人民调解法》重申了人民调解工作的基本原则，规定了人民调解的组织形式及人民调解员的任职条件、选任方式、行为规范、保障措施，确认了人民调解与其他纠纷解决方式的衔接机制，进一步明确了人民调解协议的效力和司法确认制度，加强了对人民调解工作的指导和保障。《人民调解法》是中国第一部专门、系统规范人民调解工作的法律，是人民调解制度发展的一座里程碑，对于推动人民调解制度的改革与发展具有十分重要的意义。

以《人民调解法》的颁布为契机，我国在社会主义法治国家建设过程中越来越重视以人民调解为核心的多元化纠纷解决机制的建设，10 多年来党和国家层面出台了大量的促进人民调解制度发展的政策。

第一，在 2014 年颁布的《中共中央关于全面推进依法治国若干重大问题的决定》中，明确规定“健全社会矛盾纠纷预防化解机制，完善调解、仲裁、行政裁决、行政复议、诉讼等有机衔接、相互协调的多元化纠纷解决机制。加强行业性、专业性人民调解组织建设，完善人民调解、行政调解、司法调解联动工作体系”；发展人民调解员队伍。

第二，中共中央办公厅、国务院办公厅 2015 年印发《关于完善矛盾纠纷多元化解机制的意见》，提出坚持人民调解、行政调解、司法调解联动，鼓励通过先行调解等方式解决问题；着力完善制度、健全机制、搭建平台、强化保障，推动各种矛盾纠纷化解方式的衔接配合，建立健全有机衔接、协调联动、高效便捷的矛盾纠纷多元化解机制。

第三，在 2019 年《中共中央关于坚持和完善中国特色社会主义制度　推进国家治理体系和治理能力现代化若干重大问题的决定》中，提出了完善社会矛盾纠纷多元预防调处化解综合机制的任务。

第四,2020 年,《中共中央关于制定国民经济和社会发展第十四个五年规划和二〇三五年远景目标的建议》指出,坚持和发展新时代“枫桥经验”,完善各类联动调解工作体系,积极参与构建源头防控、排查梳理、纠纷化解、应急处置的社会矛盾综合治理机制。

第五,2021 年,中央全面深化改革委员会第十八次会议审议通过《关于加强诉源治理推动矛盾纠纷源头化解的意见》,要坚持和发展新时代“枫桥经验”,把非诉讼纠纷解决机制挺在前面,推动更多法治力量向引导和疏导端用力,加强矛盾纠纷源头预防、前端化解、关口把控,完善预防性法律制度,从源头上减少诉讼增量。

为落实党和国家的上述政策,除了《民事诉讼法》的修正之外,最高人民法院等出台了大量的相关司法解释和司法政策。

第一,2012 年《民事诉讼法》删除了原 16 条关于人民法院对人民调解指导监督原则的规定;确立了立案前调解的“先行调解”制度,为人民调解组织在法院诉讼平台的落地首开先河;在特别程序一章中增设“确认调解协议案件”,保障《人民调解法》相关制度的落实,使得在人民调解组织中达成的调解协议能够获得制度性的法律强制力保障,对于促进人民调解的发展意义深远。

第二,2015 年颁布的最高人民法院《关于适用〈中华人民共和国民事诉讼法〉的解释》(已修改),将调解协议确认程序系统化规范化。

第三,2016 年,最高人民法院印发《关于人民法院进一步深化多元化纠纷解决机制改革的意见》,明确了人民法院开展多元化纠纷解决机制改革的基本原则、工作重点和实施路径,把平台建设、诉调对接、特邀调解、在线解纷等内容制度化、规范化。

第四,2016 年最高人民法院印发《关于人民法院特邀调解的规定》,2020 年最高人民法院印发《关于进一步完善委派调解机制的指导意见》,便于人民调解组织与人员在法院多元化纠纷解决平台的落地。

第五,2019 年 7 月,最高人民法院发布《关于建设一站式多元解纷机制一站式诉讼服务中心的意见》,将诉调对接平台建设与诉讼服务中心建设结合起来,建设一站式多元解纷机制,加强与调解、仲裁、公证、行政复议的程序衔接,推动建设类型化专业化调解平台,完善诉调一体对接机制,推广应用在线调解平台。设置专门的诉调对接中心,发挥案件分流、先行调解、委派调解、委托调解、司法确认等制度的功能,快速化解纠纷,发挥纠纷处理集散地、调度站和分流点的作用。

第六,2020 年最高人民法院颁布的《民事诉讼程序繁简分流改革试点实施办法》优化了司法确认程序:一是强调了试点法院建立和管理特邀调解名册的责任;二是建立了特邀调解与司法确认的衔接机制,扩大了可以申请司法确认的调解协议范围;三是明确了中级人民法院和专门法院也可适用司法确认程序。

第七,2022 年《民事诉讼法》进一步细化了调解协议确认程序。

第八,从《人民法院第二个五年改革纲要(2004—2008)》到《人民法院第五个五年改革纲要(2019—2023)》,多元化纠纷机制的完善始终是不变的主题。

三、人民调解制度的特征

概括起来,人民调解制度具有以下几个特征:

1. 自治性。人民调解制度是一种群众自治性的纠纷解决制度,其自治性主要体现在:(1)调解组织的自治性。人民调解由人民调解委员会主持进行,人民调解委员会属于群众性自治组织,而非行政机构或司法组织。(2)工作方法的自治性。人民调解的工作方法基于群众的自我教育、自我管理和自我约束,而不依赖国家强制力。(3)调解协议的自治性。这主要体现在两个方面:一是当事人依自己意思自愿达成调解协议;二是当事人应当按照约定履行调解协议。

自2002年11月起,人民调解制度实现了与司法机制的有机衔接。最高人民法院《关于审理涉及人民调解协议的民事案件的若干规定》(已失效)第1条规定"经人民调解委员会调解达成的、有民事权利义务内容,并由双方当事人签字或者盖章的调解协议,具有民事合同性质。当事人应当按照约定履行自己的义务,不得擅自变更或者解除调解协议。"《人民调解法》第31条第1款规定"经人民调解委员会调解达成的调解协议,具有法律约束力,当事人应当按照约定履行",赋予人民调解协议以一定的法律效力,有助于进一步发挥人民调解的作用。但是,不应据此认为人民调解制度具有司法性或者准司法性,更不应基于人民调解制度是我国人民司法制度的有机组成部分,以及人民调解工作应接受基层人民政府和基层人民法院指导,而断定其具有司法性、准司法性、"司法辅助性"或"群众司法性"。[10]

2. 群众性。人民调解制度的群众性主要表现在:(1)人民调解委员会是最广泛的群众组织之一,遍布全国,基本形成了比较健全的调解组织网络。截至2020年年底,全国建立各类人民调解委员会70.8万个。(2)人民调解员来自广大群众,人数众多,2020年为320.9万人。(3)人民调解活动扎根于农村和城市基层社会生活的各方面,人民调解委员会可随时随地以简便、灵活、快捷的方式解决民间纠纷。(4)人民调解委员会调解民间纠纷不收费,人民调解是为人民群众服务的、无偿的、义务的工作。(5)人民调解员经群众选举或者接受聘任而产生,是非职业性的纠纷解决者,因此人民调解工作又具有业余性的特征。

3. 自愿性。自治性和群众性主要决定于人民调解工作的自愿性,调解本质上是当事人合意解决纠纷,因此自愿性是人民调解工作的基本要求。自愿性主要体现在:(1)人民调解工作的启动,一般源于当事人同意将纠纷提交给人民调解委员会;即便人民调解委员会主动介入纠纷的解决,也是以当事人同意认可为前提的。(2)人民调解工作必须在纠纷当事人自愿的基础上进行。(3)当事人达成的协议是一种自愿的合意行为。(4)调解协议不仅要自愿,而且要公平、合理、合法。后者是自愿性的基础;如果调解协议不公平、不合法,那么这种协议很可能不是出于"真正的自愿"。(5)调解协议依靠当事人自觉自愿地履行。(6)纠纷当事人不愿意接受人民调解,有权随时向人民法院提起诉讼,或者向基层人民政府请求行政处理,人民调解活动应就此结束。法律保障当事人寻求司法或行政救济的权利。

4. 民主性。人民调解制度是群众自行解决纠纷的一项民主自治制度,其民主性主要表现在:(1)自治性、群众性、自愿性决定了人民调解工作的民主性,民主性是人民调解上述特征的自然延伸。(2)人民调解组织是一种以民意为基础的群众性自治组织。(3)人民调解委员会主持调解应采取疏导式的、说服教育的民主方法,而不能强迫命令,人民调解委员会没有处罚权。(4)当事人自愿达成以及自觉履行协议,是当事人真实意志的民主体现。

---

〔10〕 不少人主张人民调解具有司法性,比如熊先觉:《司法制度与司法改革》,中国法制出版社2003年版,第248页。

5. 专业性。毋庸置疑,专业性特征是国家大力发展多元化纠纷解决机制之后呈现的新特色。《中共中央关于全面推进依法治国若干重大问题的决定》提出了“加强行业性专业性人民调解组织建设”的要求,以适应新形势下化解行业、专业领域矛盾纠纷的需要。据此,司法部、中央综治办、最高人民法院、民政部 2016 年制定印发了《关于推进行业性专业性人民调解工作的指导意见》;早在 2010 年,司法部、卫生部(已撤销)、保监会(已撤销)就出台了《关于加强医疗纠纷人民调解工作的意见》,以化解医疗纠纷、和谐医患关系。据统计,截至 2020 年年底,全国共设立了行业性、专业性人民调解组织近 4 万个,其中医疗纠纷、道路交通、劳动争议、物业管理等行业性、专业性人民调解组织已普遍建立,并不断向其他重点行业、专业领域拓展。〔11〕因此,专业性体现了在科技日新月异、社会日益复杂、纠纷日益专业的社会主义建设新时代的背景下,人民调解与时俱进的新特征。

人民调解制度的上述特征决定了其功能的独特性,甚至不可替代性。有学者在对民间调解(人民调解)进行详尽实证研究的基础上提出:“民间调解作为中国基层社会的一种权利保护机制,与国家行政机制和司法机制相比,它在解决民间纠纷保护公民权利方面,具有一些突出的优点……正是由于民间调解具有简易性、灵活性、普遍性和自治性等优点,所以它仍将是中国社会解决民间纠纷、保护公民权利的重要方式。特别是在司法机制、行政机制都不健全,需要进行改革的情况下,民间调解作为中国基层社会权利保护机制的作用就更为重要了,它在保护公民权利方面的意义就更加值得重视了。”〔12〕

四、人民调解与法院调解、行政调解的异同

人民调解制度的特征也可通过与其他相关纠纷解决方式的区别而体现。根据调解人的性质和身份,调解可分为民间调解(非官方组织或私人主持的调解,如人民调解、仲裁调解、律师调解、亲朋调解、企业对员工纠纷的调解等)、行政调解和法院调解。人民调解与法院调解、行政调解和其他民间调解都属于调解的范畴,即“通过说服教育和劝导协商,在查明事实、分清是非和双方自愿的基础上达成协议解决纠纷”〔13〕。因此,这些调解具有一些共同的特征,比如:(1)调解是在中立第三方协助下进行的、当事人自主协商性的纠纷解决活动。调解是交涉的延伸,二者的区别在于中立第三方的参与;而第三方即调解人的作用也是区别于审判和仲裁的关键因素——调解人没有权力对争执的双方当事人施加外部的强制力。〔14〕(2)自愿性。调解的启动、调解规则的适用、调解工作的进行、调解协议的达成、调解结果的履行等都取决于当事人的自愿与合意。调解人在调解过程中可说服劝导,甚至提出具体的解决方案,但是否接受取决于当事人,调解人不能把自己的意志强加给当事人。(3)程序的便捷性和处理过程的灵活性。(4)调解协议具有契约性,但协议是否具有司法性即强制执行效力,则取决于不同调解的性质和法律的具体规定。当然,人民调解与法院调解、行政调解和其他民间调解既互相联系、互相配合,共同实现解决纠纷、维护秩序的目标,也存在一些明显的区别。

法院调解,是指在人民法院审判人员的主持下,双方当事人通过自愿协商,达成协议,经人民法院认可后,解决民事争议的活动和终结司法程序的方式。人民调解与法院调解的区别主

---

〔11〕 参见靳昊:《人民调解:用法理情守护千家万户的安宁祥和》,载《光明日报》2021 年 6 月 26 日,第 11 版。

〔12〕 夏勇主编:《走向权利的时代——中国公民权利发展研究》(修订版),中国政法大学出版社 2000 年版,第 290 页。

〔13〕 辞海编辑委员会编:《辞海》(缩印本),上海辞书出版社 1989 年版,第 453 页。

〔14〕 参见范愉:《非诉讼程序(ADR)教程》,中国人民大学出版社 2002 年版,第 150 页。

要有:(1)调解权的来源不同。人民调解员的调解权源于纠纷当事人明示或默示的授权,是一定范围内群众授予的民主自治权,调解人与被调解人之间是群众与群众自治组织之间的平等关系;法院的调解权来源于审判权,法院审判人员与被调解人之间存在诉讼法律关系。(2)调解机构的性质不同。人民调解委员会是基层群众自我服务、自我教育、自我管理、自我解决纠纷的群众性自治组织,人民调解员经群众选举或者接受聘任而产生;人民法院是国家的审判机关,进行调解的审判人员是行使国家审判权的司法官员。(3)调解的性质不同。人民调解是诉讼外的民间调解,不属于司法活动;法院调解是进入诉讼程序后进行的具有司法性质的诉讼调解,是人民法院行使审判权的一种形式,调解过程会体现出一定的职权性,比如调解程序有些情形下可依职权启动。(4)调解协议的性质和效力不同。经人民调解委员会调解达成的调解协议具有民事合同的性质,当事人应自觉履行;当事人一方向法院起诉,请求对方当事人履行调解协议的,或者请求变更或撤销调解协议,或者请求确认调解协议无效的,人民法院应当受理。根据《民事诉讼法》在特别程序增设的"确认调解协议案件",在达成调解协议后,双方当事人可共同向有管辖权的法院申请司法确认,法院经审查后裁定调解协议有效的,调解协议具有强制执行的效力,一方当事人拒绝履行或者未全部履行的,对方当事人可以向人民法院申请执行。经法院调解达成的协议和制作的调解书,是法院终结民事案件的司法文书,一经送达当事人便与生效判决具有同等的法律效力,可作为强制执行的根据。可见,通过法院的司法确认程序,经由人民调解委员会达成的调解协议也具有强制执行的效力,这反映了国家大力支持多元化纠纷解决机制的政策和法律导向,从而使得人民调解制度具有极好的发展前景。

行政调解,是指在具有调解纠纷职能的行政机关主持下对纠纷进行调解的活动。人民调解与行政调解的区别主要有:(1)调解权的来源不同。人民调解员的调解权源于纠纷当事人明示或默示的授权;行政调解的调解权源于法律赋予的行政权。(2)调解机构的性质不同。人民调解委员会是基层群众自我解决纠纷的自治组织,人民调解员与被调解人之间关系平等;行政调解指国家行政机关、企事业单位行政领导及其工作人员对所属单位成员之间或所属单位成员与其他人之间的纠纷进行的调解,调解机构具有行政管理职能,调解人与被调解人之间一般存在领导与被领导的行政隶属关系。(3)调解的性质不同。人民调解是一种民间调解;行政调解属于官方调解,是行政机构基于行政职责而实施的一种行政活动。

第二节　人民调解委员会的性质与任务

一、人民调解委员会的性质和地位

(一)人民调解委员会的性质

人民调解委员会是调解民间纠纷的基层群众性自治组织。人民调解委员会的这一性质充分体现在人民调解制度的特征中,即自治性、群众性、自愿性和民主性,也明确规定于宪法和法律之中。《宪法》第111条规定:"城市和农村按居民居住地区设立的居民委员会或者村民委员会是基层群众性自治组织……居民委员会、村民委员会设人民调解、治安保卫、公共卫生等委员会,办理本居住地区的公共事务和公益事业,调解民间纠纷,协助维护社会治安,并且向人民政府反映群众的意见、要求和提出建议。”《人民调解法》第 7 条规定：“人民调解委员会是依法设立的调解民间纠纷的群众性组织。”

（二）人民调解委员会的地位

人民调解委员会的性质决定了它在我国社会主义民主和法制建设中的重要地位。人民调解委员会的地位，基本上等同于人民调解制度的地位。

1. 在宪法和法律上的地位。人民调解是一项有中国特色的社会主义民主法律制度，其本身也是依法治国的一种有效手段。1954 年《人民调解委员会暂行组织通则》确立了人民调解制度的法律地位，此后，不仅《居民委员会组织法》《村民委员会组织法》《民事诉讼法》《人民法院组织法》等法律对人民调解委员会作了规定，而且 1982 年《宪法》也对其作了规定，即人民调解制度具有宪法上的地位。1989 年国务院颁布的《人民调解委员会组织条例》、2002 年司法部颁布的《人民调解工作若干规定》以及 2010 年全国人大常委会通过的《人民调解法》，对人民调解制度均作了详细规定。

2. 在民主政治中的地位。人民调解制度是人民民主自治制度的一种。社会主义民主的本质是国家的一切权力属于人民。《宪法》第 2 条第 3 款规定，人民依照法律规定，通过各种途径和形式，管理国家事务，管理经济和文化事业，管理社会事务。人民调解正是依照宪法和法律开展的一项群众性自治活动。它通过群众自我教育、自我约束、自我管理、自我服务、自我解决纠纷，体现了人民群众直接行使民主权利，直接管理社会事务，体现了社会主义的直接民主和人民群众当家作主的地位。人民调解委员会是群众自我解决纠纷的民主自治的重要形式，人民调解员可以由群众直接选举产生和罢免。人民调解制度把社会主义民主的要求与人民群众的愿望紧密结合起来，成为政府和群众联系的桥梁和纽带，促使人民群众直接参与社会事务的管理，这无疑有助于社会主义民主建设的发展。

3. 在司法体系中的地位。人民调解制度是我国人民司法制度必不可少的重要组成部分，是国家为规范人民调解工作、完善人民调解组织、提高人民调解质量、解决纠纷、化解矛盾、维护社会稳定而设立的一种非诉讼纠纷解决制度。人民调解委员会不仅调解民间纠纷，而且调防结合，构成了社会治安综合治理系统工程的重要环节。在国家大力发展多元化纠纷解决机制政策的直接推动下，人民调解制度在司法体系中具有越来越重要的地位。

二、人民调解委员会的任务

《人民调解委员会组织条例》第 5 条规定：“人民调解委员会的任务为调解民间纠纷，并通过调解工作宣传法律、法规、规章和政策，教育公民遵纪守法，尊重社会公德。人民调解委员会应当向村民委员会或者居民委员会反映民间纠纷和调解工作的情况。”《人民调解工作若干规定》第 3 条规定：“人民调解委员会的任务是：（一）调解民间纠纷，防止民间纠纷激化；（二）通过调解工作宣传法律、法规、规章和政策，教育公民遵纪守法，尊重社会公德，预防民间纠纷发生；（三）向村民委员会、居民委员会、所在单位和基层人民政府反映民间纠纷和调解工作的情况。”《人民调解法》虽然无明确条文规定人民调解委员会的任务，但可从相关的条文中看出对上述任务的要求。

（一）调解民间纠纷

人民调解委员会的首要任务就是调解民间纠纷。所谓民间纠纷，泛指发生在民间的纠纷。依照原来的法律规定，民间纠纷指公民之间的纠纷，而《人民调解工作若干规定》第 20 条将人民调解的纠纷范围扩大到“包括发生在公民与公民之间、公民与法人和其他社会组织之间涉及民事权利义务争议的各种纠纷”。但从实践来看,除积极调解婚姻、家庭、邻里、赔偿等常见性、多发性纠纷外,人民调解委员会还可以积极扩大工作领域,其范围应当包括:(1)一般民事纠纷,如恋爱、婚姻、家庭、继承、析产、赡养、扶养、抚育、债务、赔偿、房屋、宅基地、相邻、承包、租赁、土地、山林、水利等纠纷;有些纠纷即便不涉及民事权利义务争议,也可纳入人民调解的范围,如夫妻、婆媳之间因家庭琐事引起的矛盾。(2)轻微民事违法行为引起的纠纷,如轻微伤害、斗殴、损毁、小额偷窃、欺诈。(3)轻微刑事违法行为引起的纠纷,比如,殴打、侮辱、诽谤、虐待、干涉婚姻自由等。[15] 1954年《人民调解委员会暂行组织通则》(已失效)规定“轻微刑事案件”属于人民调解的范围,1989年《人民调解委员会组织条例》又将“轻微刑事案件”从人民调解的范围中删除,2010年《人民调解法》将调解范围界定为“民间纠纷”而未作出解释。我们认为,对于这类刑事违法行为可以提起自诉,在诉讼程序中,法院可以调解,故当事人不自诉或自诉后又撤诉的,人民调解委员会当然可以调解。

《人民调解工作若干规定》《人民调解法》还进一步拓展了人民调解的工作领域。20世纪80年代以来,广大人民调解组织积极开展民间纠纷预防和防止纠纷激化的工作,形成“调防结合,以防为主”的工作方针,坚持“抓早、抓小、抓苗头”,广泛深入开展民间纠纷排查、纠纷专项治理、联防联调、创“四无”(无因民间纠纷激化引起的自杀、凶杀、群体性械斗、集体性上访)和“护城河工程”等形式多样的活动,努力将民间纠纷化解于激化之前、消灭在萌芽状态。在总结上述经验的基础上,《人民调解工作若干规定》将“防止民间纠纷激化”“预防民间纠纷发生”也规定为人民调解委员会的任务。《人民调解法》第21条第2款规定,人民调解员“调解民间纠纷,应当及时、就地进行,防止矛盾激化”。

(二)进行法治宣传

通过人民调解工作,宣传法律、法规、规章和政策,教育公民遵纪守法,尊重社会公德,预防民间纠纷发生,是人民调解委员会的重要任务。这一任务是由人民调解委员会的性质和特征所决定的。

1. 人民调解委员会是人民群众自我管理、自我教育、自我服务的基层群众性自治组织。调解组织要积极配合有关部门开展道德风尚教育,积极参加群众性的精神文明建设活动,并根据民间纠纷的实际情况有针对性地进行法律、政策的宣传教育,提高广大群众的法治观念和道德水平,做到知法、懂法、守法。只有知法、懂法,人民群众才可能遵守法律,以及切实维护自己的合法权益,减少和预防民间纠纷,提高履行人民调解协议的自觉性。同时,人民调解具有广泛的群众性,广大调解人员源于群众、服务于群众、扎根于群众,可以便利地“送法下乡”,把法治宣传教育工作深入千家万户。

2. 人民调解工作本身就是法治宣传教育的过程。人民调解委员会在调解民间纠纷时,会运用法律、法规、规章、政策和社会公德对纠纷当事人进行说服教育。这样一方面化解了纠纷,另一方面,“案例式教育”又会使纠纷当事人以及广大人民群众受到生动具体的法治教育,从而有助于预防和减少民间纠纷的发生,维护社会安定。

---

〔15〕 参见江伟、杨荣新主编:《人民调解学概论》,法律出版社1990年版,第91-94页。

（三）反映民间纠纷和调解工作情况

有关法律规定，人民调解委员会应向村民委员会、居民委员会、所在单位和基层人民政府反映民间纠纷和调解工作的情况，反映群众对现行法律、政策及纠纷调解等方面的意见和要求，提出建议，以取得有关机构对调解工作的重视和支持。因此，人民调解工作可以成为政府与群众联系的桥梁和纽带，有助于基层人民政府掌握信息，把握全局，实现社会治安的综合治理，促进社会主义民主和法治建设。

第三节　人民调解的组织形式与指导机构

一、人民调解委员会

（一）人民调解委员会的设置

人民调解的组织形式是人民调解委员会，人民调解委员会是调解民间纠纷的群众性组织。人民调解委员会的设置须充分体现扎根基层、服务群众的原则，这是其性质和任务所决定的。人民调解员只有扎根在群众中，与群众一起工作和生活，才可能及时发现和解决纠纷，维护社会安定。人民调解委员会的设置，主要应考虑如下因素：人民调解委员会的性质、任务；民间纠纷发生的规律；便利群众；便利调解；国家对人民调解工作的指导等。

根据《宪法》《人民调解法》等法律规定，人民调解委员会可以采用下列形式设立：

1. 农村村民委员会、城市（社区）居民委员会设立的人民调解委员会。这是人民调解委员会最普遍的一种形式。《宪法》第 111 条规定，基层群众性自治组织即居民委员会和村民委员会设人民调解委员会。《人民调解法》第 8 条规定，村民委员会、居民委员会设立人民调解委员会。

2. 乡镇、街道以及社会团体或者其他组织根据需要设立的人民调解委员会。《人民调解法》第 34 条规定："乡镇、街道以及社会团体或者其他组织根据需要可以参照本法有关规定设立人民调解委员会，调解民间纠纷。"据此，《人民调解法》既允许乡镇、街道设立人民调解委员会，又保留了依托集贸市场、旅游区、开发区设立的人民调解组织和基层工会、妇联、残联、消协等群众团体、行业组织设立的新型人民调解组织的空间，鼓励建立各种形式的调解组织，以满足化解不同类型、不同领域矛盾纠纷的需要。实际上，随着国家对多元化纠纷解决机制的重视，这类新型人民调解组织恰恰是未来的发展重点，截至 2020 年年底，全国共建立行业性、专业性人民调解委员会近 4 万个，当前人民调解发展的一个最新特征，就是行业性、专业性人民调解组织的蓬勃发展。但是，这样重要的条款却出现在《人民调解法》的"附则"中，容易被视为一种例外性、补充性的规定，不利于激发探索建立新型调解组织的积极性，导致立法目的受损、实践效果打折。

（二）人民调解委员会的组成

根据《人民调解法》第 8 条第 2、3 款的规定，人民调解委员会由委员 3 人至 9 人组成，设主任 1 人，必要时，可以设副主任若干人；人民调解委员会应当有妇女成员，多民族居住的地区应当有人数较少民族的成员。除上述规定的人数结构、领导配备、性别结构、民族结构外，人民调解委员会委员的构成还应注意年龄结构(要实现老、中、青的结合,尤其要发挥离退休人员的作用)和知识结构(多吸收文化程度较高的人担任委员)。《人民调解法》第10条规定:"县级人民政府司法行政部门应当对本行政区域内人民调解委员会的设立情况进行统计,并且将人民调解委员会以及人员组成和调整情况及时通报所在地基层人民法院。"

二、人民调解员

根据《人民调解法》的有关规定,人民调解员是经群众选举或者接受聘任,在人民调解委员会领导下,从事人民调解工作的人员。人民调解员由人民调解委员会委员和人民调解委员会聘任的人员担任。

(一)人民调解员的条件

《人民调解法》第14条第1款规定:"人民调解员应当由公道正派、热心人民调解工作,并具有一定文化水平、政策水平和法律知识的成年公民担任。"据此,凡具备这些条件的中华人民共和国成年公民,不分民族、性别、职业、社会出身、宗教信仰、财产状况等,均可担任人民调解员。

1. 公道正派。人民调解的主要任务是调解民间纠纷,人民调解员作为中立的第三者,应正直无私、不徇私情、不畏权势、主持公道。人民调解工作的成功、调解协议的自动履行,在很大程度上取决于人民调解员的威信和说服力;调解人员只有站在客观公正的立场,合情合理合法地进行调解工作,才可能提高调解成功率,促进调解协议的自动履行。可以说,公道正派是人民调解员必须具备的首要条件。

2. 热心人民调解工作。人民调解工作繁重、艰苦、庞杂、琐碎、无名无利、还有风险,因此,人民调解员须具备全心全意为人民服务的思想,热心人民调解工作,认真负责,无私奉献,才能胜任人民调解工作。

3. 有一定的文化水平、政策水平和法律知识。人民调解的依据是法律、法规、规章、政策和社会公德,因此在调解过程中,人民调解员既要促使纠纷当事人互谅互让,又要保证调解协议合情合理合法,因此人民调解员只有具备一定的文化水平、政策水平和法律知识,才能促使纠纷的适当解决。

(二)人民调解员的产生

《人民调解法》第9条规定,村民委员会、居民委员会的人民调解委员会委员由村民会议或者村民代表会议、居民会议推选产生;企业事业单位设立的人民调解委员会委员由职工大会、职工代表大会或者工会组织推选产生。人民调解委员会委员每届任期3年,可以连选连任。《人民调解法》第13条规定,人民调解员由人民调解委员会委员和人民调解委员会聘任的人员担任。可见,选举和聘任是人民调解员产生的两种方式。选举产生人民调解员的机构是村民(代表)会议、居民会议、职工(代表)大会或工会组织;选举应采取差额选举的办法,通常与村民委员会、居民委员会换届选举同时进行。

(三)人民调解员的纪律

人民调解委员会应当建立健全岗位责任制、例会、学习、考评、业务登记、统计和档案等各项规章制度,不断加强组织、队伍和业务建设。人民调解员履行职务,应当坚持原则,爱岗敬业,热情服务,诚实守信,举止文明,廉洁自律,注重学习,不断提高法律、道德素养和调解技能。根据《人民调解法》第15条的规定,人民调解员调解纠纷,必须遵守下列纪律:

1. 不得徇私舞弊。人民调解员在调解民间纠纷的过程中,不得违反法律、法规、规章、政策和社会公德,不得偏袒一方,谋求私利,而应一视同仁,公正无私,不畏权势,坚持原则,秉公调解。

2. 不得对当事人压制、打击报复。人民调解员要对当事人作耐心的说服教育工作,宣传法律、政策和社会公德,帮助当事人分清是非,提高认识,促使当事人平等协商、互谅互让,自愿达成公平合理合法的协议。对当事人提出的意见和批评,应虚心听取,对正确的批评要诚恳接受,对错误的意见要耐心解释,不允许对当事人进行威胁和压制,更不能对当事人进行打击报复。

3. 不得侮辱、处罚纠纷当事人。人民调解员调解纠纷的权力,来自当事人明示或默示的授权。当事人不愿意接受人民调解,有权直接向人民法院提起诉讼。因此,在调解纠纷的过程中,人民调解员只能采取说服教育、规劝引导的方法,帮助当事人提高认识,促使纠纷当事人平等协商,自愿达成调解协议,而决不允许采取任何强制性措施。纠纷当事人享有的人身和财产权利受宪法和法律保障,未经法律的正当程序不得剥夺。法律没有赋予人民调解员对当事人实施财产和人身强制的权力,因此人民调解员不得对当事人处以罚款,不得查封、扣押、拍卖或没收当事人的财产,更不得限制当事人的人身自由,不得搜查、捆绑、变相体罚或对当事人实施其他侮辱性行为。如果需按“乡规民约”“村规民约”实施处罚的,应由基层人民政府、村民委员会或居民委员会进行。

4. 不得泄露当事人隐私。隐私权是公民重要的人身权利,许多国家将这项权利作为宪法上的基本人权。人民调解员在调解民间纠纷的过程中,必然会了解当事人的许多隐私。因此,人民调解员须为当事人保守秘密,即便在调解结束后,也不得泄露当事人隐私。这样才可能促进纠纷的顺利解决,避免发生新的纠纷,从而取信于民,维护人民调解委员会的信誉。

5. 不得吃请受礼。人民调解工作不收取任何费用,人民调解员应当全心全意为人民服务,做到无私奉献,不吃请受礼。有些当事人为了让人民调解员替自己说话,请吃请喝送礼,人民调解员应予拒绝和批评。纠纷得到妥善处理后,有些当事人为表示感谢而向人民调解员送礼,人民调解员也应婉言谢绝。

(四)人民调解员的罢免或解聘

根据《人民调解法》第 15 条规定,若人民调解员在调解工作中出现下列行为,由所在的人民调解委员会给予批评教育、责令改正,情节严重的,由推选或者聘任单位予以罢免或者解聘:(1)偏袒一方当事人的;(2)侮辱当事人的;(3)索取、收受财物或者牟取其他不正当利益的;(4)泄露当事人的个人隐私、商业秘密的。

三、人民调解工作的指导机构

(一)司法行政机关

《人民调解法》第 5 条第 1 款规定:“国务院司法行政部门负责指导全国的人民调解工作,县级以上地方人民政府司法行政部门负责指导本行政区域的人民调解工作。”

根据法律的有关规定,基层人民政府司法行政部门对人民调解工作进行全面、直接、具体的指导,主要涉及以下几个方面:(1)人民调解委员会的设立、健全和整顿,对成绩显著的人民调解委员会和人民调解员应当予以表彰和奖励;(2)人民调解委员会工作制度和人民调解规章制度的建立和完善;(3)人民调解委员会委员及有关工作人员的业务培训;(4)人民调解工作在本辖区发展情况的调研;(5)支持符合法律、法规、规章和政策的调解协议,纠正错误的调解协议;(6)对经过调解,当事人未达成协议或达成协议后反悔的,依当事人的请求进行处理。

基层人民政府司法行政部门对人民调解委员会日常工作的指导由司法助理员负责。司法助理员是基层人民政府的专职司法行政工作人员,主要任务是管理人民调解委员会的组织、思想和业务建设。这又涉及司法行政机关对人民调解工作的指导。

司法行政机关是政府的一个职能部门,管理和指导人民调解工作是各级司法行政机关的一项重要职能。司法行政机关对人民调解工作的指导,主要体现在以下七个方面:

1. 采取切实措施,加强指导,不断推进本地区人民调解委员会的组织建设、队伍建设、业务建设和制度建设,规范人民调解工作,提高人民调解工作的质量和水平。在具体操作上,地、市以上司法行政机关要深入基层,检查调解纠纷的质量,肯定成绩,找出问题,提出改进意见;县(区)司法局,特别是司法助理员要深入调解工作第一线,实行面对面的指导。各级司法行政机关主管人民调解工作的干部要亲自参加一些民间纠纷的调解工作,总结实践经验,以进一步加强对调解工作的业务指导。

2. 保障人民调解委员会符合规定的设立条件,保障人民调解员符合规定的选任条件,保障人民调解活动的公正性、合法性。

3. 在指导人民调解委员会的工作中,加强与人民法院的协调和配合。

4. 采取多种形式,加强对人民调解员的培训,不断提高人民调解员队伍的素质。

5. 对于成绩显著、贡献突出的人民调解委员会和人民调解员,应当定期或者适时给予表彰和奖励。

6. 积极争取同级人民政府的支持,保障人民调解工作的指导和表彰经费,协调和督促村民委员会、居民委员会和企业事业单位,落实人民调解委员会的工作经费和人民调解员的补贴经费。

7. 明确规定乡镇、街道司法所、司法助理员指导和监督人民调解委员会工作的具体职责:(1)负责解答、处理人民调解委员会或者纠纷当事人就人民调解工作有关问题的请示、咨询和投诉;(2)应人民调解委员会的请求或者根据需要,协助、参与对具体纠纷的调解活动;(3)对人民调解委员会主持达成的调解协议予以检查,发现违背法律、法规、规章和政策的,应当予以纠正;(4)总结交流人民调解工作经验,调查研究民间纠纷的特点和规律,指导人民调解委员会改进工作。

(二)基层人民法院

《人民调解法》第5条第2款规定:"基层人民法院对人民调解委员会调解民间纠纷进行业务指导。"各级人民法院特别是基层人民法院及其派出的人民法庭要加强与当地司法行政机关、人民调解委员会的工作联系,认真研究加强对人民调解委员会工作进行指导的具体方式和方法,不断总结经验,切实加强、改进对人民调解委员会工作的指导,共同做好维护社会稳定的工作。法院对人民调解委员会的指导主要包括两个方面:

1. 结合具体案件,对人民调解工作进行业务指导。人民法院是国家的审判机关,主要是对当事人不愿意接受人民调解、人民调解不能达成协议、或达成协议后又反悔的情形予以受理,通过民事审判活动在业务上对人民调解工作进行间接指导,而不是直接介入人民调解委员会的调解活动。

根据《人民调解法》第31～33条的规定，经人民调解委员会调解达成的调解协议，具有法律约束力；当事人一方向法院起诉，请求对方当事人履行调解协议的，或者请求变更或撤销调解协议，或者请求确认调解协议无效的，人民法院应当受理；人民法院还应当及时对当事人申请司法确认的调解协议进行审查，依法确认调解协议的效力。

人民法院发现人民调解员违反自愿原则，强迫当事人达成调解协议的，应当及时向当地司法行政机关或者人民调解委员会提出纠正的建议。人民法院还可以向人民调解委员会提出其他具体建议，以利于人民调解委员会总结经验教训，提高调解水平。

2. 积极配合司法行政机关，提高人民调解员的业务素质。比如：通过举办培训班等方式，协助司法行政机关对人民调解员进行业务培训，帮助人民调解员提高法律知识水平和调解纠纷的能力；选择典型案件，组织人民调解员旁听案件审理；应人民调解委员会邀请派员具体指导人民调解员调解案件；安排人民调解员参与庭审前的辅助性工作；聘任有经验的人民调解员担任人民陪审员等。

第四节 人民调解的原则与制度

一、人民调解的基本原则

人民调解的基本原则，是人民调解委员会在调解民间纠纷的过程中必须遵循的根本准则，其效力贯穿于人民调解过程的始终。它渊源于我国人民调解工作的长期实践，适应了社会主义民主和法治建设的要求，对人民调解工作具有普遍的指导意义，展示了我国人民调解制度的特色和"东方经验"，并集中体现了我国人民调解工作的前提、基础、基本内容和精神实质。

根据《人民调解法》第3条的规定，人民调解工作应当遵守以下三项基本原则。

（一）自愿平等原则

人民调解委员会必须"在当事人自愿、平等的基础上进行调解"。人民调解委员会是人民群众自我教育、自我服务、自我解决纠纷的群众性自治组织。纠纷当事人自愿接受人民调解委员会的调解，人民调解委员会不得违背当事人意愿强行调解，更不能强制当事人接受某种调解方案；在调解过程中当事人完全平等，人民调解员对纠纷双方应一视同仁。可以说，自愿平等原则是人民调解工作的基本要求，也是人民调解工作得以顺利进行的关键，因此必须严格遵守。对于这一原则，可从以下几个方面来理解：

1. 接受调解要当事人自愿。纠纷当事人双方或各方自愿主动申请调解的，人民调解委员会应当受理；一方当事人申请调解的，人民调解委员会在征得他方当事人同意后可以进行调解；人民调解委员会发现纠纷而主动进行调解的，应当征得当事人的认可。换言之，人民调解工作的启动源于当事人的自愿。

2. 调解工作须在当事人自愿平等的基础上进行。在调解过程中，人民调解委员会要始终坚持自愿平等原则，注意疏导说理，尊重当事人的意志，不违背当事人的意愿强迫进行调解；要在当事人之间保持中立，不厚此薄彼，不偏袒一方。

3. 达成协议要当事人自愿。人民调解委员会可以对纠纷当事人进行说服疏导，促使其互谅互让、平等协商,达成协议。调解协议的达成必须出自纠纷当事人的自愿,在调解协议上签字之前当事人可以反悔,人民调解委员会不得强迫当事人签字。当事人达成的协议是一种自愿的合意行为。

4. 调解协议依靠当事人自觉自愿履行。人民调解委员会不得采取强制方式迫使当事人履行调解协议;调解协议的履行依靠当事人的自觉自愿。一方当事人反悔的,可以向人民法院提起诉讼,由法院来裁判调解协议的效力。

5. 调解协议申请司法确认时,根据《民事诉讼法》的规定,需要双方共同向有管辖权的法院申请,这也能保障双方当事人达成调解协议是自愿的。

(二)合法合理原则

人民调解委员调解民间纠纷,“不违背法律、法规和国家政策”。对于合法合理原则,可从以下三个方面来理解:

1. 调解纠纷的范围应合法。依照法律规定人民调解委员会只能调解民间纠纷。民间纠纷范围广泛,包括一般民事纠纷、轻微民事违法行为引起的纠纷以及轻微刑事违法行为引起的纠纷;涉及严重违法行为的纠纷和刑事案件不得调解,而且对于争议数额较大、案情复杂的民事纠纷,人民调解委员会通常也没有能力进行调解。

2. 调解工作应符合法律、政策和社会公德。人民调解委员会调解民间纠纷应合法合理,以事实为依据,以法律为准绳,在坚持遵循法律、法规、规章、政策和社会公德的基础上,促使纠纷当事人互谅互让、平等协商。

3. 调解协议须合法合理。人民调解委员会主持达成的调解协议不仅要公平、合理,而且要不违背法律、法规、规章和政策,没有法律和政策依据的应参照社会公德。根据人民调解本身的自愿性,合法应当被界定为不违反法律、法规的强制性规定。不合法的调解协议,当然无效;调解协议若不公平不合理,当事人可申请法院变更或撤销。

(三)尊重当事人依法维护权利原则

人民调解委员会必须“尊重当事人的权利,不得因调解而阻止当事人依法通过仲裁、行政、司法等途径维护自己的权利”。人民调解委员会的调解不是诉讼的必经程序。通过合法途径维护自己的权利是宪法和法律赋予当事人的基本权利,任何公民、法人或其他组织都不得干扰当事人行使该权利。在民间纠纷发生的任何阶段和人民调解工作的整个过程中,人民调解委员会都必须尊重当事人的权利,不得以任何方式干扰和限制当事人依法通过仲裁、行政、司法等途径维护自己的权利。根据《人民调解法》第 26 条规定,人民调解员调解纠纷,调解不成的,应当终止调解,并依据有关法律、法规的规定,告知当事人可以依法通过仲裁、行政、司法等途径维护自己的权利。一方面,法律保障当事人诉诸司法和行政救济的权利;另一方面,人民法院也不能因为没有经过人民调解委员会的调解而拒绝受理案件。

二、人民调解的工作制度

人民调解的工作制度,是指人民调解委员会为保障正确、适当、及时调解民间纠纷,促进人民调解工作的顺利开展而实行的各项工作制度的总称。人民调解的工作制度是人民调解委员会进行调解工作、有效完成调解任务的切实保障,是人民调解工作制度化、规范化的现实需要。根据《人民调解法》第 11 条等有关规定,人民调解委员会应当建立健全各项调解工作制度,听取群众意见,接受群众监督。概括起来,人民调解的工作制度主要包括以下内容。

（一）业务登记建档制度

《人民调解法》第27条规定，人民调解员应当记录调解情况。人民调解委员会应当建立调解工作档案，将调解登记、调解工作记录、调解协议书等材料立卷归档。业务登记建档制度的作用主要有：(1)使人民调解工作有据可查；(2)便于自行复查和总结经验；(3)便于基层人民政府和基层人民法院对人民调解工作进行指导和监督；(4)在当事人向人民法院起诉后，有助于法院了解纠纷的情况，促进案件的正确和及时解决；(5)便于今后的业务统计工作。业务登记的主要内容包括：当事人的基本情况；发生纠纷的情况；纠纷的调解过程（如受理时间，调解的时间、地点、方式、次数，证据）；调解结果等。业务登记的档案应妥善保管。

（二）业务统计制度

人民调解委员会应建立业务统计制度。统计内容包括：纠纷调解情况；已调解纠纷的回访情况；调解不成功的纠纷情况；纠纷的摸底和排查情况等。统计数据应定期汇总，上报基层人民政府和司法行政机关。人民调解委员会应对有关统计数据进行分析研究，并对如何进一步做好调解工作提出有针对性的意见和建议。

（三）民间纠纷排查制度

民间纠纷的排查既是人民调解委员会的一项经常性工作，也是社会治安综合治理中的一项重要工作，需各部门密切合作，互相配合。纠纷排查的内容包括纠纷总数，纠纷分类，纠纷重点户、重点人、重点事，发现的犯罪线索，落实解决的调解人员等。人民调解委员会应尽可能掌握辖区内民间纠纷的情况，定期进行摸底、登记、排查，将纠纷消灭在萌芽状态，如果发现犯罪线索则应及时报告有关部门处理。对可能发生纠纷的重点地区、人物、事件以及多发性纠纷、易激化纠纷，人民调解员要分工负责，采取“抓早、抓小、抓苗头”的策略，及时做好纠纷的防范工作，防止矛盾的激化，维护社会稳定。

（四）例会制度

人民调解委员会应建立定期的会议制度，比如，每两周举行一次碰头会，每半年举行一次经验交流会。在会议上，人民调解员可以对纠纷的情况和处理进行深入讨论，发现问题及时向村民委员会、居民委员会、基层人民政府或司法行政机关汇报，以取得及时的指导。

（五）免费、补贴和工伤保障制度

《人民调解法》第4条规定，人民调解委员会调解民间纠纷，不收取任何费用。这说明我国的人民调解制度建立在人民利益的基础上，但人民调解员调解民间纠纷要耗费时间、精力以及经济成本，还有可能被误解而挨骂受气，甚至存在一定的安全风险。因此，《人民调解法》第12条规定：“村民委员会、居民委员会和企业事业单位应当为人民调解委员会开展工作提供办公条件和必要的工作经费。”第16条规定：“人民调解员从事调解工作，应当给予适当的误工补贴；因从事调解工作致伤致残，生活发生困难的，当地人民政府应当提供必要的医疗、生活救助；在人民调解工作岗位上牺牲的人民调解员，其配偶、子女按照国家规定享受抚恤和优待。”《人民调解法》首次明确人民调解员享受工伤保障待遇，有利于调动人民调解员的工作积极性，免除人民调解员的后顾之忧。

（六）回访制度

对已经调解的民间纠纷，尤其是复杂的和可能出现反复的纠纷，人民调解员应当有目的性、针对性地进行回访。实行回访制度，有助于人民调解员了解和巩固调解的效果，及时发现和纠正调解工作中的失误,防止当事人的思想反复和矛盾激化,督促当事人自觉履行调解协议。同时,这一制度还便于调解员联系群众,听取群众的意见和要求,总结经验教训,不断改进调解工作。

(七)业务学习和培训制度

人民调解委员会应定期组织人民调解员进行业务学习,学习内容包括法律、法规、规章和政策等。业务学习要理论联系实际,经常开展有关调解的工作方法和经验交流活动。基层人民政府和司法行政部门还应定期或不定期地对人民调解员进行集中培训。通过业务学习和培训,提高人民调解员的素质,有效地促进纠纷解决,维护社会稳定。

(八)考评、表彰和奖惩制度

人民政府、司法行政机关、基层群众自治组织和人民调解委员会应建立考评、表彰和奖励制度,以激励先进,鞭策后进。《人民调解法》第6条规定:“国家鼓励和支持人民调解工作。县级以上地方人民政府对人民调解工作所需经费应当给予必要的支持和保障,对有突出贡献的人民调解委员会和人民调解员按照国家规定给予表彰奖励。”人民政府和司法行政部门的表彰和奖励,一般每年进行一次。通过评选先进集体和个人,表彰和奖励先进,抓住典型,推广经验,针对新情况新问题,不断研究和探索加强人民调解工作的思路与途径,必将促进人民调解工作的进一步发展。

《人民调解法》第15条规定:“人民调解员在调解工作中有下列行为之一的,由其所在的人民调解委员会给予批评教育、责令改正,情节严重的,由推选或者聘任单位予以罢免或者解聘:(一)偏袒一方当事人的;(二)侮辱当事人的;(三)索取、收受财物或者牟取其他不正当利益的;(四)泄露当事人的个人隐私、商业秘密的。”由此建立起对失职渎职的人民调解员的惩戒制度。

第五节　人民调解的程序与方法

一、人民调解的程序

与诉讼程序和仲裁程序不同,人民调解委员会调解民间纠纷的程序更简便易行,灵活多样。《人民调解法》首次专章规定了人民调解委员会调解纠纷的程序。其调解程序的规则和步骤,主要包括以下几个方面。

(一)受理纠纷

《人民调解工作若干规定》第24条规定:“当事人申请调解纠纷,符合条件的,人民调解委员会应当及时受理调解。不符合受理条件的,应当告知当事人按照法律、法规规定提请有关机关处理或者向人民法院起诉;随时有可能激化的,应当在采取必要的缓解疏导措施后,及时提交有关机关处理。”人民调解委员会受理调解纠纷,应当进行登记。

1. 受理范围。人民调解委员会调解的民间纠纷,是指发生在公民与公民之间、公民与法人和其他社会组织之间涉及民事权利义务争议的各种纠纷,范围广泛。同时,《人民调解工作若干规定》第22条将两类以下纠纷排除在人民调解委员会受理的范围外:(1)法律、法规规定只能由专门机关管辖处理的，或者法律、法规禁止采用民间调解方式解决的；（2）人民法院、公安机关或者其他行政机关已经受理或者解决的。

2. 受理纠纷的方式

《人民调解法》明确规定了人民调解委员会受理纠纷的方式。其第17、18条规定，当事人可以向人民调解委员会申请调解；人民调解委员会也可以主动调解。当事人一方明确拒绝调解的，不得调解。基层人民法院、公安机关对适宜通过人民调解方式解决的纠纷，可以在受理前告知当事人向人民调解委员会申请调解。据此，人民调解委员会受理民间纠纷的方式有三种：（1）申请受理，即纠纷当事人一方或双方以书面或口头方式，向人民调解委员会请求调解纠纷。（2）主动受理，即人民调解委员会根据群众报告、有关单位转告或人民调解员得知纠纷的发生，而主动、及时前往纠纷发生地，对纠纷当事人进行访谈、调查和调解，但当事人不接受调解而表示异议的除外。（3）委托受理，即人民调解委员会可以接受基层人民法院、公安机关的委托，在当事人同意的前提下，对某些民间纠纷进行调解。

（二）调解准备

人民调解委员会在进行调解前应当做好准备工作。《人民调解法》第19条规定："人民调解委员会根据调解纠纷的需要，可以指定一名或者数名人民调解员进行调解，也可以由当事人选择一名或者数名人民调解员进行调解。"第20条规定："人民调解员根据调解纠纷的需要，在征得当事人的同意后，可以邀请当事人的亲属、邻里、同事等参与调解，也可以邀请具有专门知识、特定经验的人员或者有关社会组织的人员参与调解。人民调解委员会支持当地公道正派、热心调解、群众认可的社会人士参与调解。"一般地说，调解准备工作越充分，调解效果就越好。

人民调解委员会在开始调解纠纷之前，还应当以口头或者书面形式告知当事人人民调解的性质、原则和效力，以及当事人在调解活动中享有的权利和承担的义务。根据《人民调解法》第23、24条的规定，在人民调解活动中，纠纷当事人享有下列权利：（1）选择或者接受人民调解员；（2）接受调解、拒绝调解或者要求终止调解；（3）要求调解公开进行或者不公开进行；（4）自主表达意愿、自愿达成调解协议。承担下列义务：（1）如实陈述纠纷事实；（2）遵守调解现场秩序，尊重人民调解员；（3）尊重对方当事人行使权利。

（三）调解纠纷

《人民调解法》第21条规定："人民调解员调解民间纠纷，应当坚持原则，明法析理，主持公道。调解民间纠纷，应当及时、就地进行，防止矛盾激化。"第22条规定："人民调解员根据纠纷的不同情况，可以采取多种方式调解民间纠纷，充分听取当事人的陈述，讲解有关法律、法规和国家政策，耐心疏导，在当事人平等协商、互谅互让的基础上提出纠纷解决方案，帮助当事人自愿达成调解协议。"据此，人民调解委员会调解纠纷，应当根据当事人的特点和纠纷性质、难易程度、发展变化的情况，采取灵活多样的方式方法，开展耐心、细致的说服疏导工作，促使双方当事人互谅互让、消除隔阂，引导、帮助当事人达成解决纠纷的调解协议。同时，还应当密切注意纠纷激化的苗头。在调解纠纷过程中，人民调解员发现纠纷有可能激化的，应当采取有针对性的预防措施；对有可能引起治安案件、刑事案件的纠纷，应当及时向当地公安机关或者其他有关部门报告。

(四)调解结束

调解结束可能出现二种结果:一是达成调解协议;二是不能达成调解协议。

1. 达成调解协议。人民调解员通过耐心细致的说服教育、规劝引导工作,有可能促使当事人互谅互让,自愿达成调解协议,化解纠纷。人民调解员应当记录调解情况。《人民调解法》第28条规定:"经人民调解委员会调解达成调解协议的,可以制作调解协议书。当事人认为无需制作调解协议书的,可以采取口头协议方式,人民调解员应当记录协议内容。"调解协议的内容要力求简明具体、易于执行。《人民调解法》第29条规定,调解协议书可以载明下列事项:(1)当事人的基本情况;(2)纠纷的主要事实、争议事项以及各方当事人的责任;(3)当事人达成调解协议的内容,履行的方式、期限。调解协议书自各方当事人签名、盖章或者按指印,人民调解员签名并加盖人民调解委员会印章之日起生效。调解协议书由当事人各执一份,人民调解委员会留存一份。

当事人应当自觉履行调解协议。人民调解委员会应当对调解协议的履行情况适时进行回访,敦促当事人履行协议或要求当事人的亲朋好友协助督促其履行协议,并就履行情况做出记录。

《人民调解法》规定了调解协议达成后出现争议或申请司法确认的处理方式。其第32条规定:"经人民调解委员会调解达成调解协议后,当事人之间就调解协议的履行或者调解协议的内容发生争议的,一方当事人可以向人民法院提起诉讼。"第33条第1款规定:"经人民调解委员会调解达成调解协议后,双方当事人认为有必要的,可以自调解协议生效之日起三十日内共同向人民法院申请司法确认,人民法院应当及时对调解协议进行审查,依法确认调解协议的效力。"

2012年修改的《民事诉讼法》明确了调解与诉讼相衔接的机制。2021年修改的《民事诉讼法》则根据法院大力推进多元化纠纷解决机制而出台的一系列加强法院外调解如委托调解等制度,进一步完善了该机制。该法第201条规定:"经依法设立的调解组织调解达成调解协议,申请司法确认的,由双方当事人自调解协议生效之日起三十日内,共同向下列人民法院提出:(一)人民法院邀请调解组织开展先行调解的,向作出邀请的人民法院提出;(二)调解组织自行开展调解的,向当事人住所地、标的物所在地、调解组织所在地的基层人民法院提出;调解协议所涉纠纷应当由中级人民法院管辖的,向相应的中级人民法院提出。"第202条规定:"人民法院受理申请后,经审查,符合法律规定的,裁定调解协议有效,一方当事人拒绝履行或者未全部履行的,对方当事人可以向人民法院申请执行;不符合法律规定的,裁定驳回申请,当事人可以通过调解方式变更原调解协议或者达成新的调解协议,也可以向人民法院提起诉讼。"

2. 不能达成调解协议。如果不能达成调解协议,又无缓期再行调解必要的,调解即宣告失败,人民调解委员会可以告知纠纷当事人根据具体情况,选择如下纠纷解决方式:(1)申请基层人民政府调解;(2)申请行政主管机关调解;(3)如果属于仲裁范围且当事人达成仲裁协议的,向仲裁机关申请仲裁;(4)向有管辖权的人民法院起诉。

(五)调解协议的效力

调解协议是在人民调解委员会主持下,纠纷当事人自愿达成的解决纠纷的协议。长期以来,人民调解协议的法律效力不明晰,调解协议往往成为一纸空文,人民调解制度难以有效发挥作用。为改革和完善人民调解制度,最高人民法院审判委员会第1240次会议讨论通过、自

2002年11月1日施行的《关于审理涉及人民调解协议的民事案件的若干规定》(已失效)强化了人民调解的法律效力。该规定第1条规定:“经人民调解委员会调解达成的、有民事权利义务内容,并由双方当事人签字或者盖章的调解协议,具有民事合同性质。当事人应当按照约定履行自己的义务,不得擅自变更或者解除调解协议。”2010年颁布的《人民调解法》首次以法律的形式明确了人民调解协议的效力。该法第31条第1款规定:“经人民调解委员会调解达成的调解协议,具有法律约束力,当事人应当按照约定履行。”

虽然《人民调解法》未指明调解协议的法律属性,但根据先前的法规以及人民调解协议的内容和性质,人民调解协议具有民事合同的法律效力。民事合同是民事主体设定、变更或者消灭民事权利义务的协议。人民调解协议无论是设定当事人之间的民事权利义务关系,还是变更或消灭当事人之间既存的民事权利义务关系,就像当事人通过中间人的协助而达成买卖、租赁、承包等协议一样,均属民事合同的性质。根据合同自由原则,只要合同真实反映了当事人的意思表示且不违法和损害社会公益,合同即具有法律效力。合同的法定有效条件为合同当事人具有完全民事行为能力、意思表示真实以及合同内容合法。调解协议是否成立,也取决于上述三项条件。调解协议的内容即便涉及一方当事人对某些权益的放弃,只要符合上述条件,调解协议仍然有效。既然人民调解协议被视为一种民事合同,则对其效力的认定、协议的履行、不履行协议的法律后果、协议的变更、撤销、终止等问题,均应适用合同法等有关法律的规定。

2011年3月23日,最高人民法院发布《关于人民调解协议司法确认程序的若干规定》,对人民调解协议的效力及其司法确认的程序作了明确规定。具体如下:

1. 当事人根据《人民调解法》第33条的规定申请确认调解协议的,应当共同向有管辖权的人民法院提出。其中,当事人申请确认调解协议的,由主持调解的人民调解委员会所在地基层人民法院或者它派出的法庭管辖;人民法院在立案前委派人民调解委员会调解并达成调解协议,当事人申请司法确认的,由委派的人民法院管辖。

2. 当事人申请确认调解协议,应当向人民法院提交司法确认申请书、调解协议和身份证明、资格证明,以及与调解协议相关的财产权利证明等证明材料,并提供双方当事人的送达地址、电话号码等联系方式。委托他人代为申请的,必须向人民法院提交由委托人签名或者盖章的授权委托书。

3. 人民法院收到当事人司法确认申请,应当在3日内决定是否受理。人民法院决定受理的,应当编立“调确字”案号,并及时向当事人送达受理通知书。双方当事人同时到法院申请司法确认的,人民法院可以当即受理并作出是否确认的决定。当事人的申请有下列情形之一的,人民法院不予受理:(1)不属于人民法院受理民事案件的范围或者不属于接受申请的人民法院管辖的;(2)确认身份关系的;(3)确认收养关系的;(4)确认婚姻关系的。

4. 人民法院应当自受理司法确认申请之日起15日内作出是否确认的决定。因特殊情况需要延长的,经本院院长批准,可以延长10日。在人民法院作出是否确认的决定前,一方或者双方当事人撤回司法确认申请的,人民法院应当准许。

5. 人民法院受理司法确认申请后,应当指定一名审判人员对调解协议进行审查。人民法院在必要时可以通知双方当事人同时到场,当面询问当事人。当事人应当向人民法院如实陈述申请确认的调解协议的有关情况,保证提交的证明材料真实、合法。人民法院在审查中,认为当事人的陈述或者提供的证明材料不充分、不完备或者有疑义的,可以要求当事人补充陈述或者补充证明材料。当事人无正当理由未按时补充或者拒不接受询问的,可以按撤回司法确认申请处理。

6. 当事人的申请具有下列情形之一的,人民法院不予确认调解协议效力:(1)违反法律、行政法规强制性规定的;(2)侵害国家利益、社会公共利益的;(3)侵害案外人合法权益的;(4)损害社会公序良俗的;(5)内容不明确,无法确认的;(6)其他不能进行司法确认的情形。

7. 人民法院经审查认为调解协议符合确认条件的,应当作出确认决定书;决定不予确认调解协议效力的,应当作出不予确认决定书。

8 人民法院依法作出确认决定后,一方当事人拒绝履行或者未全部履行的,对方当事人可以向作出确认决定的人民法院申请强制执行。

9. 案外人认为经人民法院确认的调解协议侵害其合法权益的,可以自知道或者应当知道权益被侵害之日起一年内,向作出确认决定的人民法院申请撤销确认决定。

二、人民调解的方法

人民调解工作能否获得成功,关键取决于调解的方法和技术。调解方法是人民调解委员会针对特定的民间纠纷,进行说服教育、规劝引导,促使当事人互谅互让、达成协议、解决纠纷的具体措施。《人民调解法》第22条规定:"人民调解员根据纠纷的不同情况,可以采取多种方式调解民间纠纷,充分听取当事人的陈述,讲解有关法律、法规和国家政策,耐心疏导,在当事人平等协商、互谅互让的基础上提出纠纷解决方案,帮助当事人自愿达成调解协议。"民间纠纷复杂多样,当事人情况各异,因此,人民调解员在调解纠纷时应具体情况具体分析,从实际出发,选择不同的调解方法,或者根据需要结合使用多种调解方法。常用的调解方法主要有:

1. 深入调查研究,查清事实真相。这是开展调解工作的第一步。只有查明真相,了解纠纷产生和激化的过程,才能进一步找出纠纷发生的原因、争执焦点以及当事人对待纠纷解决的态度,进而分清是非、明确责任,最终解决纠纷。应当注意,调查研究要全面、客观、深入、细致、及时,而不应片面、主观、粗枝大叶、走马观花。调查事实的具体方法包括询问当事人,询问证人,查找物证、书证,实地勘察等。

2. 坚持说服教育,耐心规劝疏导。人民调解员要以关心爱护的态度、循循善诱的语言、疏导说理的方式,教之以行,明之以法,晓之以理,动之以情,对当事人进行耐心地说服教育、规劝引导,促使当事人互谅互让、平等协商,自愿达成调解协议,解决纠纷。人民调解员在调解过程中,还要善于倾听双方当事人的意见,不可先入为主、偏听偏信。这种调解方法应注意三个环节,(1)明之以法,即在调解过程中,人民调解员要向当事人宣讲有关法律、法规、规章和政策的规定,使当事人清楚自己的权利、义务以及违反法律规定的后果,提高当事人的法律意识,从而解决纠纷。(2)晓之以理,即通过摆事实、讲道理,辅之优良的传统美德,以理服人,从而分清是非,明确责任,促使当事人达成谅解。(3)动之以情,即以情感人,人民调解员要诉诸情感,引导双方当事人"换位"思考,多为对方着想,这样将有助于纠纷的顺利解决和矛盾的彻底化解。人民调解的工作方法多种多样,但最基本的一条,就是耐心细致地进行说服教育和疏导劝解。

3. 说服劝导与解决实际问题相结合。说服劝导是人民调解工作的主要方法,人民调解员在调解纠纷时要从这一方法入手,耐心地做当事人的思想工作。同时,要善于把说服劝导和解决实际问题结合起来。当事人发生纠纷往往是因为实际上存在各种各样的问题。不解决实际问题,只是说服教育,往往不能达到良好的调解效果,甚至不可能顺利解决纠纷。

4. 善于取得当事人亲友和社会力量的支持和帮助。每个人都是社会关系网络中的一个节点,与他人发生各种各样的关系。这些社会关系对于化解纠纷往往起着十分重要的作用。因此,要善于利用当事人社会关系中的积极力量来说服劝导当事人。当事人的亲友不仅了解当事人的情况,还往往知道纠纷的起因和发展,故通常能摸准当事人的思想脉络,抓住问题的要害,从而增强调解工作的针对性。而且,他们与当事人比较亲近,通过诉诸感情,以情动人,往往能大大促进调解的效果。社会力量,诸如当事人的领导、同事、老师、邻里、当事人居住地的基层组织、有关社会团体等,也往往能够促进调解工作的顺利开展。实践证明,要做好调解工作,除依靠调解人员本身的努力外,当事人亲友和社会力量的支持和帮助必不可少。

5. 联合调解。对民间纠纷,人民调解员可以直接调解、共同调解,也可以进行联合调解。联合调解往往能切实解决纠纷当事人的实际问题,避免不同部门、单位的推诿扯皮,有可能收到良好的调解效果。根据有关法律规定,在城乡接合部,厂街结合部,毗邻的县、乡、镇、街、厂、村的交接处,也可由两个以上的人民调解委员会自愿组成联合调解委员会,以调解跨地区、跨单位的纠纷。

根据 1994 年 5 月 9 日司法部发布的《跨地区跨单位民间纠纷调解办法》的规定,跨地区、跨单位的民间纠纷由纠纷当事人户籍所在地(居所地)、所在单位、纠纷发生地的人民调解委员会共同调解。共同调解跨地区、跨单位的民间纠纷由最先受理的人民调解委员会主持调解,其他人民调解委员会协助调解;其他人民调解委员会主持调解有利于解决纠纷的,也可由有关人民调解委员会主持调解。主持调解的人民调解委员会的职责为:(1)受理纠纷;(2)发现纠纷有激化可能时,应采取必要措施,防止纠纷激化;(3)针对纠纷情况,开展调查研究,收集纠纷的有关材料,制定调解方案;(4)向有关人民调解委员会提出共同调解意见;(5)确定调解的时间、地点,通知纠纷当事人及有关人民调解委员会参加调解;(6)主持调解,制作调解文书;(7)敦促有关当事人履行调解协议,做好回访工作;(8)负责统计和档案材料保管。

6. 适时回访,巩固调解成果。对已调解成功的民间纠纷,人民调解员应当有针对性地进行回访。因为许多民间纠纷情况复杂,很可能出现反复。适时回访,有助于人民调解员了解调解的效果,巩固调解成果,防止当事人的思想反复,督促当事人自觉履行调解协议,及时发现和纠正调解工作中的失误,改进调解工作。

7. 调解与教育相结合。民间纠纷的调解过程,就是对当事人和周围群众进行法制宣传教育的过程。人民调解员要善于抓典型,包括典型人物和典型事件,做到解决一件纠纷,教育一片群众。进行法制宣传教育,是人民调解委员会的重要任务之一,有助于预防和减少民间纠纷,维护社会稳定。

8. 调防结合。调防结合是人民调解工作的重要方法,因其有效性而被总结为人民调解的工作方针之一,即"调防结合,以防为主,多种手段,协同作战"。人民调解委员会不应仅仅是被动地排难解纷,而应坚持"抓早、抓小、抓苗头",切实掌握纠纷动向,抓住纠纷激化的潜在因素,积极开展说服疏导工作,采取有效防治措施,力争把矛盾纠纷解决在萌芽状态,严防民间纠纷激化而引起自杀、凶杀、群众性械斗和群体性上访事件,维护社会稳定。预防纠纷是人民调解的一项重要工作,与调解本身既有联系又相对独立。民间纠纷的预防可分为一般预防和特殊预防两种。

一般预防是指人民调解委员会根据民间纠纷产生和发展的规律,有计划、有目的地预防和减少纠纷的发生。比如:(1)民间纠纷的发生有时令性,如农忙时争水、争田、争农具等纠纷较多,农闲时婚姻家庭、建房、宅基地等纠纷较多,故应因时预防;(2)不同人群出现的纠纷不同,如青年人恋爱、婚姻纠纷较多,老年人赡养、婆媳纠纷较多等,故要因人预防;(3)民间纠纷的发生往往受地域影响,不同地区的民间纠纷各有其特点与规律,故需有针对性地因地预防;(4)对民间纠纷进行分析、排队,分类预防;(5)结合本地社会经济发展的特点,针对易发生纠纷的人群、场所、事件等进行重点预防。

特殊预防是指针对特定纠纷或纠纷萌芽而实施的预防,旨在将纠纷消灭在萌芽状态和防止纠纷的激化。长期以来,因民间纠纷激化引起的刑事犯罪占相当比重,因此,特别要在预防犯罪上狠下功夫,对可能转化为刑事犯罪的民间纠纷,要及时向有关部门报告,共同采取防范措施,把预防工作做在前头。对可能激化的民间纠纷,人民调解委员会总结出"快、敢、稳、细、准、紧、访"七字应急措施。"快",就是赶赴现场快,采取措施快,迅速制止纠纷激化。"敢",就是要求调解人员面对纠纷激化险情,要敢于挺身而出,临危不惧,积极防止事态扩大。"稳",就是要先稳住当事人,防止其铤而走险。"细",就是耐心细致地做疏导转化工作。"准",就是要找准症结,对症下药。"紧",就是要与有关部门紧密配合,齐抓共管。"访",就是注意回访,发现反复的苗头要及时解决,巩固调解效果。

9. 善于总结和推广经验。调解是一门基于经验的艺术。人民调解员在调解民间纠纷的过程中,往往会有许多酸甜苦辣,也会有不少心得体会。这些体会对于今后的人民调解工作是非常宝贵的经验教训,值得总结、改进、提高和推广。

第八章 中国执行制度

第一节 中国执行制度概述

一、中国执行制度的概念

执行,是指人民法院和有关机关将已经发生法律效力的各类案件的判决书、裁定书、调解书以及其他法律文书所确定的内容付诸实施,并解决由此而发生的有关法律问题而依法定程序进行的各种活动。由于案件性质的不同,执行可以分为刑事案件执行、民事案件执行、行政案件执行和仲裁案件执行等。关于各类案件的执行,我国《刑事诉讼法》《民事诉讼法》《行政诉讼法》《仲裁法》均以专章或专条作了规定,由此构成了我国的执行制度。具体地说,我国的执行制度,就是由上述法律中有关各种生效法律文书的执行主体、执行依据、执行程序、执行方法以及执行过程中所发生的法律问题的处理的一系列规范的总称。

二、中国执行制度的发展

如上所述,我国的执行制度主要包括三部分,一是刑事执行制度,二是民事执行制度(包括仲裁案件的执行),三是行政执行制度。由于性质和内容不同,因而各项执行制度的历史发展情况也不相同。

我国刑事判决和裁定长期以来由人民法院、公安机关及其所属的劳动改造机关执行。1979 年颁布的《刑事诉讼法》肯定了中华人民共和国成立以来所实行的这种体制,并明确规定,判处死刑、罚金、没收财产和附带民事诉讼的判决、裁定由人民法院执行,判处死刑缓期二年执行、无期徒刑、有期徒刑或者拘役的判决、裁定由公安机关所属的监狱或者其他劳动改造场所执行。1983 年由于行政机构改革,国务院决定将劳动改造机关由公安部成建制地划归司法部领导和管理。1994 年颁布的《监狱法》将劳动改造机关统一定名为监狱,并明确规定监狱是国家的刑罚执行机关和由国务院司法行政部门主管全国的监狱工作。1996 年修改的《刑事诉讼法》对于刑事判决、裁定的执行机关仍沿用前制,只是增加规定:"对于被判处有期徒刑的罪犯,在被交付执行刑罚前,剩余刑期在一年以下的,由看守所代为执行。对于被判处拘役的罪犯,由公安机关执行。"2012 年修改的《刑事诉讼法》则将该规定修改为:"对被判处有期徒刑的罪犯,在被交付执行刑罚前,剩余刑期在三个月以下的,由看守所代为执行。对被判处拘役的罪犯,由公安机关执行。"并增加规定:"对被判处管制、宣告缓刑、假释或者暂予监外执行的罪犯,依法实行社区矫正,由社区矫正机构负责执行。"由此,我国在刑事执行领域建立起社区矫正制度。2018 年修改的《刑事诉讼法》第 261 条第 2 款将死刑缓期执行的变更程序修改为:"被判处死刑缓期二年执行的罪犯,在死刑缓期执行期间,如果没有故意犯罪,死刑缓期执行期满,应当予以减刑的,由执行机关提出书面意见,报请高级人民法院裁定;如果故意犯罪,情节恶劣,查证属实,应当执行死刑的,由高级人民法院报请最高人民法院核准;对于故意犯罪未执行死刑的,死刑缓期执行的期间重新计算,并报最高人民法院备案。”同时,其第271条将罚金的缴纳规定修改为:“被判处罚金的罪犯,期满不缴纳的,人民法院应当强制缴纳;如果由于遭遇不能抗拒的灾祸等原因缴纳确实有困难的,经人民法院裁定,可以延期缴纳、酌情减少或者免除。”

我国民事判决和裁定从中华人民共和国成立到现在,一直由人民法院执行。中华人民共和国成立初期,人民法院按照解放区人民司法机关的传统做法,设置专门的执行机构负责民事裁判的执行工作。但1954年颁布的《人民法院组织法》没有对人民法院设置执行机构作出规定,因此人民法院原有的执行机构相继撤销。20世纪50年代后期,我国民事案件逐年减少,而且绝大多数民事案件又是以调解方式结案的,人民法院的执行任务不重,因此各地人民法院逐步建立起审执合一的体制,即凡属民事案件,谁审判就由谁负责执行。[1] 改革开放以来,随着我国经济的迅速发展,民事、经济纠纷案件大幅度增加,特别是民事债务纠纷案件和经济合同纠纷案件迅猛上升,人民法院的审判和执行任务日益繁重,审执合一的体制越来越不适应执行工作的要求,民事裁判执行难的问题逐渐突出和严重。1982年颁布的《民事诉讼法(试行)》(已失效)对民事裁判的执行程序作了具体规定。为贯彻落实法定的执行程序,保护当事人的合法权益,维护人民法院裁判的权威性,一些人民法院从1983年开始建立执行机构(执行庭或执行组),实行审执分立,即分别设立审判机构和执行机构,由它们各自负责审判工作和执行工作。到20世纪80年代末,全国各地人民法院普遍建立起执行机构,实行审执分立体制,从而有力地加强了案件审结后的执行工作。

我国行政判决和裁定的执行,根据1989年颁布的《行政诉讼法》的规定,亦由人民法院自己执行。实际上行政裁判和民事裁判一样,都由人民法院的执行庭执行。

为了保障依法公正执行,提高执行效率,解决长期以来存在的“执行难”问题,最高人民法院于2000年1月14日发布《关于高级人民法院统一管理执行工作若干问题的规定》,对我国的执行体制作了重大改革。明确规定:高级人民法院在最高人民法院的监督和指导下,对本辖区执行工作的整体部署、执行案件的监督和协调、执行力量的调度以及执行装备的使用等,实行统一管理;高级人民法院应当根据法律、法规、司法解释和最高人民法院的有关规定,结合本辖区的实际情况制定统一管理执行工作的具体规章制度,确定一定时期内执行工作的目标和重点,组织本辖区内的各级人民法院实施;高级人民法院应当根据最高人民法院的统一部署或本地区的具体情况适时组织集中执行和专项执行活动;高级人民法院在组织集中执行、专项执行或其他重大执行活动中,可以统一调度、使用下级人民法院的执行力量,包括执行人员、司法警察、执行装备等。为了适应高级人民法院统一管理执行工作的需要,自2000年起,地方各级人民法院先后建立起执行局这一执行工作机构,并在上下级执行局之间实行垂直领导体制。实践证明,我国执行体制的改革对加强执行工作、促进执行公正、提高执行效率发挥了重要的作用。

2007年10月修改的《民事诉讼法》,针对执行难问题,对执行程序作了较大的修改:一是强化执行措施(包括增加规定“立即执行”“财产报告”制度,加大执行威慑机制,提高罚款数额

---

〔1〕 参见何兰阶、鲁明健主编:《当代中国的审判工作》(下),当代中国出版社1993年版,第297页。

等),以促使被执行人依法履行义务。二是赋予当事人提出执行异议和向上一级法院申请执行的权利,以规范和约束执行行为,切实保护当事人的合法权益。三是延长申请执行的期间,以利于当事人更好地行使权利,履行义务。四是完善执行机构和执行管辖,以加强执行工作,保障执行工作的顺利进行。2012 年 8 月修改的《民事诉讼法》再次对执行程序进行修改:第一,强化检察监督,规定"人民检察院有权对民事执行活动实行法律监督",以有效防治执行领域的腐败现象。第二,强化对执行和解的审查监督,规定"申请执行人因受欺诈、胁迫与被执行人达成和解协议,或者当事人不履行和解协议的,人民法院可以根据当事人的申请,恢复对原生效法律文书的执行",以切实保障当事人的合法权益。第三,进一步完善立即采取强制执行措施的相关条文,规定"执行员接到申请执行书或者移交执行书,应当向被执行人发出执行通知,并可以立即采取强制执行措施"。第四,增加了执行措施,具体包括:人民法院有权向有关单位查询被执行人的存款、债券、股票、基金份额等财产情况;人民法院有权根据不同情形扣押、冻结、划拨、变价被执行人的财产;被执行人逾期不履行法律文书确定的义务的,人民法院应当拍卖被查封、扣押的财产;不适于拍卖或者当事人双方同意不进行拍卖的,人民法院可以委托有关单位变卖或者自行变卖。

2010 年 7 月 7 日,为深入贯彻落实中共中央关于解决"执行难"问题的指示精神,形成党委领导、人大监督、政府支持、社会各界协作配合的执行工作新格局,建立健全解决"执行难"问题长效机制,确保生效法律文书得到有效执行,切实维护公民、法人和其他组织的合法权益,维护法律权威和尊严,推进社会诚信体系建设,中央纪律检查委员会、中央组织部、中央宣传部、中央社会治安综合治理委员会办公室、最高人民法院、最高人民检察院等 19 个中央部门和国家机关联合发布《关于建立和完善执行联动机制若干问题的意见》,对各部门和机关在执行中的职责作了明确规定;同时为保障执行联动机制的建立和有效运行,决定成立执行联动机制工作领导小组,成员单位有中央纪律检查委员会、中央组织部、中央宣传部、中央政法委员会、中央社会治安综合治理委员会办公室、最高人民法院、最高人民检察院、国家发展和改革委员会、公安部、监察部、民政部、司法部、国土资源部(现为自然资源部)、住房和城乡建设部、中国人民银行、国家税务总局、国家工商行政管理总局(现为国家市场监督管理总局)、国务院法制办公室(已撤销)、中国银监会(现为中国银保监会)、中国证监会等,领导小组下设办公室,具体负责执行联动机制建立和运行中的组织、协调、督促、指导等工作。各成员单位确定一名联络员,负责执行联动机制运行中的联络工作。执行联动机制的建立,是我国执行制度的重大创新,为有效解决执行难问题提供了体制机制保障。

为贯彻落实执行公开原则,规范人民法院执行流程公开工作,方便当事人及时了解案件执行进展情况,更好地保障当事人和社会公众对执行工作的知情权、参与权、表达权和监督权,进一步提高执行工作的透明度,以公开促公正、以公正立公信,最高人民法院于 2014 年 9 月 3 日公布《关于人民法院执行流程公开的若干意见》,对人民法院执行流程公开的总体要求、公开的渠道和内容、公开的流程、职责分工、责任与考评等作了具体规定。其中,总体要求是:第一,人民法院执行流程信息以公开为原则、不公开为例外。对依法应当公开、可以公开的执行流程及其相关信息,一律予以公开,实现执行案件办理过程全公开、节点全告知、程序全对接、文书全上网,为当事人和社会公众提供全方位、多元化、实时性的执行公开服务,全面推进阳光执行。第二,人民法院执行流程公开工作,以各级人民法院互联网门户网站(政务网)为基础平台和主要公开渠道,辅以手机短信、电话语音系统、电子公告屏和触摸屏、手机应用客户端、法院微博、法院微信公众号等其他平台或渠道,将执行案件流程节点信息、案件进展状态及有关材料向案件当事人及委托代理人公开,将与法院执行工作有关的执行服务信息、执行公告信息等公共信息向社会公众公开。第三,各级人民法院应当在本院门户网站(政务网)下设的审判流程信息公开网上建立查询执行流程信息的功能模块。最高人民法院在政务网上建立"中国执行信息公开网",开设"中国审判流程信息公开网"的入口,提供查询执行案件流程信息的功能以及全国各级人民法院执行流程信息公开平台的链接。各级人民法院应当建立电话语音系统,在立案大厅或信访接待等场所设立电子触摸屏,供案件当事人和委托代理人以及社会公众查阅有关执行公开事项。具备条件的法院,应当建立电子公告屏、在执行指挥系统建设中增加12368智能短信服务平台、法院微博以及法院微信公众号等公开渠道。

党的十八届四中全会通过的《中共中央关于全面推进依法治国若干重大问题的决定》明确提出"切实解决执行难""依法保障胜诉当事人及时实现权益"的目标。2016年3月以来,在以习近平同志为核心的党中央坚强领导下,人民法院打赢"基本解决执行难"攻坚战并持续巩固提升成果,解决了一批群众反映强烈的执行领域突出问题,有效治理了案件底数不清、执行行为不规范、案款管理混乱等乱象,中国特色的执行制度、机制和模式日益完善,人民群众实现胜诉权益的获得感不断提高。在此基础上,最高人民法院经过充分调研、论证,于2022年6月21日向第十三届全国人大常委会第三十五次会议提出《关于提请审议民事强制执行法草案的议案》。经过初次审议,6月24日,全国人大常委会决定将《中华人民共和国民事强制执行法(草案)》公开向社会征求意见。毫无疑问,制定民事强制执行法是深入贯彻落实习近平法治思想和党的十八届四中全会部署的实际行动,有利于进一步巩固"基本解决执行难"成果,健全综合治理、源头治理"执行难"长效机制,为实现党中央提出的"切实解决执行难"目标提供有力法律保障。

三、中国执行制度的特征

概括起来,我国的执行制度具有以下几个特征:

1. 法律规范的众多性。在我国的法律体系中,调整执行活动的法律、法规较多,既有国家基本法律,如《刑事诉讼法》《民事诉讼法》《行政诉讼法》,又有一般法律,如《仲裁法》《监狱法》《公证法》等。此外,在某些实体法中也有一些涉及执行的条款。例如,《刑法》第53条规定:"罚金在判决指定的期限内一次或者分期缴纳。期满不缴纳的,强制缴纳。对于不能全部缴纳罚金的,人民法院在任何时候发现被执行人有可以执行的财产,应当随时追缴。由于遭遇不能抗拒的灾祸等原因缴纳确实有困难的,经人民法院裁定,可以延期缴纳、酌情减少或者免除。"第59条规定:"没收财产是没收犯罪分子个人所有财产的一部或者全部。没收全部财产的,应当对犯罪分子个人及其扶养的家属保留必需的生活费用。在判处没收财产的时候,不得没收属于犯罪分子家属所有或者应有的财产。"第60条规定:"没收财产以前犯罪分子所负的正当债务,需要以没收的财产偿还的,经债权人请求,应当偿还。"可以预见,随着民事强制执行法的制定和实施,我国执行领域法律规范的众多性问题将得到有效解决。

2. 执行主体的多元性。执行主体即执行机关,是行使国家执行权的机关。根据执行对象的不同,我国的执行机关有:(1)人民法院:负责判处死刑、罚金、没收财产、附带民事诉讼判决和裁定的执行;负责民事、海事、海商案件判决和裁定的执行;负责仲裁裁决的执行;负责公证机关赋予强制执行效力的公证文书的执行；负责行政判决、裁定以及行政机关部分行政决定的执行。行政机关对于自己作出的行政决定，可以依法强制执行，也可以申请人民法院强制执行。(2)公安机关：负责判处管制、拘役、少部分有期徒刑、剥夺政治权利判决和裁定的执行。(3)监狱：负责判处死刑缓期二年执行、无期徒刑、大部分有期徒刑判决和裁定的执行。(4)某些行政执法机关：对于自己作出的具体行政行为，行政执行机关可以依法强制执行，也可以申请人民法院强制执行。

3. 执行依据的多样性。我国执行机关进行执行活动的依据主要有以下四类：一是人民法院作出的已经发生法律效力的判决和裁定；二是国内仲裁机构和涉外仲裁机构作出的已经发生法律效力的仲裁裁决；三是公证机关赋予强制执行效力的公证文书；四是行政机关作出的部分已经发生法律效力的行政决定。很明显，对于未发生法律效力的判决、裁定、裁决以及行政决定，不能予以执行。

4. 执行程序的差异性。我国三大诉讼法对执行程序作了不同的规定，因此我国的刑事执行程序、民事执行程序和行政执行程序差异较大。其中，刑事执行程序具体有死刑判决的执行，死刑缓期二年执行、无期徒刑、有期徒刑等判决的交付执行和执行以及监外执行、执行期满予以释放等；民事执行程序具体有执行的申请和移送、执行措施、执行中止和执行终结等。行政执行程序有执行的申请、对执行申请的审查与受理、执行措施、执行中止和执行终结等。

5. 执行措施的复杂性。根据三大诉讼法的有关规定，执行措施种类繁多，比较复杂。其中，刑事执行措施主要有枪决、收监、劳动改造和教育改造等；民事执行措施主要有查询、扣押、冻结、划拨、变价被执行人的财产(包括存款、债券、股票、基金份额等)，对被执行人及其住所或者财产隐匿地进行搜查，强制迁出房屋或者强制退出土地等；行政执行措施主要有通知银行划拨，按日处以罚款，提出司法建议，依法追究行政机关主管人员和直接责任人员的刑事责任，以及冻结、划拨、扣缴、查封、扣押、拍卖、变卖、收购、强制交付、强制拆除、强制销毁等。

四、执行的意义

执行是司法程序的最后阶段，也是司法活动不可缺少的重要组成部分。人民法院的判决、裁定和仲裁裁决等发生法律效力后，执行机关只有迅速、及时地将它们所确定的内容付诸实施，才能发挥我国法律惩罚犯罪、制裁违法、保护人民和维护社会秩序的作用。因此，正确、严格、及时地执行生效的判决、裁定和仲裁裁决等，对于实现宪法和法律确定的任务，维护社会主义法制的统一和尊严，具有十分重要的意义。

1. 执行是实现判决、裁定和仲裁裁决等所确定内容的唯一手段。审判程序和仲裁程序是执行程序的前提，执行程序则是审判程序和仲裁程序的继续和完成。从某种意义上说，只有通过执行程序，判决、裁定和仲裁裁决等所确定的内容才能付诸实施；否则，不仅判决、裁定和仲裁裁决等将成为一纸空文，而且整个诉讼活动和仲裁活动的努力都将化为乌有。由此可见，执行程序在司法活动中占有极其重要的地位，只有通过对生效判决、裁定和仲裁裁决等的执行才能实现其所确定的内容，审判、仲裁活动以及刑事案件侦查起诉活动的价值才能得以体现。

2. 执行是维护社会主义法制权威和当事人合法权益的重要措施。生效判决、裁定和仲裁裁决是司法机关、仲裁机构等运用国家司法权、仲裁权的具体结果，如果得不到执行不仅必然削弱司法机关或仲裁机构的威信，损害法律的尊严，而且还会损害当事人的合法权益。人民法院的判决、裁定和仲裁机构的裁决一经发生法律效力,即具有强制执行的效力,任何单位和个人都不得阻碍或抗拒执行。通过执行活动,可以有效地维护社会主义法制的权威性和司法、仲裁工作的严肃性,并使当事人的合法权益得到实现。特别是在大力发展社会主义市场经济的情况下,更需要维护社会主义法制的权威,维护当事人的合法权益,为市场经济的发展创造良好的法治环境。

3. 执行是扩大判决、裁定和仲裁裁决社会效果的主要方法。将判决、裁定和件裁裁决付诸执行,不但能震慑社会上那些有违法犯罪企图的人,使他们认识到,违法犯罪必然受到揭露和惩处,而且能够教育广大人民群众严格遵守宪法和法律,积极同违法犯罪行为作斗争,从而预防和减少违法犯罪的发生,维护社会秩序,保障社会主义现代化建设的顺利进行。

第二节 中国刑事案件的执行

一、刑事执行的依据和主体

(一)刑事执行的依据

刑事执行必须要有法律依据,即有关刑事案件的执行必须要有已经发生法律效力的判决、裁定作为依据。

根据《刑事诉讼法》的规定,已经发生法律效力的判决和裁定有以下几种:

(1)已过法定期限没有上诉、抗诉的第一审判决和裁定;

(2)终审的判决和裁定,即中级人民法院、高级人民法院的第二审判决和裁定以及最高人民法院的一审判决和裁定;

(3)最高人民法院核准的死刑判决和高级人民法院核准的死刑缓期二年执行的判决。

(二)刑事执行的主体

根据《刑事诉讼法》的规定,刑事执行的机关分为以下几种:

(1)交付执行的机关。《刑事诉讼法》第 264 条第 1 款规定:“罪犯被交付执行刑罚的时候,应当由交付执行的人民法院在判决生效后十日以内将有关的法律文书送达公安机关、监狱或者其他执行机关。”据此,除少数刑事判决、裁定由人民法院直接执行外,大多数刑事判决、裁定发生法律效力后,都由第一审人民法院交付执行,但对于第二审人民法院就上诉或抗诉案件作出的判决和裁定,如果罪犯关押在第二审人民法院所在地,可以由第二审人民法院交付执行或者指定所在地的下级人民法院交付执行。

(2)刑罚执行的机关。判处死刑、罚金、没收财产、无罪、免予刑事处分的判决和裁定,以及附带民事赔偿的判决和裁定由人民法院执行;判处死刑缓期二年执行、无期徒刑、有期徒刑的判决和裁定由监狱执行;判处管制、拘役、缓刑、剥夺政治权利的判决、裁定由公安机关执行;对于被判处有期徒刑的罪犯,在被交付执行刑罚前,剩余刑期在 3 个月以下的,由看守所代为执行。

(3)执行的监督机关。人民检察院对执行刑罚的活动是否合法实行监督;如果发现有违法的情况,应当通知执行机关纠正。

二、各类刑事判决与裁定的执行

(一)死刑立即执行判决的执行

死刑是剥夺犯罪分子生命的刑罚。为了保证正确无误地执行死刑,防止发生错杀,《刑事诉讼法》对死刑的执行作了具体明确的规定。主要包括:

(1)最高人民法院判处和核准的死刑立即执行的判决,应当由最高人民法院院长签发执行死刑的命令;下级人民法院接到最高人民法院执行死刑的命令后,应当在7日以内交付执行。

(2)下级人民法院接到最高人民法院执行死刑的命令后至执行前,如果发现判决可能有错误,或者罪犯揭发重大犯罪事实或者有其他重大立功表现可能需要改判,或者罪犯正在怀孕的,应当停止执行,并且立即报告最高人民法院,由最高人民法院作出裁定。如果经审查核实,原判决正确,或者罪犯并无重大立功表现的,必须报请最高人民法院院长再签发执行死刑的命令才能执行;如果经审查核实,罪犯确实正在怀孕的,应当报请最高人民法院依法改判。

(3)人民法院在交付执行死刑前,应当通知同级人民检察院派员临场监督。执行时的警戒事宜则应通知有关公安机关负责办理。

(4)执行死刑由人民法院审判人员指挥。指挥执行的审判人员对罪犯应当验明正身,讯问有无遗言、信札,然后交付执行人员执行死刑。在执行前,如果发现可能有错误,应当暂停执行,报请最高人民法院裁定。

(5)死刑采用枪决或者注射等方法执行。死刑可以在刑场或者指定的羁押场所内执行。执行死刑应当公布,但不应示众,严禁侮辱罪犯人格和摧残罪犯身体。

(6)执行死刑后,在场书记员应当将执行情况写成笔录。交付执行的人民法院应当将执行死刑情况报告最高人民法院。执行死刑后,交付执行的人民法院应当通知罪犯家属。

(二)死刑缓期二年执行、无期徒刑、有期徒刑以及拘役判决的执行

根据《刑事诉讼法》第264条第2、3、5款的规定,对被判处死刑缓期二年执行、无期徒刑、有期徒刑的罪犯,由公安机关依法将该罪犯送交监狱执行刑罚。执行机关应当将罪犯及时收押,并且通知罪犯家属。对被判处有期徒刑的罪犯,在被交付执行刑罚前,剩余刑期在3个月以下的,由看守所代为执行。对被判处拘役的罪犯,由公安机关执行。对未成年犯应当在未成年犯管教所执行刑罚。判处有期徒刑、拘役的罪犯,执行期满,应当由执行机关发给释放证明书。刑满释放人员如果没有附加剥夺政治权利的,依法享有与其他公民平等的权利,对其不得歧视。

(三)管制、宣告缓刑判决的执行

根据《刑事诉讼法》第269条的规定,对被判处管制、宣告缓刑的罪犯,依法实行社区矫正,由社区矫正机构负责执行。

(四)剥夺政治权利判决的执行

根据《刑事诉讼法》第270条的规定,对被判处剥夺政治权利的罪犯,由公安机关执行。执行期满,应当由执行机关书面通知本人及其所在单位、居住地基层组织。

(五)罚金和没收财产判决的执行

罚金,是《刑法》规定的附加刑的一种,属于财产刑。根据《刑事诉讼法》第271条的规定,被判处罚金的罪犯,期满不缴纳的,人民法院应当强制缴纳;如果由于遭遇不能抗拒的灾祸等

原因缴纳确实有困难的,经人民法院裁定,可以延期缴纳、酌情减少或者免除。

根据《刑事诉讼法》第272条的规定,没收财产的判决,无论附加适用或者独立适用,都由人民法院执行;在必要的时候,可以会同公安机关执行。在执行没收财产的判决时,对于赃款、赃物或者违禁品,应一并没收,按照赃款、赃物的有关规定处理。

(六)无罪和免除刑事处罚判决的执行

无罪和免除刑事处罚判决由人民法院执行。根据《刑事诉讼法》第260条的规定,第一审人民法院判决被告人无罪、免除刑事处罚的,如果被告人在押,在宣判后应当立即释放。此时,人民法院应当将判决书和执行通知书交看守所,并负责做好被告人的善后工作,及时恢复无罪公民的名誉和自由;如果对被告人采取了强制措施的,应当依法予以撤销。

(七)附带民事诉讼赔偿判决的执行

附带民事诉讼赔偿判决,应由人民法院依照民事判决的执行程序执行。

三、刑事执行中的诉讼问题及其处理

在刑事判决、裁定的执行过程中,可能涉及一些诉讼问题,如监外执行、减刑与假释等,需要按照《刑事诉讼法》等法律的有关规定予以处理。

(一)死刑缓期二年的减刑或者执行死刑

根据《刑事诉讼法》第261条第2款的规定,被判处死刑缓期二年执行的罪犯,在死刑缓期执行期间,如果没有故意犯罪,死刑缓期执行期满,应当予以减刑的,[2]由执行机关提出书面意见,报请高级人民法院裁定;如果故意犯罪,情节恶劣,查证属实,应当执行死刑的,由高级人民法院报请最高人民法院核准;对于故意犯罪未执行死刑的,死刑缓期执行的期间重新计算,并报最高人民法院备案。

(二)监外执行

监外执行,是指被判处有期徒刑或者拘役的罪犯,出现了法定的特殊情形,不宜在监狱等有关执行场所关押执行,而暂时采取在监狱外执行的变更执行的方法。我国《刑事诉讼法》《监狱法》对监外执行作了具体明确的规定,主要内容包括:

(1)监外执行的条件。对于被判处有期徒刑或者拘役的罪犯,有下列情形之一的,可以暂予监外执行:①有严重疾病需要保外就医的;②怀孕或者正在哺乳自己婴儿的妇女;③生活不能自理,适用暂予监外执行不致危害社会的。对被判处无期徒刑的罪犯,有第二种情形的,可以暂予监外执行。对适用保外就医可能有社会危险性的罪犯,或者自伤自残的罪犯,不得保外就医。

(2)监外执行的程序。在交付执行前,暂予监外执行由交付执行的人民法院决定。对于被告人可能被判处拘役、有期徒刑、无期徒刑,符合暂予监外执行条件的,被告人及其辩护人有权向人民法院提出暂予监外执行的申请,看守所可以将有关情况通报人民法院。人民法院应当进行审查,并在交付执行前作出是否暂予监外执行的决定。

在交付执行后,暂予监外执行由监狱或者看守所提出书面意见,报省级以上监狱管理机关或者设区的市一级以上公安机关批准。

---

[2] 《刑法》第50条第1款规定:"判处死刑缓期执行的,在死刑缓期执行期间,如果没有故意犯罪,二年期满以后,减为无期徒刑;如果确有重大立功表现,二年期满以后,减为二十五年有期徒刑……"

对于罪犯确有严重疾病,必须保外就医的,由省级人民政府指定的医院诊断并开具证明文件,再按上述程序作出决定或者审批。决定或者批准机关应当将暂予监外执行的决定通知公安机关、监狱和原审人民法院。暂予监外执行的罪犯,由居住地公安机关或社区矫正机构执行,公安机关或社区矫正机构应当对其严格管理监督,基层组织或者罪犯的原所在单位协助进行监督。罪犯在暂予监外执行期间死亡的,公安机关或社区矫正机构应当及时通知监狱或者看守所。

对暂予监外执行的罪犯,有下列情形之一的,应当及时收监:①发现不符合暂予监外执行条件的;②严重违反有关暂予监外执行监督管理规定的;③暂予监外执行的情形消失后,罪犯刑期未满的。对于人民法院决定暂予监外执行的罪犯应当予以收监的,由人民法院作出决定,将有关的法律文书送达公安机关、监狱或者其他执行机关。不符合暂予监外执行条件的罪犯通过贿赂等非法手段被暂予监外执行的,在监外执行的期间不计入执行刑期。罪犯在暂予监外执行期间脱逃的,脱逃的期间不计入执行刑期。罪犯在暂予监外执行期间死亡的,执行机关应当及时通知监狱或者看守所。

(3)监外执行的监督

监狱、看守所提出暂予监外执行的书面意见的,应当将书面意见的副本抄送人民检察院。人民检察院可以向决定或者批准机关提出书面意见。这是一种事前监督措施,有利于保证人民法院、监狱管理机构或公安机关正确作出暂予监外执行的决定,防止司法腐败的发生。

决定或者批准暂予监外执行的机关应当将暂予监外执行决定抄送人民检察院。人民检察院认为暂予监外执行不当的,应当自接到通知之日起 1 个月以内将书面意见送交决定或者批准暂予监外执行的机关,决定或者批准暂予监外执行的机关接到人民检察院的书面意见后,应当立即对该决定进行重新核查。这是一种事后监督措施,可以纠正人民法院、监狱管理机构或公安机关错误地暂予监外执行决定,促进司法的公正与廉洁。

(三)减刑与假释

减刑,是指被判处管制、拘役、有期徒刑、无期徒刑的罪犯,在执行期间确有悔改或者立功表现的,依法减轻其原判刑罚的制度;假释,是指被判处有期徒刑或者无期徒刑的罪犯,在执行期间确有悔改表现,不致再危害社会的,依法将其有条件地提前释放的制度。

《刑事诉讼法》第 273 条第 2 款规定:"被判处管制、拘役、有期徒刑或者无期徒刑的罪犯,在执行期间确有悔改或者立功表现,应当依法予以减刑、假释的时候,由执行机关提出建议书,报请人民法院审核裁定,并将建议书副本抄送人民检察院。人民检察院可以向人民法院提出书面意见。"

人民检察院认为人民法院减刑、假释的裁定不当,应当在收到裁定书副本后 20 日以内,向人民法院提出书面纠正意见。人民法院应当在收到纠正意见后 1 个月以内重新组成合议庭进行审理,作出最终裁定。

(四)社区矫正

《刑事诉讼法》第 269 条规定:"对被判处管制、宣告缓刑、假释或者暂予监外执行的罪犯,依法实行社区矫正,由社区矫正机构负责执行。"第十三届全国人大常委会第十五次会议于 2019 年 12 月 28 日通过的《社区矫正法》对社区矫正作了具体规定。主要内容如下:

(1)社区矫正的主体及其职责。①各级司法行政机关主管社区矫正工作。②人民法院、监狱管理机关、公安机关为社区矫正决定机关,负责社区矫正的决定或批准;人民检察院负责社区矫正的法律监督。③地方人民政府根据需要设立社区矫正委员会,负责统筹协调和指导本行政区域内的社区矫正工作。④县级以上地方人民政府根据需要设置社区矫正机构,负责社区矫正工作的具体实施。社区矫正机构应当配备具有法律等专业知识的专门国家工作人员(以下称社区矫正机构工作人员),履行监督管理、教育帮扶等执法职责,并根据需要,组织具有法律、教育、心理、社会工作等专业知识或者实践经验的社会工作者开展社区矫正相关工作。⑤司法所根据社区矫正机构的委托,承担社区矫正相关工作。⑥居民委员会、村民委员会依法协助社区矫正机构做好社区矫正工作。⑦社区矫正对象的监护人、家庭成员,所在单位或者就读学校应当协助社区矫正机构做好社区矫正工作。⑧企业事业单位、社会组织、志愿者等社会力量可以依法参与社区矫正工作。

(2)社区矫正的决定和接受。社区矫正决定机关判处管制、宣告缓刑、裁定假释、决定或者批准暂予监外执行时应当确定社区矫正执行地。社区矫正执行地为社区矫正对象的居住地。社区矫正对象在多个地方居住的,可以确定经常居住地为执行地。社区矫正对象的居住地、经常居住地无法确定或者不适宜执行社区矫正的,社区矫正决定机关应当根据有利于社区矫正对象接受矫正、更好地融入社会的原则,确定执行地。

社区矫正决定机关根据需要,可以委托社区矫正机构或者有关社会组织对被告人或者罪犯的社会危险性和对所居住社区的影响,进行调查评估,提出意见,供决定社区矫正时参考。居民委员会、村民委员会等组织应当提供必要的协助。

社区矫正决定机关判处管制、宣告缓刑、裁定假释、决定或者批准暂予监外执行时,应当对社区矫正对象进行教育,告知其在社区矫正期间应当遵守的规定以及违反规定的法律后果,责令其按时报到。

社区矫正决定机关应当自判决、裁定或者决定生效之日起 5 日内通知执行地社区矫正机构,并在 10 日内送达有关法律文书,同时抄送人民检察院和执行地公安机关。社区矫正决定地与执行地不在同一地方的,由执行地社区矫正机构将法律文书转送所在地的人民检察院、公安机关。

人民法院判处管制、宣告缓刑、裁定假释的社区矫正对象,应当自判决、裁定生效之日起 10 日内到执行地社区矫正机构报到。人民法院决定暂予监外执行的社区矫正对象,由看守所或者执行取保候审、监视居住的公安机关自收到决定之日起 10 日内将社区矫正对象移送社区矫正机构。监狱管理机关、公安机关批准暂予监外执行的社区矫正对象,由监狱或者看守所自收到批准决定之日起 10 日内将社区矫正对象移送社区矫正机构。

社区矫正机构应当依法接收社区矫正对象,核对法律文书、核实身份、办理接收登记、建立档案,并宣告社区矫正对象的犯罪事实、执行社区矫正的期限以及应当遵守的规定。

(3)社区矫正的监督管理。①社区矫正对象的义务。社区矫正对象在社区矫正期间应当遵守法律、行政法规,履行判决、裁定、暂予监外执行决定等法律文书确定的义务,遵守国务院司法行政部门关于报告、会客、外出、迁居、保外就医等监督管理规定,服从社区矫正机构的管理。②社区矫正机构的监管职责。主要有:第一,应当根据裁判内容和社区矫正对象的性别、年龄、心理特点、健康状况、犯罪原因、犯罪类型、犯罪情节、悔罪表现等情况,制定有针对性的矫正方案(该方案应根据社区矫正对象的表现等情况进行相应调整),实现分类管理、个别化矫正。第二,应当根据社区矫正对象的情况,为其确定矫正小组,负责落实相应的矫正方案。矫正小组一般由司法所、居民委员会、村民委员会的人员,社区矫正对象的监护人、家庭成员,所在单位或者就读学校的人员以及社会工作者、志愿者等组成。社区矫正对象为女性的,矫正小组中应有女性成员。第三,应当了解掌握社区矫正对象的活动情况和行为表现。社区矫正机构可以通过通信联络、信息化核查、实地查访等方式核实有关情况,有关单位和个人应当予以配合。第四,开展实地查访等工作时,应当保护社区矫正对象的身份信息和个人隐私。③对社区矫正对象的监管措施。具体包括:一是矫正对象离开所居住的市、县或者迁居,应当报经社区矫正机构批准。社区矫正机构对于有正当理由的,应当批准;对于因正常工作和生活需要经常性跨市、县活动的,可以根据情况,简化批准程序和方式。因社区矫正对象迁居等原因需要变更执行地的,社区矫正机构应当按照有关规定作出变更决定。社区矫正机构作出变更决定后,应当通知社区矫正决定机关和变更后的社区矫正机构,并将有关法律文书抄送变更后的社区矫正机构。变更后的社区矫正机构应当将法律文书转送所在地的人民检察院、公安机关。二是依照有关规定对社区矫正对象实施考核奖惩:社区矫正对象认罪悔罪、遵守法律法规、服从监督管理、接受教育表现突出的,应当给予表扬;社区矫正对象违反法律法规或者监督管理规定的,应当视情节依法给予训诫、警告、提请公安机关予以治安管理处罚,或者依法提请撤销缓刑、撤销假释、对暂予监外执行的收监执行。对社区矫正对象的考核结果,可以作为认定其是否确有悔改表现或者是否严重违反监督管理规定的依据。三是社区矫正对象有法定情形之一的(包括:违反人民法院禁止令的;无正当理由,未经批准离开所居住的市、县的;拒不按照规定报告自己的活动情况,被给予警告的;违反监督管理规定,被给予治安管理处罚的;拟提请撤销缓刑、假释或者暂予监外执行收监执行的),经县级司法行政部门负责人批准,可以使用电子定位装置,加强监督管理。使用电子定位装置的期限不得超过3个月,对于不需要继续使用的,应当及时解除;对于期限届满后,经评估仍有必要继续使用的,经过批准,期限可以延长,每次不得超过3个月。社区矫正机构对通过电子定位装置获得的信息应当严格保密,有关信息只能用于社区矫正工作,不得用于其他用途。四是社区矫正对象失去联系的,社区矫正机构应当立即组织查找,公安机关等有关单位和人员应当予以配合协助。查找到社区矫正对象后,应当区别情形依法作出处理。五是社区矫正机构发现社区矫正对象正在实施违反监督管理规定的行为或者违反人民法院禁止令等违法行为的,应当立即制止;制止无效的,应当立即通知公安机关到场处置。此外,社区矫正对象有被依法决定拘留、强制隔离戒毒、采取刑事强制措施等限制人身自由情形的,有关机关应当及时通知社区矫正机构。

(4)社区矫正的变动、解除和终止。社区矫正对象符合《刑法》规定的减刑条件的,社区矫正机构应当向社区矫正执行地的中级以上人民法院提出减刑建议,并将减刑建议书抄送同级人民检察院。人民法院应当在收到社区矫正机构的减刑建议书后30日内作出裁定,并将裁定书送达社区矫正机构,同时抄送人民检察院、公安机关。

社区矫正对象矫正期满或者被赦免的,社区矫正机构应当向社区矫正对象发放解除社区矫正证明书,并通知社区矫正决定机关、所在地的人民检察院、公安机关。

社区矫正对象被裁定撤销缓刑、假释,被决定收监执行,或者社区矫正对象死亡的,社区矫正终止。社区矫正对象具有《刑法》规定的撤销缓刑、假释情形的,应当由人民法院撤销缓刑、假释。对于在考验期限内犯新罪或者发现判决宣告以前还有其他罪没有判决的,应当由审理该案件的人民法院撤销缓刑、假释,并书面通知原审人民法院和执行地社区矫正机构。对于其他需要撤销缓刑、假释情形的,社区矫正机构应当向原审人民法院或者执行地人民法院提出撤销缓刑、假释建议,并将建议书抄送人民检察院。社区矫正机构提出撤销缓刑、假释建议时,应当说明理由,并提供有关证据材料。被提请撤销缓刑、假释的社区矫正对象可能逃跑或者可能发生社会危险的,社区矫正机构可以在提出撤销缓刑、假释建议的同时,提请人民法院决定对其予以逮捕。人民法院应当在48小时内作出是否逮捕的决定。决定逮捕的,由公安机关执行。逮捕后的羁押期限不得超过30日。

人民法院应当在收到社区矫正机构撤销缓刑、假释建议书后30日内作出裁定,将裁定书送达社区矫正机构和公安机关,并抄送人民检察院。人民法院拟撤销缓刑、假释的,应当听取社区矫正对象的申辩及其委托的律师的意见。人民法院裁定撤销缓刑、假释的,公安机关应当及时将社区矫正对象送交监狱或者看守所执行。执行以前被逮捕的,羁押一日折抵刑期一日。人民法院裁定不予撤销缓刑、假释的,对被逮捕的社区矫正对象,公安机关应当立即予以释放。

暂予监外执行的社区矫正对象具有刑事诉讼法规定的应当予以收监情形的,社区矫正机构应当向执行地或者原社区矫正决定机关提出收监执行建议,并将建议书抄送人民检察院。社区矫正决定机关应当在收到建议书后30日内作出决定,将决定书送达社区矫正机构和公安机关,并抄送人民检察院。人民法院、公安机关对暂予监外执行的社区矫正对象决定收监执行的,由公安机关立即将社区矫正对象送交监狱或者看守所收监执行。监狱管理机关对暂予监外执行的社区矫正对象决定收监执行的,监狱应当立即将社区矫正对象收监执行。

被裁定撤销缓刑、假释和被决定收监执行的社区矫正对象逃跑的,由公安机关追捕,社区矫正机构、有关单位和个人予以协助。社区矫正对象在社区矫正期间死亡的,其监护人、家庭成员应当及时向社区矫正机构报告。社区矫正机构应当及时通知社区矫正决定机关、所在地的人民检察院、公安机关。

(5)对未成年人的社区矫正。社区矫正机构应当根据未成年社区矫正对象的年龄、心理特点、发育需要、成长经历、犯罪原因、家庭监护教育条件等情况,采取针对性的矫正措施。主要包括:①社区矫正机构为未成年社区矫正对象确定矫正小组,应当吸收熟悉未成年人身心特点的人员参加。②对未成年人的社区矫正,应当与成年人分别进行。③未成年社区矫正对象的监护人应当履行监护责任,承担抚养、管教等义务。监护人怠于履行监护职责的,社区矫正机构应当督促、教育其履行监护责任。监护人拒不履行监护职责的,通知有关部门依法作出处理。④社区矫正机构工作人员和其他依法参与社区矫正工作的人员对履行职责过程中获得的未成年人身份信息应当予以保密。除司法机关办案需要或者有关单位根据国家规定查询外,未成年社区矫正对象的档案信息不得提供给任何单位或者个人。依法进行查询的单位,应当对获得的信息予以保密。⑤对未完成义务教育的未成年社区矫正对象,社区矫正机构应当通知并配合教育部门为其完成义务教育提供条件。未成年社区矫正对象的监护人应当依法保证其按时入学接受并完成义务教育。⑥年满16周岁的社区矫正对象有就业意愿的,社区矫正机构可以协调有关部门和单位为其提供职业技能培训,给予就业指导和帮助。⑦共青团、妇联、未成年人保护组织应当依法协助社区矫正机构做好未成年人社区矫正工作,同时国家鼓励其他未成年人相关社会组织参与未成年人社区矫正工作,依法给予政策支持。⑧未成年社区矫正对象在复学、升学、就业等方面依法享有与其他未成年人同等的权利,任何单位和个人不得歧视。有歧视行为的,应当由教育、人力资源和社会保障等部门依法作出处理。⑨未成年社区矫正对象在社区矫正期间年满18周岁的,继续按照未成年人社区矫正有关规定执行。

(6)社区矫正的权益保障和法律责任。开展社区矫正工作,应当保障社区矫正对象的合法权益。社区矫正的措施和方法应当避免对社区矫正对象的正常工作和生活造成不必要的影响;非依法律规定,不得限制或者变相限制社区矫正对象的人身自由。社区矫正对象认为其合法权益受到侵害的,有权向人民检察院或者有关机关申诉、控告和检举。受理机关应当及时办理,并将办理结果告知申诉人、控告人和检举人。

社区矫正对象在社区矫正期间有违反监督管理规定行为的,由公安机关依照《治安管理处罚法》的规定给予处罚;具有撤销缓刑、假释或者暂予监外执行收监情形的,应当依法作出处理。

社区矫正对象殴打、威胁、侮辱、骚扰、报复社区矫正机构工作人员和其他依法参与社区矫正工作的人员及其近亲属,构成犯罪的,依法追究刑事责任;尚不构成犯罪的,由公安机关依法给予治安管理处罚。

社区矫正机构工作人员和其他国家工作人员有下列行为之一的,应当给予处分;构成犯罪的,依法追究刑事责任:①利用职务或者工作便利索取、收受贿赂的;②不履行法定职责的;③体罚、虐待社区矫正对象,或者违反法律规定限制或者变相限制社区矫正对象的人身自由的;④泄露社区矫正工作秘密或者其他依法应当保密的信息的;⑤对依法申诉、控告或者检举的社区矫正对象进行打击报复的;⑥有其他违纪违法行为的。

人民检察院发现社区矫正工作违反法律规定的,应当依法提出纠正意见、检察建议。有关单位应当将采纳纠正意见、检察建议的情况书面回复人民检察院,没有采纳的应当说明理由。

(五)对新罪与漏罪的处理

新罪是指犯罪分子在服刑期间又犯的罪行;漏罪是指在执行过程中发现的罪犯在判决宣告以前所犯的尚未判决的罪行。对于罪犯的新罪和漏罪,都应当依法追究。《刑事诉讼法》第273条第1款规定:“罪犯在服刑期间又犯罪的,或者发现了判决的时候所没有发现的罪行,由执行机关移送人民检察院处理。”罪犯在服刑期间又犯罪的,由监狱进行侦查,侦查终结后,由监狱写出起诉意见书,连同案卷材料、证据一并移送人民检察院处理;如果罪犯不在监狱内服刑(包括暂予监外执行、缓刑、假释、社区矫正)的,由公安机关进行侦查,侦查终结后,由公安机关写出起诉意见书,连同案卷材料、证据一并移送人民检察院处理。对于新罪和漏罪,应当按照《刑事诉讼法》关于管辖的规定和刑法关于数罪并罚的规定追究刑事责任。

(六)对错判与申诉的处理

《刑事诉讼法》第275条规定:“监狱和其他执行机关在刑罚执行中,如果认为判决有错误或者罪犯提出申诉,应当转请人民检察院或者原判人民法院处理。”据此,监狱或者其他执行机关认为原判决有错误,应提出具体的书面意见,并附有关调查材料,转请人民检察院或原判人民法院处理;监狱或者其他执行机关对于罪犯的申诉,不得扣留或压制,应当及时转请人民检察院或原判人民法院处理。

人民检察院或原判人民法院对监狱转来的有关材料,应当进行认真审查,发现原判决确有错误的,应当按照审判监督程序对案件进行重新处理。对于罪犯的申诉,应当及时审查,认为具备《刑事诉讼法》第253条规定的情形之一的,人民检察院应当按照审判监督程序提起抗诉,人民法院应当按照审判监督程序对案件予以重新审理。经过审查,如果认为原判决没有错误的,人民检察院或人民法院应当具函通知监狱或其他执行机关;如果认为罪犯的申诉没有根据的,人民检察院或人民法院应当驳回申诉。申诉期间,原判决不停止执行。

第三节 中国民事案件的执行

一、民事执行的依据与机构

(一)民事执行的依据

民事执行必须要有法律依据,即有关民事案件的执行必须要有已经发生法律效力的法律文书作为依据。根据《民事诉讼法》和有关法律的规定以及最高人民法院1998年发布的《关于人民法院执行工作若干问题的规定(试行)》(2020年修正,以下简称最高法院《执行工作规定》),作为民事案件执行依据的生效法律文书有以下几种:

1. 人民法院民事、行政判决、裁定、调解书,民事制裁决定、支付令,以及刑事附带民事判决、裁定、调解书,刑事裁判涉财产部分;

2. 我国仲裁机构作出的仲裁裁决和调解书,人民法院依据《仲裁法》有关规定作出的财产保全和证据保全裁定;

3. 公证机关依法赋予强制执行效力的债权文书;

4. 经人民法院裁定承认其效力的外国法院作出的判决、裁定,以及国外仲裁机构作出的仲裁裁决;

5. 法律规定由人民法院执行的其他法律文书。

(二)民事执行的机构

民事执行工作由人民法院负责。长期以来,民事执行机构主要设在基层人民法院和中级人民法院,但实际上,高级人民法院和最高人民法院也担负着一定的判决裁定的执行工作。另外,高级人民法院和最高人民法院还负有对下级法院执行工作进行监督和管理的职责。因此,《民事诉讼法》第235条第3款规定:“人民法院根据需要可以设立执行机构。”这表明,各级人民法院均可以设立执行机构。

2000年以来,为了加强执行工作,解决长期以来存在的“执行难”问题,我国地方各级人民法院相继设立了执行局,并实行垂直领导体制,最高人民法院则成立了协调全国执行工作的执行办公室,后改为执行局(执行指挥办公室)。

人民法院执行机构由法官、执行员、司法警察等人员组成。其中,法官负责办理各类执行案件;执行员负责办理执行实施案件,但是作出拘留决定、罚款决定等依法应当由法官办理的重大事项除外;司法警察在法官、执行员的指挥下参与执行实施工作。

执行工作由执行员进行。采取强制执行措施时,执行员应当出示证件。执行完毕后,应当将执行情况制作笔录，由在场的有关人员签名或者盖章。

二、民事执行的管辖

执行管辖是指各级人民法院之间以及同级人民法院之间在执行生效法律文书上的权限划分。《民事诉讼法》第 231 条规定："发生法律效力的民事判决、裁定，以及刑事判决、裁定中的财产部分，由第一审人民法院或者与第一审人民法院同级的被执行的财产所在地人民法院执行。法律规定由人民法院执行的其他法律文书，由被执行人住所地或者被执行的财产所在地人民法院执行。"根据这一规定和最高法院《执行工作规定》，人民法院的执行管辖一般分为以下三种情况：

1. 对于人民法院作出的生效法律文书（包括判决书、裁定书、调解书），无论是第一审人民法院作出的，还是第二审人民法院作出的，均由第一审人民法院执行，也可以由与第一审人民法院同级的被执行的财产所在地人民法院执行。当事人分别向上述人民法院申请执行的，由最先接受申请的人民法院执行。

2. 对于法律规定由人民法院执行的其他法律文书（包括仲裁裁决书、公证债权文书），由被执行人住所地或者被执行的财产所在地人民法院执行。当事人分别向上述人民法院申请执行的，由最先接受申请的人民法院执行。

3. 对于发生法律效力的支付令，由制作支付令的人民法院执行。人民法院之间因执行管辖发生争议的，由双方协商解决；协商不成的，报请双方的共同上级人民法院指定管辖；基层人民法院和中级人民法院管辖的执行案件，因特殊情况需要由上级人民法院执行的，可以报请上级人民法院执行。

三、民事执行的申请与移送

（一）执行的申请与受理

根据《民事诉讼法》第 243、244、245 条的规定，执行的申请和受理分为以下几种情况：

1. 发生法律效力的民事判决、裁定、调解书和其他应当由人民法院执行的法律文书，一方拒绝履行的，对方当事人可以向人民法院申请执行。

2. 对依法设立的仲裁机构的裁决，一方当事人不履行的，对方当事人可以向有管辖权的人民法院申请执行，受申请的人民法院应当执行。

3. 对公证机关依法赋予强制执行效力的债权文书，一方当事人不履行的，对方当事人可以向有管辖权的人民法院申请执行，受申请的人民法院应当执行。

申请执行的期间为 2 年。申请执行时效的中止、中断，适用法律有关诉讼时效中止、中断的规定。上述期限，从法律文书规定履行期间的最后一日起计算；法律文书规定分期履行的，从最后一期履行期限届满之日起计算；法律文书未规定履行期间的，从法律文书生效之日起计算。

根据最高法院《执行工作规定》第 16 条的规定，人民法院受理执行案件应当符合下列条件：（1）申请或移送执行的法律文书已经生效；（2）申请执行人是生效法律文书确定的权利人或其继承人、权利承受人；（3）申请执行的法律文书有给付内容，且执行标的和被执行人明确；（4）义务人在生效法律文书确定的期限内未履行义务；（5）属于受申请执行的人民法院管辖。人民法院对符合上述条件的申请，应当在 7 日内予以立案；不符合上述条件之一的，应当在 7 日内裁定不予受理。

为防止执行的拖延和执行人员的不作为,《民事诉讼法》第233条规定,人民法院自收到申请执行书之日起超过6个月未执行的,申请执行人可以向上一级人民法院申请执行。上一级人民法院经审查,可以责令原人民法院在一定期限内执行,也可以决定由本院执行或者指令其他人民法院执行。

(二)执行的移送

执行程序的发生,除当事人提出执行申请并由人民法院受理并执行外,还可以由审判员依职权移送执行员执行。移送执行的依据:一是《民事诉讼法》第243条第1款的规定,即发生法律效力的民事判决、裁定,一方当事人拒绝履行的,对方当事人可以向人民法院申请执行,也可以由审判员移送执行员执行。二是最高法院《执行工作规定》第17条第2款的规定,即发生法律效力的具有给付赡养费、抚养费、抚育费内容的法律文书、民事制裁决定书,以及刑事附带民事判决、裁定、调解书,由审判庭移送执行机构执行。

审判员移送执行前,应报经主管院长或庭长批准,并填写移送执行书。移送执行书的内容一般应包括移送执行书的编号、案由、申请人、被执行人、需要执行的事项及具体要求,是否有已经执行的部分,被执行人的经济状况与履行义务的能力等。然后,审判员应根据被执行人的人数及协助执行单位的情况附上若干份需要执行的法律文书,连同案件卷宗一并移送执行机构。

四、民事执行的程序与措施

(一)执行开始

人民法院受理执行案件后,应当在3日内向被执行人发出执行通知书,责令其在指定的期间内履行生效法律文书确定的义务,并承担《民事诉讼法》规定的迟延履行期间的债务利息或迟延履行金。被执行人逾期不履行的,人民法院应当及时采取执行措施,强制执行。人民法院采取执行措施,应当制作裁定书,送达被执行人。

实践中,人民法院向被执行人发出执行通知后,有的被执行人立即隐匿、转移财产,执行通知反而给被执行人实施逃避债务的行为提供了机会。为了避免这种情况的发生,《民事诉讼法》第247条规定:“执行员接到申请执行书或者移交执行书,应当向被执行人发出执行通知,并可以立即采取强制执行措施。”据此,执行员可以在向被执行人发出执行通知的同时,立即予以强制执行。

(二)执行措施

执行措施,是指人民法院依法强制被执行人履行义务或协助执行人协助执行的具体方法,是人民法院做好执行工作,保证生效法律文书确定的内容得以实现的有效手段。根据《民事诉讼法》和最高法院《执行工作规定》的规定,人民法院在执行活动中,可以采取下列执行措施。

1. 要求被执行人报告财产情况。现实生活中,有一些被执行人有财产,但是故意拖延不执行。为了解决这个问题,《民事诉讼法》第248条明确规定:“被执行人未按执行通知履行法律文书确定的义务,应当报告当前以及收到执行通知之日前一年的财产情况。被执行人拒绝报告或者虚假报告的,人民法院可以根据情节轻重对被执行人或者其法定代理人、有关单位的主要负责人或者直接责任人员予以罚款、拘留。”

2. 查询、扣押、冻结、划拨、变价被执行人的财产。被执行人未按执行通知履行法律文书确定的义务，人民法院有权向有关单位（包括银行、非银行金融机构、邮电局、证券公司、股份公司等）查询被执行人的存款、债券、股票、基金份额等财产情况，并有权根据不同情形扣押、冻结、划拨、变价被执行人的财产，但查询、扣押、冻结、划拨、变价的财产不得超出被执行人应当履行义务的范围。人民法院决定扣押、冻结、划拨、变价财产，应当作出裁定，并发出协助执行通知书，有关单位必须办理。

3. 扣留、提取被执行人收入。被执行人未按执行通知履行法律文书确定的义务，人民法院有权扣留、提取被执行人应当履行义务部分的收入。但应当保留被执行人及其所扶养家属的生活必需费用。人民法院扣留、提取收入时，应当作出裁定，并发出协助执行通知书，被执行人所在单位、银行、非银行金融机构和其他有储蓄业务的单位必须办理。否则，按妨害民事诉讼行为论处。上述单位收到人民法院协助执行被执行人收入的通知后，擅自向被执行人或者其他人支付的，人民法院有权责令其限期追回；逾期未追回的，应当裁定其在支付的数额内向申请执行人承担责任。

4. 查封、扣押、冻结、拍卖、变卖被执行人的财产。被执行人未按执行通知履行法律文书确定的义务，人民法院有权作出裁定，查封、扣押、冻结、拍卖、变卖被执行人应当履行义务部分的财产，但应当保留被执行人及其所扶养家属的生活必需品。人民法院查封、扣押财产时，被执行人是公民的，应当通知被执行人或者他的成年家属到场；被执行人是法人或者其他组织的，应当通知其法定代表人或者主要负责人到场。拒不到场的，不影响执行。被执行人是公民的，其工作单位或者财产所在地的基层组织应当派人参加。对被查封、扣押的财产，执行员必须造具清单，由在场人签名或者盖章后，交被执行人一份；被执行人是公民的，也可以交他的成年家属一份。被查封的财产，执行员可以指定被执行人负责保管；因被执行人的过错造成的损失，由被执行人承担。财产被查封、扣押后，执行员应当责令被执行人在指定期间履行法律文书确定的义务。被执行人逾期不履行的，人民法院应当拍卖被查封、扣押的财产；不适于拍卖或者当事人双方同意不进行拍卖的，人民法院可以委托有关单位变卖或者自行变卖。国家禁止自由买卖的物品，交有关单位按照国家规定的价格收购。

5. 对被执行人及其住所或者财产隐匿地进行搜查。被执行人不履行法律文书确定的义务，并隐匿财产的，人民法院有权发出由院长签发的搜查令，对被执行人及其住所或者财产隐匿地进行搜查。人民法院搜查时，对被执行人可能存放隐匿财物的处所、箱柜等，经责令被执行人开启而拒不配合的，可以强制开启。执行中，被执行人隐匿财产的，人民法院应责令被执行人交出隐匿的财产或折价赔偿；被执行人拒不交出或赔偿的，人民法院可按被执行财产的价值强制执行被执行人的其他财产，也可以采取搜查措施，追回被隐匿的财产。人民法院进行搜查时，应禁止无关人员进入搜查现场；搜查对象是公民的，应通知被执行人或者他的成年家属以及基层组织派员到场；搜查对象是法人或者其他组织的，应通知法定代表人或者主要负责人到场，有上级主管部门的，也应通知主管部门有关人员到场，拒不到场的，不影响搜查；搜查妇女身体，应由女执行人员进行。搜查中发现应当依法扣押的财产，依照《民事诉讼法》有关扣押的规定办理。

6. 强制被执行人交付法律文书所指定的财物或者票证。法律文书指定交付的财物或者票证，由执行员传唤双方当事人当面交付，或者由执行员转交，并由被交付人签收。有关单位持有该项财物或者票证的，应当根据人民法院的协助执行通知书转交，并由被交付人签收；有关公民持有该项财物或者票证的,人民法院通知其交出,拒不交出的,强制执行。需要注意的是,生效法律文书确定被执行人交付特定标的的,应当执行原物。原物被隐匿或非法转移的,人民法院有权责令其交出;原物确已变质、损坏或灭失的,应当裁定折价赔偿或按标的物的价值强制执行被执行人的其他财产。有关单位或公民持有法律文书指定交付的财物或票证,在接到人民法院协助执行通知书后,协同被执行人转移财物或票证的,人民法院有权责令其限期追回;逾期未追回的,应当裁定其承担赔偿责任。

7. 强制被执行人迁出房屋或退出土地。人民法院在执行中强制被执行人迁出房屋或者强制退出土地的,应由院长签发公告,责令被执行人在指定期间履行;被执行人逾期不履行的,由执行员强制执行。强制执行时,被执行人是公民的,应当通知被执行人或者他的成年家属到场;被执行人是法人或者其他组织的,应当通知其法定代表人或者主要负责人到场。拒不到场的,不影响执行。被执行人是公民的,其工作单位或者房屋、土地所在地的基层组织应当派人参加。执行员应当将强制执行情况记入笔录,由在场人签名或者盖章。强制迁出房屋被搬出的财物,由人民法院派人运至指定处所,交给被执行人;被执行人是公民的,也可以交给他的成年家属;因拒绝接收而造成的损失,由被执行人承担。

8. 强制办理财产权证照转移手续。有关财产权证照是指与财产权相联系的许可证和执照,主要是不动产权证书、山林所有权证书、专利证书、商标证书、车辆执照等。在执行过程中,对有关财产权的证照需要办理转移手续的,人民法院根据执行需要,可以向有关单位发出协助执行通知书,有关单位必须办理。执行实践中经常发生被执行人的财产虽然已被强制移交给执行申请人,但是有关证照的过户手续却一拖再拖,甚至办不下来的情况,以至于执行程序难以终结,也不利于对申请执行人合法权益的保护。这一措施的设立和采取便可有效地解决这一问题。

9. 强制被执行人履行法律文书指定的行为。被执行人拒不履行生效法律文书中指定的行为的,人民法院可以强制其履行。对于可以替代履行的行为,人民法院可以委托有关单位或他人完成,但所发生的费用由被执行人承担;对于只能由被执行人完成的行为,经批评教育后,被执行人仍拒不履行的,人民法院应当按照妨害执行行为的有关规定处理,同时还可责令被执行人偿付申请执行人因此而遭受的损失。

10. 加倍支付迟延履行期间的债务利息或迟延履行金。被执行人未按判决、裁定和其他法律文书指定的期间履行给付金钱义务的,应当加倍支付迟延履行期间的债务利息;被执行人未按判决、裁定和其他法律文书指定的期间履行其他义务的,应当支付迟延履行金。上述债务利息或延迟履行金自判决、裁定和其他法律文书指定的履行期间届满的次日起计算;加倍支付迟延履行期间的债务利息,是指在按银行同期贷款最高利率计付的债务利息上增加一倍。被执行人未按判决、裁定和其他法律文书指定的期间履行非金钱给付义务的,无论是否已给申请执行人造成损失,都应当支付迟延履行金。已经造成损失的,应双倍补偿申请执行人已经受到的损失;没有造成损失的,迟延履行金可以由人民法院根据具体案件情况决定。

11. 禁止被执行人转让知识产权。被执行人不履行生效法律文书确定的义务,人民法院有权裁定禁止被执行人转让其专利权、注册商标专用权、著作权(财产权部分)等知识产权。上述权利有登记主管部门的,应当同时向有关部门发出协助执行通知书,要求其不得办理财产权转移手续,必要时可以责令被执行人将产权或使用权证照交人民法院保存。同时,人民法院对其财产权部分,可以采取拍卖、变卖等执行措施。

12. 采取高额罚款、拘留、提出司法建议、限制出境、在征信系统记录、通过媒体公布不履行义务信息等威慑措施。《民事诉讼法》第 116 条规定,被执行人与他人恶意串通,通过诉讼、仲裁、调解等方式逃避履行法律文书确定的义务的,人民法院应当根据情节轻重予以罚款、拘留;构成犯罪的,依法追究刑事责任。第 117 条第 2 款规定,人民法院对拒不协助执行的单位,可以对其主要负责人或者直接责任人员予以罚款;对仍不履行协助义务的,可以予以拘留;并可以向监察机关或者有关机关提出予以纪律处分的司法建议。第 118 条第 1、2 款规定,对个人的罚款金额,为人民币 10 万元以下;对单位的罚款金额,为人民币 5 万元以上 100 万元以下;拘留的期限,为 15 日以下。第 262 条规定,被执行人不履行法律文书确定的义务的,人民法院可以对其采取或者通知有关单位协助采取限制出境,在征信系统记录、通过媒体公布不履行义务信息以及法律规定的其他措施。2013 年 7 月 16 日,最高人民法院发布《关于公布失信被执行人名单信息的若干规定》(2017 年修正),明确规定被执行人未履行生效法律文书确定的义务,并且具有履行能力而拒不履行生效法律文书确定义务,以伪造证据、暴力、威胁等方法妨碍、抗拒执行,以虚假诉讼、虚假仲裁或者以隐匿、转移财产等方法规避执行,违反财产报告制度,违反限制消费令,或者无正当理由拒不履行执行和解协议等情形之一的,人民法院应当将其纳入失信被执行人名单,应当将其纳入失信被执行人名单,依法进行信用惩戒。具体包括:(1)各级人民法院应当将失信被执行人名单信息录入最高人民法院失信被执行人名单库,并通过该名单库统一向社会公布。(2)各级人民法院可以根据各地实际情况,将失信被执行人名单通过报纸、广播、电视、网络、法院公告栏等其他方式予以公布,并可以采取新闻发布会或者其他方式对本院及辖区法院实施失信被执行人名单制度的情况定期向社会公布。(3)各级人民法院应当将失信被执行人名单信息,向政府相关部门、金融监管机构、金融机构、承担行政职能的事业单位及行业协会等通报,供相关单位依照法律、法规和有关规定,在政府采购、招标投标、行政审批、政府扶持、融资信贷、市场准入、资质认定等方面,对失信被执行人予以信用惩戒。(4)各级人民法院应当将失信被执行人名单信息向征信机构通报,并由征信机构在其征信系统中记录。此外,国家工作人员、人大代表、政协委员等被纳入失信被执行人名单的,人民法院应当将失信情况通报其所在单位和相关部门;国家机关、事业单位、国有企业等被纳入失信被执行人名单的,人民法院应当将失信情况通报其上级单位、主管部门或者履行出资人职责的机构。

(三)执行中有关问题的处理

1. 执行异议。从实际情况来看,当前执行难有一部分是因为法院执行人员违法行为造成的。为了防止这种行为发生,《民事诉讼法》第 232 条规定:"当事人、利害关系人认为执行行为违反法律规定的,可以向负责执行的人民法院提出书面异议。当事人、利害关系人提出书面异议的,人民法院应当自收到书面异议之日起十五日内审查,理由成立的,裁定撤销或者改正;理由不成立的,裁定驳回。当事人、利害关系人对裁定不服的,可以自裁定送达之日起十日内向上一级人民法院申请复议。"也就是说,当事人、利害关系人如果认为执行行为违反法律规定的,可以向人民法院提出执行异议或申请复议,以促使负责执行的人民法院严格依法执行,或者促使上一级人民法院依法及时纠正。

同时,《民事诉讼法》第 234 条规定:"执行过程中,案外人对执行标的提出书面异议的,人民法院应当自收到书面异议之日起十五日内审查,理由成立的,裁定中止对该标的的执行;理由不成立的,裁定驳回。案外人、当事人对裁定不服,认为原判决、裁定错误的,依照审判监督程序办理;与原判决、裁定无关的,可以自裁定送达之日起十五日内向人民法院提起诉讼。”

所谓案外人,是指没有参加执行程序而提出不同意见的人,即执行案件以外的人。案外人对执行标的主张权利,可以提出被执行的财物属于自己所有,也可以认为被执行人的作为或不作为涉及自己的权益。案外人对执行标的主张权利的,应当向负责执行的人民法院提出异议,且该异议必须在执行程序结束前提出。案外人异议一般应当以书面形式提出,并提供相应的证据;以书面形式提出确有困难的,也可以以口头形式提出。

2. 执行和解。在执行中,双方当事人可以自愿达成和解协议,变更生效法律文书确定的履行义务主体、标的物及其数额、履行期间和履行方式。和解协议一般应当采取书面形式,执行人员应当将和解协议副本附卷。无书面协议的,执行人员应当将和解协议的内容记入笔录,由双方当事人签名或者盖章。

当事人之间达成的和解协议合法有效并履行完毕的,人民法院作执行结案处理。申请执行人因受欺诈、胁迫与被执行人达成和解协议,或者当事人不履行和解协议的,人民法院可以根据当事人的申请,恢复对原生效法律文书的执行。申请恢复执行原法律文书的期限是,双方或者一方是公民的为 1 年,双方是法人或者其他组织的为 6 个月。申请执行期限因达成执行中的和解协议而中止,其期限自和解协议所确定履行期限的最后一日起连续计算。

3. 执行担保。在执行中,被执行人向人民法院提供担保,并经申请执行人同意的,人民法院可以决定暂缓执行。暂缓执行应当确定一定期限,但最长不得超过 1 年;如果担保是有期限的,暂缓执行的期限应当与担保期限一致。执行担保,可以由被执行人向人民法院提供财产担保,也可以由第三人出面担保。以财产作担保的,应当提交担保书,并根据《民法典》的有关规定,按照担保物的种类、性质,将担保物移交执行法院或依法到有关机关办理登记手续;由第三人担保的,应当提交担保书。担保人应当具有代为履行或者代为承担赔偿责任的能力。

在暂缓执行期间,如果发现被执行人或担保人对担保的财产有转移、隐匿、变卖、毁损等行为的,人民法院可以恢复强制执行。人民法院决定暂缓执行的期限届满后,被执行人仍不履行义务的,人民法院可以直接执行担保财产,或者裁定执行担保人的财产,但执行担保人的财产以担保人应当履行义务部分的财产为限。

4. 被执行人死亡或终止后的执行问题。作为被执行人的公民死亡的,以其遗产偿还债务。执行中,如果有遗产继承人,且继承人没有放弃继承的,人民法院可以裁定变更被执行人,由该继承人在遗产的范围内偿还债务;继承人放弃继承的,人民法院可以直接执行被执行人的遗产。

作为被执行人的法人或者其他组织终止的,由其权利义务承受人履行义务。执行中作为被执行人的法人或者其他组织分立、合并的,其权利义务由变更后的法人或者其他组织承受;作为被执行人的法人或者其他组织被撤销的,如果依有关实体法的规定有权利义务承受人的,可以裁定该权利义务承受人为被执行人。

在执行中,作为被执行人的其他组织不能履行法律文书确定的义务的,人民法院可以裁定执行对该其他组织依法承担义务的法人或者公民的财产;作为被执行人的法人或者其他组织名称变更的,人民法院可以裁定变更后的法人或者其他组织为被执行人。

(四)执行中止、终结与执行回转

1. 执行中止。根据《民事诉讼法》第263条第1款的规定,有下列情形之一的,人民法院应当裁定中止执行:(1)申请人表示可以延期执行的;(2)案外人对执行标的提出确有理由的异议的;(3)作为一方当事人的公民死亡,需要等待继承人继承权利或者承担义务的;(4)作为一方当事人的法人或者其他组织终止,尚未确定权利义务承受人的;(5)按照审判监督程序提审或再审的;(6)人民法院认为应当中止执行的其他情形。中止执行的,人民法院应当制作裁定书,写明中止执行的理由和法律依据;中止执行的裁定,送达当事人后立即生效。

上述中止执行的情形消失后,执行法院可以根据当事人的申请或依职权恢复执行。恢复执行不需要重新制作裁定撤销原中止执行的裁定,只要执行员报经院长批准,从恢复执行起,原中止执行裁定就失去效力,但中止执行以前所进行的一切活动仍然有效。人民法院恢复执行应当书面通知当事人。

2. 执行终结。根据《民事诉讼法》第264条的规定,有下列情形之一的,人民法院裁定终结执行:(1)申请人撤销执行申请的;(2)据以执行的法律文书被撤销的;(3)作为被执行人的公民死亡,无遗产可供执行,又无义务承担人的;(4)追索赡养费、扶养费、抚养费案件的权利人死亡的;(5)作为被执行人的公民因生活困难无力偿还借款,无收入来源,又丧失劳动能力的;(6)在执行中,被执行人被人民法院裁定宣告破产的;(7)人民法院认为应当终结执行的其他情形。

终结执行的,人民法院应当制作裁定书,写明终结执行的理由和法律依据;终结执行的裁定,送达当事人后立即生效。

3. 执行结案。人民法院执行生效法律文书,一般应当在立案之日起6个月内执行结案,但中止执行的期间应当扣除;确有特殊情况需要延长的,由本院院长批准。执行结案的方式为:(1)生效法律文书确定的内容全部执行完毕;(2)裁定终结执行;(3)裁定不予执行;(4)当事人之间达成执行和解协议并已履行完毕。

4. 执行回转。执行回转,是指在执行完毕后,因法定事由的出现,由执行人员采取措施,恢复到执行开始前的原状。执行完毕后,据以执行的判决、裁定和其他法律文书确有错误,被人民法院撤销的,对已被执行的财产,人民法院应当作出裁定,责令取得财产的人返还;拒不返还的,强制执行。执行回转时,已执行的标的物系特定物的,应当退还原物;不能退还原物的,可以折价抵偿。

第四节　中国行政案件的执行

一、行政案件的执行的概念和特点

行政案件的执行,是指人民法院对已经发生法律效力的行政案件的判决、裁定和其他有关法律文书,在负有义务的一方当事人拒绝履行时,依法采取强制措施,从而使法律文书的内容得以实现的各种活动。

与民事案件的执行相比,行政案件的执行具有以下几个特点:

1. 执行主体的二元性。与民事案件仅由人民法院执行不同,行政案件的执行主体除人民法院外,还包括有关行政机关。具体表现在以下四个方面:(1)被告行政机关拒绝履行行政判决、裁定,由人民法院强制执行;(2)原告即公民、法人或者其他组织拒绝履行行政判决、裁定,行政机关拥有强制执行权的,由行政机关依法强制执行;(3)原告即公民、法人或者其他组织拒绝履行行政判决、裁定,行政机关没有强制执行权的,行政机关可以申请人民法院强制执行;(4)对于公民、法人或者其他组织既不起诉又不履行生效的行政行为,如果该行政行为系行政终局裁决行为或法律规定只能由行政机关执行的,则人民法院不予执行,而应由行政机关依法执行;如果行政机关没有执行权,经行政机关申请,人民法院应予执行。

需要指出的是,虽然行政案件的执行主体具有二元性的特点,但如果人民法院的行政判决、裁定以及行政机关和法律法规授权组织的行政决定是由行政机关自己依法执行的,则属于行政执行,按照行政程序进行,而不属于司法执行的范畴。

2. 执行依据的多样性。行政案件的执行依据既有人民法院的行政判决、裁定,又有人民法院的行政赔偿判决、裁定和调解书,还有行政机关或法律法规授权组织的行政决定。

3. 适用法律规范的特殊性。《行政诉讼法》对行政案件执行的规定只有 4 个条文,比较简单。最高法院《行诉法解释》对执行作了专门的规定,共有 10 个条文。因此,人民法院进行行政案件的执行活动,主要以最高人民法院的司法解释为法律依据。同时,与人民法院审理行政案件可以参照《民事诉讼法》的有关规定相一致,人民法院进行行政案件的执行活动亦可以参照《民事诉讼法》有关执行方面的规定。

4. 执行措施的不对等性。人民法院进行民事执行活动,对所有被执行人(既可能是原告也可能是被告)都适用一样的执行措施,而行政案件执行中采取的执行措施因被执行人不同而有所区别,即对行政机关作为被执行人所采取的执行措施与对公民、法人或者其他组织作为被执行人所采取的执行措施不完全相同。《行政诉讼法》按照被执行人的不同规定不同的执行措施,有利于行政机关主动履行行政判决和裁定,保证行政案件执行工作的顺利进行。

二、行政案件执行的依据和管辖

(一)行政案件执行的依据

行政案件的执行必须要有法律依据,即必须要有一定的法律文书作为依据。根据《行政诉讼法》和有关司法解释的规定,作为行政案件执行依据的法律文书主要有以下几种:(1)人民法院作出的终审行政判决和裁定;(2)在法定上诉期限内,当事人没有提出上诉和上诉后又撤诉的第一审人民法院作出的行政判决和裁定;(3)已经发生法律效力的行政赔偿判决书和行政调解书;(4)人民法院制作的承认外国法院行政案件判决的裁定书;(5)行政机关依照法律、法规规定向人民法院申请执行的行政法律文书。需要注意的是,这里所说的"法律、法规",是指全国人民代表大会及其常务委员会制定的法律和国务院制定的行政法规。

(二)行政案件的执行机构

行政案件的执行机构和民事案件的执行机构相同,均为人民法院设立的执行庭和执行局,此不赘述。

(三)行政案件执行的管辖

根据最高法院《行诉法解释》第 154、157 条的规定,行政案件的执行管辖分为以下两种

情况:

第一,发生法律效力的行政判决书、行政裁定书、行政赔偿判决书和行政调解书,由第一审人民法院执行。第一审人民法院认为情况特殊,需要由第二审人民法院执行的,可以报请第二审人民法院执行;第二审人民法院可以决定由其执行,也可以决定由第一审人民法院执行。

第二,行政机关申请人民法院强制执行其行政行为的,由申请人所在地的基层人民法院受理;执行对象为不动产的,由不动产所在地的基层人民法院受理。基层人民法院认为执行确有困难的,可以报请上级人民法院执行;上级人民法院可以决定由其执行,也可以决定由下级人民法院执行。

三、行政案件执行的申请和受理

对发生法律效力的行政判决书、行政裁定书、行政赔偿判决书和行政调解书,负有义务的一方当事人拒绝履行的,对方当事人可以依法申请人民法院强制执行;人民法院判决行政机关履行行政赔偿、行政补偿或者其他行政给付义务,行政机关拒不履行的,对方当事人可以依法向法院申请强制执行。

行政机关根据法律的授权对平等主体之间民事争议作出裁决后,当事人在法定期限内不起诉又不履行,作出裁决的行政机关在申请执行的期限内未申请人民法院强制执行的,生效行政裁决确定的权利人或者其继承人、权利承受人在6个月内可以申请人民法院强制执行。享有权利的公民、法人或者其他组织申请人民法院强制执行生效行政裁决,参照行政机关申请人民法院强制执行行政行为的规定。

行政机关或者行政行为确定的权利人申请人民法院强制执行前,有充分理由认为被执行人可能逃避执行的,可以申请人民法院采取财产保全措施。后者申请强制执行的,应当提供相应的财产担保。

当事人申请人民法院执行,应当符合下列条件:

1.有执行的依据。所谓执行依据,是指人民法院据以执行的法律文书即已经发生法律效力的行政判决书、行政裁定书、行政赔偿判决书和行政调解书。

2.有可供执行的内容。裁判文书所确定的内容有的具有执行意义,有的则没有执行的必要,如人民法院撤销行政机关违法的警告处罚就无须执行。一般地说,具有可执行内容的义务有:给付义务,如赔偿;实施特定的行为的义务,如拆除违章建筑、重新作出行政行为、恢复原状等。

3.当事人在法定期限内提出执行申请。申请执行的期限为2年;申请执行时效的中止、中断,适用法律有关规定。申请执行的期限从法律文书规定的履行期间最后一日起计算;法律文书规定分期履行的,从规定的每次履行期间的最后一日起计算;法律文书中没有规定履行期限的,从该法律文书送达当事人之日起计算。逾期申请的,除有正当理由外,人民法院不予受理。

按照最高法院《行诉法解释》第155条第1款的规定,行政机关根据《行政诉讼法》第97条的规定[3]申请执行其行政行为,应当具备以下条件:(1)行政行为依法可以由人民法院执行;(2)行政行为已经生效并具有可执行内容;(3)申请人是作出该行政行为的行政机关或者

---

〔3〕《行政诉讼法》第97条规定:"公民、法人或者其他组织对行政行为在法定期限内不提起诉讼又不履行的,行政机关可以申请人民法院强制执行,或者依法强制执行。"

法律、法规、规章授权的组织;(4)被申请人是该行政行为所确定的义务人;(5)被申请人在行政行为确定的期限内或者行政机关催告期限内未履行义务;(6)申请人在法定期限内提出申请;[4](7)被申请执行的行政案件属于受理执行申请的人民法院管辖。

行政机关申请人民法院执行,应当提交《行政强制法》第55条规定的相关材料,包括:(1)强制执行申请书;(2)行政决定书及作出决定的事实、理由和依据;(3)当事人的意见及行政机关催告情况;(4)申请强制执行标的情况;(5)法律、行政法规规定的其他材料。强制执行申请书应当由行政机关负责人签名,加盖行政机关的印章,并注明日期。

人民法院对符合条件的申请,应当在5日内立案受理,并通知申请人;对不符合条件的申请,应当裁定不予受理。行政机关对不予受理裁定有异议,在15日内向上一级人民法院申请复议的,上一级人民法院应当在收到复议申请之日起15日内作出裁定。

四、行政案件执行的程序

(一)对行政行为的审查

人民法院受理行政机关申请执行其行政行为的案件后,应当在7日内由行政审判庭对行政行为的合法性进行审查,并作出是否准予执行的裁定;人民法院在作出裁定前发现行政行为明显违法并损害被执行人合法权益的,应当听取被执行人和行政机关的意见,并自受理之日起30日内作出是否准予执行的裁定。需要采取强制执行措施的,由本院负责强制执行非诉行政行为的机构执行。

被申请执行的行政行为有下列情形之一的,人民法院应当裁定不准予执行:(1)实施主体不具有行政主体资格的;(2)明显缺乏事实根据的;(3)明显缺乏法律、法规依据的;(4)其他明显违法并损害被执行人合法权益的情形。行政机关对不准予执行的裁定有异议,在15日内向上一级人民法院申请复议的,上一级人民法院应当在收到复议申请之日起30日内作出裁定。

(二)执行前的准备

人民法院受理行政案件执行申请并决定予以执行的,执行机构在实施执行前应进行必要的准备工作。首先,要深入了解案情,尤其是要了解清楚被执行人拒不履行义务的原因、是否有履行能力以及财产状况。其次,应通知被执行人在指定的期限内主动履行,并告知如逾期不履行的,即采取措施强制执行。同时,还应对被执行人进行说服教育,并主动与其所在单位或上级部门、基层组织取得联系,以取得他们的配合与协助,促使被执行人主动履行义务。最后,要制定强制执行的方案,决定所要采取的执行措施,确定执行的时间、地点,明确执行的对象和范围,并办理好有关执行措施的批准手续,通知执行参与人和有关人员到场。

(三)执行措施

根据《行政诉讼法》第96条的规定,行政机关拒绝履行判决、裁定、调解书的,第一审人民法院可以采取以下措施:

1. 对应当归还的罚款或者应当给付的款额,通知银行从该行政机关的账户内划拨。

2. 在规定期限内不履行的,从期满之日起,对该行政机关负责人按日处50元至100元的

---

[4] 需要注意的是,根据最高法院《行诉法解释》第156条的规定,没有强制执行权的行政机关申请人民法院强制执行其行政行为,应当自被执行人的法定起诉期限届满之日起3个月内提出;逾期申请的,除有正当理由外,人民法院不予受理。

罚款。

3. 将行政机关拒绝履行的情况予以公告。

4. 向监察机关或者该行政机关的上一级行政机关提出司法建议。接受司法建议的机关,根据有关规定进行处理,并将处理情况告知人民法院。

5. 拒不履行判决、裁定、调解书,社会影响恶劣的,可以对该行政机关直接负责的主管人员和其他直接责任人员予以拘留;情节严重,构成犯罪的,依法追究刑事责任。

此外,根据《行政诉讼法》第 101 条〔5〕的规定,行政机关拒绝履行人民法院生效判决、裁定、调解书的,人民法院还可以参照《民事诉讼法》第 114 条的规定,对主要负责人或者直接责任人员予以罚款。

第五节　中国仲裁案件的执行

一、国内仲裁裁决的执行

(一)仲裁裁决的执行的概念和意义

仲裁裁决的执行,是指人民法院根据当事人的申请,依照法定程序将仲裁裁决的内容和要求付诸实施的强制性行为。仲裁裁决的执行体现了法院对仲裁的支持。按照《仲裁法》的规定,仲裁裁决一经作出即对双方当事人产生约束力和强制力,当事人对裁决确定的义务应当在规定的期限内主动履行。但对当事人不主动履行的,仲裁机构因其民间性质而无权采取强制措施执行裁决。在这种情况下,经当事人申请由人民法院强制执行仲裁裁决,可以有效地保证当事人实现其权利,从而实现仲裁裁决的强制力。这是仲裁制度得以存在和发展的最终保障。

(二)仲裁裁决的执行的申请与审查

《仲裁法》第 62 条规定,当事人应当履行裁决;一方当事人不履行的,另一方当事人可以依照《民事诉讼法》的有关规定向人民法院申请执行;受申请的人民法院应当执行。

根据《仲裁法》《民事诉讼法》等的有关规定,当事人申请执行仲裁裁决应当符合下列条件:

1. 仲裁裁决已由仲裁委员会作出且发生法律效力。

2. 申请人必须是依据仲裁裁决享有权利的一方当事人,不享有权利的当事人无权提出申请。

3. 申请必须在一定期限内提出。按照《仲裁法》第 62 条的规定,申请执行仲裁裁决的期限按《民事诉讼法》的有关规定办理,即申请执行的期限为 2 年。该期限从裁决书、调解书规定履行期间的最后一日起计算;裁决书、调解书规定分期履行的,从最后一期履行期限届满之日起计算。

---

〔5〕《行政诉讼法》第 101 条规定:人民法院审理行政案件,关于期间、送达、财产保全、开庭审理、调解、中止诉讼、终结诉讼、简易程序、执行等,以及人民检察院对行政案件受理、审理、裁判、执行的监督,本法没有规定的,适用《中华人民共和国民事诉讼法》的相关规定。

4. 申请必须向有管辖权的人民法院提出。根据《民事诉讼法》的有关规定,就级别管辖而言,有管辖权的法院一般应是基层人民法院,标的很大或者在本辖区内有重大影响的案件,则可以由中级人民法院管辖;就地域管辖而言,有管辖权的法院应是被执行人住所地或者被执行的财产所在地的人民法院。

当事人申请人民法院执行的,一般应提交执行申请书,书写确有困难的,也可以口头申请,由执行人员记入笔录。无论采用哪一种方式,当事人均应说明申请执行的事项和理由,并附上作为执行根据的仲裁裁决书、调解书。必要时,还应提供有关被执行人经济状况或财产状况的资料。

对当事人提出的执行仲裁裁决的申请,人民法院应当进行审查。经审查,对符合执行条件的申请,人民法院应予以执行;对不符合条件的,则驳回申请。

(三)仲裁裁决执行的措施

仲裁裁决的执行由人民法院执行员负责。执行员对符合条件的执行申请应向被执行人发出通知,被执行人未按执行通知履行仲裁裁决确定的义务的,执行员可以根据不同情形采取以下执行措施:(1)冻结、划拨被执行人的存款、债券、股票或基金份额;(2)扣留、提取被执行人的收入;(3)查封、扣押、拍卖、变卖被执行人的财产;(4)搜查被执行人的财产;(5)强制被执行人交付仲裁裁决指定的财物或者票证;(6)强制被执行人迁出房屋或者退出土地;(7)强制执行仲裁裁决指定的行为;(8)强制支付延迟履行的利息或者滞纳金;(9)办理财产权转移手续。

(四)仲裁裁决的不予执行

根据仲裁的独立性特点,人民法院对仲裁裁决不得主动进行审查。只有在被申请人对执行仲裁裁决提出异议和提供充分证据的情况下,人民法院才能对仲裁裁决进行审查。根据《仲裁法》第63条的规定,被申请人提出证据证明仲裁裁决有《民事诉讼法》第244条第2款规定的下列情形之一的,经人民法院组成合议庭审查核实,裁定不予执行:(1)当事人在合同中没有订有仲裁条款或者事后没有达成书面仲裁协议的;(2)裁决的事项不属于仲裁协议的范围或者仲裁机构无权仲裁的;(3)仲裁庭的组成或者仲裁的程序违反法定程序的;(4)裁决所根据的证据是伪造的;(5)对方当事人向仲裁机构隐瞒了足以影响公正裁决的证据的;(6)仲裁员在仲裁该案时有贪污受贿、徇私舞弊、枉法裁决行为的。另外,人民法院认定执行该裁决违背社会公共利益的,亦应裁定不予执行。

人民法院受理不予执行仲裁裁决的申请后,应组成合议庭对仲裁裁决进行审查。经过审查,合议庭认为仲裁裁决具有不予执行情形的,应裁定不予执行;认为仲裁裁决不具有不予执行情形的,则应裁定驳回申请。仲裁裁决被人民法院裁定不予执行的,其法律后果与撤销仲裁裁决相同,即双方当事人可以根据双方达成的书面仲裁协议重新申请仲裁,也可以向人民法院起诉。

(五)执行的中止、终结与恢复

《仲裁法》第64条规定,一方当事人申请执行裁决,另一方当事人申请撤销裁决的,人民法院应当裁定中止执行。人民法院裁定撤销裁决的,应当裁定终结执行;撤销裁决的申请被裁定驳回的,人民法院应当裁定恢复执行。

二、涉外仲裁裁决的执行

1. 涉外仲裁裁决在我国境内的执行

根据《民事诉讼法》第280条的规定,一方当事人不履行我国涉外仲裁机构的仲裁裁决的，对方当事人可以向被申请人住所地或者财产所在地的中级人民法院申请执行。当事人申请执行应当采用书面形式，并附裁决书正本及仲裁协议或含有仲裁条款的合同文本。如申请执行人为外国当事人，其申请书必须用中文提出。申请执行应在法定期限内提出。申请人在申请执行时还应当预交执行费。

人民法院收到当事人的申请书后，应对执行的有关事项进行审查。在这方面，人民法院只进行程序上的审查，不作实质审查。经审查，认为手续齐备、符合执行条件的，应予立案，并向被执行人发出执行通知，责令其在一定期限内履行。逾期不履行的，人民法院应依法采取相应的执行措施。

根据《民事诉讼法》第281、282条的规定，对中华人民共和国涉外仲裁机构作出的裁决，被申请人提出证据证明仲裁裁决有下列情形之一的，经人民法院组成合议庭审查核实，裁定不予执行：(1)当事人在合同中没有订有仲裁条款或者事后没有达成书面仲裁协议的；(2)被申请人没有得到指定仲裁员或者进行仲裁程序的通知，或者由于其他不属于被申请人负责的原因未能陈述意见的；(3)仲裁庭的组成或者仲裁的程序与仲裁规则不符的；(4)裁决的事项不属于仲裁协议的范围或者仲裁机构无权仲裁的。人民法院认定执行该裁决违背社会公共利益的，裁定不予执行。仲裁裁决被人民法院裁定不予执行的，当事人可以根据双方达成的书面仲裁协议重新申请仲裁，也可以向人民法院起诉。

2. 涉外仲裁裁决在我国境外的执行

我国《仲裁法》第72条规定，涉外仲裁委员会作出的发生法律效力的仲裁裁决，当事人请求执行的，如果被执行人或者其财产不在中华人民共和国领域内，应当由当事人直接向有管辖权的外国法院申请承认和执行。

我国已于1987年4月20日正式加入《承认及执行外国仲裁裁决的公约》。这就意味着我国涉外仲裁机构的裁决在世界上100多个缔约方可以用简便的手续和宽松的条件得到承认和执行。具体做法是：如果被申请人所在的国家（地区）是公约的缔约方，我国一方当事人就应按照公约的规定，向对方有管辖权的法院提交承认和执行我国涉外仲裁机构裁决的申请以及经过认证机构认证的仲裁协议书、载有仲裁条款的合同书副本和仲裁裁决书正本。这些文件都要翻译成该国文字，有些国家（地区）还要求经其使领馆或公证机构的认证。对于需要在非缔约国申请执行的，则应根据双边条约或协定中订有的执行仲裁裁决的条款予以办理。一般这些条款都体现了司法协助或互惠原则，即双方相互承认和执行对方境内仲裁机构作出的仲裁裁决。

第九章　中国监狱制度

第一节　中国监狱制度概述

一、中国监狱制度的概念

(一)监狱的概念

监狱并不是自古就有的,它是人类社会发展到一定历史阶段的产物。我国古代监狱的称谓众多,直到汉朝才开始出现“狱”的叫法。《说文解字》笺注中注解:“狱之言确也,取其监牢之意;狱字从二犬,取其守备之意;从言,言者讼也。”明朝开始将“狱”改称“监”。《大明律·刑律》中首先出现“监”作为狱名,取其监察之意。这是中国监狱史上称“狱”为“监”的开始。清朝时期,将“狱”和“监”合称为“监狱”。由此,“监狱”一词在汉语词汇中开始使用。

在现代中国监狱制度中,监狱是指对被判处死刑缓期二年执行、无期徒刑、有期徒刑的罪犯执行刑罚,实施惩罚与改造的国家刑罚执行机关。它包含以下几层含义:首先,监狱是国家的刑罚执行机关。这是监狱最本质的体现。监狱和公安机关、检察机关、审判机关等国家机关一起构成了我国完整的刑事司法体系。其次,监狱的职能是执行刑罚,惩罚与改造罪犯。执行刑罚是监狱的首要职能,监狱有责任保证国家刑罚目的的顺利实现。对罪犯进行惩罚和改造,是刑罚执行活动的实质内容。最后,监狱关押的对象仅限于被判处特定刑罚的罪犯,即只有被判处死刑缓期二年执行、无期徒刑、有期徒刑的罪犯,才在监狱执行刑罚。

(二)中国监狱制度的概念

监狱制度是指对依法被判处刑罚的犯罪分子实施惩罚改造的刑事执行制度,它是由刑法、刑事诉讼法、监狱法等法律加以规范,是国家司法制度的重要组成部分。对于这一概念,可从以下几个方面理解:

1. 监狱制度的法律依据是宪法、刑法、刑事诉讼法以及监狱法等法律法规。宪法是国家的根本大法,一切法律、行政法规和地方性法规都不得同宪法相抵触。监狱制度必须以宪法为依据,其他各项法律法规不得与宪法相冲突;监狱制度是对犯罪分子实施惩罚改造的刑事执行制度,它与刑法、刑事诉讼法密切相关;监狱法是有关监狱制度的法律规范的总和,它对监狱制度的内容作了系统、全面的规定,是监狱制度最直接的法律依据。

2. 监狱制度实施的对象是依法被判处特定刑罚的罪犯。《监狱法》第 2 条规定:“监狱是国家的刑罚执行机关。依照刑法和刑事诉讼法的规定,被判处死刑缓期二年执行、无期徒刑、有期徒刑的罪犯,在监狱内执行刑罚。”第 15 条第 2 款规定:“罪犯在被交付执行刑罚前,剩余刑期在三个月以下的,由看守所代为执行。”据此,监狱制度实施的对象是特定的,即被判处死刑缓期二年执行、无期徒刑和剩余刑期为 3 个月以上有期徒刑的罪犯。

3. 监狱制度的主要任务是执行刑罚、惩罚和改造罪犯。《监狱法》第1条规定，监狱的任务是"正确执行刑罚，惩罚和改造罪犯，预防和减少犯罪"。这就决定了监狱制度的各项内容必须围绕这一基本任务展开，其各项具体制度必须服务于这一基本任务。

二、中国监狱制度的沿革

（一）中国古代的监狱制度

监狱作为镇压被统治阶级的暴力机器，是随着奴隶制国家的产生而产生的。奴隶制、封建制国家的监狱主要是监禁候审被告和等待执行犯人的场所而不是刑罚的执行手段，根本谈不上改造罪犯的问题。这与当时的刑罚及其执行目的直接相关。因为奴隶制、封建制的刑罚主要是生命刑、身体刑和流刑，即死刑、肉刑和流放，而没有自由刑（徒刑）的概念，所以那时的监狱一般是暂时羁押以待审判和执行的场所，而不需要像执行徒刑那样进行长期监禁。

1. 奴隶社会的监狱制度。《左传·昭公六年》载："夏有乱政，而作禹刑。"东汉应邵《风俗通》载："三王始有狱。"就是说中国到夏、商、周三代才有监狱。其中，西周的监狱制度较为完备。比较有特色的是圜土制度和嘉石制度。西周的圜土制度是把强制劳役、束缚自由、加以耻辱几方面结合起来使用，以达到教化犯人的目的，体现了西周统治者"明德慎罚"的政策思想。嘉石制度实际上是一种行政处罚措施，有持坐、劳役，也有刑期，是中国历史上最早的、较为完整的拘役形式。

2. 封建社会的监狱制度。封建专制统治下的监狱制度具有以下几个方面特征：一是监狱是隶属于司法与行政官署的附属物。狱政、行政、司法三者不分，皇帝是最高的狱政管理者。审判与行刑不分，司法官员兼有执行刑罚的权力。二是在"诸法合体"的封建法律体系中，没有独立的监狱法典。关于监狱的法律规定主要混列于各朝大法的有关篇目中，此外另立一些律例、诏令作为补充。三是立法与执法脱节。中国封建狱制渗透了儒家思想，有关监狱的法律中规定了一些文明、进步的内容，但实际上监狱官吏野蛮残暴、滥施刑罚，监禁环境极其恶劣。封建统治者悯囚、慎刑的说教与司法治狱实践的专横暴虐，形成了鲜明的对照。四是实行不公开、不平等的监狱管理制度，维护封建等级特权。

（二）中国近现代监狱制度

1840年的鸦片战争使中国开始沦为半封建半殖民地社会，标志着中国古代监狱制度的终结，揭开了中国近现代监狱制度的序幕。

清王朝后期自1840年至1911年是半封建半殖民地统治时期，其监狱制度有三个特点：一是各外国侵略者凭借武力迫使清政府签订一系列不平等条约，攫取了领事裁判权，并强行在华设立司法机关及其附属监狱。二是清王朝后期不仅基本上保存着封建的旧监陈制，还增加了买办性。三是在清王朝濒临灭亡的最后10年里，打着"预备立宪"的旗号，试行改良监狱。清王朝创制的《大清监狱律草案》，基本上照搬日本的监狱法，其体例结构、条文内容和监狱原则都比较完备。之后的北洋军阀政府和南京国民政府沿用了该草案的大部分内容。

北洋政府司法部以《大清监狱律草案》为蓝本，颁布了《中华民国监狱规则》，并陆续制定和公布了一些监狱管理方面的单行法规，补充了许多内容。这些法规除大量抄袭西方资本主义国家的刑罚原则和监狱制度外，还保留着许多封建狱制的内容。

1927年4月至1949年9月的南京国民政府时期，建立了庞大的国家机器。1928年10月南京国民政府司法部颁布《监狱规则》，之后又陆续颁布了多个附属法规。南京国民政府接管了北洋军阀政府的全部监狱和看守所,并在此基础上不断扩充,形成了庞大的监狱体系。南京国民政府的监狱制度,在普通监狱方面采取西方资本主义监狱制度的一些做法,具有一定的进步意义;但由于仿效德、意、日的法西斯监狱体制,因而其监狱制度又具有法西斯的特点。

土地革命时期,工农民主政权的监狱体系分为看守所、劳动感化院和监狱、苦工队。在中央司法人民委员部设劳动感化处,主管狱政工作。中央工农民主政府制定的《中华苏维埃共和国劳动感化院暂行章程》,比较详细地规定了劳动感化院的目的、体制和管理制度。

抗日战争时期,在各边区的抗日民主政权的高等法院、延安地方法院和县司法处之下设立看守所、监狱,有的还设立了犯人自新学艺所、劳动感化院。此时的监所,均对犯人"施以教育,授以工艺,使其劳动生产"。

解放战争时期,随着解放区的扩大,人民民主政权的各级司法机关不仅设立看守所、监狱,有的还设立自新学艺所,建立劳动队。其中,劳动队的建立,开创了改造犯人的新狱制。

(三)新中国的监狱制度

中华人民共和国成立后,在中央人民政府司法部设监狱司,各大行政区司法部设监狱处,主管狱政工作。当时的狱政工作主要是彻底改造接收过来的旧监所,运用解放区监所工作的基本经验,创建新型监狱制度,其中主要是建立劳动改造制度,对犯人实行劳动改造。这时的监狱、看守所附设于人民法院,并设劳动改造队。监狱关押重型罪犯,劳动改造队羁押一般罪犯,通过劳动生产改造罪犯。看守所主要羁押未决犯。1950 年年底,中央司法部根据政务院的指示将监所工作移交给中央公安部领导和管理。

劳动改造制度是一种新型监狱制度。1954 年 9 月 7 日,政务院公布《劳动改造条例》,以法律形式规定了劳动改造机关的性质、任务和劳动改造工作的方针、政策,以及监管工作、劳动生产和教育工作的基本原则、基本制度和方法等,标志着劳动改造制度的制度化、法律化。

国务院于 1983 年 4 月决定将劳动改造机关由公安部成建制地划归司法部领导和管理,但看守所仍由公安部门领导和管理。这一重大调整,改革和完善了监狱工作的管理体制,劳动改造工作出现了新的局面。

1994 年 12 月 29 日,八届全国人大常委会第 11 次会议通过《监狱法》,揭开了我国监狱制度的新篇章。《监狱法》的制定和颁布,标志着我国刑事法律体系的进一步完善,为确保正确执行刑罚奠定了基础。《监狱法》全面总结了我国监狱工作的经验教训,明确界定了监狱的性质、任务,具体规定了监狱工作的基本原则、基本制度和基本方法等。这对于有效地惩罚罪犯、保障人权、维护社会稳定,具有极其重要的作用。《监狱法》确立了监狱警察的法律地位,强调了对服刑罪犯的权利保障,这既体现了惩罚罪犯的严肃性与威慑力,又体现了改造罪犯的文明与人道精神。2012 年 10 月 26 日,第十一届全国人大常委会第二十九次会议对《监狱法》进行了修改,进一步完善了我国的监狱制度。

三、中国监狱制度的特征

中国监狱制度是具有中国特色的新型监狱制度,它除了具有监狱制度一般的特征外,还具有自己的鲜明特色。

1. 人民性。我国是人民民主专政的社会主义国家,人民是国家的主人,因此,反映在监狱制度中的国家意志便是人民的意志。我国的监狱制度体现了广泛的人民性。

2. 改造性。受国家性质和刑罚理论的影响,我国的监狱制度较以往的监狱制度有了重大的发展。它不但彻底摒弃了旧监狱制度单纯惩罚罪犯的做法，而且在批判借鉴的基础上建立起一套全新的以改造罪犯为核心的监狱制度，使改造罪犯成为守法公民的刑罚理论在监狱制度上得到了充分体现。改造性是人民性的法律化和具体化。

3. 科学性。我国监狱制度虽然强调惩罚罪犯，但同时要求必须严格依法办事，坚持科学、文明管理的原则。在行刑内容上，我国的监狱制度确定了严格规范的行刑程序，建立了科学的行刑与改造手段体系，以及各种行之有效的管理与教育方法。在行刑程序上，我国的监狱制度严格规定了从收监到释放的各个环节，以确保刑罚能够得到及时、有效和准确的执行。在行刑和改造手段上，我国的监狱制度形成了以狱政管理、劳动改造和教育改造为主要内容的行刑与改造手段体系，有效地保证了监狱行刑的社会效益和改造罪犯的质量。

第二节　中国监狱的性质与任务

一、监狱的性质

《刑法》第 46 条规定，被判处有期徒刑、无期徒刑的犯罪分子，在监狱或者其他执行场所执行。《刑事诉讼法》第 264 条第 2 款规定："对被判处死刑缓期二年执行、无期徒刑、有期徒刑的罪犯，由公安机关依法将该罪犯送交监狱执行刑罚。"《监狱法》第 2 条规定："监狱是国家的刑罚执行机关。依照刑法和刑事诉讼法的规定，被判处死刑缓期二年执行、无期徒刑、有期徒刑的罪犯，在监狱内执行刑罚。"上述法律规定明确了我国监狱的性质。

1. 监狱是刑罚执行机关。监狱作为国家的刑罚执行机关，意味着它的社会分工或社会职能是执行刑罚，其与公安机关、检察机关、审判机关共同构成人民民主专政的工具，行使国家的刑罚权。

刑罚是国家对犯罪分子实行的一种最严厉的惩罚方法，必须由拥有刑罚权的国家机关来执掌。刑罚权包括制刑权、求刑权、量刑权与行刑权四项权能。其中，作为最高国家权力机关的全国人民代表大会及其常务委员会行使制刑权；公安机关和检察机关分别行使求刑权中的侦查、拘留、逮捕、预审及检察、批准逮捕、起诉及提出量刑建议等具体权能；人民法院负责审判，依法对刑事案件进行审理、判决，行使量刑权；行刑权则主要由国家的刑罚执行机关——监狱来行使。

2. 监狱是主要的刑罚执行机关。刑罚执行机关包括所有负责刑罚执行的机关。我国刑罚的执行是由不同机关分工负责的，监狱并不是国家唯一的刑罚执行机关。我国《刑法》对刑种作了明确规定，包括死刑、无期徒刑、有期徒刑、拘役、管制五种主刑和剥夺政治权利、罚金、没收财产三种附加刑，另外对犯罪的外国人可以单独或者附加适用驱逐出境。这些刑罚分别由人民法院、公安机关和监狱负责执行。其中，监狱负责对被判处死刑缓期二年执行、无期徒刑、有期徒刑的犯罪分子执行刑罚。由于这三类犯罪分子占已决犯的绝大多数，因此监狱在我国是主要的刑罚执行机关。

3. 监狱是国家机关之一，具有国家机关的属性。监狱是国家机构的组成部分，由国家统一建立和管理。它既不属于某个部门或单位所有，更不同于西方国家的私人监狱。全国的监狱都必须是国家所属,各省、自治区、直辖市监狱管理机关均受国家委派而代行监狱管理职权。

二、监狱的任务

监狱的任务和监狱的性质紧密相连。根据《监狱法》第1条的规定,监狱的基本任务是“正确执行刑罚,惩罚和改造罪犯,预防和减少犯罪”。

1. 正确执行刑罚,是指作为刑罚执行机关的监狱必须严格按照法律规定的程序准确无误地执行人民法院作出的生效判决、裁定。对应当执行的内容既不能随意增加,也不能任意减少。正确执行刑罚是对监狱行刑活动的基本要求,是惩罚和改造罪犯的前提。人民法院的生效判决、裁定确定的刑罚只有得到正确执行,才能充分发挥其应有的作用。

2. 惩罚罪犯,是指监狱依据人民法院发生法律效力的刑事判决,通过刑罚执行,依法剥夺或限制罪犯的某些权利,而使其遭受一定痛苦或损失的专门活动。它所体现的是国家对犯罪的正义性报应。首先,监狱执行自由刑,运用国家强制力,剥夺或限制罪犯的一定权益,主要是限制其人身自由,使其在服刑期间不能继续犯罪和给社会造成危害。其次,对罪犯实施惩罚,除了限制其人身自由,还要依法剥夺或停止其行使部分政治权利。政治权利是宪法赋予公民的重要权利。虽然罪犯仍然属于公民,但和普通公民相比,他们的法律地位发生了变化。剥夺或停止罪犯的政治权利分两种情况:一是在判处主刑时就附加剥夺其政治权利;二是虽然没有剥夺其政治权利,但在其服刑期间暂时停止行使。最后,对罪犯实施惩罚,并不是单纯的惩罚,即不是为惩罚而惩罚。惩罚只是手段,改造才是目的。因此,我国监狱对罪犯实施的惩罚,是积极意义的惩罚。

3. 改造罪犯,是指监狱在执行刑罚的过程中,通过各种劳动和学习,逐渐转变罪犯的犯罪思想和犯罪心理,矫正其恶习,使其成为守法公民的专门活动。把绝大多数的罪犯改造成拥护社会主义制度的守法公民,这是监狱的重要任务。

在刑罚执行工作中,执行刑罚本身并不是目的,而是要通过刑罚的执行使罪犯得到教育,使其在思想上认识到犯罪的危害性,在行为上不再重蹈犯罪的覆辙。刑罚执行的过程也是对罪犯进行改造的过程。因此,监狱在对罪犯实施惩罚监管的同时,必须加强对罪犯的改造。监狱对罪犯的改造,主要采取劳动改造和教育改造的手段。对罪犯实行劳动改造,是把罪犯改造成为新人的基本手段。通过生产劳动洗刷罪犯剥削、寄生的思想,清除好逸恶劳的恶习,使他们树立劳动观念,养成劳动习惯,学习生产技能,树立劳动观念,做一个自食其力、对社会有所贡献的人。但是,要根除罪犯的犯罪思想,改变其恶习,达到改造罪犯的目的,只靠劳动的手段是不够的。劳动必须和教育相结合。即通过艰苦细致的思想与政治教育工作,使罪犯深刻认识到自己犯罪的思想根源和社会根源,不断认识真理,接受真理,逐步由被迫改造到自觉改造,从而使其从思想上认罪、服罪、悔罪。

监狱所担负的正确执行刑罚、惩罚罪犯、改造罪犯的任务,是紧密联系,不可分割的三个方面。正确执行刑罚是惩罚、改造罪犯的基础,如果不能正确执行刑罚,惩罚和改造就无从谈起;惩罚罪犯又是改造罪犯的前提和保证,改造罪犯则是惩罚罪犯的目的。离开了对罪犯的惩罚,改造就难以奏效。但是只讲惩罚,不讲改造,既背离了我国监狱工作的方针,也不能完成改造罪犯的任务。因此,要在正确执行刑罚的基础上将惩罚和改造有机地结合起来,不能单纯地强调某个方面而忽视其他方面。

4. 正确执行刑罚、惩罚罪犯、改造罪犯是监狱的三项基本任务,除此之外,监狱还担负着预防和减少犯罪的重要任务。一方面，通过正确执行刑罚、惩罚罪犯、改造罪犯，可以防止罪犯在刑满释放、回归社会后重新犯罪；另一方面，通过执行刑罚、惩罚罪犯，又可以对社会上的不稳定分子发挥威慑效应，防止他们以身试法、危害社会，进而有效地预防和减少犯罪的发生，维护社会秩序，保障社会主义现代化建设的顺利进行。

第三节 中国监狱的设置与职能

一、监狱的设置

（一）监狱设置的法律规定及实践

《监狱法》第11条规定："监狱的设置、撤销、迁移，由国务院司法行政部门批准。"由此可见，设置监狱是一种国家行为，只有经国家授权的国务院司法行政部门批准后，才能设置监狱，其他任何单位、团体或者个人都无权设置监狱。实践中，由于我国监狱主要是以省、自治区、直辖市为单位设置的，因此首先是由省、自治区、直辖市司法行政部门根据本辖区的犯罪情况、犯罪人数、犯罪结构及教育改造罪犯工作的实际需要，编制监狱设置的计划，提出具体意见，经省、自治区、直辖市人民政府同意后，报司法部批准。

（二）监狱的具体设置

我国监狱的设置包括以下两种：

一是监狱，是关押被人民法院判处有期徒刑、无期徒刑和死刑缓期二年执行罪犯的场所。监狱分设男犯监狱和女犯监狱，女犯监狱应当由女性狱警直接管理。在实践中，从有利于罪犯改造的目的出发，根据罪犯的犯罪性质以及刑期长短，又有重犯监狱和轻犯监狱之分。重犯监狱关押罪行较重、刑期较长、人身危险性较大的罪犯；轻犯监狱则关押罪行相对较轻、刑期较短、人身危险性较小的罪犯。

按照监狱的规模和关押罪犯的数量，监狱的下属单位一般设监区、分监区。监区、分监区是监管改造罪犯的基层单位，具体负责对罪犯的监管、教育、生产劳动、生活卫生管理、考核奖惩等工作。

监狱的数量由各省、自治区、直辖市根据实际需要报司法部批准后确定。

监狱设监狱长一人、副监狱长若干人，并根据实际需要设置必要的工作机构和配备监狱管理人员。

二是未成年犯管教所，又称未成年犯监狱或者少年犯管教所，关押的对象是被判处有期徒刑、无期徒刑和死刑缓期二年执行的未满18周岁的未成年犯。设置未成年犯管教所专门关押未成年犯罪人，采用与关押对象相适应的管教制度和方法，更有利于对未成年犯的教育和改造。

在未成年犯管教所服刑的未成年犯年满18周岁时，如果其剩余刑期不超过二年，仍可以留在未成年犯管教所执行剩余刑期；如果其剩余刑期超过二年，就应当转送成年犯监狱关押改造。

未成年犯管教所的设置需报司法部批准，一般情况下每个省、自治区、直辖市设置一个未成年犯管教所。未成年犯管教所设所长一人、副所长若干人,并根据需要设置必要的工作机构和配备管教干部。

(三)监狱管理人员

《监狱法》第12条第2款规定:“监狱的管理人员是人民警察。”这一规定明确了监狱管理人员的法律地位。

监狱人民警察是在刑罚执行活动中承担对关押在监狱的罪犯进行监督、管理、教育、改造任务的人民警察,是我国人民警察序列中一个重要的警种,在法律上与其他人民警察具有同等的地位。监狱人民警察在国家的刑罚执行活动中具有不可替代的作用,担负着依法管理监狱、执行刑罚、对罪犯进行教育改造等重要职责。

监狱人民警察应当严格遵守宪法和法律,忠于职守,秉公执法,严守纪律,清正廉洁。为此,《监狱法》第14条规定:“监狱的人民警察不得有下列行为:(一)索要、收受、侵占罪犯及其亲属的财物;(二)私放罪犯或者玩忽职守造成罪犯脱逃;(三)刑讯逼供或者体罚、虐待罪犯;(四)侮辱罪犯的人格;(五)殴打或者纵容他人殴打罪犯;(六)为谋取私利,利用罪犯提供劳务;(七)违反规定,私自为罪犯传递信件或者物品;(八)非法将监管罪犯的职权交予他人行使;(九)其他违法行为。监狱的人民警察有前款所列行为,构成犯罪的,依法追究刑事责任;尚未构成犯罪的,应当予以行政处分。”

二、监狱的管理体制

《监狱法》第10条规定:“国务院司法行政部门主管全国的监狱工作。”国务院司法行政部门即司法部,是主管全国监狱工作的最高管理机关。

我国实行集中统一领导与分级管理相结合的监狱管理体制。司法部设监狱管理局,作为司法部管理全国监狱工作的职能部门,其具体职责是负责对全国监狱工作的整体规划和领导,贯彻执行党和国家监狱工作与改造罪犯的方针、政策和法律,安排各个时期的监管工作任务,解决各地监狱工作中有关法律性、政策性的问题,总结监狱工作经验,统一制定狱政管理、教育改造、劳动生产、生活卫生、刑满释放等方面的计划、规章制度和实施细则等。省、自治区、直辖市的司法厅(局)主管本行政区域所管辖范围内的监狱工作;省、自治区、直辖市的监狱管理局在当地司法厅(局)的领导下具体管理辖区内的监狱工作。在少数省份和直辖市,根据监狱相对集中或监狱规模过大的具体情况,设监狱管理分局,作为省、自治区、直辖市监狱管理局的派出机构。上述机关的具体职责是根据《监狱法》等有关法律法规的规定和上级机关的有关指示和工作部署,结合本省、自治区、直辖市的实际情况,规划、部署、落实监狱工作。

三、监狱的职能

监狱的职能是指监狱作为刑罚执行机关所担负的职责和具有的功能。具体包括以下三个方面:

1. 对罪犯执行刑罚。人民法院根据犯罪人的犯罪性质和情节,依照《刑法》所作的判决、裁定一旦生效,就要由刑罚执行机关将刑罚的内容付诸实现。可见,对罪犯执行刑罚是刑罚执行机关的首要职能。刑罚执行机关以国家强制力保证刑罚内容得以实现,其本身无权更改刑罚的内容。如果在执行过程中出现需要对刑罚内容进行变更的情况,只能依照法律规定的程序向人民法院提出,由人民法院审理后作出裁定。

刑罚执行是一项非常严肃的执法活动,在任何情况下,刑罚执行机关都必须严格按照法律的规定执行刑罚的内容,这是刑罚执行机关的基本职能。

2. 对罪犯进行改造。这是刑罚执行机关的根本职能。在刑罚执行工作中,执行刑罚本身不是目的,通过刑罚的执行使罪犯受到教育,使其从思想上认识到犯罪的危害性,在行为上不再重蹈覆辙,这才是执行刑罚的最终目的。从这一职能出发,刑罚执行机关在对罪犯执行刑罚的同时,就要对罪犯进行必要的教育,而不能为执行刑罚而执行刑罚。

3. 对公众进行法治教育。通过刑罚的执行对公众进行法治教育是刑罚执行机关的一项重要职能。通过对罪犯执行刑罚,可以防止有可能走上犯罪道路的社会上的不安定分子以身试法,最大限度地维护社会稳定。同时,通过对罪犯执行刑罚,可以使广大人民群众了解到什么是犯罪,犯了罪的后果如何,从而提高与犯罪做斗争的积极性。

第四节　中国监狱工作的基本方针与基本原则

一、监狱工作的基本方针

监狱工作的基本方针是指监狱工作必须遵循的总的方向和目标。它是我国各个时期做好监狱工作的根本保证。我国监狱工作的基本方针是“惩罚与改造相结合,以改造人为宗旨”。这一基本方针是在科学总结我国数十年监狱工作经验的基础上制定出来的,它反映了监狱工作发展的规律性。

(一)“惩罚与改造相结合,以改造人为宗旨”的内涵

1. 惩罚罪犯是我国监狱各项工作的前提和保证。我国监狱执行刑罚、惩罚犯罪,目的是通过惩罚,改造罪犯,即惩罚是改造的前提和保证。这种前提和保证的作用具体体现为:(1)这种惩罚通过森严的警戒设施、严密的组织措施和严格的管理手段,迫使罪犯老老实实地接受改造;(2)净化狱内环境,防止交叉感染;(3)只有通过对罪犯的惩罚,把他们与社会隔离开来,消除罪犯继续危害社会的可能和条件,才能达到我国刑罚惩罚犯罪、保护人民的目的。

2. 把罪犯改造成为守法公民是我国监狱工作的根本目的和出发点。对罪犯实行改造是我国监狱工作的基本出发点。监狱对罪犯不是单纯的惩罚,而是强调对他们的思想、行为和技能的全面改造和提高。监狱通过思想教育、文化教育和职业技能教育,通过严格科学的文明管理,通过强迫罪犯参加生产劳动等一系列手段,使他们成为具有合格的思想素养、一定的劳动技能和良好的行为习惯的守法公民。强调对罪犯的改造就是要求监狱的一切工作必须以改造为中心,形成改造罪犯高于一切的观念。

3. 惩罚与改造相结合是我国监狱工作的辩证统一。惩罚与改造是我国监狱工作的两项基本任务,二者紧密联系又有所区别,有机地统一于我国监狱工作整体之中。惩罚是改造的前提和保证,只有在对罪犯剥夺或限制了人身自由的条件下,才有可能对其进行改造;改造是惩罚的目的,对罪犯实施惩罚,目的是改造罪犯,所以不允许存在超强度、不人道的惩罚。在实践中要正确把握惩罚与改造的辩证关系,做到惩罚与改造并举,努力实现惩罚与改造的有机结合,否则就难以维护正常的改造秩序,实现改造罪犯的目的。

(二)"惩罚与改造相结合,以改造人为宗旨"的意义

监狱工作的基本方针是我国各个时期监狱工作取得成功的根本保证。"惩罚与改造相结合,以改造人为宗旨"的监狱工作的基本方针,坚持了我国监狱工作的一贯思想,反映了对监狱本质认识的不断深化,具有重大的历史意义和现实意义。

1. 监狱工作的基本方针体现了社会主义刑罚的人道主义和进步性。我国监狱对罪犯执行刑罚强调"惩罚与改造相结合,以改造人为宗旨",即在依法监管的前提下,对罪犯实行劳动改造和教育改造,不断地进行感化、挽救,强调对罪犯实行社会主义人道主义,切实保护罪犯的各项合法权益,废除一切打骂、体罚和虐待,促使他们转变成为社会主义的守法公民。

2. 监狱工作的基本方针体现了我国监狱工作的特色。我国监狱改造制度抛弃了单纯惩罚罪犯或以惩罚罪犯为核心的传统刑罚执行制度,确立了以改造罪犯为宗旨的社会主义新型刑罚执行制度,较之传统的刑罚执行制度发生了质的变化。惩罚和改造是监狱工作的两项基本职能,惩罚是前提和手段,改造才是目的。监狱工作方针体现了我国监狱工作的社会主义特色。

3. 监狱工作的基本方针对于做好监狱工作有着重要的指导意义。监狱工作的基本方针是监狱工作的总的指导原则,予以正确的理解和执行有利于科学地把握监狱工作的发展方向,全面贯彻执行监狱法律法规、监狱工作政策及原则;有利于监狱各职能部门树立全局观念,从而推动监狱的整体工作向前发展;有利于监狱各项具体制度的贯彻实施,以取得改造罪犯的最佳效果。

二、监狱工作的基本原则

监狱工作的基本原则,是指监狱在对罪犯执行刑罚过程中所必须遵循的基本行为准则。监狱工作的基本原则是监狱工作方针和政策的具体化,是从实践中总结出来的带有整体性、规律性的监狱活动规则,对监狱工作具有重要的指导意义。

《监狱法》第3条规定:"监狱对罪犯实行惩罚和改造相结合、教育和劳动相结合的原则,将罪犯改造成为守法公民。"这就是监狱工作的基本原则。此外,人道主义原则、社会参与原则也是监狱工作实践中始终遵循的基本原则。

(一)惩罚与改造相结合

惩罚与改造相结合的原则,是我国监狱工作的法定原则。这一原则反映了我国监狱工作惩罚犯罪、改造罪犯的两项基本职能和任务,体现了惩罚与改造二者的辩证统一关系,揭示了我国监狱工作的性质和根本目的。

犯罪是一种严重危害社会的行为,国家必须对犯罪分子实施惩罚。惩罚是刑罚的固有属性,没有惩罚就无所谓刑罚。因此,监狱要以国家强制力作后盾,监禁罪犯,剥夺他们的人身自由,使他们在法定刑期内与社会隔离。当然,我国监狱机关对待罪犯不是单纯的惩罚,而是更加强调对罪犯的改造。也就是在监禁惩罚罪犯的基础上,运用劳动和教育等手段,把绝大多数罪犯改造成为守法公民。

惩罚和改造作为我国监狱工作的两项基本任务,是紧密联系、相辅相成的。首先,惩罚是改造的前提和保证,只有在剥夺和限制罪犯人身自由的条件下,才可能对其进行改造;改造是对罪犯实施惩罚的目的和归宿,为了改造罪犯,不允许超强度、不人道的惩罚。其次,要真正改造罪犯,就要正确处理惩罚和改造的关系,必须坚持惩罚和改造并举,不能割裂两者之间的联

系，片面地强调任何一方面都是不可取的。只有真正做到两者之间的紧密结合，才能维护正常的监管秩序，达到改造罪犯的目的。

（二）教育与劳动相结合

这是我国监狱工作的又一法定原则。为了有效地改造罪犯，监狱在执行刑罚的过程中必须坚持贯彻教育与劳动相结合的原则。所谓教育，是指监狱机关所实施的旨在转变罪犯思想、传授文化知识和技能的有目的、有组织、有计划的系统的影响活动。在改造罪犯的过程中，教育居于主导地位，发挥着主导性作用，因此，必须坚持从教育入手，以强制的方式，用先进的、健康的思想理论对他们进行灌输、教育，采用正规化的文化教育、技术教育，以提高罪犯的文化水平和劳动技能，使他们在学习中受到教育，在受教育中逐渐摒弃腐朽的、颓废的思想观念，树立崭新的人生观、价值观、道德观、法治观。对罪犯的教育主要是指对罪犯的思想教育、文化教育和职业技能教育。对罪犯的思想教育应包括法治、道德、形势、政策和前途教育等。其中法治教育是基础性教育，可以促使罪犯认罪服法、服从管理和改造；道德教育是矫正罪犯恶习，重新塑造罪犯人格，巩固改造成果的重要途径；形势、政策和前途教育也都是必要的，可以使罪犯看清形势，看到希望和前途，从而促使其自觉地成为守法公民。文化教育则是监狱根据罪犯的不同情况进行的扫盲教育、初等教育和初级中等教育。职业技能教育是监狱根据监狱生产和罪犯释放后就业的需要对罪犯进行的技能培训，可以帮助罪犯在服刑期满重返社会后自谋生路，不致再铤而走险危害社会。教育改造罪犯要实行因人施教、分类教育、以理服人的原则，采用集体教育与个别教育相结合、狱内教育与社会教育相结合的方法。

做好对罪犯的教育工作离不开劳动这个人类社会发展最基本的实践活动。劳动改造罪犯就是指监狱组织罪犯从事生产劳动。根据《监狱法》的规定，凡有劳动能力的罪犯都必须参加劳动。让有劳动能力的罪犯接受劳动改造，可以使大多数罪犯从思想上受到深刻教育，认识到劳动对于人类社会和每个人所具有的重大意义，树立劳动观念。借助于生产劳动形式，可以使罪犯形成新的生活体验，有助于罪犯吸收、接受先进的理论、进步的思想观念和广博的知识。通过劳动，能够帮助罪犯逐步养成劳动习惯，掌握一定的劳动技能，在劳动中切实体验到好逸恶劳、损人利己、不劳而获的可耻和劳动的光荣。我国监狱工作实践证明，劳动在建立罪犯新的思想道德观念、价值观念以及新的行为方式和习惯等方面具有重要的基础性作用。

在贯彻教育与劳动相结合的原则中，要正确把握教育和劳动相互联系、相互作用、相辅相成的辩证关系。教育离不开劳动，否则教育就会成为空对空的纸上谈兵而苍白无力；同样，劳动也离不开教育，否则单纯的劳动就成了纯粹的体力活动而失去对人的教育和作为改造手段的意义。

第五节　中国监狱的主要制度

一、狱政管理制度

（一）狱政管理的概念

狱政管理是指我国监狱依法对在押服刑罪犯实施惩罚和改造的各项行政管理活动。一方面,它具有行政管理的基本属性,需要运用组织、协调、指挥、监督、控制等手段对在押服刑罪犯进行管理;另一方面,它又是刑罚执行过程中的一项执法活动。因此,狱政管理具有特殊性,是特殊的行政管理活动。其特殊性体现在以下几个方面:

1. 管理对象特殊。狱政管理的对象不是普通公民,而是依法被判处刑罚、正在监狱内服刑的罪犯。狱政管理所要规范和调整的是监狱这一特定环境中的管理秩序和人际关系。

2. 管理人员特殊。狱政管理人员是负有刑事执法任务的司法人员——监狱人民警察,不是一般行政机关、企业事业单位的管理人员。

3. 管理目标特殊。狱政管理的目标是通过正确执行刑罚,惩罚和改造罪犯,将罪犯改造成为守法公民。

4. 管理内容特殊。狱政管理的内容包括从收监到释放的刑务管理,服刑处遇中的监管、警戒、戒具和武器的使用、通信会见、生活卫生、奖惩、对罪犯再犯罪的处理等,这些内容是一般行政管理所没有的。

5. 管理依据特殊。一般行政管理主要是依据行政法规,而监狱管理除了依据国务院、司法部、监狱管理局制定的行政法规、规章、条例、办法外,还要依据《刑法》《刑事诉讼法》《监狱法》等刑事法律,而且这些刑事法律是狱政管理最基本的法律依据。

(二)狱政管理的任务

狱政管理工作是监狱对罪犯执行刑罚过程中所进行的教育改造和劳动改造工作的一个重要组成部分。它的基本任务是通过有效的管理活动,正确执行刑罚和改造罪犯,并为劳动改造、教育改造的顺利进行提供基础和保障。

1. 保证对罪犯所处刑罚的准确执行,提高刑罚的效益。对在狱内服刑的罪犯准确地执行刑罚是监狱的首要任务。要保证这一任务的顺利完成,离不开狱政管理。这就决定了狱政管理也必须将保证对罪犯所处刑罚的准确执行,提高刑罚效益当作自己的首要任务。

狱政管理工作虽然具体而繁杂,但其一切活动都是围绕着准确执行刑罚这个特定任务而展开的。监狱对在押服刑罪犯,通过森严的监管设施和严格的军事管制,剥夺他们的人身自由,限制并监督他们的活动,强迫他们接受教育改造和劳动改造,对他们当中出现的违法犯罪活动及时准确地给予制裁和惩罚,弘扬正气,遏制歪风,从而保证刑罚的正确执行,达到预防犯罪的目的。

2. 维护监狱内的正常监管秩序,确保监狱安全。监狱是监管改造罪犯的场所,要使罪犯在监狱内安心服刑,要调动罪犯的主观能动性积极改造,必须有一个正常稳定的监管秩序,即一个良好的外部环境。这个良好的外部环境不是自发形成的,而是通过狱政管理活动营造的。在狱内服刑的罪犯都曾经是社会秩序的破坏者,当然也会是监狱内正常监管秩序的不安定因素。在他们没有得到彻底改造前,是不会老老实实认罪服法的,他们的反社会心理必然会通过各种方式表现出来,他们总会千方百计地寻找机会进行反改造甚至破坏活动。狱政管理的重要任务之一,就是要维护正常稳定的监管秩序,为改造罪犯工作的顺利进行创造良好的外部环境和适宜的改造条件。因此,监狱机关必须加强武装警戒,搞好狱内侦查工作,及时准确地打击狱内发生的各种违法犯罪活动,以保障正常的监管秩序,保证刑罚执行活动的有序进行。

3. 搞好狱内的生活卫生管理。罪犯在服刑期间的一切活动都在监狱内进行,因此,搞好狱内的生活卫生管理工作就成为狱政管理的一项重要任务。做好生活卫生管理工作是刑罚执行文明化、科学化的要求,也是社会主义人道原则的直接体现,还是改造罪犯的前提条件和物质保证。这项工作不仅直接涉及罪犯的切身利益,对他们的教育改造有着举足轻重的影响,而且对于矫正罪犯的恶习和不良品质,有着非常重要的意义。从广义上说,狱内的生活卫生管理包括罪犯的衣、食、住、医疗以及通信、会见、劳动保护等各个方面。

总之,狱政管理在惩罚、改造罪犯工作中担负着重要使命,发挥着积极作用。狱政管理是联结狱内改造罪犯工作各个环节的一项基础工作,是刑罚执行活动顺利进行的前提和保障,监狱机关通过一系列管理活动,可以使狱内的各项工作正常有序地进行,从而为教育改造和劳动改造创造必要的条件。

(三)狱政管理的原则

狱政管理的原则是指监狱机关在狱政管理工作中必须遵循的基本准则,它贯穿于狱政管理的各项活动中,是我国狱政管理工作实践经验的科学总结和理论概括。

1. 依法管理原则,是指在狱政管理工作中必须严格依照法律的规定和要求实施管理,坚持依法治监的基本准则。依法管理是依法对罪犯执行刑罚的需要。

依法管理原则要求狱政管理工作必须做到:(1)坚守社会主义法治,严格依法办事;(2)增强法律意识,做到有法必依;(3)树立严格执法观念,做到执法必严、违法必究;(4)依法保障罪犯的法定权利,监督其履行法定义务;(5)接受有关部门的检查和监督。

2. 严格管理原则,是指在对罪犯执行刑罚的过程中,必须严格按照法律和监管法规的规定实施管理,并通过有效的方式、方法和措施,实现标准化、规范化、制度化管理目标的基本准则。狱政管理是一项特殊的司法行政活动,是国家对罪犯实施惩罚和改造的重要手段之一。只有通过严格管理才能保证依法有效地对罪犯执行刑罚,才能建立良好的监管秩序,保证改造工作的顺利进行。可以说,严格管理是惩罚和改造罪犯的必然要求,也是提高改造质量和监管水平的重要条件。

严格管理原则要求狱政管理工作必须做到:(1)严格落实各项监管制度;(2)对罪犯严格要求,严格管理;(3)严格考核,有奖有罚;(4)严而有据,严而有度。

严格管理和依法管理是狱政管理不可偏废的两个方面,不能把严格管理与依法管理割裂甚至对立起来。为了实现刑罚执行的目的,体现刑罚的威严,保障刑罚执行场所的安全,对罪犯实行严格管理是完全必要的。但是,对罪犯的严格管理是以依法管理为前提的,没有这个前提,所谓的严格管理就成了盲目管理。因此,严格管理是依法管理的具体体现,脱离了法律规定的严格管理只能是粗暴野蛮的管理,是与法律的规定不相容的。

3. 科学管理原则,是指在狱政管理过程中必须以科学理论为指导,遵循改造罪犯的一般规律,采用现代科学技术和现代技术装备实施管理的基本准则。

科学管理是现代监狱管理的基本特征。随着经济社会的不断发展,现代科学管理理论和现代科学技术被引入监狱管理活动中,为监狱管理向科学化发展奠定了基础。狱政管理的科学化,一方面需要不断地引进和吸收其他科学管理和科学技术成果,另一方面又不完全取决于引进的数量和程度,更重要的是在实践中要不断探索、掌握改造罪犯的规律,积极改革创新,不断总结经验,自觉地按客观规律办事,使狱政管理真正成为惩罚和改造罪犯的有效手段。

科学管理原则要求狱政管理工作必须做到:(1)在现代管理科学理论指导下实施管理;(2)按照改造罪犯的一般规律实施管理;(3)立足于改造,为改造罪犯服务;(4)建立科学的管理制度,运用科学的管理方法;(5)引进科学的管理机制;(6)积极采用现代科学技术和现代技术装备。

4. 文明管理原则,是指在狱政管理工作中,必须采用文明管理方式和措施,创造文明的管理环境,切实保障罪犯的合法权益,实现管理文明化的基本准则。

对罪犯实行文明管理,是由我国刑罚执行机关的根本性质决定的,也是狱政管理工作必须遵循的一项基本原则。刑罚执行工作的实践证明,只有以文明的制度和方法对罪犯进行监管和改造,才能使罪犯切身感受到刑罚执行机关确实是以教育和改造为出发点,要将他们改造成为守法公民,并非为了惩罚而惩罚,从而在心理上消除对立情绪,增强接受教育改造与劳动改造的积极性和自觉性。

文明管理原则体现在狱政管理活动的各个方面,它的基本内容包括给罪犯以人道主义的待遇,尊重罪犯的人格,维护罪犯的自尊心,不允许打骂、虐待、体罚或者变相体罚罪犯等,必须坚决废止一切野蛮粗暴的管理方法。

文明管理原则要求狱政管理工作必须做到:(1)监狱人民警察执法文明化;(2)监管改造环境文明化;(3)监管制度和措施文明化。

文明管理和科学管理联系密切,两者相辅相成、互为条件。文明管理以科学管理为基础,而科学管理则是文明管理的必然结果,在一定意义上,科学管理的程度是文明管理的一个重要标志。

(四)狱政管理的内容

1. 分类制度。分类制度是指刑罚执行机关对在监狱内服刑的罪犯,根据他们的犯罪类型、刑罚种类、刑期长短、改造表现以及年龄、性别和其他情况的差异,实行分类关押、分类管理、分类教育的一种狱政管理制度。

分类制度在狱政管理工作中具有非常重要的作用,它是监督改造罪犯的一种行之有效的方法,是狱内行政管理的组成部分。分类制度有利于增强改造工作的针对性,有利于调动罪犯改造的积极性,有利于防止交叉感染的可能性,有利于提高管教干部的素养。

分类制度在具体实施中应当从分类关押、分类管理、分类教育三个方面做好工作:(1)分类关押是指刑罚执行机关根据罪犯的类型、刑期的长短分别监禁在不同类型的监狱,或者在同一监狱予以分别关押。分类关押是分类制度的基础工作和基本环节。(2)分类管理既包括对罪犯分类关押后所进行的管理工作,也包括在罪犯服刑过程中因改造表现的不同而发生的管理级别以及管理内容的变化。管理内容的变化是与管理级别的变化联系在一起的,不同类型的罪犯应当采用不同的管理级别,同一类型的罪犯根据改造表现的不同也应当采用不同的管理级别,以体现区别对待的政策,便于罪犯明确改造的努力方向,也便于管教干部有针对性地做好管理工作。(3)分类教育是对按不同类别关押和管理的罪犯采用不同的、有针对性的教育方法。只靠分类关押、分类管理不能从根本上转变罪犯的思想,只有进行有的放矢的分类教育,才能真正使罪犯改过自新。

2. 收监。《监狱法》第16条规定,罪犯被交付执行刑罚时,交付执行的人民法院应当将人民检察院的起诉书副本、人民法院的判决书、执行通知书、结案登记表同时送达监狱。监狱没有收到上述文件的,不得收监;上述文件不齐全或者记载有误的,作出生效判决的人民法院应当及时补充齐全或者作出更正;对其中可能导致错误收监的,不予收监。第17条规定,罪犯被交付执行刑罚,符合本法第16条规定的,应当予以收监。罪犯收监后,监狱应当对其进行身体检查。经检查,对于具有暂予监外执行情形的,监狱可以提出书面意见,报省级以上监狱管理机关批准。此外,罪犯收监,应当严格检查其人身和所携带的物品。非生活必需品,由监狱代为保管或者征得罪犯同意退回其家属,违禁品予以没收。女犯由女性人民警察检查。罪犯收监后,监狱应当通知罪犯家属。通知书应当自收监之日起5日内发出。

《监狱法》第28条规定,暂予监外执行的罪犯具有刑事诉讼法规定的应当收监的情形的,社区矫正机构应当及时通知监狱收监。第33条第2款规定,被假释的罪犯,在假释考验期限内有违反法律、行政法规或者国务院有关部门关于假释的监督管理规定的行为,尚未构成新的犯罪的,社区矫正机构应当向人民法院提出撤销假释的建议,人民法院应当自收到撤销假释建议书之日起1个月内予以审核裁定。人民法院裁定撤销假释的,由公安机关将罪犯送交监狱收监。

3. 警戒。监狱的警戒由人民武装警察部队负责。监狱根据监管需要,设立警戒设施;监狱周围设警戒隔离带,未经准许,任何人不得进入。监区、作业区周围的机关、团体、企业事业单位和基层组织,应当协助监狱做好安全警戒工作。

4. 戒具和武器的使用。戒具是对有危险行为的罪犯的人身所使用的防御性器具,使用戒具的目的是有效地制止罪犯正在进行的犯罪活动。监狱使用的戒具包括手铐、脚镣、警棍、警绳等。戒具不同于刑具,刑具是为了惩罚和折磨罪犯而使用的器具,具有很强的残酷性和任意性。我国早已明令废除一切刑具,也不允许把戒具当作刑具来使用。

《监狱法》第45条规定,监狱遇有下列情形之一的,可以使用戒具:(1)罪犯有脱逃行为的;(2)罪犯有使用暴力行为的;(3)罪犯正在押解途中的;(4)罪犯有其他危险行为需要采取防范措施的。上述情形消失后,应当停止使用戒具。对老年、患病、残疾罪犯以及未成年犯在一般情况下禁止使用戒具,对女犯除个别特殊情况外,也不得使用戒具。

监狱人民警察和担任警戒任务的人民武装警察部队的值勤人员遇有紧急情况,非使用武器不能制止时,按照法律的规定可以使用武器。所谓紧急情况是指:(1)罪犯聚众骚乱、暴乱的;(2)罪犯脱逃或者拒捕的;(3)罪犯持有凶器或者其他危险物,正在行凶或者破坏,危及他人生命、财产安全的;(4)劫夺罪犯的;(5)罪犯抢夺武器的。使用武器的人员,应当按照国家有关规定报告情况。

5. 通信和会见。通信和会见是国家法律赋予监内服刑罪犯的权利,也是我国刑罚执行坚持人道主义原则的具体体现。在狱政管理活动中,通信和会见是其中的重要内容。做好罪犯的通信和会见工作,有利于稳定罪犯的思想情绪,使他们能够安心地进行改造,并使监狱的正常监管秩序得以维护。

罪犯在服刑期间可以与他人通信,但是来往信件应当经过监狱检查。监狱如果发现罪犯收发的信件的内容有违法犯罪或者其他妨害罪犯改造情况,应当将信件扣留。但是,罪犯写给监狱上级机关和司法机关的信件,不受检查。少数民族罪犯在与他人通信时,可以使用本民族的语言文字。外籍犯可以与其亲属以及本国驻华使、领馆的人员通信,但信件内容同样必须经过检查。此外,除经监狱特别准许的情况外,罪犯在服刑期间不得使用电话与外界进行联系。

罪犯在监狱服刑期间可以会见亲属、监护人,但原则上不准会见非亲属关系的人,如果确实有特殊情况需要会见的,必须经过监狱主管领导批准。罪犯会见亲属,每月可以安排一次到两次,每次会见的时间不超过 1 小时,确有特殊情况的,可以适当延长;罪犯每次会见的亲属,原则上不超过 3 人;会见应当在监狱专门设立的会见室进行。在会见时,罪犯收受物品和钱款,应当经监狱批准、检查。

6. 生活和卫生。生活和卫生管理是狱政管理工作中一项最基本、最经常、最大量的管理活动。生活、卫生涉及罪犯在服刑改造期间的衣、食、住以及个人卫生、环境卫生、疾病的预防与治疗等诸多方面,与罪犯的切身利益联系密切,是罪犯最为关心的问题之一。因此,做好罪犯的生活和卫生管理,对于调动罪犯改造的积极性和自觉性、稳定罪犯的改造心理和情绪、维护正常的监管秩序,最终实现将罪犯改造成为守法公民的刑罚执行目的,有着十分重要意义。

在生活和卫生方面,《监狱法》明确规定:罪犯的生活标准按实物量计算,由国家规定;罪犯的被服由监狱统一配发;对少数民族罪犯的特殊生活习惯,应当予以照顾;罪犯居住的监舍应当坚固、通风、透光、清洁、保暖;监狱应当设立医疗机构和生活、卫生设施,建立罪犯生活、卫生制度;罪犯的医疗保健列入监狱所在地区的卫生、防疫计划。罪犯在服刑期间死亡的,监狱应当立即通知罪犯家属和人民检察院、人民法院;罪犯因病死亡的,由监狱作出医疗鉴定;人民检察院对监狱的医疗鉴定有疑义的,可以重新对死亡原因作出鉴定;罪犯家属有疑义的,可以向人民检察院提出;罪犯非正常死亡的,人民检察院应当立即检验,对死亡原因作出鉴定。

7. 奖惩。奖惩是监狱对罪犯接受教育改造和劳动改造的情况进行考核和评比,并根据考核和评比的结果对罪犯依照法律规定的条件和程序给予的奖励和惩罚。奖惩在对罪犯正确执行刑罚中具有衡量作用,在对罪犯实施教育改造中具有针对作用,在调动罪犯改造积极性中具有促进作用,在维护监狱正常监管秩序中具有保证作用,在评价改造罪犯工作质量中具有检验作用。在对罪犯实施奖惩时,必须坚持准确、公正、及时的原则,实事求是地做好奖惩工作。

监狱应当建立罪犯的日常考核制度,考核的结果作为对罪犯奖励和处罚的依据。《监狱法》第 57 条规定,罪犯有下列情形之一的,监狱可以给予表扬、物质奖励或者记功:(1)遵守监规纪律,努力学习,积极劳动,有认罪服法表现的;(2)阻止违法犯罪活动的;(3)超额完成生产任务的;(4)节约原材料或者爱护公物,有成绩的;(5)进行技术革新或者传授生产技术,有一定成效的;(6)在防止或者消除灾害事故中作出一定贡献的;(7)对国家和社会有其他贡献的。被判处有期徒刑的罪犯有上述所列情形之一,执行原判刑期 1/2 以上,在服刑期间一贯表现好,离开监狱不致再危害社会的,监狱可以根据情况准其离监探亲。

《监狱法》第 58 条规定,罪犯有下列破坏监管秩序情形之一的,监狱可以给予警告、记过或者禁闭:(1)聚众哄闹监狱,扰乱正常秩序的;(2)辱骂或者殴打人民警察的;(3)欺压其他罪犯的;(4)偷窃、赌博、打架斗殴、寻衅滋事的;(5)有劳动能力拒不参加劳动或者消极怠工,经教育不改的;(6)以自伤、自残手段逃避劳动的;(7)在生产劳动中故意违反操作规程,或者有意损坏生产工具的;(8)有违反监规纪律的其他行为的。依照前款规定对罪犯实行禁闭的期限为 7 天至 15 天。罪犯在服刑期间有第 1 款所列行为,构成犯罪的,依法追究刑事责任。

8. 对罪犯服刑期间犯罪的处理。《监狱法》对罪犯在服刑期间犯罪的处理作了原则性规定,即罪犯在服刑期间故意犯罪的,依法从重处罚。对罪犯在监狱内犯罪的案件,由监狱进行侦查。侦查终结后,写出起诉意见书,连同案卷材料、证据一并移送人民检察院。

二、狱务公开制度

狱务公开是刑罚执行工作的重要组成部分,是监狱依法履行职责、接受监督的具体体现。

2001年10月,司法部决定在全国监狱系统推行狱务公开制度,要求各地公开监狱执法的依据、过程和结果,自觉接受社会监督。为进一步增强监狱执法透明度,促进执法公平公正,提升执法公信力,司法部于2015年4月1日发布《关于进一步深化狱务公开的意见》,对狱务公开提出了具体明确的要求。其主要内容如下:

1. 狱务公开的原则。狱务公开应当遵守以下几项原则:一是公开为常态,不公开为例外原则。除涉及国家秘密、工作秘密和个人隐私的信息,以及可能妨害正常执法活动或者影响社会稳定的执法信息以外,其他所有与监狱执法相关的信息都应当公开。二是依法公开原则。要严格依照有关法律法规和规章规定的内容和程序,向社会公众、罪犯及其近亲属公开相关执法信息。三是及时准确原则。凡是依法应当公开的执法事项和信息,都应当在法定期限内采用方便、快捷的方式及时公开,在内容上确保客观、真实、准确。四是强化监督原则。要加强内部监督,依法接受检察机关监督,自觉接受人大、政协及社会公众监督,确保狱务公开工作持续健康开展。

2. 狱务公开的内容。监狱机关应当根据社会公众、罪犯近亲属及罪犯等公开对象的不同需求,确定公开的内容。

对社会公众,监狱应当依法公开下列信息:(1)监狱的性质、任务和职责权限;(2)监狱人民警察的权利、义务和纪律要求;(3)对监狱机关和监狱人民警察执法、管理工作进行举报投诉的方式和途径;(4)罪犯收监、释放的法定条件和程序;(5)罪犯的基本权利和义务;(6)罪犯申诉、控告、检举的方式和途径;(7)罪犯减刑、假释的法定条件、程序和结果,监狱向人民法院提请罪犯减刑、假释的建议书;(8)罪犯暂予监外执行的法定条件、程序和结果,罪犯暂予监外执行决定书;(9)罪犯狱内又犯罪的处理程序和结果;(10)罪犯服刑期间应当遵守的行为规范;(11)对罪犯服刑改造表现进行考评的条件和程序;(12)罪犯分级处遇的条件和程序;(13)罪犯获得表扬、记功或物质奖励等奖励的条件和程序;(14)罪犯受到警告、记过或者禁闭等处罚的条件和程序;(15)罪犯立功和重大立功的条件和程序;(16)罪犯通讯、会见的条件和程序;(17)罪犯离监探亲、特许离监的条件和程序;(18)罪犯思想、文化、职业技术教育有关情况;(19)罪犯劳动项目、岗位技能培训、劳动时间、劳动保护和劳动报酬有关情况;(20)罪犯伙食、被服实物量标准,食品安全、疾病预防控制有关情况;(21)监狱执法管理重大事件的处置及调查情况;(22)监狱工作相关法律法规和规章;(23)法律、法规、规章和其他规范性文件规定的应当向社会公开的内容。

对罪犯近亲属,除向社会公众公开的内容外,监狱应当公开有关罪犯的个人服刑信息。具体包括:(1)监狱的名称、地址及联系方式;(2)对监狱提请罪犯减刑、假释、暂予监外执行建议有异议的处理方式;(3)监狱对罪犯实行分级处遇、考评、奖惩的结果,以及对结果有异议的处理方式;(4)罪犯立功或重大立功的结果,以及对结果有异议的处理方式;(5)监狱批准罪犯通讯会见、离监探亲、特许离监的结果;(6)罪犯参加文化、职业技术教育、社会自学考试、考核的结果;(7)罪犯从事的劳动项目、岗位和劳动报酬以及劳动技能、劳动绩效和劳动素养的评估等情况;(8)罪犯食品、日用品消费及个人钱款账户收支等情况;(9)罪犯身体健康状况、体检结果以及疾病诊治等情况;(10)监狱认为需要向罪犯近亲属公开的其他信息。

对罪犯,除向社会公众和罪犯近亲属公开的内容外,监狱还应当以监区或分监区为单位,向罪犯全面公开监狱执行刑罚和管理过程中的法律依据、程序、结果,以及对结果不服或者有异议的处理方式,但对涉及国家秘密、工作秘密和罪犯个人隐私的信息不得公开。

3. 狱务公开的方式方法。对依法向社会公开的信息,监狱应当以便于公众知晓的方式予以公开;对涉及罪犯个人服刑情况的相关信息,监狱可以依法向罪犯及其近亲属告知,也可以根据罪犯及其近亲属的申请依法予以公开。对此,监狱应当建立健全依申请公开的工作规程,明确办理依申请公开的受理、审查、处理、答复等各个环节的具体要求,确保罪犯及其近亲属提出的申请及时得到妥善处理。

监狱应当在继续坚持和完善借助新闻媒体、运用狱内宣传手段、开展狱务咨询、印发《狱务公开手册》等传统公开方式的同时,积极利用现代信息技术创新公开的方式方法,拓宽公开的渠道,使罪犯近亲属和社会公众能够更加方便、快捷地获得公开信息。此外,监狱还应当根据公开对象的不同,注意采用不同的方法。

(1)对社会公众公开,可以通过门户网站、政务微博、微信公众平台等新兴媒体,增强狱务公开的影响力和舆论引导力;还可以通过召开执法情况通报会等方式,主动向社会人士、执法监督员介绍监狱执法管理及保障罪犯合法权益的情况,听取意见和建议。

(2)对罪犯近亲属公开,可以通过在会见场所设置电子显示屏、狱务公开信息查询终端,为其提供信息查询服务;也可以通过设立狱务公开服务热线,及时解答罪犯近亲属对监狱执法管理工作提出的疑问;还可以通过运用手机短信、微信等现代信息手段,向罪犯近亲属及时发布罪犯个人服刑改造的相关信息。

(3)对罪犯公开,可以通过狱务公开专栏、监狱报刊、狱内广播、闭路电视、电子显示屏、罪犯教育网等方式,在罪犯学习、生活、劳动区域及时公布狱务公开的相关信息;还可以通过在狱内设置狱务公开信息查询终端,实现罪犯对计分考评、分级处遇、行政奖惩、刑罚变更执行等重要服刑信息的自助查询。

4. 狱务公开的工作制度。(1)罪犯权利义务告知制度。罪犯入监后,监狱应当及时通过入监教育、发放罪犯服刑指导或罪犯权利义务告知书等方式,告知罪犯所享有的权利和应履行的义务。

(2)公示制度。监狱应当严格依法对罪犯计分考评、分级处遇、行政奖惩、立功、重大立功表现、提请减刑、假释和办理暂予监外执行等信息进行公示。罪犯对公示内容提出异议的,监狱应当及时进行复核并告知结果。

(3)执法监督员制度。省级监狱管理机关和监狱可以在机关、团体、企事业单位及社会人士中聘任执法监督员,明确执法监督员工作职责,定期邀请执法监督员检查、监督监狱执法情况,列席在社会上有重大影响或社会关注度较高的减刑、假释、暂予监外执行案件评审会议或者参与旁听罪犯减刑、假释案件的开庭审理。执法监督员有权向监狱反映执法工作中存在的问题,监狱应当将相关办理情况及时反馈。

(4)门户网站和执法办案平台工作制度。各省(区、市)监狱管理局应当设立门户网站,凡属向社会公开的信息都应当在门户网站上公开发布,逐步开发网上咨询和自助查询功能,将门户网站打造成深化狱务公开的重要载体。要进一步加强罪犯减刑、假释、暂予监外执行办案平台建设,逐步实现刑罚执行工作网上录入、网上办理、网上公开、网上监督和网上考核。

三、提请减刑、假释制度

为规范监狱提请减刑、假释工作程序,司法部于 2014 年 10 月 11 日发布修订后的《监狱提

请减刑假释工作程序规定》,对监狱提请减刑、假释的程序制度作出系统而具体规定。其主要内容如下:

1. 提请减刑、假释的主体。提请减刑、假释的主体分为提出减刑、假释建议的主体和作出提出减刑假释建议决定的主体两种。提出减刑、假释建议的主体为:(1)被判处有期徒刑和被减刑为有期徒刑的罪犯的减刑、假释,由监狱提出建议,提请罪犯服刑地的中级人民法院裁定。(2)被判处死刑缓期二年执行的罪犯的减刑,被判处无期徒刑的罪犯的减刑、假释,由监狱提出建议,经省、自治区、直辖市监狱管理局审核同意后,提请罪犯服刑地的高级人民法院裁定。

作出提出减刑、假释建议决定的主体为:(1)监狱提请减刑、假释,应当由分监区或者未设分监区的监区人民警察集体研究,监区长办公会议审核,监狱刑罚执行部门审查,监狱减刑假释评审委员会评审,监狱长办公会议决定。(2)省、自治区、直辖市监狱管理局刑罚执行部门审查监狱依法定程序提请的减刑、假释建议并出具意见,报请分管副局长召集减刑假释评审委员会审核后,报局长审定,必要时可以召开局长办公会议决定。减刑假释评审委员会分别设在省、自治区、直辖市监狱管理局和监狱,由分管领导及刑罚执行、狱政管理、教育改造、狱内侦查、生活卫生、劳动改造、政工、监察等有关部门负责人组成,分管领导任主任。减刑、假释评审委员会成员不得少于9人。

2. 监狱提请减刑、假释的程序。提请减刑、假释,应当根据法律规定的条件,结合罪犯服刑表现,由分监区人民警察集体研究,提出提请减刑、假释建议,报经监区长办公会议审核同意后,由监区报送监狱刑罚执行部门审查。直属分监区或者未设分监区的监区,由直属分监区或者监区人民警察集体研究,提出提请减刑、假释建议,报送监狱刑罚执行部门审查。分监区、直属分监区或者未设分监区的监区人民警察集体研究以及监区长办公会议审核情况,应当有书面记录,并由与会人员签名。

监区或者直属分监区提请减刑、假释,应当报送下列材料:(1)罪犯减刑(假释)审核表;(2)监区长办公会议或者直属分监区、监区人民警察集体研究会议的记录;(3)终审法院裁判文书、执行通知书、历次减刑裁定书的复印件;(4)罪犯计分考核明细表、罪犯评审鉴定表、奖惩审批表和其他有关证明材料;(5)罪犯确有悔改表现或者立功、重大立功表现的具体事实的书面证明材料。

监狱刑罚执行部门收到监区或者直属分监区对罪犯提请减刑、假释的材料后,应当就下列事项进行审查:(1)需提交的材料是否齐全、完备、规范;(2)罪犯确有悔改或者立功、重大立功表现的具体事实的书面证明材料是否来源合法;(3)罪犯是否符合法定减刑、假释的条件;(4)提请减刑、假释的建议是否适当。经审查,对材料不齐全或者不符合提请条件的,应当通知监区或者直属分监区补充有关材料或者退回;对相关材料有疑义的,应当提讯罪犯进行核查;对材料齐全、符合提请条件的,应当出具审查意见,连同监区或者直属分监区报送的材料一并提交监狱减刑假释评审委员会评审。提请罪犯假释的,还应当委托县级司法行政机关对罪犯假释后对所居住社区影响进行调查评估,并将调查评估报告一并提交。

监狱减刑假释评审委员会应当召开会议,对刑罚执行部门审查提交的提请减刑、假释建议进行评审,提出评审意见。会议应当有书面记录,并由与会人员签名。监狱可以邀请人民检察院派员列席减刑假释评审委员会会议。监狱减刑假释评审委员会经评审后,应当将提请减刑、假释的罪犯名单以及减刑、假释意见在监狱内公示。公示内容应当包括罪犯的个人情况、原判罪名及刑期、历次减刑情况、提请减刑假释的建议及依据等。公示期限为5个工作日。公示期内,如有监狱人民警察或者罪犯对公示内容提出异议,监狱减刑假释评审委员会应当进行复核,并告知复核结果。

监狱应当在减刑假释评审委员会完成评审和公示程序后,将提请减刑、假释建议送人民检察院征求意见。征求意见后,监狱减刑假释评审委员会应当将提请减刑、假释建议和评审意见连同人民检察院意见,一并报请监狱长办公会议审议决定。监狱对人民检察院意见未予采纳的,应当予以回复,并说明理由。

监狱长办公会议决定提请减刑、假释的,由监狱长在罪犯减刑(假释)审核表上签署意见,加盖监狱公章,并由监狱刑罚执行部门根据法律规定制作提请减刑建议书或者提请假释建议书,连同有关材料一并提请人民法院裁定。人民检察院对提请减刑、假释提出的检察意见,应当一并移送受理减刑、假释案件的人民法院。对被判处死刑缓期二年执行的罪犯和被判处无期徒刑的罪犯决定提请减刑、假释的,监狱应当将罪犯减刑(假释)审核表连同有关材料报送省、自治区、直辖市监狱管理局审核。监狱在向人民法院提请减刑、假释的同时,应当将提请减刑、假释的建议书副本抄送人民检察院。

监狱提请人民法院裁定减刑、假释,应当提交下列材料:(1)提请减刑建议书或者提请假释建议书;(2)终审法院裁判文书、执行通知书、历次减刑裁定书的复印件;(3)罪犯计分考核明细表、评审鉴定表、奖惩审批表;(4)罪犯确有悔改或者立功、重大立功表现的具体事实的书面证明材料;(5)提请假释的,应当附有县级司法行政机关关于罪犯假释后对所居住社区影响的调查评估报告;(6)根据案件情况需要提交的其他材料。此外,对被判处死刑缓期二年执行的罪犯和被判处无期徒刑的罪犯提请减刑、假释的,应当同时提交省、自治区、直辖市监狱管理局签署意见的罪犯减刑(假释)审核表。

人民法院开庭审理减刑、假释案件的,监狱应当派员参加庭审,宣读提请减刑、假释建议书并说明理由,配合法庭核实相关情况。

3. 监狱管理局审核提请减刑、假释建议的程序。省、自治区、直辖市监狱管理局刑罚执行部门收到监狱报送的提请减刑、假释建议的材料后,应当进行审查。审查中发现监狱报送的材料不齐全或者有疑义的,应当通知监狱补充有关材料或者作出说明。审查无误后,应当出具审查意见,报请分管副局长召集评审委员会进行审核。

监狱管理局分管副局长主持完成审核后,应当将审核意见报请局长审定;分管副局长认为案件重大或者有其他特殊情况的,可以建议召开局长办公会议审议决定。监狱管理局审核同意对罪犯提请减刑、假释的,由局长在罪犯减刑(假释)审核表上签署意见,加盖监狱管理局公章。

四、法律监督制度

(一)法律监督的概念

监狱的法律监督,是指检察机关对监狱执行刑罚的活动进行的监督,即刑罚执行法律监督。所谓刑罚执行法律监督,就是检察机关依照法定职权和程序,对刑罚执行机关执行刑罚的活动是否合法进行监察与督促的活动。对于这一概念,可以从以下几个方面理解:

1. 人民检察院是刑罚执行法律监督的主体。《宪法》第134条和《人民检察院组织法》第2条第1款均明确地规定,人民检察院是国家的法律监督机关。这表明,人民检察院是代表国家进行法律监督的专门机关。刑罚执行法律监督是人民检察院依法进行的一项职能活动。《刑事诉讼法》第276条规定“人民检察院对执行机关执行刑罚的活动是否合法实行监督”,《监狱法》第6条亦明确规定“人民检察院对监狱执行刑罚的活动是否合法,依法实行监督”,据此,监狱有义务接受人民检察院的法律监督。

2. 刑罚执行法律监督的范围是监狱执行刑罚的活动。监狱作为国家的刑罚执行机关,其对被判处死刑缓期二年执行、无期徒刑、有期徒刑罪犯的刑罚执行即是人民检察院法律监督的范围。

3. 刑罚执行法律监督的标准是监狱执行刑罚的活动是否合法。监狱的刑罚执行是一项依照法律规定进行的执法活动,因此,监狱在进行这项活动时必须按照法律规定的程序、内容和范围等进行,否则就可能构成违法。刑罚执行的法律监督就是人民检察院对监狱执行刑罚的活动是否合法进行的监督。

(二)法律监督的特点

1. 刑罚执行法律监督的广泛性。刑罚执行法律监督贯穿于刑罚执行的全过程,所有关于刑罚执行的活动以及刑罚执行机关的活动,都在刑罚执行法律监督的范围之内。检察机关对刑罚执行法律监督的内容是非常广泛的,正是因为刑罚执行法律监督的广泛性,才能从根本上保证刑罚执行活动的顺利实施。

2. 刑罚执行法律监督的即时性。根据《刑事诉讼法》的规定,在刑罚执行过程中,检察机关如果发现监狱的刑罚执行活动有违法的情况,应当及时通知监狱纠正。由此,刑罚执行法律监督具有即时性的特点。

(三)法律监督的任务

刑罚执行法律监督担负着重要任务,具体包括以下几个方面:

1. 保障刑罚执行活动的正确合法。这是将罪犯教育改造成为守法公民的前提条件。要保证刑罚执行活动的正确合法,除了刑罚执行机关自身自上而下的检查督促外,还必须借助一定的外部力量,即检察机关对刑罚执行活动的法律监督。刑罚执行的法律监督并非只是为了去发现和纠正刑罚执行活动中的问题,更为重要的是,通过刑罚执行的法律监督,建立起检察机关与刑罚执行机关相互配合、相互制约的机制,使刑罚执行活动纳入制度化、规范化的轨道,做到防患于未然,这才是刑罚执行法律监督的真正目的所在。因此,保障刑罚执行活动的正确合法是刑罚执行法律监督的首要任务。

2. 维护监管场所的正常秩序。这是检察机关进行法律监督的一项重要任务。检察机关为此主要负有两个方面的职责:一是监督监狱是否依照法律规定保护罪犯的合法权利。在狱内服刑的罪犯所享有的合法权利是受国家法律保护的,检察机关应当通过法律监督切实保障罪犯的合法权利,只有这样,才能使罪犯感受到国家法律的公平,增强其改过自新的信心。罪犯的情绪稳定,监管场所的秩序也必然稳定。二是监督罪犯遵守监管场所的监规纪律。检察机关要配合监狱惩治、打击违法犯罪行为,在监狱里树立正气,维护监管场所的正常秩序。

3. 防范、打击狱内犯罪活动。罪犯在未得到彻底改造之前,是不会老老实实认罪服法的,一些罪犯为发泄心中的不满往往会走上再犯罪的道路。这是对监管场所秩序最严重的破坏因素。因此,对于在监管场所内发生的犯罪活动,必须及时、坚决地给予打击,而防范、打击监管场所内的犯罪活动,在很大程度上依赖于刑罚执行的法律监督。通过法律监督,可以督促监管场所严密监管制度,堵塞刑罚执行活动中的漏洞,加强安全防范工作,防止发生脱逃事件及其他违法犯罪活动。而且,一旦发生,则可以依法予以及时和严厉打击。

4. 通过法律监督进行法治教育。这是刑罚执行法律监督一项最为经常的工作。检察机关通过刑罚执行的法律监督,表明国家法律的权威性和公正性,使罪犯懂得国家法律打击和惩罚的是什么,从而使其增强法律意识,这是预防罪犯再犯罪的重要途径。同时,检察机关的法律监督活动也对社会上的其他公民进行了广泛的法治教育,让人们认识到犯罪的危害性和法律后果的严厉性,从而减少犯罪的发生。

(四)法律监督的内容

监狱的刑罚执行是从收监开始至释放的过程,对这一过程中监狱执行刑罚的各项活动,人民检察院都有权进行法律监督权。其内容主要包括以下几个方面:

1. 对监狱执行刑事判决、裁定的活动是否合法的监督。监狱对人民法院生效的刑事判决、裁定的执行,包括对罪犯的收监,按判决确定的刑罚种类、刑期执行刑罚,罪犯服刑期满的释放、安置等。人民检察院依法对上述活动是否合法进行监督,如果发现有违法的情况,应当通知执行机关纠正。

2. 对暂予监外执行的监督。具体包括两种方式:(1)事前监督。暂予监外执行由交付执行的人民法院决定,或者由省级以上监狱管理机关或者设区的市一级以上公安机关批准。监狱、看守所提出暂予监外执行的书面意见的,应当将书面意见的副本抄送人民检察院,人民检察院可以向决定、批准机关提出书面意见。(2)事后监督。决定或者批准暂予执行的机关应当将暂予监外执行决定抄送人民检察院;人民检察院认为暂予监外执行不当的,应当自接到通知之日起1个月以内将书面意见送交决定或者批准暂予监外执行的机关,决定或者批准暂予监外执行的机关接到人民检察院的书面意见后,应当立即对该决定进行重新核查。

3. 对减刑、假释的监督。具体包括两种方式:(1)事前监督。监狱机关向人民法院提出减刑、假释建议书的,应当将建议书副本抄送人民检察院,人民检察院可以向人民法院提出书面意见。(2)事后监督。人民检察院认为人民法院减刑、假释的裁定不当,应当依照《刑事诉讼法》规定的期间向人民法院提出书面纠正意见。对于人民检察院提出书面纠正意见的案件,人民法院应当重新审理。

4. 对狱内侦查活动是否合法的监督。对罪犯在监狱内犯罪的案件,由监狱负责侦查。人民检察院对监狱在行使狱内侦查权时所进行的侦查活动是否合法,进行监督。

5. 受理罪犯及其家属的申诉、检举和控告。人民检察院对罪犯及其家属的申诉材料经查证属实后,应当转请原判人民法院处理,对罪犯及其家属的检举和控告中有关监狱管理人员的违法行为如构成犯罪的,应依法追究刑事责任;尚未构成犯罪的,应转请监狱处理,并要求告知处理结果。

第十章　中国司法鉴定制度

第一节　中国司法鉴定制度概述

一、中国司法鉴定制度的概念

司法鉴定制度，是指一个国家法律所规定的有关司法鉴定的体制、程序、规范和规则的总称。它主要包括：(1)司法鉴定主体制度和管理体制，包括司法鉴定机构的设立登记和监督管理制度、司法鉴定人的执业许可和执业监督管理制度；(2)司法鉴定程序，包括司法鉴定的申请和受理或司法鉴定的决定、司法鉴定的实施、司法鉴定意见的作出等；(3)司法鉴定的技术规范；(4)司法鉴定意见的运用规则，包括司法鉴定意见的效力和司法鉴定意见的举证、质证、认证规则。各国的诉讼法律一般都对鉴定的对象、鉴定人的条件、鉴定的程序、鉴定意见的运用等作了具体规定，在此意义上，司法鉴定制度可以列入诉讼制度和证据制度的范畴。同时，由于司法鉴定制度涉及司法鉴定机构的设立登记和监督管理以及司法鉴定人的执业许可和监督管理等司法管理体制等问题，因此，司法鉴定制度又可列入国家司法制度的范围。

司法鉴定制度作为现代国家司法制度的重要组成部分，是国家法律实施的重要保障措施之一。无论是在刑事诉讼、民事诉讼还是行政诉讼中，准确认定案件事实都是正确适用法律的基础，而运用各种科学技术手段对实物证据或案件中的专门性问题进行鉴定，无疑是认定案件事实的重要途径和方法。因此，虽然现代各国的法律制度和法律文化传统不同，但都建立了各自的司法鉴定制度。一般地说，各国的司法鉴定制度是与其诉讼制度、证据制度密切相关的。例如，在英美法系国家，与当事人主义诉讼制度相对应，其司法鉴定实行鉴定人主义，当事人可以自行委托或聘请鉴定人对案件中与待证事实有关的事项进行鉴定，而无需事先征得法官的许可和同意。这表明，其鉴定的启动即决定权属于当事人。而且，在英美法系国家，鉴定人被视为“专家证人”，法律对其资格条件并无严格限制，亦未设置专门的司法鉴定机构；鉴定人的意见被称为“专家证言”，法律对鉴定意见的证明效力也不作预先规定，而是通过举证、质证等诉讼活动，由法庭决定取舍。〔1〕 在大陆法系国家，与职权主义诉讼制度相适应，其司法鉴定实行鉴定权主义，鉴定的启动即决定权属于司法官，当事人不得自行委托或聘请鉴定人对案件中的专门性问题进行鉴定。而且，在大陆法系国家，一般把鉴定人作为司法机关的辅助者，法律对其资格条件作了严格限制，〔2〕并设置了专门的司法鉴定机构；鉴定人的意见被称为“鉴定意见”，是诉讼证据之一；对鉴定意见的证明效力，由法官依自由心证原则进行审查并作出认定，

---

〔1〕 参见樊崇义主编：《司法鉴定法律知识导读》，法律出版社2001年版，第247页。

〔2〕 参见樊崇义主编：《司法鉴定法律知识导读》，法律出版社2001年版，第247页。

但在许多情况下,鉴定意见被视为“科学判决”,对于法官认定案件事实起着非常重要的作用。

我国的司法鉴定制度是法律、法规和行政规章所规定的,有关司法鉴定机构和司法鉴定人的性质、核准登记、权利义务、工作规程、监督管理以及法律责任的一系列规范的总称,它根据我国的实际情况并借鉴大陆法系国家司法鉴定的有益经验,在对我国原有的司法鉴定制度进行全面改革的基础上逐步建立起来,是我国司法改革的一项重要成果,对促进司法公正、提高司法效率、树立司法权威具有十分重要的意义。

二、中国司法鉴定制度的沿革

司法鉴定的产生和发展最早主要依赖于法医学和人身识别技术的运用。[3] 我国的法医检验已有2000多年的历史。根据秦简《封诊式》中有关案例的记载,我国秦朝就已经有了法医人体检验的实践。宋朝人宋慈是中国古代最伟大的法医学家,他编写的《洗冤集录》共5卷,内容包括初检、复检、验尸、验骨、自缢、溺死、自刑、杀伤、火死、服毒及其他各种死伤共53项检验方法和尸体变化,是世界上最早的一部系统的法医学著作,比欧洲最早的法医学著作要早350多年。[4] 此外,我国古代还曾经使用过给犯人脸上刺字以便识别其身份的方法。但由于科学技术的落后和刑讯逼供的广泛运用,司法鉴定制度在我国古代始终未能建立起来。

从中华人民共和国成立到改革开放,我国仅在公安司法机关内部设立鉴定机构,由国家投资举办,为侦查、起诉及审判工作提供技术支持。这一时期,不仅鉴定机构性质单一,而且数量极少,如上海市当时仅有4家鉴定机构。[5] “文化大革命”时期,法院、检察系统的鉴定机构被取消,只有公安机关保留了鉴定机构。从20世纪80年代初开始,我国检察机关、审判机关相继重建了内部鉴定机构。至20世纪90年代,公安机关形成了中央、省(自治区、直辖市)、地(市、州)、县(市、区)四级鉴定体系,其中省、地、县公安机关的鉴定机构设在公安系统内部,鉴定人员本身就是警察。检察机关建立起中央、省(自治区、直辖市)、地(市、州)三级鉴定网络;部分县、市、区也先后建立起鉴定机构,享有部分案件的鉴定权。检察机关内部鉴定机构主要从事与侦查和反贪污有关案件的鉴定工作。各级人民法院亦在其内部设置了技术鉴定机构。同时,随着我国经济社会的不断发展,加上体制的改革创新,需要进行鉴定的专门性问题远远超出了公安司法机关鉴定机构所能受理的范围,一些高等院校、研究机构、学术团体等专业单位的技术力量纷纷进入司法鉴定领域,于是出现了许多不属于公安司法机关的鉴定机构。例如,上海市到1988年有鉴定机构9家,为加强对司法鉴定工作的领导和管理,该市当年成立了市司法鉴定工作委员会;到2001年该市的鉴定机构发展到45家;后来又先后成立了多家民办非企业鉴定机构,到2004年年底,该市共有53家司法鉴定机构(其中财政全额拨款的有8家,均隶属于公安司法机关和事业单位;差额拨款的有4家,主要隶属于教育卫生系统;自筹自支的有41家)。[6]

1998年8月,国务院在机构改革的“三定”方案中,明确赋予司法部指导全国“面向社会服务的司法鉴定工作”的职能。据此,司法部在广泛调查研究和全面分析我国司法鉴定工作实际情况的基础上,确定了司法鉴定工作的总体发展目标,并采取以下措施加强司法鉴定建设:

---

〔3〕 参见孙业群:《司法鉴定制度改革研究》,法律出版社2002年版,第1页。

〔4〕 参见孙业群:《司法鉴定制度改革研究》,法律出版社2002年版,第2页。

〔5〕 参见范方平主编:《建构统一司法鉴定管理体制的探索与实践》,中国政法大学出版社2005年版,第267页。

〔6〕 参见范方平主编:《建构统一司法鉴定管理体制的探索与实践》,中国政法大学出版社2005年版,第267页。

第一,加强司法鉴定制度建设,努力推动司法鉴定工作的制度化、规范化。针对当时司法鉴定工作中机构和人员资格管理和执业管理分散混乱、分类不科学、操作程序不规范等突出问题,司法部在反复调查研究、多方征求有关部门和专家意见的基础上,相继出台了《司法鉴定机构登记管理办法》《司法鉴定人登记管理办法》《司法鉴定执业分类规定(试行)》《司法鉴定许可证管理规定》《司法鉴定程序通则》等一系列部颁规章和规范性文件,从而建立起司法鉴定机构、司法鉴定人的职业资格准入和监督管理制度,逐步改变了司法鉴定工作无章可循的被动局面。

第二,加强司法鉴定协调机制建设,合理集中社会资源,主动提供优质的司法鉴定服务。自1999年开始,各省、自治区、直辖市相继组建省级司法鉴定协调指导机构——司法鉴定(工作)委员会。司法鉴定协调指导机构的建立,一方面,调动了各方面积极性,为司法鉴定工作的改革与发展创造了良好的工作环境;另一方面,通过对原有鉴定资源的优化整合,畅通了司法鉴定实施渠道,形成了推进司法鉴定改革与发展的合力,从而更好地为司法活动提供服务。

第三,加强司法鉴定队伍建设,着力建设一支高素质的专业技术队伍和管理者队伍,确保司法鉴定工作的可持续发展。全国各地按照司法部部颁规章的规定,遴选了一批司法鉴定机构和司法鉴定人员,并向社会公告。同时,司法部围绕队伍建设这一关键环节,组织相关领域专家学者编写了系统的司法鉴定培训教材,为司法鉴定队伍建设提供了有力的保障。

此外,各省、自治区、直辖市也从本地实际出发,加强司法鉴定制度建设。截至2004年年底,已有黑龙江省、重庆市、吉林省、深圳市、江西省、湖北省、河南省、四川省、河北省、山西省等10个省、直辖市、市通过了地方司法鉴定条例。司法鉴定的地方立法,既提高了区域性司法鉴定的整体水平,也为国家立法积累了宝贵的经验。2005年2月,第十届全国人大常委会第十四次会议通过《关于司法鉴定管理问题的决定》,对我国司法鉴定的概念和业务范围、司法鉴定机构和司法鉴定人的登记管理、司法鉴定人的权利和义务、司法鉴定机构和司法鉴定人的法律责任等作了明确规定,从而使我国的司法鉴定工作开始走上了法制化的轨道。

根据全国人大常委会《关于司法鉴定管理问题的决定》,司法部于2005年9月对《司法鉴定机构登记管理办法》《司法鉴定人登记管理办法》进行了修订,并经国务院批准公布施行;于2015年12月对《司法鉴定程序通则》进行了修订,自2016年5月1日起施行。

三、中国司法鉴定制度的特征

经过20多年的探索与改革,我国新型的司法鉴定制度逐步建立起来,并呈现自己的鲜明特征。具体表现在:

1. 我国司法鉴定制度的法律依据具有多层次性。如前所述,为构建我国新型的司法鉴定制度,全国人大常委会通过了《关于司法鉴定管理问题的决定》;司法部制定了《司法鉴定机构登记管理办法》《司法鉴定人登记管理办法》《司法鉴定程序通则》等行政规章;许多省、自治区、直辖市的国家权力机关制定了司法鉴定(管理)条例,再加上三大诉讼法有关鉴定程序的原则规定,基本形成司法鉴定制度的法律体系,从中也可以看出我国司法鉴定制度的法律依据具有多层次性。

2. 我国司法鉴定的主体具有独立性。与英美法系国家把鉴定人视为“专家证人”、把鉴定意见视为“专家证言”不同,我国三大诉讼法均把鉴定人作为独立的诉讼参与人,把鉴定人出具的鉴定意见作为独立的诉讼证据。同时,全国人大常委会《关于司法鉴定管理问题的决定》

明确规定,各鉴定机构之间没有隶属关系;鉴定机构接受委托从事司法鉴定业务 不受地域范围的限制;司法鉴定实行鉴定人负责制度,鉴定人应当独立进行鉴定,对鉴定意见负责并在鉴定书上签名或者盖章。司法部《司法鉴定程序通则》第5条明确规定,司法鉴定实行鉴定人制度。司法鉴定人应当依法独立、客观、公正地进行鉴定,并对自己作出的鉴定意见负责。由此可见,我国司法鉴定的主体具有很强的独立性,这与大陆法系国家司法鉴定人的地位相似。

3. 我国的司法鉴定管理体制具有统一性。中华人民共和国成立以来,在相当长的一段时间里,我国的公安机关、检察机关、审判机关、司法行政机关都设置了司法鉴定机构并各自进行管理。这种"多头管理"体制的结果是自侦自鉴、自检自鉴、自审自鉴、重复鉴定,这些问题严重困扰着司法鉴定活动,而且由于缺乏统一管理,导致司法鉴定职业资格、鉴定程序和技术标准缺乏统一性、同一性和可比性,使司法鉴定的可信度和公正性都受到严重影响。为解决这一问题,全国人大常委会《关于司法鉴定管理问题的决定》明确规定,国务院司法行政部门主管全国鉴定人和鉴定机构的登记管理工作;省级人民政府司法行政部门依照本决定的规定,负责对鉴定人和鉴定机构的登记、名册编制和公告;侦查机关根据侦查工作的需要设立的鉴定机构,不得面向社会接受委托从事司法鉴定业务;人民法院和司法行政部门不得设立鉴定机构。由此我国逐步建立起集中统一的司法鉴定管理体制。

第二节 中国的司法鉴定机构

一、司法鉴定机构的概念和性质

根据全国人大常委会《关于司法鉴定管理问题的决定》第2条和司法部《司法鉴定机构登记管理办法》第3条的规定,司法鉴定机构,是指从事法医类鉴定、物证类鉴定、声像资料鉴定以及其他司法鉴定业务的法人或者其他组织,是司法鉴定人的执业机构。这表明,司法鉴定机构是组织司法鉴定人从事司法鉴定业务、对司法鉴定人的行为进行规范管理的基础单位;司法鉴定人从事司法鉴定业务受司法鉴定机构的指派,以司法鉴定人的名义进行;司法鉴定人从事司法鉴定业务产生的法律责任,由司法鉴定机构承担;司法行政机关对司法鉴定人的行政管理和司法鉴定协会对司法鉴定人的行业管理,是通过对司法鉴定机构的管理来实现的。因此,司法鉴定机构既要接受司法行政机关和司法鉴定协会的管理,又要管理本机构的司法鉴定人,在司法鉴定管理工作中具有承上启下的作用。

司法鉴定机构就其本质而言,既属人合组织,又属资合组织。这是因为司法鉴定机构的基本元素是司法鉴定人,司法鉴定机构的核心也是司法鉴定人,从这一意义上讲它是人合组织;但进行司法鉴定需要运用科学技术,而这必须购置大量的仪器设备并充分发挥其作用,从这一意义上讲它又是资合组织。从性质上看,司法鉴定机构应当属于社会中介组织即为社会提供鉴定服务的组织,它必须依法取得执业许可证,依据法律规定,建立自律性运行机制,承担相应的经济和法律责任,并接受政府司法行政部门的监督和管理。

需要指出的是,全国人大常委会《关于司法鉴定管理问题的决定》第7条规定,侦查机关根据侦查工作的需要设立的鉴定机构,不得面向社会接受委托从事司法鉴定业务;人民法院和司法行政部门不得设立鉴定机构。据此,本章所讲的司法鉴定机构均为经司法行政机关审核登记、取得司法鉴定许可证、面向社会接受委托从事司法鉴定业务的执业机构,而不包括侦查机关根据侦查工作的需要设立的鉴定机构。

二、司法鉴定机构的设立和职能

根据《司法鉴定机构登记管理办法》第14条的规定,法人或者其他组织申请从事司法鉴定业务,应当具备下列条件:(1)有自己的名称、住所;(2)有不少于20万~100万元人民币的资金;(3)有明确的司法鉴定业务范围;(4)有在业务范围内进行司法鉴定必需的仪器、设备;(5)有在业务范围内进行司法鉴定必需的依法通过计量认证或者实验室认可的检测实验室;(6)每项司法鉴定业务有3名以上司法鉴定人。

根据《司法鉴定机构登记管理办法》第15条的规定,法人或者其他组织申请从事司法鉴定业务,应当提交下列申请材料:(1)申请表;(2)证明申请者身份的相关文件;(3)住所证明和资金证明;(4)相关的行业资格、资质证明;(5)仪器、设备说明及所有权凭证;(6)检测实验室相关资料;(7)司法鉴定人申请执业的相关材料;(8)相关的内部管理制度材料;(9)应当提交的其他材料。申请人应当对申请材料的真实性、完整性和可靠性负责。

法人或者其他组织申请设立司法鉴定机构分两种情况:一是已有的法人或者其他组织在不改变名称的情况下,申请登记为司法鉴定机构,从事司法鉴定业务;二是法人或者其他组织申请设立具有独立法人资格的司法鉴定机构或者非法人司法鉴定机构。其中,申请设立具有独立法人资格的司法鉴定机构,除应当提交《司法鉴定机构登记管理办法》第15条规定的申请材料外,还应当提交司法鉴定机构章程,按照司法鉴定机构名称管理的有关规定向司法行政机关报核其机构名称。

对于法人或者其他组织从事司法鉴定业务的申请,省级司法行政机关应当进行审核。对于符合条件的,应当作出准予登记的决定,颁发司法鉴定许可证;对于不符合条件的,作出不予登记的决定,书面通知申请人并说明理由。

司法鉴定机构主要承担向公安机关、检察机关、审判机关提供诉讼证据的职能,即证明职能。司法鉴定人应当按照委托人的要求,在规定的时间内独立完成鉴定工作,并出具鉴定意见。鉴定意见是我国三大诉讼法规定的证据种类之一,不仅其本身具有证据功能,而且具有印证、判断其他证据的独特作用。因此,司法鉴定机构和司法鉴定人的鉴定工作对于公安机关、检察机关、审判机关查明案件事实,正确适用法律,公正处理各类诉讼案件具有特殊的重要作用。

三、对司法鉴定机构的监督管理

根据《司法鉴定机构登记管理办法》第4条、第33条的规定,司法鉴定管理实行行政管理与行业管理相结合的管理制度;司法行政机关对司法鉴定机构及其司法鉴定活动依法进行指导、管理和监督、检查,司法鉴定行业协会依法进行自律管理;司法行政机关应当按照统一部署,依法对司法鉴定机构进行监督、检查;公民、法人和其他组织对司法鉴定机构违反本办法规定的行为进行举报、投诉的,司法行政机关应当及时进行监督、检查,并根据调查结果进行处理。

司法行政机关可以就下列事项,对司法鉴定机构进行监督、检查:(1)遵守法律、法规和规章的情况;(2)遵守司法鉴定程序、技术标准和技术操作规范的情况;(3)所属司法鉴定人执业的情况;(4)法律、法规和规章规定的其他事项。司法行政机关对司法鉴定机构进行监督、检查时,可以依法查阅或者要求司法鉴定机构报送有关材料,但不得妨碍司法鉴定机构的正常业务活动,不得索取或者收受司法鉴定机构的财物,不得谋取其他不正当利益。

此外,司法行政机关还应当按照规定对司法鉴定机构进行资质评估,以及对司法鉴定质量进行评估。评估结果应当向社会公开。

四、司法鉴定机构的法律责任

(一)司法鉴定机构的行政责任

根据《司法鉴定机构登记管理办法》第39条的规定,司法鉴定机构有下列情形之一的,由省级司法行政机关依法给予警告,并责令其改正:(1)超出登记的司法鉴定业务范围开展司法鉴定活动的;(2)未经依法登记擅自设立分支机构的;(3)未依法办理变更登记的;(4)出借司法鉴定许可证的;(5)组织未取得司法鉴定人执业证的人员从事司法鉴定业务的;(6)无正当理由拒绝接受司法鉴定委托的;(7)违反司法鉴定收费管理办法的;(8)支付回扣、介绍费,进行虚假宣传等不正当行为的;(9)拒绝接受司法行政机关监督、检查或者向其提供虚假材料的;(10)法律、法规和规章规定的其他情形。

根据《司法鉴定机构登记管理办法》第40条的规定,司法鉴定机构有下列情形之一的,由省级司法行政机关依法给予停止从事司法鉴定业务3个月以上1年以下的处罚;情节严重的,撤销登记:(1)因严重不负责任给当事人合法权益造成重大损失的;(2)具有本办法第39条规定的情形之一,并造成严重后果的;(3)提供虚假证明文件或采取其他欺诈手段,骗取登记的;(4)法律、法规规定的其他情形。

(二)司法鉴定机构的民事责任

根据《司法鉴定机构登记管理办法》第41条的规定,司法鉴定机构在开展司法鉴定活动中因违法和过错行为应当承担民事责任的,按照民事法律的有关规定执行。

第三节　中国的司法鉴定人

一、司法鉴定人的概念和条件

司法鉴定人,是指运用科学技术或者专门知识对诉讼涉及的专门性问题进行鉴别和判断并提出鉴定意见的人员。需要指出的是,这里所指的司法鉴定人,仅限于在司法行政机关核准登记的司法鉴定机构中从事司法鉴定业务的人员,而不包括在侦查机关根据侦查工作的需要而设立的鉴定机构中从事鉴定工作的鉴定人。

《司法鉴定人登记管理办法》第12条规定,个人申请从事司法鉴定业务,应当具备下列条件:(1)拥护中华人民共和国宪法,遵守法律、法规和社会公德,品行良好的公民;(2)具有相关的高级专业技术职称;或者具有相关的行业执业资格或者高等院校相关专业本科以上学历,从事相关工作5年以上;(3)申请从事经验鉴定型或者技能鉴定型司法鉴定业务的,应当具备相关专业工作10年以上经历和较强的专业技能;(4)所申请从事的司法鉴定业务,行业有特殊规定的,应当符合行业规定;(5)拟执业机构已经取得或者正在申请司法鉴定许可证;(6)身体健康，能够适应司法鉴定工作需要。

同时，该办法第 13 条对具有某些情形的个人申请从事司法鉴定业务作了禁止性规定，即个人有下列情形之一的，不得申请从事司法鉴定业务：(1)因故意犯罪或者职务过失犯罪受过刑事处罚的；(2)受过开除公职处分的；(3)被司法行政机关撤销司法鉴定人登记的；(4)所在的司法鉴定机构受到停业处罚，处罚期未满的；(5)无民事行为能力或者限制行为能力的；(6)法律、法规和规章规定的其他情形。

个人申请从事司法鉴定业务的，应当由拟执业的司法鉴定机构向司法行政机关提交申请表以及身份证、专业技术职称、行业执业资格、学历、符合特殊行业要求的相关资格、从事相关专业工作经历、专业技术水平评价及业务成果等证明材料。个人兼职从事司法鉴定业务的，除应当由拟执业的司法鉴定机构向司法行政机关提交申请表以及上述证明材料外，还应当提供所在单位同意其兼职从事司法鉴定业务的书面意见。对于个人从事司法鉴定业务的申请，省级司法行政机关应当进行审核。经审核符合条件的，省级司法行政机关应当作出准予执业的决定，颁发司法鉴定人执业证；不符合条件的，作出不予登记的决定，书面通知其所在司法鉴定机构并说明理由。

二、司法鉴定人的权利和义务

《司法鉴定人登记管理办法》第 21 条规定，司法鉴定人享有下列权利：(1)了解、查阅与鉴定事项有关的情况和资料，询问与鉴定事项有关的当事人、证人等；(2)要求鉴定委托人无偿提供鉴定所需要的鉴材、样本；(3)进行鉴定所必需的检验、检查和模拟实验；(4)拒绝接受不合法、不具备鉴定条件或者超出登记的执业类别的鉴定委托；(5)拒绝解决、回答与鉴定无关的问题；(6)鉴定意见不一致时，保留不同意见；(7)接受岗前培训和继续教育；(8)获得合法报酬；(9)法律、法规规定的其他权利。

《司法鉴定人登记管理办法》第 22 条规定，司法鉴定人应当履行下列义务：(1)受所在司法鉴定机构指派按照规定时限独立完成鉴定工作，并出具鉴定意见；(2)对鉴定意见负责；(3)依法回避；(4)妥善保管送鉴的鉴材、样本和资料；(5)保守在执业活动中知悉的国家秘密、商业秘密和个人隐私；(6)依法出庭作证，回答与鉴定有关的询问；(7)自觉接受司法行政机关的管理和监督、检查；(8)参加司法鉴定岗前培训和继续教育；(9)法律、法规规定的其他义务。

此外，《司法鉴定人登记管理办法》第 3、6、7 条规定，司法鉴定人还应当遵守以下规定：(1)应当在一个司法鉴定机构中执业；(2)应当科学、客观、独立、公正地从事司法鉴定活动，遵守法律、法规的规定，遵守职业道德和职业纪律，遵守司法鉴定管理规范；(3)在执业中应当遵守回避、保密、时限等制度。

三、对司法鉴定人的监督管理

《司法鉴定人登记管理办法》第 4 条规定，司法鉴定管理实行行政管理与行业管理相结合的管理制度；司法行政机关对司法鉴定人及其执业活动进行指导、管理和监督、检查，司法鉴定行业协会依法进行自律管理。第 23 条规定，司法鉴定人应当在所在司法鉴定机构接受司法行政机关统一部署的监督、检查。

《司法鉴定人登记管理办法》第 24 条规定，司法行政机关应当就下列事项，对司法鉴定人进行监督、检查：(1)遵守法律、法规和规章的情况；(2)遵守司法鉴定程序、技术标准和技术操作规范的情况；(3)遵守执业规则、职业道德和职业纪律的情况；(4)遵守所在司法鉴定机构内部管理制度的情况;(5)法律、法规和规章规定的其他事项。

公民、法人和其他组织对司法鉴定人违反《司法鉴定人登记管理办法》规定的行为进行举报、投诉的,司法行政机关应当及时进行调查处理。司法行政机关对司法鉴定人进行监督、检查或者根据举报、投诉进行调查时,可以依法查阅或者要求司法鉴定人报送有关材料;司法鉴定人应当如实提供有关情况和材料。此外,司法行政机关还应当依法建立司法鉴定人诚信档案,对司法鉴定人进行诚信等级评估。评估结果向社会公开。

四、司法鉴定人的法律责任

(一)司法鉴定人的行政责任

《司法鉴定人登记管理办法》第29条规定,司法鉴定人有下列情形之一的,由省级司法行政机关依法给予警告,并责令其改正:(1)同时在两个以上司法鉴定机构执业的;(2)超出登记的执业类别执业的;(3)私自接受司法鉴定委托的;(4)违反保密和回避规定的;(5)拒绝接受司法行政机关监督、检查或者向其提供虚假材料的;(6)法律、法规和规章规定的其他情形。

《司法鉴定人登记管理办法》第30条规定,司法鉴定人有下列情形之一的,由省级司法行政机关给予停止执业3个月以上1年以下的处罚;情节严重的,撤销登记;构成犯罪的,依法追究刑事责任:(1)因严重不负责任给当事人合法权益造成重大损失的;(2)具有本办法第29规定的情形之一并造成严重后果的;(3)提供虚假证明文件或者采取其他欺诈手段,骗取登记的;(4)经人民法院依法通知,非法定事由拒绝出庭作证的;(5)故意做虚假鉴定的;(6)法律、法规规定的其他情形。

(二)司法鉴定人的民事责任

《司法鉴定人登记管理办法》第31条规定,司法鉴定人在执业活动中,因故意或者重大过失行为给当事人造成损失的,其所在的司法鉴定机构依法承担赔偿责任后,可以向有过错行为的司法鉴定人追偿。

(三)司法鉴定人的刑事责任

根据全国人大常委会《关于司法鉴定管理问题的决定》第13条第3款的规定,鉴定人故意作虚假鉴定,构成犯罪的,依法追究刑事责任。对此,我国《刑法》第305条明确规定了伪证罪的刑事责任,即在刑事诉讼中,鉴定人对与案件有重要关系的情节,故意作虚假鉴定,意图陷害他人或者隐匿罪证的,处3年以下有期徒刑或者拘役;情节严重的,处3年以上7年以下有期徒刑。

第四节　中国司法鉴定的执业分类

所谓司法鉴定的执业分类,简而言之,就是指司法鉴定的业务类型。我国司法鉴定的执业分类,由司法部根据我国司法鉴定的专业设置情况、学科发展方向、技术手段、检验和鉴定内容,并参考国际惯例确定。2000年11月29日,司法部发布《司法鉴定执业分类规定(试行)》,对我国司法鉴定的业务类型作了具体而明确的划分,从而为确定面向社会服务的司法鉴定人执业资格和司法鉴定机构鉴定业务范围提供了依据。

根据《司法鉴定执业分类规定(试行)》的规定,我国司法鉴定的执业分类主要有以下13种:

1. 法医病理鉴定。所谓法医病理鉴定,是指运用法医病理学的理论和技术,通过尸体外表检查、尸体解剖检验、组织切片观察、毒物分析和书证审查等,对涉及与法律有关的医学问题进行鉴定或推断。其主要内容包括死亡原因鉴定、死亡方式鉴定、死亡时间推断、致伤(死)物认定、生前伤与死后伤鉴别、死后个体识别等。

2. 法医临床鉴定。所谓法医临床鉴定,是指运用法医临床学的理论和技术,对涉及与法律有关的医学问题进行鉴定和评定。其主要内容包括人身损伤程度鉴定、损伤与疾病关系评定、道路交通事故受伤人员伤残程度评定、职工工伤与职业病致残程度评定、劳动能力评定、活体年龄鉴定、性功能鉴定、医疗纠纷鉴定、诈病(伤)及造作病(伤)鉴定、致伤物和致伤方式推断等。

3. 法医精神病鉴定。所谓法医精神病鉴定,是指运用司法精神病学的理论和方法,对涉及与法律有关的精神状态、法定能力(如刑事责任能力、受审能力、服刑能力、民事行为能力、监护能力、被害人自我防卫能力、作证能力等)、精神损伤程度、智能障碍等问题进行鉴定。

4. 法医物证鉴定。所谓法医物证鉴定,是指运用免疫学、生物学、生物化学、分子生物学等的理论和方法,利用遗传学标记系统的多态性对生物学检材的种类、种属及个体来源进行鉴定。其主要内容包括个体识别、亲子鉴定、性别鉴定、种族和种属认定等。

5. 法医毒物鉴定。所谓法医毒物鉴定,是指运用法医毒物学的理论和方法,结合现代仪器分析技术,对体内外未知毒(药)物、毒品及代谢物进行定性、定量分析,并通过对毒物毒性、中毒机理、代谢功能的分析,结合中毒表现、尸检所见,综合作出毒(药)物中毒的鉴定。

6. 司法会计鉴定。所谓司法会计鉴定,是指运用司法会计学的原理和方法,通过检查、计算、验证和鉴证对会计凭证、会计账簿、会计报表和其他会计资料等财务状况进行鉴定。

7. 文书司法鉴定。所谓文书司法鉴定,是指运用文件检验学的原理和技术,对文书的笔迹、印章、印文、文书的制作及工具、文书形成时间等问题进行鉴定。

8. 痕迹司法鉴定。所谓痕迹司法鉴定,是指运用痕迹学的原理和技术,对有关人体、物体形成痕迹的同一性及分离痕迹与原整体相关性等问题进行鉴定;运用枪械学、弹药学、弹道学的理论和技术,对枪弹及射击后残留物、残留物形成的痕迹、自制枪支和弹药及杀伤力进行鉴定。

9. 微量物证鉴定。所谓微量物证鉴定,是指运用物理学、化学和仪器分析等方法,通过对有关物质材料的成分及其结构进行定性、定量分析,对检材的种类、检材和嫌疑样本的同类性和同一性进行鉴定。

10. 计算机司法鉴定。所谓计算机司法鉴定,是指运用计算机理论和技术,对通过非法手段使计算机系统内数据的安全性、完整性或系统正常运行造成的危害行为及其程度等进行鉴定。

11. 建筑工程司法鉴定。所谓建筑工程司法鉴定,是指运用建筑学理论和技术,对与建筑工程相关的问题进行鉴定。其主要内容包括建筑工程质量评定、工程质量事故鉴定、工程造价纠纷鉴定等。

12. 声像资料司法鉴定。所谓声像资料司法鉴定,是指运用物理学和计算机学的原理和技术,对录音带、录像带、磁盘、光盘、图片等载体上记录的声音、图像信息的真实性、完整性及其所反映的情况过程进行鉴定;并对记录的声音、图像中的语言、人体、物体作出种类或同一认定。

13. 知识产权司法鉴定。所谓知识产权司法鉴定,是指根据技术专家对本领域公知技术及相关专业技术的了解,并运用必要的检测、化验、分析手段,对被侵权的技术和相关技术的特征是否相同或者等同进行认定;对技术转让合同标的是否成熟、实用,是否符合合同约定标准进行认定;对技术开发合同履行失败是否属于风险责任进行认定;对技术咨询、技术服务以及其他各种技术合同履行结果是否符合合同约定或者有关法定标准进行认定;对技术秘密是否构成法定技术条件进行认定;对其他知识产权诉讼中的技术争议进行鉴定。

第五节 中国司法鉴定的原则与制度

根据全国人大常委会《关于司法鉴定管理问题的决定》和司法部《司法鉴定机构登记管理办法》《司法鉴定人登记管理办法》《司法鉴定程序通则》的规定,司法鉴定机构和司法鉴定人进行司法鉴定活动,应当遵守以下几项原则和制度:

一、依法鉴定原则

全国人大常委会《关于司法鉴定管理问题的决定》规定,司法鉴定机构和司法鉴定人从事司法鉴定业务,应当遵守法律、法规。由此确立了依法鉴定原则。该原则主要包括以下几个方面的含义:

首先,司法鉴定机构和司法鉴定人从事司法鉴定业务,应当遵守全国人大常委会《关于司法鉴定管理问题的决定》和司法部《司法鉴定机构管理办法》《司法鉴定人登记登记管理办法》的相关规定。具体包括:鉴定人和鉴定机构应当在鉴定人和鉴定机构名册注明的业务范围内从事司法鉴定业务;司法鉴定机构是司法鉴定人的执业机构,应当具备《司法鉴定机构登记管理办法》规定的条件,经省级司法行政机关审核登记,取得司法鉴定许可证,在登记的司法鉴定业务范围内,开展司法鉴定活动;司法鉴定人应当具备《司法鉴定人登记管理办法》规定的条件,经省级司法行政机关审核登记,取得司法鉴定人执业证,按照登记的司法鉴定执业类别,从事司法鉴定业务。

其次,司法鉴定机构和司法鉴定人从事司法鉴定业务,应当遵守《刑事诉讼法》《民事诉讼法》《行政诉讼法》的有关规定及相关的司法解释。例如,《刑事诉讼法》第147条规定,鉴定人进行鉴定后,应当写出鉴定意见,并且签名;鉴定人故意作虚假鉴定的,应当承担法律责任。最高人民法院于2019年12月修正的《关于民事诉讼证据的若干规定》第36条规定,人民法院对鉴定人出具的鉴定书,应当审查是否具有下列内容:(1)委托法院的名称;(2)委托鉴定的内容、要求;(3)鉴定材料;(4)鉴定所依据的原理、方法;(5)对鉴定过程的说明;(6)鉴定意见;(7)承诺书。鉴定书应当由鉴定人签名或者盖章,并附鉴定人的相应资格证明;委托机构鉴定的,鉴定书应当由鉴定机构盖章,并由从事鉴定的人员签名。由此可见,三大诉讼法和相关的司法解释也是司法鉴定机构和司法鉴定人在进行鉴定时必须遵守的。

最后,司法鉴定机构和司法鉴定人从事司法鉴定业务,应当遵守司法部《司法鉴定程序通则》的规定。为了规范司法鉴定机构和司法鉴定人的司法鉴定活动,保障司法鉴定质量,保障诉讼活动的顺利进行,司法部根据全国人大常委会《关于司法鉴定管理问题的决定》和有关法律、法规的规定,制定了《司法鉴定程序通则》。该通则对司法鉴定活动应当遵守的原则、制度和程序作了具体明确的规定,是司法鉴定机构和司法鉴定人进行司法鉴定必须遵守的操作规范。

二、科学鉴定原则

司法鉴定是指在诉讼活动中鉴定人运用科学技术或者专门知识对诉讼涉及的专门性问题进行鉴别和判断并提供鉴定意见的活动。在一些国家,鉴定人被称为"科学的法官",鉴定结论被称为"科学的判决"。由此可见,司法鉴定具有很强的科学性和技术性。全国人大常委会《关于司法鉴定管理问题的决定》第 12 条规定,鉴定人和鉴定机构从事司法鉴定业务,应当尊重科学,遵守技术操作规范。由此确立了科学鉴定原则。该原则主要包括以下几个方面的含义:

首先,司法鉴定机构和司法鉴定人进行司法鉴定活动,应当以严肃的科学态度,认真地制定鉴定的方法及步骤,细致地进行鉴别和判断,切不可以点带面、以表带里,更不能未经检验,就凭经验作出有无或是否的鉴定意见。[7]

其次,司法鉴定机构和司法鉴定人进行司法鉴定活动,应当严格遵守技术操作规范。其中包括:司法鉴定机构应当严格依照有关技术规范保管和使用鉴定材料,严格监控鉴定材料的接收、传递、检验、保存和处置,建立科学、严密的管理制度;司法鉴定人进行鉴定,应当严格遵守和采用该专业领域的技术标准和技术规范,包括国家标准和技术规范、行业标准和技术规范以及该专业领域多数专家认可的技术标准和技术规范。只有不具备前述技术标准和技术规范时,才可以采用所属司法鉴定机构自行制定的有关技术规范。

最后,司法鉴定机构和司法鉴定人进行司法鉴定活动,所作的结果判断应当符合科学原理。鉴定意见是鉴定人运用科学技术或专门知识对鉴定客体进行检验后所作出的判断。鉴定人只有对检验材料进行科学分析,得出结论或具体的意见,才能满足鉴定的要求。因此,鉴定人在进行分析的时候,一定要根据科学原理,恰如其分地阐明其意义及各个征象的内部联系,切不可超越科学规律、超越事实能证明的限度,做跳跃式的推理。例如,某尸体的胃内毒物分析呈阴性,如据此就否认中毒,则是不科学的。因为胃内毒物分析呈阴性,只能说明胃内没有检验出毒物,并不等于血液或其他组织没有毒物。[8] 由此可见,对于鉴定人而言,结果判断必须符合科学原理是何等的重要。

三、独立鉴定原则

全国人大常委会《关于司法鉴定管理问题的决定》第 10 条明确规定,鉴定人应当独立进行鉴定,对鉴定意见负责并在鉴定书上签名或者盖章。由此确立了独立鉴定的原则。该原则主要包括以下几个方面的含义:

首先,司法鉴定人进行鉴定活动,不受任何国家机关、社会团体和个人的干涉。换言之,任

---

〔7〕 参见何家弘主编:《司法鉴定导论》,法律出版社 2000 年版,第 193 页。

〔8〕 参见何家弘主编:《司法鉴定导论》,法律出版社 2000 年版,第 193 页。

何国家机关、社会团体和个人都不得对司法鉴定人施加任何压力或影响,使其作出有违科学、有失公正的鉴定意见。

其次,委托人(包括公安机关、检察机关、审判机关和诉讼案件的当事人)不得要求或者暗示司法鉴定机构和司法鉴定人按其意图或者特定目的提供鉴定意见;司法鉴定人本人或其近亲属与委托人有利害关系的,应当回避。

最后,司法鉴定机构的负责人和其他司法鉴定人也不得对司法鉴定人的鉴定活动进行干涉或者施加影响。由于司法鉴定实行司法鉴定人负责制度,因此,即使是司法鉴定机构的负责人也不能将个人意见强加给鉴定人;多个鉴定人参加的鉴定,对鉴定意见有不同意见的,应当在鉴定书上注明,而不能以少数服从多数的方式统一作出鉴定意见。

四、保守秘密原则

司法部《司法鉴定程序通则》第6条规定,司法鉴定机构和司法鉴定人应当保守在执业活动中知悉的国家秘密、商业秘密,不得泄露个人隐私。由此确立了保守秘密的司法鉴定原则。

司法鉴定人在从事司法鉴定业务的过程中,由其身份和工作特点所决定,必然接触到某些国家秘密,知悉当事人的一些商业秘密或者个人隐私。其中,国家秘密是指关系国家的安全和利益,依照法定程序确定,在一定时间内只限一定范围的人员知悉的事项;商业秘密是指不为公众所知悉,能为权利人带来经济利益,具有实用性并经权利人采取保密措施的技术信息和经营信息;个人隐私是指与公民个人的声誉有关、本人不愿公开的与个人生活有关的事项。国家秘密一旦被司法鉴定人泄露,将会使国家的安全和利益受到严重损害;当事人的商业秘密和个人隐私一旦被司法鉴定人有意无意地泄露出来,不仅会使当事人的经济利益或个人名誉受到严重损害,而且会使司法鉴定人失去委托人的信赖,有损于司法鉴定人的职业声誉,不利于司法鉴定事业的健康发展。因此,司法鉴定人应当切实遵守保守秘密的原则,司法鉴定机构也应当建立严格的保密制度。

五、依法接受监督原则

司法鉴定人是指运用科学技术或者专门知识对诉讼涉及的专门性问题进行鉴别和判断并提出鉴定意见的人员。一方面,他们能否依法执业、恪守职业道德和执业纪律,直接关系到案件的公正处理和法律的正确实施,也关系到司法鉴定事业的健康发展,因此必须加强对司法鉴定活动的监督。另一方面,司法鉴定人为了进一步提高执业水平,树立良好形象,也应当接受国家、社会和委托人的监督。司法部《司法鉴定程序通则》第9条规定,司法鉴定机构和司法鉴定人进行司法鉴定活动应当依法接受监督。由此确立了依法接受监督的原则。该原则包括以下几个方面的内容:

一是国家对司法鉴定机构和司法鉴定人的监督。这方面的监督主要是由有关的国家机关进行的。具体有:(1)司法行政机关的监督。按照《司法鉴定机构登记管理办法》《司法鉴定人登记管理办法》《司法鉴定程序通则》的规定,司法行政机关对司法鉴定机构和司法鉴定人及其司法鉴定活动依法进行指导、管理和监督;司法鉴定机构和司法鉴定人有违反有关法律规定的行为的,由省级司法行政机关依法给予相应的行政处罚。(2)税务机关的监督。按照有关法律规定,司法鉴定机构和司法鉴定人应当依法纳税。对于司法鉴定机构和司法鉴定人偷税、抗税、欠税、漏税的,由税务机关按照有关规定进行处罚。(3)监察机关或公安机关的监督。对于司法鉴定人在执业活动中有泄露国家重要机密、行贿、介绍贿赂或伪证行为,情节严重或数额较大构成犯罪的，由监察机关或公安机关立案调查或侦查。

二是社会对司法鉴定机构和司法鉴定人的监督。这方面的监督具体包括民主党派的监督、社会团体的监督、新闻媒体的监督、人民群众的监督等。对于司法鉴定人违反职业道德的行为，任何单位和个人都可以直接向司法鉴定人提出批评，予以谴责，也可以向司法鉴定人所属的司法鉴定机构、司法鉴定协会或司法行政机关进行举报、投诉，或者在报刊上予以揭露和曝光。对于司法鉴定机构和司法鉴定人违反司法鉴定法律、法规和规章的行为，任何单位和公民个人都有权向司法行政机关进行举报、投诉，要求依法处理。对于司法鉴定人泄露国家秘密或者作伪证情节严重构成犯罪的，任何单位和公民个人都有权向监察机关或公安机关进行举报，要求依法查处。

三是当事人对司法鉴定机构和司法鉴定人的监督。司法鉴定人接受委托人的委托进行鉴定活动，其在执业中有无违法违纪行为，委托人往往最清楚。对于司法鉴定人在执业中违反法律、法规和规章，不遵守职业道德和执业纪律的行为，委托人有权向司法鉴定人所在的司法鉴定机构、司法鉴定协会或者司法行政机关提出控告，要求依法处理。

六、回避制度

全国人大常委会《关于司法鉴定管理问题的决定》第 9 条第 3 款明确规定，鉴定人应当依照诉讼法规定实行回避。这一规定不够全面。实际上，根据司法鉴定所处的阶段，司法鉴定回避可以分为鉴定活动中的回避和诉讼活动中的回避两种。

1. 鉴定活动中的回避。《司法鉴定程序通则》第 7 条规定，司法鉴定人在执业活动中应当依照有关诉讼法律和本通则规定实行回避。第 20 条规定，司法鉴定人本人或者其近亲属与诉讼当事人、鉴定事项涉及的案件有利害关系，可能影响其独立、客观、公正进行鉴定的，应当回避；司法鉴定人曾经参加过同一鉴定事项鉴定的，或者曾经作为专家提供过咨询意见的，或者曾被聘请为有专门知识的人参与过同一鉴定事项法庭质证的，应当回避。

司法鉴定人自行提出回避的，由其所属的司法鉴定机构决定；委托人要求司法鉴定人回避的，应当向该鉴定人所属的司法鉴定机构提出，由司法鉴定机构决定。委托人对司法鉴定机构作出的司法鉴定人是否回避的决定有异议的，可以撤销鉴定委托。

2. 诉讼活动中的回避。诉讼活动中的回避，按照诉讼性质的不同，可以分为刑事诉讼中的回避、民事诉讼中的回避和行政诉讼中的回避三种。

根据《刑事诉讼法》的规定，司法鉴定人具有下列情形之一的，应当自行回避，当事人及其法定代理人也有权要求其回避：(1)是本案的当事人或者是当事人近亲属的；(2)本人或者他的近亲属和本案有利害关系的；(3)担任过本案的证人、辩护人、诉讼代理人的；(4)与本案当事人有其他关系，可能影响公正鉴定的。在案件的侦查、起诉、审判阶段，鉴定人的回避分别由公安机关负责人、检察院检察长、法院院长决定。

根据《民事诉讼法》的规定，鉴定人有下列情形之一的，必须回避，当事人有权用口头或者书面方式申请其回避：(1)是本案当事人或者当事人、诉讼代理人的近亲属；(2)与本案有利害关系；(3)与本案当事人有其他关系，可能影响对案件公正鉴定的。鉴定人的回避，由审判长决定。

根据《行政诉讼法》的规定，当事人认为鉴定人与本案有利害关系或者其他关系可能影响公正审判，有权申请鉴定人回避；鉴定人认为自己与本案有利害关系或者其他关系，应当申请回避。鉴定人的回避，由审判长决定。

第六节 中国司法鉴定的程序

司法鉴定程序,是指司法鉴定机构和司法鉴定人进行司法鉴定活动应当遵循的方式、方法、步骤以及相关的规则和标准。根据《司法鉴定程序通则》的规定,司法鉴定机构和司法鉴定人进行司法鉴定活动,应当遵循以下程序。

一、司法鉴定的委托与受理

司法鉴定委托由司法鉴定机构统一受理,司法鉴定人不得私自接受委托。司法鉴定机构依法既可以接受公安机关、检察机关、审判机关的鉴定委托,也可以接受诉讼当事人或其法定代理人的鉴定委托。

委托人委托鉴定的,应当向司法鉴定机构提供真实、完整、充分的鉴定材料(包括生物检材和非生物检材、比对样本材料以及其他与鉴定事项有关的鉴定资料),并对鉴定材料的真实性、合法性负责。司法鉴定机构应当核对并记录鉴定材料的名称、种类、数量、性状、保存状况、收到时间等。

司法鉴定机构应当自收到委托之日起7个工作日内作出是否受理的决定。对于复杂、疑难或者特殊鉴定事项的委托,司法鉴定机构可以与委托人协商决定受理的时间。司法鉴定机构应当对委托鉴定事项、鉴定材料等进行审查。对属于本机构司法鉴定业务范围,鉴定用途合法,提供的鉴定材料能够满足鉴定需要的,应当受理。对于鉴定材料不完整、不充分,不能满足鉴定需要的,司法鉴定机构可以要求委托人补充;经补充后能够满足鉴定需要的,应当受理。

司法鉴定机构决定受理鉴定委托的,应当与委托人签订司法鉴定委托书。司法鉴定委托书应当载明委托人名称、司法鉴定机构名称、委托鉴定事项、是否属于重新鉴定、鉴定用途、与鉴定有关的基本案情、鉴定材料的提供和退还、鉴定风险,以及双方商定的鉴定时限、鉴定费用及收取方式、双方权利义务等其他需要载明的事项。

《司法鉴定程序通则》第15条规定,具有下列情形之一的鉴定委托,司法鉴定机构不得受理:(1)委托鉴定事项超出本机构司法鉴定业务范围的;(2)发现鉴定材料不真实、不完整、不充分或者取得方式不合法的;(3)鉴定用途不合法或者违背社会公德的;(4)鉴定要求不符合司法鉴定执业规则或者相关鉴定技术规范的;(5)鉴定要求超出本机构技术条件或者鉴定能力的;(6)委托人就同一鉴定事项同时委托其他司法鉴定机构进行鉴定的;(7)其他不符合法律、法规、规章规定的情形。司法鉴定机构决定不予受理鉴定委托的,应当向委托人说明理由,退还鉴定材料。

二、司法鉴定的实施

1. 司法鉴定人的指定或者选择。司法鉴定机构受理鉴定委托后,应当指定本机构具有该鉴定事项执业资格的司法鉴定人进行鉴定。委托人有特殊要求的,经双方协商一致,也可以从本机构中选择符合条件的司法鉴定人进行鉴定。委托人不得要求或者暗示司法鉴定机构、司法鉴定人按其意图或者特定目的提供鉴定意见。

司法鉴定机构对同一鉴定事项,应当指定或者选择二名司法鉴定人进行鉴定;对复杂、疑难或者特殊鉴定事项,可以指定或者选择多名司法鉴定人进行鉴定。

2. 司法鉴定的技术规范和技术标准。司法鉴定机构和司法鉴定人在鉴定过程中应当严格依照技术规范保管和使用鉴定材料,因严重不负责任造成鉴定材料损毁、遗失的,应当依法承担责任。

司法鉴定人进行鉴定,应当依下列顺序遵守和采用该专业领域的技术标准、技术规范和技术方法:首先是国家标准;其次是行业标准和技术规范;最后是该专业领域多数专家认可的技术方法。

3. 司法鉴定的步骤和方法(权利和义务)。(1)司法鉴定人有权了解进行鉴定所需要的案件材料,可以查阅、复制相关资料,必要时可以询问诉讼当事人、证人。(2)经委托人同意,司法鉴定机构可以派员到现场提取鉴定材料。现场提取鉴定材料应当由不少于2名司法鉴定机构的工作人员进行,其中至少1名应为该鉴定事项的司法鉴定人。现场提取鉴定材料时,应当有委托人指派或者委托的人员在场见证并在提取记录上签名。(3)鉴定过程中,需要对无民事行为能力人或者限制民事行为能力人进行身体检查的,应当通知其监护人或者近亲属到场见证;必要时,可以通知委托人到场见证。对被鉴定人进行法医精神病鉴定的,应当通知委托人或者被鉴定人的近亲属或者监护人到场见证。对需要进行尸体解剖的,应当通知委托人或者死者的近亲属或者监护人到场见证。到场见证人员应当在鉴定记录上签名;见证人员未到场的,司法鉴定人不得开展相关鉴定活动,延误时间不计入鉴定时限。(4)鉴定过程中,需要对被鉴定人身体进行法医临床检查的,应当采取必要措施保护其隐私。(5)司法鉴定人应当对鉴定过程进行实时记录并签名。记录可以采取笔记、录音、录像、拍照等方式。记录应当载明主要的鉴定方法和过程,检查、检验、检测结果,以及仪器设备使用情况等。记录的内容应当真实、客观、准确、完整、清晰,记录的文本资料、音像资料等应当存入鉴定档案。

4. 司法鉴定的期限。司法鉴定机构应当自司法鉴定委托书生效之日起30个工作日内完成鉴定。鉴定事项涉及复杂、疑难、特殊技术问题或者鉴定过程需要较长时间的,经本机构负责人批准,完成鉴定的时限可以延长,延长时限一般不得超过30个工作日。鉴定时限延长的,应当及时告知委托人。司法鉴定机构与委托人对鉴定时限另有约定的,从其约定。在鉴定过程中补充或者重新提取鉴定材料所需的时间,不计入鉴定时限。

5. 司法鉴定的终止。司法鉴定机构在鉴定过程中,有下列情形之一的,可以终止鉴定:(1)发现有本通则第15条第2项至第7项规定情形的;(2)鉴定材料发生耗损,委托人不能补充提供的;(3)委托人拒不履行司法鉴定委托书规定的义务、被鉴定人拒不配合或者鉴定活动受到严重干扰,致使鉴定无法继续进行的;(4)委托人主动撤销鉴定委托,或者委托人、诉讼当事人拒绝支付鉴定费用的;(5)因不可抗力致使鉴定无法继续进行的;(6)其他需要终止鉴定的情形。终止鉴定的,司法鉴定机构应当书面通知委托人,说明理由并退还鉴定材料。

6. 补充鉴定、重新鉴定、复核鉴定。有下列情形之一的,司法鉴定机构可以根据委托人的要求进行补充鉴定:(1)原委托鉴定事项有遗漏的;(2)委托人就原委托鉴定事项提供新的鉴定材料的;(3)其他需要补充鉴定的情形。补充鉴定是原委托鉴定的组成部分,应当由原司法鉴定人进行。

有下列情形之一的,司法鉴定机构可以接受办案机关委托进行重新鉴定:(1)原司法鉴定人不具有从事委托鉴定事项执业资格的;(2)原司法鉴定机构超出登记的业务范围组织鉴定的;(3)原司法鉴定人应当回避没有回避的;(4)办案机关认为需要重新鉴定的;(5)法律规定的其他情形。

重新鉴定应当委托原司法鉴定机构以外的其他司法鉴定机构进行;因特殊原因,委托人也可以委托原司法鉴定机构进行,但原司法鉴定机构应当指定原司法鉴定人以外的其他符合条件的司法鉴定人进行。接受重新鉴定委托的司法鉴定机构的资质条件应当不低于原司法鉴定机构,进行重新鉴定的司法鉴定人中应当至少有1名具有相关专业高级专业技术职称。

司法鉴定人完成鉴定后,司法鉴定机构应当指定具有相应资质的人员对鉴定程序和鉴定意见进行复核;对于涉及复杂、疑难、特殊技术问题或者重新鉴定的鉴定事项,可以组织3名以上的专家进行复核。复核人员完成复核后,应当提出复核意见并签名,存入鉴定档案。

7. 司法鉴定的专家咨询。鉴定过程中,涉及复杂、疑难、特殊技术问题的,司法鉴定机构可以向本机构以外的相关专业领域的专家进行咨询,但最终的鉴定意见应当由本机构的司法鉴定人出具。专家提供咨询意见应当签名,并存入鉴定档案。

三、司法鉴定文书的出具

司法鉴定机构和司法鉴定人在完成委托的鉴定事项后,应当向委托人出具司法鉴定文书。

司法鉴定文书是司法鉴定机构和司法鉴定人依照法定条件和程序,运用科学技术或者专门知识对诉讼中涉及的专门性问题进行分析、鉴别和判断后出具的记录和反映司法鉴定过程与司法鉴定意见的书面载体。它分为司法鉴定意见书和司法鉴定检验报告书两种。其中,司法鉴定意见书是司法鉴定机构和司法鉴定人对委托人提供的鉴定材料进行检验、鉴别后出具的记录司法鉴定人专业判断意见的文书,一般包括标题、编号、基本情况、检案摘要、检验过程、分析说明、鉴定意见、落款、附件及附注等内容;司法鉴定检验报告书是司法鉴定机构和司法鉴定人对委托人提供的鉴定材料进行检验后出具的客观反映司法鉴定人的检验过程和检验结果的文书,一般包括标题、编号、基本情况、检案摘要、检验过程、检验结果、落款、附件及附注等内容。

司法鉴定机构和司法鉴定人出具的司法鉴定文书应当符合以下要求:(1)司法鉴定文书的制作应当符合司法部统一规定的司法鉴定文本格式。(2)司法鉴定文书应当由司法鉴定人签名;多人参加的鉴定,对鉴定意见有不同意见的,应当注明。(3)司法鉴定文书应当加盖司法鉴定机构的司法鉴定专用章。(4)司法鉴定文书一般应当一式四份,三份交委托人收执,一份由司法鉴定机构存档。

司法鉴定机构应当按照有关规定或者与委托人约定的方式,向委托人发送司法鉴定文书。委托人对鉴定过程、鉴定意见提出询问的,司法鉴定机构和司法鉴定人应当给予解释或者说明。司法鉴定机构应当按照规定将司法鉴定文书以及有关资料整理立卷,归档保管。

司法鉴定文书出具后,发现有下列情形之一的,司法鉴定机构可以进行补正:(1)图像、谱图、表格不清晰的;(2)签名、盖章或者编号不符合制作要求的;(3)文字表达有瑕疵或者错别字,但不影响司法鉴定意见的。补正应当在原司法鉴定文书上进行,由至少1名司法鉴定人在补正处签名。必要时,可以出具补正书。对司法鉴定文书进行补正,不得改变司法鉴定意见的原意。

四、司法鉴定人出庭作证

司法鉴定人负有出庭作证的义务，经人民法院依法通知，应当出庭作证，回答与鉴定事项有关的问题。司法鉴定人出庭时，应当出示司法鉴定人执业证书。在法庭上，司法鉴定人应当宣读鉴定意见，并依法客观、公正、实事求是地回答公诉人、当事人或审判人员提出的与鉴定事项有关的问题。

第十一章　中国律师制度

第一节　中国律师制度概述

一、中国律师制度的概念

在我国长达两千多年的封建社会里，出现过许多帮助当事人写诉状、打官司的人，他们被称为“讼师”或“刀笔先生”。虽然可以说讼师是中国律师的前身或雏形，但并不是现代意义上的律师。在我国古代，“律师”一词为佛家用词，指的是熟知戒律并能向人解说的人。现代意义上的律师一词则译自英文“lawyer”，其最早出现在20世纪初清末政府制定的《大清刑事民事诉讼法》中。根据我国《律师法》第2条的规定，律师是指依法取得律师执业证书，接受委托或指定，为当事人提供法律服务的执业人员。也就是说，律师应当是精通法律、熟悉业务，并由国家授予律师执业证书，准予开业，为诉讼或非诉讼当事人提供法律服务，维护其合法权益的执业人员。由此可见，律师具有以下几个特点：第一，律师必须是受过法律专业训练，具备丰富的法律知识的人；第二，律师必须是依法取得律师执业证书的人；第三，律师是接受当事人委托或法律援助机构指派，为当事人提供法律服务的执业人员。

律师制度，是指国家规定的有关律师的性质、任务、权利和义务、管理体制、组织和活动原则，以及如何为当事人提供法律服务的法律规范的总称。律师制度是国家的一项法律制度，与其他法律制度既有相同之处，又有不同的地方。相同之处是，它们都不是自古就有的，而是社会发展到一定历史阶段的产物。不同之处是，作为一项法律制度，律师制度并不是与国家和法律同时产生的，而是在国家和法律出现之后，经历了相当长的时期，才逐渐形成和发展的。在世界范围内，国家和法律的产生已有6000余年，但律师的出现至今仅有2000余年的历史。律师制度产生以后，不断发展，至今已成为法治社会不可缺少的一部分。它在保护当事人的合法权益、保障民主与法治建设、促进公民法律意识的提高、维护社会公平正义等方面都发挥着重要作用。

二、中国律师制度的沿革

我国古代的刀笔吏、讼师都不是现代意义上的律师。直到清末，清朝统治者为了缓和国内矛盾，适应帝国主义和地主、买办阶级的需要，于1902年设立修订法律馆。在修律大臣沈家本的主持下，修订法律馆于1906年修订完成《大清刑事民事诉讼法》。它是在借鉴资产阶级诉讼法的基础上完成的，采用了资本主义国家的陪审制度和律师制度。其中“律师”专列一节，分别规定了律师的资格条件、注册登记、职责、违纪处分、外国律师在通商口岸办案的获准程序等，从而在我国立法史上首次规定了律师制度。1907年，修订法律馆开始重新编纂诉讼法典，于1911年完成《刑事诉讼律草案》和《民事诉讼律草案》，再次对律师制度作出规定。尽管沈家本主持修订的《大清刑事民事诉讼法》、“刑事诉讼律”和“民事诉讼律”最后未能颁布实施，但律师制度的思想却开始在中国传播。

1912 年北洋政府先后制定了《律师暂行章程》《律师登录暂行章程》《律师惩戒会暂行章程》《律师甄别章程》等。这些法律是我国最早颁布施行的律师法规。当时建立起来的律师制度由于审判军事化等各种原因未能认真贯彻，但这个时期律师数量明显增多，全国有律师 3000 人左右，施洋、沈钧儒等就是当时著名的大律师。

1927 年，南京国民党政府建立后，基本上沿袭了北洋政府的律师制度。1927 年，国民党政府制定了《律师章程》，用以代替北洋政府的《律师暂行章程》。1935 年拟订了《律师法》（草案），经立法院审议后于 1941 年 1 月正式公布。同年 3 月，司法院公布了《律师法实施细则》，之后又相继颁布了《律师登录规则》《律师惩戒规则》《律师检核办法》等。这些律师法律、法规逐渐代替了北洋政府颁布的律师法规，并赋予其许多新的内容，如允许女性担任律师、增加律师消极资格条款等。这个时期上海、南京等大城市的律师业发展很快。据统计，1930 年上海有律师 659 人，到 1934 年就增加到了 1120 人，而同年南京也有律师 1200 余人。[1] 但是当时的律师管理非常混乱，律师资格取得的首要条件为是否与法院有私人关系；律师与法官相互勾结、狼狈为奸。这一切都是由当时的政权本质所决定的。旧中国的律师制度是根据帝国主义、官僚资本主义、封建主义的政治需要拼凑出来的，它的目的就是为帝国主义、官僚资本主义、封建主义服务。不过，旧中国的律师中也有爱国人士，如众所周知的抗日救国七君子就是代表，他们运用法律为民仗义执言，为受迫害的革命志士和人民群众辩护，受到了广大民众的称赞。

1949 年，中华人民共和国宣告成立，律师制度随之建立起来。之前，在中国共产党领导的革命根据地也有“被告人有辩护权”的规定，但是由于当时环境和条件的限制，未能建立起律师制度。

1949 年 2 月，中共中央发出《关于废除国民党的六法全书与确定解放区的司法原则的指示》，废除了旧法统。1950 年 12 月，司法部在《关于取缔黑律师及讼棍事件的通报》中指出，作为旧司法制度组成部分的旧律师制度已经废止。这项措施有力地打击了黑律师，否定了旧律师制度。但是，国家对于被告人的辩护权和旧律师的合法活动还是予以保障的。1953 年上海市人民法院设立“公设辩护人”，后改为律师，重点为刑事被告人辩护。随着国民经济的恢复和第一个五年计划的实施，相应地要求进一步发扬社会主义民主，加强社会主义法制，建立健全律师制度。1954 年，上海市人民法院成立了“公设律师室”，此时的公设律师既为刑事被告人辩护，又为离婚妇女提供法律服务。同年 7 月 31 日，司法部发出《关于试验法院组织制度中几个问题的通知》，指定北京、上海、天津、重庆、武汉、沈阳等大城市试办律师工作，组建法律顾问处，开展律师业务，以便取得经验，逐步推广。1954 年 9 月 20 日颁布的中华人民共和国第一部《宪法》第 76 条规定“被告人有权获得辩护”。同年 9 月 21 日通过的《人民法院组织法》第 7 条第 2 款规定：“被告人除自己行使辩护权外，可以委托律师为他辩护……可以由被告人的近亲属、监护人为他辩护。人民法院认为必要的时候，也可以指定辩护人为他辩护。”从 1955 年下半年开始，北京、上海、南京、武汉、沈阳、哈尔滨等 26 个城市开始试行律师制度，共有律师 81 人。1956 年，司法部向国务院提出《关于建立律师工作的请示报告》，该报告阐述了

---

〔1〕 参见刘希贵编著：《律师法原理》，复旦大学出版社 1999 年版，第 31 页。

律师的性质、任务、条件、组织、收费等问题,并请求国家通过立法,确立中华人民共和国的律师制度。1957 年上半年,《律师暂行条例(草案)》脱稿,共 4 章 22 条。同年 6 月 24 日至 7 月 3 日,司法部召开第二次全国律师工作座谈会,总结了律师工作经验,肯定了律师工作成绩。至 1957 年 6 月,全国已有 19 个省、自治区、直辖市成立了律师协会,共建立法律顾问处 817 个,全国有专职律师 2572 人、兼职律师 350 人,[2]律师事业初具规模。

但是,由于当时我国封建主义思想遗毒较深,许多人对律师职业缺乏正确的认识,指责非难甚多。1959 年 4 月司法部被撤销,随后律师工作机构也全部被撤销,致使律师制度试行不到两年就夭折了。从此,在 20 世纪下半叶的中国出现了整整 20 年没有律师和律师制度的空白时期。

1976 年后,特别是党的十一届三中全会以来,随着社会主义民主与法制的不断加强,我国的律师制度进入了恢复重建时期。1978 年颁布的《宪法》重新确立了刑事辩护制度。1979 年 7 月,第五届全国人大第二次会议通过的《刑事诉讼法》对辩护予以专章规定,重新建立了律师制度。

1980 年 1 月,邓小平同志指出:"现在我们能担任司法工作的干部,包括法官、律师、审判官、检察官、专业警察,起码缺一百万。可以当律师的,当法官的,学过法律,懂得法律,而且执法公正、品德合格的专业干部很少。"[3]1980 年 8 月 26 日,第五届全国人大常委会第十五次会议通过的《律师暂行条例》对我国律师的性质、职责、权利、任务、资格条件及工作机构等都作了明确的规定。其中第 1 条规定:"律师是国家的法律工作者,其任务是对国家机关、企业事业单位、社会团体、人民公社和公民提供法律帮助,以维护法律的正确实施,维护国家、集体的利益和公民的合法权益。"第 13 条规定:"律师执行职务的工作机构是法律顾问处。法律顾问处是事业单位,受国家司法行政机关的组织领导和业务监督。"这是计划经济时期我国立法对律师、律师执业机构的定性。但随着律师事业的发展,大家发现,律师的定性和法律顾问处的名称不能准确反映律师和律师执业机构的特征。从 1984 年起,各地陆续成立了一些律师事务所,1987 年司法部正式下文要求将各地的"法律顾问处"更名为"律师事务所"。从此,律师事务所成为律师执业机构的规范名称。

1986 年 7 月,在北京召开的全国律师代表大会决定成立中华全国律师协会,并通过了协会章程。该协会于 1987 年 1 月加入亚太地区律师协会,同年 5 月加入国际律师协会。

1988 年 6 月,司法部下发《合作制律师事务所试点方案》,开始探索建立合作制律师事务所。这是我国对律师执业机构的第一次探索性改革,它鼓励具有律师资格的人员,在辞去公职或停薪留职后,自愿组合成立不占国家编制,不要国家经费,自主经营、自负盈亏的合作制律师事务所。1992 年,党的十四大提出建立社会主义市场经济体制后,我国的律师制度改革进入了一个新的时期。中共中央《关于建立社会主义市场经济体制若干问题的决定》,将律师事务所的性质界定为中介组织。在该决定的推动下,国务院于 1993 年 12 月 26 日批准了司法部《关于深化律师工作改革的方案》。该方案允许进行"合伙制"律师事务所的试点。从此,我国律师事务所走上了多元化发展的道路,逐步形成了国资律师事务所、合伙律师事务所、合作律

[2] 参见阎志明主编:《中外律师制度》,中国人民公安大学出版社 1998 年版,第 38 页

[3] 《邓小平文选》(第 2 卷),人民出版社 1994 年版,第 263 页。

师事务所、个体律师事务所并存的局面。

1996 年 5 月,第八届全国人大常委会第十九次会议审议通过了《律师法》,这是我国颁布的第一部律师法,它对我国律师执业原则、执业条件、执业机构、执业律师的业务和权利义务、律师协会、法律援助、律师法律责任等作了具体明确的规定,从而极大地完善了为我国的律师制度。其中,第 2 条明确规定:“本法所称的律师,是指依法取得律师执业证书,为社会提供法律服务的执业人员。”至此,我国律师的性质才得以准确界定。

2001 年 12 月 29 日,第九届全国人大常委会第二十五次会议通过了《关于修改〈中华人民共和国律师法〉的决定》。修改后的《律师法》规定:取得律师资格应当经过国家统一的司法考试;具有高等院校法律专业本科以上学历,或者高等院校其他专业本科以上学历具有法律专业知识的人员,经国家司法考试合格的,取得资格;适用前述学历条件确有困难的地方,经国务院司法行政部门审核确定,在一定期限内,可以将学历条件放宽为高等院校法律专业专科学历。这实际上抬高了从事律师职业的门槛,较好地适应了经济全球化对律师的要求。

我国《律师法》的颁行和实施,对规范律师执业行为,保障律师依法执业,维护当事人的合法权益,维护司法公正和社会稳定,发挥了重要作用。但随着我国经济社会的不断发展,律师工作也面临着诸多新情况和新问题,特别是在刑事诉讼中发生了辩护律师“阅卷难、会见难、调查取证难”的严重问题,律师在执业活动中的合法权益得不到有效保障。当然,由于管理不到位,律师违反职业道德和执业纪律的情况也经常发生,严重损害了律师队伍的声誉和形象。为了进一步加强律师队伍建设,规范律师执业行为,切实保障律师依法执业,2007 年 10 月 28 日,第十届全国人大常委会第三十次会议通过了对《律师法》比较全面的修订。这次修订新增、修改条文 40 多条(款),从律师执业许可、律师事务所组织形式、执业律师的权利和义务、律师业务和律师执业监督、法律责任等诸多方面进行了修改。其中,该法第 2 条修改为“本法所称律师,是指依法取得律师执业证书,接受委托或者指定,为当事人提供法律服务的执业人员”,亦即在律师的概念中增加了“接受委托或者指定”,从而使律师的概念更加准确和完整。

2012 年 3 月 14 日,第十一届全国人大第五次会议通过了《关于修改〈中华人民共和国刑事诉讼法〉的决定》,对我国刑事诉讼制度与程序进行了重大修改,其中涉及律师制度的内容包括:允许犯罪嫌疑人在侦查阶段聘请律师担任辩护人,并规定了辩护律师在侦查期间的权利;将提供法律援助的时间由审判阶段扩大到侦查、审查起诉阶段;完善了辩护律师的会见权、阅卷权和调查取证权,赋予律师保密权、申诉或者控告权、申请变更强制措施权,以及辩护人(包括辩护律师)涉嫌犯罪的侦查管辖及侦查机关的通知义务;等等。

2012 年 10 月 26 日,第十一届全国人大常委会第二十九次会议通过了《关于修改〈中华人民共和国律师法〉的决定》,对律师法的多个条文进行了修改,内容涉及律师业务范围,辩护律师的责任,辩护律师的会见权、阅卷权和保密权,以及辩护律师涉嫌犯罪侦查机关的通知义务等,以与修改后的《刑事诉讼法》相衔接。

2017 年 9 月 1 日,第十二届全国人大常委会第二十九次会议通过了《关于修改〈中华人民共和国法官法〉等八部法律的决定》,对《律师法》作出修改,其中对原来条文中的“国家统一司法考试”均修改为“国家统一法律职业资格考试”;将“被吊销公证员执业证书”增列为不予颁发律师执业证书的情形;同时增加规定:“被吊销律师执业证书的,不得担任辩护人、诉讼代理人,但系刑事诉讼、民事诉讼、行政诉讼当事人的监护人、近亲属的除外。”

三、中国律师制度的特征

律师制度是国家司法制度的组成部分,它的性质是由国家的性质决定的。我国是人民民主专政的社会主义国家,由此决定了我国的律师制度具有以下几个基本特征:

1.律师制度以国家法律的确认为其存在的前提。律师是为当事人提供法律服务的执业人员,但是,律师为当事人提供的服务不同于一般的社会劳动服务。律师的服务必然涉及国家法律的实施,关系到国家司法活动的公正与高效。因此,律师的服务活动必须纳入国家法治的轨道。律师的产生及其活动原则必须由国家法律加以规定和确认,如果没有法律的确认,律师就不可能产生,律师提供的法律服务就没有合法的地位,也就没有律师制度的产生和存在。

2.律师可以从事哪些业务由国家法律明确规定。律师是专门的法律工作者,以提供法律服务为职责。律师的业务活动与法官、检察官的司法活动不同。律师是基于当事人的委托或法律援助机构的指派,通过依法参与诉讼活动,用自己掌握的知识和技能为当事人提供法律服务,而法官和检察官代表国家行使审判权或检察权。律师不代表国家行使权力,而是为当事人提供有偿的法律服务。根据《律师法》第28条的规定,律师的业务范围包括:担任法律顾问;代理民事诉讼、行政诉讼和刑事诉讼;进行刑事辩护;代理各类诉讼案件的申诉;参加调解、仲裁活动;办理非诉讼法律事务;解答有关法律的询问;代写诉讼文书和有关法律事务的其他文书。这表明,我国实行律师业务法定化原则,即律师的执业范围由《律师法》明确规定。

3.律师的执业活动必须按照法律规定或在法律允许的范围内进行。《律师法》对律师的业务范围、活动原则以及权利义务都作了具体规定,律师应当依法执业,不得违反或超越法律的规定。律师的工作内容以当事人的委托为前提,律师活动的根本目的就是最大限度地实现和保护当事人的合法权益。律师制度的宗旨是维护当事人的合法权益,维护法律的正确实施,维护社会的公平正义。任何有损于法律的正确实施,有损于国家、集体和公民的合法权益的活动都是违背律师制度的宗旨的。对于当事人的合法要求,律师一定要支持和维护;对于当事人不合法的要求,法律不予保护,律师也没有义务去支持和维护。

第二节 中国律师的执业许可与种类

一、申请律师执业的条件

律师执业证书,是律师执业的有效证件,是有关部门核定律师身份的依据。任何公民,要成为执业律师(无论专职律师还是兼职律师),都必须按照《律师法》规定的条件和程序,向司法行政机关申请领取律师执业证书。没有取得律师执业证书的人员,不得以律师名义从事法律服务。

根据《律师法》第5条的规定,申请律师执业,应当具备以下四项条件:

1.拥护中华人民共和国宪法

宪法是根本法,是治国安邦的总章程,具有最高法律效力,是制定其他法律的依据,一切法律、法规都不得同宪法相抵触。全国各族人民、一切国家机关和武装力量、各政党和各社会团体、各企事业单位,都必须以宪法为根本的活动准则,并且负有维护宪法尊严、保证宪法实施的职责。对一个希望成为律师的人而言,其是否拥护宪法至关重要。拥护宪法表明了一个人的政治态度和爱国情怀,因此,只有拥护宪法并把宪法作为最高的行为准则,才能确保律师执业的正确方向。此外,港、澳、台同胞也可以参加国家统一法律职业资格考试,同样,他们如果准备在内地申请律师执业,也必须拥护中华人民共和国宪法,这是最起码也是最根本的要求。总之,任何一个人,如果他(她)反对中华人民共和国宪法,背叛祖国和人民,则丧失了申请律师执业的最基本条件。

2. 通过国家统一法律职业资格考试取得法律职业资格

如果说申请律师执业必须拥护中华人民共和国宪法是政治性要求的话,那么,通过国家统一法律职业资格考试取得法律职业资格则是专业性要求。国家统一法律职业资格考试制度是我国法治建设和司法改革的一项重大成果,是法官、检察官和律师等法律从业人员的准入制度,对于全面提高法官、检察官和律师等法律从业人员的专业素质和水平,促进司法公正,提高司法效率,维护司法权威,进而推动我国法治建设的进程具有十分重要的意义。

2001 年,第九届全国人大常委会会议通过了对《法官法》、《检察官法》和《律师法》的修改决定,规定对初任法官、初任检察官和取得律师资格实行统一的司法考试制度。同年 10 月 31 日,司法部会同最高人民法院、最高人民检察院,颁布了《国家司法考试实施办法(试行)》。该办法规定,自 2002 年起国家对初任法官、初任检察官和取得律师资格实行统一的司法考试制度。至此,司法考试完全取代了过去所实行的初任法官资格考试、初任检察官资格考试和律师资格考试,成为统一的法律职业资格考试。从 2002 年开始,国家司法考试每年举行一次。截至 2017 年,国家统一司法考试共举行了 16 次。

2017 年 9 月,第十二届全国人大常委会第二十九次会议审议通过《关于修改〈中华人民共和国法官法〉等八部法律的决定》,将“国家统一司法考试”更名为“国家统一法律职业资格考试”,并明确了法律职业资格考试的范围,规定了取得法律职业资格的条件,增加了禁止从事法律职业的情形,并确定于 2018 年开始实施国家统一法律职业资格考试制度。

2018 年 4 月 28 日,司法部公布《国家统一法律职业资格考试实施办法》。该办法第 9 条规定:“符合以下条件的人员,可以报名参加国家统一法律职业资格考试:(一)具有中华人民共和国国籍;(二)拥护中华人民共和国宪法,享有选举权和被选举权;(三)具有良好的政治、业务素质和道德品行;(四)具有完全民事行为能力;(五)具备全日制普通高等学校法学类本科学历并获得学士及以上学位;全日制普通高等学校非法学类本科及以上学历,并获得法律硕士、法学硕士及以上学位;全日制普通高等学校非法学类本科及以上学历并获得相应学位且从事法律工作满三年。”第 18 条规定:“参加国家统一法律职业资格考试成绩合格,且不具有本办法第十条第一款规定情形的人员,可以按照规定程序申请授予法律职业资格,由司法部颁发法律职业资格证书。”

申请人在实行国家统一法律职业资格考试前取得的国家统一司法考试合格证书、律师资格凭证,与国家统一法律职业资格证书具有同等效力。

3. 在律师事务所实习满 1 年

在律师事务所实习满 1 年是申请律师执业的重要条件之一。由于律师工作不仅是简单的法律叙述和条文记忆,而且涉及复杂的法律运用问题;律师执业不仅关系当事人的合法利益,而且关系国家法律的正确实施,关系社会的公平正义,稍有不慎,就可能酿成重大后果,因此,在律师事务所进行一段时间的实习和培训是必不可少的。这有利于实习人员系统运用和全面掌握法律专业知识,进一步加深对法律法规的理解和认识,做到融会贯通,运用自如。申请人在律师事务所实习期满,由律师协会对其在实习期间的思想道德、业务能力和工作态度等进行考核并出具申请人实习考核合格的材料。

4. 品行良好

良好的品行是申请律师执业的条件之一,也是律师为当事人提供优质法律服务、维护当事人合法权益的内在要求,还是律师在执业过程中正确理解法律、维护法律尊严和权威的重要保证。因此,申请律师执业的人,应当具有爱国守法、明理诚信、团结友善、勤奋自强、敬业奉献、忠诚服务、礼貌待人、严于律己、谨言慎行的良好品行。而品行不好的人,如因故意犯罪受过刑事处罚,因违法违纪被开除公职或者被吊销律师、公证员执业证书的人,便不得申请律师执业证书。

律师执业证书与法律职业资格证书不同。律师执业证书的取得,意味着申请人不但具有取得法律职业资格证书所应有的知识水平,而且拥有实际执行律师职务的能力。如果取得法律职业资格证书的人,在实习期间表现出能力低下,不宜从事律师职业,司法行政机关便不能向其颁发律师执业证书。因此,可以说,律师执业证书是对申请人法律专业水平与业务能力双重认可的结果和凭证。

二、律师执业证书的申请、颁发与管理

(一)律师执业证书的申请与颁发

根据《律师法》第6条和司法部2008年7月发布、2016年9月修订的《律师执业管理办法》第10~17条的规定,律师执业证书的申请与颁发应当遵守以下程序:

1. 申请

申请人申请律师执业,应当向设区的市级或者直辖市的区(县)司法行政机关提交下列材料:(1)执业申请书;(2)法律职业资格证书或者律师资格证书;[4](3)律师协会出具的申请人实习考核合格的材料;(4)申请人的身份证明;(5)律师事务所出具的同意接收申请人的证明。

申请人申请兼职律师执业,除提交上述材料外,还应当提交下列材料:(1)在高等学校、科研机构从事法学教育、研究工作的经历及证明材料;(2)所在单位同意申请人兼职律师职业的证明。

申请人取得法律职业资格证书后,必须首先在律师事务所连续实习1年。实习期满,由律师协会对其在实习期间的思想道德、业务能力和工作态度等进行考核并出具申请人实习考核合格的材料,然后才能向设区的市级或者直辖市的区(县)司法行政机关提出申请。

2. 受理

设区的市级或者直辖市的区(县)司法行政机关对申请人提出的律师执业申请,应当根据下列情况分别作出处理:(1)申请材料齐全、符合法定形式的,应当受理。(2)申请材料不齐全或者不符合法定形式的,应当当场或者自收到申请材料之日起5日内一次告知申请人需要补

---

[4]《律师执业管理办法》第6条第2款规定:"实行国家统一司法考试前取得的律师资格证书,在申请律师执业时,与法律职业资格证书具有同等效力。"

正的全部内容。申请人按要求补正的，予以受理；逾期不告知的，自收到申请材料之日起即为受理。(3)申请事项明显不符合法定条件或者申请人拒绝补正、无法补正有关材料的，不予受理，并向申请人书面说明理由。

3. 审查

受理申请的司法行政机关应当自决定受理之日起20日内完成对申请材料的审查。在审查过程中，可以征求申请执业地的县级司法行政机关的意见；对于需要调查核实有关情况的，可以要求申请人提供有关的证明材料，也可以委托县级司法行政机关进行核实。经审查，应当对申请人是否符合法定条件、提交的材料是否真实齐全出具审查意见，并将审查意见和全部申请材料报送省、自治区、直辖市司法行政机关。

4. 审核颁证

省、自治区、直辖市司法行政机关应当自收到受理申请机关报送的审查意见和全部申请材料之日起10日内予以审核，作出是否准予执业的决定。准予执业的，应当自决定之日起10日内向申请人颁发律师执业证书；不准予执业的，应当向申请人书面说明理由。根据《律师法》第7条的规定，申请人有下列情形之一的，不予颁发律师执业证书：(1)无民事行为能力或者限制民事行为能力的；(2)受过刑事处罚的，但过失犯罪的除外；(3)被开除公职或者被吊销律师、公证员执业证书的。

(二)律师执业证书的管理

律师执业证书是律师依法获准执业的有效证件。为此，《律师执业管理办法》对律师执业证书的管理作了具体规定。主要包括以下两个方面：

1. 律师执业证的变更

根据《律师法》第10条的规定，律师只能在一个律师事务所执业；律师变更执业机构的，应当申请换发律师执业证书。《律师执业管理办法》第20条规定，律师变更执业机构，应当向拟变更的执业机构所在地设区的市级或者直辖市的区(县)司法行政机关提出申请，并提交下列材料：(1)原执业机构所在地县级司法行政机关出具的申请人不具有本办法第21条规定情形的证明；[5](2)与原执业机构解除聘用关系或者合伙关系以及办结业务、档案、财务等交接手续的证明；(3)拟变更的执业机构同意接收申请人的证明；(4)申请人的执业经历证明材料。受理机关应当对变更申请及提交的材料出具审查意见，并连同全部申请材料报送省、自治区、直辖市司法行政机关审核。对准予变更的，由审核机关为申请人换发律师执业证书；对不准予变更的，应当向申请人书面说明理由。准予变更的，申请人在领取新的执业证书前，应当将原执业证书上交原审核颁证机关。

2. 律师执业证的收回与注销

《律师执业管理办法》第23条规定，律师有下列情形之一的，由其执业地的原审核颁证机关收回、注销其律师执业证书：(1)受到吊销律师执业证书处罚的；(2)原准予执业的决定被依

[5] 《律师执业管理办法》第21条规定："律师受到停止执业处罚期间或者受到投诉正在调查处理的，不得申请变更执业机构；律师事务所受到停业整顿处罚期限未满的，该所负责人、合伙人和对律师事务所受到停业整顿处罚负有直接责任的律师不得申请变更执业机构；律师事务所应当终止的，在完成清算、办理注销前，该所负责人、合伙人和对律师事务所被吊销执业许可证负有直接责任的律师不得申请变更执业机构。"

法撤销的;[6](3)因本人不再从事律师职业申请注销的;(4)因与所在律师事务所解除聘用合同或者所在的律师事务所被注销,在6个月内未被其他律师事务所聘用的;(5)因其他原因终止律师执业的。因上述第3~5项规定情形被注销律师执业证书的人员,重新申请律师执业的,按照该办法规定的程序申请律师执业。律师正在接受司法机关、司法行政机关、律师协会立案调查期间,不得申请注销执业证书。

三、执业律师的种类

根据《律师法》的规定,我国的执业律师分为专职律师和兼职律师两种。

1. 专职律师

专职律师,是指取得法律职业资格证书后,领取律师执业证书,并在律师事务所专门从事律师职业的人员。专职律师是我国律师队伍的主体,他们在我国法律服务工作中承担着大部分职能。专职律师是我国今后发展律师队伍的主要方向。

发达国家律师一般都是专职的,不存在律师兼职执业的情形。律师专职,有利于集中精力,全力以赴开展法律服务,提高法律服务的质量。就律师职业而言,所涉及的社会科学、自然科学、人文科学等方面的知识博大精深,要成为一名优秀的律师,也应当以律师职务为专业,刻苦钻研,不断提高自己的业务水平。但由于我国当前乃至今后一段时间,律师人数严重不足,因此《律师法》还允许兼职律师存在。从长远来看,律师都应当是专职的。目前,我国已采取诸多措施大力发展专职律师队伍,如兼职律师若要成立新的律师事务所,必须与原单位脱钩,成为专职律师等。

2. 兼职律师

兼职律师,是指取得法律职业资格证书后,领取律师执业证书,但不脱离本职工作从事律师职业的人员。兼职律师是对我国专职律师数量不足的补充。从立法上确立专职律师与兼职律师并存的制度,是与我国目前的实际情况相适应的。根据《律师执业管理办法》第7条的规定,申请兼职律师执业,应当在高等学校、科研机构中从事法学教育、研究工作。这是因为,在高等学校、科研机构中从事法学教育、研究工作的人员拥有较高的理论水平和专业素养,具有丰富的法律知识和较强的法律服务技能,但是,由于他们不能脱离本职工作,因此只有允许他们担任兼职律师,才能缓解律师数量与法律服务需求之间的矛盾。兼职律师是在完成本职工作的基础上从事律师业务的,因此,不可避免地存在本职工作与律师工作之间的冲突。兼职律师应量力而行,正确处理好两方面的关系,不断提高律师工作的质量。

此外,我国还设立了特许律师制度。根据《律师法》第8条的规定,特许律师是指具有高等院校本科以上学历,在法律服务人员紧缺领域从事专业工作满15年,具有高级职称或者同等专业水平并具有相应的专业法律知识的人员。这表明,特许律师仅限法律服务人员紧缺领域的专门人才。而且,根据该条的规定,这类人员申请专职律师执业的,须经国务院司法行政部门考核合格,方准予执业。

---

〔6〕《律师执业管理办法》第19条规定:"有下列情形之一的,由作出准予该申请人执业决定的省、自治区、直辖市司法行政机关撤销原准予执业的决定:(一)申请人以欺诈、贿赂等不正当手段取得准予执业决定的;(二)对不符合法定条件的申请人准予执业或者违反法定程序作出准予执业决定的。"

第三节　中国律师执业机构与管理体制

一、律师执业机构

《律师法》第 14 条规定,“律师事务所是律师的执业机构”,这表明,律师事务所是组织律师从事执业活动,对律师行为进行规范管理的基础单位;律师执业是受律师事务所的指派,以律师事务所的名义进行的;律师执业产生的法律责任,由律师事务所承担;司法行政机关对律师的行政管理和律师协会对律师的行业管理,是通过对律师事务所的管理来实现和落实的。因此,律师事务所既要接受管理,同时又要管理本所律师,在律师管理工作中具有承上启下的作用。可以说,律师事务所运作的好坏直接影响到律师业务的开展和律师作用的发挥。

(一)律师事务所的概念和性质

律师事务所,是律师从事业务活动的机构,是律师组织形式之一。任何律师,必须是律师事务所的成员,才能接受当事人的委托,开展律师业务活动。

1980 年颁布的《律师暂行条例》第 13 条规定,律师执行职务的工作机构是法律顾问处。法律顾问处这一名称与国际上律师事务所的通称不一致,不利于律师开展对外活动和对外交往,也容易与社会上的其他法律服务机构相混淆,亦不能反映律师工作机构的特点。为了适应改革开放的需要,1983 年深圳等地律师工作机构开始更名为律师事务所。1984 年 8 月,全国司法行政工作会议确定法律顾问处改称律师事务所。由此,律师事务所的名称便沿用下来。

律师事务所就其本质而言属人合公司。律师事务所的基本元素是律师,律师事务所的核心也是律师,这不同于以“资合”为成立基础和运行条件的各种公司。律师事务所成立不需要“资合”,律师业务活动的开展和律师事务所的运作依靠的是律师个人的知识和技能以及他们在社会中的名望和客户占有率。律师通过向当事人提供法律服务而获取相应的报酬。律师事务所成立时需要一定的资金,但这种资金只是开办经费,用于律师事务所租房、购置办公用品等。世界各国大都这样。我国律师事务所的三种形式(合伙律师事务所、个人律师事务所、国资律师事务所)只有形式上的区别,没有本质上的区别,不能用所有制形式进行区分。中共中央《关于建立社会主义市场经济体制若干问题的决定》把律师事务所的性质界定为市场中介组织,即律师事务所要依法通过资格认定,依据市场规则,建立自律性运行机制,承担相应的经济和法律责任,并接受政府有关部门的管理和监督。

(二)律师事务所的设立

1. 设立律师事务所的条件

在我国,律师事务所可以由律师合伙设立、律师个人设立或者由国家出资设立。其中,合伙律师事务所可以采用普通合伙或者特殊的普通合伙形式设立。无论设立何种形式的律师事务所,都应当具备一定的条件。

根据《律师法》第 14 条和司法部 2008 年 7 月发布,2012 年 11 月、2016 年 9 月和 2018 年 12 月修改的《律师事务所管理办法》第 8 条的规定,设立律师事务所应当具备下列基本条件:(1)有自己的名称、住所和章程;(2)有符合《律师法》和《律师事务所管理办法》规定的律师;

(3)设立人应当是具有一定的执业经历并能够专职执业的律师,且在申请设立前3年内未受过停止执业处罚;(4)有符合《律师事务所管理办法》规定数额的资产。

同时,《律师法》还对设立合伙律师事务所和个人律师事务所作了特殊规定。其中,《律师法》第15条规定,设立合伙律师事务所,除应当符合本法第14条规定的条件外,还应当有3名以上合伙人,设立人应当是具有3年以上执业经历的律师。《律师事务所管理办法》对设立“普通合伙律师事务所”和“特殊的普通合伙律师事务所”的条件作了进一步的规定。其第9条规定,设立普通合伙律师事务所,应当有书面合伙协议;有3名以上合伙人作为设立人;设立人应当是具有3年以上执业经历并能够专职执业的律师;有人民币30万元以上的资产。第10条规定,设立特殊的普通合伙律师事务所,应当有书面合伙协议;有20名以上合伙人作为设立人;设立人应当是具有3年以上执业经历并能够专职执业的律师;有人民币1000万元以上的资产。

《律师法》第16条规定,设立个人律师事务所,除应当符合本法第14条规定的条件外,设立人应当是具有5年以上执业经历的律师。《律师事务所管理办法》第11条规定,设立个人律师事务所,设立人应当是具有5年以上执业经历并能够专职执业的律师;有人民币10万元以上的资产。

2. 设立律师事务所的程序

申请设立律师事务所,应当向所在地设区的市级或者直辖市的区(县)司法行政机关提交下列材料:(1)设立申请书;(2)律师事务所的名称、章程;(3)设立人的名单、简历、身份证明、律师执业证书,律师事务所负责人人选;(4)住所证明;(5)资产证明。设立合伙律师事务所,还应当提交合伙协议。设立国家出资设立的律师事务所,应当提交所在地县级人民政府有关部门出具的核拨编制、提供经费保障的批件。申请设立许可时,申请人应当如实填报《律师事务所设立申请登记表》。

《律师事务所管理办法》第14条至第17条对以上部分材料做了细化要求:

(1)名称。设立律师事务所,其申请的名称应当符合司法部有关律师事务所名称管理的规定,并应当在申请设立许可前按规定办理名称检索。

(2)章程。律师事务所章程应当包括以下内容:律师事务所的名称和住所;律师事务所的宗旨;律师事务所的组织形式;设立资产的数额和来源;律师事务所负责人的职责以及产生、变更程序;律师事务所决策、管理机构的设置、职责;本所律师的权利与义务;律师事务所有关执业、收费、财务、分配等主要管理制度;律师事务所解散的事由、程序以及清算办法;律师事务所章程的解释、修改程序;律师事务所党组织的设置形式、地位作用、职责权限、参与本所决策、管理的工作机制和党建工作保障措施等;其他需要载明的事项。设立合伙律师事务所的,其章程还应当载明合伙人的姓名、出资额及出资方式。

(3)负责人人选。律师事务所负责人人选,应当在申请设立许可时一并报审核机关核准。合伙律师事务所的负责人,应当从本所合伙人中经全体合伙人选举产生;国家出资设立的律师事务所的负责人,由本所律师推选,经所在地县级司法行政机关同意。

(4)合伙协议。合伙协议应当载明下列内容:合伙人,包括姓名、居住地、身份证号、律师执业经历等;合伙人的出资额及出资方式;合伙人的权利、义务;合伙律师事务所负责人的职责以及产生、变更程序;合伙人会议的职责、议事规则等;合伙人收益分配及债务承担方式;合伙人入伙、退伙及除名的条件和程序；合伙人之间争议的解决方法和程序，违反合伙协议承担的责任；合伙协议的解释、修改程序；其他需要载明的事项。合伙协议的内容不得与有关法律、法规、规章相抵触。合伙协议由全体合伙人协商一致并签名，自省、自治区、直辖市司法行政机关作出准予设立律师事务所决定之日起生效。

《律师事务所管理办法》第20条规定，设区的市级或者直辖市的区（县）司法行政机关收到申请人提出的设立律师事务所申请后，应当根据下列情况分别作出处理：（1）申请材料齐全、符合法定形式的，应当受理。（2）申请材料不齐全或者不符合法定形式的，应当当场或者自收到申请材料之日起5日内一次告知申请人需要补正的全部内容。申请人按要求补正的，予以受理；逾期不告知的，自收到申请材料之日起即为受理。（3）申请事项明显不符合法定条件或者申请人拒绝补正、无法补正有关材料的，不予受理，并向申请人书面说明理由。

《律师事务所管理办法》第21～22条规定：受理申请的司法行政机关应当在决定受理之日起20日内完成对申请材料的审查。在审查过程中，可以征求拟设立律师事务所所在地县级司法行政机关的意见；对于需要调查核实有关情况的，可以要求申请人提供有关证明材料，也可以委托县级司法行政机关进行核实。经审查，应当对设立律师事务所的申请是否符合法定条件、材料是否真实齐全出具审查意见，并将审查意见和全部申请材料报送省、自治区、直辖市司法行政机关。省、自治区、直辖市司法行政机关应当自收到受理申请机关报送的审查意见和全部申请材料之日起10日内予以审核，作出是否准予设立律师事务所的决定。准予设立的，应当自决定之日起10日内向申请人颁发律师事务所执业许可证；不准予设立的，应当向申请人书面说明理由。

《律师事务所管理办法》第24条规定：律师事务所设立申请人应当在领取执业许可证后的60日内，按照有关规定刻制印章、开立银行账户、办理税务登记，完成律师事务所开业的各项准备工作，并将刻制的律师事务所公章、财务章印模和开立的银行账户报所在地设区的市级或者直辖市的区（县）司法行政机关备案。

3. 设立律师事务所分所的程序

成立3年以上并具有20名以上执业律师的合伙律师事务所，根据业务发展需要，可以在本所所在地的市、县以外的地方设立分所；设在直辖市、设区的市的合伙律师事务所也可以在本所所在城区以外的区、县设立分所。律师事务所及其分所受到停业整顿处罚期限未满的，该所不得申请设立分所；律师事务所的分所受到吊销执业许可证处罚的，该所自分所受到处罚之日起2年内不得申请设立分所。

设立分所应当具备下列条件：（1）有符合《律师事务所名称管理办法》规定的名称；（2）有自己的住所；（3）有3名以上律师事务所派驻的专职律师；（4）有人民币30万元以上的资产；（5）分所负责人应当是具有3年以上的执业经历并能够专职执业，且在担任负责人前3年内未受过停止执业处罚的律师。律师事务所到经济欠发达的市、县设立分所的，派驻律师条件可以降至1～2名；资产条件可以降至人民币10万元。

律师事务所申请设立分所，由拟设立分所所在地设区的市级或者直辖市区（县）司法行政机关受理并进行初审，报省、自治区、直辖市司法行政机关审核，决定是否准予设立分所。准予设立的，由设立许可机关向申请人颁发律师事务所分所执业许可证。

（三）律师事务所的类型

根据《律师法》的规定，我国的律师事务所有合伙律师事务所、个人律师事务所、国资律师事务所三种类型。

1. 合伙律师事务所

合伙律师事务所，是指由律师自愿组合，财产归合伙人所有的律师事务所，是法定的律师执业机构之一。《律师法》第15条第2款规定："合伙律师事务所可以采用普通合伙或者特殊的普通合伙形式设立。合伙律师事务所的合伙人按照合伙形式对该律师事务所的债务依法承担责任。"

《律师法》依照我国《合伙企业法》的规定，明确了普通合伙和特殊合伙（有限合伙）两种合伙组织形式。普通合伙作为一种传统的组织形式，其基本特点是合伙人共同出资、共同经营、共享收益、共担风险，合伙人对合伙债务负无限连带责任。随着社会对各项专业服务需求的迅速增长，专业服务机构的规模扩大，合伙人数目大增，以至合伙人之间并不熟悉甚至不认识，各自的业务也不重合，与传统普通合伙中合伙人人数较少、共同经营的模式已有不同，因而让合伙人对其并不熟悉的合伙人的债务承担无限连带责任，有失公平。自20世纪60年代以来，针对专业服务机构的诉讼显著增加，合理规范合伙人责任的呼声也越来越高。由此，许多国家进行专门立法，规定采用普通合伙形式的专业服务机构的普通合伙人可以对特定的合伙企业债务承担有限责任，以使专业服务机构的合伙人避免承担过度风险。

然而，我国1997年制定的《合伙企业法》只规范注册为企业的专业服务机构，而律师事务所并未注册为企业，不适用《合伙企业法》的规定，但在责任形式上也可以采用《合伙企业法》规定的特殊的普通合伙的责任形式。2006年修订的《合伙企业法》在附则中专门规定，非企业专业服务机构依据有关法律采取合伙制的，其合伙人承担责任的形式可以适用本法关于特殊的普通合伙企业合伙人承担责任的规定。

所谓特殊的普通合伙，是指由两个或两个以上普通合伙人组成，依法核准注册的实体。当一个合伙人或者数个合伙人在执业活动中因故意或者重大过失造成合伙企业债务时，应当承担无限责任或者无限连带责任，其他合伙人则以其在合伙企业中的财产份额为限承担责任。而合伙人在执业活动中非因故意或者重大过失造成的合伙企业债务以及合伙企业的其他债务，则由全体合伙人承担无限连带责任。特殊的普通合伙属于普通合伙的一种特殊类型，主要是部分地改变了传统普通合伙中合伙人之间对合伙债务承担无限连带责任的机制。

《律师事务所管理办法》分别规定了设立普通合伙律师事务所、特殊的普通合伙律师事务所应当具备的条件。两者设立的共同条件：一是有自己的名称、住所和章程；二是有书面合伙协议；三是设立人应当是具有3年以上执业经历并能够专职执业的律师。但两者在合伙人数量和资产数额的要求上存在差异：普通合伙律师事务所要求有3名以上合伙人作为设立人，有人民币30万元以上的资产；特殊的普通合伙律师事务所要求有20名以上合伙人作为设立人，有人民币1000万元以上的资产。

《律师事务所管理办法》第53条第2款规定：普通合伙律师事务所的合伙人对律师事务所的债务承担无限连带责任。特殊的普通合伙律师事务所一个合伙人或者数个合伙人在执业活动中因故意或者重大过失造成律师事务所债务的，应当承担无限责任或者无限连带责任，其他合伙人以其在律师事务所中的财产份额为限承担责任；合伙人在执业活动中非因故意或者重大过失造成的律师事务所债务,由全体合伙人承担无限连带责任。

2. 个人律师事务所

设立个人律师事务所,是国外比较通行的一种做法。我国允许设立个人律师事务所,经历了较长的发展过程。1993 年司法部《关于深化律师工作改革的方案》出台后,以个人名字命名的个人律师事务所开始在我国出现。当时,每个省均有 1 ~ 2 家个人律师事务所,有的大城市或沿海城市稍多一些,全国个人律师事务所已有几十家。1996 年 5 月颁布的《律师法》对个人律师事务所没有规定,但设立个人律师事务所的试点仍在继续进行,以积极摸索、积累经验。实际上,有的地方法规已对个人律师事务所作出规定。例如,1995 年广东省人大常委会会议通过的《广东省律师执业条例》规定,设立律师事务所,可以以个人开业的形式提出申请,由所在地的县级以上司法行政机关审核后,报地级市以上司法行政机关批准设立。1996 年海南省人大常委会会议通过的《海南经济特区律师执业条例》规定,律师依照法律规定,可以个人设立律师事务所;申请设立个人律师事务所的律师,应当具有 3 年以上的执业经历;设立个人律师事务所的律师,对其债务承担无限责任。2002 年北京和上海两个直辖市也根据有关政策相继放开了个人律师事务所的设立。

2007 年 10 月修订的《律师法》第 16 条规定,设立个人律师事务所,除应当符合该法第 14 条规定的一般条件(有自己的名称、住所和章程;有符合本法规定的律师;设立人应当是具有一定的执业经历,且 3 年内未受过停止执业处罚的律师;有符合国务院司法行政部门规定数额的资产)外,设立人还应当是具有 5 年以上执业经历的律师。个人律师事务所的设立人对律师事务所的债务承担无限责任。从此,个人律师事务所在我国获得了完全合法的地位。

3. 国资律师事务所

《律师法》第 20 条规定:“国家出资设立的律师事务所,依法自主开展律师业务,以该律师事务所的全部资产对其债务承担责任。”由此可见,国资律师事务所是由司法行政机关根据国家需要设立,以其全部资产对其债务承担有限责任的律师事务所。它有以下四个特征:(1)国资律师事务所由国家出资设立。国家出资设立的律师事务所由司法行政机关根据需要设立,设立时由国家一次性投入开办资金。此外,根据情况,可以同时核拨编制和核拨经费,也可以不核拨编制和经费,但开办时律师事务所的资产由司法行政机关代表国家投入,律师事务所资产归国家所有。(2)国资律师事务所自主经营,其业务活动不受干预。国资律师事务所自主经营,司法行政机关对其进行指导和监督,而不应干涉其业务活动,但事务所主任应由全体律师选举产生,报司法行政机关批准。(3)国资律师事务所的分配实行效益浮动工资制。律师事务所依据按劳分配原则,实行效益浮动工资,在确定工资标准、等级时,应当考虑律师的年龄、资历以及办理法律事务的质量和数量。(4)国资律师事务所以其全部资产对其债务承担责任。国资律师事务所作为法人,独立承担有限责任。对于律师因故意或重大过失造成损失的,国资律师事务所承担责任后,有权向该律师追偿。

《律师事务所管理办法》第 12 条规定:“国家出资设立的律师事务所,除符合《律师法》规定的一般条件外,应当至少有二名符合《律师法》规定并能够专职执业的律师。需要国家出资设立律师事务所的,由当地县级司法行政机关筹建,申请设立许可前须经所在地县级人民政府有关部门核拨编制、提供经费保障。”

(四)律师事务所的年度检查考核

根据司法部于2010年4月8日颁布的《律师事务所年度检查考核办法》的规定,律师事务所年度检查考核,是指司法行政机关定期对律师事务所上一年度的执业和管理情况进行检查考核,对其执业和管理状况作出评价。省、自治区、直辖市司法行政机关负责指导、监督本行政区域律师事务所的年度检查考核工作。设区的市级或者直辖市区(县)司法行政机关负责组织实施对本行政区域内律师事务所的年度检查考核工作。律师事务所年度检查考核工作,在每年的3月至5月集中办理。

《律师事务所年度检查考核办法》第6条规定,对律师事务所进行年度检查考核,主要检查考核律师事务所遵守宪法和法律、履行法定职责、实行自律管理的情况,具体包括下列内容:律师队伍建设情况;业务活动开展情况;律师执业表现情况;内部管理情况;受行政奖惩、行业奖惩的情况;履行律师协会会员义务的情况;省、自治区、直辖市司法行政机关根据需要认为应当检查考核的其他事项。

《律师事务所年度检查考核办法》第16条规定,律师事务所接受年度检查考核,应当在完成对本所律师执业年度考核和本所执业、管理情况总结后,依据本办法规定的检查考核内容,按照规定时间,向所在地的县级司法行政机关报送本所上一年度执业情况报告和对本所律师执业年度考核的情况。

司法行政机关对律师事务所的年度检查考核,具体通过申请人书面承诺、本部门调查或者内部核查、网络核验等方式办理。

律师事务所年度检查考核结果分为"合格""不合格"两个等次。律师事务所的执业和管理活动符合下列标准的,考核等次为"合格":(1)能够遵守宪法和法律,较好地履行法定职责;(2)在律师队伍建设、开展业务活动、实行内部管理等方面符合法律、法规、规章和行业规范的要求;(3)本所未因执业违法行为受到行政处罚,或者受到行政处罚已按要求完成整改。对被评定为"合格"的律师事务所,经检查考核发现该所在律师队伍建设、开展业务活动、实行内部管理等方面存在问题的,由设区的市级或者直辖市区(县)司法行政机关责令其限期整改,并对其整改情况进行监督。

律师事务所有下列情形之一的,考核等次为"不合格":(1)放任、纵容、袒护律师执业违法行为,造成严重后果的;(2)不按规定建立健全内部管理制度,日常管理松懈、混乱,造成本所不能正常运转的;(3)本所受到行政处罚未按要求进行整改或者整改未达标的;(4)本所不能保持法定设立条件的;(5)提交的年度执业情况报告和律师执业年度考核情况存在严重弄虚作假行为的;(6)有其他严重违法行为,造成恶劣社会影响的。对被评定为"不合格"的律师事务所,由设区的市级或者直辖市区(县)司法行政机关根据其存在违法行为的性质、情节及危害程度,依法给予停业整顿1个月以上6个月以下的处罚,并责令其整改;同时对该所负责人和负有直接责任的律师依法给予相应的处罚;情节特别严重的,依法吊销其执业许可证。

律师事务所不按规定接受年度检查考核的,由设区的市级或者直辖市区(县)司法行政机关公告责令其限期接受年度检查考核;逾期仍未接受年度检查考核的,视为自行停办,由司法行政机关收回并注销其执业许可证。

(五)律师事务所的变更和终止

根据《律师法》第21条和《律师事务所管理办法》的规定,律师事务所变更名称、负责人、章程、合伙协议的,应当经所在地设区的市级或者直辖市的区(县)司法行政机关审查后报原审核机关批准。律师事务所变更住所、合伙人的,应当自变更之日起15日内经所在地设区的市级或者直辖市的区(县)司法行政机关报原审核机关备案。其中,律师事务所跨县、不设区的市、市辖区变更住所,需要相应变更负责对其实施日常监督管理的司法行政机关的,应当在办理备案手续后,由其所在地设区的市级司法行政机关或者直辖市司法行政机关将有关变更情况通知律师事务所迁入地的县级司法行政机关。律师事务所拟将住所迁移其他省、自治区、直辖市的,应当按注销原律师事务所、设立新的律师事务所的程序办理。律师事务所变更合伙人,包括吸收新合伙人、合伙人退伙、合伙人因法定事由或者经合伙人会议决议被除名。新合伙人应当从专职执业的律师中产生,并具有3年以上执业经历,但司法部另有规定的除外。受到6个月以上停止执业处罚的律师,处罚期满未逾3年的,不得担任合伙人。

根据《律师法》第22条和《律师事务所管理办法》的规定,律师事务所有下列情形之一的,应当终止:(1)不能保持法定设立条件,经限期整改仍不符合条件的;(2)执业许可证被依法吊销的;(3)自行决定解散的;(4)法律、行政法规规定应当终止的其他情形。律师事务所在取得设立许可后,6个月内未开业或者无正当理由停止业务活动满1年的,视为自行停办,应当终止。律师事务所在终止事由发生后,应当向社会公告,依照有关规定进行清算,依法处置资产分割、债务清偿等事务。律师事务所应当在清算结束后15日内向所在地设区的市级或者直辖市的区(县)司法行政机关提交注销申请书、清算报告、本所执业许可证以及其他有关材料,由其出具审查意见后连同全部注销申请材料报原审核机关审核,办理注销手续。

(六)律师事务所的管理制度

根据《律师法》第23条的规定,律师事务所应当建立健全执业管理、利益冲突审查、收费与财务管理、投诉查处、年度考核、档案管理等制度,对律师在执业活动中遵守职业道德、执业纪律的情况进行监督。据此,律师事务所的管理制度主要有以下几项:

1. 执业管理制度

执业管理制度,是指律师事务所在日常管理中应当遵循的工作制度,主要包括收案制度、案件讨论制度等。

收案制度,是指律师事务所接受当事人的委托,同意办理某项法律事务的具体规范。收案是律师事务所开展业务的第一步,其基本要求是:(1)统一接受。任何案件,都必须由律师事务所统一接受委托,不允许律师以个人的名义收案。凡由律师事务所接受的案件,即以主任的名义指派律师具体承办。(2)专人负责。对民事、行政、刑事诉讼案件和非诉讼法律事务的收案,应由专人负责。即由专人负责接待当事人,问明案件的基本情况和有关证据,将符合收案条件的案件,向律师事务所主任汇报,由主任审查批准。(3)尽量满足指名要求。如果当事人认为某个律师比较适合于办理自己的法律事务,而要求由该律师办理的,律师事务所应尽量予以满足。当事人指名的律师因特殊情况确实不能办理的,应向当事人说明原因,并指派合适的律师。

案件讨论制度,是指律师事务所制定的,对律师个人提交的重大、复杂、疑难案件进行共同研究,集思广益,形成处理意见供承办律师参考的一项制度。律师承办案件,虽然是由律师个人开展工作,但其中一些难度较大的案件,个别律师的知识水平难以保证办案质量。此外,律师还可能遇到一些来自机关或个人的干扰或阻碍,使业务工作难以开展。对于这些问题,最好的解决途径是依靠集体的智慧和力量,即将案件提交律师事务所集体讨论,研究解决方案。讨论时,首先由承办律师客观、全面地介绍案情,提出需要研究解决的问题。然后由参加会议的律师充分发表意见,甚至可以展开辩论,进行深入分析。讨论结束后,按照少数服从多数的原则确定办理本案的方案或步骤,不同意见允许保留。承办律师原则上应采纳集体讨论提出的方案。为了保证案件讨论制度的实施效果,律师事务所还可以聘请专家、学者参加,听取他们对案件的看法,以利于形成正确的意见。

2. 利益冲突审查制度

律师事务所应当建立利益冲突审查制度,在接受委托前,进行利益冲突审查,主要是审查律师事务所及其律师与委托人之间、委托人与委托人之间是否存在直接或间接的利益冲突。如发现存在利益冲突情形,律师事务所应及时告知委托人另行委托或取得委托人的书面豁免。只有在没有利益冲突的情况下,律师事务所才可以与当事人建立委托代理关系。

3. 收费与财务管理制度

收费与财务问题既关系律师事务所的生存,也关系其声誉,因此,律师事务所应当建立严格、规范的收费及财务管理制度。具体而言,应当做到:(1)财务管理制度健全,做到统一入账,账目清楚;(2)统一收取律师服务费,统一结算,没有律师个人向委托人收取律师服务费或与委托人自行结算的情况;(3)按照律师服务收费标准和委托合同的约定收费,没有低于律师服务收费标准收费的不正当竞争情况;(4)统一出具合法的收费凭证,没有使用收据或白条的情况;(5)财务资料真实、准确、完整,符合会计制度,律师事务所应当将财务状况向全体律师或合伙人公开,并依法纳税;(6)原始凭证、账簿、会计报表等会计资料以及会计印章应由专人负责保管。

4. 投诉查处制度

律师事务所应当建立投诉查处制度,及时查处、纠正本所律师在执业活动中的违法违规行为,调处在执业中与委托人之间的纠纷。为此,律师事务所应当公布投诉电话,指定专人负责投诉处理,及时查处本所律师的违法违纪行为,并向投诉人反馈结果。经过调查,如被投诉律师没有违法违纪行为,应当向投诉人说明情况;投诉人对说明的情况不满意的,告知他可以向当地律师协会投诉。律师事务所认为需要对被投诉律师给予行政处罚或者行业惩戒的,应当及时向所在地县级司法行政机关或者律师协会报告。

5. 年度考核制度

律师事务所应当建立律师执业年度考核制度,按照规定对本所律师的执业表现和遵守职业道德、执业纪律的情况进行考核,评定等次,实施奖惩。考核的内容主要包括:律师遵守法律法规、职业道德和执业纪律的情况,律师办理法律事务的数量和质量,律师的执业态度和执业作风,律师参加学习培训的情况,当事人对律师的投诉情况等。考核可以采用自评、互评和考评相结合的方法进行。考核结果可以分为优秀、称职和不称职三种。根据《律师法》第24条的规定,律师事务所应当于每年的年度考核后,向设区的市级或者直辖市的区人民政府司法行政部门提交本所的年度执业情况报告和律师执业考核结果。

6. 档案管理制度

律师业务档案是律师进行业务活动的真实记录,反映了律师维护国家法律正确实施、维护当事人合法权益的实际情况,体现了律师的基本职能和社会作用。因此,律师事务所应当严格按照有关规定，认真做好立卷归档工作。律师业务档案分为诉讼、非诉讼和涉外三类。诉讼类包括刑事辩护（含刑事诉讼代理）、民事诉讼代理、行政诉讼代理3种；非诉讼类包括法律顾问、仲裁代理、咨询、代书和其他非诉讼业务5种；涉外类是与境外有关的法律业务。律师办结业务后，应在3个月内将承办法律事务的有关资料整理归档并交给档案员。档案员必须妥善保管好业务档案，律师借阅业务档案和当事人要求查阅业务档案，均须经过律师事务所主管主任批准。此外，档案员在档案管理中要注意做好保密工作。

二、律师管理体制

律师管理是保障律师事业健康发展的关键措施，而建立科学的律师管理体制是确保律师管理工作规范、有效的前提。我国律师管理体制的形成经历了一个较长的历史过程。它由刚开始单一的司法行政管理的律师管理体制，发展到司法行政机关为主、律师协会为辅的律师管理体制，并逐步建立起司法行政机关监督、指导和律师协会行业管理相结合的新型律师管理体制。

（一）律师行政管理

我国《律师法》第4条规定："司法行政部门依照本法对律师、律师事务所和律师协会进行监督、指导。"这就确定了司法行政机关在律师管理工作中的法律地位。

我国司法行政机关共分四级：中央设司法部；省、自治区、直辖市设司法厅（局）；地区、省辖市、盟设司法局（处）；县、县级市、市辖区、旗设司法局。其中，司法部是中央司法行政机关，负责对全国的司法行政工作进行宏观管理，通过制定方针、政策和规章等对司法行政工作实行间接管理。省、地、县三级司法行政机关负责实施、执行司法部和上级司法行政机关的政策和决定，对司法行政工作实行直接管理。各级司法行政机关都设有专门机构对律师工作进行监督管理和指导：司法部设律师管理司；省、自治区、直辖市司法厅（局）设律师管理处；地、市司法局（处）和县、区司法局设律师管理科。

根据《律师法》和《律师执业管理办法》《律师事务所管理办法》的规定，司法行政机关对律师、律师事务所实行分级监督管理的原则。具体规定如下：

县级司法行政机关对本行政区域内的律师事务所的执业活动进行日常监督管理，履行下列职责：（1）检查、监督律师、律师事务所在开展业务活动过程中遵守法律、法规、规章和职业道德、执业纪律的情况；（2）监督律师事务所执业和内部管理制度的建立和实施情况；（3）监督律师事务所保持法定设立条件以及变更报批或者备案的执行情况；（4）监督律师事务所进行清算、申请注销的情况；（5）掌握、监督律师事务所对律师执业年度考核和上报年度执业总结的情况；（6）受理对律师、律师事务所的举报和投诉；（7）监督律师、律师事务所履行行政处罚和实行整改的情况；（8）司法部和省、自治区、直辖市司法行政机关规定的其他职责。县级司法行政机关在开展日常监督管理过程中，对发现、查实的律师、律师事务所在执业活动、内部管理方面存在的问题，应当对律师或律师事务所负责人进行警示谈话，责令改正，并对其整改情况进行监督；对律师、律师事务所的违法行为认为依法应当给予行政处罚的，应当向上一级司法行政机关提出处罚建议；认为需要给予行业惩戒的，移送律师协会处理。

设区的市级司法行政机关以及直辖市的区（县）司法行政机关履行下列监督管理职责：（1）掌握本行政区域律师、律师事务所的执业活动和组织建设、队伍建设、制度建设的情况，制定加强律师工作与律师队伍建设的措施和办法。（2）指导、监督下一级司法行政机关对律师执业的日常监督管理工作,组织开展对律师、律师事务所的专项监督检查或者专项考核工作,指导对律师、律师事务所重大投诉案件的查处工作。(3)对律师、律师事务所进行表彰。(4)依法定职权对律师、律师事务所的违法行为实施行政处罚;对依法应当给予吊销律师执业证书、律师事务所执业许可证处罚的,向上一级司法行政机关提出处罚建议。(5)对律师事务所的律师执业年度考核结果实行备案监督,组织开展对律师事务所的年度检查考核工作。(6)受理、审查律师执业、变更执业机构、执业证书注销申请事项和律师事务所设立、变更、设立分所、注销申请事项。(7)建立律师、律师事务所执业档案,负责有关律师执业和律师事务所的许可、变更、终止或注销及律师执业档案信息的公开工作。(8)法律、法规、规章规定的其他职责。

省、自治区、直辖市司法行政机关履行下列监督管理职责:(1)掌握、评估本行政区域律师队伍建设情况和总体执业水平,制定本行政区域律师队伍和律师事务所的发展规划和有关政策,制定加强律师执业管理和律师事务所管理的规范性文件;(2)掌握本行政区域律师事务所组织建设、队伍建设、制度建设和业务开展情况;(3)监督、指导下级司法行政机关对律师执业和律师事务所的监督管理工作,组织、指导对律师执业和律师事务所的专项监督检查和年度检查考核或专项考核工作;(4)组织对律师、律师事务所的表彰活动;(5)依法对律师、律师事务所的严重违法行为实施吊销律师执业证书或执业许可证的处罚,监督、指导下一级司法行政机关的行政处罚工作,办理有关行政复议和申诉案件;(6)办理律师执业核准、变更执业机构核准、执业证书注销事项和律师事务所设立核准、变更核准或者备案、设立分所核准及执业许可证注销事项;(7)负责有关本行政区域律师队伍、执业情况、管理事务以及律师事务所等重大信息的公开工作;(8)法律、法规规定的其他职责。

(二)律师行业管理

《律师法》第43条规定:“律师协会是社会团体法人,是律师的自律性组织。全国设立中华全国律师协会,省、自治区、直辖市设立地方律师协会,设区的市根据需要可以设立地方律师协会。”律师协会是律师的行业组织,是由律师和律师事务所组成的群众性社会团体。按照《律师法》第45条的规定,律师、律师事务所应当加入所在地的地方律师协会;加入地方律师协会的律师、律师事务所,同时是全国律师协会的会员;律师协会会员享有律师协会章程规定的权利,履行律师协会章程规定的义务。

我国改革开放的深入和律师事业的发展,要求律师通过自己的行业组织加强自我教育、自我约束和自我管理,以弥补司法行政管理的不足。1986年7月召开的第一次全国律师代表大会,成立了中华全国律师协会,并通过了《中华全国律师协会章程》。各省、自治区、直辖市和许多设区的市也先后成立了地方律师协会。根据2018年7月修订的《中华全国律师协会章程》第3条的规定,律师协会的宗旨是:“坚持以习近平新时代中国特色社会主义思想为指导,坚持中国共产党领导,团结带领会员高举中国特色社会主义伟大旗帜,坚定维护以习近平同志为核心的党中央权威和集中统一领导,忠实履行中国特色社会主义法治工作队伍的职责使命,加强律师队伍思想政治建设,把拥护中国共产党领导、拥护社会主义法治作为律师从业的基本要求,增强广大律师走中国特色社会主义法治道路的自觉性和坚定性,忠于宪法和法律,自觉践行社会主义核心价值观,维护当事人合法权益、维护法律的正确实施,维护社会公平和正义,为全面依法治国、建设中国特色社会主义法治体系和社会主义法治国家,为把我国建设成为富强民主文明和谐美丽的社会主义现代化强国,实现中华民族伟大复兴而奋斗。"

《律师法》第46条规定:"律师协会应当履行下列职责:(一)保障律师依法执业,维护律师的合法权益;(二)总结、交流律师工作经验;(三)制定行业规范和惩戒规则;(四)组织律师业务培训和职业道德、执业纪律教育,对律师的执业活动进行考核;(五)组织管理申请律师执业人员的实习活动,对实习人员进行考核;(六)对律师、律师事务所实施奖励和惩戒;(七)受理对律师的投诉或者举报,调解律师执业活动中发生的纠纷,受理律师的申诉;(八)法律、行政法规、规章以及律师协会章程规定的其他职责。律师协会制定的行业规范和惩戒规则,不得与有关法律、行政法规、规章相抵触。"

第四节　中国律师执业的基本原则

律师执业的基本原则,是指法律规定的,贯穿于律师执业活动的整个过程,指导律师实现律师任务的基本准则。《律师法》第3条对我国律师执业应当遵循的基本原则作了明确的规定。根据这一规定,我国律师执业的基本原则包括:遵守宪法和法律、恪守职业道德和执业纪律原则;以事实为根据、以法律为准绳原则;接受国家、社会和当事人监督原则;依法执业受法律保护原则。这些原则涵盖了律师执业活动的各个方面,贯穿于律师执业活动的全过程,具有普遍的指导意义。

一、遵守宪法和法律、恪守职业道德和执业纪律原则

我国《宪法》第5条第5款规定:"任何组织或者个人都不得有超越宪法和法律的特权。"第33条第4款规定:"任何公民享有宪法和法律规定的权利,同时必须履行宪法和法律规定的义务。"我国《律师法》第3条第1款规定,律师执业必须遵守宪法和法律。

律师在执业活动中具有"公民"和"律师"的双重身份。作为公民,律师必须遵守宪法和法律;作为律师,他还必须恪守本行业的职业道德和执业纪律。所谓律师职业道德,是指律师在执业过程中所应遵守的道德规范的总称,它通常被归纳为简明的宣言或戒律,具有原则性、抽象性和概括性,如忠于法律、不畏权势、维护正义、从业清廉、热心服务、注重信誉等。它由律师自觉地加以遵守,如有违反,首先要受到自己良心的谴责和社会舆论的批评。所谓律师执业纪律,则是指律师在执业过程中所必须遵守的行为规则。这种行为规则以律师职业道德为依据,是律师职业道德得以具体体现的载体,它通常明订于《律师事务所章程》《律师协会章程》和国家有关法律、法规和行政规章中,以具体明确的义务性或禁止性条款加以规定。律师违反执业纪律的,要受到相应的纪律处分或法律制裁。2004年3月20日,第五届中华全国律师协会第九次常务理事会通过的《律师执业行为规范》(2009年12月27日、2011年11月9日、2017年1月8日修改),既对我国律师的职业道德提出了明确要求,也对我国律师的执业纪律作了具体的规定。律师在执业活动中,只有恪守职业道德和执业纪律,才能严格遵守宪法和法律,从而为当事人提供可靠、优质的法律服务,遵循正当的途径维护当事人的合法权益,维护法律的正确实施,进而树立起律师的良好形象,赢得人民群众的信任。

二、以事实为根据、以法律为准绳原则

以事实为根据、以法律为准绳,这是公安司法机关和所有法律工作者处理一切法律问题都必须遵循的根本原则。我国《刑事诉讼法》《民事诉讼法》《行政诉讼法》都把它作为基本原则加以规定。《律师法》第3条第2款也规定,律师执业必须以事实为根据,以法律为准绳。

所谓以事实为根据,是指律师办理任何一项法律事务,都要实事求是,忠实于事实真相。这就要求律师在执业活动中,必须深入调查研究,认真查阅案卷,掌握确实、充分的证据,查明事实和情节,并以此作为根据来处理各种法律问题、诉讼问题或提出解决有关问题的意见。对于律师来说,只能在尊重案件事实的基础上,为当事人提供法律帮助,维护当事人的合法权益,而绝不允许违背事实、不顾事实甚至歪曲事实去为当事人谋取非法利益。当然,由律师职业的特点决定了,对于有的律师业务,如法律咨询和代书等,律师只根据当事人提供的事实和证据即可办理,并不要求律师通过调查研究,完全查明事实真相后才能提供咨询意见或代书。另外,律师在现场被破坏、证据灭失等特定情况下,还可以“没有一定事实”为事实,并以这样的事实为根据,指出有关证据不充分、不确实之处,进而论证某事实或某案件尚无法认定。这是以事实为根据的特例,也是律师进行反驳的一种有效手段。

所谓以法律为准绳,是指律师在各项业务活动中,都要严格依法办事,忠实于国家的法律和制度,正确地运用法律规定来处理问题或者提出解决问题的意见。对于律师来讲,既要遵守实体法,又要遵守程序法,既要严格适用法律条文,又要尊重立法原意,把“维护法律的正确实施”作为自己的根本任务和崇高目标,绝不允许随心所欲,规避或曲解法律,甚至公然违反法律,破坏法制的统一和尊严。当然,如果在执业活动中遇有法律规定尚不完备的情况,律师应当根据宪法有关规定的原则精神,从有利于社会主义事业、有利于人民利益出发,妥善地处理有关问题,而不应钻法律不完备的空子,做有损于国家和人民的事情。

律师在执业活动中,只有严格遵循“以事实为根据、以法律为准绳”的原则,才能保证业务活动的质量,从而切实维护当事人的合法权益,有效地维护法律的正确实施,并在全社会树立起律师的良好形象,在建设社会主义法治国家中发挥积极作用。

三、接受国家、社会和当事人监督原则

《律师法》第3条第3款规定:“律师执业应当接受国家、社会和当事人的监督。”律师是依法取得律师执业证书,接受委托或者指派,为当事人提供法律服务的执业人员,他们能否依法执业,恪守职业道德和执业纪律,直接关系到能否维护当事人的合法权益和维护法律的正确实施,关系到律师业的健康发展,因此必须加强对律师执业的监督。律师为了进一步提高执业水平,实现公平竞争,树立良好形象,也应当接受国家、社会和当事人的监督。

国家对律师的监督,主要是通过有关的国家机关来进行的。具体有:(1)司法行政机关的监督。按照《律师法》的规定,司法行政部门依照该法对律师、律师事务所和律师协会进行监督、指导;律师有违反《律师法》规定的行为的,由设区的市级或者直辖市的区人民政府司法行政部门给予警告、罚款、没收违法所得或停止执业的处罚;律师事务所有违反《律师法》规定的行为的,由设区的市级或者直辖市的区人民政府司法行政部门给予警告、停业整顿、罚款、没收违法所得或吊销律师事务所执业证书的处罚。(2)税务机关的监督。按照《律师法》的规定,律师和律师事务所应当依法纳税。对于律师和律师事务所有偷税、抗税、欠税或者漏税行为的,由税务机关按照有关规定进行处罚。(3)监察机关、公安机关的监督。对于律师在执业活动中有泄露国家重要机密、行贿、介绍贿赂、偷税或者毁灭证据、伪造证据、妨害作证等行为，情节严重构成犯罪的，由监察机关或公安机关立案调查或侦查，依法追究刑事责任。(4)人民法院的监督。律师作为辩护人或代理人在刑事诉讼、民事诉讼或行政诉讼中有违法行为的，人民法院可以根据情节轻重予以罚款、拘留，情节严重构成犯罪的，依法追究刑事责任。

社会对律师的监督，具体包括民主党派的监督、社会团体的监督、群众组织的监督和广大人民群众的监督等。对于律师违反职业道德的行为，任何单位和个人都可以直接向律师提出批评，予以谴责，也可以向律师所在的律师事务所、律师协会或司法行政机关反映，或者在报刊上予以揭露和曝光。对于律师违反执业纪律、不履行义务的行为，任何单位和公民个人都有权向司法行政机关检举揭发，使其受到行政处罚。对于律师泄露国家秘密、行贿或介绍贿赂的行为，任何单位和公民个人都有权向监察机关或公安机关举报，使其受到刑罚制裁。

律师接受当事人的委托或聘请，为其提供法律服务，因此，律师在执业中有无违法违纪行为，当事人最为清楚。对于律师在提供法律服务中违反法律法规，不遵守职业道德和执业纪律的，当事人有权向律师所在的律师事务所、律师协会或司法行政机关提出控告，要求依法处理；对于律师违法执业或者因过错给自己造成损失的，当事人有权向人民法院提起诉讼，要求律师所在的律师事务所承担赔偿责任。

四、依法执业受法律保护原则

《律师法》第 3 条第 4 款规定："律师依法执业受法律保护，任何组织和个人不得侵害律师的合法权益。"这是律师依法执行职务的法律保障，也是一项中国特色的律师执业原则。

我国律师制度自恢复以来，在维护当事人合法权益和维护法律正确实施方面发挥了重要作用。但在实际工作中，以维护当事人合法权益为己任的律师，其人身权利和正常执业有时却得不到有效保护。[7] 针对这些问题，《律师法》明确规定："律师依法执业受法律保护，任何组织和个人不得侵害律师的合法权益。"这一规定，可以为律师创造良好的执业环境，有利于保障律师依法执业，更好地维护律师和当事人的合法权益。

《律师法》和其他有关法律对律师依法执业的保护作了一系列规定。主要有：(1)《律师法》第 36 条规定："律师担任诉讼代理人或者辩护人的，其辩论或者辩护的权利依法受到保障。"(2)《律师法》第 37 条规定，"律师在执业活动中的人身权利不受侵犯。律师在法庭上发表的代理、辩护意见不受法律追究"。据此，少数司法人员对依法执业的律师进行逮捕、拘禁和少数当事人对律师进行捆绑、殴打的行为明显违法，必须停止。(3)按照《律师法》第 46 条的规定，律师协会有责任采取措施保障律师依法执业，维护律师的合法权益。为此，《刑事诉讼法》第 44 条第 2 款规定，违反前款规定的，[8] 应当依法追究法律责任，辩护人涉嫌犯罪的，应当由办理辩护人所承办案件的侦查机关以外的侦查机关办理；辩护人是律师的，应当及时通

---

[7] 例如，有的法院不准或限制律师查阅案卷材料，拒绝接受律师调查所得的证据材料，不允许或限制律师和在押被告人进行会见、通信，不按法定期限向律师送达出庭通知书，随意驳回律师依法提出的申请事项，不允许律师依法向证人、鉴定人、被告人发问，限制律师的辩论发言，不听取律师正确的辩护或代理意见，采取"你辩你的，我判我的"，"先判后审"等做法；有的法院竟用"传票"传唤律师出庭，法庭上不设律师席位，让律师同被告人坐在一起，乱用"裁定"将律师"驱逐出庭"，甚至少数司法人员罗织罪名，逮捕、拘禁、捆绑、殴打律师；亦有一些当事人故意伤害或拘禁律师，非法剥夺律师的人身自由，从而严重侵犯了律师的执业权利和人身权利。

[8] 《刑事诉讼法》第 44 条第 1 款规定，辩护人或者其他任何人，不得帮助犯罪嫌疑人、被告人隐匿、毁灭、伪造证据或者串供，不得威胁、引诱证人作伪证以及进行其他干扰司法机关诉讼活动的行为。

知其所在的律师事务所或者所属的律师协会。(4)按照《行政复议法》《行政诉讼法》的规定,律师对司法行政部门作出的行政处罚决定不服的,可以依法申请复议或提起诉讼,以维护自己的合法权益。

律师依法执业受法律保障的程度,反映了一个国家民主化、法治化的水平。因此,我们应当进一步完善立法,采取有力措施保障律师依法执业。例如,应当规定,对于律师正确的辩护或代理意见,司法机关应当采纳;对于律师的辩护或代理意见,司法机关不予采纳的,应当说明理由;对于妨害律师依法执业、侵犯律师合法权益的行为,应当规定相应的法律责任。

第五节　中国律师的业务与权利义务

一、律师业务与收费

(一)律师业务

律师业务,简言之,就是指律师所能从事的活动范围。从理论上讲,律师既然是为当事人提供法律服务的执业人员,那么其活动范围是不应有限制的,只要公民、法人或其他组织需要法律服务,律师就可以为其提供。但是,具体到每一个国家,律师业务往往受律师本身的素质以及社会、政治、经济、文化等因素的制约,总是被限定在特定的范围之内。律师的业务范围是一个动态的过程,它必然随着客观环境的变化和社会需求的变化而变化。

在我国,律师业务是指执业律师为当事人提供法律服务的范围。它有以下几个显著特点:一是从事律师业务的主体是依法取得律师执业证书的律师;二是律师承办业务,必须由律师事务所统一接受委托,与委托人签订委托合同;三是律师承办业务的依据是当事人的委托或者法律援助机构的指派;四是律师从事的业务活动必须符合《律师法》规定的业务范围;五是律师从事业务活动,既要遵守宪法和法律,也要恪守律师职业道德和执业纪律;六是律师进行各项业务活动均受法律保护,任何组织和个人不得侵害律师的合法权益。

根据《律师法》第 28 条的规定,律师可以从事下列业务:(1)接受自然人、法人或者其他组织的委托,担任法律顾问;(2)接受民事案件、行政案件当事人的委托,担任代理人,参加诉讼;(3)接受刑事案件犯罪嫌疑人、被告人的委托或者依法接受法律援助机构的指派,担任辩护人,接受自诉案件自诉人、公诉案件被害人或者其近亲属的委托,担任代理人,参加诉讼;(4)接受委托,代理各类诉讼案件的申诉;(5)接受委托,参加调解、仲裁活动;(6)接受委托,提供非诉讼法律服务;(7)解答有关法律的询问、代写诉讼文书和有关法律事务的其他文书。律师的上述业务范围,根据实践中的做法,具体可以归纳为:担任法律顾问、民事诉讼代理、行政诉讼代理、刑事辩护、刑事诉讼代理、申诉代理、仲裁代理、非诉讼法律事务、法律咨询、代书共 10 项。

根据律师是否参与诉讼活动,可以将律师业务分为诉讼业务和非诉讼业务,这是国际上通行的律师业务分类的基本方法。所谓诉讼业务,是指律师在诉讼程序中所进行的业务活动,即律师以辩护人或诉讼代理人的身份参加诉讼活动,具体又分为刑事辩护和诉讼代理两个方面,其中诉讼代理包括民事诉讼代理、行政诉讼代理、刑事诉讼代理三种。所谓非诉讼业务,是指律师在诉讼程序以外进行的业务活动,具体包括担任法律顾问、申诉代理、仲裁代理、非诉讼法律事务、法律咨询与代书等律师业务。传统的律师业务主要集中在诉讼业务,但随着经济的发展,非诉讼业务在整个律师业务中所占的比重越来越大,特别是在一些发达国家,律师在非诉讼业务中的业务量一般占全部律师业务量的80%以上,而且律师的业务范围已经渗透到社会生活的各个领域。除此之外,还有几种常见的分法,如根据律师业务是否具有涉外因素,可以分为律师的一般业务和律师的涉外业务;根据律师业务发生的根据不同,可以分为有关机构指派的律师业务和当事人委托的业务;根据律师开展业务活动是否必须取得其他资格,可以分为有资格限定的律师业务和无资格限定的律师业务;根据律师业务是否涉及财产关系,可以分为财产权益方面的业务和非财产权益方面的业务;等等。

(二)律师收费

律师收费制度是律师制度的重要组成部分,它的确立是由法律服务自身属性决定的,是保证律师正常执业的需要。律师收费应随着经济社会发展进行调整,以适应律师业自身发展的需要。2006年4月13日,国家发展和改革委员会、司法部联合颁布《律师服务收费管理办法》,对律师收费制度进行改革与调整,从而使律师收费制度更加合理与完善。为推进律师事业高质量发展,更好地满足新时代人民群众法律服务需求,2021年12月28日,司法部、国家发展和改革委员会、国家市场监督管理总局联合颁布《关于进一步规范律师服务收费的意见》,对律师服务收费提出了新的要求。

根据《律师服务收费管理办法》《关于进一步规范律师服务收费的意见》的规定,律师收费管理主要包括以下内容:

1. 律师收费的原则

律师收费应遵循以下原则:第一,公开公平原则。律师为当事人提供法律服务,收取费用,应当向当事人公开收费的依据和标准,并且应当综合考虑相关因素,做到公开公平。第二,平等自愿原则。律师为当事人提供法律服务和收取费用,均应基于双方平等地位和当事人的自愿。第三,诚实信用原则。律师为当事人提供法律服务,应当诚实守信,严格按照《律师服务收费管理办法》和双方签订的协议收取费用,不得欺骗当事人,也不得向当事人索取好处费或其他额外的费用。第四,统一收费原则。律师承办业务,由律师事务所统一接受委托,并且统一收费,律师不得私自向委托人收取任何费用。第五,接受监督原则。律师事务所应当公示律师服务收费管理办法和收费标准等信息,接受社会监督。

2. 律师收费的方式及标准

律师服务收费项目、收费方式、收费标准等原则上由律师事务所制定。在制定律师服务费标准时,律师事务所应当统筹考虑以下因素:(1)律师提供服务耗费的工作时间;(2)法律事务的难易程度;(3)委托人的承受能力;(4)律师可能承担的风险和责任;(5)律师的社会信誉和工作水平等。各省(区、市)律师协会指导设区的市或者直辖市的区(县)律师协会对律师事务所制定的律师服务费标准实施动态监测分析。律师事务所制定的律师服务费标准,应当每年向所在设区的市或者直辖市的区(县)律师协会备案,备案后一年内原则上不得变更。新设律师事务所在取得执业许可证书10个工作日内,应当制定律师服务费标准并向所在设区的市或者直辖市的区(县)律师协会备案。律师事务所不得超出该所在律师协会备案的律师服务费标准收费。律师事务所应当严格执行明码标价制度,将本所在律师协会备案的律师服务费标准在其执业场所显著位置进行公示,接受社会监督。

律师服务收费可以根据不同的服务内容,采取计件收费、按标的额比例收费和计时收费等方式。其中,计件收费一般适用于不涉及财产关系的法律事务;按标的额比例收费适用于涉及财产关系的法律事务;计时收费可适用于全部法律事务。

此外,办理涉及财产关系的民事案件时,律师事务所和当事人可以约定风险代理,即实行风险代理收费,但下列情形除外:(1)婚姻、继承案件;(2)请求给予社会保险待遇或者最低生活保障待遇的;(3)请求给付赡养费、抚养费、扶养费、抚恤金、救济金、工伤赔偿的;(4)请求支付劳动报酬的等。禁止刑事诉讼案件、行政诉讼案件、国家赔偿案件以及群体性诉讼案件实行风险代理收费。律师事务所与当事人约定风险代理收费的,可以按照固定的金额收费,也可以按照当事人最终实现的债权或者减免的债务金额(以下简称标的额)的一定比例收费。律师事务所在风险代理各个环节收取的服务费合计最高金额应当符合下列规定:(1)标的额不足人民币100万元的部分,不得超过标的额的18%;(2)标的额在人民币100万元以上不足500万元的部分,不得超过标的额的15%;(3)标的额在人民币500万元以上不足1000万元的部分,不得超过标的额的12%;(4)标的额在人民币1000万元以上不足5000万元的部分,不得超过标的额的9%;(5)标的额在人民币5000万元以上的部分,不得超过标的额的6%。

实行风险代理收费的,律师事务所应当与当事人签订专门的书面风险代理合同,并在风险代理合同中以醒目方式明确告知当事人风险代理的含义、禁止适用风险代理案件范围、风险代理最高收费金额限制等事项,并就当事人委托的法律服务事项可能发生的风险、双方约定的委托事项应达成的目标、双方各自承担的风险和责任等进行提示。

3. 律师服务费的确定与收取

律师事务所接受委托,应当与委托人签订律师服务收费合同或者在委托代理合同中载明收费条款。收费合同或收费条款应当包括:收费项目、收费标准、收费方式、收费数额、付款和结算方式、争议解决方式等内容。律师事务所与委托人签订合同后,不得单方变更收费项目或者提高收费数额。确需变更的,律师事务所必须事先征得委托人的书面同意。律师事务所向委托人收取律师服务费,应当向委托人出具合法票据。

律师事务所在提供法律服务过程中代委托人支付的诉讼费、仲裁费、鉴定费、公证费、查档费、保全费、翻译费等费用,不属于律师服务费,由委托人另行支付。律师事务所需要预收异地办案差旅费的,应当向委托人提供费用概算,经协商一致,由双方签字确认;确需变更费用概算的,律师事务所必须事先征得委托人的书面同意。律师事务所应当向委托人提供律师服务收费清单,包括律师服务费、代委托人支付的费用以及异地办案差旅费,其中代委托人支付的费用及异地办案差旅费应当提供有效凭证。

律师事务所异地设立的分支机构,应当执行分支机构所在地的收费规定;律师事务所异地提供法律服务,可以执行律师事务所所在地或者提供法律服务所在地的收费规定,具体办法由律师事务所与委托人协商确定。

4. 律师收费的减免

律师收费的减免,是指在特殊情况下对委托人减收或免收律师服务费。律师事务所接受指派办理法律援助案件不得向受援人收取任何费用;对于经济确有困难,但不符合法律援助范围的公民,律师事务所可以酌情减收或免收律师服务费。律师事务所办理涉及农民工、残疾人等弱势群体或者与公益活动有关的法律服务事项，可以酌情减免律师服务费。

5. 律师收费的监督检查

司法行政部门、律师协会要把律师服务收费作为律师事务所年度检查考核和律师执业年度考核的重要内容，对上一年度有严重违法违规收费行为、造成恶劣社会影响的律师事务所和律师，应当依法依规评定为“不合格”或“不称职”；开展“双随机一公开”抽查，司法行政部门应每年对不少于5%的律师事务所收费情况开展执法检查，对该所承办一定比例的案件倒查委托代理合同、收费票据等，以及时发现违法违规收费问题。

市场监管部门、司法行政部门应加强对律师服务收费的监督检查。对不按规定明码标价、价格欺诈等违反价格法律法规的行为，由市场监管部门依法作出行政处罚；对私自收费、违规风险代理收费、变相乱收费以及以向司法人员、仲裁员疏通关系为由收取所谓的“办案费”“顾问费”等违法违规收费行为，由司法行政部门、律师协会依据《律师法》《律师和律师事务所违法行为处罚办法》等作出行政处罚、行业处分。市场监管部门、司法行政部门对律师事务所和律师违法违规收费行为作出行政处罚的，应当及时抄送同级司法行政部门、市场监管部门。

公民、法人和其他组织认为律师事务所或律师存在违法违规收费行为的，可以通过函件、电话、来访等形式，向市场监管部门、司法行政部门或者律师协会举报、投诉。

二、执业律师的权利与义务

（一）执业律师的权利

执业律师的权利，是指律师在执行职务时依法享有的权利。根据《律师法》和三大诉讼法等法律、法规的有关规定，我国律师在执业中享有以下权利：

1. 阅卷权

《律师法》第34条规定：“律师担任辩护人的，自人民检察院对案件审查起诉之日起，有权查阅、摘抄、复制本案的案卷材料。”《刑事诉讼法》第40条作了相同的规定。《民事诉讼法》第64条规定，代理诉讼的律师，可以查阅案件有关材料。《行政诉讼法》第32条第1款规定，代理诉讼的律师，有权按照规定查阅、复制案件有关材料。根据上述规定，辩护和代理律师享有阅卷权，即有权在人民检察院、人民法院查阅、摘抄和复制与案件有关的全部诉讼文书和全部证据材料。

律师在查阅案卷时，应对所有案卷材料（包括全部诉讼文书和物证、书证、证人证言、当事人陈述、犯罪嫌疑人、被告人的供述和辩解、鉴定意见、勘验检查笔录、视听资料、电子数据等各种证据材料）进行认真仔细的查看和阅读，注意研究各种证据之间有无矛盾，所控事实是否存在，案件性质和危害结果是否严重。律师在查阅案卷时，一般首先查阅对方当事人提供的材料和证据，如：辩护律师首先要查阅起诉书，了解起诉书的内容；民事原告的代理律师则可以通过阅卷了解被告答辩状的要点及主要依据。对于发现的疑点、矛盾和重点问题，律师可以摘录。摘录时要注意做到客观、全面，对被告人或当事人有利和不利的两方面情况都应摘录，防止主观片面；要注意摘录原话，防止断章取义；摘录要注明出处、页码、时间等。近年来，随着司法信息化程度的提升，许多法院、检察院把案卷材料扫描、刻录于光盘并交给辩护或代理律师，从而极大地方便了律师的阅卷工作。

查阅案卷是律师顺利开展刑事诉讼辩护、代理和民事、行政诉讼代理活动的必要手段。通过查阅案卷,可以达到掌握事实和证据、熟悉和了解案情的目的。

2. 同犯罪嫌疑人、被告人会见和通信权

《律师法》第 33 条规定,律师担任辩护人的,有权持律师执业证书、律师事务所证明和委托书或者法律援助公函,依照刑事诉讼法的规定会见在押或者被监视居住的犯罪嫌疑人、被告人;辩护律师会见犯罪嫌疑人、被告人时不被监听。《刑事诉讼法》第 39 条规定,辩护律师可以同在押的犯罪嫌疑人、被告人会见和通信;辩护律师会见犯罪嫌疑人、被告人时不被监听。上述规定从实体和程序两个方面对律师同犯罪嫌疑人、被告人会见和通信的权利作了具体和明确的规定。

现行《律师法》《刑事诉讼法》关于"律师会见权"的规定有两大突破:一是律师会见犯罪嫌疑人、被告人不需要经过公安司法机关批准,只需持有"三证"(律师执业证书、律师事务所证明、委托书或者法律援助公函),而且没有会见次数的限制;二是律师会见犯罪嫌疑人、被告人时不被监听。由此,律师可以直接地、充分地、不受任何限制地行使自己依法享有的会见权,从而既有利于律师方便快捷地了解案情,顺利开展辩护工作,又体现了对犯罪嫌疑人、被告人人权的尊重和保障,以及对无罪推定原则的贯彻执行,这也是我国法律与国际刑事司法准则接轨的重要表现。

律师会见在押犯罪嫌疑人、被告人时,应遵守看管场所的有关规定,严防犯罪嫌疑人、被告人逃跑、行凶、自杀等事件的发生。会见结束后,要按看管场所规定的手续,将犯罪嫌疑人、被告人交看管人员收押。

律师会见犯罪嫌疑人、被告人以及与其通信,是做好辩护工作的前提条件。律师通过行使这一权利,可以发现有利于犯罪嫌疑人、被告人的线索和证据,揭露侦查中的违法行为,从而为他们进行有效的辩护。

3. 调查取证权

调查取证权,是指律师办理法律事务,有权向有关单位、个人进行调查,收集有关证据材料。《律师法》第 35 条规定,受委托的律师根据案情的需要,可以申请人民检察院、人民法院收集、调取证据或者申请人民法院通知证人出庭作证;律师自行调查取证的,凭律师执业证书和律师事务所证明,可以向有关单位或者个人调查与承办法律事务有关的情况。《刑事诉讼法》第 41 条规定,辩护人认为在侦查、审查起诉期间公安机关、人民检察院收集的证明犯罪嫌疑人、被告人无罪或者罪轻的证据材料未提交的,有权申请人民检察院、人民法院调取。第 43 条规定,辩护律师经证人或者其他有关单位和个人同意,可以向他们收集与本案有关的材料,也可以申请人民检察院、人民法院收集、调取证据,或者申请人民法院通知证人出庭作证;辩护律师经人民检察院或者人民法院许可,并且经被害人或者其近亲属、被害人提供的证人同意,可以向他们收集与本案有关的材料。但由于实践中基本无人同意,因而律师的调查取证权形同虚设。而《律师法》则规定律师凭"两证"(律师执业证书和律师事务所证明)就可以直接行使调查取证的权利,这无疑既有利于律师全面收集与案件有关的证据,为实现实体公正奠定基础,也有利于保障控辩平衡,体现程序公正,实现有效辩护,切实维护犯罪嫌疑人、被告人的合法权益。

为保证律师自行调查取证的合法性和所获证据的可靠性,律师进行调查应由 2 名以上律师人员进行;律师对当事人、证人进行询问的,应当制作询问笔录,并由询问人和被询问人签字或盖章;律师提取物证、书证,可以要求持有人在律师开列的清单上签名或盖章。律师在调查过程中所作的记录不具有诉讼笔录的性质,所获得的证据材料只有经过法庭质证和调查核实后,才能作为合法的证据加以运用。

4. 拒绝辩护或代理权

律师在特定情况下,依法享有拒绝担任犯罪嫌疑人、被告人的辩护人或者诉讼案件以及其他法律事务的代理人的权利。《律师法》第 32 条第 2 款规定,律师接受委托后,无正当理由的,不得拒绝辩护或者代理;但是,委托事项违法、委托人利用律师提供的服务从事违法活动或者委托人故意隐瞒与案件有关的重要事实的,律师有权拒绝辩护或者代理。

有权拒绝辩护或代理不等于必须拒绝辩护或代理。律师行使拒绝辩护或代理权时要分清情况,区别对待,不应轻率从事。律师拒绝辩护或者代理,须经律师事务所主任批准,因为委托人与律师事务所有委托合同关系。依法接受法律援助机构指派的辩护人拒绝辩护,须经法律援助机构同意。

5. 有得到人民法院适当的开庭通知的权利

律师出庭参加诉讼,应有充裕的时间做好出庭前的准备工作,以保证律师辩护或代理的质量,有效地维护当事人的合法利益。为此,《刑事诉讼法》第 187 条第 3 款规定,人民法院确定开庭日期后,应当将开庭的时间、地点通知辩护人、诉讼代理人,通知书至迟在开庭 3 日以前送达。《民事诉讼法》第 139 条规定,人民法院审理民事案件,应当在开庭 3 日前通知当事人和其他诉讼参与人。最高人民法院、最高人民检察院、公安部、司法部于 1981 年 4 月 27 日发布的《关于律师参加诉讼的几项具体规定的联合通知》(已失效)明确指出:人民法院确定开庭日期,应当留有律师准备出庭所需的时间;律师如因案情复杂、开庭日期过急,有权申请法院延期审理,法院应在不影响法定结案的时间内予以考虑;人民法院应用通知书通知律师到庭履行职务,不得使用传票传唤律师;法院的开庭通知书至迟应在开庭 3 日前送达辩护律师;案件开庭审理后,如果改期继续审理,在再次开庭前,法院也应适时通知承办律师。

6. 在法庭审理阶段享有的权利

法庭审理阶段是律师维护当事人合法权益、发挥律师职能作用的重要阶段,因此,律师在法庭审理阶段依法享有的权利也应当予以保障。《律师法》第 36 条规定:"律师担任诉讼代理人或者辩护人的,其辩论或者辩护的权利依法受到保障。"根据《刑事诉讼法》《民事诉讼法》《行政诉讼法》有关规定,在法庭审理中,律师为了履行职务,享有广泛的权利。概括起来,主要有:

(1)对法庭的不当询问拒绝回答权。人民法院审理案件,对于代理律师或辩护律师,均不得询问其姓名、年龄、籍贯、住址和职业等。否则,律师有权拒绝回答。

(2)发问权。在法庭审理过程中,律师可以申请审判长对证人、鉴定人、勘验人和被告人发问,也可以经审判长许可,直接向以上人员发问。

(3)提出新证据的权利。在法庭上,律师有权提出新的证据,有权申请通知新的证人到庭,调取新的物证,申请重新鉴定或勘验。是否准许,由法庭决定。

(4)质证权。在法庭调查阶段,律师对于法庭或者对方当事人出示的物证和宣读的未到庭的证人的证言、鉴定人的鉴定意见、勘验笔录和其他作为证据的文书,有权提出自己的意见;对于到庭的证人,有权进行质证。

(5)参加法庭辩论的权利。在法庭辩论中,控、辩双方或原被告双方处于同等法律地位,辩论机会均等;律师有权发表辩护词或代理词,阐述自己对案件的看法,并与公诉人或对方当事人及其代理人或辩护人辩论。审判人员应当尊重和保障律师依法辩论的权利,不得随意限制律师辩论发言的时间,更不得违法责令律师退出法庭。

(6)申请对以非法方法收集的证据依法予以排除的权利。在法庭审理过程中,律师有权申请人民法院对以非法方法收集的证据依法予以排除,但应当提供相关线索或者材料。

7. 在法庭上发表的代理、辩护意见不受法律追究的权利

我国是《联合国关于律师作用的基本原则》国际公约的签署国。该基本原则第20条规定:“律师对于其书面或口头辩护时所发表的有关言论或作为职责任务出现于某一法院、法庭或其它法律或行政当局之前所发表的有关言论,应享有民事和刑事豁免权。”为了遵守国际公约,我国《律师法》第37条第2款明确规定,“律师在法庭上发表的代理、辩护意见不受法律追究。”这实际上是对律师在法庭上的代理或辩护的免责规定(亦称辩论/辩护豁免权),对于解除律师的后顾之忧,使其能充分发挥职能作用具有十分重要的意义。为了防止律师滥用这一权利,《律师法》该条第2款同时规定,“但是,发表危害国家安全、恶意诽谤他人、严重扰乱法庭秩序的言论除外。”

8. 代为上诉的权利

《刑事诉讼法》第227条第1款规定,被告人的辩护人经被告人同意,可以提出上诉。《民事诉讼法》第62条第2款规定,诉讼代理人提起上诉,必须有委托人的特别授权。因此,律师参加诉讼活动,在认为地方各级人民法院的一审判决、裁定有错误时,经当事人同意或授权,可以代其向上一级人民法院提起上诉,要求对案件重新审理。司法实践中,有些当事人明知裁判有误也不上诉,或担心上诉加刑而不敢上诉。在这种情况下,律师应当向当事人进行解释并提出建议,如果当事人仍然坚持不上诉的,律师应尊重当事人的意愿,不能强迫当事人上诉。

9. 代理申诉或控告权

《律师法》第28条规定,律师可以“接受委托,代理各类诉讼案件的申诉”。《刑事诉讼法》第14条第2款规定,诉讼参与人对于审判人员、检察人员和侦查人员侵犯公民诉讼权利和人身侮辱的行为,有权提出控告;第38条规定,辩护律师在侦查期间可以代理申诉、控告。据此,律师可以接受当事人的委托,代理其对业已生效但确有错误的刑事、民事和行政诉讼判决、裁定,向人民法院或者人民检察院提出申诉,要求按照审判监督程序重新审理;也可以在刑事诉讼过程中,接受犯罪嫌疑人、被告人的委托,对审判人员、检察人员和侦查人员侵犯公民诉讼权利和人身侮辱的行为,向有关主管机关提出申诉或控告,以维护犯罪嫌疑人、被告人的合法权益。

10. 获取诉讼文书副本的权利

律师承办诉讼案件,有权获得人民法院的判决书、裁定书、调解书和人民检察院的起诉书、抗诉书的副本;律师参加仲裁活动,有权获得仲裁机构的裁决书的副本。

11. 为犯罪嫌疑人、被告人申请变更强制措施或解除强制措施的权利

《刑事诉讼法》第97条规定,辩护人“有权申请变更强制措施”;第99条规定,辩护人“对于人民法院、人民检察院或者公安机关采取强制措施法定期限届满的,有权要求解除强制措施。”

司法实践中,公安司法机关滥用强制措施或超期羁押,进而侵犯犯罪嫌疑人、被告人人身权利的情况时有发生。律师接受委托参加刑事诉讼,在这方面可以发挥制约作用,维护犯罪嫌疑人、被告人的合法权益。因此,在刑事诉讼过程中,辩护律师有权申请公安司法机关变更强制措施;对公安司法机关采取强制措施超过法定期限的,辩护律师有权向原批准或决定机关提出申请,要求解除强制措施。

12. 依法执行职务受法律保护的权利

《律师法》第 3 条第 4 款规定:“律师依法执业受法律保护,任何组织和个人不得侵害律师的合法权益。”第 37 条第 1 款规定:“律师在执业活动中的人身权利不受侵犯。”律师依法执行职务受法律保护,这既是律师的一项权利,也是律师行使其他权利的保障性规定。司法实践中,律师执业缺乏切实有效的法律保护的问题确实存在,侵犯律师人身权利,干扰、刁难律师工作,不尊重律师,侮辱、报复、陷害律师,公开将律师驱逐出庭,甚至非法拘捕律师的事件还时有发生。因此,强调该项权利,对于保障律师依法执业,十分必要和重要。

为了更加有效地保护律师在执业活动中的人身权利不受侵犯,《律师法》第 37 条第 3 款特别规定:“律师在参与诉讼活动中涉嫌犯罪的,侦查机关应当及时通知其所在的律师事务所或者所属的律师协会;被依法拘留、逮捕的,侦查机关应当依照刑事诉讼法的规定通知该律师的家属。”这无疑有助于律师事务所和律师协会对涉嫌犯罪的律师采取维权措施。

13. 对阻碍其行使诉讼权利的行为提出申诉控告的权利

《刑事诉讼法》第 49 条规定,辩护人、诉讼代理人认为公安机关、人民检察院、人民法院及其工作人员阻碍其行使诉讼权利的,有权向同级或者上一级检察院申诉或者控告;人民检察院对申诉或者控告应当及时进行审查,情况属实的,通知有关机关予以纠正。

2015 年 9 月 16 日,最高人民法院、最高人民检察院、公安部、国家安全部、司法部联合颁布《关于依法保障律师执业权利的规定》,对依法保障律师执业权利作了具体明确的规定。其主要内容包括以下几个方面:

第一,进一步明确了有关国家机关依法保障律师执业权利的职责。包括:人民法院、人民检察院、公安机关、国家安全机关、司法行政机关应当尊重律师,健全律师执业权利保障制度,依照有关法律规定,在各自职责范围内依法保障律师知情权、申请权、申诉权,以及会见、阅卷、收集证据和发问、质证、辩论等方面的执业权利,不得阻碍律师依法履行辩护、代理职责,不得侵害律师合法权利。人民法院、人民检察院、公安机关、国家安全机关、司法行政机关和律师协会应当建立健全律师执业权利救济机制。律师因依法执业受到侮辱、诽谤、威胁、报复、人身伤害的,有关机关应当及时制止并依法处理,必要时对律师采取保护措施。

第二,进一步明确了各项律师执业权利保障措施。包括:办案机关作出移送审查起诉、退回补充侦查、提起公诉、延期审理、二审不开庭审理、宣告判决等重大程序性决定的,以及人民检察院将直接受理立案侦查案件报请上一级人民检察院审查决定逮捕的,应当依法及时告知辩护律师。辩护律师会见在押的犯罪嫌疑人、被告人,看守所能当时安排的,应当当时安排;不能当时安排的,看守所应当向辩护律师说明情况,并保证辩护律师在 48 小时以内会见到在押的犯罪嫌疑人、被告人。辩护律师在侦查期间要求会见危害国家安全犯罪、恐怖活动犯罪、特别重大贿赂犯罪案件在押的犯罪嫌疑人,向侦查机关提出申请的,侦查机关应当依法及时审查,不得随意解释和扩大该三类案件的范围,限制律师会见。辩护律师提出阅卷要求的,人民检察院、人民法院应当当时安排辩护律师阅卷,无法当时安排的,应当向辩护律师说明并安排其在3个工作日以内阅卷,不得限制辩护律师阅卷的次数和时间。辩护律师在开庭以前提出召开庭前会议、回避、补充鉴定或者重新鉴定以及证人、鉴定人出庭等申请的,人民法院应当及时审查作出处理决定,并告知辩护律师。侦查机关在案件侦查终结前,人民检察院、人民法院在审查批准、决定逮捕期间,最高人民法院在复核死刑案件期间,辩护律师提出要求的,办案机关应当听取辩护律师的意见。人民检察院审查起诉、第二审人民法院决定不开庭审理的,应当充分听取辩护律师的意见。辩护律师申请排除非法证据的,办案机关应当听取辩护律师的意见,按照法定程序审查核实相关证据,并依法决定是否予以排除。法庭审理过程中,法官应当注重诉讼权利平等和控辩平衡。对于律师发问、质证、辩论的内容、方式、时间等,法庭应当依法公正保障。律师申请查阅人民法院录制的庭审过程的录音、录像的,人民法院应当准许。

第三,提出了便利律师参与诉讼的措施。包括:人民法院、人民检察院、公安机关、国家安全机关、司法行政机关应当建立和完善诉讼服务中心、立案或受案场所、律师会见室、阅卷室,规范工作流程,方便律师办理立案、会见、阅卷、参与庭审、申请执行等事务。看守所应当设立会见预约平台,采取网上预约、电话预约等方式为辩护律师会见提供便利。有条件的人民法院应当建立律师参与诉讼专门通道,律师进入人民法院参与诉讼确需安全检查的,应当与出庭履行职务的检察人员同等对待。

第四,进一步完善了律师执业权利保障的救济机制和责任追究机制。从投诉机制、申诉控告机制、维护律师执业权利快速处置机制和联动机制、各部门联席会议制度等方面对律师执业权利保障的救济机制作出规定。同时规定,办案机关或者其上一级机关、人民检察院对律师提出的投诉、申诉、控告,经调查核实后要求有关机关予以纠正,有关机关拒不纠正或者累纠累犯的,要追究相应的违纪责任。

(二)执业律师的义务

权利和义务是相对应的,律师在执行职务过程中享有权利的同时,也要承担相应的义务。律师的义务,是指律师依法应为一定行为或不为一定行为的范围和限度。根据《律师法》的有关规定,我国律师在执业活动中应当履行下列义务:

1. 只能在一个律师事务所执业,不得同时在两个以上律师事务所执业

律师的职责是为当事人提供法律服务,如果一名律师在两个以上律师事务所执业,当各律师事务所同时指派该律师到异地进行业务活动时,则该律师无法履行职责;同时,当该律师因执业违法或者因过错给当事人造成损失时,当事人无法确定应向哪个律师事务所要求赔偿,因而将损害当事人的合法权益。此外,这种情况也不利于律师事务所对该律师进行教育、培训与管理。因此,《律师法》第10条第1款规定:“律师只能在一个律师事务所执业。律师变更执业机构的,应当申请换发律师执业证书。”但为律师职业的委托性和服务性所决定,第2款规定,“律师执业不受地域限制”,即律师既可以在律师事务所的住所地执业,也可以到律师事务所住所地以外的其他地方执业。

2. 不得私自接受委托,收取费用,接受委托人的财物或者其他利益

为加强律师事务所对律师的管理,提高律师和律师事务所的信誉,维护委托人与律师的信赖关系,保证律师从业清廉,《律师法》第25条第1款规定:“律师承办业务,由律师事务所统一接受委托,与委托人签订书面委托合同,按照国家规定统一收取费用并如实入账。”第40条

第 1 项规定,律师在执业活动中不得“私自接受委托、收取费用,接受委托人的财物或者其他利益”。

3. 应当依法纳税

《宪法》第 56 条规定:“中华人民共和国公民有依照法律纳税的义务。”《律师法》第 25 条第 2 款规定:“律师事务所和律师应当依法纳税。”根据《个人所得税法》的规定,律师应当就其工资、薪金所得、劳务报酬和合伙分红所得缴纳个人所得税。

4. 不得以诋毁其他律师事务所、律师或者支付介绍费等不正当手段承揽业务

实践中,有的律师不是靠自己的业务能力和优质服务,而是靠给委托人或有关人员以回扣、劳务费,靠贬损其他律师的业务能力和诋毁其他律师事务所、律师的执业声誉,去获取案源,靠与案件承办人拉关系、支付介绍费甚至行贿等手段承揽业务和打赢官司,这既损害了其他律师事务所、律师的利益,违背律师职业道德,也不利于律师间的平等竞争,从而有害于律师业的健康发展。为此,《律师法》第 26 条明确规定:“律师事务所和律师不得以诋毁其他律师事务所、律师或者支付介绍费等不正当手段承揽业务。”

5. 应当加入所在地的地方律师协会,并履行律师协会章程规定的义务

我国对律师实行司法行政管理和律师协会行业管理相结合的体制,并逐步向司法行政机关宏观管理下的律师协会行业管理过渡。为实现律师协会对律师的有效管理,确保律师培训、教育和监督工作的正常开展,《律师法》第 45 条规定:“律师、律师事务所应当加入所在地的地方律师协会。加入地方律师协会的律师、律师事务所,同时是全国律师协会的会员。律师协会会员享有律师协会章程规定的权利,履行律师协会章程规定的义务。”

6. 曾经担任法官、检察官的律师,从人民法院、人民检察院离任后 2 年内,不得担任诉讼代理人或者辩护人

曾经担任法官、检察官的律师以往的工作岗位,使其与原所在法院、检察院有着特定的联系。为了维护司法公正,避免关系案、人情案的发生,也为了维护律师队伍的声誉,《律师法》第 41 条明确规定:“曾经担任法官、检察官的律师,从人民法院、人民检察院离任后二年内,不得担任诉讼代理人或者辩护人。”应当指出,根据这一规定,这类律师从司法机关离任后 2 年内只是不得从事诉讼业务,但可以从事非诉讼法律事务,而且没有时间上的限制。

7. 应当按照国家规定履行法律援助义务,为受援人提供符合标准的法律服务

国家建立法律援助制度,旨在为经济困难的公民或特殊案件的当事人予以减免费用提供法律服务,以使其合法权益得以维护,进而促进社会稳定和经济发展,实现法律对于公民的平等保护。在我国,法律援助义务主要由律师承担,因此,《律师法》第 42 条规定:“律师、律师事务所应当按照国家规定履行法律援助义务,为受援人提供符合标准的法律服务,维护受援人的合法权益。”根据这一规定,律师不仅应当按照国家规定履行法律援助义务,而且还应当做到为受援人提供符合标准的法律服务。所谓符合标准,应当包括提供法律服务的数量、时间和质量等。

8. 应当保守在执业活动中知悉的国家秘密、商业秘密,不得泄露当事人的隐私

律师在承办法律事务的过程中,为其身份和工作特点所决定,可能接触到某些国家秘密,知悉当事人的一些商业秘密或个人隐私。其中,国家秘密是指关系国家的安全和利益,依照法定程序确定,在一定时间内只限一定范围的人员知悉的事项;商业秘密是指不为公众所知悉,能为权利人带来经济利益,具有实用性并经权利人采取保密措施的技术信息和经营信息;个人

隐私是指与公民个人的声誉有关、本人不愿公开的个人生活事件。国家秘密一旦被律师泄露,将会使国家的安全和利益受到严重损害;当事人的商业秘密和个人隐私一旦被律师有意或无意地泄露出来,不仅会使当事人的经济利益或个人名誉受到严重损害,而且会使律师失去当事人的信赖,有损于律师的执业声誉,不利于律师业的健康发展。因此,《律师法》第38条第1款规定:"律师应当保守在执业活动中知悉的国家秘密、商业秘密,不得泄露当事人的隐私。"

为促使律师与当事人建立更加密切的信赖关系,维护律师制度赖以建立和发展的社会基础,《律师法》第38条第2款规定:"律师对在执业活动中知悉的委托人和其他人不愿泄露的有关情况和信息,应当予以保密。但是,委托人或者其他人准备或者正在实施危害国家安全、公共安全以及严重危害他人人身安全的犯罪事实和信息除外。"这一规定,较好地解决了律师为委托人保密与维护国家利益、公共利益和他人生命安全的重大利益的矛盾,也与现行法律关于公民作证义务的规定相衔接。

9. 不得在同一案件中为双方当事人担任代理人,不得代理与本人或者其近亲属有利益冲突的法律事务

当事人委托律师代理诉讼的目的,是通过律师依据法律取得有利于自己的证据,帮助人民法院查明案件事实,从而排除不法侵害,维护其合法权益。如果律师接受同一案件的原、被告双方当事人的委托参加诉讼,那么将无法同时维护双方当事人的合法权益,必然维护一方而损害另一方,而且也无法正常收集证据、参加辩论,从而影响人民法院对案件作出公正的裁判。另外,律师负有维护社会公平正义的使命,因此对于与本人或者其近亲属有利害冲突的法律事务,应当回避,以避免对律师的形象造成损害。因此,《律师法》第39条规定:"律师不得在同一案件中为双方当事人担任代理人,不得代理与本人或者其近亲属有利益冲突的法律事务。"

10. 律师接受委托后,无正当理由的,不得拒绝辩护或者代理

律师与委托人的关系是一种合同关系,律师及其所在的律师事务所作为合同当事人的一方,不得任意解除委托合同。只有委托事项违法,委托人利用律师提供的法律服务从事违法活动或者委托人故意隐瞒与案件有关的重要事实的,为了避免与律师的职责发生冲突,律师才可以拒绝辩护或者代理。《律师法》第32条第2款对此作了明确规定。

11. 不得利用提供法律服务的便利牟取当事人争议的权益;不得接受对方当事人的财物或者其他利益,与对方当事人或者第三人恶意串通,侵害委托人的权益

律师是为解决当事人之间的权利义务争议而执行职务的,当然不应当介入当事人争议的权益之中,更不能将牟取当事人争议的权益作为从事代理活动的目的。否则,将难以防止代理律师利用了解案情、掌握证据之便利,欺骗委托人,巧取豪夺其权益,或者被对方当事人向律师出让权益诱惑,损害委托人的利益,而且也难于避免代理律师不择手段地去左右争议的处理结果,导致干扰审判的情况发生。律师提供法律服务,应当忠实地为委托人服务,如果接受与委托人有利益冲突的对方当事人的财物或者其他利益,或者与对方当事人或第三人恶意串通,必然导致律师背弃委托人的利益,与其职责发生根本冲突,从而也就谈不上为委托人尽职尽责地办理法律事务。因此,《律师法》第40条第2、3项规定了律师的这一义务。

12. 不得违反规定会见法官、检察官、仲裁员以及其他有关工作人员;不得向法官、检察官、仲裁员以及其他有关工作人员行贿,介绍贿赂或者指使、诱导当事人行贿,或者以其他不正当

方式影响法官、检察官、仲裁员以及其他有关工作人员依法办理案件

律师作为法律工作者，应当努力钻研和掌握执业所应具备的法律知识和专业技能，依靠自己的良好素质为当事人提供优质的法律服务，而不能通过采用法律所禁止的手段去影响法官、检察官、仲裁员以及其他有关人员，从而影响案件的公正处理，进而达到委托人所期望的目的。因此，《律师法》第40条第4、5项规定了律师的这一义务。

13. 不得故意提供虚假证据或者威胁、利诱他人提供虚假证据，妨碍对方当事人合法取得证据

律师在进行诉讼代理、辩护以及参与仲裁活动时，既要维护当事人的合法权益，又要忠实于法律，严格依法执业；既要尊重事实，提供真实的证据，又要尊重审判机关和仲裁机构。因此，律师不得故意向法院、仲裁机构提供虚假证据；也不得采用威胁、利诱手段使他人向法院、仲裁机构提供虚假证据。证据对对方当事人也至关重要。对方当事人有取得证据支持自己诉讼请求的权利。律师可以在法庭上与对方当事人就证据的真伪进行质证，但不得妨碍对方当事人合法取得证据，包括以威胁、利诱的方式使知情人不向对方当事人提供证据或者不出庭作证。因此，为了保证人民法院、仲裁机构准确查明事实，正确适用法律，作出公正的判决、裁定或裁决，《律师法》第40条第6项规定了律师的这一义务。

14. 不得煽动、教唆当事人采取扰乱公共秩序、危害公共安全等非法手段解决争议

律师作为法律工作者，肩负着维护当事人合法权益、维护法律正确实施、维护社会公平正义的使命，应当积极引导委托人通过合法的途径、手段主张权利、解决争议，而绝不允许知法犯法，破坏法治，煽动滋事，扰乱社会秩序，危害公共安全。为此，《律师法》第40条第7项规定了律师的这一义务。

15. 不得扰乱法庭、仲裁庭秩序，干扰诉讼、仲裁活动的正常进行

律师应当尊重法院、仲裁机构，遵守法庭、仲裁庭秩序，在法官、仲裁员的指引下进行诉讼、仲裁活动，这是国内外法律对律师的普遍要求。对此，《律师法》第40条第8项作了明确规定，即律师不得"扰乱法庭、仲裁庭秩序，干扰诉讼、仲裁活动的正常进行"。

此外，《律师执业管理办法》在明确律师上述法定义务的同时，也对律师应当履行的义务进行了补充规定。具体包括：(1)律师承办业务，应当告知委托人该委托事项办理可能出现的法律风险，不得用明示或者暗示方式对办理结果向委托人作出不当承诺。(2)律师承办业务，应当及时向委托人通报委托事项办理进展情况；需要变更委托事项、权限的，应当征得委托人的同意和授权。(3)律师承办业务，应当妥善保管与承办事项有关的法律文书、证据材料、业务文件和工作记录。在法律事务办结后，按照有关规定立卷建档，上交律师事务所保管。(4)律师执业，应当遵守所在律师事务所的执业管理制度，接受律师事务所的指导和监督，参加律师执业年度考核。(5)律师应当妥善使用和保管律师执业证书，不得变造、抵押、出借、出租。如有遗失或者损毁的，应当及时报告所在地县级司法行政机关，经所在地设区的市级或者直辖市区(县)司法行政机关向原审核颁证机关申请补发或者换发。律师执业证书遗失的，应当在省级以上报刊或者发证机关指定网站上刊登遗失声明。(6)律师应当按照规定参加司法行政机关和律师协会组织的职业培训。

第六节 中国律师的法律责任

律师法律责任,是指律师和律师事务所在执业过程中因违反法定义务所应承担的法律后果。《律师法》第六章以专章的形式对律师法律责任作了明确规定。

律师法律责任,按责任主体的不同,可以分为律师的法律责任和律师事务所的法律责任;按责任性质的不同,可以分为律师的行政法律责任、律师的民事法律责任和律师的刑事法律责任。

一、律师行政法律责任

(一)律师行政法律责任的概念和种类

律师行政法律责任,是指律师或律师事务所对其违反有关律师管理的法律、法规和规章的行为所应承担的法律后果。

根据《律师法》第47~49条的规定,律师有违法执业行为的,视情形分别或同时给予下列处罚:(1)警告;(2)罚款;(3)没收违法所得;(4)停止执业;(5)吊销律师执业证书。

根据《律师法》第50条的规定,律师事务所有违法执业行为的,给予下列处罚:(1)警告;(2)停业整顿;(3)罚款;(4)没收违法所得;(5)吊销律师事务所执业证书。

(二)律师、律师事务所承担行政法律责任的具体规定

《律师法》对律师、律师事务所违反律师法律、法规、规章的行为及其处罚作了明确规定。具体如下:

1.《律师法》第47条规定,律师有下列行为之一的,由设区的市级或者直辖市的区人民政府司法行政部门给予警告,可以处5000元以下的罚款;有违法所得的,没收违法所得;情节严重的,给予停止执业3个月以下的处罚:(1)同时在两个以上律师事务所执业的;(2)以不正当手段承揽业务的;(3)在同一案件中为双方当事人担任代理人,或者代理与本人及其近亲属有利益冲突的法律事务的;(4)从人民法院、人民检察院离任后2年内担任诉讼代理人或者辩护人的;(5)拒绝履行法律援助义务的。

2.《律师法》第48条规定,律师有下列行为之一的,由设区的市级或者直辖市的区人民政府司法行政部门给予警告,可以处1万元以下的罚款;有违法所得的,没收违法所得;情节严重的,给予停止执业3个月以上6个月以下的处罚:(1)私自接受委托、收取费用,接受委托人财物或者其他利益的;(2)接受委托后,无正当理由,拒绝辩护或者代理,不按时出庭参加诉讼或者仲裁的;(3)利用提供法律服务的便利牟取当事人争议的权益的;(4)泄露商业秘密或者个人隐私的。

3.《律师法》第49条第1款规定,律师有下列行为之一的,由设区的市级或者直辖市的区人民政府司法行政部门给予停止执业6个月以上1年以下的处罚,可以处5万元以下的罚款;有违法所得的,没收违法所得;情节严重的,由省、自治区、直辖市人民政府司法行政部门吊销其律师执业证书:(1)违反规定会见法官、检察官、仲裁员以及其他有关工作人员,或者以其他不正当方式影响依法办理案件的;(2)向法官、检察官、仲裁员以及其他有关工作人员行贿,介

绍贿赂或者指使、诱导当事人行贿的;(3)向司法行政部门提供虚假材料或者有其他弄虚作假行为的;(4)故意提供虚假证据或者威胁、利诱他人提供虚假证据,妨碍对方当事人合法取得证据的;(5)接受对方当事人财物或者其他利益,与对方当事人或者第三人恶意串通,侵害委托人权益的;(6)扰乱法庭、仲裁庭秩序,干扰诉讼、仲裁活动的正常进行的;(7)煽动、教唆当事人采取扰乱公共秩序、危害公共安全等非法手段解决争议的;(8)发表危害国家安全、恶意诽谤他人、严重扰乱法庭秩序的言论的;(9)泄露国家秘密的。

《律师法》第 49 条第 2 款规定,律师因故意犯罪受到刑事处罚的,由省、自治区、直辖市人民政府司法行政部门吊销其律师执业证书。

4.《律师法》第 50 条第 1 款规定,律师事务所有下列行为之一的,由设区的市级或者直辖市的区人民政府司法行政部门视其情节给予警告、停业整顿 1 个月以上 6 个月以下的处罚,可以处 10 万元以下的罚款;有违法所得的,没收违法所得;情节特别严重的,由省、自治区、直辖市人民政府司法行政部门吊销律师事务所执业证书:(1)违反规定接受委托、收取费用的;(2)违反法定程序办理变更名称、负责人、章程、合伙协议、住所、合伙人等重大事项的;(3)从事法律服务以外的经营活动的;(4)以诋毁其他律师事务所、律师或者支付介绍费等不正当手段承揽业务的;(5)违反规定接受有利益冲突的案件的;(6)拒绝履行法律援助义务的;(7)向司法行政部门提供虚假材料或者有其他弄虚作假行为的;(8)对本所律师疏于管理,造成严重后果的。

《律师法》第 50 条第 2 款规定:律师事务所因前款违法行为受到处罚的,对其负责人视情节轻重,给予警告或者处 2 万元以下的罚款。

5.《律师法》第 51 条规定:律师因违反本法规定,在受到警告处罚后 1 年内又发生应当给予警告处罚情形的,由设区的市级或者直辖市的区人民政府司法行政部门给予停止执业 3 个月以上 1 年以下的处罚;在受到停止执业处罚期满后 2 年内又发生应当给予停止执业处罚情形的,由省、自治区、直辖市人民政府司法行政部门吊销其律师执业证书。律师事务所因违反本法规定,在受到停业整顿处罚期满后 2 年内又发生应当给予停业整顿处罚情形的,由省、自治区、直辖市人民政府司法行政部门吊销律师事务所执业证书。

(三)对律师、律师事务所进行行政处罚的程序

律师、律师事务所有违法执业行为的,由司法行政机关予以处罚。为此,司法行政机关应设立投诉电话、投诉信箱,受理对律师、律师事务所的投诉;司法行政机关对律师、律师事务所进行处罚,应当以事实为根据,以法律为准绳,遵循公正、公开的原则。

司法行政机关对律师、律师事务所进行处罚,应当按照《行政处罚法》的有关规定进行。其中,对律师、律师事务所给予警告的,可以适用简易程序,当场作出处罚决定;除对律师、律师事务所的违法行为当场作出处罚外,司法行政机关发现律师、律师事务所有依法应当给予处罚的行为,必须全面、客观、公正地进行调查,收集证据,查明事实。调查结束后,由司法行政机关负责人对调查结果进行审查,决定是否给予处罚;对情节复杂或者重大违法行为给予较重的行政处罚,司法行政机关的负责人应当集体讨论作出决定;对律师给予停止执业、吊销执业证书和对律师事务所给予停业整顿、吊销执业证书处罚,律师或律师事务所要求听证的,司法行政机关应当组织听证,听证结束后,再由司法行政机关负责人集体讨论作出是否处罚的决定。

值得注意的是,为了强化对律师、律师事务所执业活动的日常监督管理,《律师法》第52条明确规定,县级人民政府司法行政部门对律师和律师事务所的执业活动实施日常监督管理,对检查发现的问题,责令改正;对当事人的投诉,应当及时进行调查。县级人民政府司法行政部门认为律师和律师事务所的违法行为应当给予行政处罚的,应当向上级司法行政部门提出处罚建议。

律师、律师事务所对司法行政机关给予的行政处罚享有陈述权、申辩权;对处罚决定不服的,可以自收到决定之日起15日内向上一级司法行政机关申请复议,对复议决定不服的,可以自收到复议决定之日起15日内向人民法院提起诉讼,也可以直接向人民法院提起诉讼。受到罚款处罚,不申请行政复议或者提起行政诉讼,又不履行处罚决定的,作出处罚决定的司法行政机关可以申请人民法院强制执行。

二、律师民事法律责任

(一)律师民事法律责任的概念和条件

律师民事法律责任,是指律师在执业过程中,因违法执业或者因过错给当事人的合法权益造成损害而应承担的民事赔偿责任。

律师为当事人提供法律服务,办理有关法律事务,除了在刑事诉讼中接受法律援助机构的指派而担任辩护人或值班律师外,主要是基于当事人的委托,从而产生民法领域的代理关系。当事人授予律师一定范围的代理权限并付给律师约定的报酬,律师则有义务根据法律规定和代理权限为当事人提供优质高效的法律服务,以维护当事人的合法权益。我国《民法典》第164条第1款规定:"代理人不履行或者不完全履行职责,造成被代理人损害的,应当承担民事责任。"第186条规定:"因当事人一方的违约行为,损害对方人身权益、财产权益的,受损害方有权选择请求其承担违约责任或者侵权责任。"《律师法》第54条规定:"律师违法执业或者因过错给当事人造成损失的,由其所在的律师事务所承担赔偿责任。律师事务所赔偿后,可以向有故意或者重大过失行为的律师追偿。"上述规定建立起律师民事赔偿责任。

建立律师民事赔偿责任,对于促进律师自觉遵守执业规范,正确处理与当事人之间的权利和义务关系,增强律师工作责任心,提高律师服务质量,维护律师社会声誉都具有重要意义。建立律师民事赔偿制度,有利于加强对律师的管理和监督,减少律师工作中的失误,拓展律师业务,巩固律师制度的改革成果,进而促进律师业的健康发展。

律师损害赔偿,其实质就是民事损害赔偿,因此适用民事损害赔偿的条件,具体包括:

1. 律师必须实施了侵害当事人合法权益的行为。这种侵害行为,可以是作为,例如与对方当事人恶意串通,泄露当事人的商业秘密或个人隐私,出卖当事人利益等;也可以是不作为,不履行法定义务或约定义务。

2. 律师在主观上存在过错。所谓主观上存在过错,是指律师实施损害行为是由于其主观上的故意或过失。如果律师在主观上没有过错,即使在工作中出现失误给当事人造成经济损失,根据民法原理,也不应承担赔偿责任。

3. 律师的行为给当事人造成经济损失,而且律师的行为与当事人的经济损失之间存在因果联系。这是律师承担民事赔偿责任的重要条件。如果律师违法执业或者在工作中存在过错,但未给当事人造成任何经济上的损失,那么律师只应受到行政处罚或纪律处分,而不应承担赔偿责任。

4. 律师的行为必须具有违法性。如果律师的行为系正当执业，不违反法律规定，不违反律师执业规范，也不违反委托合同，亦不超越代理权限，即使当事人受到经济损失，也不能由律师承担赔偿责任。

5. 律师的损害行为必须是发生在律师执业过程中。如果律师给当事人合法权益造成损害的行为不是发生在律师执业过程中，则不是律师的执业过错行为，而是发生在律师执业以外的个人行为，由其个人承担包括赔偿损失在内的民事责任及其他责任，但不属于律师赔偿责任，也不属于《律师法》第54条调整的范围。

（二）律师承担民事法律责任的范围和原则

根据《律师法》第54条的规定，律师承担民事法律责任的范围有两个方面的含义：一是律师事务所对所属律师在执业中给当事人造成损失，所应承担的民事赔偿的限度；二是因违法执业或过错给当事人造成损失的律师，在其所在的律师事务所向当事人履行了赔偿义务之后，应该向律师事务所承担的民事赔偿的限度。根据《律师法》第15～16、19～20条的规定，律师事务所承担民事法律责任的范围分为以下三种：(1)合伙律师事务所的合伙人按照合伙形式对该律师事务所的债务依法承担责任，设立分所的，合伙律师事务所对其分所的债务承担责任；(2)个人律师事务所的设立人对律师事务所的债务承担无限责任；(3)国家出资设立的律师事务所以其全部资产对其债务承担责任。根据我国《民法典》的有关规定，确定律师民事法律责任的原则主要有以下三项：(1)律师民事法律责任主要是补偿性的，其方式以财产性经济补偿为主，非财产性的补偿措施为辅（如停止侵害、排除妨碍、赔礼道歉等）；(2)由于律师承担的民事赔偿责任是补偿性的，所以一般以损失填补和恢复原状为原则，经济赔偿的数额一般只能等于而不能高于当事人所受到的实际损失；(3)律师事务所承担的民事赔偿责任，除法律有明确规定的以外，一般允许当事人自由处分，也可以由双方自行协商；协商不成，当事人可以根据仲裁条款申请仲裁，或者向法院起诉。

律师事务所在承担民事赔偿责任之后，认为需要向有故意或重大过失行为的律师追偿，该律师的赔偿责任一般以律师事务所向当事人承担的赔偿数额为限。

三、律师刑事法律责任

（一）律师刑事法律责任的概念和主体

所谓刑事法律责任，是指行为人实施刑事法律禁止的行为所必须承担的法律后果。刑事法律责任是刑罚的前提，是法律责任中最严厉的一种。有的国家在关于律师的职业规范和执业纪律中规定了律师的刑事法律责任，或者在对律师违法行为的惩戒中包含有刑事处罚的内容。例如，在英国，法律规定律师如有蔑视法庭或者违抗法庭命令的行为，将受到监禁的处罚。又如，在欧洲某些国家，律师保守职务秘密是强制性的义务，如果律师故意或过失泄露职务秘密，要受到罚金甚至剥夺自由的刑事制裁。

关于律师的刑事法律责任，要注意律师的违法行为是否能够直接反映律师职业行为的不适当性，区分律师个人犯罪和律师职务犯罪。从个人角度来看，律师对其自身的与执业活动不相关的犯罪行为承担刑事法律责任，属于一般主体刑事法律责任，与律师执业是否适当无关。从职业角度来看，如果律师在执行职务过程中，利用职务之便实施犯罪行为，如向法官、检察官、仲裁员以及其他有关工作人员行贿、介绍贿赂或者指使、诱导当事人行贿；故意提供虚假证据或者威胁、利诱他人提供虚假证据等，说明律师执业不适当，构成律师的职务犯罪，则属于律师的刑事法律责任。根据《律师法》第49条的规定,律师具有该条列举行为之一构成犯罪的,依法追究刑事责任。

对于律师刑事法律责任的主体的范围,我们认为,不应仅限于执业律师,还应包括律师事务所。在我国,在实行改革开放和发展市场经济的条件下,单位犯罪已成为犯罪的一个重要特点。为适应打击严重经济犯罪的需要,随着刑事法律的增补和完善,国家已明确规定单位为刑事法律责任的主体。律师事务所是独立自主、自负盈亏、能够独立承担法律责任的执业机构。在执业活动中,以律师事务所名义或者律师事务所成员共同实施违法行为情节严重构成犯罪的,或者因严重失职给国家、社会和公众造成重大损失的,除追究直接责任者的刑事责任外,还应当追究律师事务所的刑事责任。

(二)律师刑事法律责任的种类

《律师法》第49条第1款规定,律师有下列行为之一,构成犯罪的,依法追究刑事责任:(1)违反规定会见法官、检察官、仲裁员以及其他有关工作人员,或者以其他不正当方式影响依法办理案件的;(2)向法官、检察官、仲裁员以及其他有关工作人员行贿,介绍贿赂或者指使、诱导当事人行贿的;(3)向司法行政部门提供虚假材料或者有其他弄虚作假行为的;(4)故意提供虚假证据或者威胁、利诱他人提供虚假证据,妨碍对方当事人合法取得证据的;(5)接受对方当事人财物或者其他利益,与对方当事人或者第三人恶意串通,侵害委托人权益的;(6)扰乱法庭、仲裁庭秩序,干扰诉讼、仲裁活动的正常进行的;(7)煽动、教唆当事人采取扰乱公共秩序、危害公共安全等非法手段解决争议的;(8)发表危害国家安全、恶意诽谤他人、严重扰乱法庭秩序的言论的;(9)泄露国家秘密的。据此,律师在执业中可能构成的犯罪主要有以下几种:

1. 泄露国家秘密罪。《刑法》第398条规定:"国家机关工作人员违反保守国家秘密法的规定,故意或者过失泄露国家秘密,情节严重的,处三年以下有期徒刑或者拘役;情节特别严重的,处三年以上七年以下有期徒刑。非国家机关工作人员犯前款罪的,依照前款的规定酌情处罚。"

2. 扰乱法庭秩序罪。《刑法》第309条规定:"有下列扰乱法庭秩序情形之一的,处三年以下有期徒刑、拘役、管制或者罚金:(一)聚众哄闹、冲击法庭的;(二)殴打司法工作人员或者诉讼参与人的;(三)侮辱、诽谤、威胁司法工作人员或者诉讼参与人,不听法庭制止,严重扰乱法庭秩序的;(四)有毁坏法庭设施,抢夺、损毁诉讼文书、证据等扰乱法庭秩序行为,情节严重的。"

3. 行贿罪。包括两种情况:一是个人行贿罪。《刑法》第389条第1款规定:"为谋取不正当利益,给予国家工作人员以财物的,是行贿罪。"第390条第1款规定:"对犯行贿罪的,处五年以下有期徒刑或者拘役,并处罚金;因行贿谋取不正当利益,情节严重的,或者使国家利益遭受重大损失的,处五年以上十年以下有期徒刑,并处罚金;情节特别严重的,或者使国家利益遭受特别重大损失的,处十年以上有期徒刑或者无期徒刑,并处罚金或者没收财产。"二是单位行贿罪。《刑法》第393条规定:"单位为谋取不正当利益而行贿,或者违反国家规定,给予国家工作人员以回扣、手续费,情节严重的,对单位判处罚金,并对其直接负责的主管人员和其他直接责任人员,处五年以下有期徒刑或者拘役,并处罚金。因行贿取得的违法所得归个人所有的,依照本法第三百八十九条、第三百九十条的规定定罪处罚。"

4. 介绍贿赂罪。《刑法》第392条规定:"向国家工作人员介绍贿赂,情节严重的,处三年以下有期徒刑或者拘役,并处罚金。介绍贿赂人在被追诉前主动交待介绍贿赂行为的,可以减轻处罚或者免除处罚。"

5. 辩护人、诉讼代理人毁灭、伪造证据、妨害作证罪。《刑法》第306条规定:"在刑事诉讼中,辩护人、诉讼代理人毁灭、伪造证据,帮助当事人毁灭、伪造证据,威胁、引诱证人违背事实改变证言或者作伪证的,处三年以下有期徒刑或者拘役;情节严重的,处三年以上七年以下有期徒刑。辩护人、诉讼代理人提供、出示、引用的证人证言或者其他证据失实,不是有意伪造的,不属于伪造证据。"

6. 提供虚假证明文件罪以及出具证明文件重大过失罪。包括两种情况:一是个人故意或过失提供虚假证明文件罪。《刑法》第229条规定:"承担资产评估、验资、验证、会计、审计、法律服务、保荐、安全评价、环境影响评价、环境监测等职责的中介组织的人员故意提供虚假证明文件,情节严重的,处五年以下有期徒刑或者拘役,并处罚金;有下列情形之一的,处五年以上十年以下有期徒刑,并处罚金:(一)提供与证券发行相关的虚假的资产评估、会计、审计、法律服务、保荐等证明文件,情节特别严重的;(二)提供与重大资产交易相关的虚假的资产评估、会计、审计等证明文件,情节特别严重的;(三)在涉及公共安全的重大工程、项目中提供虚假的安全评价、环境影响评价等证明文件,致使公共财产、国家和人民利益遭受特别重大损失的。有前款行为,同时索取他人财物或者非法收受他人财物构成犯罪的,依照处罚较重的规定定罪处罚。第一款规定的人员,严重不负责任,出具的证明文件有重大失实,造成严重后果的,处三年以下有期徒刑或者拘役,并处或者单处罚金。"二是单位故意或过失提供虚假证明文件罪。《刑法》第231条规定,单位犯故意或过失提供虚假证明文件罪的,对单位判处罚金,并对其直接负责的主管人员和其他直接责任人员,依照《刑法》第229条的规定处罚。

(三)律师违反《刑事诉讼法》第42条规定的法律责任问题

《刑事诉讼法》第44条规定:"辩护人或者其他任何人,不得帮助犯罪嫌疑人、被告人隐匿、毁灭、伪造证据或者串供,不得威胁、引诱证人作伪证以及进行其他干扰司法机关诉讼活动的行为。违反前款规定的,应当依法追究法律责任,辩护人涉嫌犯罪的,应当由办理辩护人所承办案件的侦查机关以外的侦查机关办理。辩护人是律师的,应当及时通知其所在的律师事务所或者所属的律师协会。"对于该条规定,可以从以下几方面理解:

1. 干扰司法机关诉讼活动的行为的界定。根据该条规定,干扰司法机关诉讼活动的行为具体包括以下三类:(1)帮助犯罪嫌疑人、被告人隐匿、毁灭、伪造证据或者串供;(2)威胁、引诱证人作伪证;(3)其他干扰司法机关诉讼活动的行为。

2. 干扰司法机关诉讼活动的行为的法律责任。对于辩护人或者其他任何人违反《刑事诉讼法》第44条第1款规定的行为,均应追究法律责任。具体包括两方面的内容:第一,对于构成犯罪的,依法追究刑事责任;第二,对于尚不够刑事处罚的,应依有关法律规定追究行政责任,如依照《律师法》的有关规定给予停止执业、吊销律师执业证书的处罚,或者依照《治安管理处罚法》的有关规定给予治安管理处罚等。

3. 追究辩护人毁灭、伪造证据罪的特别程序。具体如下:(1)关于案件管辖,规定辩护人涉嫌犯罪的,应当由办理辩护人所承办案件的侦查机关以外的侦查机关办理。这样规定,有利于防止侦查机关滥用追究辩护人伪证罪的权力,随意对辩护人立案侦查和采取强制措施,有利于辩护人解除顾虑,依法履行辩护职责,维护犯罪嫌疑人、被告人的合法权益。(2)关于追诉通知,规定追究辩护律师刑事责任的,应当及时通知其所在的律师事务所或者所属的律师协会。这样规定,有利于有关律师事务所或者律师协会了解涉案律师的情况,进而采取相关措施依法维护其合法权益。

第十二章 中国法律援助制度

第一节 中国法律援助制度概述

一、法律援助制度的概念

法律援助制度,也称法律救助或法律扶助制度,是世界上许多国家普遍采用的一项司法救济制度。在不同的国家和地区及不同的历史时期,法律援助制度的概念均有不同的表述。如根据英国《简明不列颠百科全书》的定义,法律援助制度是指在免费或者收费很少的情况下,对需要专业性法律帮助的穷人给予帮助的制度。而日本《新法律学辞典》则将法律扶助界定为在诉讼案件中对伸张正义和维护权利的困难者予以法律上援助的社会制度。虽然各国对法律援助概念表述的差异反映了各国法律援助制度的侧重面不同,但是自 20 世纪中叶以来,各国的法律援助制度均经历了一个从传统向现代转化的过程:在 19 世纪末以前,法律援助通常被认为是律师为了公共利益或因职业道德要求通过免收或减收代理费用而自发地向贫困者提供法律服务的一种慈善事业;但从 20 世纪初开始,尤其自 20 世纪中叶以来,随着社会平等观念的发展和人权保障运动的高涨,法律援助制度开始成为国家治理结构的重要组成部分,即国家通过适当的法律援助计划,旨在使包括贫穷者和某些社会特殊群体在内的每个人都公平地获得司法保障和救济的机会,这不再仅仅是社会慈善或者个人的道义行为,而被公认为是各国政府的责任。于是,现代意义上的法律援助制度最终得到普遍确立。从性质上看,现代法律援助制度具有以下两个显著的特征。

1. 获得法律援助是公民应当享有的一项社会权利

获得法律援助,首先是一项受到法律保护的个人权利,是保证人人都有诉诸法院的权利并使之得以顺利实现的重要措施。同时,获得法律援助也是一项社会福利政策。法律援助不仅仅是面向社会的某些特殊阶层所提供的小范围服务,而且也是保障全体公民基本人权顺利实现的一项社会福利制度。公民的这种基本权利得到了各国宪法的确认。如意大利 1949 年《宪法》第 24 条规定:“贫穷者有在任何法院起诉和答辩之可能性,应由特别制度保障之。”公民的这一权利甚至在《公民权利和政治权利国际公约》《联合国少年司法最低限度标准规则》以及《欧洲人权公约》中也得到了确认。

2. 法律援助是现代法治国家必须承担的国家责任

法律援助是现代法治社会要求国家所必须承担的一种国家责任。它是由国家强制力保障实施的、以国家强制力作为后盾的一项重要的国家行为。随着社会经济的发展以及政治制度民主化程度的提高,法治国家更为强调法律的社会化,并加强了有关保护社会利益的各种立法。现代法律援助制度的建立和兴起就是其重要表现之一;通过法律援助,将与主流社会分离的阶层纳入司法活动之中,使其有效地参与国家的政治、经济和社会生活,努力实现法律面前人人平等的宪法原则。因此,从这一角度而言,法律援助制度不仅是一国司法制度的重要组成部分,而且也反映了一国民主和法治的进程,标志着社会的文明和进步。

总之,尽管各国法律援助制度在援助主体、援助对象、援助方式等具体的制度安排方面存在差异,但是基本内涵却是相同的,即法律援助制度是国家在司法制度运行的各个环节和各个层次上以制度化、法律化的形式为因经济困难及其他因素而难以通过通常意义上的法律救济手段保障自身基本权利的社会弱者减免收费、提供法律帮助,以保障其合法权益实现的社会公益性法律制度。

与世界上其他国家的法律援助制度相比,我国的法律援助制度既具有各国法律援助制度中体现法律援助制度一般发展规律的内容,也有体现我国具体国情和实际需要的内容。2021年8月20日,第十三届全国人大常委会第三十次会议通过的《法律援助法》第2条对法律援助的概念进行界定,即法律援助是国家建立的为经济困难公民和符合法定条件的其他当事人无偿提供法律咨询、代理、刑事辩护等法律服务的制度,是公共法律服务体系的组成部分。

二、中国法律援助制度的建立和发展

法律援助制度在我国的出现,是我国社会主义市场经济和民主法治建设发展到一定阶段的必然产物。其建立和发展经历了以下三个阶段:

1. 中国法律援助制度的萌芽和试点阶段

1992年年初至1996年年初是我国法律援助制度的萌芽和试点阶段。1992年,我国最早的法律援助机构——“武汉大学社会弱者权利保护中心”成立。1994年,中国首次公开提出了建立法律援助制度的设想。同年,中国第一笔法律援助基金——北京律师法律援助基金设立。这一阶段,由于建立和实施中国法律援助制度的口号刚刚提出,因此无论是初涉法律援助的人员还是法学界的专家、学者,他们对于法律援助的基本内容和各国法律援助制度的情况都知之甚少,因而在中国建立和实施法律援助制度,只能是边探索边实践。1994年年初至1996年年初,司法部先后在广州、武汉、北京、上海、郑州等大城市进行了法律援助的试点。其模式主要有三种:一是广州模式。广州市设立了专门的法律援助机构——广州市法律援助中心,该中心既有审查、批准法律援助的管理人员,也有专职的办理法律援助案件的律师,同时还指派社会律师办理法律援助案件。二是北京、浦东模式。该模式的特点是设立专门的法律援助中心,分别为北京市法律援助中心和上海市浦东新区法律援助中心,其职能是专门从事法律援助的管理工作,负责安排社会律师到中心值班,接待咨询,对申请法律援助并符合条件的公民,由值班律师给予法律援助。三是郑州模式。该模式的特点是设立专门的法律援助机构——郑州市法律援助中心,配备若干具有律师资格或具有法律专长的人员,其主要职能是接待公民的咨询,并对符合法律援助条件的公民直接提供法律援助。这三种模式的共同特点是,都设立了专门的法律援助机构(尽管当时多数还未经编制部门正式批准),都或多或少地配置了专门的工作人员。这三种模式的法律援助试点为后来法律援助模式的逐渐统一奠定了重要的实践基础。

2. 中国法律援助制度的初步建立阶段

1996年年初至1999年上半年是我国法律援助制度的初步建立阶段。经过两年多的试点和探索,三种模式的法律援助的利弊逐步呈现。其中广州模式在实践中被普遍认为比较合理和成熟,逐渐为越来越多的地方所仿效。1996年11月,司法部在广州市召开首届全国法律援助工作会议，对法律援助两年多的试点工作进行了总结，并且提出要用5～10年的时间全面建立和完善法律援助制度。

1996年3月修正的《刑事诉讼法》和同年5月颁布的《律师法》对法律援助作了明确的规定。1996年12月司法部法律援助中心成立。与此同时，地方的法律援助机构也有了较快的发展，至1997年年底，全国法律援助机构发展到近100个；到1998年年底，发展到442个；到1999年年底，发展到1248个，其中省级地方除了江西和西藏外全部建立了法律援助机构，副省级和地区级地方法律援助机构占应建数的74%，县级地方法律援助机构占应建数的33.6%。

随着这一阶段法律援助机构的迅速建立和业务范围的不断扩大，学术界对中国法律援助制度的理论研究也不断深入，认识亦逐步深化，从而清晰地勾画出中国法律援助制度的蓝图。

3. 中国法律援助制度的全面发展阶段

从1999年5月至2003年7月，是我国法律援助制度的全面发展阶段。我国的《刑事诉讼法》和《律师法》虽然都有关于法律援助的某些规定，但是这些规定过于原则，不能成为实施法律援助的具体法律规范。1997年4月，最高人民法院与司法部联合下发了《关于刑事法律援助工作的联合通知》，但也只是解决了两部门关于刑事指定法律援助案件的工作衔接问题。1999年4月，以最高人民法院与司法部下发的《关于民事法律援助工作若干问题的联合通知》和青岛市人大颁布的第一个地方性法律援助法规为标志，中国的法律援助制度开始步入规范化、制度化的轨道。此后，广东、浙江、山东等省的人大常委会先后颁布了地方性法律援助法规。2001年3月，全国人大通过的《国民经济和社会发展第十个五年计划纲要》明确提出"建立法律援助体系"的目标，这是我国最高国家权力机关首次将法律援助事业纳入社会发展的范畴。2001年8月22日，西藏自治区法律援助中心宣告成立，这标志着全国省级法律援助机构全部建成，中国法律援助制度的雏形基本形成。2003年7月21日国务院颁布《法律援助条例》，同年9月1日该条例生效施行。2005年9月28日，最高人民法院、最高人民检察院、公安部、司法部联合印发《关于刑事诉讼法律援助工作的规定》。至此，经过十多年的探索和实践，中国的法律援助事业实现了历史性的飞跃，进入了全面发展的阶段。

4. 中国法律援助的完善阶段

2003年9月1日起施行的《法律援助条例》，规定了请求支付劳动报酬、赡养费、抚养费、扶养费等事项的范围。近年来，随着各地法律援助工作的发展，法律援助事项范围已经不再局限于此。各地密切关注转变经济发展方式、调整经济结构过程中出现的新情况新问题，主动及时地将工伤事故、交通事故、医疗事故、征地拆迁以及环境污染侵权等与民生问题紧密相关的权益保护事项纳入法律援助补充事项范围，越来越多的地方将经济困难标准调整至低保线的1.5～2倍，使法律援助惠及更多困难群众。与此同时，我国不断加大法律援助财政支持力度，中央和大部分省级地方设立了法律援助专项经费，支持贫困地区开展法律援助工作，2010年中央补助地方法律援助办案专款从6000万元增至1亿元，中央专项彩票公益金法律援助项目资金为5000万元，全国法律援助经费总额达到10.06亿元，同比增长32.8%，法律援助经费保障水平不断提高，法律援助机构服务设施不断改善，法律援助工作整体水平不断提升。2009年以来，全国法律援助经费年均增幅为26.8%，2011年达12.8亿元人民币，法律援助工作水平随着经济社会的发展不断提高。

2012 年修改的《刑事诉讼法》扩大了刑事法律援助的适用对象;提前了刑事法律援助的适用时间;明确了公安机关、人民检察院和人民法院一样,均有应当通知法律援助机构指派律师为法律援助对象提供辩护的义务和责任,从而进一步完善了我国的法律援助制度。

为推进法律援助工作规范化、标准化建设,确保为困难群众提供符合标准的法律服务,司法部于 2012 年 4 月 9 日印发了《办理法律援助案件程序规定》,对法律援助机构办理法律援助案件的程序作了具体明确的规定。

2013 年 2 月 4 日,最高人民法院、最高人民检察院、公安部、司法部经修订后重新印发《关于刑事诉讼法律援助工作的规定》,对我国刑事诉讼法律援助制度予以进一步完善。

2015 年 6 月 29 日,中共中央办公厅、国务院办公厅印发《关于完善法律援助制度的意见》,明确要求扩大法律援助范围、提高法律援助质量、提高法律援助保障能力、切实加强组织领导,保证人民群众在遇到法律问题或者权利受到侵害时获得及时有效的法律帮助。

2018 年修改的《刑事诉讼法》第 36 条规定,法律援助机构可以在人民法院、看守所等场所派驻值班律师。犯罪嫌疑人、被告人没有委托辩护人,法律援助机构没有指派律师为其提供辩护的,由值班律师为犯罪嫌疑人、被告人提供法律咨询、程序选择建议、申请变更强制措施、对案件处理提出意见等法律帮助。2020 年 9 月,司法部发布 5 起法律援助值班律师典型案例,为实践中值班律师制度运行提供指导。

2021 年 8 月 20 日我国《法律援助法》正式通过,从法律援助机构和人员、形式和范围、程序和实施、保障和监督、法律责任等方面对我国法律援助制度进行全面规定,在制度规范层面构建我国法律援助制度的总体法律框架与核心制度内容。《法律援助法》是我国法律援助规范化与制度化的重要里程碑,其通过标志着我国法律援助立法迈上了新的台阶。2021 年 12 月 30 日最高人民法院、司法部联合发布的《关于为死刑复核案件被告人依法提供法律援助的规定(试行)》,对死刑复核案件被告人依申请提供法律援助、指派辩护律师的方式、指派辩护律师的权利和义务等内容作出具体规定。该规定确立了最高人民法院死刑复核案件被告人依申请通知辩护制度,落实了《法律援助法》相关规定,有助于充分发挥辩护律师在死刑复核程序中的作用,切实保障死刑复核案件被告人的诉讼权利。

三、中国法律援助制度的特征

概括起来,我国的法律援助制度具有以下几个明显特征:

1. 法律援助制度的规范性

我国的法律援助制度是一种规范化、制度化的国家保障行为。中华人民共和国成立之初,法律援助就为当时的立法者所关注,并且在当时所颁布的一些法律中也规定了与法律援助相关的内容,如 1954 年颁布的第一部《人民法院组织法》在赋予被告人辩护权的同时,就规定人民法院认为有必要,也可以指定辩护人为被告人提供辩护。但是当时就总体而言,法律援助尚未成为一种规范化、制度化的国家行为,这突出地表现在缺乏法律援助制度的专门立法,没有实施法律援助的专门机构和专职人员,法律援助的对象亦不明确等。改革开放以来,随着人们对法律援助工作重要性的认识逐步深化,法律援助事业获得长足发展,从地方到中央建立了各级法律援助的专门机构,出现了一大批专门从事法律援助工作的人员。2003 年国务院颁布《法律援助条例》,在总结各地法律援助工作有益经验的基础上,对法律援助制度的性质、责任主体、援助机构、援助对象、援助人员等均作了明确规定,以条例形式将法律援助制度予以确定。2021 年《法律援助法》通过,在多年法律援助实践探索与制度构建基础上实现我国法律援助制度的立法确认,对我国法律援助制度规范化与制度化具有重要意义。

2. 法律援助责任主体的明确性

我国的法律援助是政府的一项重要职责,体现了国家和政府对公民应尽的义务和责任。与之相对应,对于符合条件的公民而言,获得法律援助是公民的一项重要权利,而非政府或者社会的恩赐。中国自改革开放以来,一直致力于市场经济的培育和建设。依据市场经济的一般规则,由市场进行资源配置一方面会产生极高的经济运行效率,但也会使人们的收入拉开距离。而且市场经济的社会相比过去的社会又是一种高风险的社会,既要保证效率,又要顾及公平,减少风险,于是就有了社会保障制度。社会保障制度在认可人们靠自己的本领和机遇,通过合法的途径取得财富的前提下,通过税收的二次分配,为人们在教育、医疗、生育、养老等方面提供最基本的保障,为人们在遇到失业、工伤或其他急难的时候提供必要的救济,以维护人的基本权利,实现社会公正。而法律援助制度在性质上就是一种社会保障制度,它通过为贫困者或处于不利地位的人提供免费的法律服务,使他们为法律所认可和保护的权利得以实现。《法律援助法》第 4 条规定:"县级以上人民政府应当将法律援助工作纳入国民经济和社会发展规划、基本公共服务体系,保障法律援助事业与经济社会协调发展。"由此,国家和政府作为法律援助的责任主体非常明确。《法律援助法》第 3 条规定,法律援助工作实行国家保障与社会参与相结合;第 8 条规定,国家鼓励和支持群团组织、事业单位、社会组织在司法行政部门指导下,依法提供法律援助;第 9 条规定,国家鼓励和支持企业事业单位、社会组织和个人等社会力量,依法通过捐赠等方式为法律援助事业提供支持;对符合条件的,给予税收优惠。可见,在强调国家与政府作为法律援助责任主体的同时,也要求社会力量有效参与法律援助工作,发挥其积极作用。

3. 法律援助工作的统一性

法律援助是一项规范化、制度化的法律制度,不同于一般的社会道义行为和慈善行为,因此在我国的法律援助制度中,应当坚持"四统一"原则。"四统一"原则是建立和实施法律援助制度的基本程序要求,具体是指:(1)统一受理。当事人的合法权益被侵犯,需要法律援助时,除特殊情况外,应向有管辖权的法律援助机构提出申请并办理法律援助的有关手续;人民法院指派的法律援助案件必须由同级的法律援助机构统一接受,不得直接指定法律服务机构或法律服务人员办理。(2)统一审查。法律援助机构对当事人申请的法律援助事项和人民法院指派的法律援助案件是否符合法律援助的条件进行审核和调查。(3)统一指派。对符合法律援助条件的事项(案件)由法律援助机构指派法律服务机构办理,有特殊情况需要及时提供法律援助,法律服务机构或法律服务人员决定提供援助的,应在一定的时间内报同级法律援助机构备案或核准。(4)统一监督。法律援助机构对统一指派的援助事项(案件)的办理情况与结果有督促、检查的权力。"四统一"原则是法律援助制度的核心,是公民平等地获得法律援助的保障,是规范律师等法律服务人员承担法律援助义务的需要,是保证法律援助质量的重要机制。有关管辖、公民法律援助的申请、资格审查、法律援助的批准、法律援助承办人的指派、对法律援助案件的验收、归档等法律援助的各个环节,都应充分体现"四统一"原则的要求。

4. 法律援助服务的无偿性

《法律援助法》第 2 条明确规定,法律援助是国家建立的为经济困难公民和符合法定条件的其他当事人无偿提供法律咨询、代理、刑事辩护等法律服务的制度。我国的法律援助没有像少数国家那样实行“缓交费”的方式,也不实行“减费”的方式。也就是说,我国法律援助机构所提供的法律援助完全是无偿的。这主要是考虑到“缓交费”和“减费”的形式容易导致变相的有偿法律服务,以致法律援助机构因利益驱动而与社会执业律师进行不正当竞争,从而破坏法律服务市场的秩序,损害法律援助的形象与声誉,进而侵犯公民获得法律援助的权利。

5. 法律援助范围的广泛性

根据《法律援助法》第25～32条规定,我国的法律援助,从受援对象来看,既包括经济困难符合法律援助条件者,也包括法律有特别规定的残疾者、弱者,即受援对象所涉及的是经济困难的普通老百姓和弱势人群;从司法程序来看,既有刑事诉讼中的辩护和代理,又有行政诉讼中的代理,还有民事诉讼中的代理。可见,我国法律援助的范围比较广泛。

6. 法律援助形式的丰富性

我国的法律援助制度所规定的法律援助形式既包括诉讼法律援助,也包括非诉讼法律援助,还包括公证、法律咨询(电话咨询和当面咨询)、法律信息资料的免费提供。另外,根据情况对受援人缓收、减收或者免收诉讼费用,减收或者免收公证费、鉴定费。

7. 法律援助人员的多样性

我国法律援助人员既有律师、法律援助机构的工作人员,又有社会团体(如工会、妇联、共青团组织等)、事业单位(如政法院校、法学研究机构)等社会组织利用自身资源提供法律援助的人员。这有利于充实法律援助的专业队伍,充分发挥社会力量在各个方面所具有的优势,有效利用资源,促进我国法律援助事业的发展。

8. 法律援助法律责任的严格性

我国法律援助是为社会的贫弱者免费提供法律服务,法律援助机构及其工作人员、法律援助律师代表政府履行法律援助的职责,法律援助的管理和实施都是政府的行为。为了保证法律援助工作依法进行,保障其目的有效实现,《法律援助法》以专章规定了严格的法律责任。其第61条规定,法律援助机构及其工作人员有下列情形之一的,由设立该法律援助机构的司法行政部门责令限期改正;有违法所得的,责令退还或者没收违法所得;对直接负责的主管人员和其他直接责任人员,依法给予处分:(1)拒绝为符合法律援助条件的人员提供法律援助,或者故意为不符合法律援助条件的人员提供法律援助;(2)指派不符合本法规定的人员提供法律援助;(3)收取受援人财物;(4)从事有偿法律服务;(5)侵占、私分、挪用法律援助经费;(6)泄露法律援助过程中知悉的国家秘密、商业秘密和个人隐私;(7)法律法规规定的其他情形。法律责任的严格设定,有利于保障法律援助制度中的各项具体措施在实践中的贯彻和实行。

第二节　中国法律援助的对象与范围

一、法律援助的对象

(一)确定法律援助对象的一般原则

建立法律援助制度,为当事人提供法律帮助,首要的问题就是确定被援助的对象,即法律援助应当向谁提供，如果受援对象不明确，法律援助便无法实施，更无法实现法律援助的目的。因此，世界各国在建立法律援助制度、开展法律援助工作时，一般都是首先明确哪些人有权或者有资格申请并获得法律援助，而哪些人不属于法律援助的对象。只有法律援助对象才有权要求有关法律援助机构或者律师根据有关法律援助的规定，向其提供法律援助。在确定法律援助的对象方面，目前世界各国的做法不完全相同，所确立的标准亦存在差异，但是都基本遵循着一些相同或者相似的原则。主要包括：

1. 法律援助的对象一般应为自然人。法律援助制度是为保障人权而建立的一项司法救济制度，其目的是通过对那些经济困难和某些特殊案件（如请求给付赡养费、抚育费、扶养费等）的当事人提供法律援助，依法减免其诉讼费用或律师费，使其能够平等、公平地实现法律赋予的公民权利。而法人则不存在公民权利问题。所以，世界各国一般都规定，只有自然人才有权申请并获得法律援助，法人没有资格申请法律援助。

2. 法律援助的对象一般仅限于经济困难者。法律援助制度是从司法上对经济困难者进行救济的一项制度。因此，世界各国的法律援助制度都规定，只有经济困难者方可申请法律援助；所有申请者都应当通过经济状况的审查，否则，便不能获得法律援助。此外，各国还根据本国的经济发展水平和居民生活水平，参考本国的贫困线标准，确定法律援助对象的收入标准。

3. 法律援助对象一般仅限于有正当理由进行诉讼、确实需要法律帮助者。为了避免有人利用法律援助，利用免费法律服务或者免费律师帮助的便利而滥用诉讼权利，各国的法律或者法律援助实践均掌握一条原则，即申请法律援助者必须有进行诉讼的正当理由，也就是说要有胜诉的可能性。这一原则主要适用于法律援助申请人为原告或上诉人的情形。为提起诉讼或者提出上诉而申请法律援助，都必须经过案情审查，才能获得法律援助。但在进行审查时，各国均倾向于坚持“不能过分严格”的标准，即不能要求法律援助申请人有绝对胜诉的把握。只要符合法律规定的受援对象的条件，即使存在败诉的可能，也应当向其提供法律援助。

4. 法律援助对象一般无国籍限制。关于对外国人和无国籍人在本国提起民事诉讼时是否给予法律援助的问题，有的国家规定，申请民事法律援助必须具有公民资格，但大多数国家并未明确规定这一点。对非本国公民是否给予法律援助，法律之所以无法作出明确规定，主要是由于贫困的标准因各个国家经济发展水平的不同而存在较大的差异，不能用本国的贫困标准去界定外国人的贫困状况，而且各国的律师费用和诉讼费用亦存在着高低不一的情况。但是在刑事诉讼中，由于语言、种族等关系，各国一般都为未聘请律师的外国刑事被告人指定辩护律师，有些是收费的，有些是免费的。

（二）中国法律援助对象的确定

我国法律援助对象的确定，既要考虑到与各国通行的设定法律援助对象的条件相统一，也要符合我国社会主义初级阶段的基本国情。根据《刑事诉讼法》《法律援助法》《法律援助条例》等法律法规和有关规范性文件的立法精神，我国的法律援助对象是指具备获得法律援助的资格条件并实际获得法律援助的人。其中，所谓具备获得法律援助的资格条件是指具备下列具体条件：

1. 有充分理由证明为保障自己合法利益需要帮助，或者确因经济困难，无能力或者无完全能力支付法律服务费用的我国公民（公民经济困难标准由各地法律援助机构参照当地政府部门的规定执行），可以通过申请获得法律援助。

2. 犯罪嫌疑人、被告人因经济困难或者其他原因没有委托辩护人的,可以获得法律援助。犯罪嫌疑人、被告人是未成年人,视力、听力、言语残疾人,不能完全辨认自己行为的成年人,可能被判处无期徒刑、死刑的人或者申请法律援助的死刑复核案件被告人以及缺席审判案件的被告人,应当获得法律援助。

3. 刑事案件中外国籍被告人没有委托辩护人的,可以获得法律援助。

(三)中国法律援助对象的分类

法律援助对象是法律援助法律关系主体中法律援助权利的享有人,是法律援助责任主体和实施主体的相对方,是法律援助制度中的重要组成部分。因此,法律援助对象的确定是研究我国法律援助制度的起点。根据不同的标准,我国的法律援助对象可以作以下分类:

1. 以申请人或者指定援助的法律事项所涉及的法律部门为标准,法律援助对象可以分为刑事法律援助对象、民事法律援助对象和行政法律援助对象:(1)刑事法律援助对象,是指《刑事诉讼法》《法律援助法》、司法部及司法部与最高人民法院、最高人民检察院、公安部联合颁布的刑事法律援助文件中规定范围内符合法律援助条件的有关人员,包括犯罪嫌疑人、被告人、公诉案件中的被害人及其法定代理人或者近亲属,以及自诉案件的自诉人及其法定代理人;(2)民事法律援助对象,是指《法律援助法》《律师法》《老年人权益保障法》《未成年人权益保障法》、司法部及司法部与民政部、全国妇联、全国残联、共青团中央等机关联合颁布的民事法律援助文件规定范围内符合法律援助条件的民事诉讼案件的当事人;(3)行政法律援助对象,是指司法部文件规定范围内请求国家赔偿的诉讼案件和行政诉讼案件中符合法律援助条件的当事人。

2. 以自然属性为标准,法律援助对象可以分为妇女、未成年人、老年人、残疾人等。

3. 以社会属性为标准,法律援助对象可以分为一般贫困者,追索基本生活费用者,侵权(事故)伤害索赔者,刑事案件的犯罪嫌疑人、被告人等。

(四)中国法律援助对象的权利和义务

1. 中国法律援助对象的权利

作为法律援助关系的重要一方主体,我国的法律援助对象享有以下几项权利 (1)公民认为自己符合法律规定的法律援助条件的,有权向有管辖权的法律援助机构提出法律援助的申请。需要注意的是,这里是指公民主观上认为自己符合法律援助条件,并非法律援助机构审查认为申请人符合法律援助条件;(2)认为法律援助机构负责受理和审批法律援助申请的工作人员有法定回避情形的,有权提出回避申请;(3)对法律援助机构作出不予法律援助的决定有异议的,有权申请行政复议;(4)有权了解为其提供法律援助的进展情况;(5)有事实证明法律援助服务人员未适当履行职责的,可以要求法律援助机构予以更换;(6)有权要求法律援助服务人员保护自己的隐私。

2. 中国法律援助对象的义务

法律援助对象在享有权利的同时,应承担相应的义务,具体包括:(1)应当如实提供能够证明自己合法权益受到不法侵害的材料;(2)应当如实提供证明自己经济困难,确实需要获得法律援助的证明材料;(3)应当接受法律援助机构的资格审查;(4)应当协助法律援助人员调查案件事实;(5)应当提供有关证据和证明材料;(6)在受援期间因经济状况改善,不再符合法律援助条件的,应当支付法律服务费用;(7)因法律援助案件和事项的解决获得较大利益时,应当向法律援助机构补偿法律服务费用。

二、法律援助的范围

由于社会资源的有限性，国家和政府不可能为所有人在所有方面提供有效而无偿的法律服务。为了实现有限法律援助资源的合理配置和有效利用，国家在明确规定受援对象必须符合一定条件的同时，也对提供法律援助的范围作了具体规定。

所谓法律援助的范围，是指一个国家以各种形式提供法律援助的具体领域。法律援助的范围从来都与一定社会的政治、经济、文化发展水平相联系。因此，在同一国家的不同历史发展阶段，法律援助的范围也必然存在着不同。根据《法律援助法》及相关法律法规的规定，我国法律援助的范围如下：

1. 刑事领域

《刑事诉讼法》第 35 条规定："犯罪嫌疑人、被告人因经济困难或者其他原因没有委托辩护人的，本人及其近亲属可以向法律援助机构提出申请。对符合法律援助条件的，法律援助机构应当指派律师为其提供辩护。犯罪嫌疑人、被告人是盲、聋、哑人，或者是尚未完全丧失辨认或者控制自己行为能力的精神病人，没有委托辩护人的，人民法院、人民检察院和公安机关应当通知法律援助机构指派律师为其提供辩护。犯罪嫌疑人、被告人可能被判处无期徒刑、死刑，没有委托辩护人的，人民法院、人民检察院和公安机关应当通知法律援助机构指派律师为其提供辩护。"第 278 条规定："未成年犯罪嫌疑人、被告人没有委托辩护人的，人民法院、人民检察院、公安机关应当通知法律援助机构指派律师为其提供辩护。"2018 年《刑事诉讼法》新增缺席审判案件法律援助内容，《刑事诉讼法》第 293 条规定："人民法院缺席审判案件，被告人有权委托辩护人，被告人的近亲属可以代为委托辩护人。被告人及其近亲属没有委托辩护人的，人民法院应当通知法律援助机构指派律师为其提供辩护。"

最高人民法院、最高人民检察院、公安部、司法部于 2013 年 2 月联合颁布的《关于刑事诉讼法律援助工作的规定》第 2 条规定："犯罪嫌疑人、被告人因经济困难没有委托辩护人的，本人及其近亲属可以向办理案件的公安机关、人民检察院、人民法院所在地同级司法行政机关所属法律援助机构申请法律援助。具有下列情形之一，犯罪嫌疑人、被告人没有委托辩护人的，可以依照前款规定申请法律援助：（一）有证据证明犯罪嫌疑人、被告人属于一级或者二级智力残疾的；（二）共同犯罪案件中，其他犯罪嫌疑人、被告人已委托辩护人的；（三）人民检察院抗诉的；（四）案件具有重大社会影响的。"第 3 条规定："公诉案件中的被害人及其法定代理人或者近亲属，自诉案件中的自诉人及其法定代理人，因经济困难没有委托诉讼代理人的，可以向办理案件的人民检察院、人民法院所在地同级司法行政机关所属法律援助机构申请法律援助。"

《法律援助法》第 24、25、28、29 条对刑事领域法律援助范围予以明确和细化。第 24 条规定："刑事案件的犯罪嫌疑人、被告人因经济困难或者其他原因没有委托辩护人的，本人及其近亲属可以向法律援助机构申请法律援助。"第 25 条规定："刑事案件的犯罪嫌疑人、被告人属于下列人员之一，没有委托辩护人的，人民法院、人民检察院、公安机关应当通知法律援助机构指派律师担任辩护人：（一）未成年人；（二）视力、听力、言语残疾人；（三）不能完全辨认自己行为的成年人；（四）可能被判处无期徒刑、死刑的人；（五）申请法律援助的死刑复核案件被告人；（六）缺席审判案件的被告人；（七）法律法规规定的其他人员。其他适用普通程序审理的刑事案件,被告人没有委托辩护人的,人民法院可以通知法律援助机构指派律师担任辩护人。"第28条规定:"强制医疗案件的被申请人或者被告人没有委托诉讼代理人的,人民法院应当通知法律援助机构指派律师为其提供法律援助。"第29条规定:"刑事公诉案件的被害人及其法定代理人或者近亲属,刑事自诉案件的自诉人及其法定代理人,刑事附带民事诉讼案件的原告人及其法定代理人,因经济困难没有委托诉讼代理人的,可以向法律援助机构申请法律援助。"

由上可见,我国的刑事法律援助贯穿于从侦查到审判的各个诉讼阶段,法律援助对象不仅包括犯罪嫌疑人、被告人和被害人、自诉人,而且还包括被害人的法定代理人或者近亲属以及自诉人的法定代理人;所提供援助的范围既包括进行刑事辩护和代理,也包括提供法律咨询和法律服务。

2015年6月29日中共中央办公厅、国务院办公厅印发的《关于完善法律援助制度的意见》明确要求,进一步加强刑事法律援助工作。具体措施包括:(1)开展试点,逐步开展为不服司法机关生效刑事裁判、决定的经济困难申诉人提供法律援助的工作。(2)建立法律援助值班律师制度,法律援助机构在法院、看守所派驻法律援助值班律师。(3)健全法律援助参与刑事案件速裁程序试点工作机制。(4)建立法律援助参与刑事和解、死刑复核案件办理工作机制,依法为更多的刑事诉讼当事人提供法律援助。2018年《刑事诉讼法》增设值班律师制度,《刑事诉讼法》第36条规定:"法律援助机构可以在人民法院、看守所等场所派驻值班律师。犯罪嫌疑人、被告人没有委托辩护人,法律援助机构没有指派律师为其提供辩护的,由值班律师为犯罪嫌疑人、被告人提供法律咨询、程序选择建议、申请变更强制措施、对案件处理提出意见等法律帮助。人民法院、人民检察院、看守所应当告知犯罪嫌疑人、被告人有权约见值班律师,并为犯罪嫌疑人、被告人约见值班律师提供便利。"《法律援助法》第14条也规定:"法律援助机构可以在人民法院、人民检察院和看守所等场所派驻值班律师,依法为没有辩护人的犯罪嫌疑人、被告人提供法律援助。"

2. 民事、行政领域

中共中央办公厅、国务院办公厅《关于完善法律援助制度的意见》明确要求扩大民事、行政法律援助覆盖面。具体措施包括:(1)各省(自治区、直辖市)要在《法律援助条例》规定的经济困难公民请求国家赔偿,给予社会保险待遇或者最低生活保障待遇,发给抚恤金、救济金,给付赡养费、抚养费、扶养费,支付劳动报酬等法律援助范围的基础上,逐步将涉及劳动保障、婚姻家庭、食品药品、教育医疗等与民生紧密相关的事项纳入法律援助补充事项范围,帮助困难群众运用法律手段解决基本生产生活方面的问题。(2)探索建立法律援助参与申诉案件代理制度,开展试点,逐步将不服司法机关生效民事和行政裁判、决定,聘不起律师的申诉人纳入法律援助范围。(3)综合法律援助资源状况、公民法律援助需求等因素,进一步放宽经济困难标准,降低法律援助门槛,使法律援助覆盖人群逐步拓展至低收入群体,惠及更多困难群众。(4)认真组织办理困难群众就业、就学、就医、社会保障等领域涉及法律援助的案件,积极提供诉讼和非诉讼代理服务,重点做好农民工、下岗失业人员、妇女、未成年人、老年人、残疾人和军人军属等群体法律援助工作,切实维护其合法权益。

此外,中共中央办公厅、国务院办公厅《关于完善法律援助制度的意见》还明确要求实现法律援助咨询服务全覆盖。具体措施包括:(1)建立健全法律援助便民服务窗口,安排专业人员免费为来访群众提供法律咨询。对咨询事项属于法律援助范围的,应当告知当事人申请程序,对疑难咨询事项实行预约解答。(2)拓展基层服务网络,推进法律援助工作站点向城乡社区延伸,方便群众及时就近获得法律咨询。加强"12348"法律服务热线建设,有条件的地方开设针对农民工、妇女、未成年人、老年人等群体的维权专线,充分发挥解答法律咨询、宣传法律知识、指导群众依法维权的作用。(3)创新咨询服务方式,运用网络平台和新兴传播工具,提高法律援助咨询服务的可及性。广泛开展公共法律教育,积极提供法律信息和帮助,引导群众依法表达合理诉求。

《法律援助法》在《法律援助条例》《关于完善法律援助制度的意见》等规定基础上对民事、行政领域法律援助适用范围进行细化规定,并适当扩大法律援助范围。其第31条规定:"下列事项的当事人,因经济困难没有委托代理人的,可以向法律援助机构申请法律援助:(一)依法请求国家赔偿;(二)请求给予社会保险待遇或者社会救助;(三)请求发给抚恤金;(四)请求给付赡养费、抚养费、扶养费;(五)请求确认劳动关系或者支付劳动报酬;(六)请求认定公民无民事行为能力或者限制民事行为能力;(七)请求工伤事故、交通事故、食品药品安全事故、医疗事故人身损害赔偿;(八)请求环境污染、生态破坏损害赔偿;(九)法律、法规、规章规定的其他情形。"第32条规定:"有下列情形之一,当事人申请法律援助的,不受经济困难条件的限制:(一)英雄烈士近亲属为维护英雄烈士的人格权益;(二)因见义勇为行为主张相关民事权益;(三)再审改判无罪请求国家赔偿;(四)遭受虐待、遗弃或者家庭暴力的受害人主张相关权益;(五)法律、法规、规章规定的其他情形。"

三、法律援助的管辖

法律援助的管辖,是指法律援助机构受理法律援助案件、事项的分工和权限。它包括两层基本含义:一是从法律援助机构的角度来看,法律援助的管辖是解决各级法律援助机构之间以及不同地区的同级法律援助机构之间对法律援助案件受理的职责分工问题;二是从申请法律援助的公民的角度来看,法律援助的管辖就是某一特定的法律援助案件、事项应该到哪一个法律援助机构申请援助的问题。科学而明确地确定法律援助的管辖,无论在理论上还是在实践中均具有重要的意义:首先,正确确定法律援助管辖,可以使各级法律援助机构之间以及同级法律援助机构之间明确各自受理法律援助案件或事项的职权范围,正确、及时地行使法律援助职权,防止因职权不清、责任不明而在不同法律援助机构之间互相推诿。其次,明确法律援助管辖,可以使当事人了解自己申请的法律援助案件或事项向哪一级、哪一个法律援助机构提出申请,从而使案件申请人正确、及时地行使申请权,避免因管辖不明造成当事人求助无门,以致其合法权益得不到及时有效的保护。最后,明确法律援助的管辖原则和具体规定,可以使上级法律援助机构有效地解决下级法律援助机构之间出现的管辖争议,避免由于存在管辖争议而延误法律援助案件或事项的办理。

实践中,由于法律援助案件涉及面广,种类繁多,情况复杂,为了保障各级法律援助机构能够依法、正确、及时地履行职责,避免由于管辖的无序和混乱导致当事人的合法权益受到侵犯,也为了能够使各级法律援助机构之间的管辖争议得到及时、合理的解决,首先需要确定我国法律援助的管辖原则。根据《刑事诉讼法》《律师法》《法律援助法》等有关法律法规的规定,结合开展法律援助工作的成功做法,我国无论是在确立法律援助的级别管辖、地域管辖还是指定管辖或者进行各地区间的管辖协作时,都应当遵循以下原则:

1. 便利法律援助机构审查、指派和监督的原则。根据我国法律援助制度"四统一"原则的要求,在确定法律援助管辖时,要保障法律援助机构能够及时受理、审查、指派法律援助案件,并及时有效地监督法律援助案件的承办情况和承办质量。

2. 便利当事人的原则。法律援助是为社会的贫、弱、残者以及特殊案件的当事人提供免费的法律帮助。从援助对象所处的地位看,他们大多数生活在社会的底层,社会地位一般都比较低;从其个人的财产状况看,他们又多是社会的相对贫困者,不能支付有偿法律服务所需要的费用。所以,在确定法律援助管辖时,必须考虑法律援助对象的特殊性,以便利当事人申请法律援助为原则,避免当事人浪费人力、财力,影响正常生活。因此,一般法律援助案件应以基层县(区)法律援助机构管辖为主,以满足贫困当事人就近申请的需要。

3. 法律援助管辖与人民法院的案件管辖相对应的原则。依照法律规定,我国现行的审判体制分为四级。根据三大诉讼法的有关规定,不同级别的人民法院对不同的刑事、民事、行政案件行使管辖权。根据我国法律援助制度中法律援助机构的总体建设目标,原则上,我国县(区)以上(含县区)设置人民法院的地方都要普遍设立法律援助机构,即以现有的行政区划为基准,建立与人民法院相对应的法律援助机构。法律援助机构健全后,按照所确立的目标,当事人可以到受案人民法院所在地的法律援助机构申请法律援助。

4. 属地管辖与属人管辖并存的原则。法律援助的属地管辖,是指以有审判管辖权的法院所在地来确定法律援助的管辖。法律援助的属人管辖,是指以当事人的住所地或者工作单位所在地来确定法律援助的管辖。原则上,对诉讼案件的法律援助由有审判管辖权的人民法院所在地的法律援助机构进行,而对非诉讼案件的法律援助则由当事人的住所地或者工作单位所在地的法律援助机构进行。这是我国各级法律援助机构在实践中确定管辖所依据的重要原则。

5. 管辖的确定性和灵活性相结合的原则。法律援助的事项种类繁多,既包括刑事案件、民事案件,也包括行政案件以及非诉讼事项;法律援助的对象,既有中国公民,也有外国公民,还包括一些社会福利组织。因此,在确定法律援助管辖时,除了要符合法律、法规和一些规范性文件明确提出的要求外,对一些管辖权不明确,或者按照规定确定管辖不利于维护当事人的合法权益或者不利于法律援助机构正确、及时审查、指派,或者不利于法律援助人员承办案件的情况,在确定管辖时要有一定的灵活性。

《法律援助法》第 38 条对法律援助的管辖问题进行了原则性规定,即"对诉讼事项的法律援助,由申请人向办案机关所在地的法律援助机构提出申请;对非诉讼事项的法律援助,由申请人向争议处理机关所在地或者事由发生地的法律援助机构提出申请"。鉴于目前《法律援助法》尚未对管辖规则进行具体规定,以下内容主要结合《法律援助条例》进行分析。根据《法律援助条例》相关内容可知,我国的法律援助管辖确立了级别管辖和地域管辖标准。所谓级别管辖,是指确定各级法律援助机构之间受理法律援助事项的分工和权限。它主要是解决由哪一级法律援助机构管辖的问题。级别管辖的确定,主要以案件的性质及影响的大小为标准。此外,按照法律援助的管辖与人民法院的案件管辖相对应的原则,对于人民法院指定的法律援助案件,由与该法院对应的同级法律援助机构管辖。按照司法部有关法律援助规范性文件的要求和最高人民法院的相关司法解释,结合目前我国法律援助实践中的一般做法,我国法律援助的级别管辖分为县(区)、市(地)、省(自治区、直辖市)、国家法律援助机构四级,每一级法律援助机构管辖的内容也各有侧重。如根据司法部《关于进一步开展法律援助工作的通知》的规定，省级地方法律援助机构有组织实施本地法律援助工作的责任，并且承办"本辖区内有重大影响的案件"，即省级地方法律援助机构管辖的法律援助案件包括在本辖区内有重大影响的案件。

所谓地域管辖，是指确定同一级法律援助机构之间在各自辖区受理法律援助事项的分工和权限。由于我国的法律援助机构一般是按行政区划来设置的，因此确定法律援助地域管辖的区域也与行政区划的区域相统一，从而勾画出同级法律援助机构之间各自行使法律援助管辖权的空间范围。《法律援助条例》第 14 条规定："公民就本条例第十条所列事项申请法律援助，应当按照下列规定提出：(一)请求国家赔偿的，向赔偿义务机关所在地的法律援助机构提出申请；(二)请求给予社会保险待遇、最低生活保障待遇或者请求发给抚恤金、救济金的，向提供社会保险待遇、最低生活保障待遇或者发给抚恤金、救济金的义务机关所在地的法律援助机构提出申请；(三)请求给付赡养费、抚养费、扶养费的，向给付赡养费、抚养费、扶养费的义务人住所地的法律援助机构提出申请；(四)请求支付劳动报酬的，向支付劳动报酬的义务人住所地的法律援助机构提出申请；(五)主张因见义勇为行为产生的民事权益的，向被请求人住所地的法律援助机构提出申请。"该条所确认的就是民事行政类法律援助案件的地域管辖原则。

第三节　中国法律援助的机构与人员

一、法律援助的机构

法律援助机构，是指国家有关部门根据国家有关立法或者计划设立的，或各社会团体或个人基于自己的社会责任自发建立的制定和实施法律援助计划的特定组织形式。其基本职责是，组织并实施向本国(或本地区)的因经济困难无力支付法律服务费用的公民提供无偿(或减少收费)的法律服务，使其合法权益得以实现。

从世界上已经建立法律援助制度的国家的情况看，一个国家的法律援助机构分类多样：以设立的依据和来源为标准，法律援助机构可以分为国家(或政府)的法律援助机构、各社会团体建立的法律援助机构和公民个人建立的法律援助机构；以法律援助机构的职责为标准，法律援助机构可以分为法律援助的管理机构和法律援助的服务机构。

建立中国特色的法律援助制度，首先要考虑的是构建适合中国国情的法律援助机构的组织形式。这包括从中央到地方的司法行政机关的法律援助机构的纵向设置和社会法律援助机构的横向设置。我国法律援助机构的设置应当遵循以下原则：(1)有利于与中国的政权组织形式和人民法院的设置相统一，发挥中央和地方的积极性，使各级政府在为所管辖区域内的公民提供法律援助上竭尽职责，使各级人民法院的审判活动获得法律援助制度的保障；(2)既有利于法律援助功能的发挥，提高援助效率，又从实际出发，考虑到地方财政的承受能力；(3)有利于自上而下行使法律援助的组织、管理、指导、协调、监督职能，确保法律援助制度的有序、高效运转，保障法律援助工作的质量；(4)有利于充分利用社会力量和资源，扩大法律援助的队伍和阵容;(5)有利于在国际社会上树立我国重视法律援助、维护司法人权的形象。

基于上述原则,我国的法律援助机构基本形成了四级组织的架构:

1. 在国家一级,建立司法部法律援助中心,统一对全国的法律援助工作实施指导和监督。1997年5月26日,司法部法律援助中心在北京正式成立。司法部法律援助中心主要负责对法律援助工作进行业务指导,制定法律援助的政策、发展规划和管理制度,协调全国法律援助工作事宜,开展与国外法律援助团体及人士的交流活动等。司法部法律援助中心还可以在非常必要时承办少量重大案件,包括最高人民法院直接指定的刑事案件辩护和地方法律援助机构及其援助人员办理有难度的案件。当然,承办案件不能作为司法部法律援助中心的主要职能。

2. 在省级地方,建立省(自治区、直辖市)法律援助中心。省级地方不要求与中央的机构设置完全一致,但都应当建立法律援助管理机构,在业务上接受司法部法律援助中心的指导和监督,对所辖区域内的法律援助工作实施指导和协调。除此之外,省级法律援助机构还承担少量实施或者组织实施为公民提供法律援助的职能。

3. 在地、市级(含副省级)地方,建立地区(市)法律援助中心,行使对法律援助工作的管理和组织实施的双重职能。

4. 在具备条件的县、区级地方,建立县(区)法律援助中心,具体组织实施本地的法律援助工作。不具备建立法律援助机构条件的地方,由县(区)司法局具体组织实施法律援助工作,直接依托现有的律师事务所、公证处和基层法律服务机构开展工作。

必须指出的是,在我国的法律援助活动中,除了上述四级组织架构外,还有许多社会团体如工会、妇联、共青团、残联等以及民间机构、政法院校所建立的法律援助组织,它们在我国的法律援助事业中也扮演着重要角色。但是,根据我国法律援助制度的"四统一"原则以及我国法律援助机构体系的特点,为确保我国法律援助制度的统一实施,保障法律援助的质量,社会团体的法律援助工作应当纳入司法行政机关法律援助机构的统一指导和监督中,并且社会团体的法律援助组织只能为本团体的成员提供法律援助,而不能借法律援助的名义办理有偿的法律援助服务,以确保法律援助工作的健康发展。

二、法律援助机构的职能

我国法律援助制度的具体实施,是四级法律援助机构在统一的法律援助管理体制下通过发挥各自的职能进行的。如上所述,我国的法律援助机构绝大多数承担着管理和实施的双重职能。

(一)法律援助机构的管理职能

法律援助机构的管理职能,是指对法律援助项目和各种提供法律援助服务的组织进行管理,包括法律援助计划、政策和管理制度的制定,法律援助经费的管理,建立法律援助服务质量保障机制等,以保证法律援助制度的统一实施。我国四级法律援助机构均承担着相应的管理职能。

1. 司法部法律援助中心的管理职能。具体包括:研究起草有关法律援助工作的政策和法律、法规、规章及其他规范性文件;指导、监督地方法律援助工作及其开展情况;组织宣传法律援助制度;管理法律援助经费;组织法律援助制度和理论研究;组织法律援助工作的对外交流与合作;负责全国法律援助工作的信息、统计及分析,并负责对外发布有关法律援助工作的官方信息;承办司法部交办的其他有关事项。

2. 省级法律援助中心的管理职能。具体包括:具体研究、参与制定全省范围内法律援助工作的有关政策及发展规划;推动、参与省级法律援助专项立法;推动、指导全省法律援助工作的开展;根据国家法律法规制定全省法律援助工作的各项制度和操作规范;负责省级法律援助资金的管理和使用;负责接受省高级人民法院指定辩护案件的组织实施;组织开展法律援助业务研究和经验交流;组织宣传法律援助制度;监督检查全省法律援助制度的实施情况并向主管部门提出报告;培训全省法律援助管理人员;负责全省法律援助工作的信息、统计及分析并上报司法部法律援助中心。

3. 地市级法律援助中心的管理职能。具体包括:贯彻执行国家法律法规、地方性法规中有关法律援助的规定,制定本辖区法律援助工作的具体操作规范;指导、协调和组织实施本辖区的法律援助工作;负责法律援助工作的宣传和交流;负责法律援助资金的管理和使用;负责受理、审查和批准法律援助申请;负责组织、指派法律援助服务机构及法律服务人员办理法律援助事项;负责法律援助工作的信息、统计及分析并上报省级法律援助中心;负责法律援助案件的档案管理;组织开展法律援助业务研究和经验交流。

4. 县级法律援助中心的管理职能。具体包括:负责法律援助资金的管理和使用;负责受理、审查和批准法律援助申请;负责组织、指派法律服务机构及法律服务人员办理法律援助事项;负责法律援助工作的信息、统计,并上报地市级法律援助中心;负责法律援助案件的档案管理;组织开展法律援助业务研究和经验交流。

(二)法律援助机构的实施职能

简单地讲,法律援助机构的实施职能就是根据法律援助的管辖规定具体承办各类法律援助案件或事项,包括刑事案件的辩护,民事、行政案件的代理以及法律咨询等。其一般程序是:由需要提供援助者向某一法律援助机构提出法律援助的申请,由该机构对申请进行审查批准,然后指派法律援助人员为申请人提供法律援助服务。

三、法律援助人员的权利和义务

(一)法律援助人员的概念和范围

法律援助人员,是指在法律援助机构中具体履行法律援助职能,直接承办法律援助事项或案件并且享有法律援助权利和承担法律援助义务的服务人员。法律援助人员是与具体受援人直接联系的法律援助主体,因此是实现国家法律援助政策和目标的重要一环,也是保障法律援助事业顺利开展和实施的重要因素。《法律援助法》第 12 条规定,“法律援助机构负责组织实施法律援助工作,受理、审查法律援助申请,指派律师、基层法律服务工作者、法律援助志愿者等法律援助人员提供法律援助,支付法律援助补贴”。第 17 条规定,“国家鼓励和规范法律援助志愿服务;支持符合条件的个人作为法律援助志愿者,依法提供法律援助。高等院校、科研机构可以组织从事法学教育、研究工作的人员和法学专业学生作为法律援助志愿者,在司法行政部门指导下,为当事人提供法律咨询、代拟法律文书等法律援助”。也就是说,在我国,律师事务所的律师、法律援助机构的工作人员以及高等院校、科研机构等其他社会组织的所属人员,都可以成为法律援助人员。

(二)法律援助人员的权利

法律援助人员在实施法律援助的过程中享有下列权利:(1)要求受援人提供与法律援助

事项有关的材料,如实陈述事实和情况,提供有关证据材料;(2)对不符合法律援助条件的事项,可以提请法律援助机构终止法律援助;(3)认为不宜承办所指派的法律援助事项时,可以申请法律援助机构批准中止法律援助;(4)从法律援助机构获得适当的报酬;(5)有关法律、法规规定的其他权利。

(三)法律援助人员的义务

法律援助人员在实施法律援助的过程中,在享有权利的同时,还应履行相应的义务。具体包括:(1)无正当理由不得拒绝、延迟、终止或者中止承办的法律援助事项。法律援助人员接受指派后,应当认真履行法律援助职责,恪守职业道德,努力为受援人提供优质的法律帮助,依法维护受援人的合法权益,无特殊情况不得中止所承办的法律援助事项,更不得拒绝给受援人提供法律援助。(2)在承办案件中,应当保守国家秘密和有关的商业秘密,不得泄露当事人的隐私,不得向受援人索取、收取金钱、物品或者牟取其他不正当利益。(3)应当及时向受援人通报办理法律援助事项的进展情况。(4)法律援助事项完成后,应当及时将有关材料整理归档,向法律援助机构提交结案报告。(5)办理法律援助事项按规定需要回避的,应当回避。(6)在提供法律援助时,应当基于诚信、公平、理性和良知,不得违反公序良俗。(7)有关法律、法规规定的其他义务。

四、法律援助机构和人员的法律责任

(一)法律援助机构及其工作人员的法律责任

《法律援助法》第61条规定,法律援助机构及其工作人员有下列情形之一的,由设立该法律援助机构的司法行政部门责令限期改正;有违法所得的,责令退还或者没收违法所得;对直接负责的主管人员和其他直接责任人员,依法给予处分:(1)拒绝为符合法律援助条件的人员提供法律援助,或者故意为不符合法律援助条件的人员提供法律援助;(2)指派不符合本法规定的人员提供法律援助;(3)收取受援人财物;(4)从事有偿法律服务;(5)侵占、私分、挪用法律援助经费;(6)泄露法律援助过程中知悉的国家秘密、商业秘密和个人隐私;(7)法律法规规定的其他情形。

(二)律师事务所在承担法律援助义务中的责任

《法律援助法》第62条规定,律师事务所、基层法律服务所有下列情形之一的,由司法行政部门依法给予处罚:(1)无正当理由拒绝接受法律援助机构指派;(2)接受指派后,不及时安排本所律师、基层法律服务工作者办理法律援助事项或者拒绝为本所律师、基层法律服务工作者办理法律援助事项提供支持和保障;(3)纵容或者放任本所律师、基层法律服务工作者怠于履行法律援助义务或者擅自终止提供法律援助;(4)法律法规规定的其他情形。

(三)律师在承担法律援助义务中的责任

《法律援助法》第63条规定,律师、基层法律服务工作者有下列情形之一的,由司法行政部门依法给予处罚:(1)无正当理由拒绝履行法律援助义务或者怠于履行法律援助义务;(2)擅自终止提供法律援助;(3)收取受援人财物;(4)泄露法律援助过程中知悉的国家秘密、商业秘密和个人隐私;(5)法律法规规定的其他情形。第67条规定,违反法律援助法规定,构成犯罪的,依法追究刑事责任。

第四节　中国法律援助资金的来源与管理

一、法律援助资金的来源

建立真正有效的法律援助制度,需要具备较高的国民经济发展水平、相对较少的贫困人口、较多愿意从事法律援助工作的律师、独立的法院,以及在宪法和法律中对保障公民的基本司法权利予以明文规定等诸多条件。而其中拥有充足、稳定、持续的资金来源和科学严密的管理机制,是实施法律援助制度最重要的物质基础。

世界各国的政治体制和社会制度的差异,决定了各国法律援助制度发展的不平衡,因此各国法律援助的资金来源渠道、数额和管理体制也各具特色。总体而言,目前世界上的法律援助制度有两种模式:一种是由私人律师提供法律服务,以公共基金支付其费用的法律援助制度;另一种是建立法律咨询与服务的专门公共机构,由有工资报酬的专职律师提供法律服务的法律援助制度。无论在哪一种模式中,政府投入的资金都是法律援助资金的主要来源。此外,法律援助专项基金、民间捐赠以及其他渠道的资金投入,也对法律援助制度的存在和发展起到了重要作用。

我国要建立较为稳定的法律援助资金保障制度,既要学习、借鉴世界上其他国家和地区的成功做法,也要结合我国国情,从我国的实际出发。基于国情,我国的法律援助资金来源应当坚持以政府拨款为主、社会捐助为辅的方针。具体而言,我国法律援助的资金来源有以下三个方面:

1. 政府的财政拨款

法律援助的资金主要来源于政府的财政拨款,这是由法律援助的性质所决定的。就法律援助具有社会保障功能而言,它和社会救济都是法律规定的保障公民基本权利的重要措施,是国家的基本职能之一。因此,法律援助资金的主要来源应当是国家的财政拨款。《法律援助法》第 4 条规定“县级以上人民政府应当将法律援助工作纳入国民经济和社会发展规划、基本公共服务体系”“县级以上人民政府应当健全法律援助保障体系,将法律援助相关经费列入本级政府预算”。目前,凡是已经颁布法律援助地方性法规和规章的省、自治区、直辖市,其法律援助条例或者法律援助办法都明确了法律援助经费应当列入同级政府的财政预算,这体现了各级政府对保障公民合法权益应尽的义务。政府财政拨款通常有直接拨款和间接拨款两种形式:前者是指政府将法律援助工作所需资金纳入每年财政预算,专项拨付;后者是指政府虽然没有将法律援助工作所需资金纳入财政预算,但将法律援助机构依法收取受援人应当分担的办案费用纳入行政事业收费,在财政部门的许可和监督下用于法律援助事业。

2. 社会捐助

鉴于我国在短期内不可能像发达国家那样对法律援助资金给予大量投入,为了弥补政府经费投入的不足,以满足贫困公民日益增长的法律需求,多渠道筹集法律援助资金是非常必要的。通过社会捐助筹集法律援助资金,具体有以下几种渠道:

(1)以基金形式接受捐助。通过成立法律援助基金,接受国内外政府机构、企事业单位、社会团体和其他组织以及个人的捐赠;基金会通过合法的投资运作,将其增值部分,包括基金存入金融机构收取的利息、购买债券和企业股票等有价证券的收益等用于法律援助的业务开支。目前,我国已经成立中国法律援助基金会,各省、自治区、直辖市根据实际情况,也可依法申请设立本级地方的法律援助基金会。

(2)指定用途捐助。一种是国内公民、法人或者其他组织指定用于法律援助的资助,或指定用于某些社会群体的捐助。如工会、共青团、妇联、残联等社会团体在本行业发展基金中,设立法律援助基金,专项用于本行业需要援助的困难职工、妇女、儿童、残疾人、老年人等。另一种是国外有关组织指定的捐助,如某国际组织捐助资金,指定资助贫困地区的法律援助,或者专款资助妇女、儿童的法律援助。

(3)法律服务组织的捐助。在我国,法律服务组织提供的捐助有以下几种形式:每年省、市律师协会划拨一定比例会费给同级法律援助机构,或者在协会设立专项基金用于法律援助服务费用;律师事务所设立法律援助基金,用于本所律师承办法律援助机构指派的法律援助案件的补贴或者其他法律援助工作,每名律师每年缴纳一定数额的资金用于法律援助服务费用;公证机构设立法律援助基金用于本机构办理公证法律援助时的补助,或者捐助给法律援助机构。

(4)社会慈善性捐助。法律援助捐助对社会弱势群体而言,具有公益服务性质。依据我国《公益事业捐赠法》,各级法律援助机构可以接受国内外公民、法人或者其他组织的慈善性捐助;经有关部门同意,也可以专拨所获捐助的一定比例用于法律援助。

3. 其他资金来源渠道

除政府的财政拨款、社会捐助外,法律援助的其他资金来源渠道主要包括国际组织以项目合作的形式进行资助、法院支付补贴、基金会资金的合法增值、受援人分担法律援助的办案费用、公益福利彩票收入的定向使用、律师信托账户的利益、法律保险等。

二、法律援助资金的管理

(一)法律援助资金管理的原则

我们在拓宽法律援助资金来源渠道的同时,还要加强对法律援助资金的管理。法律援助资金管理的目的是合理地调配和使用资金,做到低成本、高效益,提高工作效率,发挥法律援助资金的社会功能,体现政府对社会保障的重要作用,保障法律援助资金的专款专用,避免被挤占和挪用。为此,法律援助资金管理应当遵循以下两项原则:

1. 专款专用,不得挪作他用。法律援助的宗旨在于保障贫困当事人能够平等地实现合法权益,从这个意义上说,法律援助基金类似于救济款项,因而也应当像国家对救济款项的使用和管理那样予以严格规定。一些省、自治区、直辖市在法律援助立法中均明确规定:法律援助经费实行专款专用。为了最大限度地保证贫困当事人获得及时、有效的法律保护,不管是财政拨付的法律援助资金,还是公民、法人和其他组织捐助的资金都要做到专款专用,不得挪作他用,不得改变法律援助资金的用途和性质。

2. 确保法律援助资金使用的最大效益。保证法律援助资金用于最需要法律援助的人身上,这是法律援助资金管理所追求的目标和社会效益。法律援助资金的社会效益体现在三个方面:一是成本低、耗费少;二是办案多、成果大;三是不同经费不同用途。

（二）法律援助资金管理的方式

依据上述原则，对来源不同的资金应采取不同的管理方式：

1.对政府拨付资金的管理。具体分为两种情况：（1）对政府直接拨付资金的管理。中央财政拨付的资金，主要用于欠发达地区的法律援助，由管理和指导全国法律援助工作的司法部法律援助中心统一管理。省、市、县各级地方政府财政拨付的法律援助资金，应由同级法律援助机构管理。（2）对政府间接拨付资金的管理。受援人分担的费用和非受援的败诉方承担的费用应由法律援助机构收取，纳入当地财政部门的行政事业收费进行管理，设立专门银行账户。此项资金根据法律援助工作的需要，经主管部门批准后，返还法律援助机构使用。

2.对社会捐助资金的管理。具体包括：（1）对法律援助基金会基金的管理。法律援助基金会筹集的基金，只能根据国务院于2004年3月8日颁布的《基金会管理条例》的规定进行运作，其基金的增值部分用于资助法律援助事业，不得挪作他用；基金会设立专职财务人员，建立独立的会计、稽核和监督制度；基金会的收支和运作情况要接受司法行政机关、民政部门的检查和监督。（2）对其他社会捐助资金的管理。对其他社会捐助资金的管理，法律援助机构要设立专项基金，单列账户。

第五节　中国法律援助的实施

一、法律援助的实施形式

法律援助的实施形式，是指受法律援助机构指派的法律援助人员依法为受援人提供法律援助服务的方式，亦即保障受援人合法权益、实现法律援助制度功能的方法和途径。法律援助的实施形式因受援人需求的不同而具有多样性，也受国家经济发展水平和法治化程度的制约。一般而言，经济发达、法治化程度较高的国家，其法律援助的范围相对广泛，法律援助的实施形式也较多；反之，法律援助的实施形式就较少。我国法律援助工作虽然起步较晚，但法律援助的实施形式已具有多样性。主要有：法律援助咨询、法律援助代理、刑事法律援助辩护、法律援助调解和法律援助公证。此外，司法部在全国广泛推广的“148”法律服务专线电话，作为提供法律咨询的渠道之一，也是法律援助的重要形式。

（一）法律援助咨询

法律援助机构提供的法律援助咨询，一般分为简易法律咨询和复杂法律咨询两种。前者主要是对咨询者提出的有关法律援助制度方面的问题以及日常碰到的简单法律问题进行解答，通常时间有限，这类咨询往往是法律援助机构接受法律援助申请的渠道之一，而且开展这类咨询不需要审查经济条件。后者是指在法律援助实施的过程中，从事法律援助的工作人员针对受援人提出的各种法律问题进行解释和说明，或者提供法律意见和建议，为广大受援人排忧解难。

提供法律咨询服务，对于大量的受援人而言，可以通过咨询了解法律的有关规定，自行依法解决相关的法律问题；对于法律援助机构而言，提高了工作效率，降低了法律援助的工作成本。当然，选择咨询形式提供法律援助，必须是针对简单的法律问题和法律纠纷，并且应当以受援人能够对咨询答复的问题有正确的理解和遵循为前提。

(二)法律援助代理

所谓代理,是指代理人以被代理人的名义,在被代理人授予的权限范围内为代理行为,代理行为的法律后果由被代理人承担的一项法律制度。作为法律援助的一种实施形式,代理主要表现为法律援助机构接受公民的法律援助申请后,经审查作出给予法律援助的决定,随后指派法律援助人员担任其代理人,根据受援人的委托事项和授权范围,为受援人提供专项法律援助服务,以维护其合法权益。根据代理事项的不同,法律援助代理主要分为以下四种:

1. 刑事诉讼法律援助代理

刑事诉讼法律援助代理,是指法律援助机构对符合法律援助条件的受援人,指派法律援助人员担任其诉讼代理人,根据受援人出具的授权委托书确定的授权范围,参加刑事诉讼活动,维护受援人的合法权益的行为。《刑事诉讼法》第46条规定:"公诉案件的被害人及其法定代理人或者近亲属,附带民事诉讼的当事人及其法定代理人,自案件移送审查起诉之日起,有权委托诉讼代理人。自诉案件的自诉人及其法定代理人,附带民事诉讼的当事人及其法定代理人,有权随时委托诉讼代理人。"据此,刑事诉讼法律援助的代理人主要包括以下三种:一是担任刑事自诉案件当事人的法律援助代理人;二是担任刑事附带民事诉讼当事人的法律援助代理人;三是担任公诉案件被害人的法律援助代理人。

2. 民事诉讼法律援助代理

民事诉讼法律援助代理,是指法律援助机构接受民事案件当事人或其法定代理人的申请,经审查合格后,指派法律援助人员担任诉讼代理人,在代理权限内参加民事诉讼活动,维护被代理人的合法权益的行为。民事诉讼法律援助代理是法律援助的主要实施形式之一,在法律援助的诸种实施形式中适用最为普遍、数量最多。实践中对损害赔偿、追索抚养费、追索拖欠工资报酬、婚姻家庭纠纷等大量民事案件中的受援人提供法律援助,主要是通过法律援助人员担任受援人的诉讼代理人参加民事诉讼活动来完成的。《民事诉讼法》第62条第1～2款规定:"委托他人代为诉讼,必须向人民法院提交由委托人签名或者盖章的授权委托书。授权委托书必须记明委托事项和权限。诉讼代理人代为承认、放弃、变更诉讼请求,进行和解,提起反诉或者上诉,必须有委托人的特别授权。"可见,根据授权范围的不同,民事诉讼法律援助代理可以分为一般授权代理和特别授权代理。一般授权代理,是指委托人仅授权法律援助人员有代为诉讼的权利,而无权处分实体权利;特别授权代理,是指委托人明确授权法律援助人员可以处分其全部或部分实体权利。

3. 行政诉讼法律援助代理

行政诉讼法律援助代理,是指在行政诉讼中,法律援助机构接受行政诉讼原告的申请,经审查合格,指派法律援助人员担任其诉讼代理人,在代理权限内参加行政诉讼活动,维护被代理人的合法权益的行为。在行政诉讼中,对行政诉讼原告提供法律援助,是法律援助工作的一项特殊任务。行政管理法律关系的主体是行政机关和行政管理相对人,其中行政机关是掌握一定权力的管理者,代表政府行使某一方面的行政管理职能,而行政管理相对人是被管理者,双方实际上处于不平等的地位,行政机关具有明显的优势,行政管理相对人处于弱势地位。现实生活中,部分行政管理相对人不了解行政机关作出具体行政行为的法律依据和法定程序,在其合法权益受到侵害时,经常茫然无措,处于孤立无援的被动境地,因而对这部分处于弱势地位的当事人提供法律援助，由法律援助人员担任他们的代理人，代为参加行政诉讼，提供专业的法律援助服务，这不仅可以维护受援人的合法权益，体现法律的公平公正，而且有利于促使行政机关的行政行为进一步规范化，实现依法行政。

4. 仲裁法律援助代理

根据我国现行法律规定，仲裁有民商事仲裁、劳动争议仲裁和人事争议仲裁，而在我国的法律援助实践中，法律援助机构主要是对民商事仲裁中的当事人和劳动争议仲裁中的员工提供法律援助代理服务。民商事仲裁法律援助代理，是指法律援助机构接受民商事纠纷当事人的申请，经审查合格，指派法律援助人员担任其仲裁代理人，参加仲裁活动的行为；劳动争议仲裁法律援助代理，是指法律援助机构接受劳动争议纠纷中员工方的申请，经审查合格，指派法律援助人员担任其仲裁代理人，参加仲裁活动的行为。

除了上述法律援助代理之外，在法律援助工作中还存在其他形式的代理，如代理受援人参加非诉讼调解，代理受援人办理公证，代理受援人申请国家赔偿等。总之，随着受援人需求的增加，代理的内容和范围也将不断扩大。

（三）刑事法律援助辩护

刑事法律援助辩护，是指法律援助机构接受公安机关、人民检察院、人民法院通知或者受援人（犯罪嫌疑人、被告人）及其法定代理人、近亲属的申请，指派法律援助律师担任受援人的辩护人，参加刑事诉讼活动，维护受援人合法权益的行为。

对公诉案件的犯罪嫌疑人、被告人提供法律援助具有十分重要的意义。一方面，这是保障犯罪嫌疑人、被告人人权的必然要求。近现代随着法治的不断健全，尊重和保护个人的权利和自由，成为各国加强民主法治的重要目标。在刑事诉讼中，则集中体现在对犯罪嫌疑人、被告人的人权保障上。通过法律援助律师的介入，为那些因特殊原因导致行使辩护权存在障碍的犯罪嫌疑人、被告人提供法律帮助，使之有充分的机会和手段维护自身的合法权益，正是国家对犯罪嫌疑人、被告人给予充分的人权保障的重要体现。另一方面，这是现代刑事诉讼制度科学化、民主化的要求。现代刑事诉讼制度要求司法机关在办理刑事案件时充分体现民主，并接受监督和制约。法律援助律师以辩护人的身份参加刑事诉讼活动，针对公诉机关对受援被告人的指控，依据事实和法律提出辩护意见，无疑是一种重要的监督与制约形式。另外，现代刑事诉讼制度要求审判机关保证裁判的公正性和科学性，充分听取法律援助律师与公诉人双方的意见，审查双方提交的证据，这有利于审判机关查明案件事实、公正裁判。

（四）法律援助调解

法律援助调解，是指法律援助机构指派法律援助人员以调解人的身份，对纠纷双方进行规劝和疏导，使其消除误解、权衡利弊、互相谅解，从而促成双方自愿达成调解协议的行为。

由于法律援助调解人与受援人之间没有报酬关系，而是履行政府对公民的法律援助职能，因而能够比较客观、公正地提出解决纠纷的意见和方案。法律援助调解人这种特殊角色定位，也容易得到对方当事人的信任。法律援助调解人促成受援人达成调解协议的可能性，往往比其他有偿服务的诉讼代理人更高一些。因此，法律援助调解人应当尽可能地利用这一角色优势，争取以调解方式解决纠纷。

（五）法律援助公证

法律援助公证，是指公证机关对符合法律援助条件的公证事项，免收或者减收公证服务费,提供公证服务的形式。法律援助公证是法律援助的重要实施形式之一。对申请公证法律援助事项的审查,由法律援助机构与公证机关共同决定。

二、法律援助的实施主体

我国法律援助的实施主体主要有四种:一是法律援助机构的专业人员;二是律师事务所的律师;三是公证机关的公证员;四是基层法律服务工作者。其中,律师主要提供诉讼法律援助(包括刑事辩护、刑事诉讼代理、民事诉讼代理和行政诉讼代理等)和非诉讼法律援助;公证员主要提供公证事项的法律援助;基层法律服务工作者主要提供法律咨询、代书、普通非诉讼事项的帮助等简易法律援助。另外,在法律援助机构的指导下,有条件的社会团体中的法律工作者和一些政法院校的师生也可以开展一定数量、一定范围的法律援助工作。

在上述四种法律援助主体中,律师承担了大部分的法律援助工作。因此,以下仅介绍律师参加法律援助工作的相关问题。

《律师法》第42条规定,律师、律师事务所应当按照国家规定履行法律援助义务,为受援人提供符合标准的法律服务,维护受援人的合法权益。因此,对于法律援助机构的指派,律师和律师事务所不得无故拒绝。但是,在实践中,对某项特定的法律援助工作,经法律援助机构批准可以免除已指定律师的法律援助义务。具体有以下两种情况:

1. 指派的法律援助律师有正当理由无法办理指派的法律援助案件时,应向法律援助机构提出书面材料,经法律援助机构审查批准,免除其承办已指派法律援助案件的义务,此时法律援助机构应另行指派其他律师承办该法律援助案件。

2. 指派的法律援助律师与受援人有明显的利害冲突,应当回避的,免除被指派律师对所指派案件的法律援助义务。明显的利害冲突主要包括以下几种情形:(1)指派的律师是同一案件其他当事人的代理人或法律顾问,且该当事人与受援人存在利害冲突;(2)指派的律师是同一案件其他当事人的近亲属;(3)指派的律师与受援人存在其他利害冲突,可能影响公正实施法律援助。法律援助机构发现上述情况后,有权直接决定该律师回避,受指派的法律援助律师本人、受援人也可以向法律援助机构申请回避,由法律援助机构决定是否回避。

实践中,一些地方的法律援助机构对本地执业律师列出名册实行排队轮值承办法律援助案件。这样做的好处是便于执业律师平等地履行法律援助义务,缺点是不利于根据案件特点和专业需要指派合适的法律援助律师。

根据现行法律规定,执业律师作为法律援助的主体之一,其进行法律援助工作基本上是无偿的或者低偿的。根据《律师法》第42条的规定,律师每年必须无偿办理若干法律援助案件,案件的具体数量由各省、自治区、直辖市司法厅(局)规定。必须指出的是,律师并不是办理了无偿的法律援助案件后即算履行了法律援助义务,他们还必须根据法律援助机构的指派办理一定数量的有偿法律援助案件和事项。

三、法律援助的程序

法律援助的程序,是指在法律援助实施过程中,法律援助机构、法律援助人员和受援人所必须遵循的方式和步骤。严格法律援助的办理程序,对督促法律援助机构、法律援助人员正确履行法律援助义务,保障受援人的合法权益,实现法律援助制度的宗旨具有重要意义。为了规范办理法律援助案件,保证法律援助质量,《法律援助法》《法律援助条例》《办理法律援助案件程序规定》等法律法规对办理法律援助案件的程序作了具体规定。办理法律援助案件的程序一般包括以下步骤：

（一）法律援助机构受理案件程序

1. 法律援助机构管辖案件划分

（1）由义务机关所在地、义务人住所地或者被请求人住所地的法律援助机构管辖。公民因经济困难就《法律援助条例》第 10 条规定的事项申请法律援助的，由义务机关所在地、义务人住所地或者被请求人住所地的法律援助机构依法受理。

（2）最先收到申请的法律援助机构管辖。《法律援助条例》第 11 条规定的公民因经济困难申请刑事法律援助的，由办理案件的人民法院、人民检察院、公安机关所在地的法律援助机构受理。申请人就同一事项向两个以上法律援助机构提出申请的，由最先收到申请的法律援助机构受理。

法律援助机构应当公示办公地址、通信方式等信息，在接待场所和司法行政政府网站上公示法律援助条件、程序、申请材料目录和申请示范文本等。被羁押的犯罪嫌疑人、被告人、服刑人员、强制隔离戒毒人员申请法律援助的，可以通过办理案件的人民法院、人民检察院、公安机关或者所在监狱、看守所、管理所、强制隔离戒毒所转交申请。

2. 公民申请法律援助程序

（1）公民申请时应当提交的材料

《办理法律援助案件程序规定》第 9 条规定："公民申请代理、刑事辩护法律援助，应当如实提交下列申请材料：（一）法律援助申请表。填写申请表确有困难的，由法律援助机构工作人员或者转交申请的机关、单位工作人员代为填写；（二）身份证或者其他有效的身份证明，申请代理人还应当提交有代理权的证明；（三）法律援助申请人经济状况证明表；（四）与所申请法律援助事项有关的案件材料。法律援助申请人经济状况证明表应当由法律援助地方性法规、规章规定的有权出具经济困难证明的机关、单位加盖公章。无相关规定的，由申请人住所地或者经常居住地的村民委员会、居民委员会或者所在单位加盖公章。"第 10 条规定："申请人持有下列证件、证明材料的，无需提交法律援助申请人经济状况证明表：（一）城市居民最低生活保障证或者农村居民最低生活保障证；（二）农村特困户救助证；（三）农村'五保'供养证；（四）人民法院给予申请人司法救助的决定；（五）在社会福利机构中由政府出资供养或者由慈善机构出资供养的证明材料；（六）残疾证及申请人住所地或者经常居住地的村民委员会、居民委员会出具的无固定生活来源的证明材料；（七）依靠政府或者单位给付抚恤金生活的证明材料；（八）因自然灾害等原因导致生活出现暂时困难，正在接受政府临时救济的证明材料；（九）法律、法规及省、自治区、直辖市人民政府规定的能够证明法律援助申请人经济困难的其他证件、证明材料。"

（2）法律援助机构出具收到申请材料的书面凭证

法律援助机构受理法律援助申请后，应当向申请人出具收到申请材料的书面凭证，载明收到申请材料的名称、数量、日期。

（二）法律援助机构的审查和决定程序

1. 审查时间

《法律援助法》第 43 条规定："法律援助机构应当自收到法律援助申请之日起七日内进行审查，作出是否给予法律援助的决定。决定给予法律援助的，应当自作出决定之日起三日内指派法律援助人员为受援人提供法律援助;决定不给予法律援助的,应当书面告知申请人,并说明理由。申请人提交的申请材料不齐全的,法律援助机构应当一次性告知申请人需要补充的材料或者要求申请人作出说明。申请人未按要求补充材料或者作出说明的,视为撤回申请。”因而,法律援助机构应当自受理申请之日起 7 个工作日内进行审查,并作出是否给予法律援助的决定;属于《办理法律援助案件程序规定》第 14 条规定情形的,可以适当延长审查期限。法律援助机构经审查认为申请人提交的申请材料不齐全或者内容不清楚的,应当发出补充材料通知或者要求申请人作出说明。申请人补充材料、作出说明所需的时间不计入审查期限。申请人未按要求补充材料或者作出说明的,视为撤销申请。

2. 对申请材料的调查核实

法律援助机构认为申请人提交的申请材料需要查证的,应当向有关机关、单位调查核实。《法律援助法》第 41 条规定:“因经济困难申请法律援助的,申请人应当如实说明经济困难状况。法律援助机构核查申请人的经济困难状况,可以通过信息共享查询,或者由申请人进行个人诚信承诺。法律援助机构开展核查工作,有关部门、单位、村民委员会、居民委员会和个人应当予以配合。”受理申请的法律援助机构需要请求异地法律援助机构协助查证的,按照《办理法律援助案件程序规定》第 28 条的规定办理。

《法律援助法》第 42 条规定:“法律援助申请人有材料证明属于下列人员之一的,免予核查经济困难状况:(一)无固定生活来源的未成年人、老年人、残疾人等特定群体;(二)社会救助、司法救助或者优抚对象;(三)申请支付劳动报酬或者请求工伤事故人身损害赔偿的进城务工人员;(四)法律、法规、规章规定的其他人员。”

3. 作出是否给予法律援助的决定

法律援助机构经审查,对符合法律援助条件的,应当决定给予法律援助,并制作给予法律援助决定书;对不符合法律援助条件的,应当决定不予法律援助,并制作不予法律援助决定书。不予法律援助决定书应当载明不予法律援助的理由及申请人提出异议的权利。

给予法律援助决定书或不予法律援助决定书应当发送给申请人;属于《办理法律援助案件程序规定》第 11 条规定情形的,法律援助机构还应当同时函告有关人民法院、人民检察院、公安机关及监狱、看守所、强制隔离戒毒所。

4. 申请人对不予法律援助的异议

《法律援助法》第 49 条规定:“申请人、受援人对法律援助机构不予法律援助、终止法律援助的决定有异议的,可以向设立该法律援助机构的司法行政部门提出。司法行政部门应当自收到异议之日起五日内进行审查,作出维持法律援助机构决定或者责令法律援助机构改正的决定。申请人、受援人对司法行政部门维持法律援助机构决定不服的,可以依法申请行政复议或者提起行政诉讼。”因而,申请人对法律援助机构不予法律援助的决定有异议的,可以向主管该法律援助机构的司法行政机关提出。司法行政机关经审查认为申请人符合法律援助条件的,应当以书面形式责令法律援助机构及时对该申请人提供法律援助,同时书面告知申请人;认为申请人不符合法律援助条件的,应当维持法律援助机构不予法律援助的决定,书面告知申请人并说明理由。

5. 先行提供法律援助的条件

《法律援助法》第 44 条对法律援助机构可以决定先行提供法律援助情形予以规定,即“法律援助机构收到法律援助申请后,发现有下列情形之一的,可以决定先行提供法律援助:(一)距法定时效或者期限届满不足七日,需要及时提起诉讼或者申请仲裁、行政复议;(二)需要立即申请财产保全、证据保全或者先予执行;(三)法律、法规、规章规定的其他情形。法律援助机构先行提供法律援助的,受援人应当及时补办有关手续,补充有关材料”。先行提供法律援助的,受援人应当在法律援助机构确定的期限内补交规定的申请材料。法律援助机构经审查认为受援人不符合经济困难标准的,应当终止法律援助。受援助人对法律援助机构终止法律援助的决定有异议的,可以向主管该法律援助机构的司法行政机关提出。

（三）法律援助案件的承办

1. 指派承办人员

民事、行政法律援助案件,法律援助机构应当自作出给予法律援助决定之日起7个工作日内,指派律师事务所、基层法律服务所、其他社会组织安排其所属人员承办,或者安排本机构的工作人员承办。对于刑事法律援助案件,法律援助机构应当自作出给予法律援助决定或者收到人民法院、人民检察院、公安机关指派律师提供辩护的通知书之日起3个工作日内,指派律师事务所安排律师承办,或者安排本机构的法律援助律师承办。法律援助机构应当根据本机构、律师事务所、基层法律服务所、其他社会组织的人员数量、资质、专业特长、承办法律援助案件的情况、受援人意愿等因素,合理指派或者安排承办机构、人员。法律援助机构、律师事务所应当指派或者安排具有一定年限刑事辩护执业经历的律师担任死刑案件的辩护人。

2. 签订委托代理协议

法律援助机构、律师事务所、基层法律服务所或者其他社会组织,应当自指派或者安排法律援助人员之日起5个工作日内将法律援助人员姓名和联系方式告知受援人,并与受援人或者其法定代理人、近亲属签订委托代理协议,但因受援人的原因无法按时签订的除外。法律援助人员应当在受委托的权限内,通过和解、调解、申请仲裁和提起诉讼等方式依法最大限度维护受援人合法权益。法律援助人员代理受援人以和解或者调解方式解决纠纷的,应当征得受援人同意。对于民事诉讼法律援助案件,法律援助人员应当告知受援人可以向人民法院申请司法救助,并提供协助。

3. 制作会见笔录

法律援助人员会见受援人,应当制作会见笔录。会见笔录应当经受援人确认无误后签名或者按指印;受援人无阅读能力的,法律援助人员应当向受援人宣读笔录,并在笔录上载明。对于人民法院、人民检察院、公安机关通知法律援助机构指派律师提供辩护的案件,法律援助人员应当在首次会见犯罪嫌疑人、被告人时,询问是否同意为其辩护,并记录在案。犯罪嫌疑人、被告人不同意的,应当书面告知人民法院、人民检察院、公安机关和法律援助机构。

4. 调查取证

法律援助人员承办案件,应当根据需要依法进行调查取证,并可以根据需要请求法律援助机构出具必要的证明文件或者与有关机关、单位进行协调。法律援助人员认为需要异地调查取证的,可以向作出指派或者安排的法律援助机构报告。作出指派或者安排的法律援助机构可以请求调查取证事项所在地的法律援助机构协作。

5. 法律援助人员的报告义务

法律援助人员应当向受援人通报案件办理情况,答复受援人询问,并制作通报情况记录。

法律援助人员应当按照法律援助机构要求报告案件承办情况。法律援助案件有下列情形之一的,法律援助人员应当向法律援助机构报告:(1)主要证据认定、适用法律等方面有重大疑义的;(2)涉及群体性事件的;(3)有重大社会影响的;(4)其他复杂、疑难情形。

6. 法律援助人员的更换

受援人有证据证明法律援助人员不依法履行义务的,可以请求法律援助机构更换法律援助人员。法律援助机构应当自受援人申请更换之日起5个工作日内决定是否更换。决定更换的,应当另行指派或者安排人员承办。对犯罪嫌疑人、被告人具有应当为其指派律师辩护的情形,人民法院、人民检察院、公安机关决定另行通知法律援助机构为其指派律师辩护的,法律援助机构应当另行指派或者安排人员承办。更换法律援助人员的,原法律援助人员所属单位应当与受援人解除或者变更委托代理协议,原法律援助人员应当与更换后的法律援助人员办理案件材料移交手续。

7. 终止法律援助

《法律援助法》第48条对应当终止法律援助的情形予以明确,即:有下列情形之一的,法律援助机构应当作出终止法律援助的决定:(1)受援人以欺骗或者其他不正当手段获得法律援助;(2)受援人故意隐瞒与案件有关的重要事实或者提供虚假证据;(3)受援人利用法律援助从事违法活动;(4)受援人的经济状况发生变化,不再符合法律援助条件;(5)案件终止审理或者已经被撤销;(6)受援人自行委托律师或者其他代理人;(7)受援人有正当理由要求终止法律援助;(8)法律法规规定的其他情形。有上述情形之一的,法律援助人员应当向法律援助机构报告。法律援助机构经审查核实,决定终止法律援助的,应当制作终止法律援助决定书,并发送受援人,同时函告法律援助人员所属单位和有关机关、单位。法律援助人员所属单位应当与受援人解除委托代理协议。

(四)结案

法律援助案件或事项办理完毕,法律援助人员应向法律援助机构提交书面结案报告和相关材料(包括有关的法律文书副本或者复印件),以便法律援助机构整理归档。

1. 法律援助人员应当自法律援助案件结案之日起30日内向法律援助机构提交立卷材料。诉讼案件以法律援助人员收到判决书、裁定书、调解书之日为结案日;仲裁案件或者行政复议案件以法律援助人员收到仲裁裁决书、行政复议决定书原件或者复印件之日为结案日;其他非诉讼法律事务以受援人与对方当事人达成和解、调解协议之日为结案日;无相关文书的,以义务人开始履行义务之日为结案日。法律援助机构终止法律援助的,以法律援助人员所属单位收到终止法律援助决定函之日为结案日。

2. 法律援助机构应当自收到法律援助人员提交的立卷材料之日起30日内进行审查。对于立卷材料齐全的,应当按照规定通过法律援助人员所属单位向其支付办案补贴。

3. 作出指派的法律援助机构应当对法律援助人员提交的立卷材料及受理、审查、指派等材料进行整理,一案一卷,统一归档管理。

第十三章 中国公证制度

第一节 中国公证制度概述

一、中国公证制度的概念

我国《公证法》第2条规定:"公证是公证机构根据自然人、法人或者其他组织的申请,依照法定程序对民事法律行为、有法律意义的事实和文书的真实性、合法性予以证明的活动。"对于这一概念,可从以下三个方面理解:

1. 公证的主体

公证的主体包括公证人和当事人。公证人包括公证机构和公证人员,我国的公证机构是公证处。公证当事人是指与公证事项有法律上的利害关系并以自己的名义向公证机构提出公证申请,在公证活动中享有权利和承担义务的自然人、法人或其他组织。公证人和当事人之间构成公证法律关系。自然人、法人和其他组织依法必须申请办理或自愿申请办理公证的,公证机构应依法办理。公证当事人应对申请公证的具有法律意义的行为、事实和文书的真实性负责。

2. 公证的客体

公证的客体是指公证对象,包括民事法律行为(如合同、委托、赠与、遗嘱、收养、继承、财产分割);有法律意义的事实(如出生、死亡、健康状况);有法律意义的文书(如毕业证、结婚证)。

3. 公证的内容

公证的内容是指公证人证明公证客体的真实性与合法性。所谓真实性,是指证明法律行为确实发生,有法律意义的事实和文书的确存在;所谓合法性,是指证明当事人申请公证的法律行为、有法律意义的事实和文书符合法律规定,不违反国家政策和公共利益,合法有效。英美法系国家的公证制度侧重于形式证明,只证明真实性,即"证明当事人在公证人面前签署文件的行为属实";以大陆法系国家为主的拉丁公证体系,则证明法律行为、有法律意义的事实和文书的真实性与合法性。[1] 我国属于后一公证体系。

公证制度是国家司法制度的重要组成部分,属于民事程序法的范畴。它是国家为规范公证活动,保障公证机构和公证员依法履行职责,预防纠纷,保障自然人、法人或者其他组织的合法权益,而设立的一项预防性司法证明制度。中国公证制度,是由我国有关公证的法律法规所规定的,当事人和公证人进行公证活动所必须遵循的法律规范的总称。

---

〔1〕 参见宫晓冰:《中国公证制度的完善》,载《法学研究》2003年第5期。

二、中国公证制度的沿革

公证是一项古老的法律制度,是商品经济发展的产物,源于古罗马。罗马共和国时代(公元前509—公元前27年)出现一种专为主人抄录文书、撰写契约、处理法律事务的代书人——"Notarial";共和国时代末期出现了一种专业的法律代书人"达比伦",必要时他们还在法律文书上签字作证,这通常被视为公证的起源。4世纪以来,随着基督教地位的确立,教会公证得到了广泛推行。9世纪以来,欧洲国家开始专门设立公证机构,制定了专门的公证规章。19世纪初,法国颁布了世界上第一部公证法律——《法国公证人法》,1804年《法国民法典》也对公证作了规定。本书主要介绍中国公证制度的沿革。

在我国,公证是由私证演变而来的。中国自古以来民间就存在私证的做法,西周时已出现"质人、质剂、质工商"。在土地房产买卖、借贷、分家、继承等事务中,当事人常会"立字为据",请乡里有名望之人出面作见证,在契据上签名画押,证明该事实的存在。这种见证人俗称"中人"或"保人",他们以私人身份参与证明活动。这种私证一般只是证明相关事实的存在,而不证明合法性。

中国古代也出现过官方的证明行为。比如,汉代"居延简"就曾记载地方官证明商业契约的做法,这可视为中国公证的萌芽;东晋开始规定田宅典、卖征收契税,缴纳契税后由官府盖印,证明其所有权,称为税契,登记在册;宋代规定典、卖田宅应于两个月内请求验契,官府盖印后确认产权。但这些还不是现代意义上的公证制度。

清末民初,公证制度开始传入我国。1912年北洋政府颁布的《登记条例》第一次在法律中使用"公证"一词。1920年,东三省特区法院率先推行公证制度,沿用俄国旧制。1922年5月21日北洋政府颁行《登记通则》,规定民商法律行为或其他事实、不动产权利、法人或其他民商事团体以及其他依法令应予登记者,经登记后有完全的公证力。但这种民事登记属非讼事务,登记机构也不是专门的公证机构。1935年7月30日,南京国民政府司法院公布了中国历史上第一个公证法规——《公证暂行规则》。该规则基本上移植日本的公证制度,规定:设立公证处,由司法行政部指定推事(法官)专办或兼办公证事务;公证处业务一是对法律行为或其他关于私权的事实"作成公证书",二是"认证私证书";公证的债权文书可强制执行;公证活动遵守回避、保密、直接、使用中国文字等原则。1936年2月14日,司法行政部公布《公证暂行规则施行细则》。1943年3月31日国民政府公布《公证法》,同年12月25日司法行政部公布《公证法施行细则》。其后,《公证法》及其施行细则有过几次修正。公证处设于地方法院,必要时得于其管辖区域内适当处所设公证分处。地方法院设公证分处应层报司法院核准。公证人应具有法官、检察官资格,公证人得由法官兼任。公证处设佐理员,辅助公证人办理公证事务。到1947年7月,全国各级法院设立公证处531个。

中华人民共和国成立初期,北京、天津、上海、南昌等大中城市和有侨乡的县市人民法院设立公证处或指定审判员办理公证事项,业务逐步由办理亲属、收养、委托等公证扩大到开办公私合营公证。1951年9月颁布的《人民法院暂行组织条例》规定,县级人民法院管辖"公证及其他法令所定非讼事件"。1953年4月,司法部根据第二届全国司法会议决议精神,印发《关于建立与加强公证工作的意见》,要求在县市建立公证处。1954年,公证工作转归司法行政机关直接领导和管理,但仍是法院兼办公证与专设公证处并行。至1957年,全国共有51个市设立公证处,553个市、县人民法院附设公证室,652个县人民法院指定专人办理公证。

1958 年,各地公证处纷纷被撤销;1959 年司法行政机关被撤销后,公证处全部被撤销。除因国际惯例由少数几个大中城市和沿海侨乡的县人民法院兼办少量发往域外使用的公证书外,全国停止受理公证事务。这种状况持续到 1979 年。

1979 年我国重建司法部,公证事业进入了新的发展时期。1980 年 2 月 15 日,司法部发出《关于逐步恢复国内公证业务的通知》。同年 3 月 5 日,司法部发出《关于公证处的设置和管理体制问题的通知》,规定:"在直辖市、省辖市、县设公证处;暂不设公证处的市、县,由所在地的基层人民法院设公证员(或由审判员兼)办理公证业务。"1982 年国务院公布并施行《公证暂行条例》。这是中华人民共和国第一个公证法规,共 6 章 30 条。1990 年 12 月 12 日,司法部颁布《公证程序规则(试行)》;2002 年 8 月 1 日开始实施《公证程序规则》。由此,我国公证工作逐步走向规范化和制度化。但《公证暂行条例》实施不久就暴露出不足和缺陷,公证实践也早已突破了《公证暂行条例》的规定。2005 年 8 月 28 日,第十届全国人大常委会第十七次会议通过了《公证法》。这是中华人民共和国第一部公证法,共 7 章 47 条。之后,《公证法》分别于 2015 年 4 月和 2017 年 9 月历经了两次修改。2006 年 5 月,司法部制定新的《公证程序规则》;2021 年 1 月 1 日,新修订的《公证程序规则》开始实施。至此,我国公证制度的法律体系基本形成。

随着市场经济的发展和公证法制建设的加强,我国公证业务得到了迅猛发展。到 2004 年,我国已设有公证处 3150 家,其中 1365 家已改为事业体制,38 家进行了合作制试点,2700 多家公证处设在县(市、区),全国年办证 1000 多万件,其中涉外公证 290 多万件,发往世界各个国家和地区使用,全国执业公证员近 12,000 人。[2] 据统计,截至 2020 年年底,我国公证机构 2942 家,公证员 13,620 人,办理公证总数 1173.8 万件。[3] 中国公证制度已成为规范市场经济秩序、调整民事行为、疏通国际交流的重要法律制度。2003 年 10 月 10 日,中国正式加入国际拉丁公证联盟,成为其第 71 个成员国。这不仅标志着中国的公证制度作为一个完整的法律制度为该联盟各成员国所认可,也表明中国公证制度已成为世界公证体系的一个组成部分。

三、中国公证制度的特征

中国公证制度的特征,在与其他证明活动(如私证、认证、签证、保证)或相关制度(如民事诉讼、行政行为)比较的基础上,可概括为如下两个方面:[4]

(一)公证是一种特殊的证明活动

这是公证制度最基本的特征。公证证明不同于一般的证明,其特殊性主要体现在以下几个方面:

1. 公证主体的特定性。公证是由国家专门设立的公证机构按照法定程序进行的一种证明活动。公证职能由公证机构统一行使,禁止非公证机构和未获准执行公证职务的人员从事公证活动。公证机构依据事实和法律,独立办理公证事务,不受其他单位、个人的非法干涉。

2. 公证对象和内容的特定性。公证对象是没有争议的民事法律行为、有法律意义的事实和文书;公证的内容是证明公证对象的真实性与合法性。

---

〔2〕 参见中华人民共和国司法部:《2004 年中国公证业发展政策报告》,载《法制日报》2004 年 5 月 8 日。

〔3〕 参见国家统计局编:《中国统计年鉴》(2021),载 http://www.stats.gov.cn/tjsj/ndsj/2021/indexch.htm,访问日期:2022 年 5 月 1 日。

〔4〕 参见齐树洁主编:《民事程序法》,厦门大学出版社 2002 年版,第 605 - 611 页。

3. 公证效力的特殊性。[5] 与其他证明文书相比,公证书具有特殊的法律效力,主要体现在:(1)证据效力。经公证证明的法律行为、有法律意义的事实和文书,司法机关、仲裁机构、行政机关及其登记部门应将其作为认定事实的根据。公证书以此区别于其他证明文书,如机关、团体、企业事业单位和个人的证明,律师的见证书。(2)强制执行效力。债务人不履行或不完全履行公证机构赋予强制执行效力的公证债权文书的,债权人可以持原公证书及公证机构签发的执行证书向有管辖权的人民法院申请执行。(3)法律行为成立要件效力。法律、法规规定当事人必须公证的事项,未经公证,其行为不能作为法律关系确立、变更或解除的成立要件;双方当事人约定必须公证的事项,未经公证,其法律关系不能确立、变更或解除。(4)域外效力。公证书在域外使用时具有法律效力,为国际社会所普遍认可。公证书要发生域外效力,有时还需经使、领馆认证;[6] 但国际公约、双边条约可互惠性免除国家之间公证书的认证。

4. 公证程序的法定性。公证的申请和证明须依法律规定的程序进行,违反法定程序的公证不具有法律效力。《公证法》《公证程序规则》等,均详细规定了办理公证的原则、当事人的权利义务、公证申请与受理、审查与核实、出具公证书、不予办理公证等;司法部还规定了公证书格式。

(二)公证是一种非诉讼司法活动

公证制度属于国家司法制度范畴。许多国家的公证机构归属于司法机关,如西班牙等国归法院,英国归"特许法院",法国归检察机关,日本归法务省,我国公证事务也曾由法院兼办,并一直作为人民司法工作的组成部分。因此,公证活动不是行政行为,而是一种司法活动,公证书是一种司法文书。司法活动可大致分为诉讼与非诉讼司法活动。公证属于非诉讼性质的预防性司法活动。

第二节　中国公证机构与公证员

一、公证机构

(一)公证机构的概念和性质

根据《公证法》第6条的规定,公证机构是依法设立,不以营利为目的,依法独立行使公证职能、承担民事责任的证明机构。对于公证机构的概念及性质,可以从以下几个方面理解:

1. 公证机构必须依法设立。所谓依法设立,是指公证机构的设立条件和设立程序必须符合《公证法》第8、9条的规定。

2. 公证机构不以营利为目的。这从根本上说是为了保证公证活动的客观性和公正性。所谓不以营利为目的,是指公证活动不像公司、企业的生产经营活动那样,以获取利润为目的。

---

[5] 详见本章第六节。

[6] 公证不同于领事认证。领事认证是外交、领事机关在公证证明文书上证明公证机构或认证机关(包括本国和外国的外交、领事机关)的最后一个签名或印章属实,从而使一国境内已公证证明的文书为另一国有关当局所承认。就公证而言,只有对外使用的公证文书才需要办理认证。如两国协商同意,相互信任对方的公证文书,则可免除领事认证。

公证机构不以营利为目的,并不表明公证机构提供法律服务不收取任何费用,实际上当事人申办公证是需要支付公证费的,但公证机构必须按照政府部门制定的收费标准收取费用,而不得随意提高收费标准,更不得自行定价。

3. 公证机构独立行使公证职能。这表明公证机构既独立于司法机关又独立于行政机关,公证员只对自己的执业行为负责,对法律负责。公证机构和公证员在公证活动中独立行使公证证明权,依据事实和法律独立办理公证事务,不受其他机关、组织和个人的干涉。公证机构独立行使公证职能,还表明公证机构中的主办公证员依法独立办证,并对所承办的公证事项承担相应责任,不受公证机构内部其他公证员的干涉。应当指出,虽然公证机构独立行使公证职能,但仍应接受司法行政机关的管理监督和公证协会的监督。

4. 公证机构独立承担民事责任。公证民事责任,是指公证机构、公证员因过错(如未依法尽到审查、核实义务,与当事人恶意串通,明知当事人提供的证明材料虚假仍然予以公证等)给当事人、公证事项的利害关系人造成损失的,公证机构应依据过错的程度,承担向当事人赔偿损失的责任。公证机构是独立的法人,独立行使公证职能,并且有自己独立的资产,应当也完全能够独立承担民事责任。

5. 公证机构是证明机构。在我国,公证机构是进行公证活动的专设法律证明机构,公证职能由公证机构统一行使。公证员是公证机构中负责办理公证事务的执业人员,代表公证机构进行公证证明活动,出具公证文书。其他任何机关、团体、个人均不能专办或兼办公证事务,进行公证证明活动。

(二)公证机构的设立

1. 公证机构设立的原则

根据《公证法》第7条的规定,公证机构按照统筹规划、合理布局的原则,可以在县、不设区的市、设区的市、直辖市或者市辖区设立;在设区的市、直辖市可以设立一个或者若干个公证机构;公证机构不按行政区划层层设立。这一规定明确了公证机构设置的原则,即统筹规划,合理布局。这说明,公证不是市场行为,而是政府行为,各省、自治区、直辖市要从本地的实际情况出发,以可持续发展的眼光,本着方便当事人的原则,科学、合理地确定公证机构的设置。各地要根据地区经济发展程度、人口数量、交通状况和对公证业务的实际需要确定公证机构的设置。

2. 公证机构设立的条件

《公证法》第8条明确规定了公证机构设立的条件,具体包括以下四项:

(1)公证机构应当有自己的名称。名称是公证机构区别于其他单位或者公证机构的显著标志。"公证"是专有名词,只能由公证机构专门使用,其他任何单位都不能使用。公证机构成立后,对自己的名称享有权利,其他任何单位和个人不得侵犯。

(2)公证机构应当有固定的场所。固定场所是指在一定时期内相对稳定的办公场所,包括自有的场所和租用的场所。拥有固定的办公场所,是公证机构正常进行公证活动的必要条件,也是公证机构独立享有民事权利和承担民事责任的物质保障。

(3)公证机构应当有2名以上公证员。公证是一种专业性很强的法律服务,必须由具备比较深厚的法学基础、比较丰富的法律实践经验、良好的道德品质的公证员担任。公证员是公证机构的主体,公证机构有2名以上公证员,才能保障其正常开展公证工作,并且有利于公证员之间互相监督。

(4)公证机构应当有开展公证业务所必需的资金。这是公证机构正常开展公证业务、独立承担民事责任的物质基础。一个有着较好资信的公证机构,更加容易获得社会的认可,其公信力才有保证。不具备开展公证业务所必需资金的公证机构不得设立。

3. 公证机构的设立程序

《公证法》第9条规定,设立公证机构,由所在地的司法行政部门报省、自治区、直辖市人民政府司法行政部门按照规定程序批准后,颁发公证机构执业证书。

4. 公证机构负责人的产生

公证机构的负责人一般称为主任。根据《公证法》第10条的规定,公证机构负责人的产生需符合下列条件和程序:(1)担任公证机构的负责人应有3年以上的公证员执业经历;(2)从公证机构中的公证员推选产生;(3)由所在地的司法行政部门核准;(4)报省、自治区、直辖市人民政府司法行政部门备案。

二、公证员

(一)公证员的条件

公证员是符合法律规定的条件,在公证机构从事公证业务的执业人员。《公证程序规则》第5条第1款规定:"公证员受公证机构指派,依照《公证法》和本规则规定的程序办理公证业务,并在出具的公证书上署名。"公证处设公证员、助理公证员。公证处主任、副主任由公证员担任。主任、副主任领导公证处的工作,并且必须执行公证员职务。公证机构实行主任负责制,主任是公证机构的法定代表人。公证机构根据核定的名额配备公证员。公证机构根据需要,可以聘用一定数量的公证员助理和辅助人员。《公证员职务试行条例》将公证人员纳入专业技术管理体系,规定公证处按岗位职责设一、二、三、四级公证员和公证员助理。

根据《公证法》第18条的规定,担任公证员应具备以下5项条件:(1)具有中华人民共和国国籍;(2)年龄25周岁以上65周岁以下;(3)公道正派,遵纪守法,品行良好;(4)通过国家统一法律职业资格考试取得法律职业资格;(5)在公证机构实习2年以上或者具有3年以上其他法律职业经历并在公证机构实习1年以上,经考核合格。

为了吸引更多的人才加入公证员队伍,提高公证人员的整体素质,《公证法》第19条规定:从事法学教学、研究工作,具有高级职称的人员,或者具有本科以上学历,从事审判、检察、法制工作、法律服务满10年的公务员、律师,已经离开原工作岗位,经考核合格的,可以担任公证员。

《公证法》第20条规定了公证员任职的禁止性条件,即有以下情形之一的,不得担任公证员:(1)无民事行为能力或者限制民事行为能力的;(2)因故意犯罪或者职务过失犯罪受过刑事处罚的;(3)被开除公职的;(4)被吊销公证员、律师执业证书的。

(二)公证员的任免

《公证法》第21条规定:"担任公证员,应当由符合公证员条件的人员提出申请,经公证机构推荐,由所在地的司法行政部门报省、自治区、直辖市人民政府司法行政部门审核同意后,报请国务院司法行政部门任命,并由省、自治区、直辖市人民政府司法行政部门颁发公证员执业证书。"《公证员职务试行条例》施行后,凡实行公证员专业职务的地区,公证员的任免必须用评聘的办法进行。

另外,公证员有以下情形之一的,由所在地的司法行政部门报省、自治区、直辖市人民政府司法行政部门提请国务院司法行政部门予以免职:(1)丧失中华人民共和国国籍的;(2)年满65周岁或者因健康原因不能继续履行职务的;(3)自愿辞去公证员职务的;(4)被吊销公证员执业证书的。

(三)公证员的权利与义务

公证员在履行公证职务时享有如下权利:有权获得劳动报酬,享受保险和福利待遇;有权提出辞职、申诉或者控告;非因法定事由和非经法定程序,不被免职或者处罚。同时,公证员必须承担如下义务:遵纪守法,恪守职业道德,依法履行公证职责,保守执业秘密。

三、公证协会

(一)公证协会的性质

1990年3月,中国公证协会在北京成立;1998年,根据国务院批准的《司法部职能配置、内设机构和人员编制规定》的要求,中国公证协会从律师公证管理司中分离出来。《公证法》第4条对公证协会作出专门规定:"全国设立中国公证协会,省、自治区、直辖市设立地方公证协会。中国公证协会和地方公证协会是社会团体法人。中国公证协会章程由会员代表大会制定,报国务院司法行政部门备案。公证协会是公证业的自律性组织,依据章程开展活动,对公证机构、公证员的执业活动进行监督。"中国公证协会是依法登记成立,由公证员、公证机构、公证管理人员及其他与公证事业有关的专业人员、机构组成的全国性的社会团体法人,接受中华人民共和国司法部、民政部的业务指导和管理监督。中国公证协会是全国性公证行业组织;地方公证协会是地区性公证行业组织,接受中国公证协会的指导。公证协会根据章程活动。《中国公证协会章程》由全国会员代表大会制定,并报国务院司法行政部门备案。中国公证协会的宗旨是:坚持中国共产党的领导,团结和带领会员高举中国特色社会主义伟大旗帜,以邓小平理论、"三个代表"重要思想、科学发展观为指导,深入贯彻落实习近平总书记系列重要讲话精神和治国理政新理念新思想新战略,忠实履行职责使命,坚决贯彻执行党的基本路线、方针、政策,严格遵守国家宪法和法律,恪守职业道德和执业纪律,始终维护和不断增强公证公信力,加强公证队伍建设和行业自律,维护会员合法权益,促进公证事业改革和发展,为全面建成小康社会,实现中华民族伟大复兴的中国梦提供优质高效的法律服务。

(二)公证协会的职责

《中国公证协会章程》第6条规定,公证协会的职责是:(1)协助司法部管理、指导全国公证工作,依照本章程对公证机构和公证员的执业活动进行监督;(2)指导地方公证协会工作;(3)制定行业规范;(4)维护会员的合法权益,保障会员依法履行职责;(5)依法举办会员福利事业;(6)对会员进行职业道德、执业纪律教育,对会员的违纪行为实施行业处分,协助司法行政机关查处会员的违法行为;(7)负责会员的培训,组织会员开展学术研讨和工作经验交流,根据有关规定对公证机构、公证员实施奖励;(8)组织开展公证行业信息化建设;(9)负责全国公证赔偿基金的使用管理工作,对地方公证协会管理使用的公证赔偿基金进行指导和监督;(10)负责公证宣传工作,主办公证刊物,对外提供公证法律咨询等服务;(11)负责与国外和我国港、澳、台地区开展有关公证事宜的研讨、交流与合作活动;(12)负责海峡两岸公证书的查证和公证书副本的寄送工作;(13)负责公证专用纸的联系生产、调配,协助司法部作好管理工作;(14)履行法律法规规定的其他职责,完成司法部委托的事务。

全国和地方的公证协会应当对违反职业道德和执业纪律的公证员、公证机构,根据其行为的性质、情节,分别给予训诫、警告、通报批评、记过的惩戒;对情节严重的,可以提请司法行政部门给予相应的行政处罚;对受到停止执业、吊销执业证行政处罚的公证员或者受到停业整顿、吊销执业许可证行政处罚的公证机构,应当分别给予暂停会员资格或者取消会员资格的惩戒。

(三)公证协会的组织机构

中国公证协会,是由公证机构、公证人员、地方公证协会及其他与公证事业有关的专业人员、机构组成的全国性公证行业自律组织。公证处为中国公证协会的团体会员;其他与公证业务有关的境内外机构,经申请批准可以成为团体会员。公证员为中国公证协会的个人会员;公证管理人员、从事公证法学的教学、科研人员以及对公证制度有研究的人员和中国委托公证人,经申请批准可以成为个人会员。根据《中国公证协会章程》第9条、第10条的规定,个人会员的权利有:(1)享有本会的表决权、选举权和被选举权;(2)提出维护会员合法权益的要求;(3)享受本会举办的福利;(4)参加本会举办的各种学习、研讨和交流活动;(5)使用本会的图书资料;(6)通过本会向有关部门提出建议;(7)对本会工作提出批评和建议。个人会员的义务有:(1)遵守本会章程、执行本会决议;(2)完成本会委托的工作;(3)向本会反映情况,提供有关资料;(4)按规定缴纳会费;(5)维护会员间的团结,维护公证职业的荣誉。团体会员享有除第9条第1项以外的其他权利,履行第10条规定的义务。

全国会员代表大会是中国公证协会的最高权力机关,每4年举行一次。代表由省、自治区、直辖市会员代表大会推举产生,任期4年,可连选连任。全国会员代表大会的召开需有2/3以上代表出席,决定重要事项需经出席人数的2/3以上通过。全国会员代表大会的职权包括:(1)制定、修改本会章程;(2)讨论决定本会的工作方针和任务;(3)选举和罢免理事会理事;(4)审议、通过理事会的工作报告及财务报告;(5)全国会员代表大会认为依法应由其行使的职权。中国公证协会的终止需经全国会员代表大会出席人数的2/3以上通过。

中国公证协会理事会由全国会员代表大会选举组成。理事会是全国会员代表大会闭会期间的执行机构,对全国会员代表大会负责。理事会会议每年举行一次,根据需要可以提前或推后。理事会的职责有:(1)执行会员代表大会决议;(2)向全国会员代表大会报告工作;(3)选举常务理事并从中选举会长、副会长、秘书长;(4)根据需要,增补或罢免个别理事或常务理事;(5)决定聘任或解聘协会副秘书长;(6)决定设置或撤销本会的专门机构和业务委员会;(7)通过本会的办事规则和年度工作计划。常务理事会由会长、副会长、秘书长及常务理事组成,是全国会员代表大会和理事会闭会期间的常设机构,主持日常会务。会长、副会长、秘书长、常务理事、理事任期4年,可连选连任。常务理事会会议每年不得少于两次,听取并审议会长、秘书长、办事机构的工作报告,研究决定重要事宜。

四、公证管理体制

公证管理体制,是指国家对公证机构、公证人员、公证协会进行监督管理的权力配置。1982年《公证暂行条例》(已失效)第6条第1款规定:"公证处受司法行政机关领导。"长期以来,各级司法行政机关对所属公证处的机构设置、经费、业务、人事安排、编制、工资福利、任免、奖惩、培训等事务进行行政化的管理。司法行政机关把公证处视为其内设的职能处室,甚至有的司法行政机关还规定,公证处办理公证事务须报经司法局局长或分管副局长审查批准。这种行政化的管理体制已暴露出严重缺陷,影响了公证处的独立性、公证人员的积极性和公证业务的开展。

随着公证管理体制改革的推进,司法行政机关对公证机构的“领导”职能逐渐转变为“监督管理”职能。根据国务院2000年7月31日批准的司法部《关于深化公证工作改革的方案》等文件的规定,公证管理体制是:国务院司法行政部门监督管理全国的公证工作;地方人民政府司法行政部门监督管理本行政区域的公证工作;全国和地区的公证协会根据章程对其会员实行行业管理,接受司法行政部门的指导和监督。

2005年8月颁布的《公证法》以法律的形式明确规定了公证管理体制,即司法行政部门依法对公证机构、公证员和公证协会进行监督、指导,司法行政部门和公证机构、公证员以及公证协会之间是“监督、指导”关系。但是,根据《公证法》有关条文的规定,司法行政部门对公证机构、公证员和公证协会实际上具有“监督、管理”的职权,具体包括:(1)省级司法行政部门有权批准公证机构的设立,颁发公证机构执业证书;(2)公证机构所在地的司法行政部门有权核准经公证员推选产生的公证机构的负责人,并报省级司法行政部门备案;(3)省级司法行政部门有权核定公证员配备方案,并报国务院司法行政部门备案;(4)省级司法行政部门有权对担任公证员的申请进行审核,并报请国务院司法行政部门任命;对具备法定情形的公证员,有权提请国务院司法行政部门予以免职;(5)省级或者设区的市人民政府司法行政部门有权对违反法律、法规和规章的公证机构及其公证员进行行政处罚。尽管如此,需要指出的是,司法行政部门履行“监督、指导”职责时,仍然应当遵守《公证法》第6条关于公证机构“依法独立行使公证职能”的规定,即司法行政部门不得干涉公证机构及其公证员独立办理公证事务,无权撤销或者维持公证书,但对公证机构及其公证员执业活动的违法行为有权实施行政处罚。只有这样,才能保证公证活动的正常进行,保障公证证明的真实性、合法性和公正性。

为贯彻落实党中央决策部署和习近平总书记关于公共法律服务工作的重要指示精神,2021年6月29日,司法部颁布《关于深化公证体制机制改革　促进公证事业健康发展的意见》,该意见提出了公证体制机制改革的总体思想,即坚持以习近平新时代中国特色社会主义思想为指导,全面贯彻党的十九大和十九届二中、三中、四中、五中全会精神,深入贯彻习近平法治思想,坚持以人民为中心的发展思想,深化公证服务供给侧结构性改革,优化事业体制公证机构运行机制,规范推进合作制公证机构建设发展,有序放宽执业区域,拓展服务领域,强化执业监管,改进服务方式,增强公证机构活力,不断提高公证服务的供给总量、质量和效率,提高公证行业公信力,切实增强人民群众的获得感、幸福感、安全感。其主要目标是到2022年,事业体制公证机构、合作制公证机构普遍建立比较完善的管理体制和运行机制,规范执业、充满活力,领域广泛拓展、服务高质高效。到2025年,公证服务供给能力明显增强,公证服务质量和公信力显著提升,人民群众获得公证服务的可及性、便捷化程度显著提高,公证服务经济社会发展的功能作用得到有效发挥。

第三节　中国公证机构的业务范围

公证机构的业务范围是公证机构根据法律规定和公证机构的职责权限可以办理的公证法

律事务。根据《公证法》对公证机构业务范围的相关规定,公证机构的业务范围可以分为公证事项和公证事务。

一、公证事项

公证事项指法律、行政法规规定公证机构办理的证明业务,可分为自愿公证事项和法定公证事项。

(一)自愿公证事项

自愿公证事项,是指自然人、法人或者其他组织可以根据实际情况,自行决定是否向公证机构申请办理公证的事项。《公证法》第11条第1款规定,根据自然人、法人或者其他组织的申请,公证机构办理以下公证事项:(1)合同;(2)继承;(3)委托、声明、赠与、遗嘱;(4)财产分割;(5)招标投标、拍卖;(6)婚姻状况、亲属关系、收养关系;(7)出生、生存、死亡、身份、经历、学历、学位、职务、职称、有无违法犯罪记录;(8)公司章程;(9)保全证据;(10)文书上的签名、印鉴、日期,文书的副本、影印本与原本相符;(11)自然人、法人或者其他组织自愿申请办理的其他公证事项。这些业务可以概括为四个方面:证明民事法律行为;证明有法律意义的事实;证明有法律意义的文书;保全证据。

1. 证明民事法律行为

法律行为,是指自然人、法人或其他组织进行的、旨在引起民事法律关系发生、变更或者消灭的合法行为。公证机构可以证明的民事法律行为包括:合同(协议)的设立、变更或者终止;委托、赠与及遗嘱的设立、变更或者撤销;财产分割、转让或者放弃财产权、继承权的声明;夫妻财产约定(协议);婚前财产约定;收养关系的成立、解除;亲子认领;有价证券的发行、上市,与股票权益有关的委托;票据的拒绝付款、承兑;拍卖、招标、投标、开奖、评奖;债务的担保;债权的追索或者债务的承认;其他民事法律行为的设立、变更或者终止;等等。

(1)合同公证。合同是平等主体的自然人、法人、其他组织之间设立、变更、终止民事权利义务关系的协议。合同公证是指公证机构根据当事人的申请,依法证明当事人之间签订合同行为的真实性、合法性的活动。办理合同公证应向当事人住所地、合同签订地公证处提出申请,涉及不动产转让的合同应向不动产所在地公证处提出申请。当事人提出申请时应提交以下材料:自然人的身份证明;法人或者其他组织的资格证明;法定代表人身份证件;有代理人的,提供委托人的授权委托书和代理人的身份证件;与合同有关的权利证书和技术资料:涉及财产转让的,提供财产所有权证明;涉及财产抵押的,提供抵押物所有权证明或所有权设立抵押的证明;涉及担保的合同,提供担保人的法人资格证明、法定代表人身份证明、担保书;法人享有合同权利、承担合同义务的证明:法人为有限责任公司的,提供公司章程,合同内容应由董事会同意的,提供董事会决议;法人为合伙企业的,提供合伙协议,涉及财产转让和设定抵押的,提供全体合伙人的书面意见;法人为集体企业的,提供职工代表大会或村民委员会的书面决议;法人为国有企业,涉及财产转让、设定抵押等重大经济行为的,提供国有资产管理部门的批准文件;合同本身;其他材料。

(2)委托公证。委托是委托人授权受托人以委托人名义,在授权范围内办理委托事务的单方法律行为。委托公证包括委托书公证和委托合同公证。前者是指公证机构根据当事人的申请,依法证明委托人授权他人以自己名义实施某种法律行为的意思表示真实、合法的活动。后者是指公证机构依法证明委托人与受托人之间签订的委托合同真实、合法的活动。委托合同是双方意思表示,应由委托人和受托人共同申请公证。

(3)赠与公证。赠与是赠与人在法律许可的范围内将个人财产无偿转给受赠人的单方法律行为,也可以双方签订赠与合同。赠与公证包括对赠与行为和赠与合同的公证。赠与公证是指公证机构根据当事人的申请,依法证明赠与人将其财产无偿转让给他人的行为真实、合法的活动。

(4)遗嘱公证。遗嘱是遗嘱人生前在法律允许的范围内,依法定方式处分其个人财产或处理其他事务,并在其死亡时生效的单方法律行为。遗嘱须采取书面形式,由本人签名,并经公证。遗嘱公证是指公证机构根据立遗嘱人的申请,依法对其设立遗嘱行为的真实性、合法性予以证明的活动。办理遗嘱公证,立遗嘱人应提交以下材料:本人的身份证明(如居民身份证、户口本、护照、通行证);遗嘱人所处分财产的所有权证明(如房产证、存款单);遗嘱。

(5)分割共有财产协议的公证。共有财产是由两个以上的自然人、法人或其他组织共有的财产,分为按份共有和共同共有。按份共有人按各自份额,对共有财产享有权利和承担义务;共同共有人对共有财产享有平等的权利和承担同样的义务。按份共有财产的每位共有人有权将自己的份额分出或转让,其他共有人在同等条件下有优先购买权。这种公证旨在证明分割共有财产协议内容的真实性和合法性。

(6)继承公证。继承是继承人在被继承人死亡后,依法承受被继承人遗产的法律行为。继承公证是公证机构根据当事人的申请,依法证明公民具有继承被继承人遗留的个人合法财产权利的真实性、合法性的活动。

(7)收养公证。收养是指依法定程序领养他人子女为自己的子女,使原无血缘关系的人之间产生父母子女关系的法律行为。收养公证是公证机构根据当事人的申请,依法证明其与非婚生子女建立养父母关系的民事法律行为的真实性、合法性的活动。办理收养公证,由收养人或被收养人住所地公证处管辖。应当注意的是:收养关系当事人必须亲自办理收养关系公证,居住在异地的当事人提供的协议书必须经当地公证机构公证;必须由生父母双方共同送养,生父母一方不明或者找不到的才可单方送养;有配偶者收养子女,须夫妻共同收养;配偶一方死亡,另一方送养未成年子女的,死亡一方的父母有优先抚养权;监护人送养未成年孤儿的,需征得有抚养义务的人的同意。未成年人的监护人不具备完全行为能力,该未成年人的监护人不得将其送养,但父母对该未成年人有严重危害可能的,允许监护人将其送养;不得以送养子女为理由违反计划生育规定,不得借收养名义买卖儿童。

2. 证明有法律意义的事实

法律事实,是指能引起民事法律关系发生、变更或消灭的客观情况。按是否依当事人意志为转移,法律事实分为行为和事件两类。这里所指有法律意义的事实,是指除法律行为以外,能够引起民事法律行为产生、变更或者消灭的一切事实,包括法律事件和非争议性事实,公证实践中主要有以下情形:继承权的享有,商标权、专利权、著作权等民事权利的享有、转让和使用许可;出生、生存、死亡、学历、经历、亲属、居住、婚姻、刑事处分等状况;法人或其他组织的资格、章程、资信,财产的清点、评估和清算,股份公司的创立大会及股东大会决议;不可抗力事件;保险财产的估价或保险损失的确定;匿名作品的作者身份;等等。

(1)证明法律事件。法律事件是指由于意外情况的发生而导致民事法律关系设立、变更或消灭的法律事实,与当事人的意志无关,即自然发生或客观存在的事实,比如出生、死亡。自然人的死亡会引起继承关系发生或者婚姻关系消灭,因此,公证机构对死亡的证明就具有重要意义。当事人申请死亡公证应提交如下材料:申请人身份证明;死者的死亡证原件,如医院或公安机关签发的死亡证或尸体火化证明或记录有死者死亡日期的户口簿原件;死者被宣告死亡的,提交法院的判决书;没有死亡证原件的,提交其他足以证明死者死亡的材料。

(2)证明非争议性事实。非争议性事实是指当事人之间目前无争议,也不一定很快会发生法律后果,但将来可能发生争议或法律后果的事实。比如,婚姻状况、[7]亲属关系、[8]收养关系、身份、姓名、[9]学历、经历、专业职务、职业资格、有无犯罪记录、健康状况、生存、居住等。当事人申请办理非争议性法律事实的公证,一般都有明确目的,比如,出国谋职、求学要办理经历和学历公证;在国外需使用国内机动车辆驾驶证的,可办理驾驶证公证。

3. 证明有法律意义的文书

有法律意义的文书,是指在法律上能够引起一定后果即民事法律关系产生、变更或终止的文件或证书。《公证法》第 11 条第 1 款第 10 项规定的证明文书上的签名、印鉴、日期,文书的副本、影印本与原本相符,就属于此类内容。证明有法律意义的文书,只是从文书形式上确认其真实性,而不是证明文书内容属实。

(1)证明文书上的签名、印鉴、日期属实。国家机关、社会团体和企事业单位颁发或者出具的文件,如果对某些民事权利义务关系的产生、变更或消灭有法律意义,则公证机构可根据当事人的申请,对文件上的签名、印鉴和日期的真实性予以公证。当事人在实施某种法律行为前,可以在公证员面前当场书写有关文书,并签名盖章,或在公证员面前对事先拟好的文书签名盖章。公证员根据自己目睹的事实证明该当事人签名、盖章、日期属实。比如,为出国留学、进修、工作,通常需办理毕业证书、学位证书、健康检查证书、资格证书(如技术等级证书、机动车驾驶证、专利证书、运动员证书、裁判员证)等公证,由公证机构证明这些文书上的签名、印鉴和日期属实。

(2)证明文书的副本、影印本与原本相符。如果不宜使用或不能取得文书原件,公证机构可根据当事人的申请,经与原本核对后,证明副本(正本之外的其他复本,与正本内容相同)、影印本与原本相符,赋予其与原本相同的效力。

4. 保全证据

保全证据,是指公证机构根据当事人的申请,为将来进行诉讼的需要,对可能灭失或难以取得的证据,依法采取一定措施加以收集、固定并保管,以保持证据的真实性和证明力的活动。当事人申请保全证据的内容,须关系本人的合法权益。申请保全证据的原因是,证据有灭失或难以获得的危险,如证物容易腐烂、变质。当事人申请保全证据,是为了将来进行诉讼。根据公证保全的证据的不同形式,保全证据公证通常可以分为:对证人证言及当事人陈述的保全公证;对书证、物证、视听资料和计算机软件、电子数据的保全公证;对行为过程的保全公证等。在进入诉讼程序后,当事人认为需保全证据的,应依照《民事诉讼法》第 84 条向人民法院提出

---

[7] 婚姻状况公证是指公证机构根据申请人的申请,依法证明其未婚、结婚、离婚状况的真实性、合法性的活动。

[8] 亲属关系公证是指公证机构根据当事人的申请,依法对申请人因血缘、婚姻、收养而与他人产生的相互关系的真实性、合法性予以证明的活动。

[9] 姓名公证是指公证机构根据当事人的申请,依法定程序证明当事人所使用姓名的真实性的活动,包括证明现用名、别名、曾用名。当事人申办姓名公证,应向本人住所地公证处提出申请。

申请。

保全证据公证由当事人住所地或事实发生地公证处受理。当事人应提供以下材料：(1)自然人提供身份证件；(2)法人提供法人资格证明、法定代表人身份证明，有代理人的提供法人授权委托书和代理人身份证件；(3)需保全证据的有关情况的材料，如拆迁房屋的拆迁证；(4)需保全的证据与申请人在法律上有关联的材料，如知识产权被侵害的版权证明。

(二)法定公证事项

法定公证事项，是指法律、行政法规规定应当公证的事项，有关自然人、法人或其他组织应当申请办理公证，公证机构应当依法给予公证，经过公证，该事项才能发生法定效力的一项制度。《公证法》第11条第2款规定，法律、行政法规规定应当公证的事项，有关自然人、法人或者其他组织应当向公证机构申请办理公证。《民事诉讼法》第271条规定："在中华人民共和国领域内没有住所的外国人、无国籍人、外国企业和组织委托中华人民共和国律师或者其他人代理诉讼，从中华人民共和国领域外寄交或者托交的授权委托书，应当经所在国公证机关证明，并经中华人民共和国驻该国使领馆认证，或者履行中华人民共和国与该所在国订立的有关条约中规定的证明手续后，才具有效力。"

《公证法》第38条规定："法律、行政法规规定未经公证的事项不具有法律效力的，依照其规定。"对属于法律、行政法规规定应当公证的事项，当事人应当依法向公证机构申请办理公证；否则，该事项将不能发生法律效力。根据以上规定，法定公证事项只能由法律、行政法规规定，而地方性法规对此无权作出规定。

二、公证事务

公证事务，是指公证机构依法可以办理的与证明活动相关的辅助性非证明业务。《公证法》第11条规定了公证机构可以办理的证明业务的范围，证明业务是公证机构最主要、最基本的业务。为了体现公证的服务功能，《公证法》第12条规定公证机构可以办理与证明活动有关的非证明法律事务。具体包括以下五种方面的法律事务：

(一)法律、行政法规规定由公证机构登记的事务

对于公证机构登记的法律事务，由法律、行政法规规定。如《民法典》第416条规定，动产抵押担保的主债权是抵押物的价款，标的物交付后10日内办理抵押登记的，该抵押权人优先于抵押物买受人的其他担保物权人受偿，但是留置权人除外。动产抵押担保的登记，即应由公证机构办理。

(二)提存

提存公证是指公证机构依法定条件和程序，对债务人或担保人为债权人的利益而交付的债之标的物或担保物(含担保物的替代物)进行寄托、保管，并在条件成就时交付债权人的活动。监护人、遗产管理人为保护被监护人、继承人的利益，可以将所监护或管理的财产申请提存；立遗嘱人或赠与人为保护遗嘱受益人或未成年的受赠人的利益，可将遗嘱所处分的财产或赠与财产申请提存。以清偿为目的的提存公证，具有债的消灭和债之标的物风险责任转移的法律效力；以担保为目的的提存公证，具有保证债务履行和替代其他担保形式的法律效力。提存的物品限于货币、有价证券、票据、提单、权利证书、贵重物品、担保物(金)或其替代物、其他适宜提存的标的物。公证处是我国法定的提存机关。

(三)保管遗嘱、遗产或者其他与公证事项有关的财产、物品、文书

公证机构可根据当事人的申请,对其所立遗嘱、遗产或其他财产、物品、文书(如合同、学位证)等代为保管,以防遗失或泄密而引起纠纷。公证机构不是专门的保管机构,因此一般不承担保管义务。但是,在公证活动中,某些当事人因为个人的某种特殊需要,要求将与公证事项有关的财产、物品、文书等提交公证机构保管,公证机构应当予以办理。

(四)代写与公证事项有关的法律事务文书

当事人办理公证时填写某些文书有困难的,公证员可根据当事人口述,代为草拟申请公证的文书或与公证业务有关的其他文书,如委托书、合同、遗嘱、声明书、通知书等。

(五)提供公证法律咨询

公证机构是向社会提供专业法律服务的证明机构,完全有能力就当事人提出的有关公证法律问题提供咨询意见。对当事人就有关公证法律事务提出的咨询,公证机构应当依法提供准确、可靠的咨询意见,供其在处理相关事务时参考。

尽管《公证法》对公证业务范围作了较为详尽的规定,但社会不断发展,法律不可能对社会生活的各个方面作出详尽规定。事实上,公证实践也会不断超出上述业务范围,出现各种新型的公证。例如,财产清点、开奖、[10]比赛或者物品销毁等行为、事实;制作票据拒绝证书;制作违约行为记录;发现权公证;[11]法院立案行为公证;[12]等等。从法理上讲,凡与公证职能有关的非讼法律事务,只要当事人申请以及不违反法律规定和公共利益,原则上均可纳入公证的范围。

第四节 中国公证的基本原则

许多人认为,公证原则是公证机构办理公证业务时必须遵循的根本准则。[13] 但把公证的基本原则理解为仅约束公证机构是片面的。公证的基本原则,是指效力贯穿于《公证法》和公证程序始终的根本规则,是公证机构和公证当事人在办理公证过程中始终必须遵守的基本准则,也是司法行政机关在监督管理公证工作时应遵守的根本规则,还是公证立法的基本依据。与具体制度和程序相比,公证的基本原则具有概括性、指导性、基本性等特征,集中体现了《公证法》的根本内容和精神实质,是克服法律局限性的武器,是整个公证工作顺利开展的支撑和

---

〔10〕 开奖公证是指公证机构根据有奖活动主办单位的申请,依法对有奖活动进行法律监督并证明有奖活动程序和中奖结果真实、合法的活动。

〔11〕 2003年6月9日,史某在潭柘寺镇发现形似卧佛的山体,向门头沟公证处申请发现权公证,经调查审核,该公证处证实史某是发现"京西大卧佛"的第一人,出具公证书,依法对其发现权进行确认。这是北京公证机构对公民发现权作出的第一例公证。载 http://www.chinanotary.org/information/06172003gongzheng.htm。

〔12〕 刘运江等三人为起诉湖北省随州市国土资源局行政不作为,向曾都区法院交立案材料五六次,但法院每次收到材料后,"便没有了音讯",而且每次也不出具任何收案凭证,在法定期限内不作任何答复。在这种情况下,2007年8月1日,刘运江请随州市曾都公证处的公证员到曾都区法院和随州中院,对他们将立案材料送交法院的行为进行了公证。参见张有义:《公证处对法院立案进行证据保全 尚属首例》,载《法制日报》2007年8月12日。

〔13〕 参见宴希琨主编:《新编律师与公证制度》,中国人民公安大学出版社1996年版,第325-326页。

根本保障。

公证的基本原则具体包括哪些,理论上有争议。有人认为,回避原则、便民原则、使用本国民族文字原则,是法律对一切公权机关的基本要求,并非公证的基本原则;保密原则只是适用于某一领域的具体原则。根据《公证法》《公证程序规则》等规定,我们认为,公证的基本原则有以下几项:

一、真实合法原则

真实合法原则是公证工作必须遵循的最重要的基本原则。《公证法》第 2 条规定:"公证是公证机构根据自然人、法人或者其他组织的申请,依照法定程序对民事法律行为、有法律意义的事实和文书的真实性、合法性予以证明的活动。"第 13 条规定,公证机构不得为不真实、不合法的事项出具公证书。真实合法原则贯穿于公证活动的全部过程,包括真实原则和合法原则两个方面。

真实原则,是指公证文书所证明的法律行为、有法律意义的事实和文书及其各项内容是客观存在或确实发生过的,而不是虚假或伪造的。真实原则不仅要求公证员在办理公证时客观证明事实,而且要求公证当事人向公证机构如实提供材料。国外公证立法一般都规定了当事人的真实义务,日本等国甚至对此规定了刑法保障。"真实"不仅指当事人的身份、权利能力、行为能力、签章真实,甚至在遗嘱公证等民事公证中公证员亦可作可行性审查。真实原则就其实质而言,包括可行性审查。当然,这种可行性审查不构成"担保"。

真实原则是公证活动的灵魂,也是诚实信用原则在公证领域的体现。[14] 首先,国家设立公证制度旨在证明法律行为、有法律意义的事实和文书的真实性,以防范纠纷。若违背真实原则,公证制度的目的将不能实现。其次,公证活动的真实性决定公证文书的证据效力与强制执行效力。若违背真实原则,法院将否定公证文书的证据效力;公证债权文书确有错误的,法院将裁定不予执行。最后,作为伦理观念的诚实信用,因其具有衡平特点,而被引入民商法领域并成为"帝王条款",使过分追求安定性的大陆法国家的法律也能适应社会变化。诚实信用原则要求人们在行使权利和履行义务时讲究信用、信守诺言、诚实不欺。当事人在申请公证时应诚实地提供材料和陈述事实,公证员也应诚实地办理公证事务。不过,公证追求何种真实,尚有争议。我们认为,公证主要应追求法律真实,因为客观真实很难把握,公证员只要依照法定的公证程序,认真审核当事人提交的材料,向当事人作必要的询问,并收集相关的证明材料,据此作出公证便符合真实原则。

合法原则,是指公证机构办理公证事项的内容、形式和程序必须符合国家法律、法规和政策的要求。合法原则是开展公证工作的根据。值得探讨的是,法律没有规定的行为是否可以办理公证?比如,办理手术公证、引诱取证公证是否合法?

真实合法原则虽然是公证的基本原则,但适用时也有例外,主要有:(1)并非所有公证事项都要求真实合法,有些事项只存在真实性问题,而无合法性问题,如证明不可抗力;(2)有些公证只涉及形式上的真实合法而不涉及内容的真实合法,如遗嘱公证、声明书公证;[15](3)有

---

〔14〕 类似表述,参见齐树洁主编:《民事程序法》,厦门大学出版社 2002 年版,第 638 页。

〔15〕 例如,声明书公证,公证员只证明当事人签章属实,不对内容真伪负责,但声明书内容明显虚假(如声明自己会飞)或明显违法(如声明不放弃对邪教的信仰)时应拒绝公证。

些公证事项的形式、内容均违法,公证员对其违法状况进行记录,如使用盗版软件的证据保全。违反真实合法原则会导致公证无效,但被证明事项不真实、不合法,并不一定导致公证无效。如遗嘱公证,立遗嘱人处分了无权处分的财产,遗嘱无效,但只要公证程序合法,就不影响公证书的效力。公证对象是否违法,此类问题可在当事人提起诉讼后交由法院审理认定。

二、自愿原则

自愿原则,是指公证机构办理公证须根据当事人的申请,而当事人提出公证申请必须完全出于自愿。当事人申请公证是公证程序启动、进行和终结的前提。自愿原则包括两方面的含义:一是公证程序的启动以当事人的申请为前提。只有当事人提出申请,公证机构才可能受理和办理公证事项。公证机构的公证以当事人的意思表示为基础,任何组织和个人不得强制当事人申请公证,也无权限制当事人申请公证,并且不得干涉当事人进行公证事项的内容。二是自愿原则贯穿于公证活动的始终。当事人可以自愿申请公证,也可以在办理公证的过程中撤回申请,还可以在公证证明作出后申请撤销公证文书。

三、直接原则

直接原则,是指公证机构办理公证事务时,须由公证员亲自接待当事人,听取当事人和相关人员的陈述,亲自审查公证事项的内容和其他有关的全部材料,依据事实、法律、感受和经验,确认申请公证的事项是否真实、合法,是否符合出证条件,再作出决定。《公证程序规则》第5条第2款规定:"依照《公证法》和本规则的规定,在办理公证过程中须公证员亲自办理的事务,不得指派公证机构的其他工作人员办理。"直接原则是公证的核心原则之一,是保障真实合法原则的重要手段。法律授权公证员行使证明权,这种权力不允许他人代为行使。直接原则还意味着,公证员只对自己亲自审查或体验的事项负责,对其他公证员审查的事项不负责。

直接原则包括两方面的含义:一方面,对公证员而言,公证机构办理公证事务须由公证员直接进行,不能委托给非公证员代办。但该原则并不要求公证的每一环节都由公证员亲自完成,一些辅助性工作(如书写询问笔录、草拟公证书)可由公证员助理完成,但其工作失误则由公证员负责。公证员应亲自接待当事人,听取当事人的意见和陈述,审查公证事项和有关资料,确定是否真实与合法,最后作出决定。公证词中"在我的面前……""经本公证员现场监督……"等字样,都体现了直接原则。另一方面,对当事人来说,当事人可以委托他人办理公证,但在涉及特定人身关系的情形下,为保护当事人的合法权益,《公证法》规定,当事人必须亲自办理公证。《公证程序规则》第11条规定:"当事人可以委托他人代理申办公证,但申办遗嘱、遗赠扶养协议、赠与、认领亲子、收养关系、解除收养关系、生存状况、委托、声明、保证及其他与自然人人身有密切关系的公证事项,应当由其本人亲自申办。公证员、公证机构的其他工作人员不得代理当事人在本公证机构申办公证。"实践中,如果遗嘱当事人因身体不适不能到公证处,公证员应到当事人住所地听取其本人的陈述。

四、回避原则

回避是指公证人员在法律规定的情形下,依法定程序退出相关公证事项。当事人不得担任自己的公证人,即公证人不得与公证事务的结果或者公证当事人、相关人员有任何利害关系。回避是保障公证人员客观公正地办理公证事务的重要措施。

回避的方式有两种:一是自行回避,即承办公证员收到公证申请后,遇有法律规定的情形或自己认为承办该公证事项不适宜时,提出放弃承办该公证事项的请求;二是申请回避,即当事人遇有法律规定的情形时,向公证机构提出更换承办公证员的请求。根据法律规定,当事人提出回避申请,应在公证书作成前提出。《公证法》第23条规定,公证员不得为本人及近亲属办理公证或者办理与本人及近亲属有利害关系的公证。《公证程序规则》第20条规定:"公证机构受理公证申请后,应当指派承办公证员,并通知当事人。当事人要求该公证员回避,经查属于《公证法》第二十三条第三项规定应当回避情形的,公证机构应当改派其他公证员承办。"公证员遇到这种情况时,应当回避。

五、保密原则

对公证活动中接触到的国家秘密、商业秘密和个人隐私,公证人员及相关人员应当予以保密,不得向他人泄露。保密原则是由公证业务的性质和内容所决定的。公证人员进行公证活动会接触到国家秘密、商业秘密和个人隐私,只有坚持保密原则,才能保护国家利益和当事人的合法权益,维护公证机构的信誉。《公证法》第13条和第23条分别规定,禁止公证机构、公证员泄露在执业活动中知悉的国家秘密、商业秘密或者个人隐私。第22条第1款规定:"公证员应当遵纪守法,恪守职业道德,依法履行公证职责,保守执业秘密。"《公证程序规则》第6条第2款对与公证业务相关人员的保密义务作出规定:"公证机构的其他工作人员以及依据本规则接触到公证业务的相关人员,不得泄露在参与公证业务活动中知悉的国家秘密、商业秘密或者个人隐私。"《公证员职业道德基本准则》第4条规定:"公证员应当自觉履行保密的法定义务。不得利用知悉的秘密为自己或他人谋取利益。"

保密原则是对公证人员行使职责的基本要求,具体包括:(1)对公证事务的内容保密。(2)对公证机构拒绝公证事项的内容保密。(3)对当事人申请公证的目的、要求、用途等保密。(4)根据当事人的申请发放公证文书的正本和副本,除当事人同意或法律另有规定外,不得向其他任何人提供公证书的正本、副本、抄本、节本或影印本。(5)保密原则不仅约束公证人员,而且接触公证事务的鉴定人、翻译人、见证人和其他人员也负有保密的义务,其保密义务限于直接接触公证事务时所获得的秘密。(6)案卷保存方面,《公证程序规则》第60条规定:"公证案卷应当根据公证事项的类别、内容,划分为普通卷、密卷,分类归档保存。公证案卷应当根据公证事项的类别、用途及其证据价值确定保管期限。保管期限分短期、长期、永久三种。涉及国家秘密、遗嘱的公证事项,列为密卷。立遗嘱人死亡后,遗嘱公证案卷转为普通卷保存。公证机构内部对公证事项的讨论意见和有关请示、批复等材料,应当装订成副卷,与正卷一起保存。"(7)公证人员违反保密原则给当事人造成损失的,当事人可请求公证机构赔偿。

六、便民原则

便民原则,是指公证机构在公证活动中应当采用便利民众的方法和手续。修订的《公证程序规则》第2条就明确增加了便民原则:"公证机构办理公证,应当遵守法律,坚持客观、公正、便民的原则,遵守公证执业规范和执业纪律。"这是公证的法律服务性所决定的,体现了我国公证制度的社会主义性质。公证的便民原则主要体现在:(1)公证管辖制度的安排,主要考虑了如何便利公证当事人。(2)从程序启动上看,当事人申请公证可采取书面形式,也可以采取口头形式。除申办遗嘱、遗赠扶养协议、赠与、认领亲子、收养、解除收养、委托、声明、生存及其他与当事人人身有密切关系的公证事项外,申请人可以委托他人办理公证。(3)直接原则要求公证员亲自办理公证事务,如需调查取证、实地考察,应自行安排,不能要求当事人承担。

申请人因年老体弱多病不能到公证处办理有关事宜的,公证员应到当事人住所地听取其本人的陈述。(4)从业务范围来看,公证处还可以为当事人代书,提供与公证有关的法律咨询。(5)申请人不通晓当地语言文字的,公证处应提供翻译。(6)在公证实践中形成了巡回办证、设点办证、上门服务等便民服务方式。(7)公证活动应及时进行和作出决定,不应拖延。《公证法》第30条规定:"公证机构经审查,认为申请提供的证明材料真实、合法、充分,申请公证的事项真实、合法的,应当自受理公证申请之日起十五个工作日内向当事人出具公证书。但是,因不可抗力、补充证明材料或者需要核实有关情况的,所需时间不计算在期限内。"

七、使用本国或本民族文字原则

公证机构在进行公证活动时,应当使用本国或本民族的文字。《公证法》第32条第2款规定:"公证书应当使用全国通用的文字;在民族自治地方,根据当事人的要求,可以制作当地通用的民族文字文本。"《公证程序规则》第43条规定:"制作公证书应当使用全国通用的文字。在民族自治地方,根据当事人的要求,可以同时制作当地通用的民族文字文本。两种文字的文本,具有同等效力。发往我国香港特别行政区、澳门特别行政区、我国台湾地区使用的公证书应当使用全国通用的文字。发往国外使用的公证书应当使用全国通用的文字。根据需要和当事人的要求,公证书可以附外文译文。"对于任何用外国文字写成的文书,均需译成中文才予以公证。根据公证当事人的要求,发往境外使用的公证书可以附相关国家文字的译本。

第五节 中国公证的执业区域与程序

一、公证执业区域

公证执业区域,是指由省、自治区、直辖市司法行政机关,根据《公证法》第25条和《公证机构执业管理办法》第10条的规定以及当地公证机构设置方案,划定的公证机构受理公证业务的地域范围,即对特定公证事项应由哪个公证处受理的权限划分。明确公证执业区域,有助于保障公证机构正确、合法、及时地行使职权,避免发生推诿争执,方便当事人申请办理公证。

《公证程序规则》第13条规定,公证机构的执业区域,由省、自治区、直辖市司法行政机关在办理该公证机构设立或者变更审批时予以核定。公证机构应当在核定的执业区域内受理公证业务,不得超越执业区域受理公证事务。

根据《公证法》和其他相关法律法规的规定,公证执业区域有以下几种情况:

1. 自然人、法人或者其他组织申请办理公证,可以向住所地、经常居住地、行为地或者事实发生地的公证机构提出;申请办理涉及不动产的公证,应当向不动产所在地的公证机构提出。但是,申请办理涉及不动产的委托、声明、赠与、遗嘱的公证,可以向住所地、经常居住地、行为地或者事实发生地的公证机构提出。

2. 二个以上当事人共同申办同一公证事项的,可以共同到行为地、事实发生地或者其中一名当事人住所地、经常居住地的公证机构申办。当事人向2个以上可以受理该公证事项的公证机构提出申请的,由最先受理申请的公证机构办理。

3. 中华人民共和国驻外使(领)馆可以依照本法的规定或者中华人民共和国缔结或者参加的国际条约的规定,办理公证。华侨以及中国血统的外籍人申请办理在我国境内使用的公证书,我国驻外使领馆一般可予以办理。华侨以及中国血统的外籍人申请在境外使用的公证书,只要民事法律行为、民事法律事实和文书发生在我国,其内容与我国及文书使用国的法律没有抵触的,我国驻外使领馆也可办理。

4. 根据国际惯例和有关法律规定,下列部门或公职人员出具的某些证明书,与公证书具有同等效力:(1)航行中的船舶、航空器的负责人对船舶、航空器上的自然人的遗嘱、委托等法律行为所出具的证明书;(2)在野外的勘探队、考察队及其他在野外工作的组织的负责人,对其所属成员在野外工作期间的遗嘱、委托等法律行为所出具的证明书;(3)执行剥夺自由的场所的负责人,对所管辖场所中被剥夺自由的人员的遗嘱、委托等法律行为所出具的证明书;(4)军队的首长、政治机关对所属军职人员的遗嘱、委托等法律行为所出具的证明书;(5)卫生部门出具的免疫证明书、健康检查证明书、死亡证明书、出生证明书;(6)进出口商品检验机关出具的商品检验证明书、各种鉴定证明书;(7)商标管理机关出具的商标注册证等。

二、公证程序

公证程序是公证机构、公证员与公证当事人进行公证活动时应遵循的基本步骤和规则。明确、详细、科学的公证程序是公证质量的重要保证。《公证法》对公证程序作了规定,《公证程序规则》详细规定了公证的申请与受理、审查、出具公证书、不予办理公证和终止公证、特别规定、公证登记和立卷归档、公证争议处理等具体程序。公证程序可分为普通规定和特别规定。普通规定包括申请与受理、审查、出具公证书、不予办理公证和终止公证等。

(一)申请

申请是自然人、法人或者其他组织向公证机构提出办理公证的请求。当事人申请公证应向有管辖权的公证处提出,公证程序经由当事人的申请而启动。

1. 公证申请表

申请公证应填写公证申请表,并签名或盖章。申请人填写申请表确有困难的,可由公证人员代为填写。《公证程序规则》第 17 条规定了公证申请表应记载的内容:(1)申请人及其代理人的基本情况;(2)申请公证的事项及公证书的用途;(3)申请公证的文书的名称;(4)提交证明材料的名称、份数及有关证人的姓名、住址、联系方式;(5)申请的日期;(6)其他需要说明的情况。

2. 申请公证应提交的材料

《公证程序规则》第 18 条规定,申请人申请办理公证,应当提交下列材料:(1)自然人的身份证明,法人的资格证明及其法定代表人的身份证明,其他组织的资格证明及其负责人的身份证明;(2)委托他人代为申请的,代理人须提交当事人的授权委托书,法定代理人或者其他代理人须提交有代理权的证明;(3)申请公证的文书;(4)申请公证的事项的证明材料,涉及财产关系的须提交有关财产权利证明;(5)与申请公证的事项有关的其他材料。该条新增的第 2 款规定:“对于前款第四项、第五项所规定的申请人应当提交的证明材料,公证机构能够通过政务信息资源共享方式获取的,当事人可以不提交,但应当作出有关信息真实合法的书面承诺。”实际上,这是新《公证程序规则》在互联网技术大力发展、政务相关信息已基本可以通过网络查询的背景下落实便民原则的体现。

3. 代理

当事人申请办理公证,可委托他人代理,但申请办理遗嘱、生存、收养关系等应当由本人申办的公证事项,不得委托他人代理。《公证程序规则》第10条规定:"无民事行为能力人或者限制民事行为能力人申办公证,应当由其监护人代理。法人申办公证,应当由其法定代表人代表。其他组织申办公证,应当由其负责人代表。"第11条规定:"当事人可以委托他人代理申办公证,但申办遗嘱、遗赠扶养协议、赠与、认领亲子、收养关系、解除收养关系、生存状况、委托、声明、保证及其他与自然人人身有密切关系的公证事项,应当由其本人亲自申办。公证员、公证机构的其他工作人员不得代理当事人在本公证机构申办公证。"为方便当事人申办公证,居住在国外或我国港澳台地区的当事人,委托代理人申办公证事项,其委托书应经当地公证人、我国驻外使领馆公证,或者经司法部指定的机构、人员证明。

(二)受理

受理是公证机构接受当事人的申请,经审查后同意办理公证事务的行为。《公证程序规则》第19条规定,符合下列条件的申请,公证机构可以受理:(1)申请人与申请公证的事项有利害关系;(2)申请人之间对申请公证的事项无争议;(3)申请公证的事项符合《公证法》第11条规定的范围;(4)申请公证的事项符合《公证法》第25条的规定和该公证机构在其执业区域内可以受理公证业务的范围。

《公证程序规则》第21条规定,公证机构受理公证申请后,应当告知当事人申请公证事项的法律意义和可能产生的法律后果,告知其在办理公证过程中享有的权利、承担的义务。告知内容、告知方式和时间,应当记录归档,并由申请人或其代理人签字。公证机构受理公证申请后,应当在全国公证管理系统录入办证信息,加强公证办理流程管理,方便当事人查询。

对不符合条件的申请,公证机构应当不予受理,并通知申请人。公证机构受理公证申请后,应当按照规定向当事人收取公证费。公证办结后,经核定的公证费与预收数额不一致的,应当办理退还或者补收手续。对符合法律援助条件的当事人,公证机构应当按照规定减收或者免收公证费。

公证机构受理公证申请后,应当指派承办公证员,并通知当事人。当事人要求该公证员回避,经查属于《公证法》第23条第3项规定应当回避的情形("为本人及近亲属办理公证或者办理与本人及近亲属有利害关系的公证")的,公证机构应当改派其他公证员承办。

(三)审查

审查是公证机构在受理当事人的申请后,对当事人申请公证的事项以及有关证明材料等,从事实和法律两个方面进行审查与核实的行为。审查是公证程序的重要环节,是查明公证内容是否真实、合法的关键。

《公证法》第28条规定,公证机构办理公证,应当根据不同公证事项的办证规则,分别审查下列事项:(1)当事人的身份、申请办理该项公证的资格以及相应的权利;(2)提供的文书内容是否完备,含义是否清晰,签名、印鉴是否齐全;(3)提供的证明材料是否真实、合法、充分;(4)申请公证的事项是否真实、合法。《公证程序规则》第23条进一步规定,公证机构受理公证申请后,应当根据不同公证事项的办证规则,分别审查下列事项:(1)当事人的人数、身份、申请办理该项公证的资格及相应的权利;(2)当事人的意思表示是否真实;(3)申请公证的文书的内容是否完备,含义是否清晰,签名、印鉴是否齐全;(4)提供的证明材料是否真实、合法、充分;(5)申请公证的事项是否真实、合法。

《公证程序规则》第 24 条规定,当事人应当向公证机构如实说明申请公证的事项的有关情况,提交的证明材料应当真实、合法、充分。公证机构在审查中,对申请公证的事项的真实性、合法性有疑义的,认为当事人的情况说明或者提供的证明材料不充分、不完备或者有疑义的,可以要求当事人作出说明或者补充证明材料。当事人拒绝说明有关情况或者补充证明材料的,依照该规则第 48 条的规定处理,即"公证机构应当不予办理公证"。

《公证程序规则》第 25 条规定,公证机构在审查中,对当事人的身份、申请公证的事项以及当事人提供的证明材料,按照有关办证规则需要核实或者对其有疑义的,应当进行核实,或者委托异地公证机构代为核实。有关单位或者个人应当依法予以协助。审查自然人身份,应当采取使用身份识别核验设备等方式,并记录附卷。

《公证程序规则》新增了公证机构的风险告知义务,第 26 条规定:公证机构在审查中,应当询问当事人有关情况,释明法律风险,提出法律意见建议,解答当事人疑问;发现有重大、复杂情形的,应当由公证机构集体讨论。

《公证法》第 29 条规定,公证机构对申请公证的事项以及当事人提供的证明材料,按照有关办证规则需要核实或者对其有疑义的,应当进行核实,或者委托异地公证机构代为核实,有关单位或者个人应当依法予以协助。根据《公证程序规则》的规定,公证机构进行核实的方式主要有以下几种:

1. 询问。公证人员询问当事人、公证事项的利害关系人和有关证人时,应告知其权利、义务、法律责任和注意事项,并制作询问笔录。询问笔录应当载明:日期、地点、询问人、记录人、询问事由、被询问人的基本情况、告知内容、询问谈话内容等。询问笔录应当交由被询问人核对后签名或者盖章、捺指印。笔录中修改处应当由被询问人盖章或者捺指印认可。公证人员在向当事人、公证事项的利害关系人、证人或者有关单位、个人核实或者收集有关公证事项的证明材料时,需要摘抄、复印(复制)有关资料、证明原件、档案材料或者对实物证据照相并作文字描述记载的,摘抄、复印(复制)的材料或者物证照片及文字描述记载应当与原件或者物证相符,并由资料、原件、物证所有人或者档案保管人对摘抄、复印(复制)的材料或者物证照片及文字描述记载核对后签名或者盖章。

2. 调查。公证人员向有关单位或者个人了解相关情况或者核实、收集相关书证、物证、视听资料等证明材料。公证机构派员外出核实的,应当由 2 人进行,但核实、收集书证的除外;特殊情况下只有 1 人外出核实的,应当有 1 名见证人在场,见证人应在笔录上签名。

3. 现场勘验。公证人员采用现场勘验方式核实公证事项及其有关证明材料的,应当制作勘验笔录,由公证人员及见证人签名或者盖章。根据需要,可以采用绘图、照相、录像或者录音等方式对勘验情况或者实物证据予以记载。

4. 鉴定、检验检测、翻译。需要委托专业机构或者专业人员对申请公证的文书或者公证事项的证明材料进行鉴定、检验检测、翻译的,公证机构应当告知当事人由其委托办理,或者征得当事人的同意代为办理。鉴定意见、检验检测结论、翻译材料,应当由相关专业机构及承办鉴定、检验检测、翻译的人员盖章和签名。委托鉴定、检验检测、翻译所需的费用,由当事人支付。

公证机构委托异地公证机构核实公证事项及其有关证明材料的,应当出具委托核实函,对需要核实的事项及内容提出明确的要求。受委托的公证机构收到委托函后,应当在 1 个月内完成核实。因故不能完成或者无法核实的,应当在上述期限内函告委托核实的公证机构。

此外,公证机构在审查中,认为申请公证的文书内容不完备、表达不准确的,应当指导当事人补正或者修改。当事人拒绝补正、修改的,应当在工作记录中注明。

(四)出具公证书

公证机构经审查,认为申请人提供的证明材料真实、合法、充分,申请公证的事项真实、合法的,应当向当事人出具公证书。

1. 出具公证书的条件

(1)民事法律行为公证的出证条件。根据《公证程序规则》第36条的规定,该类公证应当符合下列条件:当事人具有从事该行为的资格和相应的民事行为能力;当事人的意思表示真实;该行为的内容和形式合法,不违背社会公德;《公证法》规定的其他条件。但不同的民事法律行为公证的办证规则有特殊要求的,从其规定。

(2)有法律意义的事实或文书公证的出证条件。根据《公证程序规则》第37条的规定,该类公证应当符合下列条件:该事实或者文书与当事人有利害关系;事实或者文书真实无误;事实或者文书的内容和形式合法,不违背社会公德;《公证法》规定的其他条件。但不同的有法律意义的事实或者文书公证的办证规则有特殊要求的,从其规定。

(3)文书上的签名、印鉴、日期公证与文书的文本公证的出证条件。《公证程序规则》第38条规定,文书上的签名、印鉴、日期的公证,其签名、印鉴、日期应当准确、属实;文书的副本、影印本等文本的公证,其文本内容应当与原本相符。

(4)赋予强制执行效力的债权文书的出征条件。根据《公证程序规则》第39条的规定,该类公证应当符合下列条件:债权文书以给付为内容;债权债务关系明确,债权人和债务人对债权文书有关给付内容无疑义;债务履行方式、内容、时限明确;债权文书中载明当债务人不履行或者不适当履行义务时,债务人愿意接受强制执行的承诺;债权人和债务人愿意接受公证机构对债务履行情况进行核实;《公证法》规定的其他条件。

2. 公证书的审批

对符合规定条件的公证事项,由承办公证员拟制公证书,连同被证明的文书、当事人提供的证明材料及核实情况的材料、公证审查意见,报公证机构的负责人或其指定的公证员审批。根据《公证程序规则》第41条的规定,公证机构负责人或其指定的公证员审批公证事项及拟出具的公证书,应当审核以下内容:(1)申请公证的事项及其文书是否真实、合法;(2)公证事项的证明材料是否真实、合法、充分;(3)办证程序是否符合《公证法》、该规则及有关办证规则的规定;(4)拟出具的公证书的内容、表述和格式是否符合相关规定。审批重大、复杂的公证事项,应当在审批前提交公证机构集体讨论。讨论的情况和形成的意见,应当记录归档。

3. 公证书的内容

公证书应当按照司法部规定的格式制作,由公证员签名或者加盖签名章并加盖公证机构印章。根据《公证程序规则》第42条的规定,公证书应包括以下主要内容:(1)公证书编号。公证书编号由年度、公证处代码、类别、编码组成。(2)当事人及其代理人的基本情况。当事人是自然人的,包括姓名、性别、出生日期、住址、代理人姓名等;当事人是法人或其他组织的,包括名称、住所地、法定代表人、代理人姓名等。(3)公证证词。包括公证对象、证明的内容、法律依据等。公证证词是公证书的核心内容。公证证词中注明的文件是公证书的组成部分。

(4)承办公证员的签名(签名章)、公证机构印章。(5)出具日期。

4. 公证书的制作

公证书应当按照司法部规定的格式制作,由公证员签名并加盖公证机构公证专用印章。《公证程序规则》第45条规定:“公证机构制作的公证书正本,由当事人各方各收执一份,并可以根据当事人的需要制作若干份副本。公证机构留存公证书原本(审批稿、签发稿)和一份正本归档。”公证书正本是公证机构依据公证书原本制作、发给公证当事人使用的正式公证书。正本与原本具有同等法律效力。公证书原本是最原始的公证书,必须附卷归档,不得涂改、遗失、销毁或发给当事人。公证书副本是公证机构根据原本或正本制作的供当事人或其他人员、组织参考的公证文书,一般需加盖副本章。副本也不得随意制作和发放。公证书不得涂改、挖补,必须修改的应加盖公证处校对章。

制作公证书应当使用全国通用的文字;在民族自治地方,根据当事人的要求,可以同时制作当地通用的民族文字文本。这两种文字的文本,具有同等效力。发往我国香港特别行政区、澳门特别行政区、我国台湾地区使用的公证书应当使用全国通用的文字。发往国外使用的公证书应当使用全国通用的文字;根据需要和当事人的要求,公证书可以附外文译文。

5. 公证书的生效

《公证法》第32条规定,“公证书自出具之日起生效”。《公证程序规则》第44条第2款进一步补充规定:“需要审批的公证事项,审批人的批准日期为公证书的出具日期;不需要审批的公证事项,承办公证员的签发日期为公证书的出具日期;现场监督类公证需要现场宣读公证证词的,宣读日期为公证书的出具日期。”但实际上,在送达当事人之前,公证书始终处于公证机构的控制之下,公证机构随时可以修改公证书,因而尚不能认为公证书已经发生法律效力。因此应当将“出具”理解为送达,即公证书从送达当事人之日起发生法律效力。

《公证程序规则》第46条规定,公证书出具后,可以由当事人或其代理人到公证机构领取,也可以应当事人的要求由公证机构发送;当事人或其代理人收到公证书应当在回执上签收。

(五)不予办理公证和终止公证

1. 不予办理公证

不予办理公证,是指公证机构在办理公证的过程中,发现当事人申请公证的事项不真实、不合法或者当事人之间存在争议等情况,而决定不予办理公证的行为。《公证法》第31条规定,有下列情形之一的,公证机构不予办理公证:(1)无民事行为能力人或者限制民事行为能力人没有监护人代理申请办理公证的;(2)当事人与申请公证的事项没有利害关系的;(3)申请公证的事项属专业技术鉴定、评估事项的;(4)当事人之间对申请公证的事项有争议的;(5)当事人虚构、隐瞒事实,或者提供虚假证明材料的;(6)当事人提供的证明材料不充分或者拒绝补充证明材料的;(7)申请公证的事项不真实、不合法的;(8)申请公证的事项违背社会公德的;(9)当事人拒绝按照规定支付公证费的。不予办理公证的,由承办公证员写出书面报告,报公证机构负责人审批。不予办理公证的决定应当书面通知当事人或其代理人。而且,公证机构应当根据不予办理的原因及责任,酌情退还部分或者全部收取的公证费。

2. 终止公证

终止公证,是指公证机构在办理公证的过程中,因遇到某种特殊情形,继续办理公证已不必要或者不应当继续办理公证,从而结束办理的行为。根据《公证程序规则》第50条的规定,公证事项有下列情形之一的,公证机构应当终止公证:(1)因当事人的原因致使该公证事项在6个月内不能办结的;(2)公证书出具前当事人撤回公证申请的;(3)因申请公证的自然人死亡、法人或者其他组织终止,不能继续办理公证或者继续办理公证已无意义的;(4)当事人阻挠、妨碍公证机构及承办公证员按规定的程序、期限办理公证的;(5)其他应当终止的情形。终止公证的,由承办公证员写出书面报告,报公证机构负责人审批。终止公证的决定应当书面通知当事人或其代理人。而且,公证机构应当根据终止的原因及责任,酌情退还部分收取的公证费。终止公证的原因消除后,当事人或者其继承人仍要求办理公证的,可重新办理。

(六)公证程序的特别规定

公证程序的特别规定,是指法律规定公证机构办理某些特殊的公证事项应遵循的程序。主要包括以下情形:

1. 公证机构办理招标投标、拍卖、开奖等现场监督类公证,应当由2人共同办理。承办公证员应当依照有关规定,通过事前审查、现场监督,对其真实性、合法性予以证明,现场宣读公证证词,并在宣读后7日内将公证书发送当事人。该公证书自宣读公证证词之日起生效。办理现场监督类公证,承办公证员发现当事人有弄虚作假、徇私舞弊、违反活动规则、违反国家法律和有关规定行为的,应当即时要求当事人改正;当事人拒不改正的,应当不予办理公证。

2. 公证机构办理遗嘱公证,应当由2人共同办理。承办公证员应当全程亲自办理,并对遗嘱人订立遗嘱的过程录音录像。特殊情况下只能由一名公证员办理时,应当请一名见证人在场,见证人应当在询问笔录上签名或者盖章。公证机构办理遗嘱公证,应当查询全国公证管理系统。出具公证书的,应当于出具当日录入办理信息。

3. 公证机构派员外出办理保全证据公证的,由2人共同办理,承办公证员应当亲自外出办理。办理保全证据公证,承办公证员发现当事人是采用法律、法规禁止的方式取得证据的,应当不予办理公证。

4. 债务人不履行或者不适当履行经公证的具有强制执行效力的债权文书的,公证机构应当对履约情况进行核实,依照有关规定出具执行证书。债务人履约、公证机构核实、当事人就债权债务达成新的协议等涉及强制执行的情况,承办公证员应当制作工作记录附卷。执行证书应当载明申请人、被申请执行人、申请执行标的和申请执行的期限。债务人已经履行的部分,应当在申请执行标的中予以扣除。因债务人不履行或者不适当履行而发生的违约金、滞纳金、利息等,可以应债权人的要求列入申请执行标的。

5. 经公证的事项在履行过程中发生争议的,出具公证书的公证机构可以应当事人的请求进行调解。经调解后当事人达成新的协议并申请公证的,公证机构可以办理公证;调解不成的,公证机构应当告知当事人就该争议依法向人民法院提起民事诉讼或者向仲裁机构申请仲裁。

6. 增设公证业务的在线办理方式。《公证程序规则》第70条第2款规定:"公证机构采取在线方式办理公证业务,适用本规则。司法部另有规定的,从其规定。"

(七)公证登记和立卷归档

公证机构办理公证,应当填写公证登记簿,建立分类登记制度。具体登记事项包括:公证事项类别、当事人姓名(名称)、代理人(代表人)姓名、受理日期、承办人、审批人(签发人)、结案方式、办结日期、公证书编号等。公证登记簿按年度建档,应当永久保存。

公证机构受理公证申请后,承办公证员即应当着手立卷的准备工作,开始收集有关的证明材料,整理询问笔录和核实情况的有关材料等。对不能附卷的证明原件或者实物证据,应当按照规定将其原件复印件(复制件)、物证照片及文字描述记载留存附卷。

公证机构在出具公证书后或者作出不予办理公证、终止公证的决定后,应当依照司法部、国家档案局制定的有关公证文书立卷归档和公证档案管理的规定,由承办公证员将公证文书和相关材料,在3个月内完成汇总整理、分类立卷、移交归档。公证案卷应当根据公证事项的类别、内容,划分为普通卷、密卷,分类归档保存。公证案卷应当根据公证事项的类别、用途及其证据价值确定保管期限。保管期限分短期、长期、永久三种。涉及国家秘密、遗嘱的公证事项,列为密卷。立遗嘱人死亡后,遗嘱公证案卷转为普通卷保存。公证机构内部对公证事项的讨论意见和有关请示、批复等材料,应当装订成副卷,与正卷一起保存。

(八)公证争议处理

根据《公证法》和《公证程序规则》的规定,公证争议处理程序可分为公证书的复查和对公证书内容争议的诉讼两种程序。

1.公证书的复查

公证书的复查,是指公证当事人、公证事项利害关系人认为或公证机构自身发现公证书有错误,在一定期限内向公证机构申请对公证事项相关内容重新审查的程序。公证书的复查,是对公证机构的行为进行监督,及时纠正公证工作中的失误和违法行为,提高公证公信力的重要措施,也是维护当事人和公证事项利害关系人合法权益的重要手段。

根据《公证程序规则》第61条的规定,当事人认为公证书有错误的,可以在收到公证书之日起1年内,向出具该公证书的公证机构提出复查;公证事项的利害关系人认为公证书有错误的,可以自知道或者应当知道该项公证之日起1年内向出具该公证书的公证机构提出复查,但能证明自己不知道的除外;提出复查的期限自公证书出具之日起最长不得超过20年。复查申请应当以书面形式提出,载明申请人认为公证书存在的错误及其理由,提出撤销或者更正公证书的具体要求,并提供相关证明材料。

公证机构收到复查申请后,应当指派原承办公证员之外的公证员进行复查。承办公证员对申请人提出的公证书的错误及其理由进行审查、核实后,应当提出复查结论及处理意见,报公证机构的负责人审批。公证机构对公证书的复查,应当区别不同情况,按照以下规定予以处理:(1)公证书的内容合法、正确、办理程序无误的,作出维持公证书的处理决定。(2)公证书的内容合法、正确,仅证词表述或者格式不当的,应当收回公证书,更正后重新发给当事人;不能收回的,另行出具补正公证书。(3)公证书的基本内容违法或者与事实不符的,应当作出撤销公证书的处理决定。(4)公证书的部分内容违法或者与事实不符的,可以出具补正公证书,撤销对违法或者与事实不符部分的证明内容;也可以收回公证书,对违法或者与事实不符的部分进行删除、更正后,重新发给当事人。(5)公证书的内容合法、正确,但在办理过程中有违反程序规定、缺乏必要手续的情形,应当补办缺漏的程序和手续;无法补办或者严重违反公证程序的,应当撤销公证书。被撤销的公证书应当收回,并予以公告,该公证书自始无效。公证机构撤销公证书或出具补正公证书的,应当于撤销决定作出或补正公证书出具当日报地方公证协会备案,并录入全国公证管理系统。

公证机构应当自收到复查申请之日起30日内完成复查,作出复查处理决定,发给申请人。需要对公证书作撤销或者更正、补正处理的,应当在作出复查处理决定后10日内完成。复查处理决定及处理后的公证书,应当存入原公证案卷。公证机构办理复查,因不可抗力、补充证明材料或者需要核实有关情况的,所需时间不计算在上述期限内,但补充证明材料或者需要核实有关情况的,最长不得超过6个月。

公证书被撤销的,所收的公证费按以下规定处理:(1)因公证机构的过错撤销公证书的,收取的公证费应当全部退还当事人;(2)因当事人的过错撤销公证书的,收取的公证费不予退还;(3)因公证机构和当事人双方的过错撤销公证书的,收取的公证费酌情退还。

当事人、公证事项的利害关系人对公证机构作出的撤销或者不予撤销公证书的决定有异议的,可以向地方公证协会投诉。

2. 对公证书内容争议的诉讼

根据《公证法》第40条的规定,当事人、公证事项的利害关系人对公证书的内容有争议的,可以就该争议向人民法院提起民事诉讼。

当事人、公证事项的利害关系人有争议的公证书的内容一般为实体问题,既包括事实问题,又包括法律问题。例如,公证的事项在现实中是否存在;公证的事项是否被不恰当地夸大、缩小或遗漏;申请公证的文书上的签名、印鉴是否系当事人伪造、变造;申请公证的法律行为是不是在当事人受胁迫或者受欺诈的情况下作出的;公证机构赋予强制执行效力的债权文书是否以给付为内容等。如果当事人、利害关系人认为公证书的内容违法或者公证的内容与事实不符,则应就该事项申请复查,要求公证机构撤销公证书,而不是向人民法院提起民事诉讼。

第六节 中国公证文书的效力

公证文书的效力即公证效力,是指公证书在法律上的约束力。在我国,公证文书生效的时间分两种情形:一是依普通规定办理的公证,适用《公证程序规则》第44条的规定,"公证书自出具之日起生效。需要审批的公证事项,审批人的批准日期为公证书的出具日期;不需要审批的公证事项,承办公证员的签发日期为公证书的出具日期"。二是依特别规定办理的公证,适用法律的特别规定。比如,《公证程序规则》第52条第1款规定:"公证机构办理招标投标、拍卖、开奖等现场监督类公证,应当由二人共同办理。承办公证员应当依照有关规定,通过事前审查、现场监督,对其真实性、合法性予以证明,现场宣读公证证词,并在宣读后七日内将公证书发送当事人。该公证书自宣读公证证词之日起生效。"根据《公证法》和其他法律的有关规定,公证书具有以下四种效力:

一、证据效力

公证书的证据效力,是指公证书在法律上的证明力。公证书具有普遍的法律证明效力。经过公证证明的民事法律行为、有法律意义的事实和文书,司法机关、仲裁机构、行政机关及其登记部门应当将其作为认定事实的根据。《公证法》第36条规定:"经公证的民事法律行为、有法律意义的事实和文书,应当作为认定事实的根据,但有相反证据足以推翻该项公证的除外。"《民事诉讼法》第72条亦作了大致相同的规定。由此可见,在诉讼、仲裁和行政管理活动中,公证书具有比其他单位和个人提供的证明文书更高的证据效力,司法机关、仲裁机构、行政机关及其登记部门一般无需审查、核实,即可直接将其作为认定事实的根据,而其他证明文书在将其作为证据之前必须经过审查核实。而且,在诉讼、仲裁活动中,已为公证书证明的事实,当事人无须举证,法院和仲裁机构就应当将其作为认定事实的根据。公证书一旦出具即具有法律确认的效力,只有有相反证据足以推翻公证书,才能作为例外。

在证据的类型归属上,一般认为,公证书是一种书证,[16]因为凡用文字、符号、图画表达人的思想的证据均为书证。也有人认为,公证书只不过是书证的一种特殊形式——由特殊主体即公证机构作出以及通过特殊的载体公证文件表现。[17] 有人对这两种观点提出了挑战,认为公证书在证据方面的作用不仅表现出书证的效力,而且也体现出《民事诉讼法》第66条所规定的其他8种证据所具有的效力。例如,公证机构可以依法对当事人所提供的原物进行封存,并出具有效的公证书,此时公证书就体现出物证的效力。[18]

二、强制执行效力

公证书的强制执行效力,是指债务人不履行或不完全履行公证机构赋予强制执行效力的公证债权文书的,债权人可以持原公证书及公证机构签发的执行证书向有管辖权的人民法院申请执行。

根据法律规定,公证机构赋予强制执行效力的债权文书的范围包括:(1)借款合同、借用合同、无财产担保的租赁合同;(2)赊欠货物的债权文书;(3)各种借据、欠单;(4)还款(物)协议;(5)以给付赡养费、扶养费、抚育费、学费、赔(补)偿金为内容的协议;(6)符合赋予强制执行效力条件的其他债权文书。公证机构赋予强制执行效力的债权文书应当具备以下条件:(1)债权文书以给付为内容;(2)债权债务关系明确,债权人和债务人对债权文书有关给付内容无疑义;(3)债务履行方式、内容、时限明确;(4)债权文书中载明当债务人不履行或者不适当履行义务时,债务人愿意接受强制执行的承诺;(5)债权人和债务人愿意接受公证机构对债务履行情况进行核实。

《公证法》第37条第1款规定:"对经公证的以给付为内容并载明债务人愿意接受强制执行承诺的债权文书,债务人不履行或者履行不适当的,债权人可以依法向有管辖权的人民法院申请执行。"《民事诉讼法》第245条第1款规定:"对公证机关依法赋予强制执行效力的债权文书,一方当事人不履行的,对方当事人可以向有管辖权的人民法院申请执行,受申请的人民法院应当执行。"由此可见,公证机构赋予强制执行效力的债权文书,与人民法院作出的生效判决书、裁定书、调解书具有同等的强制执行效力。

《公证法》第37条第2款规定,债权文书确有错误的,人民法院裁定不予执行,并将裁定书送达双方当事人和公证机构。这说明,人民法院对是否执行公证机构赋予强制执行效力的债权文书具有最终审查权,从而体现了司法对公证的监督。

三、法律行为成立要件效力

公证书的法律行为成立要件效力,是指在特定情形下必须办理公证的法律行为,在办理公

---

〔16〕 参见江伟主编:《公证法学》,法律出版社1996年版,第79页。

〔17〕 参见柴发邦主编:《民事诉讼法学新编》,法律出版社1992年版,第204页。

〔18〕 参见齐树洁主编:《民事程序法》,厦门大学出版社2002年版,第656页。

证后方具法律效力;否则,有关法律行为便不能成立,不受法律保护。法律行为非经公证不发生法律效力,主要包括以下三种情形:

1. 法律、法规规定必须公证的事项,未经公证,其行为、事实或者文书不能作为法律关系确立、变更或解除的成立要件。这些事项被称为法定公证事项。规定法定公证事项的目的,在于确保重要的经济和民商事活动的安全和秩序,防止对国家利益、公共利益和公民、法人、其他组织合法权益造成严重侵害。比如,《民法典》第 1105 条第 4 款规定:“收养关系当事人各方或者一方要求办理收养公证的,应当办理收养公证。”又如,《中国公民同外国人办理婚姻登记的几项规定》(已失效)、国家教育委员会(现为教育部)《关于出国留学人员工作的若干暂行规定》、《海洋石油勘探开发环境保护管理条例》等法规、规章中均有法定公证的条款。

2. 双方当事人约定必须公证的事项,未经公证,其法律关系不能确立、变更或解除。

3. 按照国际惯例,中国公民、法人或者其他组织发往域外使用的某些文书(如婚姻、学历、经历等证书),必须经过公证机构的公证证明(并且有时还需使领馆的认证),才能在域外发生法律效力。

四、域外效力

公证书在域外使用时具有法律上的效力,这为国际社会所普遍认可,其他证明文书一般不具有这一特点。公证书要发生域外效力,有时还需使、领馆的认证;但根据国际公约、双边条约国家之间互惠性免除公证书认证的,无须使领馆的认证。

此外,公证书还具有其他效力。比如,公证机构依法办理的登记,发生有关法律、法规规定的效力;债务人依法将到期债务标的提存于公证机构时,即视为履行了给付义务。法律、法规对公证书的其他效力应作出专门规定。

第七节　涉港澳台公证与涉外公证

一、涉港澳台公证

(一)涉港澳台公证的概念和特征

涉港澳台公证,是指公证机构办理具有涉港澳台因素(公证法律关系的主体、客体或公证书使用地诸因素至少有一项涉及港澳台)的公证事务。港澳台是中国领土不可分割的一部分。中国内地(大陆)与港澳台之间形成一种区际法律关系,可概括为“一个国家、两种制度、三大法系、四个法域”。根据“一国两制”原则,在中国内地(大陆)实行社会主义制度,在港澳台实行资本主义制度,香港特别行政区属英美法系,澳门特别行政区和台湾地区属大陆法系,中国内地(大陆)属社会主义法系。

因此,涉港澳台公证既不属于涉外公证,也不同于普通的国内公证。其特点大致包括:(1)申请公证的当事人至少有一方是港澳台地区的公民、法人或其他组织。(2)公证书使用地和发生效力地在港澳台地区。(3)适用我国内地(大陆)的法律制度,同时也要考虑港澳台地区的规定。(4)申请和办理公证的程序类似于涉外公证程序,申请书表格项目较多,部分发往港澳台地区的公证书还要办理认证手续。

（二）涉港澳台公证业务范围

根据公证法律关系，涉港澳台公证可分为民事公证和经济公证两类。根据公证的目的和使用地，涉港澳台公证可分为用于港澳台的公证和用于内地（大陆）的公证。根据地域，涉港澳台公证可划分涉港公证、涉澳公证和涉台公证。

1. 涉港澳台民事公证

涉港澳台民事公证，是指因去港澳台探亲、定居、继承、留学、谋职等事由，涉及身份和财产方面的公证，主要包括婚姻、亲属关系、收养、继承、出生、健康体检、毕业证书、学位证书、成绩单、经历、职称、资格等公证。

以涉港澳台收养公证为例。涉港澳台收养是收养关系当事人中有一方是港澳台同胞的收养。我国《民法典》虽未对此作出专门规定，但依立法精神，涉港澳台收养的当事人应具备与国内收养相同的实质要件，且不得与收养人所在地区的法律规定冲突。港澳同胞在中国内地办理收养登记应提供以下材料：（1）港澳居民身份证、港澳同胞回乡证；（2）经国家主管机关委托的港澳地区公证律师出具的本人年龄、婚姻、家庭成员、职业、财产、健康等状况的证明（以上材料自出具之日起 6 个月内有效）。1996 年 6 月民政部宣布对港澳同胞的出证要求区分开来，规定澳门同胞到内地收养子女所需的各种证明文件由澳门特别行政区政府民事登记和公证部门出具，而香港同胞照旧。台湾同胞在中国大陆办理收养登记应提供以下材料：（1）在我国台湾地区居住的有效身份证明；（2）国家主管机关签发或者签注的在有效期内的旅行证件；（3）经公证的本人年龄、婚姻、家庭成员、职业、财产、健康等状况的证明（以上材料自出具之日起 6 个月内有效）。

2. 涉港澳台经济公证

涉港澳台经济公证，指中国内地（大陆）和港澳台法人、其他组织因互相之间从事商事活动而必须办理的公证，主要包括公司章程、董事会名单、委托书、营业证书、资信状况、资产负债表、公司收支情况、工程资历、注册商标证明、商品质量检验证明、商品成分证明、经营外汇许可证、存款证明等公证。

（三）涉台公证

香港、澳门分别于 1997 年和 1999 年回归祖国，成为中国的特别行政区。我国台湾地区（为表述便利，以下称台湾地区）的情况更特殊、更复杂，故在此对涉台公证作专门介绍。

办理涉台公证是一项复杂的工作，涉及很多法律问题，政策性强。这是因为：一方面，海峡两岸的社会制度不同，法律制度也有差别，不仅在办理公证时会产生法律冲突，而且存在公证书的相互承认和执行的问题；另一方面，两岸隔绝太久，积压和产生了大量民事法律问题，同时又缺乏沟通，易产生误解。

这样就给涉台公证带来了一些困难。比如，取证难，当事人举证不足需补充证据或由公证人调查时，因往来不便公证人员通常无法亲自调查，因此在台湾地区的证据，主要由台胞提供，或由台属委托在台亲友提供，也可委托香港律师办理或代为调查；在中国大陆方面，公证人员虽可调查取证，但因时间久远，1949 年前的户籍和人事档案多有不全，取证也有难度。按有关规定，当事人提供的来自台湾地区的如下证明文件，大陆公证机构可以作为认定事实的依据：（1）台湾地区公证机构出具的公证书、认证知情人的声明书；（2）台湾地区户政机关出具的证明与原件相符的户籍誊本影印件；（3）台湾地区医院出具的死亡证明、尸体检验证明书和地方法院出具的尸体检验证明书。因此,对台胞回乡申请办理出生、亲属关系、委托和声明等公证,一般可从宽掌握。当然,对台胞申办收养、继承等公证,以及台属申办涉台出生、亲属关系、收养、继承等公证,仍要从严审查。

涉台公证与涉港澳公证相比,也具有一些特点。主要是:(1)应坚持适用中国内地(大陆)法律的有关规定;(2)办证程序与涉港澳公证相似,但也有一些特殊规定,如办理涉台公证的公证处可由省、自治区、直辖市的司法厅(局)指定,发往台湾地区的公证书要上报有关司法行政机关审核;(3)台湾地区当事人在当地所作的意思表示、提供的有关材料,经台湾地区公证机构公证,大陆的公证机构在审核的基础上可以采证;(4)办证时实行优先受理、优先调查、优先服务的"三优先"原则;(5)回大陆的台胞申办公证的,由其原籍或临时户口所在地或者不动产所在地公证处管辖。

随着越来越多的台商投资于大陆,涉台经济公证日益重要。涉台经济公证与涉港澳经济公证基本类似,故在此只介绍几种比较复杂的涉台民事公证。

1. 涉台婚姻公证

去台人员去台前已婚,去台后又再婚而未与原配偶离婚的,如果其在大陆的原配偶未办理合法离婚手续,且未再婚,因探亲或继承财产的需要申办有关公证书的,公证处可据实出具去台人员与大陆原配偶的结婚或夫妻关系公证书。去台人员在台虽未再婚,但其在大陆配偶已再婚的,公证机构不能为其出具结婚公证书。去台人员去台后,其与在大陆的原配偶均已再婚的,即使双方均未办理离婚和再婚的法律手续,其婚姻关系自与再婚的配偶再婚之日起,视为解除,公证机构不能再为其出具结婚公证书。

2. 涉台亲属关系公证

根据中国大陆《民法典》有关亲属范围的规定,办理涉台亲属关系公证应当先受理第一、第二顺位当事人的申请,然后才受理第二顺位范围以外的当事人的申请。办理涉台亲属关系公证,应注意对历史线索、证据的调查取证,对事实不清、证据不足的,不能草率出证。要注意审查当事人的身份和相互关系,防止冒名顶替、弄虚作假。去台人员回大陆认领亲子,要求办理公证的,按司法部公证司(1989)司公字第64号《关于办理认领亲子公证的复函》的精神办理。由于亲属关系公证书既可用于探亲,又可用于继承在台遗产,为防止遗漏法定继承人,应在用于赴台探亲的亲属关系公证书的证词中增加使用目的的内容。

3. 涉台收养公证

台湾同胞、去台人员回中国大陆收养子女,中国大陆同胞在中国大陆收养在台湾的人为养子女,应依中国大陆有关规定办理收养公证。收养人、被收养人、送养人均应符合中国大陆有关法律规定的条件,且亲自到被收养人或收养人户籍所在地公证处办理收养公证。原则上有子女的人不得收养。去台人员在中国大陆的亲属按封建习俗为其所立的嗣子,原则上不予承认,如果去台人员本人认可并申请办理收养公证,符合收养条件的,公证处应办理收养公证。与嗣子已形成事实收养关系的去台人员死亡后,被收养人为继承在台遗产申请办理公证的,公证处可根据收养的事实,为其出具养子亲属关系证明。去台人员在中国大陆的配偶独自收养的子女,未经去台人员本人同意的,不能认定是去台人员的养子女。如果去台人员本人追认并请求办理收养公证,公证处应依据中国大陆有关规定办理,其在中国大陆的配偶独自收养子女的时间为收养关系成立的时间。

4. 涉台继承公证

办理涉台遗产继承公证，应注意遗产继承的法律适用。被继承人生前住所在中国大陆，其遗产在中国大陆，遗产继承依中国大陆的《民法典》办理；被继承人生前住所在台湾地区，其在中国大陆遗产的继承也依中国大陆的《民法典》办理，公证处应据此出具继承权公证书。中国大陆的继承人继承在台湾地区的遗产，公证处应出具亲属关系公证书，证明在中国大陆的继承人与在台湾地区的被继承人之间的亲属关系。为继承在台湾地区的遗产而办理亲属关系公证时，如中国大陆继承人不在同一地居住，根据《公证程序规则》的规定，其亲属关系证明应统一由一个公证处办理。

台湾地区继承人到中国大陆继承的遗产，主要是房产。根据1989年司法部、建设部（现为住房和城乡建设部）、外交部、国务院侨办联合发出的《关于办理华侨、港澳同胞、台湾同胞以及外国人房屋产权事宜中如何确认公证文书效力的通知》，台胞继承在中国大陆的房产，适用中国大陆有关法律规定，即根据中国大陆《民法典》的有关规定，给予台胞与中国大陆公民以平等的房产继承权和对房产的合法所有权。

5. 涉台赠与公证

中国大陆同胞将自己的财产赠与台胞申办公证，涉及不动产的需符合不动产所在地有关法律、法规的规定。去台人员或台胞将自己随身携带的财物或继承的在中国大陆的动产赠与中国大陆亲友而申办公证的，公证处可予以办理。去台人员或台胞将所继承的在中国大陆的不动产赠与中国大陆亲友而申办公证的，只要赠与人向公证处说明该赠与物属于个人财产，公证处便可予以办理。

二、涉外公证

（一）涉外公证的概念和特征

涉外公证是具有涉外因素的公证事务。涉外因素是指公证法律关系的主体、客体或公证书使用地诸因素至少有一项涉及国外：（1）主体有涉外因素，是指公证当事人中至少有一方是外国公民、法人或其他组织；（2）客体有涉外因素，是指公证对象即一定的法律行为、有法律意义的事实或文书涉及外国；（3）公证书的使用地有涉外因素，是指公证书发往国外使用，而不是在国内使用。

与涉外公证相对的概念为国内公证，是指公证机构根据我国公民、法人或其他组织的申请办理的、公证书在国内使用的公证事务。涉外公证与国内公证有以下不同之处：

1. 申请公证的当事人不同。涉外公证的申请人多为外国人、华侨、侨眷或准备出国的中国公民；国内公证的申请人只能是我国公民、法人或其他组织。

2. 申请地点不同。涉外公证可以在国内申请，也可在域外申请；国内公证只能在国内申请。

3. 出证机构不同。涉外公证文书的出证机构主要是国内公证处，但可以有一部分公证文书由我国驻外使领馆出具；国内公证的出证机构为国内公证处。

4. 出证机构资格要求不同。涉外公证要由司法部批准的办理涉外公证业务的公证处和经考试合格的涉外公证员负责办理；国内公证则所有公证处和公证员均可办理。

5. 使用地和发生效力地不同。涉外公证一般发往域外使用，在发往的国家或地区发生法律效力；国内公证只在国内使用和发生效力。

6. 适用法律不同。涉外公证既适用我国法律,也不能违反公证书使用国的法律,否则,会被认定为无效而退回;国内公证书只适用我国法律。

7. 申请和办理公证的程序不同。与国内公证相比,涉外公证的程序要复杂一些,申请书表格项目较多,公证书落款应冠以"中华人民共和国"字样,并根据使用国和当事人的要求附相应的译文,有时还要办理外交认证手续,但国际条约、双边协定互惠性免除外交认证的除外。

(二)涉外公证的业务范围

1. 涉外民事公证

需要办理涉外民事公证的事项,主要有以下几种:(1)探亲、定居。去国外探亲一般要办理亲属关系公证,有的国家还要求办理出生、结婚公证(如智利),或者办理经历、健康体检、未受刑事处分等公证(如哥伦比亚)。(2)留学、参加考试。留学或参加外国的考试,需提供毕业证书、学位证书、成绩单、经历、职称、资格等公证书。申请自费出国留学,必须呈报国外定居亲友经公证和认证或国内亲属经公证的全部经费保证书。(3)谋职。一般要求申请人提供经历、学历、职称、资格、执照等公证书,有的国家还要求提供出生、结婚、亲属关系等公证书,如澳大利亚。(4)继承国外遗产。一般需提供亲属关系、继承权、出生、结婚、委托书等公证书。(5)托收存于域外银行的遗产。一般需提供委托书公证书,继承权公证书,遗产人死亡、有关人的死亡、放弃继承权、出生、结婚等公证书。(6)在国外领取有关费用。比如,荷兰法律规定,我国旅居荷兰的华侨在国内的子女,有权享受荷方规定的子女补助费和助学金,但须提供子女的出生、亲属关系公证书,超过15岁的,需提交读书证明公证书。曾旅居美国、法国、意大利的归国华侨,在退休后可按规定向侨居国有关机关领取养老金,但须提供定居、生存、健康等公证书。

2. 涉外经济公证

需要办理涉外经济公证的事项,主要有以下几种:(1)在国外设立办事机构。一般应提供公司章程、营业证书、资产负债表、资信状况等公证书。(2)进出口贸易。通常须提供委托书、注册商标证明、商品质量检验证明、商品成分证明等公证书。(3)对外投标、承包工程。一般须提供营业证书、委托书、公司章程、董事会名单、资产负债表、公司收支情况、工程资历等公证书。(4)对外提供劳务和技术合作。一般须提供学历、经历、职称、资格、未受刑事处分等公证书,有的国家还要求提供劳动保险公证书。(5)吸引外资、引进技术设备。一般须提供保函、经营外汇许可证、存款证明等公证书。

第十四章　中国港澳特区及台湾地区的司法制度

第一节　香港特别行政区的司法制度

一、香港特区司法制度的沿革

英国为保护在华殖民贸易和英国商人的利益，早于1833年12月就在广州设立了第一个执行英国法律的法院，由英国军官担任正裁判司，主要审理英国人在中国犯罪的案件。该法院的管辖权于1841年扩张至香港。随着中英《南京条约》的签订，1843年英国在香港设立法局，将英国在广州的法院迁至香港，这就是香港最早设立的法院。

1844年港英政府任命刑事按察司、律政司、民事助理裁判司，并颁布《最高法院条例》，逐步形成了从裁判司署到最高法院的法院体系。1845年确立了不服裁判司署的判决，可上诉至最高法院。1846年确立了不服最高法院的判决，可上诉至英国枢密院司法委员会。1862年设立简易裁判法庭，后又撤销。1912年最高法院成立合议庭受理上诉案件。1953年设立地方法院审理简易案件。1975年设立上诉法院取代最高法院合议庭。20世纪70年代以来，香港的诉讼案件日益增多，因此成立了各种专门法庭。比如，1973年设劳资审裁处；1974年设租务法庭，1982年改为土地审裁处；1975年设小额钱债审裁处；1987年设色情物品审裁处；在裁判司署内设死因裁判法庭，并在几个地区的裁判司署设少年法庭。每一法院、法庭和审裁处皆有专门法例作出规定，比如《最高法院条例》《地方法院条例》《裁判官条例》《小额钱债审裁处条例》《劳资审裁处条例》《淫亵物品审裁处条例》《死因裁判法庭条例》《陪审团条例》等。这样就基本上形成了目前香港的法院体系。

1997年7月1日，中华人民共和国恢复对香港行使主权，香港成为我国的特别行政区。《中华人民共和国香港特别行政区基本法》（以下简称《香港基本法》）[1]规定，实施“一国两制”方针，继续沿用香港原有的法律制度。原在香港实行的司法体制，除因设立香港特别行政区终审法院而产生变化外，予以保留，最高法院改称为高等法院，地方法院改称为区域法院。

---

〔1〕《香港基本法》由全国人民代表大会根据《中华人民共和国宪法》制定，1990年4月4日公布，自1997年7月1日实施。香港特区的所有制度和政策皆须以该法为依据。香港特区立法机关制定的任何法律均不得与之相抵触。香港原有法律（包括普通法、衡平法、条例、附属立法和习惯法），除与《香港基本法》相抵触外，予以保留。中华人民共和国的全国性法律，除有关国防和外交的法律外，不在香港特区实施。香港特区享有行政管理权、立法权、独立的司法权和终审权。中央人民政府负责管理与香港特区有关的外交事务，但也授权香港特区依照《香港基本法》自行处理有关对外事务。中央人民政府负责管理香港特区的防务，维持社会治安的责任由特区政府承担。《香港基本法》保障民众的基本权利，包括：在法律面前一律平等的权利；言论、新闻和出版的自由；结社、集会、游行和示威的自由；组织和参加工会、罢工的权利和自由；迁徙的自由；信仰自由及宗教信仰的自由；等等。

二、香港特区的司法机构及其职能〔2〕

(一)香港特区司法机构的体系

香港特区的司法机构包括终审法院(Court of Final Appeal)、高等法院(High Court)[设上诉法庭(Court of Appeal)和原讼法庭(Court of First Instance)]、区域法院(District Court)、裁判法院(Magistrates Court)、死因裁判法庭(Coroner's Court)及少年法庭(Juvenile Court)。此外,还设有多个审裁处,包括土地审裁处(Lands Tribunal)、劳资审裁处(Labour Tribunal)、小额钱债审裁处(Small Claims Tribunal)、淫亵物品审裁处(Obscene Articles Tribunal)、小额薪酬索偿仲裁处。除终审法院、高等法院外,其他法院、法庭和审裁处皆可归属于基层法院组织。各法院均设登记处,负责文件存档、排期审理案件以及为法官和司法人员提供协助。此外,还有一些准司法机构,主要包括:市场失当行为审裁处(Market Misconduct Tribunal)、行政上诉委员会(Administrative Appeals Board)、选举管理委员会(Electoral Affairs Commission)、申诉专员(Ombudsman)、平等机会委员会(Equal Opportunities Commission)、个人资料私隐专员公署(Privacy Commission)等。(见图14-1)

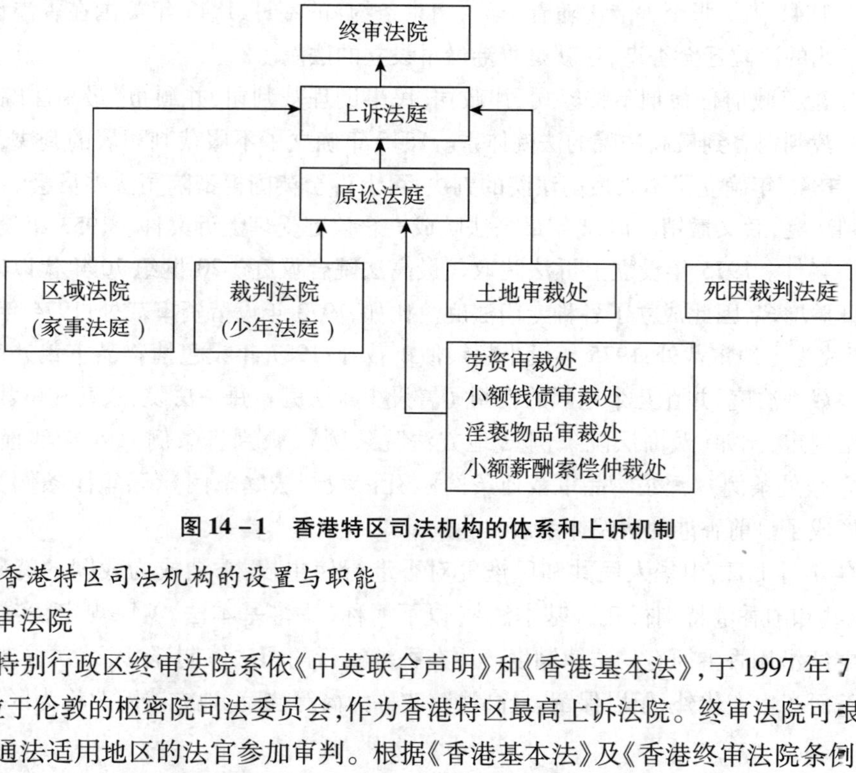

图14-1 香港特区司法机构的体系和上诉机制

(二)香港特区司法机构的设置与职能

1. 终审法院

香港特别行政区终审法院系依《中英联合声明》和《香港基本法》,于1997年7月1日成立,取代位于伦敦的枢密院司法委员会,作为香港特区最高上诉法院。终审法院可根据需要邀请其他普通法适用地区的法官参加审判。根据《香港基本法》及《香港终审法院条例》(香港法例第484章)规定,终审法院法官由行政长官根据独立委员会的推荐委任,有关任命须经立法机关同意。

《香港终审法院条例》规定了终审法院的司法管辖权,受理来自高等法院的民事和刑事上

〔2〕 香港的司法机构及其职能,参见香港特别行政区政府律政司网,https://www.doj.gov.hk/tc/our_legal_system/index.html,访问日期:2022年6月1日;香港司法机构简介,参见司法机构网,https://www.judiciary.hk/zh/publications/judfactsheet.html,访问日期:2022年5月1日。

诉,具体包括:(1)民事上诉。(a)当然权利上诉,即不服上诉法庭的最终判决,而争议事项涉及的金额或价值达100万港元[3];(b)酌情上诉,指所有其他民事事项,如上诉法庭或终审法院认为该上诉所涉及的问题具有重大广泛的或关乎公众的重要性,或因其他理由,致使应交由终审法院裁决,则终审法院须酌情决定是否受理该上诉。(2)刑事上诉。终审法院可酌情决定是否受理上诉法庭的最终决定或原讼法庭的最终决定(不包括陪审团的裁定或决定),而后一决定是不能向上诉法庭提出上诉的。

《香港终审法院条例》第17条详列了终审法院的各项权力。终审法院可确认、推翻或更改上诉所针对的法院的决定,又可附上指引意见,将有关事项发还该法院处理,还可对有关事项作出其认为适当的其他命令。上诉由终审法院审判庭审理和裁决,终审法院审判庭由终审法院首席法官及3名常任法官,以及1名非常任香港法官或1名其他普通法适用地区法官组成。终审法院现任首席法官为张举能(2021年1月11日宣誓就任);截至2021年年底,终审法院有常任法官3名和非常任法官16名。[4]

2. 高等法院

高等法院设上诉法庭和原讼法庭。香港法例第4章《高等法院条例》第12条和第13条规定了高等法院的管辖权,第4A章《高等法院规则》规定了在高等法院进行诉讼的程序。高等法院首席法官是高等法院的院长,也是上诉法庭的庭长,负责高等法院的行政管理,确保司法资源和法庭时间能有效地运用。上诉法庭的受案范围包括:来自原讼法庭和区域法院的所有上诉案件;土地审裁处、各审裁处及其他法定组织的上诉。原讼法庭对刑事和民事事项拥有无限的司法管辖权。凡下级法院不能审理的民事、刑事案件均由高等法院受理。民事案件包括离婚、破产、公司清盘、海事诉讼、领养、遗嘱认证和精神病案件。原讼法庭还可审理来自裁判法院、劳资审裁处、小额钱债审裁处及淫亵物品审裁处的上诉案件。在刑事审判中,原讼法庭法官与7人陪审团一并审案;在法官的特别指令下,陪审团成员可增至9人。高等法院受理上诉案件,一般不接受新的证据。

3. 区域法院

区域法院原称地方法院,全港按地区设4所,依《区域法院条例》(香港法例第336章)行使民事(包括婚姻诉讼)和刑事司法管辖权。

(1)民事司法管辖权。审理涉及款项5万~60万元的诉讼案件。如属收地诉讼或诉讼中出现土地权益所有权的问题,有关土地的每年租金或应课差饷租值或年值不得超过24万元。对如下情形有专属管辖权:依《雇员补偿条例》(香港法例第282章)提起的诉讼、依《税务条例》(香港法例第112章)追讨税款的诉讼、依《业主与租客(综合)条例》(香港法例第7章)为追讨欠租而提出的扣押财物程序。婚姻诉讼、收养申请也由区域法院管辖,负责处理此类案件的法庭亦称家事法庭。

(2)刑事司法管辖权。区域法院可审理较严重的案件,但某些严重的罪行(如谋杀、误杀和强奸等)除外。区域法院可判处的监禁刑期最长为7年。区域法院也可行使《印花税条例》

---

[3] 以下香港司法制度部分,币种皆为港元,特此说明。

[4] 参见《香港司法机构年报2021》,载司法机构网,https://www.judiciary.hk/en/publications/annu_rept_2021r/smp/list_of_judge.html,访问日期:2022年5月1日。

(香港法例第 117 章)、《肺尘埃沉着病(补偿)条例》(香港法例第 360 章)、《职业性失聪(补偿)条例》(香港法例第 469 章)等条例赋予的有限的上诉司法管辖权,审理来自各有关审裁处及法定机构的上诉案件。

4. 裁判法院

裁判法院亦称裁判署法庭,全港设 9 所,系刑事初审法院,拥有广泛的刑事司法管辖权。总裁判官是所有裁判官的首长,领导各裁判法院的主任裁判官、裁判官和特委裁判官。裁判官可审理多种可公诉罪行及简易程序罪行,处罚权限一般以判处监禁 2 年或罚款 10 万元为限,但对某些罪行有更大的处罚权限(监禁最高可至 3 年,罚款可高达 500 万元)。所有可公诉罪行最初均在裁判官席前提出,再移交至较高级别的法院审理。律政司司长可根据案情的严重程度申请将案件移交区域法院或原讼法庭审理。不服裁判官的判决而提起上诉的案件,由原讼法庭审理。特委裁判官可由具备律师资格或丰富法律工作经验的人士出任,审理非法摆卖和交通违章案等,处罚权限一般以判处监禁 6 个月及罚款 5 万元为限。

5. 死因裁判法庭

死因裁判法庭是专门研究死者身份和死亡原因的非讼法庭,主要对发生死亡的时间、地点、状况及死者身份和死因进行调查,并将调查结果向律政司报告。管辖案件包括:有人因意外或暴力而死亡;有人在可疑情况下死亡;有人突然死亡;在香港境内发现尸体或从外地运入尸体。死因裁判官有权发出埋葬、火葬、尸体剖验、检掘遗骸、将尸体运离香港命令、批准免将尸体剖验、命令警方调查死亡个案、进行研讯、签发死亡事实证明书。

6. 少年法庭

少年法庭设在东区、九龙城、荃湾、粉岭、屯门的裁判法院内,专门审理 14 岁以下儿童和 14 岁至 16 岁青少年犯罪案件(杀人案除外),还有权受理涉及照顾和保护 18 岁以下青少年及儿童的案件。少年法庭进行不公开审理。对罪行轻微、具结改正的,予以释放;罪行轻微,不宜立即释放的,送训练中心服务一段时期;对顽固的少年刑事犯,处以监禁。

7. 审裁处

(1)土地审裁处

土地审裁处拥有初审和上诉司法管辖权,受理的案件包括:政府或其他机构强制收地时,或某些土地因公私土地发展而减值时,政府或有关机构的赔偿案件;有关大厦管理的争议事件;不服差饷物业估价署署长的决定而提起的上诉;针对房屋署署长就物业的现行市值所作评估而提出的上诉;以及所有涉及《业主与租客(综合)条例》(香港法例第 7 章)的事宜。在给予补偿方面,土地审裁处与高等法院原讼法庭具有同等权力,厘定租金及赔偿金额不受限制。土地审裁处有 4 位职业法官:高等法院原讼法庭 1 位法官出任庭长;3 位区域法院法官出任土地审裁处法官。此外,还有 2 位审裁处成员。

(2)劳资审裁处

劳资审裁处旨在解决雇员与雇主之间的纠纷,管辖的事项主要有:因违反雇佣合同而提出的请求;处理雇员与雇主相互提出的有关工资、薪金的各种请求,如追讨解雇代通知金、欠薪、法定假日薪酬、年假薪酬、疾病津贴、产假薪酬、花红、双薪、遣散费、长期服务金等。审理程序非正式,不允许律师代理。由专门人员调查并调解,调解未果或当事人拒绝调解,即作出裁决。当事人不服裁决,可向上诉法庭申请上诉许可。上诉法庭仅批准许可对公众有普遍重要性的法律问题。

(3)小额钱债审裁处

小额钱债审裁处管辖涉及款额不超过5万元的小额钱债索赔。审理程序简便快速非正式,法官独任裁决,无须严格遵守证据规则,当事人须亲自出庭,不得委托律师代理。当事人不得将案件分拆起诉,但若放弃超过5万元的部分,则可以在该审裁处提起诉讼。

(4)淫亵物品审裁处

1987年实施的《淫亵及不雅物品管制条例》(香港法例第390章)设立了淫亵物品审裁处。其主要职能包括:裁定由法庭或裁判官转交给审裁处的物品是否属于淫亵或不雅物品,裁定公开展示的物品是否不雅;物品分为第Ⅰ类(既非淫亵亦非不雅)、第Ⅱ类(不雅物品)和第Ⅲ类(淫亵物品)。审裁处委员会组成审裁委员小组,由终审法院首席法官委任,任期3年,并可再获委任。为确保审裁处采纳的标准具代表性,并尽量符合社会规范,审裁小组的成员应来自社会各阶层,包括不同年龄组别、职业和专业。

8. 准司法机构

除上述各种司法机关外,香港还设有两类准司法机构:

(1)根据各种条例设立的行政事务审裁处及委员会,专门处理因不服行政决定而提起的上诉,主要包括:

①市场失当行为审裁处。根据2003年4月1日生效的《证券及期货条例》(香港法例第571章)设立,取代内幕交易审裁处。审裁处由一名主席及2名其他成员组成,前者是高等法院的法官或前任法官,后者不得为公职人员。其职责为,在财政司司长所提起的民事研讯程序中,裁定是否曾发生与上市法团有关的市场失当行为(内幕交易及另外5类特别指明的行为)、曾从事该失当行为的人的身份,以及因该失当行为而获取的利润(或避免的损失)金额。

②行政上诉委员会。1994年实施的《行政上诉委员会条例》(香港法例第442章)规定了独立的行政上诉委员会。委员会处理针对某些行政决定而提出的各类法定上诉案件。委员会成员包括有法律专业知识和有各种工作经验的人士。委员会可确认、更改或推翻原行政决定,或作出合适的其他决定或命令。审理公开进行,上诉可由律师代理。

(2)市民受冤屈时可诉诸的其他机构,主要有:

①选举管理委员会。1997年,选举管理委员会依《选举管理委员会条例》(香港法例第541章)成立,由3名成员组成,主席是高等法院法官。其主要职能是负责划定选区分界,监督立法会和地方议会的选举事宜,处理有关投诉。

②申诉专员公署。申诉专员公署于1989年2月依《申诉专员条例》(香港法例第397章)成立,申诉专员由香港特区行政长官委任。其职责有:令民众对公共机构行政失当的不满得以补救;令官僚制度更以人为本;减少民众与政府之间的隔膜;担当监察政府的角色;防止滥用职权;纠正个别错误事件;当公职人员受到不公平指责时澄清事实真相;提高公共机构的工作效率和服务素质;以及保障人权。

③平等机会委员会。该委员会于1996年成立,旨在实施《性别歧视条例》(香港法例第480章)、《残疾歧视条例》(香港法例第487章)及《家庭岗位歧视条例》(香港法例第527章)。其主要职能有:消除性骚扰和基于残疾的骚扰及中伤行为;推动男女之间、伤残与健康人士之间、有家庭岗位和没有家庭岗位的人士之间机会平等;调查有关歧视的投诉;力求通过调解平

息投诉。如调解不成,委员会有权协助受害人在区域法院起诉。

④个人资料私隐专员公署。该公署就遵守《个人资料(私隐)条例》(香港法例第486章)事宜进行监察和监管,旨在保障个人隐私。其职能有:调查怀疑违反该条例规定的事宜;就遵守该条例提供实务指引;审核可能影响在个人资料方面的个人隐私立法建议;视察个人资料系统;研究和监察可能在个人资料方面对个人隐私有不利影响的科技发展等。

三、香港特区司法的原则和制度

(一)审判独立原则

香港特区是一个法治社会。"法治"最主要的含义是:作为限定在香港行使权力方式的基本法律原则,即政府和所有公共权力均须来自法律规定;除非有法律依据,任何人皆不得作出构成法律过失或会影响他人合法权利之行为;民众有权诉诸司法救济,由依法预先设立、有管辖权、独立、公正的法院公平、公开、及时裁判是非曲直。《香港基本法》第85条规定:"香港特别行政区法院独立进行审判,不受任何干涉,司法人员履行审判职责的行为不受法律追究。"对于这一原则,可从以下方面来理解:

1. 司法管辖权

香港特区的审判权由特区各级法院行使,终审法院拥有终审权。除外交、防务等中央人民政府管辖的事务外,香港特区法院对在香港特区发生的所有民事、商事和刑事等诉讼案件均有司法管辖权,有权受理当事人的起诉和检察机关的检控,并依法作出裁判。当然,这并不排斥中国内地法院对涉港案件的司法管辖权,香港特区居民在内地违法犯罪或与内地居民发生民商事纠纷,内地法院有权受理。内地法院对内地外派人员在香港特区实施的犯罪 特别是经济领域的犯罪,也有管辖权。

2. 司法职责

1995年在北京签署、1997年于马尼拉修订的《亚太地区司法机构独立原则宣言》(现有32个国家和地区的首席法官签署,以下简称《北京宣言》)第10条将司法机构的角色界定为:①确保所有人在法治之下可以安定地生活;②在司法职权的正当范围内,促进奉行和实现人权;及③公正地执掌人与人之间及人民与国家之间的法律。

3. 法院独立

法院独立,即香港特区法院独立行使审判权,只服从法律,而不受任何干涉。法院独立于立法和行政机关。香港特区每年1月举行法律年度开启典礼,目的就是使社会各界明白司法机构独立自主的重要性。

4. 法官独立

法官独立,指每一位法官都依法独立审判,不受干预,不听从任何命令和指示.即便上级法院的法官也不能过问,而只能在上诉审才能对案件发表意见。尽管法官在法律问题上受上级法院的决定拘束,其裁判亦可被提起上诉,但这并不影响法官独立审判。法官具有权威、尊严和独立、超然的地位,在审理案件中依"自由心证""无罪推定"等原则以"良知"来自由判断案件事实和证据的证明力。法官履行审判职责的行为不受法律追究。但在审理涉及外交、国防等国家行为的案件时,法官依法受行政长官发出的有关证明文件的约束。在香港特区,法官不得兼任其他与司法无关的公共和私人职务,不得从事公开的政治活动;对司法外的政治性纠纷,法官不应公开表达政治立场。

香港特区法律为法官独立提供了一系列的制度保障，主要包括：(1)法律规定，任何干扰司法公正的行为皆被视为犯罪。(2)司法人员的委任方式能确保司法公正。(3)法官的任期受基本法和法例保障。法官实行终身制，可一直任职至退休为止，区域法院法官的退休年龄为60岁或65岁，高等法院和终审法院的法官为65岁。(4)法官实行高薪制。(5)法官实行免责制。法官执行职务时，享有广泛的保障，不会因法官身份所作出的职务行为而负法律责任。(6)立法机关不得质疑法官的行为。(7)法官有权惩罚蔑视法庭的行为。(8)法官着特别服饰，戴假发穿法袍，法庭建筑物、法椅、法台等皆有严肃装饰，以显示司法的公正和威严。

(二)司法公正原则

香港特区司法制度严格坚持司法公正原则。司法公正源于“自然正义”法则，是司法制度的核心要求。这一原则主要有两方面的含义：一是“当事人不得担任自己的法官”，即与案件有牵连的人不得担任该案的裁判者，法官不得与案件结果或者各方当事人有任何利益上或其他方面的关系；二是“听取双方陈述”，即裁判者不应存有支持一方、反对另一方的预断或偏见。

在香港特区，司法公正具有充分的制度保障。比如，公开审判、回避和不接触制度。司法公正要求，在案件审结前，法官不得单独接触任何一方当事人及其证人、代理人，甚至要求法官、陪审员使用的电梯、洗手间、餐厅等都尽可能要与其他人使用的设施分开。法官获委任后，区域法院或更高审级的法官必须向行政长官承诺，任期完结后不会在香港特区担任执业大律师或律师[5]。就终审法院法官而言，法律明文禁止其今后在香港特区执业担任大律师或律师。法官不再与私人执业的法律界有任何关联，以防止利益冲突，消除公众疑虑，保持法官中立。为维护司法公正，须维持司法机构和司法人员的声誉，即法官的行为和品德必须达到至高的标准。司法公正也决定了司法的被动性，包括：(1)司法程序非因请求不得启动，“无诉讼即无裁判，无诉求即无法官”；(2)司法程序围绕当事人请求展开，不得在此之外行使司法权；(3)程序一旦启动，须依法定程序推进，不能随意加快、省减、拖延、中断；(4)终止程序由当事人决定。

司法公正原则使当事人具有充分的程序保障。《香港基本法》第87条第1款规定：“香港特别行政区的刑事诉讼和民事诉讼中保留原在香港适用的原则和当事人享有的权利。”例如，刑事被告的诉讼权利包括：法庭上人人平等；受独立无私、依法设立且具管辖权的审判机关公平公开审讯的权利；极严重案件由陪审团审判；无罪推定；控方承担举证责任；以超越合理怀疑为证明标准；获迅速详细告知控罪的性质及因由的权利；有充分时间准备辩护；有权聘请律师辩护；不得无故推延受审；获得法律援助的权利；到庭受审的权利；传召证人并确使证人出庭的权利；盘问控方证人的权利；免费获得传译服务的权利；法庭上保持沉默的权利；针对定罪或刑罚的上诉权；不可因之前被判有罪或无罪的同一罪行再次受审或判罚的权利；以及在候审或上诉期间获得保释的权利。

在充分保障司法公正的前提下，司法机关还应兼顾效率，降低诉讼成本，缩短诉讼周期。司法资源是有限的，法院应确保司法资源公平、高效地分配和使用。因此，司法程序应简便、易行和杜绝滥用，法官也应进行积极的案件管理，控制诉讼程序的进程，实现司法公正与司法效

---

[5]　“大律师”与“律师”之区别，详见本书第391页。

率的衡平。

(三)法官制度

香港特区司法机构由司法机构政务长协助终审法院首席法官执掌。案件审理由法官主持,法官独立作出判决,当事人可依法提出上诉。至2022年1月24日,香港特区共有100多位法官和司法人员。[6] 法院设司法常务官及副司法常务官,以协助法官处理大量"内庭"工作(在全面公开法庭程序之前、之后或取代该种程序所进行的工作)。

1. 法官的资格条件

《香港基本法》第90条第1款规定:"香港特别行政区终审法院和高等法院的首席法官,应由在外国无居留权的香港特别行政区永久性居民中的中国公民担任。"

高等法院法官的资格。根据《高等法院条例》的规定,年满35周岁以上并具备下列条件之一者,有资格担任高等法院法官:(1)具有为香港高等法院承认的大律师的身份,并有10年以上的执业律师的经历;(2)曾任香港地方法院法官或香港裁判司署的永久裁判官;(3)曾任香港律政署官员、法律援助署署长、副署长、助理署长或法律援助官等。

区域法院法官的资格,根据《地方法院条例》的规定,年龄在30周岁以上并具备下列条件者,有资格担任区域法院法官:(1)曾在香港担任律师5年以上;(2)曾被委任为永久裁判司;(3)曾任法定的律政人员,或曾任法律援助署署长等。

2. 法官的任免

根据《香港基本法》第88条规定,香港特区的法官,根据当地法官和法律界及其他方面知名人士组成的独立委员会推荐,由行政长官任命。该委员会依《司法人员推荐委员会条例》(香港法例第92章)设立,共有9位委员,包括:法官3人(终审法院首席法官为当然主席);律师3人(律政司司长为当然委员,另加大律师和律师各1人,后者须经咨询两个法律专业团体理事会后委任);以及3位业外人士。在委员会会议中,若有超过两票否决,决议就不能生效。

香港特区终审法院法官和高等法院首席法官的任命或免职,须由行政长官征得立法会同意,并报全国人民代表大会常务委员会备案。所有法官和裁判官必须具备香港特区或另一普通法适用地区的法律执业资格,并有丰富的专业经验。较高级的法官部分从本港杰出大律师中聘任,其他则从司法机构内部或律政司高级人员中擢升。此外,依《香港基本法》第92条的规定,还可根据需要从其他普通法适用地区聘用法官。

《香港基本法》第89条规定:"香港特别行政区法院的法官只有在无力履行职责或行为不检的情况下,行政长官才可根据终审法院首席法官任命的不少于三名当地法官组成的审议庭的建议,予以免职。香港特别行政区终审法院的首席法官只有在无力履行职责或行为不检的情况下,行政长官才可任命不少于五名当地法官组成的审议庭进行审议,并可根据其建议,依照本法规定的程序,予以免职。"终审法院法官和高等法院首席法官的免职,事前均须征得立法会同意。

《香港基本法》第91条规定,香港特区法官以外的其他司法人员原有的任免制度继续保持。第93条第1款规定,香港特区成立前在香港任职的法官和其他司法人员均可留用,其年

[6] 参见《香港司法机构年报2021》,载司法机构网,https://www.judiciary.hk/en/publications/annu_rept_2021r/smp/list_of_judge.html,访问日期:2022年5月1日。

资予以保留,薪金、津贴、福利待遇和服务条件不低于原来的标准。

3. 司法宣誓

香港特区法律规定,法官和司法人员就任时必须宣誓。司法誓言的内容为:本人就任中华人民共和国香港特别行政区法院法官,定当拥护《中华人民共和国香港特别行政区基本法》,效忠中华人民共和国香港特别行政区,尽忠职守,奉公守法,公正廉洁,以无惧、无偏、无私、无欺之精神,维护法制,主持正义,为香港特别行政区服务。

(四)陪审制度

香港特区的陪审(团)制度源于普通法传统,经过100多年的司法实践,日臻完善,成为香港特区司法体制中最具特色的一项制度。在必须由陪审团参加的刑事诉讼(严重的刑事案件,如谋杀、误杀、强奸、持械行劫和某些毒品罪行)和重大的民事案件中,由陪审团对案件的事实进行认定、裁判双方的胜负,或判断被告人罪名是否成立,法官负责审判程序的主持和法律适用,书记官负责记录陪审团的裁决意见。陪审制度可在最大限度上代表民意,是民众参与司法裁判的主要方式,集中体现了司法的民主性。《香港基本法》第86条规定,陪审制度的原则予以保留。根据《陪审团条例》(香港法例第30章)的规定,香港特区陪审制度主要包括以下内容:

1. 陪审员的资格条件和豁免

陪审员由市民出任,在宣誓后对案件进行听审,并作出裁决。由于陪审员并非法律职业人士,故主审法官须就法律问题对陪审团作清晰的指引。每位陪审员都有责任确保司法公正,这不仅仅是陪审员对被告人和当事人应负的责任,也是对社会应负的责任。《陪审团条例》第31(1)条规定,出任陪审员的人士有权获得津贴。

出任陪审员是每一位合乎资格的香港特区市民应尽的职责。虽然出任陪审员有时会带来不便,但香港是一个法治社会,陪审团扮演的角色极为重要,因此,出任陪审员也是一种荣幸。任何具备下列条件的香港特区居民均有资格出任陪审员:年满21岁但未满65岁;精神健全并无任何使其不能出任陪审员的伤残情况,如听觉或视觉损伤等;品格良好;熟悉聆讯时所采用的语言。凡符合上述条件的香港特区居民除法律有明文规定豁免外,均有担任陪审员的义务。未按传票规定出席法庭即属违法,最高可被判罚款5000元;任何雇主因雇员出任陪审员而歧视该雇员,亦属违法,一经定罪,最高可被判罚款25,000元及入狱3个月。

香港特区法律规定,下列人员豁免其陪审义务:行政局或立法局议员、市政局议员及区域市政局议员、太平绅士、法官、裁判官、法院或审裁处的人员或职员、律政人员、有关行政署的公职人员、外国政府的领事人员及其配偶和供养的子女等,还包括一些特殊的职业人士,如执业律师及其职员、记者、编辑及报社职员、注册医生、药师及化验师、牧师等。上述人员不得担任陪审团成员,否则,可作为法定理由遭反对。陪审员候选人也可申请豁免,该申请应向高等法院司法常务官提出,但以处理公事为由提出的申请通常不会获准。

2. 陪审团的适用范围和选任

陪审团的适用限于如下情形:终审法院和高等法院极严重的刑事案件和重大的民事案件,以及死因裁判法庭有关死因和精神病的研讯(至于其他案件,死因裁判官也可决定是否有需要与陪审团一并研讯)。陪审团通常由7人组成,法官也可指令由9人组成,如有陪审员去世或去职,该陪审团仍然有效,但成员不得少于5人。死因研讯的陪审团由3人组成。

陪审团的选任:人事登记处处长将符合出任陪审员资格的人纳入陪审员名单,并由高等法院司法常务官发出通知。司法常务官每两年编制一份陪审员临时名单,然后在第2年2月或以前确认。司法常务官也可随时增补该名单。名单备妥后应登报公告,说明该名单可供查阅。高等法院司法常务官每周以随意抽选方式,从该名单中抽出若干数量的陪审员,以挂号邮寄的方式发出通知,陪审员应于指定日期前往指定法院。曾接受传召出席的陪审员一般在两年内不会再被传召。高等法院每宗有陪审团参与的审判,在选任陪审团时,都是在公开法庭以抽签方式,从被传召出席的陪审员中选出。在刑事案件中,控辩双方的律师可以反对某些人士出任陪审员,因此被传召出席的陪审员人数通常比实际所需的更多。第一轮抽签中未被选中的人士,可能须于当天或稍后日期,到其他法庭参加另一个陪审团的抽选。

3. 陪审团的听审、裁决和宣布

陪审团成员应按通知准时到法院履行职责,听审案件。陪审员首先要宣誓,然后集中在法院内某处,与外界隔离,直至法官总结证据完毕、把案件交由陪审团裁决、陪审团作出裁决时为止。案件交由陪审团后,陪审团在与外界隔离的环境下商定裁决。陪审团商谈的内容须绝对保密。陪审员不得与陪审团成员以外的任何人士谈论案件。

陪审团应在退席和隔离期间作出裁决。法官会吁请陪审团在作出裁决时力求意见一致,但陪审团可按5对2或7对2的大多数票作出裁决。如果在规定期间未作出裁决,或法庭确实认为陪审团对裁决无法达到法定的多数票时,法庭可解散该陪审团,并安排另选新的陪审团,在其宣誓后重新审讯案件。

陪审团的裁决,须由首席陪审员在全体成员在场的公开法庭上当众宣布。如系刑事案件,则宣布时被告人必须在场。宣布裁决由司法常务官或法院书记主任即时记录,在记录裁决前还须询问陪审团:裁决意见是否一致,赞成裁决人数的比例,以及裁定何方胜诉。如系刑事案件,则须询问陪审团裁定被告人罪名是否成立。陪审团必须宣告原告或被告胜诉,或者宣告罪名成立或不成立的一般裁决,也可以就案件事实作出特别裁决。对于被控几个罪名的被告人,可以裁定部分指控的罪名不成立,而裁定其余罪名成立。在死因研讯中,裁定死者致死的原因及确定与事件有关的情况。

(五)检察制度

1. 检察机关

律政司是香港特区的检察机关。《香港基本法》第63条规定:“香港特别行政区律政司主管刑事检察工作,不受任何干涉。”律政司不仅是检察机关,也是特区政府法律咨询机构和法律工作机构,负责向政府提供法律服务。其地位特殊复杂,职能广泛多样,拥有立法、刑事检控、民事代理、司法行政、拟备法例、提供法律意见、推进法律改革等方面的职权。除审判权外,律政司几乎肩负所有重要的法律事务。律政司现有400余名律师和900余名辅助人员,是全港最大的法律机构。

律政司司长经行政长官提名后,由中央人民政府任命。获委任为律政司司长的人士,必须在香港特区或其他普通法适用地区获准为执业律师或大律师;必须是在香港特区通常居住连续满15年,并在外国无居留权的香港特区永久居民中的中国公民。律政司司长是律政司首长,行政长官、政府、各政府部门及机构的法律顾问,行政会议成员,法律改革委员会主席。律政司司长除负责本港刑事案件的检控外,也是所有针对政府提出的民事诉讼的被告。律政司司长作为广义上的公众利益保护者，可申请司法审查，以强制执行公法方面的权力。律政司司长也有权介入任何涉及重大公众利益的案件。律政司司长还在研讯法庭上以律师身份代表公众利益；作为慈善机构的守护者，并在所有为使慈善信托或公众信托得以强制执行而进行的诉讼中作为涉讼一方；作为“法庭之友”承担涉及一般公众利益的职责，尤其是将涉嫌藐视法庭的个案告知法院。

律政司下设6个科，除政务及发展科负责行政、训练、人事等工作外，其外5个法律专业科各由一名律政专员掌管，律政司司长把若干权力和职责转授各律政专员。(1)民事法律科由民事法律专员掌管，就民事法律向各政府决策局及部门提供法律意见，并以律师和大律师身份代表政府处理一切民事诉讼，包括仲裁案件，还就现行涉及民事法律的法例是否周全，以及为制定新法例或修订现行法例而拟订的草拟委托书提供意见。(2)刑事检控科由刑事检控专员掌管，就刑事案件提供意见和作出检控；在刑事法律、法例常规和效力方面向执法机构提供一般法律意见。(3)法律草拟科由法律草拟专员掌管，负责草拟香港特区所有政府法例；就立法建议所涉及的法律问题向政府提供意见；审阅所有由非属政府的人士或团体提出的法例；作为本港成文法律汇编的管理人，确保所有法例均符合条例草案的格式和香港法例的一般格式；编制《英汉法律词汇》和《汉英法律词汇》；建立《香港法例》电脑资料库——双语法例资料系统。(4)法律政策科按法律政策专员的要求，就政府研究的事项提供法律政策意见；对影响司法、人权、法律制度、《香港基本法》、我国宪法及内地法律的各项问题，提供法律意见；积极推广香港特区的法治。(5)国际法律科由国际法律专员掌管，向政府提供有关国际公法的法律意见、负责双方协议的谈判工作，或委派法律专业人员在谈判中提供意见；处理和统筹香港特区所提出或收到的关于移交逃犯、相互法律协助和移交被判刑人员等请求。该科的政府律师，也可以中国代表团成员的身份，参与涉及国际公法及国际私法的多边条约的谈判工作。

2. 刑事检控职能

(1)律政司的检控职能

刑事检控工作由律政司司长全权负责，是否对案件提出检控由律政司司长及代其提出检控者决定。决定时通常考虑以下因素：是否有充分证据支持提起检控；犯罪的严重程度和可能判处的刑罚；检控是否符合公益；犯罪嫌疑人是否有前科等。事实上，简易的检控工作大多涉及简单案件，可由警方或其他调查机关处理，无须律政司司长特别介入，而且所有案件均在裁判法院经由高级法庭主任代律政司司长审阅。向哪一级法院提起检控，取决于法院管辖权和可能判处的刑罚。香港特区允许公民提起刑事自诉，但几乎所有刑事案件均由律政司、警察署和廉政公署代表政府及公共利益提起，律政司可以在诉讼的任何阶段介入并接管自诉甚至终止诉讼。

律政司设刑事检控科，由刑事检控专员掌管。在原讼法庭及区域法院审理的案件，大部分均由该科的政府律师负责检控。另外，由裁判官审理的案件，如果属于重要案件或涉及疑难法律问题，该科的政府律师也会出庭。由裁判官审理的案件，大部分由法庭检控主任负责检控。除代表政府出庭外，刑事检控科的政府律师也向各执法机构及其他负责检控罪行的政府部门提供法律意见。该科包括如下工作小组：两个审讯预备组(原讼法庭案件筹备组及区域法院案件筹备组)；裁判法院案件筹备、法庭检控主任、色情及淫亵物品组；管理及培训组；重案检控、反恐活动、三合会及有组织罪案组；重案检控及海关组；基本法、人权法案、投诉警察科及赌博组;上诉及禁毒政策协调组;研究、一般法律指引及入境事务组;讼辩及劳工组;以及商业罪案组(细分为本地犯罪得益及税务组、电脑罪行及版权组、诈骗及市场失当行为组,以及两个廉政公署案件组即公营机构组及私营机构组)。2001年1月,律政司刑事检控科成为国际检察官联合会第75个组织会员。

香港特区的刑事诉讼实行抗辩制,控辩双方诉讼地位平等。检察官在庭审中主动调查证据,讯问被告人,出示各种证据,传召证人,对证人进行询问和交叉询问;辩方也拥有几乎同样的诉讼权利。而法官则作为消极的裁判者;极严重的刑事案件由陪审团裁定事实,法官适用法律。

(2)警察署的检控职能

香港特区警察署隶属政务司。依《警队条例》(香港法例第232章)规定,警察署与检控职能相关的职责主要有:维护治安;预防、侦查刑事犯罪;逮捕可合法逮捕之人;执行法院发出的传票、传召出庭令、拘捕令和扣押令等法院命令;展示证供,进行检控;监管囚犯等。对严重、复杂的罪案由警方侦查破案后交由律政司负责检控。警察署负责检控的案件多为裁判法院处刑在3年以下的轻罪案件。

(3)廉政公署的检控职能

香港特区廉政公署成立于1974年,直属于行政长官,专门负责贪污受贿案件的调查、检控工作。廉政公署致力维护香港特区的公平正义、安定繁荣,与全体市民齐心协力,坚定不移,执法、预防、教育三管齐下,肃贪倡廉,取得了卓越成效,令香港特区成为全球最廉洁的地方之一。其政策目标为:以有效方式调查和检控贪污;积极推行防贪措施以杜绝贪污机会;教育市民认识贪污的祸害及争取他们对肃贪倡廉工作的支持。

在组织架构上,廉政公署成立了执行处、防止贪污处及社区关系处三个专责部门,行政工作由行政总部负责。执行处接受市民举报贪污、研究及调查怀疑贪污的罪行。执行处有权检查嫌疑人的银行账户,依裁判法院的命令扣留嫌疑人的护照,以及扣留和查阅嫌疑犯的商业和私人文件等。防止贪污处审视各政府部门及公共机构的工作常规及程序,预防贪污,并应私营机构要求,提供预防贪污顾问服务。社区关系处教导市民认识贪污的祸害,争取市民对反贪工作的支持。

廉政公署根据《防止贿赂条例》(香港法例第201章)、《舞弊及非法行为条例》(香港法例第288章,已废除)和《廉政公署条例》(香港法例第204章)三项特别法例打击贪污,根据有关法例调查与贪污有关的罪行,如勒索、欺诈、恐吓索取钱财等犯罪。廉政公署受理的举报案件须一查到底,任何人均不得以特权、求情等方式恳请该署不采取调查行动。任何决定不受理的检举,均须由审查贪污举报咨询委员会通过。该委员会由行政长官委任的市民和高级政府官员担任,负责监察廉政公署的工作。当调查工作进入重要阶段或遇到重大案件时,廉政公署人员可向律政司的检察官咨询,请求协助或法律指导。为防范滥用权力,廉政公署只负责调查、揭发事实,将侦查所获取的资料提供给律政司,由律政司决定是否提起检控。

(六)监狱制度

香港特区惩教局依《监狱条例》(香港法例第234章)、《拘留中心条例》、《教养中心条例》、《毒瘾治疗中心条例》等监所法规,负责管理20多个机构,包括监狱、教养所、拘留所、毒瘾治疗所和职员培训学院等。香港特区狱政机构庞大、囚犯多,年财政支出达数亿港元。

香港特区监所对囚犯监禁的目的，过去通常视为单纯的惩罚。自20世纪80年代以来，监禁的目的转而强调矫正。刑罚的目的不仅是保护社会而将罪犯与社会隔离开来，而且还要给罪犯提供一个人道的环境，尽可能促使其得以矫正，回归社会。

香港特区十分重视少年犯的管教工作。《少年犯条例》（香港法例第226章）规定，对11岁以下儿童和12岁以上、16岁以下的少年的一切指控的审理，必须在裁判处平常审理案件的法庭以外的房间进行；不准旁听；除与本案有关人员外，只允许善意的记者在场；严禁公布少年犯的姓名和各种可能得以识别少年的情事。对被捕的16岁以下的少年犯，如不能立即提交审判，除犯杀人等严重罪行外，须准予具结释放。对需拘留的少年犯，须与成年犯分开关押。少年法庭在作出判决前须听取其学校或工作单位的汇报，也可令其父母或监护人出庭听审并交付罚金。除杀人案件外，对少年犯的其他判决不得提起上诉。对少年犯罪的院舍监护工作，分别由社会福利署、惩教署和一些志愿机构负责。不同的监管机构及其院舍，代表对少年犯不同程度的约束和惩戒。

（七）律师制度

1. 律师制度的产生和发展

香港特区律师制度源于英国。英国的律师职业可追溯至12世纪，当时法庭使用法律语言，当事人往往需要一位代表人充当译员，此人亦可替当事人出庭，因此被称为“法律代理人”。1340年，律师制度成为英国司法制度的重要组成部分。当时的诉讼代理人分为两类：一是高级大律师和大律师，皆可出席普通法法庭；二是法律代理人，以法庭官员身份作一些初审案件的准备工作，并可作出某些对当事人有约束力的指示。后来在衡平法院内设了律师（Solicitor）职衔。1793年，法律代理人和律师组织了“普通法法庭和衡平法法庭公正律师会”，后发展为英国律师会。1873年英国废除“法律代理人”和“高级大律师”的称谓，律师正式分为“小律师”（Solicitor）和“大律师”（Barrister）。

英国占领香港后带来了律师制度。香港的法律职业人士也分为大律师和小律师，前者亦称出庭律师，后者亦称事务律师。二类律师的执业范围有清楚划分。1858年香港颁布第一部《执业律师条例》并未包括大律师，后来专门制定了《大律师执业及登记条例》和《执业律师条例》。1911年港英政府颁布了《政府律师条例》，“政府律师”（Crown Solicitor）作为财政部门的律师，由大律师或小律师担任，代表政府检控犯罪，后该法例被废除，但至今律政司的检察官仍称为“政府律师”。1964年8月1日颁布的现行《执业律师条例》已作多次修订，共有8部分75条，规定了小律师、大律师、外国律师、公证人、与执业有关的特权、限制及罪行、律师酬金、与律师执业有关的规则等。律师制度对于香港特区的法治和民主至关重要。

2. 律师和大律师

律师和大律师分工明确。律师专门办理法律事务，如起草商业合同、办理土地买卖、办理遗产继承、出庭前准备等事务。大律师的主要业务是从事诉讼代理，代表当事人出庭或为当事人辩护。大律师可出席任何法庭，当然大多是高等法院以上的法庭。大律师不能直接接待当事人，只能由律师转聘，费用由律师代付，不能直接向当事人收费。大律师出庭须由律师陪同，律师提供材料，大律师在庭上发言和辩论。律师的出庭发言权是受限制的，但大律师在所有法院均享有不受限制的出庭发言权。大律师运用其专业技巧和诉讼经验，引导证人作证，询问对方证人，分析法律观点，作总结性发言，协助法官和陪审团认识案情和法律，以便法庭作出公正裁决。但律师与大律师的分工也不是绝对的。律师也出席基层法院的审理,不过,随着相关法律修订完毕和评核制度在2012年推行,合资格律师可以基于获豁免或通过评核而获授予较高级法院出庭发言权,在高等法院和终审法院以讼辩律师身份出庭;[7]而大律师也受律师委托办理一些法律事务,当然通常是以顾问身份工作。虽然大部分法律职业人士都私人执业,但也有为数甚多的法律专业人士在政府法律部门(如律政司或法律援助署)工作,或受聘于公共机构或私人公司为法律顾问,或在香港特区大专院校从事教学研究工作。

(1)律师的资格、执业和管理

在香港特区居住满7年以上的香港特区居民或英联邦国家公民,大学毕业获得法学学士学位,并在律师行跟随一名律师实习两年后的12个月内,可向律师会就其律师资格提出申请,经审查合格,发给"符合资格获认许为律师证明书"。随后,还须向高等法院司法常务官申请,由高等法院审查同意接纳,并送律政司和律师会备案。在正式接纳前要庄严宣誓:"本人定当尽所知所能,诚恳和诚实地从事律师业务。"在交清规定费用后,司法常务官将其姓名登记在《律师名册》上。取得律师资格后,若以律师为业,还须申请执业资格,领取律师执业证书。每年11月由《香港特别行政区政府宪报》刊载批准发给律师执业证书的律师名单,自第二年1月1日起生效,有效期1年。

律师可单独执业或以合伙形式执业。律师从事法律事务活动的组织即律师行。依《执业律师条例》,律师行指由一名独营执业者组成的,或由若干名居住于香港的律师以合伙形式组成的从事法律业务的组织。律师行不能采取有限公司的形式,而只能是合伙型或独营律师行。

香港特区律师公会负责律师事务的自律管理,成立于1907年。香港特区律师公会依章程选举产生理事会,会长由理事会选举,任期两年,不得连任。所有香港特区律师皆须入会。理事会在维持律师的专业水平及职业操守方面的职责广泛。理事会也负责签发律师执业证书。其工作主要包括:调查市民对律师的投诉,根据具体情况启动纪律处分程序;研究和评论立法建议;通过制定执业规则、指示和指引,订立并维持律师高水平的专业和操守标准,以及与其他司法管辖区的法律专业团体保持联络。香港特区律师公会订立并监察律师的教育及培训标准,负责管理专业进修计划。专业进修计划是一项强制性计划,适用于所有实习律师和所有持有执业证书的律师。香港特区律师公会也负责为在香港特区执业的所有外地律师注册和管制其执业,就其原属司法管辖区的法律提供意见。目前,外地律师可通过由香港特区律师公会主办的海外律师资格考试,或取得豁免考试的资格,获认许为香港律师。

截至2021年5月31日,香港特区共有10,868名执业律师、947家香港特区律师行、86家注册外地律师行、1516名注册外地律师,以及37个由注册外地律师行和香港特区律师行组成的联营组织。[8]

(2)大律师的资格、执业和管理

具有香港特区永久居民身份,大学毕业取得法学学士学位后,跟随一名在香港特区至少有5年执业经验的大律师实习1年,然后向高等法院司法常务官申请领取证书,经审查合格正式

[7] 参见《香港的法律制度》(2022年更新),载香港特别行政区政府律政司网,https://www.doj.gov.hk/tc/our_legal_system/other_useful_info.html,访问日期:2022年8月1日。

[8] 参见《香港的法律制度》,载香港特别行政区律政司网,https://www.doj.gov.hk/tc/our_legal_system/other_useful_info.html,访问日期:2022年5月1日。

取得大律师资格。此后须经实习期,跟随一名在香港特区执业不少于5年的大律师实习1年,或在律政司实习9个月以上。之后,申请执业证书,方可执业。在香港特区执业3年以上的事务律师也可申请大律师。此外,在英联邦已取得大律师资格者也须向高等法院司法常务官办理申请等手续,领取执业证书方可执业。

大律师单独执业,不得与其他大律师合伙经营,也不能受雇于其他律师行。虽然大律师通常会共用一所大律师事务所,合租办公楼,共同分摊办公费用,但其法律、财务和专业责任,都与其他共用该事务所的大律师分开。一位大律师无须为同一事务所另一名大律师的行为负任何责任。截至2021年1月,香港特区有超过1500名执业大律师,包括大约100名资深大律师。〔9〕

大律师的专业团体为香港大律师公会(Hong Kong Bar Association),成立于1949年。香港大律师公会设执行委员会,每年改选一次,负责监察大律师的事务。公会主席每年在全会上选出,至少可连任3年。大律师的操守和业内成规受经常修订的大律师公会专业守则约束。每位大律师,无论是否执业,皆须维持大律师应有的专业水平和职业操守。大律师可接受律师行或香港大律师公会承认的专业团体的成员委托,也可由律政司、法律援助署或当值律师服务发出指示而聘用或委聘。市民拟聘用大律师,须先与律师接触。

香港特区沿袭英国律师制度,在大律师中又分出一种特别的律师称作“御用大律师”或“皇家律师”,现通称“资深大律师”。大律师若执业不少于10年,表现出色和成就获得公认,可申请成为资深大律师[这一程序通常称为“披上丝袍”(taking silk),因为资深大律师出庭时身穿丝质长袍]。“资深大律师”是香港特区律师界的荣誉称号,可永久保持。资深大律师的工作与大律师一样,仍负责在法庭进行诉讼,但通常处理一些较复杂的案件。但聘请资深大律师时,须同时聘请另一位大律师,以协助其处理法律文件和资料;资深大律师出席任何法庭,皆须有一位大律师陪同。

3. 律师执业赔偿和惩戒制度

律师若未能竭尽职守而给当事人造成损失,当事人可请求赔偿。香港特区实行强制保险制度,律师须购买执业保险。律师公会设立专门的律师赔偿基金,赔偿基金受益人系因执业疏忽并非故意过错而给当事人造成了损失,且不得超过赔偿的最高限额。

香港特区律师公会、大律师公会制定了一系列执业纪律和执业道德规则,违反者将受到纪律处分,构成犯罪的将受到刑事处罚。律师纪律审裁团由首席法官委任,其成员由不多于执业律师60名、外国律师10名和非法律专业人士30名所组成,任期5年,律师公会理事会成员无资格成为审裁团成员。律师公会在接到对律师、实习律师、外国律师或雇员的投诉后,由律师纪律审裁团召集人从该审裁团中委任律师2人和非法律专业人士1人组成律师纪律审裁组,审查处理投诉事宜,根据违纪情况分别给予律师除名、吊销执业资格等处分。大律师纪律审裁团由首席大法官委任,由不超过资深大律师6名、具有7年以上资历的大律师6名和非法律专业人士5名组成。在大律师公会执行委员会收到对大律师的投诉后,由审裁组召集人从审裁团中委任资深大律师1名、大律师1名和非法律专业人士1名组成审裁组,审查处理投诉,可

---

〔9〕 参见《香港的法律制度》,载香港特别行政区律政司网,https://www.doj.gov.hk/tc/our_legal_system/other_useful_info.html,访问日期:2022年5月1日。

作出除名、吊销执照等处分。

(八)法律援助制度[10]

香港于 1967 年成立法律援助署,为具有合理事实和法律依据提起诉讼或进行抗辩的人士,委派代表律师进行诉讼,确保他们不会因没有经济能力而无法提出诉讼或进行抗辩。法律援助资金来自政府拨款。法律援助申请由法律援助署律师决定是否给予援助。若决定给予援助,署长会指派署内律师或私人执业律师替受助人办理案件。凡需要或适宜委托大律师办理的案件,该署也会指派大律师办理。法律援助的费用全免或视当事人的经济情况按比例收取。根据成功追讨的赔偿款额的情况,受助人可能要偿付诉讼所需讼费或法律援助署署长代支费用的全部或部分。

1996 年香港成立法律援助服务局,负责监督法律援助服务的提供,就法律援助政策和拨款向特区政府行政长官提出建议,就加强法律援助工作的独立性研究可行方法。法律援助服务局主席由一位非官员的法律界以外人士出任,其成员包括律师、业外人士及法律援助署署长。

1. 民事法律援助

民事法律援助的适用范围遍及大部分在区域法院、原讼法庭、上诉法庭及终审法院审理的民事案件。某些在土地审裁处审理的租务案件,在死因裁判法庭研讯的广受公众关注的案件,向精神健康复核审裁处提出的申请,亦可获法律援助。要获法律援助,申请人须通过“经济审查”,其财务资源总值不超过 420,400 元,证明经济上符合资格。同时,还须通过“案情审查”,显示其有合理依据提出有关民事诉讼或进行抗辩,并有合理的胜诉机会;或显示自己最少也有合理机会因获律师的帮助而得到一些具体利益。申请人若通过经济审查和案情审查,便会获得法律援助。法律援助署署长有酌情决定权。对法律援助署拒绝提供法律援助的决定,申请人可向高等法院司法常务官提出上诉。对于终审法院审理的上诉案件,可向由司法常务官担任主席的复核委员会提出上诉。司法常务官或复核委员会的决定为最终决定。

2. 刑事法律援助

刑事法律援助的适用范围包括:区域法院、原讼法庭和上诉法庭审理的各类刑事案件,包括不服裁判官判决而上诉的案件;终审法院审理的上诉案件;以及在原讼法庭审讯前的交付审判程序。要获得刑事法律援助,申请人同样须通过“经济审查”。凡案件涉及谋杀、叛逆或使用暴力的海盗行为的控罪,申请人如符合经济条件,一律会在审讯、交付审判程序和向上诉法庭及终审法院提出上诉时获得法律援助。但就刑事案件提出的上诉(包括终审法院审理的上诉案件),须在法律上有充分依据,才能获得法律援助。即使申请人未能通过经济审查,但若法律援助署署长认为基于维护公义,申请人应获法律援助,仍可给予其援助。在涉及谋杀、叛逆或使用暴力的海盗行为控罪的案件中,法官可豁免申请人通过“经济审查”。被拒绝给予刑事法律援助的,法律没有规定申请人可提起上诉,但对于被拒绝在终审法院上诉中给予法律援助的决定可提起上诉,由高等法院司法常务官委任的专责小组审理。

3. 法律援助辅助计划

从 1984 年起,香港实施了一项特别的法律援助辅助计划——向所谓“夹心阶层”人士(未

---

〔10〕 参见《香港的法律制度》(2022 年更新),载香港特别行政区政府律政司网,https://www.doj.gov.hk/tc/our_legal_system/other_useful_info.html,访问日期:2022 年 8 月 2 日。

通过“经济审查”而不符合获得法律援助的资格，其财务资源超出法律援助资格上限即420,400元，但未逾2,102,000元）提供法律协助。其适用范围包括：索赔额可能超过7.5万元的人身伤亡案件和因医疗、牙科及法律专业疏忽而提出的索赔；雇员补偿的索赔诉讼。该计划自负盈亏，基金来自受助人从其财务资源及所收回的赔偿金中拨付的分担费用。受助人如获胜诉，须向署长缴付一笔款项，款额相等于所需讼费及已代支款项的全数，另加受助人获判赔偿金的12%；如案件在委聘大律师出庭前和解，为该笔赔偿金的6%。

4. 当值律师服务

当值律师服务于1978年11月设立，当时称“律师会法律辅导计划”。1993年8月，当局就此成立一个担保公司。该服务由香港特区政府资助，由本港法律职业人士独立管理。当值律师服务执委会成员包括香港大律师公会和香港律师会各指派的4名会员，以及3名业外人士。当值律师服务包括如下三项计划：

（1）当值律师计划。所有裁判法院、少年法庭及死因裁判法庭案件的被告人，均可通过该计划获提供代表律师。1979年1月该计划开始提供服务时只适用于6项罪名，并只在3所裁判法院实施；其后逐步扩展，1983年扩大至包括全港所有裁判法院及9项罪名；1991年《香港人权法案条例》（香港法例第383章）通过后，该计划随之扩大，几乎适用于所有在裁判法院审理的刑事案件。该计划也适用于面临引渡的被告人、参与单向式认人手续的疑犯及向市政服务上诉委员会提出上诉而出席上诉听审的小贩。所有裁判法院均设法庭联络处，符合资格的被告人会由法庭联络主任安排当值律师服务，使他们在所有法庭审理中皆可由当值律师代表。被告人须同时通过经济审查和案情审查，才可获得上述法律协助。每位符合资格的被告人须缴纳手续费570元，当值律师服务总干事可酌情豁免手续费的缴纳。2020年，获该计划协助的被告人有17,064名。

（2）免费法律咨询计划。该计划于1978年设立，市民可向民政事务总署辖下民政事务处的法律咨询中心免费咨询。任何人如要取得免费法律咨询，须通过转介机构预约时间。2020年，875名义务律师参加该计划，共处理个案5605宗。

（3）电话法律咨询计划。该计划于1984年推行，利用电话录音为市民提供法律资料；1995年系统电脑化，提供24小时的自动查询服务，内容涉及婚姻、楼宇租务、刑事、金融、雇佣、环境法和行政法方面。

（九）公证制度

香港特区公证制度源于英国。公证的目的侧重于形式证明，即证明当事人在公证人面前签署文件的行为属实，而不对文书内容的真实性负责。文书内容不真实的，当事人自行负责。公证人（又称公证律师、法律公证人）通常由社会信誉良好的律师兼任，实行自愿公证原则，法律几乎没有规定必须公证的事项，公证书也没有法定证据效力和强制执行效力。

公证人必须是且只能是律师，但没有律师专门从事公证业务。律师在取得律师资格后执业10年以上，有良好声誉，方有资格申请担任公证人。律师申请时，应由30名以上社会知名人士签名推荐，经公证人公会审议，香港特区各级法院主管首长审查签署，并经香港特区政府审查依法批准，颁发证书。[11] 截至2021年5月31日，有361名律师获认许在香港特区执业为

---

〔11〕 在香港回归前，经香港当局审查后，再报经英国伦敦坎特伯雷大主教批准，最后报英王批准后，颁发证书。

公证人。公证人无等级之分。

公证人取得公证特权证书后,应向司法常务官出示证书,并向法院送交一份由首席大法官订明格式的身份誓章,在缴付规定费用后,司法常务官便将该公证人姓名列入《公证人名册》,其后才可从事公证业务,否则,法院将处以罚金。公证人的任期无限制,除因违反纪律被除名外,可永久担任。若有合理原因,法院可从《公证人名册》上将公证人的姓名删除或暂时吊销其资格。首席大法官如认为适当,可随时命令司法常务官将被删除的公证人姓名重新载入《公证人名册》。

当事人要办理公证事项,应到律师行办理,凡担任公证人的律师行皆标明 Notaries 的字样。兼任公证人的律师,须在香港高等法院和各国驻港领事馆备案。发往香港以外的公证书,一般要经文书使用国驻港领事馆或香港高等法院认证。公证人的业务范围主要包括:(1)公证一切文书的签署;(2)主持宣誓和声明书的宣誓仪式;(3)制定一般有关船务的抗议书并作真实记录以留作未来诉讼之用;(4)代当事人呈递汇票;(5)为当事人制定保单和担保书;(6)制定一切商用文书,包括在外国使用的商用文件;(7)制定和确认外文翻译文书;(8)代外国法庭录取证词、供词。

公证人的管治组织为香港国际公证人协会(Hong Kong Society of Notaries),所有公证人皆为该会会员。协会统一制定公证收费标准,规定各公证人可高于所定的收费标准收取公证费,但不得低于标准收费。高等法院首席法官有权委任香港公证人,终审法院首席法官则负责委任公证人纪律审裁团,在适当情况下从中组成公证人纪律审裁组,专责对有关公证人的行为操守进行研讯。[12]

(十)仲裁制度

早在 1844 年 3 月 20 日,港英当局就通过了"关于授权香港总督将所有民事诉讼案件交由仲裁解决的法令。"但至 1963 年才公布实施香港《仲裁条例》(香港法例第 341 章)。1975 年 9 月 24 日英国加入《承认及执行外国仲裁裁决公约》(以下简称《纽约公约》),1977 年 4 月 21 日将该公约扩大适用于香港,1997 年 7 月 1 日后,香港继续保留公约成员的身份。1990 年 4 月 6 日香港采纳联合国国际贸易法委员会制定的《国际商事仲裁示范法》(当时英国尚未采纳该法)。1991 年《仲裁条例》修订,扩大了仲裁庭的权力,淡化了港内仲裁与国际仲裁的区别。1996 年修订该条例时赋予仲裁员额外权力,使纠纷能通过仲裁得以更公平和快速地解决,并把委任仲裁员的权力由法院转移到香港国际仲裁中心(Hong Kong International Arbitration Centre,HKIAC)[13]。1999 年 6 月,香港特区与中国内地机关订立协议,商定内地与香港特区所作的仲裁裁决可在两地法院相互执行。2000 年 1 月《仲裁条例》的修订载明了这一点。

《仲裁条例》规定了两种体制,一是源自英国法律的本地体制,二是包含联合国国际贸易法委员会制定的示范法的国际体制。根据现行仲裁规则,港内仲裁适用香港国际仲裁中心制定的《仲裁规则》(1993 年 4 月 1 日起实施);国际仲裁适用联合国国际贸易法委员会制定的《国际商事仲裁示范法》。

---

〔12〕 参见《香港的法律制度》(2022 年更新),载香港特别行政区政府律政司网,https://www.doj.gov.hk/tc/our_legal_system/other_useful_info.html,访问日期:2022 年 8 月 3 日。

〔13〕 该中心系一家非营利性的担保有限公司,主要职能是为香港特区和海外的纠纷解决及仲裁事宜提供资料,设有国际和本地仲裁员名册,并备有调解员名单。

香港特区本地发生的任何纠纷原则上皆可通过仲裁解决,但法律明文规定不能仲裁的纠纷(如劳动争议、双方没有处分权的破产纠纷、婚姻纠纷)除外。仲裁由当事人自愿选择,当事人订立仲裁协议或条款的,方得申请仲裁。香港特区实行仲裁条款独立的原则,即便主合同无效或失效,纠纷解决和仲裁条款仍有效。但在仲裁协议不明确、欺诈、胁迫、违反公共政策等情形下,当事人可向仲裁庭或直接向法院申请认定仲裁协议无效,但在国际仲裁中当事人对仲裁协议的效力提出异议只能先向仲裁庭提出。

仲裁实行一裁终局。但当事人对仲裁裁决不服,亦可诉诸司法救济,即存在法定理由时可在收到裁决书3个月内向法院申请撤销裁决。在管辖权冲突、保全措施、证据取得尤其是裁决的强制执行等问题上,仲裁需获得法院协助,法院在这些方面应进行司法监督。在香港特区作出的仲裁裁决,可在120多个签署《承认及执行外国仲裁裁决公约》的其他司法管辖区执行。

第二节　澳门特别行政区的司法制度

一、澳门司法制度的沿革

澳门自古以来就是中国的领土,16世纪后为葡萄牙殖民者占据。1553年葡萄牙人以曝晒被水浸湿的贡物为由登上澳门的土地并居住下来;1557年葡萄牙人在澳门建立永久性楼房;1573年开始向中国政府缴纳每年500两白银地租;1582年葡方与中方签订澳门借地协约;1845年葡萄牙政府拒绝向中国交付澳门地租。长期以来,葡萄牙将澳门视为“海外省”加以统治。在葡统治期间,澳门实行葡萄牙的法律制度,葡萄牙的几部主要法典如《民法典》《刑法典》《商法典》《民事诉讼法典》《刑事诉讼法典》等皆延伸至澳门生效。

1976年前,澳门只是作为葡萄牙的“海外省”或“自治区”,仅“享有行政和财政的自治权”,而立法权和司法权是不能“自治”的,仍由葡国行使。因此,澳门只作为葡萄牙司法体系中的一个法区,澳门法院是葡萄牙法院系统的一个下级法院,隶属葡萄牙三个高等法院之一的里斯本法院,性质为地区法院或初级法院,只有初审权,而没有上诉审和终审权。澳门检察院直接隶属葡萄牙总检察官公署。澳门法官、检察官的任免、提升、调任、纪律制裁等分别由葡萄牙法官最高委员会和检察官最高委员会负责。澳门司法机关的设置、职能、工作原则、程序等,均依葡萄牙法律。显然,当时澳门不享有司法自治权。但澳门法院独立行使审判权,不受澳门政府或葡国政府的干预,也不受澳门总督和立法会的控制。

1974年“四·二五”革命后,葡萄牙宣布放弃殖民主义,意图改变澳门地位的性质,承认澳门是中国领土。1976年2月葡萄牙通过《澳门组织章程》扩大了澳门的自治权,不再将澳门作为葡国领土的一部分,而将其视为一个由葡国管理的地区。《澳门组织章程》规定,澳门地区“享有行政、经济、财政及立法的自治权”。但对司法权,该章程仍规定:“澳门地区一般的司法管理继续以共和国主权机构颁布的法律为准”,即澳门的司法权仍受制于葡萄牙的司法机关。

在1987年4月13日中葡两国签订《关于澳门问题的联合声明》后,葡萄牙为适应澳门过渡期的需要,于1989年修订了宪法中有关澳门的条款,使澳门地区“拥有本身的司法组织,该司法组织享有自治权,适应澳门之特征,并保障法官独立原则”。随后1990年修订了《澳门组织章程》,规定赋予澳门地区拥有“适应其特点的、自身的司法组织,该组织享有自治权”。为此,1991年8月葡国议会通过《澳门司法组织纲要法》,葡萄牙总统向澳门法院授予完全和专属的审判权。《澳门司法组织纲要法》明确规定了澳门法院的独立性,司法组织的一般原则,法院的种类、审级、组成、管辖和程序运作,司法官,诉讼代理人,以及澳门司法高等委员会和澳门司法委员会的组成等。1992年澳门总督颁布《澳门司法制度法》和《审计法院规章法》两个补充法令。根据上述法令,澳门建立起一套自治和独立的司法体系。原澳门初级法院、刑事预审法院、行政法院作为一审法院继续保留,新设澳门高等法院和审计法院为二审法院。高等法院受理所有上诉案件,对大多数案件享有终审权,因为还有部分案件的终审权保留在葡萄牙最高法院、最高行政法院、宪法法院和审计法院。审计法院享有财政监督权和审判权。同时还设立澳门司法委员会和澳门司法高等委员会两个司法官的管理机构,法官和检察官均由其提名并由总督任免。

1999年12月20日,中华人民共和国对澳门恢复行使主权,澳门特别行政区成立。根据1993年3月31日通过、1999年12月20日起实施的《中华人民共和国澳门特别行政区基本法》(以下简称《澳门基本法》),澳门特别行政区按照“一个国家,两种制度”的方针实行原有的资本主义制度,高度自治,“享有行政管理权、立法权、独立的司法权和终审权”。

二、澳门特别行政区的司法机构及其职能

(一)法院

澳门特别行政区《司法组织纲要法》(第9/1999号法律;后经过第9/2004号法律、第9/2009号法律、第4/2019号法律修订)第3条将法院界定为“唯一有权限行使审判职能的机关”。第4条规定,法院的职责在于,“确保维护权利及受法律保护的利益,遏止对法律的违反,以及解决公、私利益冲突。”《澳门基本法》第84条、第86条规定,澳门特区设立三级法院:初级法院、中级法院、终审法院,并设立行政法院。因澳门地域狭小,故没有按地域分设不同的地区法院。

1. 初级法院

第一审法院由初级法院(包括刑事起诉法庭)和行政法院组成。初级法院内可设刑事、民事等专门管辖法庭及特定管辖法庭。法律未规定由特定法院管辖的案件,由初级法院管辖。

《澳门基本法》第85条规定,原刑事起诉法庭的制度继续保留。《司法组织纲要法》第29条规定:刑事起诉法庭有管辖权在刑事诉讼程序中行使在侦查方面的审判职能、进行预审以及就是否起诉作出裁判。刑事起诉法庭有管辖权执行徒刑及收容保安处分,尤其有管辖权为达致下列目的而参与该等刑罚及保安处分的执行:(1)认可及执行重新适应社会的个人计划;(2)对被囚禁的人提出的投诉,即使属被羁押的人提出的投诉进行审理;(3)审理对狱政场所的有权限机关所作的纪律裁定的上诉,即使属针对被羁押的人作出的纪律裁定提起的上诉;(4)给予及废止执行刑罚的灵活措施;(5)在被囚禁者服刑或履行保安处分的时间中,扣除被囚禁者因假装患病而住院的时间;(6)给予及废止假释;(7)延长刑罚;(8)对嗣后出现的精神失常进行审理;(9)终止、重新审查、复查及延长收容;(10)给予及废止考验性释放;(11)命令将人从有关场所释放;(12)建议给予被判处且正履行徒刑或收容保安处分的人赦免,并对其实施赦免;(13)对被判处徒刑或收容保安处分的人给予及废止司法恢复权利;(14)至少每月到监狱巡视一次,以查证羁押及判刑是否依法执行;(15)于巡视期间处理囚犯事前表示欲由其处理而提出的请求。

《司法组织纲要法》第23条规定,第一审法院以合议庭或独任庭方式运作,如法律未规定合议庭审理,则以独任庭运作。合议庭包括3位法官:合议庭主席;负责卷宗的法官;法官委员会每年预先指定的1名法官。第24条规定,合议庭主席有权:经听取组成该庭其余法官意见后,安排及召集合议庭会议;主持辩论及审判的听证;依据诉讼法律的规定,制作在属合议庭管辖的诉讼程序中所作的合议庭裁判书及终局判决书;依诉讼法律的规定,弥补上述裁判的缺陷,以及对该等裁判予以澄清、更正及支持。

2. 行政法院

澳门特别行政区行政法院是管辖行政、税务及海关诉讼的法院。行政法院在审级上属第一审法院,不服行政法院裁决者,可向中级法院上诉。

根据《司法组织纲要法》第30条的规定,行政法院管辖的行政诉讼包括:(1)对以下实体所作的行政行为或属行政事宜的行为提起上诉的案件:局长以及行政当局中级别不高于局长的其他机关;公务法人的机关;被特许人;公共团体的机关;行政公益法人的机关;市政机构或临时市政机构及其具法律人格与行政自治权的公共部门。(2)其他法院无管辖权审理的关于公法人机关选举上的司法争讼。(3)下列诉讼:关于确认权利或受法律保护的利益的诉讼;关于提供资讯、查阅卷宗或发出证明的诉讼;关于行政合同的诉讼;关于澳门特别行政区、其他公共实体及其机关据位人、公务员或服务人员在公共管理行为中受到损害而提起的非因合同而产生的民事责任的诉讼,包括求偿诉讼。(4)要求勒令作出一行为的请求。(5)在涉及行政上的司法争讼事宜的自愿仲裁方面,适用的法律规定由初级法院审理的问题,但诉讼法律另有规定者除外。

行政法院管辖的税务诉讼包括:(1)对涉及税务及准税务问题的行政行为提起上诉的案件;(2)对税务收入及准税务收入的结算行为提起上诉的案件;(3)对可独立提出司法争执的确定财产价值的行为提起上诉的案件;(4)对可独立提出司法争执、属(2)、(3)所指行为的准备行为提起上诉的案件;(5)就(2)、(3)、(4)所指行为提出行政申诉被全部或部分驳回时,对可通过司法争讼予以上诉的驳回行为提起上诉的案件;(6)对税务行政当局部门有权限的实体在税务执行程序上所作的行为提起上诉的案件;(7)在税务执行程序中提出的禁制、对执行的反对、债权的审定及债权受偿顺序的制定、出售的撤销及诉讼法律规定的所有诉讼程序中的附随事项;(8)关于确认权利或受法律保护的利益,以及提供资讯、查阅卷宗或发出证明的税务事宜诉讼;(9)要求勒令作出一行为的请求;(10)要求为担保税务债权采取保全措施的请求。

行政法院管辖的海关诉讼包括:(1)对涉及海关但不应在税务执行程序中审理的问题的行政行为提起上诉的案件;(2)对海关收入的结算行为提起诉讼的案件,以及对可独立提出司法争执的有关准备行为提起上诉的案件;(3)就(2)中所指的行为提出行政申诉被全部或部分驳回时,对可针对其提起诉讼的驳回行为提起上诉的案件;(4)关于确认权利或受法律保护的利益,以及提供资讯、查阅卷宗或发出证明的海关事宜诉讼;(5)要求勒令作出一行为的请求。

在行政、税务及海关上的司法争讼方面,行政法院尚有权管辖:(1)对引致不同公法人的机关出现职责冲突的行为提起上诉的案件。(2)对市政机构或临时市政机构履行行政职能时制定的规定提出的争执。(3)要求中止某些行政行为的效力的请求,只要该法院正审理对该等行政行为所提起的上诉;以及审判关于在该法院待决或将提起的上诉的其他附随事项。(4)在该法院待决的程序内或就将提起的程序要求预先调查证据的请求。(5)对行政机关在处理行政违法行为的程序中科处罚款及附加制裁的行为,以及法律规定的其他行为提起上诉的案件。(6)要求审查(5)中所指的科处罚款及附加制裁的决定的请求。(7)根据法律由行政法院审理或上级法院无管辖权审理而属行政、税务及海关司法争讼方面的上诉、诉讼及程序上的其他手段。

《司法组织纲要法》第19条还规定了排除在行政、税务及海关上的司法争讼范围以外的情形:(1)不论以作为或不作为的方式行使政治职能时作出的行为,以及对行使该职能时产生的损害的责任;(2)不论以作为或不作为的方式行使立法职能时产生的法律性规定,以及对行使该职能时产生的损害的责任;(3)关于侦查及预审的行为,以及关于实行刑事诉讼的行为;(4)将财产定为属公产的行为,以及将之与其他性质的财产划定界限的行为;(5)私法问题,即使任一当事人为公法人。

3. 中级法院

澳门特区不设置高等法院,原高等法院的职能一部分转归终审法院,一部分由中级法院行使。《司法组织纲要法》第36条规定了中级法院的管辖权:(1)审判对第一审法院的裁判提起上诉的案件,以及对自愿仲裁程序中作出而可予以争执的裁决提起上诉的案件;(2)作为第一审级,审判就第一审法院法官、检察官因履行其职务而作出的行为,针对彼等所提起的诉讼;(3)作为第一审级,审判由(2)中所指司法官作出的犯罪及轻微违反的案件……(6)在(3)、(4)中所指案件的诉讼程序中,进行预审,就是否起诉作出裁判,以及行使在侦查方面的审判职能;(7)许可或否决对刑事判决进行再审、撤销不协调的刑事判决,以及于再审程序进行期间中止刑罚的执行;(8)作为第一审级,审判对行政长官及司长,立法会、立法会主席及其执行委员会,推荐法官的独立委员会及其主席,法官委员会及其主席,检察官委员会及其主席,廉政专员,审计长,中级法院院长,第一审法院院长,监管办事处的法官,以及在行政当局中级别高于局长的其他机关所作的行政行为或属行政事宜的行为,或所作出的有关税务、准税务及海关问题的行为提起上诉的案件;(9)审理命令作出属(8)中所指实体权限的依法应作出的行政行为的诉讼;(10)审判对行政机关履行行政职能时制定的规定提出争执的案件;(11)审判要求中止某些行政行为及规范的效力的请求,只要该法院正审理对该等行政行为所提起的司法上诉及对该等规范所提起的申诉,以及审判关于在该法院待决或将提起的上诉的其他附随事项;(12)审判在该法院待决的行政、税务或海关上的司法争讼程序内,或就将提起的上述程序要求预先调查证据的请求;(13)审查有管辖权的第一审法院在处理行政违法行为的程序中所作的科处罚款及附加制裁的裁判;(14)审查及确认裁判,尤其是澳门以外的法院或仲裁员所作者;(15)审理第一审法院间的管辖权冲突;(16)审理行政法院与行政、税务或海关当局间的管辖权冲突;(17)行使法律赋予的其他管辖权。

4. 终审法院

澳门特区终审法院行使终审权。《司法组织纲要法》第44条规定了终审法院的管辖权:(1)依据诉讼法律的规定统一司法见解。(2)审判对中级法院作为第二审级所作的属民事或劳动事宜的合议庭裁判以及在行政、税务或海关上的司法争讼的诉讼中所作的合议庭裁判提起上诉的案件,只要依据本法规及诉讼法律的规定,对该合议庭裁判系可提出争执者。(3)审判对中级法院作为第二审级所作的属刑事的合议庭裁判提起上诉的案件,只要依据诉讼法律的规定,对该合议庭裁判系可提出争执者。(4)审判对中级法院作为第一审级所作的可予以争执的合议庭裁判提起上诉的案件。(5)审判就行政长官、司长及立法会主席在担任其职务而作出的行为,针对彼等所提起的诉讼,但法律另有规定者除外。(6)审判行政长官、司长及立法会主席在担任其职务时作出的犯罪及轻微违反的案件,但法律另有规定者除外……(9)在(6)中所指案件的诉讼程序中,进行预审,就是否起诉作出裁判,以及行使在侦查方面的审判职能。(10)就人身保护令事宜行使审判权。(11)审理关于法官委员会及检察官委员会选举的司法争讼。(12)审判要求中止某些行政行为效力的请求,只要该法院正审理对该等行政行为所提起之司法上诉;以及审判关于在该法院待决或将提起之上诉之其他附随事项。(13)审判在该法院待决的行政上的司法争讼程序内,或就将提起的上述程序要求预先调查证据的请求。(14)审理中级法院与第一审法院间的管辖权冲突。(15)审理中级法院与行政、税务及海关当局间的管辖权冲突。(16)行使法律赋予的其他管辖权。

《司法组织纲要法》第25条规定了上级法院的运作:为审判案件之目的,中级法院及终审法院依据诉讼法律的规定以评议会及听证方式运作;作为助审法官的法院院长、裁判书制作人、助审法官以及诉讼法律规定的实体均参与评议会及听证;裁判书制作人由获分发卷宗的法官担任;助审法官由按在有关法院年资顺序,在裁判书制作人之后的在职法官担任,但法律另有规定者除外。

(二)检察院

澳门特别行政区检察院在澳门政治体制中占据重要的法律地位,主要体现在:

1. 检察院在设置上与立法会、政府、法院并列。澳门特区立法会是行使立法权的立法机关;特区政府是行使行政管理权的行政机关;法院和检察院是行使审判权和检察权的机关。检察长的任命规格很高。《澳门基本法》第90条第2款规定,澳门特别行政区检察长由澳门特别行政区永久性居民中的中国公民担任,由行政长官提名,报中央人民政府任命。

2. 检察院的性质是司法机关。《司法组织纲要法》第55条规定:检察院为唯一行使法律赋予的检察职能的司法机关;相对于其他权力机关,检察院是自治的,独立行使其职责及权限,不受任何干涉。检察院的自治及独立性,透过检察院受合法性准则及客观准则约束,以及检察院司法官仅须遵守法律所规定的指示予以保障。澳门特别行政区属大陆法系,与英美法系不同,大陆法系的检察机关定位于司法机关,独立设置或"审检合署",与法院地位同等。而英美法系的检察机关隶属行政,比如,香港由律政司行使检控职能。

3. 检察院独立行使检察权,不受任何干涉。《澳门基本法》第90条第1款规定:"澳门特别行政区检察院独立行使法律赋予的检察职能,不受任何干涉。"但检察院具有一定的行政性质,故澳门《司法官通则》第9条规定,行政长官有权:在检察院于民事诉讼上代表澳门特区或本地区公库时,向检察院发出指示;许可检察院在上项所指的诉讼中认诺、和解、撤回诉讼或舍弃请求;许可检察院在澳门特区为被害人,且追诉取决于举报或自诉的刑事诉讼程序中,撤回诉讼;要求检察长提供一般性的报告书、报告或解释。从检察长和检察官的任免来看,检察院也不能不受行政长官的指挥和监督,但这是检察机关作为政府代理人的性质所决定的。因此,特区行政长官行使上述权限不视为干涉检察权的运作。

4. 检察院的职责强大,职权广泛。《司法组织纲要法》第56条规定,检察院的职责是在法庭上代表澳门特别行政区,实行刑事诉讼,维护合法性及法律所规定的利益。检察院尤其有权:(1)代表澳门特别行政区、澳门特别行政区公库、不确定人及失踪人;(2)在法律规定的情况下,维护集体利益或大众利益;(3)实行刑事诉讼;(4)依据诉讼法律的规定领导刑事调查;(5)监察刑事警察机关在程序上的行为;(6)促进及合作进行预防犯罪的活动;(7)在其职责范围内,维护法院的独立性,并关注法院的职责是否依法履行;(8)在具有正当性的情况下,促进法院裁判的执行;(9)依职权在法院代理劳工及其家属,以维护彼等在社会方面的权利;(10)在履行职责时要求其他有权限当局提供协助;(11)参与破产或无偿还能力的程序以及所有涉及公共利益的程序;(12)对因当事人为对法律作出欺诈而互相勾结所导致的裁判提起上诉;(13)在法律规定的情况下,或应行政长官或立法会主席的请求,行使咨询职能;(14)行使法律赋予的其他权限。

5. 检察院广泛参与诉讼。在以下情况下,检察院的参与为主参与:(1)法律赋予检察院本身正当性;(2)在法庭上,代表澳门特别行政区、澳门特别行政区公库、市政机构或临时市政机构、无行为能力人、不确定人及失踪人;(3)代表集体利益或大众利益;(4)依职权在法院代理劳工及其家属,以维护彼等在社会方面的权利;(5)在检察院应参与的财产清册程序。在其他情况下,当市政机构或临时市政机构、其他公法人、公益法人、无行为能力人或失踪人与有关案件有利害关系时,或诉讼之目的在于实现集体利益或大众利益时,检察院的参与为辅助参与。检察院作辅助参与时,须尽力维护其负责维护的利益,并促成其认为适宜的事宜。

三、澳门司法的原则和制度

(一)审判独立原则

审判独立原则的学理解释与对香港司法制度的评论相近,此处仅介绍澳门有关审判独立的法律保障。

1. 法治框架

《澳门基本法》第 83 条规定:"澳门特别行政区法院独立进行审判,只服从法律,不受任何干涉。"澳门法院审判案件的法律依据包括《澳门基本法》和其他法律(澳门原有法律;澳门特别行政区立法机关制定的法律;在澳门特别行政区实施的全国性法律等)。法院审判案件既不受任何机关、团体和个人的干预,也不受特区行政长官、行政机关和立法机关的干预,中央人民政府各部门以及各省、自治区、直辖市也无权干预澳门各级法院的审判工作。澳门特区法院自成体系,与最高人民法院及其他各级人民法院,均无隶属关系,也无审级之间的关系。最高人民法院不是澳门特区的上诉审法院或终审法院。澳门特区终审法院行使终审权。

2. 法院独立

《司法组织纲要法》第 5 条规定:"一、法院是独立的,根据法律对属其专属审判权范围的问题作出裁判,不受其他权力干涉,亦不听从任何命令或指示。二、上款规定不包括《澳门特别行政区基本法》所规定的情况及有义务遵守上级法院在上诉中所作裁判的情况。三、法院的独立性按《司法官通则》所作的规定,透过法官的不可移调及无须负责,以及设有一个独立的管理及纪律机关予以保障。"第 2 款所指澳门法院司法管辖权所受的限制,明文规定于《澳门基本法》第 19 条第 2 款、第 3 款,包括:(1)继续受澳门原有法律制度和原则对法院审判权所作的限制,比如,初级法院无权受理政务司以上官员为诉讼当事人的案件;对军事人员只能向军事法院提起诉讼,普通法院无权管辖;还有审级和管辖权等方面的限制,如初级法院只能受理一定金额内的民事案件。(2)澳门特区法院对国防、外交等国家行为无管辖权。澳门特区法院在审理案件中遇有涉及国防、外交等国家行为的事实问题,应取得行政长官就该等问题发出的证明文件,上述文件对法院有约束力。行政长官在发出证明文件前,须取得中央人民政府的证明书。

3. 法官独立

《澳门基本法》第 89 条规定:除法定情形外,澳门特区法官依法进行审判,不听从任何命令或指示;法官履行审判职责的行为不受法律追究。澳门有关法律为法官独立审判提供了充分保障。[14]

4. 司法最终解决原则

审判独立有赖于司法权威。《司法组织纲要法》第 8 条第 2 款规定了司法最终解决原则,即"法院的裁判对所有公共实体及私人实体均具有强制性,且优于其他当局的决定"。

5. 保障司法公正

审判独立须以保障司法公正为前提。澳门法律规定了许多保障司法公正的措施。比如,《司法官通则》第 22 条规定:"一、司法官不得担任其他公共或私人职务,但属教授法律、法律培训或法律学术研究的职务,立法、司法见解或学说上的研究及分析的职务,以及自愿仲裁或必要仲裁方面的仲裁员职务,不在此限。二、在特殊情况下且基于正当理由,法官委员会或检察长可许可兼任职务,但该职务不得影响原职级的工作。"第 23 条规定:"除关于回避的法律规定外,[15] 司法官亦不得介入或参与与其有婚姻、事实婚、任何亲等的直系血亲或姻亲,又或二亲等内的旁系血亲或姻亲的关系的法院司法官、检察院司法官或司法辅助人员所介入或参与的诉讼程序。"第 24 条规定,司法官不得从事任何政治活动或于政治团体中担任职务。第 25 条规定了法官的谨言义务:(1)司法官不得作出与案件有关的言论或评论;但为维护名誉、使其他权利或正当利益得以实现者除外。(2)依据上款规定作出的言论不得违反司法保密或职业上的保密,且须预先获得法官委员会或检察长的许可。第 3 条还规定了法官的审判义务:"法院司法官不得以法律无规定、条文含糊或多义为理由,或在出现应由法律解决的具争议的问题时,以该问题有不可解决的疑问为理由,拒绝审判;法院司法官亦不得以无合适的诉讼手段或缺乏证据为理由,拒绝审判。"

(二)法官制度

1. 法官的资格要件

澳门法官和检察官同属司法人员,其任职资格等基本相同。《司法官通则》第 13 条规定了任用的一般要件:"法院司法官或检察院司法官各职级的一般任用要件,除一般法就担任公共职务所定者外,尚包括须具法律认可的法律学士学位,以及熟悉澳门法律体系。"

就任用的特别要件而言,《司法官通则》第 16 条规定:"拟确定出任第一审法院法官及检察院司法官职级者,须同时符合以下特别任用要件:(一)在澳门居住至少三年;(二)熟悉中、

---

〔14〕 参见下文第 405 页"4. 法官的保障"。

〔15〕 比如,《司法官通则》第 31 条规定,司法官得在其本身、配偶、未成年或无能力的直系血亲卑亲属,又或直系血亲尊亲属的案件中担任律师职务。

葡文;(三)完成一培训课程及实习且成绩及格。未完成适当的培训课程及实习的人士,应符合以下条件:(一) 在澳门居住至少七年;(二)熟悉中、葡文;(三) 已实际从事须具有法律学士学位方得从事的职业至少五年。”所谓“培训课程及实习”,规定于第 17 条,即“一、培训课程及实习为期共两年,并须有一个为所有学员而设的共同培训计划。二、完成培训课程及实习后,成绩及格者按意愿向推荐法官的独立委员会申请出任法官职级。三、完成培训课程及实习后,成绩及格者,如拟进入检察院,须向检察长申请出任检察官职级”。

2. 法官的任免

澳门司法官的任用方式包括:(1)确定委任。已完成为出任法官或检察官职级而设的培训课程及实习且成绩及格的投考人,以及符合法定条件的其他投考人,以确定委任方式任用;属确定委任的司法官,如其被调任、转入另一职级或获任用于另一职级者,亦以确定委任方式任用。(2)定期委任。未完成所要求的培训课程及实习的人士,以定期委任方式任用,该定期委任为期 3 年,且得续期。(3)合同聘任。属澳门以外编制的司法官的投考人,以合同方式聘任,为期 2 年。

法官的选用以其专业资格为标准,符合标准的外籍法官也可聘用。根据《司法组织纲要法》附件的规定,澳门第一审法院法官编制为:合议庭主席 12 名、初级法院法官 32 名、行政法院法官 2 名;中级法院法官编制 13 名;终审法院法官编制 3 名。《澳门基本法》第 87 条规定,澳门特区各级法院的法官,根据当地法官、律师和知名人士组成的独立委员会的推荐,由行政长官任命。《司法官通则》第 91 条规定:推荐法官的独立委员会由 7 名澳门当地人士组成,其中属澳门编制法官 1 名,律师 1 名,其他方面的知名人士 5 名。委员应具备下列条件:(1)符合澳门特区永久性居民的资格;(2)拥护和遵守《澳门基本法》;(3)愿意履行推荐澳门特区各级法院法官人选的职责。委员会委员由行政长官委任。行政长官在委任法官和律师担任委员前应咨询相关界别的意见。委员会设主席一名,由委员互选产生。

法官只有在无力履行其职责或行为与其所任职务不相称的情况下,行政长官才可根据终审法院院长任命的不少于 3 名当地法官组成的审议庭的建议,予以免职。终审法院法官的免职由行政长官根据澳门特区立法会议员组成的审议委员会的建议决定。终审法院法官的任命和免职须报全国人民代表大会常务委员会备案。

3. 法院的院长

《澳门基本法》第 88 条规定:澳门特别行政区各级法院的院长由行政长官从法官中选任。终审法院院长由澳门特区永久性居民中的中国公民担任。终审法院院长的任命和免职须报全国人民代表大会常务委员会备案。

(1)第一审法院院长

《司法组织纲要法》第 33 条规定,第一审法院由 1 名第一审法院的法官担任院长,其系由行政长官在属该等法院本地编制的法官中任命。院长任期为 3 年,可续任。任期终止的院长继续担任职务直至替任人就职时止。“院长除担任法官职务外,亦有权限:(一)面对其他当局时代表第一审法院;(二)监管初级法院办事处,但不妨碍第 34 条所指法官对刑事起诉法庭的监管权;(三)在法官数目变更时,就重新分发案件作出安排;(四)对初级法院办事处的书记长授予职权;(五)每年编制一份关于初级法院各部门工作状况的报告书,并将之交予法官委员会;(六)担任法律赋予的其他职务。”

(2)中级法院院长

《司法组织纲要法》第41条、第42条规定,中级法院院长由行政长官委任1名中级法院的法官担任。院长任期3年,可续任。任期终止的院长继续担任职务直至替任人就职时止。“中级法院院长有权:(一)面对其他当局时代表中级法院;(二)确保中级法院正常运作;(三)主持卷宗的分发工作以及就与分发卷宗有关的问题作出决定;(四)定出通常进行会议及开庭的日期与时间,以及召集特别进行的会议及开庭;(五)主持评议会及听证;(六)行使助审法官的权限;(七)确定在评议会及听证中投票的落败者;(八)在法官数目有变时,就重新分发卷宗作出安排;(九)订正卷宗;(十)监管中级法院办事处;(十一)对中级法院的书记长授予职权;(十二)每年编制一份关于中级法院各部门工作状况的报告书,并将之交予法官委员会;(十三)担任法律赋予的其他职务。”

(3)终审法院院长

终审法院院长,在具有澳门特区永久性居民资格及中国国籍,且具有该法院编制内职位的法官中选任,由行政长官任命,在所有法院司法官中享有优先地位。终审法院院长任期3年,可续任;任期终止的院长继续担任职务直至替任人就职时止。《司法组织纲要法》第51条规定:“终审法院院长除担任法官职务外,还有权:(一)代表澳门各法院;(二)面对其他当局时代表终审法院;(三)确保终审法院正常运作;(四)主持卷宗的分发工作以及就与分发卷宗有关的问题作出决定;(五)定出通常进行会议及开庭之日期与时间,以及召集特别进行的会议及开庭;(六)主持评议会及听证;(七)行使助审法官的权限;(八)确定在评议会及听证中投票的落败者;(九)在法官数目有变时,就重新分发卷宗作出安排;(十)订正卷宗;(十一)对所有法院司法官授予职权;(十二)监管终审法院办事处;(十三)对终审法院的书记长授予职权;(十四)每年编制一份关于终审法院各部门工作状况的报告书,并将之交予法官委员会;(十五)担任法律赋予的其他职务。终审法院设院长办公室,终审法院院长办公室为具有独立职能、行政及财政自治的机构,负责统筹各级法院的事务,向各级法院提供技术、行政及财政辅助。”

4. 法官的保障

在澳门,法官享有充分的保障,主要表现在:

(1)法官的任免方式体现了对法官的保障。法官实行终身制,罢免法官须经法定程序,有法定理由,包括:“无力履行职务”,主要是指法官个人身体状况不适宜继续从事所担负的工作,例如身患绝症、卧床不起等;“行为与其所任职务不相称”,主要是指法官从事与其身份不符的活动。非因法定理由,不得将法官停职或终止职务。《司法官通则》第60条还规定了司法官因无能力而退休的前提及程序:“一、司法官因其在担任职务时体力或智力显得衰退或迟钝,导致或可能导致其继续担任职务将严重损害司法或有关工作者,须因无能力而退休。二、以合同方式聘任或以定期委任方式任用的司法官,如处于上款所指状况,须分别解除其合同或终止其定期委任。三、基于司法官的无能力显示其必须停止职务时,法官委员会或检察官委员会得决定立即防范性停止其职务。四、停止司法官职务时,须以维护职务声誉及司法官尊严的方式进行,且不影响所应收取的报酬。五、由法官委员会或检察官委员会通知处于第一款所指状况的司法官,以便其在三十日内申请退休,或以书面作出其认为适当的陈述。六、涉及检察长时,如行政长官认为其无能力履行职务,应报请中央人民政府免去其检察长的职务,第三款及第四款的规定不适用于检察长。”

(2)法官不可移调。《司法官通则》第5条规定:“一、除非在法律规定的情况下,否则不得将法院司法官调任,将之停职,命令其退休,将之免职、撤职,或以任何方式使其离职。二、如法院司法官系属定期任用者,确保其在该段时间内不被移调。”

(3)法官履行审判职责的行为不受法律追究。《司法官通则》第6条规定:“一、不得使法院司法官对其以法院司法官身份所作的裁判负责。二、仅在法律规定的情况下,方可就法院司法官因履行职务所作的行为而追究其民事、刑事或纪律责任。三、上款所指的民事责任,仅得透过由行政当局针对有关司法官而提起的求偿之诉予以追究,但有关行为构成犯罪者除外。”

(4)法官实行高薪制,拥有各种福利待遇。《司法官通则》规定了年假(第29条)、薪俸制度、其他的固定及长期报酬、居所、招待费、公干待遇及启程津程、其他津贴、医疗护理、居所电话、使用房屋所需的费用、个人使用的车辆等(第34~43条)。

(5)法官还拥有一定的特权。《司法官通则》第44条规定,“法官有下列特别权利:(一)自由通行,指执行职务时或因执行职务而可自由出入有通行限制的公共场所;(二)无需执照或知会而持有、使用、携带、免费申报自卫枪械,并取得弹药;(三)免费获得《澳门特别行政区公报》及《立法会会刊》;(四)基于由法官委员会、检察长及行政长官确认的应予考虑的安全理由,要求治安警察局特别保护其本人、亲属及财产;(五)免费查阅公共图书馆资料及公共资料数据库”。

5. 法官的纪律责任

《司法官通则》第65条规定:“司法官所作的事实,如违反司法官的义务,即使系因过失而作出者,亦构成违反纪律的行为;司法官在公共生活中的作为或不作为,或对该生活造成影响的作为或不作为,如有悖于担任司法官职务应有的尊严者,亦构成违反纪律的行为。”第67条规定:即使已免职、退休、停止职务、处于待安排工作的状况或担任不同职务,亦不妨碍仍可对担任职务时所作的违纪行为加以处罚。第68条规定,对法官的处分包括:警告、罚款、停职、休职、强迫退休、撤职。以合同方式聘任或以定期委任方式任用的司法官,如在纪律程序中被科处停职或更重的处分,则自动终止其提供服务。

纪律程序是追究司法官纪律责任的途径,由法官委员会或检察官委员会提起。纪律程序具有独立性,独立于刑事程序。在纪律程序中发现有刑事违法行为者,须通知法官委员会或检察官委员会。纪律程序须保密,直至终局裁定为止。纪律程序包括:调查、防范性停止嫌疑人的职务、对辩护人的任命、司法官的强迫退休或撤职、决议或决定的通知、无效及不当情事、因放弃职位而提起的程序、决议或决定的复查及恢复权利、专案调查及全面调查等。

法官委员会为法院司法官的管理及纪律机关。《司法官通则》第94条规定,法官委员会由下列委员组成:终审法院院长,并由其任主席;由推荐法官的独立委员会推荐并由行政长官委任的两名社会人士;由法院司法官选出的两名法院司法官,其中一名由第一审法院法官自行选出的司法官,另一名则由中级法院及终审法院法官自行选出的司法官。第95条规定:“法官委员会有权限:(一)建议法院司法官的免职、因无能力而退休及科处强迫退休或撤职处分,或终止以合同方式聘任或以定期委任方式任用的法官提供服务;(二)提起法院司法官因无能力而退休的程序;(三)对法院司法官采取纪律行动,但不影响(一)项规定的适用;(四)评核法院司法官的工作;(五)给予许可,监管不在方面的事宜,编年资表,并对法院司法官作出其他管理行为；（六）就第一审法院法官及处于待安排工作状况的法院司法官，作出在法院内工作的安排；（七）指定组成合议庭的法官；（八）指定第一审法院法官的代任人；（九）依法指定法官以兼任职务，并决定由其负责的案件种类；（十）依法命令并定出有关简易刑事诉讼程序卷宗的分发；（十一）指定中级法院法官，以分发行政、税务及海关上的司法争讼的案卷；（十二）命令对法官进行查核、专案调查及全面调查，以及在此等情况下指定查核员；（十三）就获指定为查核员的法院法官及其秘书的酬劳依法提出建议；（十四）审议由法院院长及监管办事处的法官编制的部门工作状况的年度报告书；（十五）对《司法组织纲要法》及《司法官通则》的法案发表意见；（十六）研究并建议采取立法或行政措施，以提高司法体系的效率及改善该体系；（十七）就法院司法官所穿着的法袍式样提出建议；（十八）评核司法辅助人员的工作，并对其采取纪律行动；（十九）审议对其主席的不可提出司法申诉的决定提起的上诉；（二十）依法安排委员会委员的选举；（二十一）通过内部规章及查核规章，并命令将之公布于《澳门特别行政区公报》；（二十二）通过委员会的预算提案；（二十三）行使法律赋予的其他权限。”对法官委员会主席所作、涉及非属法官委员会授权的事宜的决定，得透过向法官委员会上诉而进行申诉。对法官委员会所作的决议以及对法官委员会主席所作、涉及属法官委员会授权的事宜的决定，得透过司法上诉进行申诉。

6. 司法辅助人员

《澳门基本法》第91条规定，原在澳门实行的司法辅助人员的任免制度予以保留。澳门的司法辅助人员包括：法院的秘书、书记官、一等和二等助理书记、庭差、誊录员等。担任司法辅助人员的条件是：必须具有葡文中学11年级（高中程度）的学历，经考试合格后实习半年予以正式录用，由政府负责司法行政事务工作的司法事务司予以任命。

（三）检察官制度

检察官和法官同属司法人员，有关资格要件、任免、退休、纪律程序等规定相似。[16] 澳门检察长的任命比澳门终审法院院长的规格要高，由行政长官提名，报中央人民政府任命。检察官经检察长提名，由行政长官任命。

检察官的职级分为：检察官；助理检察长；检察长。与法官不同，检察官具有等级从属关系，有义务遵守上级司法官的指示。根据《司法组织纲要法》附件规定，检察院司法官编制为：检察长1名、助理检察长13名、主任检察官12名、检察官33名。根据《司法组织纲要法》第57条规定，检察院在各级法院的代表分别为：在终审法院由检察长代表，检察长由助理检察长协助；在中级法院由助理检察长代表；在第一审法院由检察官代表。

《司法组织纲要法》第62条规定，检察长为检察院的最高领导和代表。检察长享有为领导检察院和维持检察院的正常运作所必需的一切权力，尤其有权：（1）领导及查核检察院各部门的运作和助理检察长、检察官及其他工作人员的工作；（2）发出助理检察长及检察官应遵守的一般及特定的工作指示；（3）对所有助理检察长和检察官授予职权；（4）分派工作予助理检察长和检察官；（5）指定助理检察长和检察官的代任人。检察长作为检察院的代表，尤其有权限：第一，在终审法院及面对其他当局时代表检察院；第二，在法律规定的强制咨询的情况中，或应行政长官或立法会主席的请求，就特定事宜的合法性发表意见；第三，在法律要求或应行

〔16〕 详见上文有关法官制度的论述。

政长官请求时,参与澳门特别行政区为利害关系人的合同的订立;第四,每年编制一份关于检察院各部门工作状况的报告书,并将之交予行政长官;第五,担任法律赋予的其他职务。

《司法组织纲要法》第63条规定,助理检察长有权:(1)协助检察长在终审法院代表检察院及行使其他职权;(2)在中级法院代表检察院;(3)鉴于案件的严重性或复杂性 或案件涉及基本公共利益时,在第一审法院例外地亲自代表检察院;(4)领导检察院的专责小组;(5)向检察官发出执行职务所需的特定指示;(6)作出诉讼法律规定的决定;(7)担任法律赋予的其他职务。

此外,检察机关还有司法辅助人员,他们在检察长办公室下属部门担任职务。检察长办公室负责管理在其下属部门任职的司法辅助人员,其工作评核及提起纪律程序由检察官委员会负责。

(四)律师制度

澳门律师制度长期适用葡萄牙法律,在澳门注册的律师很少。1984年《澳门组织章程》仍规定,在澳门执业的律师应在里斯本区注册。1991年《司法组织纲要法》规定了律师的地位、职能、权限等,同年5月颁布《澳门律师通则》(法令第31/91/M号),经1992年和1995年两次修订,逐步形成了现行的澳门律师制度。《澳门基本法》第92条规定:"澳门特别行政区政府可参照原在澳门实行的办法,作出有关当地和外来的律师在澳门特别行政区执业的规定。"

1. 律师的性质、业务和资格

澳门法律规定,律师"协助执行司法",不受雇于司法部门、行政部门和其他国家机关,而作为独立性的自由职业者。律师事务所完全是私人性质的,禁止律师担任和兼任公职。澳门律师分为两类:一为律师,通称"大律师";二为律师助理,即法律代办。律师的业务范围主要包括诉讼委任、法律咨询活动及意定代理。诉讼委任,指律师在民事、刑事、行政案件中代理当事人从事诉讼活动;意定代理,指为委托人进行符合其意思表示的代理行为,即非讼事务的代理;法律代办只能处理简单的法律事务,而不能受委托出庭担任当事人的代理人,也不能独立处理民事、经济方面的法律事务。

澳门律师资格的取得,须具备报名资格,并通过律师资格考试。根据《律师通则》第19条和《录取律师业规章》的规定,报名当律师的条件是:(1)澳门之大学之法学士或受本地区认可之任何其他法学士;(2)完成律师业实习,实习时间为18个月,实习期间每星期应在指导律师的事务所至少实习3天。对非澳门之大学的法学士,须根据澳门律师公会规定完成为其适应澳门法律体系的先修课程。下列人士免除律师业实习:拥有硕士或硕士以上学位并曾在澳门之大学担任教员职务2年以上之法律教师;在澳门任职2年以上并最后评核为良等之前法院司法官、检察院司法官、登记局局长及公证员;根据澳门律师公会的规定,已获有律师业实习资格之法学士。

根据澳门法律规定,所有律师必须在澳门律师公会进行注册,否则,不能执业。《律师通则》第25条规定:"未在本职业公共团体注册而作出律师职业之本身行为、自称有律师资格、使用任何语文中之相等资格或使用其标志者,将被处以最高至2年之监禁及最高至二百日之罚金。"第23条还明确规定,下列人士不可注册:(1)不具备从事本职业之道德品行者,特别是因任何严重不名誉之犯罪而被判罪者;(2)不完全享有民事权利者;(3)被确定之判决宣告没有能力管理其个人及资产者;(4)处于不得兼任之状况或被停止从事律师业者;(5)由于缺乏道德品行经纪律程序被撤职、强迫退休或休职之司法官及公务员;(6)不具备在本地区从事律师业之职业资格者。

《律师通则》第20条规定:"从事律师业不得兼任任何减损职业独立性及其尊严之活动或职务。"第21条作了具体列举,律师不得兼任下列职务及活动:(1)澳门本身管理机关之据位人或成员、其办公室之顾问、成员及公务员,或以合同聘用之服务人员,但立法会议员除外;(2)在职或代任之法院司法官或检察院司法官,及任何法院之公务员或服务人员;(3)市政厅主席、副主席、公务员或服务人员;(4)公共公证员、登记局局长、登记暨公证机关之公务员或服务人员;(5)任何公共部门之公务员或服务人员,但法律学科或课程之教员除外;(6)现役之武装部队及军事化部队成员;(7)居间人或拍卖人;(8)特别法所规定从事律师业时不得兼任之任何其他情况。且"不论以何种委任方式、任职性质及类别以及报酬方式从事上述职务及活动,总之不论有关职务之法律制度如何,均视为上述所指之不得兼任之情况"。但不得兼任的情况不适用于所有处于退休、休职、无薪长假或后备役状况的人员。

2. 律师的保障与权利

除其他法律规定外,《律师通则》还特别规定了律师的保障与权利。如第13条规定:"一、司法官、执法人员及公务员应确保律师在从事其职业方面受到与律师业尊严及与其充分担任委任所需之适当条件相符之待遇。二、在审判听证中,律师应有专门座位并可坐着发言。"第14条规定:"根据法律,律师有权亲自及私下与其受援助人通讯,即使后者被监禁或拘留在民用或军人监狱。"第15条第1、2款规定:律师在从事其职业时可向任何法院或公共部门要求查阅卷宗、簿册、不属保留或机密性之文件,并可口头或书面申请发出证明,而不需出示授权书。律师在从事其职业时,享有受任何应被问询之公务员接待之优先权。第16条限制对律师事务所搜索及扣押文件,"一、搜索律师事务所及进行类似措施或搜索任何其他收藏档案之地点,只能在法官命令及指导下进行。二、法官应通知有关律师以及澳门律师公会领导机关之一名成员到采取措施之现场。三、不得扣押与从事职业有关之函件,但涉及有关律师涉嫌为有关犯罪事实之嫌疑人者除外。"

3. 律师公会

1989年澳门成立民间律师协会,1990年经澳门律师公会大会决议转为律师公会。依《澳门律师公会章程》第1条的规定:澳门律师公会是一个独立、自由、自治的公法人,"代表在澳门从事律师业之法学士";它"不服从本地区本身管理机关,或任何公法人或私法人之指引权,并在实现其目标时享有独立及自主权"。凡是开业律师必须参加律师公会,不可设立除此之外的其他律师组织。

澳门律师公会的宗旨尤其在于:(1)规范职业之从事;(2)给予律师及实习律师之职业资格;(3)增进律师职业之尊严与威望,并热心致力于尊重职业道德原则;(4)在特定目的范围内及无损于公共利益之促进下,维护职业及专业人士之利益、权利及特权;(5)增强其成员之间团结;(6)促进求取法律之认识及运用。律师公会在履行其职责及根据法律的规定时有权限:(1)制定及修改章程;(2)制定及修改《职业道德守则》;(3)制定其他职业规章;(4)组织及保持强制性职业登记;(5)组织及指导职业实习;(6)制定《纪律守则》及有关其修改之提案;(7)对上项所指提案的修改提出意见。

4. 律师业高等委员会

律师业高等委员会是一个独立的律师职业纪律机关,对律师及实习律师行使专属纪律管辖权,采取合议原则。律师业高等委员会由下列人员构成:从澳门律师公会注册律师选出之3名执业10年或10年以上之律师;从澳门律师公会注册律师选出之3名执业少于10年之律师;由其同业人士选出之1名司法官;由其同业人士选出之1名检察院司法官;由行政长官委任之1名人士。律师业高等委员会之成员任期为2年,仅能再被选或被连续委任一次。律师业高等委员会主席及副主席在委员会第一次会议上秘密投票选举产生,主席有权作出决定性投票。对律师的纪律处分包括:警告;谴责;最高至澳门币10万元之罚款;中止执业资格10日至180日;中止执业资格6个月至5年;中止执业资格5年至15年。规范澳门律师纪律和职业道德的规则有:澳门《律师通则》,主要是原则性规定;《律师职业道德守则》,主要是实体性规定;《律师纪律守则》,主要是程序性规定。

(五)警察制度

早在300多年前,澳门就已设立警察。1937年澳门正式设立治安警察,迄今已发展到2000多人。1976年正式成立澳门女警,现有200多人,同年还成立保安部队,1980年又成立特警。

1960年8月19日,澳葡政府颁布第43125号法令,在澳门设立司法警察署。1971年10月12日,澳葡政府通过30/71号法令,将原有的澳门司法警察署提升为厅级部门,厅长由检察院司法官以定期委任方式出任。1975年2月19日,澳葡政府以705/75号法令提升澳门司法警察厅为澳门司法警察司,负责刑事侦查、犯罪预防及协助司法当局,在行政上直属澳门总督,在刑事诉讼的运作上由葡萄牙检察长指导,但有权对所有不予起诉的案件进行归档。为明确司法警察司的运作,1979年8月4日澳门立法会颁布第19/79/M号法律《司法警察组织法》,规定澳门司法警察是在总督直接领导下,行使预防和调查犯罪、协助有关司法机关行使职权的机关。司法警察司司长由法院或检察院的司法官出任,1986年通过的第34/86/M号法令规定,副司长须由总督在法院或检察院的司法官或一等督察或至少从事法律工作5年的法学士中任命。1999年12月20日澳门回归祖国后,司法警察司更名为司法警察局,隶属澳门特别行政区保安司,但在刑事调查工作中接受检察院领导;其局长和副局长的任职条件与回归前相同。

澳门司法警察是打击犯罪、维护社会稳定的一支重要力量。其职责为:(1)预防犯罪行为,监视与稽查公共场所设施,以及一切涉嫌有助于犯罪的地点;(2)依据法院规定进行犯罪调查;(3)协助法官或检察官,并按照他们的请求进行侦查工作,承担司法行政辅助机构的职责。其职权主要包括:(1)监视和检查权。(2)调查权。司法警察有权采取一切必要的办法和手段,从事与案件有关的调查活动,有权要求当事人提供情况,有权要求有关机构和组织给予协助。(3)侦查权。《司法警察组织法》还明确规定了司法警察的义务和纪律。比如,司法警察在任职期间所取得的财产和收益须申报,每年要递交一份财产及收益报告,详细注明本人在澳门和海外拥有的不动产、股份、证券、银行账目和负债资料;若拒绝提供,将不能录用或报考司法警察。该法也规定,公民和法人有义务向司法警察局提供协助,特别是协助警方侦破案件;如果拒不协助或知情不报,可能要承担法律后果。司法警察局下设刑事调查厅、国际刑警组织中国国家中心局澳门支局、情报处、博彩罪案调查处、司法鉴定化验所、管理及计划厅和司法警察学校。

为维护社会治安，澳门特区政府先后采取多项改革措施，比如：(1)成立警察总局，协调治安警察局及司法警察局原有两个警务机构的工作，以解决司法警察和治安警察的职能交叉问题，要求其相互配合。司法警察调查时对罪行轻微者移交治安警察处理，估计量刑超过3年徒刑的罪犯，治安警察须移交司法警察处理。(2)重组司法警察局，使之更有效地打击犯罪。(3)强化监狱、保安协调办的独立运作能力。(4)与中国内地在情报交流、合作办案、联合行动等方面建立有效和规范的沟通机制。(5)对有关法律、法规进行修订。回归祖国以来，在警方大力打击和严密监控下，澳门黑社会仇杀、涉枪案件、绑架、纵火等严重暴力犯罪已基本杜绝，一般暴力犯罪个案也大幅度减少，由1999年的2271宗减至2003年的800多宗。[17] 根据澳门司法警察局的统计数据，2020年博彩罪案统计为1114宗（其中专案调查366宗；检举47宗；精简调查450宗；要求调查251宗），其他重罪333宗。[18]

（六）监狱制度

澳门原来只有一座监狱，1990年前旧监狱设在市内人口密集区，被称为“市牢”，很长时期管理混乱。1990年澳门当局在路环岛建造了一座新式监狱。新监狱设备先进，监狱内设小禁闭室，对违反监规等不良行为的囚犯进行关押，还专设母婴室，对正在养育不满3岁子女的女囚犯，允许其在母婴室内哺育照顾孩子。新监狱采取分别关押、区别对待、宽严相济、奖惩严明等管理方法，对男犯、女犯、少年犯、成年犯、重罪犯、轻罪犯等分监舍关押，并注意对囚犯的教育和培训。澳门监狱归保安司管辖，现行主要管理法规为第25/2000号行政法规《澳门监狱组织架构》。

1. 性质和职责

根据《澳门监狱组织架构》的规定，澳门监狱为澳门特别行政区公共行政当局的组织单位，具有行政自治权。该法第2条规定，澳门监狱的职责为执行剥夺自由的刑罚及羁押处分的部门，尤其有权：(1)为正确执行刑罚及处分而采取措施，尤其在社会、经济、家庭、心理等辅助方面，医疗护理及保健方面，就业、职业培训及教育培训方面，文化、娱乐及体育活动方面以及使被囚禁者守纪律方面采取措施；(2)促进被判刑者重返社会；(3)安排及负责生产工场的管理，以便被囚禁者重返社会的目标能与合理运用人力及物力资源方面及确保适当的工作安全环境方面的目标相配合；(4)负责人员、资产及设备的管理，以及工程的实施。澳门监狱设男囚区及女囚区；每一囚区下设两个分区，一个为被羁押者而设，另一个为被判刑者而设。此外，澳门监狱亦可在其他地点设置一个或一个以上特别囚禁区，用以囚禁被列为防范类的被囚禁者、受绝对或有限制不准与外界接触制度约束的被囚禁者，以及被实施隔离的特别保安措施的被囚禁者。经有权限的政府成员许可后，澳门监狱可例外地执行收容保安处分。

2. 组织架构

澳门监狱的组织机构为监狱长和管理委员会。

监狱长由一名副狱长辅助；监狱长出缺、不在及因故不能履职时，由副狱长代任。监狱长的权限为：(1)领导及统筹澳门监狱的工作；(2)如其认为适宜，委任一名保安暨看守部协调

---

〔17〕 曾坤：《濠江夜话：便衣警察与澳门治安》，载 http://news.sohu.com/2004/03/10/20/news 219382048.shtml。

〔18〕 参见澳门司法警察局：《司法警察局年报（2020年）》，载 https://www.pj.gov.mo/Web/u/cms/www/202107/29164018kv1t.pdf，访问日期：2021年8月1日。

员;(3)按照法律规定采取纪律行动;(4)编制活动计划及报告书,并将之提交上级审查;(5)订定供附属单位遵守的内部运作规定及指示,以便严格履行澳门监狱的职责;(6)主持管理委员会;(7)行使上级授予的其他权限。监狱长可依法将本身权限授予或将获授予的权限转授予副狱长或主管人员,但须取得上级的认可。

管理委员会系澳门监狱的财政管理机关。管理委员会由监狱长及两名委员组成,并由监狱长担任主席,而其中一名委员须为行政暨财政处处长,另一名委员则为财政科科长,或于其出缺、不在及因故不能履职时,由有关代任人组成。其附属单位包括:技术顾问办公室;行政暨财政处;社会援助、教育暨培训处;保安暨看守部。管理委员会的权限为:(1)通过预算提案及监察预算的执行;(2)核实开支的合法性及许可开支的支付;(3)组织会计记账、使之载有最新资料及监察会计记账工作;(4)通过须呈交有权限机关的每月账目、管理账目及责任账目。

管理委员会每月举行例会一次,并在管理委员会主席召集时,举行特别会议;每次会议,须由秘书制作会议记录;秘书由主席在该委员会的成员中指定。管理委员会的决议取决于多数票。管理委员会成员须对所作的决议负连带责任,但是本身的落败票及经适当说明的投该票的理由载入会议记录的成员,无须负责。管理委员会的决议,由行政暨财政处负责执行。

(七)仲裁制度

澳门过去没有专设仲裁机构,仲裁制度不健全。澳门的第一个仲裁机构,是1998年3月设立的消费争议仲裁中心。其宗旨是通过中介、调解及仲裁方式解决在本地发生的涉及金额少于2.5万元澳门币的消费争议。当事人自愿申请仲裁,不支付任何费用。仲裁解决纠纷的范围不限于商事争议,除特别法限制须由法院处理的案件外,只要当事人有处分权,皆可申请仲裁。当事人自由选择仲裁员;如自己不选择的,可由法院代为委托仲裁员。仲裁适用衡平原则,公正权衡双方的利益。仲裁程序坚持当事人平等、辩论原则,并以司法作为仲裁的辅助手段,包括法院可委托仲裁员,不服仲裁裁决可向法院提起诉讼等。

澳门第二个仲裁机构,是由律师公会于1998年5月19日——"澳门律师日"设立的律师公会自愿仲裁中心。自愿仲裁中心依仲裁法规接受并解决律师之间、律师与客户之间有关民事、商事、行政等争议。自愿仲裁中心作出的裁决具有法律效力。与消费争议仲裁中心不同的是,该中心管辖的争议不受金额限制,但有关仲裁服务需收费。通过仲裁解决民商事争议有许多优点,澳门目前正在加速构建仲裁制度。

第三节　我国台湾地区的司法制度

一、我国台湾地区司法制度的沿革

1895年中日《马关条约》把台湾及附属岛屿(包括澎湖列岛)割让给日本。第二次世界大战日本战败,1945年中国从日本手中收复台湾,即在台湾适用当时中华民国的法律,建立司法机构。1949年,蒋介石率部分国民党军政人员退踞台湾,将过去在中国大陆实行的司法制度搬到台湾,除在10年"训政时期"有些调整外,台湾大体沿袭了北洋政府,甚至晚清的司法制度。台湾主要的法律制度被概括为"六法"。"六法"可视为台湾现行一切法律的总称,但不限于六种具体的法律。

早在1906年,孙中山就创立了“五权宪法”的政体学说,后南京国民政府依此学说设立法院、司法院、行政院、监察院和考试院,分别行使立法、司法、行政、弹劾、考试五权,五院分权制衡,司法院是台湾最高司法机关。目前,我国台湾地区的审判体系包括普通法院、行政法院、军事审判和公务员惩戒委员会四种。公务员惩戒委员会是通过1947年“宪法”独立出来的。军事审判不属于司法权,其源于“宪法”有关“非现役军人不受军事审判”的规定。1999年翁岳生担任“司法院”院长后召开的第一次司法改革会议提出,计划在10年内将多元审判体系彻底实现一体化,取消行政法院和公务员惩戒委员会。

二、我国台湾地区的司法机构及其职能

(一)“司法院”

1.“司法院”的职权

“司法院”是我国台湾地区最高“司法机关”,负责民事、刑事、行政诉讼案件的审判以及公务员的惩戒。

2. 组织结构

“司法院”设院长、副院长各1人,由“总统”提名,经“立法院”同意任命。“司法院”院长负责院务并监督所属机关。院长因故不能履行职务时,由副院长代理其职务。院长出缺时,由副院长代理,代理期间至“总统”提名继任院长经“国民大会”同意、“总统”任命之日止。“司法院”设正、副秘书长各1人;秘书长根据院长的命令处理院务。

“司法院”所辖机关有:普通法院,行政法院,公务员惩戒委员会,以及因业务需要在“司法院”内设立的各种委员会(包括人事审议委员会、法规研究委员会、解释判例编辑委员会、史实纪要编辑委员会等)。“司法院”本部设民事厅、刑事厅、行政诉讼及惩戒厅、少年及家事厅、司法行政厅,以及秘书处、信息管理处、参事室、人事处、政风处、会计处、统计处等。

3. 大法官会议

“司法院”设大法官会议,由大法官17人组成。“司法院组织法”第4条规定:“大法官应具有左列资格之一:一、曾任最高法院法官十年以上而成绩卓著者;二、曾任立法委员九年以上而有特殊贡献者;三、曾任大学法律主要科目教授十年以上而有专门著作者;四、曾任国际法庭法官或有公法学或比较法学之权威著作者;五、研究法学,富有政治经验,声誉卓著者。”“司法院”设大法官书记处,负责如下事项:申请解释案争点的初步整理及相关数据的搜集、编译;政党“违宪”案争点的初步整理及相关数据的搜集、编译;审理案件文书、记录的编制;司法院解释、“宪法法庭”裁判的公布及通知;解释、裁判汇编及各国宪法审判制度相关数据的搜集、编译等事项。“司法院组织法”第3条规定,大法官会议审理解释“宪法”及统一解释“法令案件”,并组成“宪法法庭”,审理政党“违宪”的解散事项,均以合议行之。

(二)“法务部”

“法务部”主管检察、矫正、司法保护的行政事务及“行政院”的法律事务。其名称和隶属关系多次变化。最初称“司法行政署”,后改为“司法行政部”,隶属“司法院”;其后改隶属“行政院”;2年后复归“司法院”;1970年6月,“司法行政部组织法”被修订为“法务部组织法”,“司法行政部”改称“法务部”,隶属“行政院”至今。

“法务部”设部长1人,系政务委员,负责全面工作,指挥、监督所属机关及职员;设政务次长1人、常务次长2人,辅助部长处理部务。“法务部”内设机构有:法务事务、检察、矫正、保护、政风、总务6司,以及信息处、秘书室、人事处、会计处、统计处、法规委员会、诉愿审议委员会、人事审议委员会、检察官审议委员会等。法务部所属机关有:检察机关、[19]调查局、行政执行署、司法人员训练所、矫正人员训练所、法医研究所等。

三、我国台湾地区司法制度

(一)审判制度

1. 普通法院

根据我国台湾地区的“法院组织法”第2条规定,法院审判民事、刑事及其他“法律”规定的诉讼案件,并依法管辖非讼事件。我国台湾地区普通法院包括三级:“最高法院”、高等法院和地方法院。法院设民事庭、刑事庭,地方法院还设立其他专门法庭,以及执行庭、公证处、提存所和登记处等。高等法院和地方法院可设分院。法院独立审判案件;法院上下级之间不是行政隶属关系,而只是审级关系。我国台湾地区实行三级三审终审制,但法定情形除外。法院公开审理和宣判,但有妨害“国家安全”、公共秩序或善良风俗之虞时,法院可不予公开。审判长拥有法庭指挥权、秩序维持权。法庭开庭时,应保持肃静;非经审判长核准,不得录音。有妨害法庭秩序或其他不当行为者,审判长可禁止其进入法庭或命其退出法庭,必要时得命看管至闭庭时。妨害法庭秩序,经制止不听者,处3个月以下有期徒刑、拘役或3000台币以下罚金。

(1)“最高法院”

“最高法院”是我国台湾地区的终审法院,设院长1人,负责该院全面的行政事务,并兼任法官。台湾地区称法官为“推事”。目前“最高法院”设民事庭和刑事庭各5个,分别审理不同的案件。每庭设庭长1人,法官4人,庭长除由院长兼任者外,余由法官兼任。“司法院”可调高等法院以下各级法院及分院法官或候补法官至最高法院办事,承法官之命,办理诉讼案件程序及实体之审查、法律问题之分析、资料的搜集、裁判书之草拟等事务。

“最高法院”管辖的案件包括:不服高等法院及其分院第一审判决而上诉的刑事诉讼案件;不服高等法院及其分院第二审判决而上诉的民事、刑事诉讼案件;不服高等法院及其分院裁定而抗告的案件;非常上诉案件;其他法律规定的诉讼案件。

“最高法院”审判案件,由法官5人组成合议庭进行。“最高法院”作为第三审法院,实行法律审,原则上只采取书面审理的方式。但根据“民事诉讼法”第474条[20]和“刑事诉讼法”第389条第1款[21]的规定,“最高法院”认为有必要时,得命辩论。提起第三审上诉,须以原判决违背法律为理由。书面审理不考虑案件的事实认定问题,而只限于审查所涉及的法律问题。

“最高法院”设书记厅,置书记官长1人,承院长之命处理行政事务;另设通译、执达员等;还设立律师惩戒复审委员会、冤狱赔偿复议委员会和判例编辑委员会等。“最高法院”的裁判,其所持法律见解,认为有编为判例之必要者,应分别经由院长、庭长、法官组成的民事庭会议、刑事庭会议或民、刑事庭总会议决议后,报请司法院备查。

---

[19] 关于检察机关的结构、职能等,参见下文有关检察制度的论述。

[20] 第474条规定:“第三审之判决,不经言词辩论为之。但法院认为必要时,不在此限。”

[21] 第389条第1款规定:“第三审法院之判决,不经言词辩论为之。但法院认为有必要者,得命辩论。”

(2)高等法院

高等法院设于"省"、"直辖市"或"特别区域",但得视地理环境及案件多寡,增设高等法院分院;或合设高等法院;或将其辖区之一部划归其他高等法院或其分院,不受行政区划限制。高等法院及其分院各设院长1人,由法官兼任。高等法院分设民事庭和刑事庭若干,必要时可设专业法庭。"司法院"可调地方法院试署[22]或候补法官至高等法院办事;必要时可设法官助理。高等法院还设公设辩护人室,设书记处、通译、执达员等。

"法院组织法"第32条规定,高等法院管辖的案件包括:关于内乱、外患及妨害"国交"的刑事第一审诉讼案件;不服地方法院及其分院第一审判决而上诉的民事、刑事诉讼案件,但法律另有规定的除外;不服地方法院及其分院裁定而抗告的案件;其他法律规定的诉讼案件,如有关"立法委员"、监察委员的第一审案件。某些轻微的民事、刑事案件,以高等法院的判决为终审。高等法院管辖地域辽阔的,可设分院,分院管辖和审判原则与高等法院相同。高等法院审判案件,由3名法官组成合议庭进行。合议审判,以庭长充审判长;无庭长或庭长有事故时,以庭员中资深者充之,资同以年长者充之。

(3)地方法院

地方法院原则上设在县、市;若县、市地域狭小,可数县、市合设一所;若县、市地域辽阔,可增设分院;在特定地区可设专业地方法院;还可设立简易庭。地方法院及其分院各设院长1人,由法官兼任;分院如仅有1名法官,则不设院长。地方法院分设民事庭、刑事庭;必要时可设专业法庭,如交通法庭、少年法庭、财务法庭、家事法庭。"司法院"可调候补法官至地方法院办事;必要时地方法院可设法官助理。地方法院还设民事执行处、公设辩护人室、观护人室、公证处、提存所、登记处、书记处、通译、执达员、法警等。

"法院组织法"第9条规定,地方法院管辖:除法律有特别规定以外的所有民事、刑事第一审案件;其他法律规定的诉讼案件;法律规定的非讼事件,比如,法院兼理公证事务,法人登记,遗嘱的确认和执行,禁治产人或失踪人的财产管理等。地方法院分院管辖事件,与地方法院相同。地方法院审判案件一般由法官独任审判,案情重大者由3名法官合议审判。

2. 行政法院

行政法院的设置可追溯至1912年施行的《中华民国临时约法》第10条,"人民对于官吏违法损害权利之行为,有陈诉于平政院之权"。1915年北洋政府设平政院,受理行政诉讼案件;1924年广州国民政府设审政院;1932年11月南京国民政府公布《行政法院组织法》,次年6月成立行政法院。《行政法院组织法》第1条规定:"行政法院掌理行政诉讼审判事务。"

(1)"最高行政法院"

"最高行政法院"管辖不服高等行政法院裁判而上诉或抗告等事件。"最高行政法院"院长应有下列资格之一,并具领导才能:①曾任"司法院"大法官、"最高行政法院"院长、"最高法院"院长、"最高法院"检察署检察总长或公务员惩戒委员会委员长。②曾任行政法院评事、"最高行政法院"法官、"最高法院"法官、"最高法院"检察署检察官、高等行政法院院长、高等法院院长或高等法院检察署检察长合计5年以上者。③曾任行政法院简任评事或法官、简任

[22] 试署即试用之义。

司法官 10 年以上,或任行政法院简任法官、简任司法官并任简任司法行政人员合计 10 年以上者。

“最高行政法院”分庭审判,各庭设庭长 1 人、法官 5 人。“司法院”可调高等行政法院或高等法院以下各级法院及其分院法官等到“最高行政法院”办事,每庭 1 ~5 人;必要时,每庭可设法官助理 1 ~5 人。审判由法官 5 人组成合议庭进行。

“最高行政法院”法官,应就具有下列资格之一,经遴选或甄试审查训练合格者任用之:①曾任行政法院评事或“最高行政法院”法官者;②曾任“最高法院”法官、“最高法院”检察署检察官、高等行政法院法官、高等法院或其分院法官、高等法院或其分院检察署检察官 4 年以上,成绩优良,具有简任职任用资格者;③曾任高等行政法院法官、高等法院或其分院法官、高等法院或其分院检察署检察官,并任地方法院或其分院兼任院长之法官、地方法院或其分院检察署检察长合计 4 年以上,成绩优良,具有简任职任用资格者;④曾任“教育部”审定合格的大学或独立学院之教授,讲授宪法、行政法、租税法、商标法、专利法、土地法、公平交易法、政府采购法或其他主要行政法课程 5 年以上,具有简任职任用资格者;⑤曾任“中央研究院”研究员 5 年以上,有宪法、行政法之专门著作,并具有简任职任用资格者;⑥曾在公立或经立案的私立大学、独立学院法律、政治、行政学系或其研究所毕业,任简任公务人员任用办理机关的诉愿或法制业务 6 年以上者;⑦经律师考试及格,并有执行行政诉讼律师业务经验 12 年以上,具有简任职任用资格者。

(2)高等行政法院

省、直辖市及特别区域设高等行政法院;但辖区狭小或事务较简者,得合数地或特别区域设一高等行政法院;辖区辽阔或事务较繁者,可增设。高等行政法院管辖:不服诉愿决定或“法律”规定视同诉愿决定而提起的诉讼事件;其他依法由其管辖的事件。

高等行政法院设院长 1 人,由法官兼任,从具有“最高行政法院”、“最高法院”法官或“最高法院”检察署检察官资格,并有领导才能者中选任。高等行政法院设分庭,必要时可设专业法庭;各庭设庭长 1 人,法官 3 人;必要时可设法官助理 1 ~3 人。审判由法官 3 人组成合议庭,但简易程序由法官独任审理。合议审判,以庭长担任审判长;无庭长或庭长有事故时,以同庭法官中资深者担任,资同时由年长者担任。

高等行政法院法官,应就具有下列资格之一,经遴选或甄试审查训练合格者任用之:①曾任行政法院评事、“最高行政法院”或高等行政法院法官者;②曾任荐任或简任司法官 2 年以上,或曾任荐任或简任司法官并任荐任或简任公务人员合计 2 年以上者;③曾任“教育部”审定合格的大学或独立学院之教授、副教授,讲授宪法、行政法、租税法、商标法、专利法、土地法、公平交易法、政府采购法或其他主要行政法课程 8 年以上,具有荐任或简任职任用资格者;④曾任“中央研究院”研究员、副研究员合计 8 年以上,有宪法、行政法的专门著作,并具有荐任或简任职任用资格者;⑤曾在公立或经立案的私立大学、独立学院法律、政治、行政学系或其研究所毕业,任荐任或简任公务人员,办理机关的诉愿或法制业务 8 年以上者;⑥经律师考试及格,并有执行行政诉讼律师业务经验 8 年以上,具有荐任或简任职任用资格者。

(二)司法官制度

根据“司法人员人事条例”规定,司法人员是指“最高法院”以下各级法院及检察署的司法官、公设辩护人及其他司法人员,可分为司法官和其他司法人员两类。(1)司法官包括:“最高法院”院长、兼任庭长的法官、法官；“最高法院”检察署检察总长、主任检察官、检察官；高等法院以下各级法院及其分院兼任院长或庭长的法官、法官；高等法院以下各级法院及其分院检察署检察长、主任检察官、检察官。(2)其他司法人员包括：书记官长、书记官、通译；主任公证人、公证人、公证佐理员；主任观护人、观护人；提存所主任、提存佐理员；登记处主任、登记佐理员；主任法医师、法医师、检验员；法警长、副法警长、法警、执达员；依法律规定法院及检察署应设的其他人员。

1. 司法官的任用资格

“司法人员人事条例”第9条规定，地方法院或其分院法官、地方法院或其分院检察署检察官，应具有下列资格之一：(1)经司法官考试及格者；(2)曾任推事、法官、检察官经铨叙合格者；(3)经律师考试及格，并执行律师职务3年以上，成绩优良，具有转任荐任职任用资格者；(4)曾在公立或经立案的私立大学、独立学院法律学系或法律研究所毕业，而在公立或经立案的私立大学、独立学院任教授或副教授3年或助理教授5年，讲授主要法律科目2年以上，有法律专门著作，经“司法院”或“法务部”审查合格，并经律师考试及格或具有荐任职任用资格者。第10~16条分别规定了初任法官检察官之试署、高等法院及分院法官检察官之任用、“最高法院”法官检察官之任用资格、地方法院及分院院长检察长之遴任、高等法院及分院院长检察长之遴任、高等法院以下各级法院院长检察长之职期调任、“最高法院”院长检察总长之遴任资格。

2. 司法官的任免

“司法院”人事审议委员会审议各级法院法官及公务员惩戒委员会委员的任免、转任、迁调、考核和奖惩。但大法官与“司法院”院长、副院长的产生程序相同，由“总统”提名，经“立法院”同意任命。人事审议委员会有委员11~15人，“司法院”院长、副院长、秘书长、“最高法院”和“最高行政法院”院长、公务员惩戒委员会委员长为当然委员，其余委员由“司法院”院长在高等法院以下各级法院院长及其他必要人员中指派兼任。被指派的委员任期1年，可连任。该委员会每月召开一次会议。会议应有全体委员2/3出席，决议过半数通过。在审议某法院法官时，本院院长作为委员者除有调升的情形外，不参与表决。开会时如有必要，可令有关单位首长或其他人员列席陈述意见或备询。出席人员对会议应保密。若有涉及自身或配偶或五等亲内血亲、三等亲内姻亲的议案时，应予回避。会议决议案速报“司法院”院长发布，但在发布前，院长如发现有新事实可交该委员会复议。

“法务部”人事审议委员会审议各级检察机关检察官的任用、升迁、转调及重大奖惩事件；决定简任、荐任检察官的派免、迁调，但应报行政院核定。检察总长决定“最高法院”检察署的委任检察官的任免。高等法院检察署检察长决定所属委任检察官的任免。

3. 法官的保障

我国台湾地区“宪法”第80条规定了法官的职务保障，即法院须超出党派以外，依据法律独立审判，不受任何干涉；法官履行审判职责的行为不受法律追究。第81条规定了法官的身份保障，即法官为终身职，非受刑事或惩戒处分或禁治产之宣告，不得免职；非依法律，不得停职、转任或减俸。法官的身份保障包括：

(1)权力保障。即“非依法律，不得停职、转任”。“司法人员人事条例”第33~34条、第36条规定，实任司法官非有法律规定公务员停职的原因，不得停止其职务。实任法官除经本人同意外,不得转任法官以外职务。实任法官除调至上级法院者外,非经本人同意,不得为审级之调动。第35条规定了实任法官的调动原因:因法院设立、裁并或编制员额增减者;因审判业务增加,急需人员补充者;在同一法院连续任职4年以上者;调兼同级法院庭长或院长者;受休职处分期满或依法停止职务的原因消灭而复职者;有事实足认不适在原地区任职者。

(2)职位保障。除"宪法"规定外,"司法人员人事条例"第32条还规定,实任司法官非有下列原因之一,不得免职:因内乱、外患、贪污、渎职行为或不名誉之罪,受刑事处分之裁判确定者;因前款以外之罪,受有期徒刑以上刑事处分的裁判确定者,但宣告缓刑或准予易科罚金者不在此限;受撤职之惩戒处分者;受禁治产之宣告者。关于法官"终身职"的问题,开始解释为"至死方休",后解释为至法定年龄退休,并享受全薪的"优遇"。"司法院"大法官任期8年,不分届次,个别计算,不得连任;但担任院长、副院长的大法官,不受任期之保障。法官除自愿退休外,"司法人员人事条例"第42条还规定,司法官经公立医院证明身体衰弱,不能胜任职务者,得依公务人员任用法有关资遣的规定资遣。

(3)生活保障。法官实行高薪制,且"非依法律,不得减俸"。"司法人员人事条例"第37条规定,实任司法官非依法律受降级或减俸处分者,不得降级或减俸。

(三)检察制度

1. 检察机关的组织机构

我国台湾地区检察机关原实行审检合署,1980年7月审检分隶,各级法院及分院的检察署均隶属"法务部"。"最高法院"检察署以1人为检察总长,其他法院及分院检察署各以1人为检察长。各级法院及分院检察署检察官6人以上的,可分组,每组以1人为主任检察官。检察总长、检察长得亲自处理其所指挥监督的检察官的事务,并可将该事务移转于其所指挥监督的其他检察官处理。检察总长指挥监督该署检察官及高等法院以下各级法院及分院检察署检察官,检察长指挥监督该署检察官及其所属检察署检察官,检察官应服从上级命令。

"法务部"得调高等法院以下各级法院及其分院检察署检察官或候补检察官至"最高法院"检察署办事,根据检察官的命令,办理诉讼案件程序的审查、法律问题的分析、资料的搜集及文书类的草拟等事项。地方法院及分院检察署设观护人室;高等法院以下各级法院及其分院检察署,置法医师和检验员,可视需要设执行科,负责有关刑事执行事务。

各法院及其分院检察署设检察事务官室。检察事务官受检察官指挥,处理下列事务:实施搜索、扣押、勘验或执行拘提;询问告诉人、告发人、被告人、证人或鉴定人;襄助检察官执行其他职权。检察事务官应具下列资格之一:(1)经公务人员高等考试或司法人员特种考试相当等级的检察事务官考试及格者;(2)经律师考试及格,并具有荐任职任用资格者;(3)曾任警察官或法务部调查局调查人员3年以上,成绩优良,并具有荐任职任用资格者;(4)具有公立或经立案的私立大学、独立学院以上学历,曾任法院或检察署书记官,办理民刑事记录3年以上,成绩优良,具有荐任职任用资格者。

2. 检察官的职权

检察官对于法院,独立行使职权。根据"法院组织法"第16条的规定,检察官的职权主要包括:(1)侦查权。除自诉案件外,刑事案件由检察官负责侦查,并监督指挥司法警察进行侦查工作,搜集证据,调查犯罪。(2)公诉权。检察官认为犯罪嫌疑人确有犯罪应受刑事制裁时,有权代表“国家”,作为原告人向法院提起并出庭支持公诉。(3)参与自诉权。对自诉案件,检察官可出庭陈述意见,协助自诉;如自诉人无法进行诉讼,检察官应出面担当自诉。(4)监督执行权。检察官有权指挥和监督刑事执行,包括刑事判决、保安处分的执行、被告财物的发还、对监所人员违法的处理等。(5)其他职权。比如,地方法院检察署检察长有权监督律师公会;依法应对律师惩戒的,检察长有权送请律师惩戒委员会处理;检察官因法人的目的或其行为违反法律、公共秩序或善良风俗,有权请求法院解散等。

(四)警察制度与侦查制度

1. 警察制度

警察的任务旨在依法维持公共秩序,保护社会安全,防止一切危害,促进人民福利。在我国台湾地区,直辖市政府设市警察局,县(市)政府设县(市)警察局(科)。内政部设警政署(司),负责整治台湾地区的警察行政,并指导监督各直辖市警政、警卫及县(市)警卫的实施,主管如下警察业务:拱卫中枢,准备应变及协助地方治安的保安警察业务;保护外侨及处理涉外案件的外事警察业务;管理出入境及警备边疆的边境警察业务;预防犯罪及协助侦查内乱外患重大犯罪的刑事警察业务;防护连跨数地河湖及警卫领海的水上警察业务;防护“国营”铁路、航空、工矿、森林、渔、盐等事业设施的各种专业警察业务。

根据“警察法”第9条规定,警察的职权有:发布警察命令;违警处分;协助侦查犯罪;执行搜索、扣押、拘提及逮捕;行政执行;使用警械;有关警察业务的保安、正俗、交通、卫生、消防、救灾、营业建筑、市容整理、户口查察、外事处理等事项。“警察职权行使法”第2条规定,警察职权,指警察为达成其法定任务,于执行职务时,依法采取查证身份、鉴识身份、搜集资料、通知、管束、驱离、直接强制、物之扣留、保管、变卖、拍卖、销毁、使用、处置、限制使用、进入住宅、建筑物、公共场所、公众得出入场所或其他必要的公权力之具体措施。第3条规定:警察行使职权,不得逾越所欲达成执行目的之必要限度,且应以对人民权益侵害最少的适当方法为之;警察行使职权,不得以引诱、教唆人民犯罪或其他违法的手段为之。第4条规定:警察行使职权时,应着制服或出示证件表明身份,并应告知事由。警察所为之命令或处分,如有违法或不当时,人民得依法诉请行政救济。

警察官、职分立,官受保障,职得调任,非依法不得免官或免职。警察官等为警监、警正、警佐,各分四阶。警监由内政部遴任或报请行政院遴任;警正、警佐由内政部遴任或交由直辖市政府遴任。警察基层人员采警员制。初任警察官的年龄,不得超过如下规定:警佐40岁;警正45岁;警监50岁。“警察人员管理条例”第11条规定,警察官的任官资格如下:(1)警察人员考试及格者;(2)曾任警察官,经依法升官等任用者;(3)该条例施行前曾任警察官,依法铨叙合格者。职务等阶最高列警正三阶以上,应经警察大学或警官学校毕业或训练合格;职务等阶最高列警正四阶以下,应经警察大学、警官学校、警察专科学校或警察学校毕业或训练合格。初任警察官时应宣誓:“余誓以至诚,恪遵国家法令,尽忠职守,报效国家;依法执行任务,行使职权;勤谨谦和,为民服务。如违誓言,愿受最严厉之处罚,谨誓。”

警察人员平时考核,以忠诚、廉洁及工作成绩为重点。奖励分嘉奖、记功、记大功;惩处分申诫、记过、记大过、免职及免官。“警察人员管理条例”第31条规定了警察人员免职的情形:(1)公务人员考绩法所定一次记二大过情事之一者;(2)动员戡乱时期终止后,犯内乱罪、外患罪,经有罪判决确定者;(3)犯贪污罪、盗匪罪,经有罪判决确定者;(4)犯前二款以外之罪,经处有期徒刑以上刑的判决确定,未宣告缓刑或未准予易科罚金者;(5)依刑事确定判决,受褫夺公权之宣告者;(6)因案被通缉逾6个月未撤销通缉者;(7)持械恐吓或伤害长官、同事,情节重大,有具体事实,严重影响警誉者;(8)恶意犯上,或以匿名控告、散发传单等方式诋毁长官、同事或破坏团体,有具体事实,严重影响警誉者;(9)假借职务上的权势,意图敲诈、勒索,有具体事实,严重影响警誉者;(10)假借职务上的权势,庇护窃盗、赃物、流氓、娼妓、赌博,有具体事实,严重影响警誉者;(11)同一考绩年度中,其平时考核奖惩互相抵消后累积已达二大过者。警察人员的退休,除法定情形外,适用"公务人员退休法"的规定。警察人员的抚恤,除法定情形外,适用"公务人员抚恤法"的规定。

2. 检警一体化

我国台湾地区检察官办理侦查执行事件,有指挥司法警察官、命令司法警察之权;警察机关应接受检察官的指挥调度,有协助检察官执行侦查犯罪的职责。"调度司法警察条例"第2条规定,如下人员,于其管辖区域内为司法警察官,有协助检察官、推事执行职务之责:市长、县长、设治局长;警察厅长、警保处长、警察局长或警察大队长以上长官;宪兵队营长以上长官。第3条规定,如下人员为司法警察官,应听检察官、推事的指挥执行职务:警察分局长或警察队长以下官长;宪兵队连长以下官长;铁路、森林、渔业、矿业或其他各种专业警察机关的警察官长;海关、盐场之巡缉队官长。第4条规定,如下人员为司法警察,应受检察官、推事的命令执行职务:警长、警士;宪兵;铁路、森林、渔业、矿业或其他各种专业警察机关的警长、警士;海关、盐场之巡缉员警。受检察官指挥命令者,应即照办,不得藉词延搁。检察官指挥可采取书面或言词方式,必要时可采取电话形式。此外,检察官办理刑事案件,必要时得商请所在地保安机关、警备机关协助。

检察官与司法警察机关应密切联系,联系方式多样,比如:办理刑事案件时随时交换意见;必要时召开联席会议或相互列席业务检讨会议;司法警察官或司法警察执行职务发生法律上的疑义时向检察官请示;司法警察机关移解刑事案犯时,检察机关随到随收;司法警察机关移解刑事案犯给检察官时,如情形紧急时可补送侦讯笔录;必要时,检察官得将传票、拘票、搜索票或其他文书直接交司法警察机关代为执行;检察署法警拘捕人犯或执行搜索扣押时,得凭证明文件请求司法警察机关协助;等等。

"调度司法警察条例"第11~12条规定,司法警察官及司法警察,办理受调度的有关事项,有成绩或有废弛职务之情形者,该管首席检察官可给予嘉奖、记功、记大功或申诫、记过、记大过,其废弛职务情节重大者,得函请该管长官予以撤职或其他处分;除通知受奖惩人的主管长官外,还应陈报"法务部"或"司法院",并分送主管铨叙机关登记。

3."法务部"调查局

"法务部"调查局负责有关危害"国家"安全与违反"国家"利益的调查、保防事项,是一个特殊的侦查机关。调查局设局长1人,副局长2人;设专门委员9~15人,专员15~40人,督察5~11人;设研究、设计、训练3个委员会,每委员会设委员5~9人。"省""市""县"及重要地区分设调查机构。

根据"'法务部'调查局组织条例"和"刑事诉讼法"的规定,调查局人员执行职务视同司法警察,且在执行职务时,由各地警察机关指派员、警协助。"'法务部'调查局组织条例"第23条规定:调查局局长、副局长及主管业务单位荐任职以上人员执行犯罪调查职务时,视为司法警察官；调查局所属省（市）县（市）调查、保防机构主管及主办业务之荐任职以上人员执行犯罪调查职务时，也视为司法警察官；调查局委任职人员，负有特定调查、保防任务者，在执行犯罪调查职务时，视为司法警察。

调查局的调查范围包括政情、选情、政风、财经、社情、侨情等；保防范围包括保密、防谍、安全防护、保防教育、政治风气调查。其工作原则是，"工作秘密，机关公开"。调查局包括7个处。第一处负责：调查事项的设计、指导；调查组织的布置、管理、考核；调查资料的搜集；调查资料的研编；调查案件的处理。第二处负责：保防业务的设计、指导；保防组织的布置、管理、考核；保防教育的设计与推行；保防情报的搜集、处理。第三处负责：侦防事件的设计、指导；侦防事件的布置、侦察；侦防事件的研究、处理；关于自首、自新分子的感训。第四处负责：统计业务的设计、指导；关于统计资料研究的整理、保管；卡片的登记；图表之调制。第五处负责：电讯的设计、布置与管理；秘密交通的设计、布置与管理；电讯的侦测与监察；电讯机件的修造；电讯器材之储备、保管。第六处负责：罪证的检验与鉴定；指纹的搜集、管理与应用；有关技术的研究与实验；技术器材的修造。第七处负责：文稿的撰拟及缮译、收发、保管；印信的典守及财产、物品的管理；经费的出纳、保管及庶务；不属于其他各处的事项。

（五）监狱制度

截至2000年，我国台湾地区共有监狱25所，其中男子监狱19所（包括外役监狱2所）、女子监狱3所（高雄、台中、桃园）、混合监狱3所（花莲、宜兰、台中）。另有技能训练所4所，看守所12所，少年观护所3所，少年辅育院2所，少年矫正学校2所。其中，绿岛监狱是关押"政治犯"的监狱。东成技能训练所，属超高度安全戒备，隔离彻底。外役监狱采取无墙开放式管理，受刑人从事农牧业，类似于"田园"监狱。有的监狱允许受刑人外雇到企业工作，领取工资。现有14所监所具有视频技术，受刑人可与亲友进行远程会见。

1. 监狱组织

我国台湾地区监狱隶属"法务部"，是执行自由刑、限制服刑人自由并对其加以教化辅导、使之改过自新的场所。"法务部"派员巡察监狱，每年至少1次。检察官就执行刑罚有关事项，随时考核监狱。监狱设典狱长1人，负责全监事务，并指挥监督所属职员；可设副典狱长；监狱设女监者，置主任1人；设分监者，置监长1人；并设秘书、科长、专员、教诲师、调查员、心理测验员、管理师、训练师、作业导师、医师、药师、医事检验师、护理师、书记等人员。

监狱设监务委员会，包括典狱长、副典狱长、秘书、监长、科长及主管人员，负责在监服刑人的处遇及其他监内行政的重要事项。监狱设假释审查委员会，置委员7～11人，除典狱长、教化科科长、戒护科科长为当然委员外，其余委员由典狱长报请监督机关核准后，延聘学者专家及其他社会公正人士担任。受刑人的假释事项，应经假释审查委员会决议。监狱可设调查分类指导委员会、教化指导委员会、作业指导委员会、卫生指导委员会、处遇研究委员会。监所所在地一般还设立协进委员会，讨论改进监所工作。监狱下设调查分类科、教化科、作业科、卫生科、戒护科、总务科。

2. 其他监所

看守所是羁押未决犯的场所，隶属地方法院检察署，并受地方法院督导。看守所设所长1人，可设副所长；并设所务委员会；还设秘书、课长、医师、药剂师、作业导师、女所主任、护士等人员。

管收所隶属所在地的地方法院或看守所。管收对象,是依法被拘提、管收的债务人、担保人以及其他人。所适用的法律,除"强制执行法"及"管收条例"外,准用"刑事诉讼法"关于拘提、羁押的规定。但管收对象与看守所收押的对象不同,后者系刑事未决犯,故管收对象应与刑事被告人的羁押处所隔离。

少年观护所隶属地方法院检察署,是在审理少年管训事件和刑事案件中羁押该少年的处所,受法院监督。少年观护所男女分别收容,少年事件管训和刑事案件分开。收容期间,调查或审理均不得超过1个月;但有继续收容必要时,得由少年法庭裁定延长1个月;不得再次延长。收容原因消灭,少年法庭应撤销收容裁定。

少年辅育院由"法务部"或由"法务部"委托地方行政机关设置,依法执行感化教育处分,旨在矫正少年不良习性,使其悔过自新,实施补习教育,授予生活智能,使其能谋生计。感化教育系保安处分[23]的一种,指对未满14岁而不罚者、未满18岁而减轻其刑者,施以3年以下感化教育。

3. 监狱行刑

"监狱行刑法"第13条规定,受刑人入监时应作健康检查。入监妇女请求携带子女者,得准许之,但以未满三岁者为限。监禁分独居、杂居二种。受刑人因衰老、疾病或残废不宜与其他受刑人杂居者,应分别监禁。受刑人新入监者,应先独居监禁3个月。下列受刑人应尽先独居监禁:刑期不满6个月者;因犯他罪在审理中者;恶性重大显有影响他人之虞者;曾受徒刑之执行者。监狱不论昼夜均应严密戒护,必要时得检查出入者的衣服及携带物品。按作业性质,监狱分设各种工场或农作场所,并得酌令受刑人在监外从事特定作业;作业给予劳作金。对受刑人应施以教化;教育每日2小时。对受刑人应斟酌保健上之必要,给与饮食、物品,并供用衣被及其他必需器具。受刑人的接见及发受书信,以最近亲属及家属为限;有特别理由时,得许其与其他人接见及发受书信。受刑人携带或由监外送入的财物,经检查后,由监狱代为保管。

"监狱行刑法"第83条规定,受刑人有下列行为之一时,应予奖赏:举发受刑人图谋脱逃、暴行或将为脱逃、暴行;救护人命或捕获脱逃;天灾、事变或传染病流行时,充任应急事务有劳绩;作业成绩优良;有特殊贡献,足以增进监狱荣誉;对作业技术、机器、设备、卫生、医药等有特殊设计,足资利用;对监内外管理的改进,有卓越建议;其他善良行为,足为受刑人表率。奖赏包括:公开嘉奖;增加接见或通信次数;发给奖状或奖章;增给成绩分数,并作为进级依据;给予相当数额的奖金;给予书籍或其他奖品;较好的给养等。惩罚方法包括:训诫;停止接见1~3次;强制劳动1~5日,每日以2小时为限;停止购买物品;减少劳作金;停止户外活动1~7日。受刑人不服监狱处分时,得经由典狱长申诉于监督机关或视察人员。但在未决定前,不停止处分的效力。典狱长接受申诉时应实时转报监督机关,不得稽延。

对受刑人累进处遇进至二级以上,后悔向上,而与应许假释情形相符者,经假释审查委员会决议,由监狱报请"法务部"核准后,假释出狱。核准假释者给予假释证书,并移送保护管束的监督机关。执行期满者,于其刑期终了的次日午前释放。受赦免者,于公文到达后至迟24

---

〔23〕 保安处分,指刑事上为预防某些人再作出同类犯罪行为而特设的一种补充或替代刑罚的措施,主要包括感化教育处分、监护处分、禁戒处分、强制工作处分、强制治疗处分、驱逐出境处分。

小时内释放。

（六）律师制度

1. 律师资格

（1）律师的积极资格。我国台湾地区“律师法”第3条规定：“经律师考试及格并完成律师职前训练者，得请领律师证书。但有第五条第一项各款情形之一者，不得请领。前项职前训练，得以下列经历代之：一、曾任实任、试署、候补达二年之法官或检察官。二、曾任公设辩护人，军事审判官或军事检察官合计达六年。非领有律师证书，不得使用律师名称。”可见，律师的积极资格可以分为两类：一是经律师考试及格并经训练合格者；二是经律师资格检核合格者。

（2）律师的消极资格。我国台湾地区“律师法”第5条规定：“申请人有下列情形之一者，不得发给律师证书：（一）受一年有期徒刑以上刑之裁判确定，依其罪名及情节足认有害于律师之信誉。但受缓刑之宣告，缓刑期满而未经撤销，或因过失犯罪者，不在此限；（二）曾受本法所定除名处分；（三）曾任法官、检察官而依法官法受免除法官、检察官职务，并不得再任用为公务员；（四）曾任法官、检察官而依法官法受撤职处分；（五）曾任公务人员而受撤职处分，其停止任用期间尚未届满，或现任公务人员而受休职、停职处分，其休职、停职期间尚未届满；（六）受破产之宣告，尚未复权；（七）受监护或辅助宣告，尚未撤销；（八）违法执行律师业务，有损司法廉洁性或律师职务独立性之行为，且情节重大。前项第（一）款及第（八）款之情形，‘法务部’应征询‘台湾律师联合会’之意见。”

2. 律师执业许可

在我国台湾地区，具有律师资格而请领律师证书者，应检具申请书及相关证明文件，报请“法务部”审查通过后核准发给。而且，依我国台湾地区“律师法”第11条、第13条的规定，拟执行律师职务者，应以该法规定，仅得择一地方律师公会为其所属地方律师公会，申请同时加入该地方律师公会及“全国律师联合会”，为该地方律师公会之一般会员及“全国律师联合会”之个人会员；律师经地方律师公会审核同意入会者，即成为该地方律师公会及“全国律师联合会”之会员。依“律师法”第27条的规定，“全国律师联合会”及地方律师公会，应置个人会员名簿，载明下列事项：（1）姓名、性别、出生年月日、身份证明文件编号及户籍地址；（2）律师证书字号；（3）学历及经历；（4）主事务所或机构律师任职法人之名称、地址、电子邮件信箱及电话；（5）加入律师公会年月日；（6）曾否受过惩戒”。

依“律师法”第19条的规定，领有律师证书并加入地方律师公会及“全国律师联合会”者，方得依该法的规定于全台湾地区执行律师职务。

3. 律师执业的限制

（1）律师不得执行职务的事件。依我国台湾地区“律师法”第34条第1项的规定，“律师对于下列事件，不得执行其职务：（一）本人或同一律师事务所之律师曾受委托人之相对人之委任，或曾与商议而予以赞助者；（二）任法官、检察官、其他公务员或受托行使公权力时曾处理之事件；（三）依仲裁程序以仲裁人资格曾处理之事件；（四）依法以调解人身份曾处理之事件；（五）依法以家事事件程序监理人身份曾经处理之事件。前项第（一）款事件，律师经权益受影响之当事人全体书面同意，仍得受任之。当事人之请求如系违法或其他职务上所不应为之行为，律师应拒绝之”。

(2)限制兼任公务员。我国台湾地区“律师法”第41条规定:“律师不得兼任公务员。但担任中央或地方机关特定之临时职务或其他法律有特别规定者,不在此限。”

(3)限制兼营商业。我国台湾地区“律师法”第43条规定:“律师不得从事有辱律师尊严或名誉之行业。”

(4)禁止与司法人员不当应酬。我国台湾地区“律师法”第44条规定:“律师不得与司法人员及司法警察官、司法警察为不正当之往还酬应。”

(5)司法人员离职后的回避。我国台湾地区“律师法”第28条规定:“司法人员自离职之日起三年内,不得在其离职前三年内曾任职务之法院或检察署执行律师职务。但其因停职、休职或调职等原因离开上述法院或检察署已满三年者,不在此限。”

(6)律师的回避。我国台湾地区“律师法”第29条规定:“律师与法院院长有配偶、五亲等内血亲或三亲等内姻亲之关系者,不得在该法院办理诉讼事件。律师与检察署检察长有前项之亲属关系者,不得在该检察署及对应配置之法院办理刑事诉讼案件及以检察署或检察官为当事人或参加人之民事事件。律师与办理案件之法官、检察官、司法事务官、检察事务官、司法警察官或司法警察有第一项之亲属关系且受委任在后者,应行回避。”

4. 律师的权利

(1)律师执行职务受法律保障和尊重,并可依法收取报酬。

(2)律师接受委托,担任民事或行政诉讼代理人,就委托事件拥有实施一切诉讼行为的权利,但承诺、反诉、上诉等事项须经特别授权。

(3)律师受委托或被指定担任刑事被告人的辩护人的,享有辩护权。根据“刑事诉讼法”等规定,辩护权包括但不限于:在审判中检阅卷宗及证物并抄录或摄影;接见犯罪嫌疑人及被羁押被告人,并互通书信;就事实和法律进行辩护;申请调查证据;申请传唤证人、鉴定人;询问证人、鉴定人;搜索、扣押或勘验时在场;随时具保,为被告人申请停止羁押;对合议庭的决定申明异议;为被告人利益申明上诉等。

5. 律师的义务

(1)律师对法院的义务。具体包括:①遵守法院命令;②遵守法庭或侦查秩序;③按时出庭;④在执行职务中不得有蒙蔽欺骗的行为;⑤不得代理显无理由的诉讼。

(2)律师对当事人的义务。具体包括:①忠实搜证探究案情。我国台湾地区“律师法”第31条规定:“律师为他人办理法律事务,应探究案情,蒐集证据。”②不得任意中止委托合同。我国台湾地区“律师法”第32条规定:“律师接受委托后,非有正当理由,不得片面终止契约;终止契约时,应于相当期间前通知委任人,并采取必要措施防止当事人权益受损,及应返还不相当部分之报酬。”③不得作不正当行为。律师对于受委托、指定或嘱托的事件,不得有不正当之行为或违反其业务上应尽的义务,不得实施蒙蔽或欺诱行为。“律师法”第38条规定:“律师对于委任人、法院、检察机关或司法警察机关,不得有蒙蔽或欺诱之行为。”第33条规定:“律师如因懈怠或疏忽,致其委任人或当事人受损害者,应负赔偿之责。”④禁止受让当事人系争权利或标的。我国台湾地区“律师法”第47条规定:“律师不得利用职位上之机会,直接或间接受让当事人系争之权利或标的。”⑤期约或额外酬金之禁止。我国台湾地区“律师法”第47条规定:“律师应向委任人明示其收取酬金之计算方法及数额。”⑥保守秘密。我国台湾地区“律师法”第36条规定:“律师有保守其职务上所知悉秘密之权利与义务。但法律另有规定者,不在此限。”

(3)律师对社会的义务。具体包括:①保持名誉信用。我国台湾地区“律师法”第39条规定:“律师不得有足以损害律师名誉或信用之行为。”②禁止挑唆招揽诉讼。我国台湾地区“律师法”第40条规定:“律师不得挑唆诉讼,或以夸大不实、不正当之方法推展业务。”③参与社会公益活动。我国台湾地区“律师法”第37条规定:“律师应参与法律扶助、平民法律服务或其他社会公益活动。”

6. 律师公会

律师须加入律师公会,否则不得执行职务。依我国台湾地区“律师法”第12条的规定:“地方律师公会对入会之申请,除申请人有下列情形之一者外,应予同意:(1)‘律师法’第五条第一项各款情形之一;(2)因涉嫌犯最重本刑五年以上之贪污、行贿、侵占、诈欺、背信或最轻本刑一年以上有期徒刑之罪,经检察官提起公诉;(3)除前两款情形外,违反律师伦理规范,情节重大,自事实终了时起未逾五年;(4)除第一款及第二款情形外,于担任公务员期间违反公务员服务法或伦理规范,情节重大,自事实终了时起未逾五年;(5)担任‘中央’或‘地方机关’特定临时职务以外之公务员,但其他法律有特别规定者,不在此限;(6)已为其他地方律师公会之一般会员。”“每一地方法院辖区设有事务所执业之律师30人以上者,得成立一地方律师公会,并以成立时该法院辖区为区域;无地方律师公会之数地方法院辖区内,得共同成立一地方律师公会。地方律师公会为社团法人,以提升律师之品格、能力、改善律师执业环境、督促律师参与公益活动为目的。地方律师公会应置理事3人至21人、监事3人至7人,由会员或会员代表中选举之。‘全国律师联合会’由个人会员(各地方律师公会之一般会员)和团体会员(各地方律师公会)组成,设理事37人至45人,监事11人至15人,其以促进法治社会发展、改善律师执业环境、落实律师自律自治、培育律师人才、提升律师服务品质及保障人权为目的。地方律师公会和‘全国律师联合会’每年召开会员大会或会员代表大会一次;必要时可召开临时大会。会员大会或会员代表大会,须有会员或会员代表二分之一以上出席,但章程另有规定者除外。”

地方律师公会应订定章程,报请所在地地方检察署、所在地社会行政主管机关及“全国律师联合会”备案。地方律师公会章程应记载下列事项:名称、所在地及其组织区域;宗旨、任务及组织;理事长、理事、监事、候补理事、后补监事之名额、任期、职务、权限及选任、解任方式;理事会及监事会之职掌;会员大会或会员代表大会及理事、监事会议规则;会员之入会、退会;会员应缴之会费;会员之权利与义务;律师伦理之遵行事项及方法;开会及会议事项之通知方法;法律扶助、平民法律服务及其他社会公益活动之实施事项;律师在职进修之事项;律师之保险及福利有关事项;经费及会计;收支决算、现金出纳、资产负债及财产目录之公开方式;重大财产处分之程序,以及章程修改之程序等。地方律师公会有违反法令、章程或妨害公益情事者,社会行政主管机关可视情况给予警告、撤销其决议、命其停止业务之一部或全部并限期改善、撤免其职员,直至限期整理、解散的处分。检察署亦可实施警告和撤销决议的处分。“全国律师联合会”应订立章程,报请“法务部”及“中央社会行政主管机关”备查,其章程应记载的事项与地方律师公会章程基本相同,不再赘述。“全国律师联合会”有违反法令、章程或妨害公益情事者,“中央社会行政主管机关”可视情况给予警告、撤销其决议、命其停止业务之一部或全部并限期改善、撤免其职员,直至限期整理、解散的处分。“法务部”亦可实施警告和撤销决议的处分。

7. 律师的惩戒

律师违反我国台湾地区“律师法”规定的义务、实施犯罪经判刑确定,或违背律师伦理规范、情节重大者,应受惩戒。惩戒处分包括:命于一定期间内自费接受额外之律师伦理规范6小时至12小时之研习;警告;申诫;停止执行职务2个月以上2年以下;除名。律师惩戒机关分两级。初审组织为“律师惩戒委员会”,由高等法院法官3人、高等检察署检察官3人、律师7人及学者或社会公正人士2人组成;委员长通过选举产生。被惩戒律师、移送惩戒的检察署、主管机关或律师公会,对律师惩戒委员会决议不服的,可向律师惩戒复审委员会请求复审。律师惩戒复审委员会,由“最高法院”法官3人、“最高检察署”检察官3人、律师7人及学者或社会公正人士2人组成;委员长通过选举产生。

(七)法律扶助制度

法律扶助,即对无资力或因其他原因而无法受到法律适当保护者,提供必要的法律支持。政府负有推展法律扶助事务及提供必要资金的责任;各级法院、检察署、律师公会及律师负有协助实施法律扶助事务的义务。

1. 法律扶助基金会

为实现法律扶助目的,我国台湾地区成立财团法人法律扶助基金会(以下简称基金会),办理如下事项:订定、修正法律扶助办法;规划、执行法律扶助工作;法律扶助经费的募集、管理及运用;推广法律扶助教育;受理政府机关或其他团体委托执行法律扶助工作;掌理不服分会审查委员会决定的复议案件等。基金会分会办理的事项有:法律扶助申请事件准驳、撤销及终止的审议与执行;律师酬金及其他费用预支、给付、酌减、取消、返还、分担或负担的审议与执行;受扶助人与担任法律扶助者间争议的调解;协助法律扶助经费的募集等。

基金会设董事会,为最高决策机构,置董事13人、监事5人,任期3年。董事由“司法院”院长从下列人员中聘任:“司法院”代表2人、“法务部”、“国防部”及“内政部”代表各1人;“全国性”及地区性律师公会推荐热心参与法律扶助工作的律师4人;学者、专家2人;弱势团体代表1人;原住民代表1人。基金会设董事长1人,由全体董事互选,报请“司法院”院长核定后聘任,任期3年。董事会下设各种专门委员会。基金会分会设会长1人;设审查委员会,置委员若干,任期3年。基金会设复议委员会,处理不服分会审查委员会决定的复议案件。

2. 法律扶助的申请

“法律扶助法”第14条规定,有下列情形之一者,可申请法律扶助,无须审查其资力:涉犯最轻本刑为3年以上有期徒刑或高等法院管辖第一审案件,于审判中未经选任辩护人者;因智能障碍致未能为完全陈述,于审判中未经选任辩护人或代理人,审判长认有选任辩护人或代理人之必要者;符合社会救助法所规定的低收入户者。第16条规定了不准许给予扶助的情形,包括依申请人陈述及所提数据,显无理由者;申请人胜诉可获利益小于诉讼费用及律师报酬者,但所涉纷争有法律或社会重大意义者除外;就同一事件已受法律扶助,而无再予扶助之必要者;对基金会的诉讼;在台湾地区外进行的诉讼;申请事项不符法律扶助目的者。

申请法律扶助,应以言词或书状方式向分会提出。符合申请要件及程序的,分会应予准许。基金会得按经费状况,依案件类型,决定法律扶助种类及其诉讼代理或辩护的施行范围。申请事件急迫者,即便申请人未尽释明请求扶助的要件,分会亦可依申请为暂时扶助的决定。

不服分会决定者,可在收受决定书后30日内,向基金会复议委员会申请复议。受扶助人与担任法律扶助者间,因执行扶助事件发生争议,由分会调解。

法律扶助申请经准许后,受扶助人所提供释明无资力的数据或陈述有伪造、变造或虚伪不实情形的,撤销准许,通知其返还已受扶助所发生的酬金及其他费用。受扶助人有下列情形之一者,终止法律扶助:因继承、赠与或其他原因,已不符无资力之要件者;准许扶助后死亡者;因法令变更、情事变迁或请求之标的毁损、灭失致无继续扶助必要者;无正当理由不配合执行扶助的要求,或不依限缴纳应分担的酬金及必要费用,致扶助事件无法进行,或对担任扶助者为重大侮辱行为者;其他原因致无继续扶助必要者。

3. 担任法律扶助者及其酬金

基金会可约聘或指定律师担任法律扶助工作,可委托适当的专业人士或机构担任咨询工作。律师应在其所加入的律师公会担任法律扶助工作。分会应提供担任法律扶助的律师名册,协助受扶助人选择适当的律师。担任法律扶助的律师,应忠实执行工作,善尽律师职责。律师经选定或指定担任法律扶助时,非有正当事由,不得拒绝。担任法律扶助者,由分会依"法律扶助法"第28条规定的标准给付酬金。因可归责于担任法律扶助者的事由,致未适当履行法律扶助工作,分会得视其情节酌减、取消酬金,或变更担任法律扶助者。

(八)公证制度

我国台湾地区公证人分法院公证人和民间公证人两种。法院公证人附设于地方法院及其分院;必要时地方法院可在管辖区域内适当处所设公证分处,但应层报司法院核准。公证处之间无隶属关系。民间公证人应在所属地方法院或其分院管辖区域内、司法院指定之地设事务所。公证人为职务上签名时,应记载其职称及所属之法院;民间公证人应记载其事务所所在地。公证事务无区域管辖限制,除法律另有规定外,当事人或其他关系人可向任何地区的公证人请求公证。

1. 法院公证人

"司法人员人事条例"第23条规定,法院公证人应具有下列资格之一:(1)经高等考试公证人考试或法制人员考试及格者;(2)具有法官、检察官任用资格者;(3)曾任公证人、提存所主任、登记处主任,经铨叙合格者;(4)经律师考试及格,并执行律师职务成绩优良,具有荐任职任用资格者;(5)曾在公立或经立案的私立大学、独立学院法律学系或法律研究所毕业,并任司法行政人员、法院书记官办理民刑事纪录或公证、提存、登记佐理员3年以上,成绩优良,具有荐任职任用资格者;(6)曾任司法行政人员、法院书记官办理民刑事记录或公证、提存、登记佐理员5年以上,成绩优良,具有荐任职任用资格者。公证人可由法官兼任。

2. 民间公证人

民间公证人由司法院从成年国民具有下列资格之一者遴任:(1)经民间公证人考试及格者;(2)曾任法官、检察官,经铨叙合格者;(3)曾任公设辩护人,经铨叙合格者;(4)曾任法院公证人,经铨叙合格或曾任民间公证人者;(5)经高等考试律师考试及格,并执行律师业务3年以上者。有下列情事之一者,不得遴任为公证人:(1)年满70岁者;(2)曾受1年有期徒刑以上刑的裁判确定者,但因过失犯罪者除外;(3)褫夺公权,尚未复权者;(4)曾任公务员而受撤职处分,其停止任用期间尚未届满者;(5)曾受免职或撤职处分者;(6)曾受律师法所定除名处分者;(7)受破产宣告,尚未复权者;(8)受禁治产宣告,尚未撤销者;(9)因身体或精神障碍致不能胜任其职务者。"司法院"遴任时一并指定民间公证人所属的地方法院或其分院。

民间公证人任命后,须经如下程序,方得执行职务:在所属地方法院或其分院登录;加入公证人公会;参加责任保险并缴纳保险费;向所属地方法院或其分院提出职章、钢印之印鉴及签名式。民间公证人执行公证职务作成的文书,视为公文书。民间公证人具有律师资格者,不得执行律师业务。但经遴任仅办理文书认证事务者,或因地理环境或特殊需要,经"司法院"许可者,不在此限。除法律另有规定外,民间公证人不得兼任有薪给的公职或业务,不得兼营商业、为公司或以营利为目的之社团法人的代表人或使用人,但与其职务无碍、经司法院许可者除外。民间公证人及其助理人不得居间介绍贷款或不动产买卖。

民间公证人死亡、免职、撤职或因其他事由离职者,所属地方法院或其分院认为必要时,得指派人员将其事务所的有关文书、对象封存。公证人免职事由包括:受刑事裁判确定者,但因过失犯罪者不在此限;受褫夺公权宣告者;曾任公务员而受撤职处分者;受律师法所定除名处分者;受破产宣告者;受禁治产宣告者;因身体或精神障碍致不能胜任其职务者。民间公证人违法由民间公证人惩戒委员会实施惩戒,惩戒处分包括:申诫;罚款 1.5 万~15 万台币;停职 2 月以上 2 年以下;撤职。对惩戒决定不服者,可向惩戒复审委员会请求复审。

3. 公证业务范围

公证人根据当事人或其他关系人的请求,就法律行为及其他关于私权的事实,有作成公证书或对私文书予以认证之权限。公证业务范围如下:

(1)证明法律行为。包括:证明买卖、借贷、租赁、雇佣、合伙、承揽、委托、赠与等有关债权债务的契约行为;证明所有权、地上权、地役权、抵押权、质权、典权、永佃权等物权的取得、设定、丧失或变更的行为;证明结婚、离婚、认领、收养子女等涉及亲属关系的行为;证明继承、遗嘱、遗赠等遗产处分或转移的行为;证明票据拒付、拒绝付款、保险契约、海运契约等商事行为;证明其他法律行为,如拍卖等。

(2)证明私权事实。包括:关于不当得利、无因管理、侵权行为、债务履行或不履行的事实;关于时效的事实;关于不动产相邻关系、无主物的先占、遗失物的拾得、漂流物或沉没品的拾得、埋藏物的发现、财产共有或先占的事实;其他涉及私权的事实。

4. 公证证明的形式

公证证明的形式包括公证和认证两种。

(1)公证。公证人应证明法律行为、法律事实和文书的真实性、合法性。就真实性而言,公证人作成公证书,应记载其所听取的陈述与所见的状况,以及其他实际体验的方法与结果。公证人应亲自制作公证书。就合法性而言,公证人不得就违反法令事项及无效的法律行为作成公证书。公证人对请求公证的内容是否符合法令或对请求人的真意有疑义时,应就其疑虑向请求人说明;如请求人仍坚持时,公证人应依其请求作成公证书。但应在公证书上记载其说明及请求人就此所为的表示。

(2)认证。公证人认证私文书,应请当事人当面于私文书签名,或承认为其签名,并于认证书内记明其事由。认证公文书的原本或正本,应就其程序及意旨审认该文书是否真实。认证公文书或私文书的缮本或影本,应与经审认为真正的原本、正本对照相符,并于缮本或影本内记明其事由。认证文书翻译本者,还应审查译文是否正确,并将原文附后。公文书或私文书有增删、涂改、损坏或形式上显有可疑点者,应记明于认证书内,必要时得为查证。

5. 公证效力

(1)证明效力。经公证的法律行为或法律事实,推定为真实。如"民事诉讼法"第358条第1款规定,私文书经本人或其代理人签名、盖章或按指印或有法院或公证人之认证者,推定为真实。

(2)强制执行效力。"公证法"第13条规定:"当事人请求公证人就下列各款法律行为作成之公证书,载明应径受强制执行者,得依该证书执行:(一)以给付金钱或其它代替物或有价证券一定数量为标的者;(二)以给付特定动产为标的者;(三)租用或借用建筑物或其它工作物,定有期限并应于期限届满时交还者;(四)租用或借用土地,约定非供耕作或建筑为目的,而于期限届满时应交还土地者。"债务人、继受人或占有人,主张上述公证书有不得强制执行的事由提起诉讼时,受诉法院可因必要情形命停止执行;申请人陈明愿供担保者,法院应定相当的担保额,可命停止执行。

6. 公证人公会

公证人公会由民间公证人依法组织。民间公证人除执行律师业务者外,应加入公证人公会,公证人公会不得拒绝其加入。法院公证人及执行律师业务的民间公证人,得加入公证人公会作为赞助会员。公证人公会分为地区公证人公会和"全国"公证人公会联合会,其主管机关为社会行政主管机关;但其目的事业受所属高等法院或其分院指导、监督,"全国"公证人公会联合会受司法院指导、监督。公证人公会设理事、监事,由会员大会选举产生。地区公证人公会理事3~11人,"全国"公证人公会联合会理事5~17人。公证人公会应订立章程,"全国"公证人公会联合会的章程报经司法院核准后,向社会行政主管机关报备。

(九)仲裁制度

1. 仲裁协议

有关现在或将来的争议,当事人可订立书面仲裁协议。当事人之间文书、证券、信函、电传、电报或其他类似方式的通信,足认有仲裁合意者,视为仲裁协议成立。仲裁条款的效力应独立认定,即便契约不成立、无效或经撤销、解除、终止,也不影响仲裁条款的效力。如一方不遵守仲裁协议,另行提起诉讼时,法院应依他方申请裁定停止诉讼程序。

2. 仲裁人

具有法律或其他各业专门知识或经验、信望素孚的公正人士,具备下列资格之一者,得为仲裁人:(1)曾任实任推事、法官或检察官者;(2)曾执行律师、会计师、建筑师、技师或其他与商务有关的专门职业人员业务5年以上者;(3)曾任国内外仲裁机构仲裁事件的仲裁人者;(4)曾任教育部认可的国内外大专院校助理教授以上职务5年以上者;(5)具有特殊领域的专门知识或技术,并在该特殊领域服务5年以上者。具有仲裁人资格者,经训练并取得合格证书,始得向仲裁机构申请登记为仲裁人。不得为仲裁人的情形有:犯贪污、渎职罪,经判刑确定者;犯前款以外之罪,经判处有期徒刑1年以上之刑确定者;经褫夺公权宣告尚未复权者;受破产宣告尚未复权者;受禁治产宣告尚未撤销者;未成年人。

仲裁协议未约定仲裁人及其选定方法者,由双方当事人各选一仲裁人,再由双方选定的仲裁人共推第三仲裁人为主任仲裁人。当事人一方选定仲裁人后,应书面通知他方及仲裁人;由仲裁机构选定仲裁人者,仲裁机构应书面通知当事人及仲裁人。约定的仲裁人无法履行仲裁任务时,当事人得再行约定仲裁人。仲裁人与案件有利害关系的,当事人得请求仲裁人回避。

3. 仲裁程序

仲裁程序,除当事人另有约定外,自相对人收受提付仲裁的通知时开始。仲裁地,当事人未约定者,由仲裁庭决定。当事人对仲裁庭管辖权的异议,由仲裁庭决定。仲裁程序不公开,但当事人另有约定者除外。仲裁庭应予当事人充分陈述机会,并就当事人所提主张作必要调查。仲裁庭得通知证人或鉴定人到场应询,但不得令其具结;证人无正当理由不到场者,仲裁庭得申请法院命其到场。仲裁庭为进行仲裁,必要时得请求法院或其他机关协助。受请求的法院关于调查证据,有受诉法院之权。仲裁庭经当事人明示合意者,得适用衡平原则为判断。合议仲裁庭的判断,以过半数意见定之。合议仲裁庭的意见不能过半数者,除当事人另有约定外,仲裁程序视为终结,并将事由通知当事人。

仲裁判断书应记载下列事项:当事人姓名、住所或居所,当事人为法人或其他团体或机关者,其名称及公务所、事务所或营业所;有代理人者,其姓名、住所或居所;有通译者,其姓名、国籍及住所或居所;主文;事实理由,但当事人约定毋庸记载者除外;年月日及仲裁判断作成地。

仲裁事件在仲裁判断前,当事人可以和解。和解成立者,由仲裁人作成和解书。和解书与仲裁判断书有同一效力。未依本法订立仲裁协议者,仲裁机构得依当事人申请,经他方同意后,由双方选定仲裁人进行调解。调解成立者,由仲裁人作成调解书。调解书与仲裁和解书有同一效力。

4. 仲裁判断的执行

仲裁判断与法院的确定判决有同样的法律效力,在申请法院作出执行裁定后,方得强制执行。但以给付金钱或其他代替物或有价证券一定数量为标的或以给付特定动产为标的,并经当事人双方以书面约定仲裁判断无须法院裁定即得为强制执行者,得径为强制执行。有下列情形之一者,法院应驳回执行申请:(1)仲裁判断与仲裁协议标的之争议无关,或逾越仲裁协议范围者,但除去该部分亦可成立者,其余部分不在此限;(2)仲裁判断书应附理由而未附者,但经仲裁庭补正后不在此限;(3)仲裁判断,系命当事人为法律上所不许之行为者。

5. 撤销仲裁判断之诉

"仲裁法"第40条规定,撤销仲裁判断之诉的情形包括:(1)符合法院应驳回执行申请的情形之一;(2)仲裁协议不成立、无效,或于仲裁庭询问终结时尚未生效或已失效者;(3)仲裁庭在询问终结前未使当事人陈述,或当事人于仲裁程序未合法代理者;(4)仲裁庭组成或仲裁程序违反仲裁协议或"法律"规定者;(5)仲裁人违反告知义务而显有偏颇或被申请回避而仍参与仲裁者;(6)参与仲裁的仲裁人,关于仲裁违背职务,犯刑事上之罪者;(7)当事人或其代理人,关于仲裁犯刑事上之罪者;(8)为判断基础的证据、通译内容系伪造、变造或有其他虚伪情事者;(9)为判断基础的民事、刑事及其他裁判或行政处分,依其后的确定裁判或行政处分已变更者。撤销仲裁判断之诉,由仲裁地的地方法院管辖,应于判断书交付或送达之日起30日内提起。仲裁判断经法院判决撤销确定者,除另有仲裁合意外,当事人可就该争议事项提起诉讼。